广播影视类高考专用丛书

山东省文学编导类专业统考专用教材

主　编　张福起

副主编　王铁燕　刘萌萌
　　　　赵　倩　张福瑞

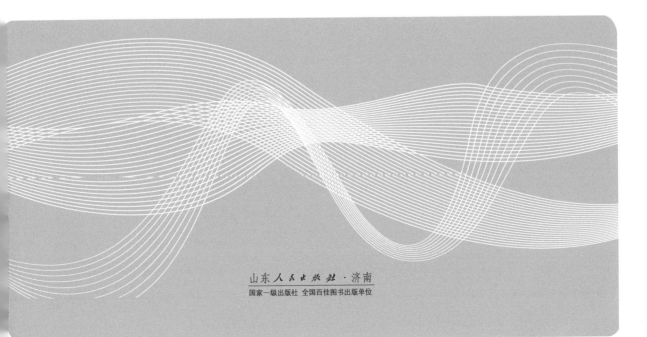

山东人民出版社·济南

国家一级出版社　全国百佳图书出版单位

图书在版编目（CIP）数据

山东省文学编导类专业统考专用教材 / 张福起主编.
-- 济南：山东人民出版社，2022.7
ISBN 978-7-209-13735-5

Ⅰ.①山… Ⅱ.①张… Ⅲ.①文艺学 – 高等学校 – 入
学考试 – 教材 Ⅳ.①I0

中国版本图书馆CIP数据核字(2022)第050959号

责任编辑：魏德鹏
封面设计：张　晋

山东省文学编导类专业统考专用教材

SHANDONGSHENG WENXUE BIANDAOLEI ZHUANYE TONGKAO ZHUANYONG JIAOCAI

张福起　主编

主管单位　山东出版传媒股份有限公司
出版发行　山东人民出版社
出 版 人　胡长青
社　　址　济南市市中区舜耕路517号
邮　　编　250003
电　　话　总编室（0531）82098914
　　　　　市场部（0531）82098027
网　　址　http://www.sd-book.com.cn
印　　装　青岛国彩印刷股份有限公司
经　　销　新华书店

规　　格　16开（184mm×260mm）
印　　张　27.5
字　　数　538千字
版　　次　2022年7月第1版
印　　次　2022年7月第1次
印　　数　1-3000
ISBN 978-7-209-13735-5
定　　价　69.80元
如有印装质量问题，请与出版社总编室联系调换。

前　　言

2018年底,教育部发布了《2019年普通高等学校部分特殊类型招生基本要求》(简称《基本要求》),艺考改革正式拉开大幕。经过几年的调整变化,艺考大局初定。《基本要求》规定"省级统考已涵盖的专业,高校一般应直接使用统考成绩作为考生的专业考试成绩",随着全国实行艺术类专业统考的省份越来越多,举办艺术类专业校考的院校大为减少。因此,艺术类专业的省级统考对于广大考生而言越来越重要!

统考是大势所趋,自2018年起,山东省文学编导类专业也加入了统考大军,每年报考人数平均可达万人左右。张福起老师及其团队在对山东省文学编导类专业近五年的统考政策、考试大纲以及考试内容深入研究后发现,虽然其考查科目比较常规,主要为"文艺常识""编写故事"和"影视评论",考查形式也较为简单,主要以笔试为主。但是"文艺常识"部分题型丰富、题量较大,且分值占比极重;考查影视评论时也采用了具有一定难度系数的"默评"。这样的考试设置大大增加了广大考生的备考难度,例如:很多考生不知道应如何高效记忆文艺常识中的知识点? 如何针对性学习文艺常识的高频考点? 如何作答好文艺常识卷后面的大题? 如何在有限的备考时间内快速掌握影评写作技巧以应对默评? 等等。正所谓"失之毫厘,差之千里",这一系列问题都将在日后的统考中成为广大考生通关路上的拦路虎,解决这些问题已迫在眉睫!

鉴于这一情况,有着多年培训和教学经验的张福起老师,集整个团队之力专门推出了这本《山东省文学编导类专业统考专用教材》。这是一本为参加山东省文学编导类专业统考的考生量身打造的专用辅导材料,致力于解决广大考生在备战统考的过程中遇到的各种难题,并为其指明学习目标和方向。

一、立足山东统考,针对性强

这是一本专门为参加山东省文学编导类专业统考的考生准备的学习教材。我们的宗旨是:考试考什么,本书就讲什么! 考生需要什么,本书就提供什么! 难题在哪里,哪里就有解决方案! 从宏观角度讲,本书包含4编、21章、65小节,共计近40万字,内容全面、结构清晰、考点涵盖面广,既有考情分析、试题研判、真题汇总,又有考点阐释、答题技巧、写作方法。可以说,本书是在充分立足于山东省文学编导类专业统考的基础上编写而成的,针对性非常强。

二、特色板块设置,查缺补漏

与其他省份的编导类专业统考教材相比,这本《山东省文学编导类专业统考专用教材》专门为考生们增设了三大特色板块：一是图文结合，利用科学数据说话的"政策分析"板块；二是有理有据，通过实用举例讲授的"答题技巧"板块；三是角度全面，专门针对考纲影片的"写作提示"板块。这三大板块查缺补漏、相辅相成，让广大考生以更加强大的能力和更为宽广的视野去应对山东省文学编导类专业统考。另外，本书还采用了双色印刷，突出重点、难点，更加方便实用。

三、一本直通考试，省时省力

复习备战编导专业统考，是一项庞大而复杂的工程。以山东省文学编导类专业统考为例，考生在学习过程中需要使用的教材至少有《文艺常识》《文艺综合常识》《影视基础知识高考教程》《影视作品分析》《影视高考命题故事创作》等。考生不仅要在短时间内把这些教材全部学习完，而且还要根据统考的具体考试内容对教材加以取舍和补充，这一切都十分辛苦。然而，本书的出现彻底改变了这一状况，考生只需在备考的几个月内集中精力把这本《山东省文学编导类专业统考专用教材》认真学好，就可以轻松应对统考，既省时又省力。

四、艺考专家主编，专业权威

本书是国内著名艺考专家张福起老师带领团队投入了大量的时间和精力才最终完成的心血之作。在编写过程中，编者对山东省文学编导类专业自实行统考以来出台的所有考试政策及真题进行了潜心研究，并与来自山东艺术学院、山东大学、山东师范大学等高等院校的艺术类专业一线教师进行了多次座谈、讨论。本书作为目前国内市场上专门针对山东省文学编导类专业统考推出的最专业权威的教材，希望能为广大山东考生提供最大的帮助！

十年寒窗苦，金榜题名时！期望本书能够成为广大考生进入理想大学的有力助手和实用工具。在这里，祝愿心怀艺术梦想的莘莘学子得偿所愿，梦想成真！

编　者

2021 年 4 月

目　录

第一编　政策分析篇

第一章　山东省文学编导类专业统考考纲解读 / 3

第一节　山东省文学编导类专业统考考情分析 / 3

第二节　山东省文学编导类专业统考报考指南 / 7

第三节　山东省文学编导类专业统考考试说明 / 8

第二章　山东省文学编导类专业统考考题研判 / 12

第一节　"文学艺术常识卷"考试内容深入解析 / 12

第二节　"影视评论与创作卷"考试内容深入解析 / 16

第三章　山东省文学编导类专业统考备考建议 / 20

第一节　如何高效学习文艺常识章节内容 / 20

第二节　如何有效记忆文艺常识高频考点 / 21

第三节　如何正确应对山东编导统考大题型 / 23

第四节　如何反向利用山东编导统考往年考点 / 24

第五节　山东编导统考"故事影评"常态化备考思路 / 25

第二编　文艺常识篇

第一章　电影常识 / 29

第一节　电影理论 / 29

（一）摄影 / 29　　　　　　（二）运动 / 38

（三）声音 / 40　　　　　　（四）剪辑 / 43

（五）其他理论 / 47

第二节　电影导演 / 51

（一）中国电影导演 / 51　　（二）外国电影导演 / 59

第三节　电影作品 / 65

（一）中外影史重要作品 / 65　　（二）中外其他重要作品 / 71

第四节　电影流派 / 82

（一）中国电影流派 / 82　　（二）外国电影流派 / 83

第五节　电影节及奖项 / 85

（一）中国电影节及奖项 / 85　　（二）外国电影节及奖项 / 86

第二章　文学常识 / 87

第一节　中国古代文学 / 87

（一）先秦文学 / 87　　（二）秦汉文学 / 93

（三）魏晋南北朝文学 / 96　　（四）隋唐五代文学 / 101

（五）宋代文学 / 113　　（六）元代文学 / 122

（七）明清文学 / 125　　（八）近代文学 / 133

第二节　中国现当代文学 / 134

第三节　外国文学 / 161

（一）古希腊神话 / 161　　（二）英国文学 / 163

（三）法国文学 / 166　　（四）德国文学 / 171

（五）意大利文学 / 173　　（六）俄国、苏联文学 / 173

（七）美国文学 / 176　　（八）日本文学 / 178

（九）其他地区文学 / 179

第三章　电视常识 / 183

第一节　中外广播电视发展历史 / 183

（一）外国广播电视发展历史 / 183　（二）中国广播电视发展历史 / 184

第二节　广播电视基础理论 / 185

第三节　电视纪录片 / 187

第四节　电视节目 / 189

第五节　电视剧及导演 / 192

第六节　中外电视奖项 / 197

第四章　音乐常识 / 199

第一节　音乐基本理论 / 199

第二节　中国音乐 / 200

第三节　外国音乐 / 208

第五章　美术常识 / 213

　第一节　美术基本理论 / 213

　第二节　中国美术 / 215

　第三节　外国美术 / 226

　第四节　书法篆刻 / 232

第六章　戏曲常识 / 234

　第一节　戏曲理论 / 234

　第二节　戏曲剧种 / 236

　第三节　著名戏曲表演艺术家 / 238

第七章　戏剧常识 / 241

　第一节　戏剧理论 / 241

　第二节　外国戏剧作品 / 244

　第三节　中国戏剧作品 / 245

第八章　数字媒体常识 / 246

第九章　其他常识 / 252

　第一节　文艺理论 / 252

　第二节　舞蹈常识 / 255

　第三节　传统文化 / 263

第十章　文艺常识卷五大题型答题技巧 / 268

　第一节　选择题答题技巧 / 269

　第二节　填空题答题技巧 / 270

　第三节　名词解释题答题技巧 / 272

　第四节　简答题答题技巧 / 278

　第五节　论述题答题技巧 / 281

第三编　影视评论篇

第一章　影视评论写作考试概况 / 287

　第一节　影视评论写作的考查内容 / 287

　第二节　影视评论写作的考试形式 / 287

　第三节　影视评论写作的文体要求 / 288

　第四节　影视评论写作的前期准备 / 289

第二章　影视评论写作必备技巧 / 292

第一节　影视评论写作的篇章结构 / 292

第二节　影视评论写作的角度选择 / 298

第三节　影视评论写作的注意事项 / 303

第三章　统考考纲影片写作提示 / 305

第四章　影视作品评论优秀范文 / 329

第四编　编写故事篇

第一章　编写故事文体要求 / 353

第一节　故事的特征 / 353

第二节　故事的写作文体 / 354

第二章　编写故事元素分析 / 356

第一节　故事的"主题立意"分析 / 356

第二节　故事的"背景"分析 / 357

第三节　故事的"人物"分析 / 357

第四节　故事的"情节"分析 / 360

第五节　故事的"悬念"分析 / 362

第六节　故事的"戏剧冲突"分析 / 364

第七节　故事的"发现与突转"分析 / 366

第八节　故事的"语言"分析 / 367

第九节　故事的"动作"分析 / 368

第三章　编写故事答题技巧 / 370

第一节　题目破解与素材选取 / 371

第二节　故事构思与结构安排 / 372

第四章　编写故事优秀范文 / 377

附录　山东省文学编导类专业统考历年真题解析 / 393

第一编 政策分析篇

第一章 山东省文学编导类专业统考考纲解读

根据教育部颁布的《普通高等学校招生全国统一考试考务工作规定》及《艺术类专业招生办法》要求，从2018年开始，山东省文学编导类专业正式实行省内统一考试（简称"统考"）。

山东省作为我国教育人口大省之一，虽然与河南、四川、重庆等省市相比，编导类专业纳入统考的时间较晚，但对其的重视程度却毫不逊色。2018年底，教育部发布《2019年普通高等学校部分特殊类型招生基本要求》的文件，规定"省级统考已涵盖的专业，高校一般应直接使用统考成绩作为考生的专业统考成绩"。紧跟该政策步伐，2020年底，山东省教育招生考试院便在其公布的《山东省2021年普通高等学校艺术类专业招生工作实施方案》中首次明确指出："2022年起，提前批院校可以使用统考成绩，也可面向统考合格考生组织校考，本、专科批院校一律使用统考成绩。未达到当年省级统考美术类、文学编导类、书法类、舞蹈类专业统考本科合格线的考生，没有资格参加招生院校组织的相应类别本科专业校考，考生即使报名参加了校考，也不能参加后续投档及录取。"

这一系列政策的出台，意味着文学编导类专业统考对于广大山东考生而言越来越重要。如果省内统考不过关，考生想利用校考翻盘的机会也几乎被剥夺了，真可谓是"一考定终身"。对于这样一场关乎考生命运的重要考试，山东省文学编导类专业统考的政策考纲究竟是怎样的呢？下面我们对此进行详细解读。

第一节 山东省文学编导类专业统考考情分析

山东省文学编导类专业统一考试是国家教育考试的重要组成部分，着重考查考生是否达到普通高等学校文学编导类专业招生的基本要求，为高等学校选拔文学编导类专业人才提供基本依据。山东省文学编导类专业自2018年开始实行省内统一考试以来，其统考政策总体来看是"稳中求变"。历年的考试大纲在保持了统考初心始终不变的前提下，又及时做到了与时代接轨和向政策看齐，使山东省文学编导类专业统考向着更加完善、严谨的方向发展。

1."笔试"考查模式基本稳定

受资源、环境、地域、时间等诸多因素影响，从目前国内实行编导类专业统考的二十几个省市来看，绝大多数省市都是以"笔试"这一考试形式为主，这种考查模式不仅能够考查出考生的真实水平，而且组织简单、便于管理、省时省力。山东省文学编导类专业统考自2018年正式实施以来，采取的也都是"笔试"的考查模式。不仅如此，山东省文学编导类专业统考在历年的考试题型上也基本保持了一致。如表1.1.1所示：

表 1.1.1　历年考试题型

板块\年份	文学艺术常识卷	影视评论与创作卷	
		编写故事	影视评论
2018 年	选择题（单选题）填空题 名词解释 简答题 论述题	续写故事	默评电影
2019 年	题型同上	命题故事	题型同上
2020 年	题型同上	命题故事	题型同上
2021 年	题型同上	组词故事	题型同上
2022 年	题型同上	续写故事	题型同上

2.“三大”考查板块保持不变

山东省文学编导类专业自 2018 年实行统考以来，其考查板块历经多年始终不变。固定的三大板块内容是雷打不动的，这三大板块分别为“文艺常识”“编写故事”“电影评论”。其中文艺常识部分，历年来不仅在考查题型上毫无变化，连主要考查章节的出题比重，也几乎保持一致。

以 2021 年和 2022 年为例，2021 年“电影常识”占比为 39.3％，2022 年占比为 41％；2021 年“古代文学”占比为 18％，2022 年占比为 21.3％；2021 年“电视常识”占比为 14.8％，2022 年占比为 9.8％；2021 年“现代文学”占比为 8.2％，2022 年占比为 8.2％。

如图 1.1.1 所示：

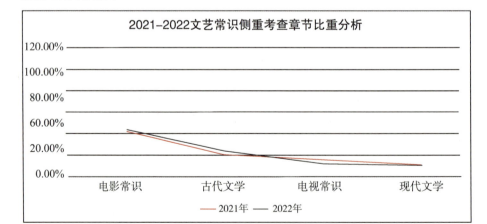

图 1.1.1　2021—2022 文艺常识侧重考查章节比重

3.出题风格偏向“一波三折”

从 2019 年开始，山东省文学编导类专业统考的出题风格，就已经由传统的“中规中矩式考题”逐步偏向“灵活多变式考题”。尤其是从这两年的真题中，我们可以明显看出,山东省的出题者们,正在尽量摒弃以往经常呈现给考生的那种"复制粘贴"式的考题,转向更为灵活地考查考生对于文学、影视、美术或是音乐等的作品、作者、理论等方面的实际性认知。

以 2022 年山东省文学编导类专业统考"文学艺术常识卷"为例,就真题而言,有相当一部分考题,已经跳出了以前考生熟悉的那种"水到渠成式"的答题模式,即考生只要在备考时死记硬背下知识点的浅表性信息,做题时读完题干答案就呼之欲出了。例如 2018 年山东省文学编导类专业统考"文学艺术常识卷",卷中 90％以上的考题便是这样考查的。如表 1.1.2 所示:

表 1.1.2 2018 年文学艺术常识卷试题分析

题 型	题号	内　　容	答案
选择题	2	散文集《寄小读者》的作者是(　　)。 A.张爱玲　　B.冰心　　C.丁玲　　D.萧红	B
选择题	5	景物镜头又可称为(　　)。 A.长镜头　　B.主观镜头　　C.空镜头　　D.运动镜头	C
选择题	13	讽刺喜剧《伪君子》的作者是(　　)。 A.莎士比亚　　B.契诃夫　　C.拉辛　　D.莫里哀	D
填空题	1	美国著名的"悬念大师"是_____,他的代表作品有《蝴蝶梦》《后窗》等。	希区柯克
填空题	7	魏晋南北朝小说集《世说新语》的作者是_____。	刘义庆
填空题	15	电影《黄土地》的摄影师是_____。	张艺谋

而 2022 年山东省文学编导类专业统考"文学艺术常识卷"的出题风格,则需要考生在熟知浅表性信息的基础上,加入自己的"分析""思考""对比""判断"等,这样考生才能最终答出一道题目,答题过程可谓是"一波三折"。如表 1.1.3 所示:

表 1.1.3 2022 年文学艺术常识卷试题分析

题 型	题号	内　　容	答案
选择题	20	《短歌行》中"青青子衿,悠悠我心。但为君故,沉吟至今",表明曹操渴求的是(　　)。 A.友情　　B.爱情　　C.亲情　　D.贤才	D
选择题	24	下列诗句的意境,如果用影视画面来表达,最适宜用冷色调的是(　　)。 A.江天一色无纤尘,皎皎空中孤月轮 B.舍南舍北皆春水,但见群鸥日日来 C.几处早莺争暖树,谁家新燕啄春泥 D.蛾儿雪柳黄金缕,笑语盈盈暗香去	A

（续表）

题　型	题号	内　　容	答案
选择题	28	《李凭箜篌引》中"昆山玉碎凤凰叫,芙蓉泣露香兰笑"的"昆山玉碎"所形容的乐音特点是（　　）。 A.清脆　　B.沉闷　　C.轻柔　　D.宏亮	A
填空题	17	唐代边塞诗人王昌龄的"但使龙城飞将在,不教胡马度阴山"中的"飞将"是汉将_____。	李广
填空题	20	"山随平野尽,江入大荒流",如果用影视手段表现这种辽阔的景象,最佳拍摄角度是_____。	俯拍

4.试题难度逐年"略有提升"

　　众所周知,艺术类专业统考考查的是考生应该具备的基本能力,因此该考试的目的不是选拔出最优秀的考生,而是通过适当抬高专业考试的准入门槛,淘汰那些临阵磨枪、浑水摸鱼的考生。因此,这种考试要求考官必须要有相当强的出题把控能力。因为如果考查题目过于简单,则很难淘汰掉那些"临时抱佛脚"的考生;但如果考查题目的难度系数过高,则又失去了统考的初心和意义。

　　有鉴于此,山东省文学编导类专业统考在经历了 2018 年的初次尝试后,在接下来的几年时间里,可以说是不断顺应考试新形势、适时适应政策新变化、勇于实践出题新思路。试题的难度系数由 2018 年的约 8%,稳步提升到现在的 20% 以上,并基本上保持在了这样一个水平准线上,这使得山东省文学编导类专业统考在选拔人才时更加公正、公平、合理、科学。如图 1.1.2 所示：

图 1.1.2　2018—2022 年试题难度系数对比分析

第二节　山东省文学编导类专业统考报考指南

山东省教育招生考试院相关文件规定,凡是符合普通高等学校年度招生工作规定报名条件者,均可报名参加文学编导类专业统考。因此,那些有志于通过编导专业进入大学继续深造的考生,一定要在每年的 10 月中旬,开始关注"山东省教育招生考试院"网站(http://www.sdzk.cn/),及时留意网上公布的最新的艺术类专业统考考试方案以及相关统考资讯,以免错过重要信息而影响报考。

1.报名渠道

山东省文学编导类专业统考的报名与高考报名是同时进行的,考生在规定时间内登录"山东省教育招生考试院",依次完成"网上填报信息""网上资格审核""网上确认并缴费"等三个流程,方可报名成功。

这里需要提醒广大考生的是,在填写个人报考信息时,一定要注意:

(1)考生选择科类为"艺术类";

(2)考生选择专业为"文学编导类"。

2.考试时间

自 2018 年山东省文学编导类专业实行统一考试以来,考试一般都安排在每年的 12 月中旬或是来年的 1 月上旬。具体的考试时间如下:

上午:8:30——11:00　文学艺术常识

下午:14:00——16:30　影视评论与创作

具体的考试日期,还请广大考生以当年山东省教育招生考试院颁布的最新考试公告为准。为了方便广大考生参照,我们汇总了近几年山东省文学编导类专业统考的具体考试时间,如表 1.1.4 所示:

表 1.1.4　2018—2022 年考试时间表

年　份	日　期	时　长
2018 年	2018 年 1 月 7 日	上午:8:30—11:00(150 分钟) 下午:14:00—16:30(150 分钟)
2019 年	2018 年 12 月 15 日	
2020 年	2019 年 12 月 15 日	
2021 年	2021 年 1 月 10 日	
2022 年	2021 年 12 月 19 日	

3.考试地点

山东省文学编导类专业统考的考试地点设在各省辖市、各省直管县(市)招生考试机构所在地,具体以考生个人准考证上的考试地点为准。

4.考前准备

（1）考试凭证

考生需要凭准考证、有效居民身份证、考前48小时内核酸检测阴性纸质报告、《山东省2022年普通高校招生艺术类专业统一考试考生健康管理信息采集表》入场。

准考证需考生在规定时间内，登录山东省教育招生考试院普通高等学校招生考试信息平台（http://wsbm.sdzk.cn/）自行打印。核酸检测阴性纸质报告则是疫情特殊时期的必要证明，考生可在当地医院就近检测，并取得纸质结果。

（2）考试用品

文学编导类考生入场时只能携带2B铅笔、书写用0.5mm黑色签字笔、直尺、橡皮等文具。其他任何物品不准带入封闭区和考场。

5.考试须知

（1）艺术类专业统考在考试封闭区入口和考场入口进行两次安检。书包、手机、电子设备、手表等与考试无关的物品禁止带入封闭区和考场，考生应提前安置好，以免丢失。由于手机禁止带入封闭区以内，所以电子身份证不作为考试入场有效证件使用。

（2）笔试科目考试正式开始后禁止入场，考生应牢记各科目考试时间，并在规定时间内接受体温检测和入场检查。考试期间，考生应及时关注当地天气变化，防止极端天气影响赴考。一旦发生体温异常，请积极冷静地配合现场考务人员进行应急处理，在确保安全的前提下参加考试。

第三节　山东省文学编导类专业统考考试说明

山东省文学编导类专业统考的考试科目为"文学艺术常识"和"影视评论与创作"两科。考试采用闭卷笔试的形式，单科满分为150分，两科共300分。

1."文学艺术常识卷"考试内容及要求

（1）考试内容

山东省文学编导类专业统考"文学艺术常识卷"主要考查两大板块，分别为"文学常识"和"艺术常识"。文学常识主要包括：文学基础常识、中外重要文学思潮流派、中外文学重要史实和名家名作等；艺术常识主要包括：电影常识、电视常识、戏剧常识、美术常识、音乐常识等。

（2）考试要求

山东省文学编导类专业统考不仅要求广大考生能够熟练掌握以上文学艺术常识中的基础知识，还要求考生能够综合运用这些基础知识对重要文艺作品和文艺现象进行简要分析和论述。

（3）参考题型

山东省文学编导类专业统考"文学艺术常识卷"主要考查五大经典：选择题（单选）、填空题、名词解释、简答题、论述题。各类题型所占分值及考题数量，如表1.1.5所示：

表 1.1.5　文学艺术常识卷考试题型与分值

文学艺术常识卷(总分:150 分)		
题型	题量	分值
选择题(单选)	30 个	30 分
填空题	20 个	40 分
名词解释	4 个	20 分
简答题	5 个	30 分
论述题	2 个	30 分

2.“影视评论与创作卷”考试内容及要求

(1)编写故事

山东省文学编导类专业统考对“编写故事”这一题型的考查,要求考生根据题目给出的条件,编写一个有一定思想内涵、情节生动曲折、人物形象鲜明的故事。构思应新颖巧妙,故事结构要完整,且不少于 800 字。

(2)电影评论

山东省文学编导类专业统考对“电影评论”的考查一直采用“默评”的形式,所考查影片一般出自考试大纲中供考生参考的影视作品,数量一般为 3—4 部。要求考生对一部影视作品的选题、主题、人物、情节、结构、画面、声音、文化、历史、社会、传播现象等一方面或几方面,进行具体的分析和评论,不少于 1000 字。

山东省教育招生考试院每年都会为考生提供一份当年所要考查的“影视作品范围名单”,以 2022 年为例,如表 1.1.6 所示:

表 1.1.6　2022 年影视作品考查名单

电影 (42 部)	中国 (27 部)	1.《一江春水向东流》(蔡楚生　郑君里) 2.《万家灯火》(沈浮) 3.《小城之春》(费穆) 4.《祝福》(桑弧) 5.《青春之歌》(崔嵬　陈怀皑) 6.《早春二月》(谢铁骊) 7.《烈火中永生》(水华) 8.《茶馆》(谢添) 9.《城南旧事》(吴贻弓) 10.《黄土地》(陈凯歌) 11.《红高粱》(张艺谋) 12.《我的父亲母亲》(张艺谋) 13.《花样年华》(王家卫) 14.《可可西里》(陆川) 15.《疯狂的石头》(宁浩) 16.《建国大业》(韩三平　黄建新) 17.《狼图腾》(让-雅克·阿诺) 18.《山河故人》(贾樟柯) 19.《我们诞生在中国》(陆川)

（续表）

		20.《大鱼海棠》（梁旋　张春） 21.《人生》（吴天明） 22.《流浪地球》（郭帆） 23.《哪吒之魔童降世》（饺子） 24.《乡村里的中国》（焦波） 25.《四个春天》（陆庆屹） 26.《我和我的祖国》（陈凯歌　张一白　管虎　薛晓路　徐峥　宁浩　文牧野） 27.《夺冠》（陈可辛）
	外国 （15部）	28.《公民凯恩》（美国，奥逊·威尔斯） 29.《音乐之声》（美国，罗伯特·怀斯） 30.《十二怒汉》（美国，西德尼·吕美特） 31.《办公室的故事》（苏联，埃利达尔·梁赞诺夫） 32.《幸福的黄手帕》（日本，山田洋次） 33.《小鞋子》（伊朗，马基德·马基迪） 34.《美丽人生》（意大利，罗伯托·贝尼尼） 35.《肖申克的救赎》（美国，弗兰克·德拉邦特） 36.《放牛班的春天》（法国，克里斯托夫·巴拉蒂） 37.《拯救大兵瑞恩》（美国，史蒂文·斯皮尔伯格） 38.《阿凡达》（美国，詹姆斯·卡梅隆） 39.《何以为家》（黎巴嫩，娜丁·拉巴基） 40.《迁徙的鸟》（法国，雅克·贝汉） 41.《至暗时刻》（英国，乔·赖特） 42.《海上钢琴师》（意大利，朱塞佩·托纳托雷）
电视 （18部）	电视剧 （7部）	43.《红楼梦》（王扶林） 44.《围城》（黄蜀芹） 45.《闯关东》（张建新） 46.《悬崖》（刘进） 47.《父母爱情》（孔笙） 48.《琅琊榜》（孔笙　李雪） 49.《平凡的世界》（毛卫宁）
	纪录片 （6部）	50.《舌尖上的中国Ⅰ》（陈晓卿） 51.《我在故宫修文物》（叶君　萧寒） 52.《美丽中国》（央视与BBC合拍） 53.《第三极》（曾海若） 54.《苏东坡》（CCTV） 55.《港珠澳大桥》（CCTV）
	电视栏目 （5个）	56.《开讲啦》（CCTV） 57.《经典咏流传》（CCTV） 58.《今日说法》（CCTV） 59.《新闻调查》（CCTV） 60.《声临其境》（湖南卫视）

　　需要考生注意的是,这份影视作品范围名单并不是固定不变的,山东省教育招生考试院会根据每一年的考试情况做出相应的调整,一般会加入当年新出的几部影视作品,然后删除掉一些不再具有典型考查意义的作品。因此考生在备考时,一定要以当年考试大纲公布的最新影视片名单为准。

第二章　山东省文学编导类专业统考考题研判

目前,山东省文学编导类专业统考的考查形式为笔试,总分 300 分,考查内容共分为"两卷、三大部分","两卷"指的是"文学艺术常识卷"和"影视评论与创作卷",而"三大部分"则是指"文艺常识""编写故事"和"电影评论"。

从分值比重上看,文艺常识这一个科目独占了 150 分,编写故事和影视评论则分别占 70 分和 80 分,这二者合计为 150 分。由此可见,山东省文学编导类专业统考尤为看重对考生文艺常识方面的考查,因为这样的分值比重,在国内众多省份的编导类专业统考中是绝无仅有的。因此,用"得文常者得天下"这句话来形容山东省文学编导类专业统考最为贴切。有鉴于此,山东考生在备考编导统考时,除了要对故事和影评进行长期的写作练习,对于文艺常识的记忆和学习更是不能有丝毫的懈怠。

为了让广大考生对山东省文学编导类专业统考有更加深入的了解,下面我们将对编导统考中的各项考试内容进行详细的阐述和讲解。

第一节　"文学艺术常识卷"考试内容深入解析

通过研究历年的考试真题我们得知,山东省文学编导类专业统考对于文艺常识方面的考查是比较综合而全面的,从文学、电影、电视、美术、音乐到戏剧、戏曲、舞蹈、数字媒体、文艺理论和传统文化等都有所涉及。那在文艺常识的众多章节当中,山东省文学编导类专业的出题方向和考查重点是怎样的呢?是各章节都面面俱到,还是由几章节独领风骚?考官选择考点是随性而发,还是对于某些板块情有独钟?广大考生只有弄明白这几个方面,才能在备战山东省文学编导类专业统考时做到知己知彼、百战百胜。因此,我们对 2018 年到 2022 年山东省文学编导类专业统考最近五年的考题进行了深入研究,具体情况如图 1.2.1 所示:

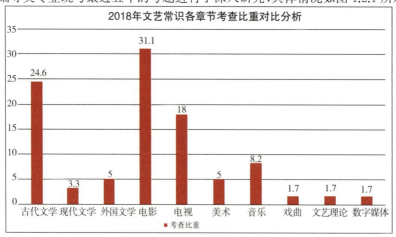

图 1.2.1.1　2018 年文艺常识各章节考查比重对比分析

图 1.2.1.2　2019 年文艺常识各章节考查比重对比分析

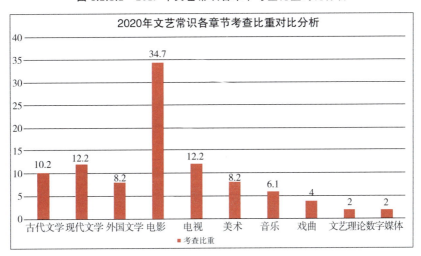

图 1.2.1.3　2020 年文艺常识各章节考查比重对比分析

图 1.2.1.4　2021 年文艺常识各章节考查比重对比分析

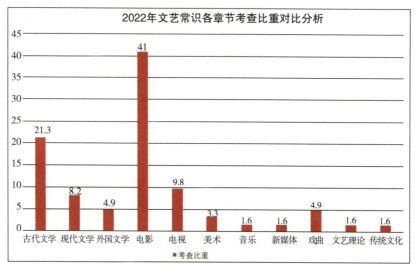

图 1.2.1.5　2022 年文艺常识各章节考查比重对比分析

通过对以上的数据进行对比分析,我们发现了这样一些规律:

1.文艺常识综合考查比重排名前三位:电影、古代文学、电视

在历年山东省文学编导类专业统考"文学艺术常识卷"的考查中,考查比重位列前三的分别是:"电影常识",平均约占 35.8%;"古代文学",平均约占 18.8%;"电视常识",平均约占 14.2%。如图 1.2.2 所示:

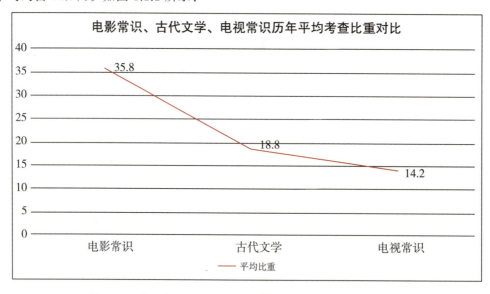

图 1.2.2　电影常识、古代文学、电视常识历年平均考查比重对比

2.文艺常识小章节考查比重排名前三位:音乐、美术、戏曲

在历年山东省文学编导类专业统考"文学艺术常识卷"的考查中,对于美术、音乐、舞蹈、文艺理论等小章节的考查,比重位列前三的分别是:"音乐常识",平均约占 7.1%;"美术常识",平均约占 5.6%;"戏曲常识",平均约占 3.1%。如图 1.2.3 所示:

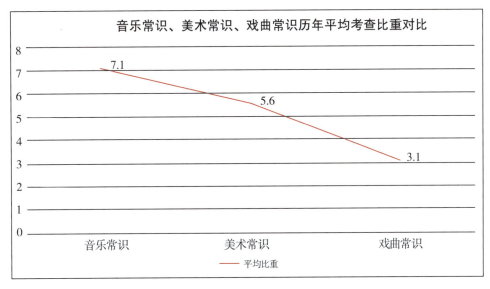

图 1.2.3　音乐常识、美术常识、戏曲常识历年平均考查比重对比

3.文艺常识考查比重较小的"其他章节"汇总

在历年山东省文学编导类专业统考"文学艺术常识卷"的考查中,除了常规的电影、文学、电视、音乐、美术、戏曲等考查章节,每年的考题中也会涉及其他方面的考查内容,主要包括以下几个方面:"数字媒体",平均约占 2％;"文艺理论",平均约占 0.7％;"舞蹈常识",平均约占 0.4％;"传统文化",平均约占 0.3％。如图 1.2.4 所示:

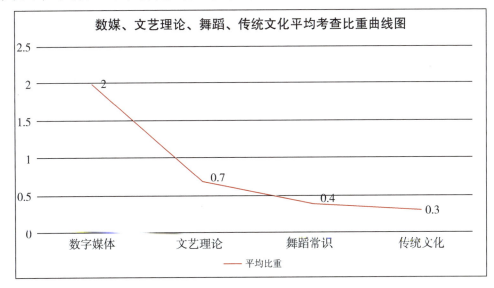

图 1.2.4　文艺常识考查比重较小的章节汇总

最后,需要提醒广大考生的是,在山东省文学编导类专业统考中,除以上列举的考查章节,"现代文学"和"外国文学"也是历年考试的必考内容,只是这二者的平均考查比重与"古代文学"相比差距太大,所以单列出来以引起考生们的注意。如图 1.2.5 所示:

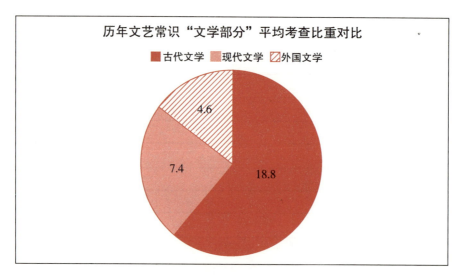

图 1.2.5　古代文学、现代文学、外国文学历年平均考查比重对比

　　另外,考生还需注意,虽然"古代文学""现代文学"和"外国文学"彼此之间的考查比重相差较大,但是这三个小板块组合起来的整个"文学常识"部分,从历年的考试看,总体的平均考查比重与"电影常识"的平均考查比重是旗鼓相当的。如图 1.2.6 所示:

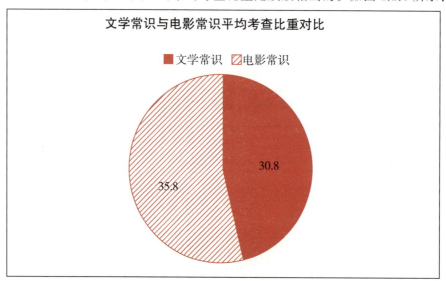

图 1.2.6　文学常识与电影常识平均考查比重对比

　　因此,广大考生要想顺利通过山东省文学编导类专业统考,文艺常识中的"电影常识"和"文学常识"是重中之重。

第二节　"影视评论与创作卷"考试内容深入解析

　　山东省文学编导类专业统考中的"影视评论与创作卷",主要考查的是两大写作类科目,分别为"编写故事"和"电影评论"。这两大方面是编导类专业考生必须具备的两项基本能力,因此不管是在省统考还是校考中都是重点考查板块。虽然说自 2018 年山东省文学编导类专业实行统考以来,"编写故事"和"电影评论"不论是考查内容还是分值比重都一直保持不变,但是仔细分析后却会发现,它们在具体考查方向和题目要求上还是存在一些细微差别的,下面我们来对此作以详细说明。

1."编写故事"三大考试题型均有涉及

众所周知,编写故事主要考查考生的形象思维能力、想象能力和语言表达能力,一般的考试形式是给出一个既定命题,例如一个开头、一则材料、一个或者若干个关键词,并要求考生在规定时间内进行即兴创作。

一般而言,编写故事大体上可以分为三种命题方式:一是"续写式",即给出一个故事开头或是描述某种场景的一句话,要求考生发散思维进行写作;二是"命题式",即给出一个具体题目,例如"背包""彩票"等,题目的形式通常多种多样,要求考生围绕这一题目进行写作;三是"组词式",即给出考生一组"关键词",例如"书、地铁站、门卫"等,要求考生通过组接、整合这些关键词写出一个完整的故事。

在国内众多省市举行的编导类专业统考中,有些省市对编写故事这一考查题型情有独钟,例如河南省编导制作类专业统考,多年以来一直延续着"续写故事"这一考查模式。而山东省文学编导类专业统考中对编写故事的考查却恰恰相反,可以说对三大考试题型都是一视同仁、不偏不倚。如表1.2.1所示:

表 1.2.1　2018—2022 年故事编写题型分析

类型	2018 年	2019 年	2020 年	2021 年	2022 年
续写故事	听到敲门声,她打开门,一个小伙子站在门口说:"你儿子让我来看望你。"……				飞驰的高铁上,他(她)凭窗远眺,眼里流露出无限喜悦……
命题故事		车站	苹果的故事		
组词故事				单车　桥　纸飞机	
字数要求	800 字以上	要求同前	要求同前	要求同前	要求同前
写作要求	主题明确,有思想内涵;情节生动曲折,人物形象鲜明;构思新颖巧妙,故事结构完整。	要求同前	要求同前	要求同前	要求同前

由此可见,山东省文学编导类专业统考对于"编写故事"的考查还是比较常规和全面的。"常规"主要体现在题目要求和写作字数上,要求考生自拟题目,写一篇 800 字以上的"主题明确、有思想内涵;情节生动曲折、人物形象鲜明;构思新颖巧妙,结构完整的故事",而"全面"则主要体现在考题类型上,"续写故事""命题故事""组词故事"三大题型不分轻重,均有所涉及。总体来看,山东省文学编导类专业统考的"编写故事"考查难度适中,中规中矩。

2."电影评论"考试难度近年有所提高

自 2018 年山东省文学编导类专业实行统考以来,对于"电影评论"的考查一直采用"默评"的形式,即考生在考试时不在现场观看影片,而是从考卷提供的几部影片中选出一部较为熟悉的影片直接进行评析。

依据山东省文学编导类专业统考的考纲规定,电影评论写作考试提供的影片,主要为两部"近期热门影片"和两部"往年经典影片"。但是,通过对近两年的考试真题研究发现,这一原则正在被逐渐打破,考官们出题正在变得无规律可言。以 2022 年为例,考查影片 3 部,分别为《流浪地球》《山河故人》《放牛班的春天》,至于当年考纲片名单中提供的,相对而言更加热门的《我和我的祖国》《夺冠》等影片则没有任何涉及。

通过对比分析山东省文学编导类专业统考的历年考题会发现,对于"电影评论"的考查,总体上可以分为两大阶段,如表 1.2.2 所示:

表 1.2.2　2018—2022 年电影评论考查分析

类型	2018 年	2019 年	2020 年	2021 年	2022 年
近期影片	《战狼Ⅱ》《西游记之大圣归来》	《我不是药神》《湄公河行动》	《摔跤吧!爸爸》《十八洞村》	《哪吒之魔童降世》	《流浪地球》《山河故人》
经典影片	《秋菊打官司》《卧虎藏龙》	《泰坦尼克号》《少年派的奇幻漂流》	《那山那人那狗》《百鸟朝凤》	《城南旧事》	《放牛班的春天》
纪录片				《迁徙的鸟》	
影片数量	4	4	4	3	3
字数要求	1000 字以上	要求同前	要求同前	要求同前	要求同前
写作要求	人物或主题角度(任选)	人物或主题角度(任选)	主题、人物、情节、结构、画面(五个方面具体评论)	主题、人物、情节、结构、画面(五个方面具体评论)	主题、人物、结构、画面(四个方面具体评论)

　　第一阶段是"难度初级阶段",主要是指 2018 年和 2019 年,即开始实行统考的前两年,这两年考查影片的类型严格按照考纲要求的两部"近期热门影片"和两部"往年经典影片"的形式,而且影片的知名度相当高,这就大大降低了影片默评的考查难度。另外,对于写作的要求也较为宽松,仅要求考生从"人物"或是"主题"这种常规角度进行评论。

　　第二阶段是"难度提升阶段",主要是指 2020 年和 2021 年,2020 年依旧考查了 4 部影片,但是影片的知名度却远远不如前两年的影片,例如《那山那人那狗》,这是 1999 年霍建起拍摄的关于邮政题材的老片子,虽然说在十几年以前的编导考试中是热门影片,但是在现在的考生看来恐怕是比较陌生的;再比如《十八洞村》,这是一部讲述脱贫攻坚的主旋律影片,很多考生也不甚熟悉。另外题目在写作要求上也做了比较严格的规定,即考生必须从"主题、人物、情节、结构、画面五个方面去具体评论",五个方面缺一不可,这对于"默评"而言难度是较高的。然而到了 2021 年,在影评考试的其他要求没有变化的情况下,影片数量由 4 部缩减为 3 部,而且还出现了一部纪录片,可以说难度比 2020 年又有所提升。同时 2022 年继续延续了 2021 年的考查模式,只是在"写作要求"上进行了细微调整,从要求考生对"主题、人物、情节、结构、画面五个方面具体评论"修改为对"主题、人物、结构、画面四个方面具体评论",总体来看影响不大。由此可见,山东省文学编导类专业统考的"电影评论"考试,近两年来的难度系数是有一个明显提升的。

第三章　山东省文学编导类专业统考备考建议

通过以上对山东省文学编导类专业统考从政策考情、考试内容到考查题型、出题方向等方面的深入研究，我们可以得出该考试具有以下三大特点：一是文艺常识所占分值比重较大；二是编写故事考试题型非常全面；三是电影评论考查影片数量较少。

面对这样的情况，山东省文学编导类专业考生应该如何应对？考生应如何利用有限的时间快速而全面地掌握文艺常识高频考点？应如何有针对性地将编写故事的三大题型都训练到位？又应如何快捷而简便地了解一部影片的基本信息而做到精准评析？我们将利用下面的章节对此进行详细讲解。

第一节　如何高效学习文艺常识章节内容

众所周知，山东省文学编导类专业自实行统考以来，便非常重视对于文艺常识的考查，不仅考查章节多样，考试题型全面，所占分值比重更是在国内编导类专业各大统考省市中首屈一指。文艺常识历来都是编导类专业考试中最能拉开差距的科目，尤其是山东省文学编导类专业统考总分为 300 分，文艺常识这一科就占到了 150 分，使得众多考生感叹：山东编导统考能否顺利过关，成也文常，败也文常！那山东编导考生该如何高效备考文艺常识呢？

我们先来看一个分析。以 2018—2022 年这五年的山东省文学编导类专业统考"文学艺术常识卷"的考题为例，考查到的文艺常识章节主要有：电影常识、电视常识、文学常识、美术常识、音乐常识、戏剧戏曲、舞蹈常识、数字媒体、文艺理论、传统文化等，可以说是非常全面而详细的。看到这里，面对文艺常识如此"海量"的考查点，可能有很多考生已经头痛不已、畏缩不前了，其实不然。通过进一步分析我们发现，山东省的出题者们对于这些章节的考查程度并不是平均的，而是"有所为有所不为"。总体来看，文艺常识各大章节历年的平均考查比重从高到低如图 1.3.1 所示：

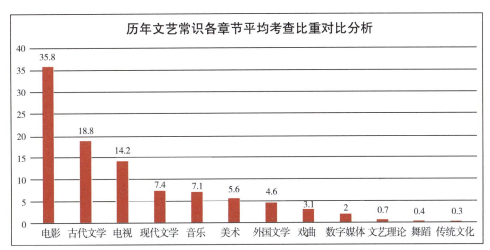

图 1.3.1 文艺常识各章节历年平均考查比重对比分析

通过上图我们可以明显看出，在文艺常识的各章节中，山东省文学编导类专业统考考查最多的是"电影常识"，其次是"古代文学"和"电视常识"，而考查较少的后三位则是"文艺理论""舞蹈常识"和"传统文化"。虽然从表面上看，文艺常识考查章节众多，知识点繁杂，但是真正的出题点其实主要集中在几个主要章节上，因此考生在备考文艺常识的时候，切忌"一碗水端平"，书中所有章节的学习都面面俱到、平均分时用力。恰恰相反，考生在背诵文艺常识时一定要学会"就重避轻"，有先有后，分清楚知识点的轻重缓急，这样才能逐一击破。

总体来看，文艺常识中的"电影常识""文学常识"和"电视常识"部分，一定是山东编导考生首先要学习的三大重点板块。因为这三大板块的历年分值约占当年整套"文学艺术常识卷"分值的80％以上，以该卷150分的总分值计算，足足占到了120分以上。而这一分值则意味着，如果考生在山东省文学编导类专业统考中，文艺常识能考到120分左右的话，那统考顺利过关是完全没有问题的。因此，广大考生要想在有限的备考时间里迅速攻克文艺常识，就要率先搞定"电影常识""文学常识"和"电视常识"这三大块"硬骨头"。

第二节 如何有效记忆文艺常识高频考点

由于山东省文学编导类专业统考对于文艺常识的考查是非常全面的，所以涉及的考点也极为庞杂。在前面章节中，我们讲到了如何利用有限的时间去高效学习文艺常识中的章节内容，那如果考生面对的是文艺常识具体的知识点本身，又应如何去有效地记忆和掌握呢？这就要求广大考生对于具体的高频考点的记忆一定要做到目标明确、有的放矢。

我们以山东省文学编导类专业统考中考查较多的"电影常识"为例，通过分析"文学艺术常识卷"的考题得知，整个电影常识的出题考点表面上看似非常宽泛，但其实是有规律可循的。因为编者经过仔细地分析研究，发现这些考点又可细分为几大方向，即"电影理论""电影作品""电影导演""电影热点""电影流派""电影奖项"等，而考官对于这些考查方向的青睐和重视程度是不一样的，如图1.3.2所示：

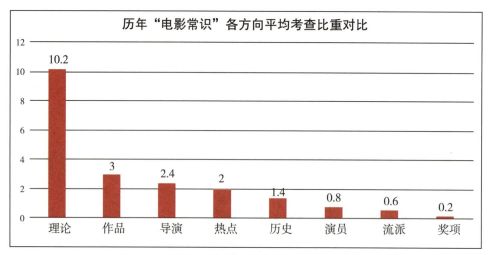

图 1.3.2   历年"电影常识"各方向平均考查比重对比

通过上图我们可以看出，对于整个"电影常识"知识点的考查，考官更侧重的出题方向是"电影理论"，具体主要集中在镜头、景别、声音、剪辑等方面；其次是"电影作品"，对于电影作品的考查则更侧重于某部作品的主题曲、故事背景、主要角色等。

再比如，"古代文学"部分比较重要的考点为《红楼梦》，通过对历年考题的研究发现，山东省文学编导类专业统考对于《红楼梦》的考查方向，并不是我们一般意义上认为的"作者""四大家族""开卷诗""爱情故事"等，而主要集中在书中的"人物形象"和"身世判词"上，如表 1.3.1 所示：

表 1.3.1   历年对《红楼梦》考查的内容方向

年份	考查人物	考查方向	题型	题目内容
2018	贾宝玉	形象	选择题	《红楼梦》中，"面若中秋之月，色如春晓之花"这句话描写的是（　　）。 A.贾宝玉　B.林黛玉　C.薛宝钗　D.王熙凤
2020	林黛玉	形象	论述题	请分析《红楼梦》中的林黛玉的人物形象。
2021	妙玉	判词	选择题	"气质美如兰，才华馥比仙。……到头来，依旧是风尘肮脏违心愿。好一似，无瑕白玉遭泥陷……"这段话写的是"金陵十二钗"中的（　　）。 A.薛宝钗　B.林黛玉　C.妙玉　D.李纨
2022	王熙凤	形象＋判词	选择题	下列内容对应《红楼梦》中王熙凤的一项是（　　）。 A.心较比干多一窍，病如西子胜三分 B.一双丹凤三角眼，两弯柳叶吊梢眉 C.才自精明志自高，生于末世运偏消 D.二十年来辨是非，榴花开处照宫闱

我们都听过这样一句话："方向不对，努力白费。"通过以上分析可以看出，如果考生不了解山东省文学编导类专业统考中文艺常识各类考点的考查方向，在备考过程中只

要看到一个知识点就漫无目标、毫无想法地蒙头背诵，"眉毛胡子一把抓"，最终很有可能是捡了芝麻丢了西瓜，事倍功半。

当然，对于这些具体考点的记忆掌握，单纯依靠考生们自己的努力是远远不够的。因此，考生在学习的过程中一定要结合经验丰富的老师的讲解和指导，真正辨明出题方向，搞清楚考查要点，然后目标明确地进行有针对性的记忆。只有做到这一点，考生在备考时才能变被动为主动，积极应对统考。

第三节　如何正确应对山东编导统考大题型

山东省文学编导类专业统考对于"文学艺术常识卷"的考查，一直采用的是五大经典题型，即选择题、填空题、名词解释、简答题和论述题。在这五大题型中，"选择题"和"填空题"形式简单，几乎没有答题技巧可言，主要考查的是考生细心认真的学习态度以及对具体知识点的掌握程度。而后半部分涉及的"名词解释""简答题""论述题"等大题型，除了考查考生的以上能力之外，还会考查编导生的语言组织能力、对信息点的提炼能力、观点表述能力和文字书写能力等，这些大题型一直都是令考生们头痛的备考难题之一。

通过对山东省文学编导类专业统考"文学艺术常识卷"的历年考题进行分析可以看出，大题型虽然题量较少，但是分值比重却较大。例如"选择题"和"填空题"的总题量是50个，所占分值是70分；而"名词解释""简答题"和"论述题"虽然总题量仅有11个，但所占分值却高达80分。如表1.3.2所示：

表 1.3.2　各题型数量及分值占比

类别	题型	数量	分值	总分	占比
小题型	选择题	30 个	30 分	70 分	47%
	填空题	20 个	40 分		
大题型	名词解释	4 个	20 分	80 分	53%
	简答题	5 个	30 分		
	论述题	2 个	30 分		

另外，考生还需注意，这些大题型与小题型相比，主观性较强，考查的并不仅仅是考生对知识点的掌握程度，还有其他各方面能力，因此大题型是山东省文学编导类专业统考中最能拉开分值差距的一系列题目，一定要引起考生们的足够重视。

因此，广大考生在备考期间除了对文艺常识知识点进行具体记忆之外，也要抽出一定时间加强对大题型的练习。真正回答好大题型，是有方法和技巧可循的。考生一定要先学习"名词解释""简答题"和"论述题"的答题技巧，在学会技巧的前提下再加强训练，如此反复就一定能攻克"大题型"这一考试拦路虎。对于以上大题型的答题技巧，我们会在后面章节中进行专门讲解，这里不再赘述。

第四节　如何反向利用山东编导统考往年考点

众所周知,在国内众多实行编导类专业统考的省市中,山东省对于文艺常识的考查可谓是相当全面的,从文学、电影、电视、美术、音乐到戏曲、舞蹈、文艺理论、数字媒体,甚至传统文化等都有所涉猎。按照常理分析,在如此众多的知识点中,几年之内,山东省文学编导类专业统考中文艺常识考查到同一知识点的概率应该很低,但是通过对往年真题进行深入分析后,却会发现山东省的出题考官对于某些文艺常识考点"一往情深",经常翻来覆去地、多角度多侧面地、不厌其烦地考查。以 2022 年山东省文学编导类专业统考为例,如表 1.3.3 所示:

表 1.3.3　重复出现的考点分析

2022 年考点	往年考点
《窦娥冤》三桩誓愿	《窦娥冤》中"科"(2021 年)
《精神病患者》导演是悬念大师_____	美国著名悬念大师是_____(2018 年)
易卜生《玩偶之家》出走的女主人公_____	"娜拉出走"出自易卜生作品_____(2018 年)
王昌龄"但使龙城飞将在"	王昌龄"一片冰心在玉壶"(2018 年)
《红楼梦》王熙凤	《红楼梦》贾宝玉(2018 年) 《红楼梦》林黛玉(2020 年) 《红楼梦》妙玉(2021 年)
杜甫诗歌被称为"诗史"的原因	杜甫诗歌风格(简答)(2018 年)
道家学派代表作	《老子》别称_____(2018 年)
"诗中有画,画中有诗"对应诗人的诗句	"诗中有画,画中有诗"指_____(2018 年)
电视剧《红高粱》编剧	电视剧《红高粱》主题曲(2019 年)
升格摄影概念及作用	升格摄影画面效果(2018 年)
音响效果	音响效果(2021 年)

通过以上比较发现,在山东省文学编导类专业统考的文艺常识考查中,这种知识点重复出现的情况不在少数。以 2022 年"文学艺术常识卷"61 道题目的总题量来看,重复考查的题目数量竟然高达 11 道,约为整套试卷的 18%,主要集中在"文学常识"和"电影常识"方面,因此这种现象一定要引起山东编导考生们的足够重视。

面对这种情况,首先要告诉广大考生的是,应对山东省文学编导类专业的统考,千万不能抱有侥幸心理,以为以前考过的知识点绝对不可能再考到了,于是干脆忽略不学习。这种想法是万万要不得的。其次,正因为有这种情况的存在,或许报考山东省文学编导类专业的考生可以换种思路备考,对于出题者们"情有独钟"的文艺常识考点,我们不但不能放弃,更要多角度、多方面地深入学习、反复巩固。只有这样才能在考试中以不变应万变,做到万无一失。

第五节　山东编导统考"故事影评"常态化备考思路

山东省文学编导类专业统考"影视评论与创作卷"所考查的"编写故事"和"电影评论",均属于"写作类"的考试科目,从考试的要求上看也比较常规。例如"编写故事"主要涉及三大题型,即"命题故事""续写故事"和"组词故事",考生只要在备考过程中有针对性地对这三大题型多加练习即可。

山东省文学编导类专业统考中的"电影评论"虽然一直采用默评的形式考查,但是历年考纲会提供影片范围,作品类型主要集中在往年经典影片和近年来的热门影片,可以说考生对绝大多数作品都早已了解甚至是熟知了,这在一定程度上降低了考试难度。另外,从评析的角度来看,虽然要求评论的方向较多,一般为4—5个,主要是"主题、人物、结构、画面"等方面,但是这些评论角度都比较典型,也是一部影片最主要的几大要素所在,考生在答题时并不需要冥思苦想或是标新立异,只要在常规基础上进行一定程度的思想升华,便能写就一篇中规中矩的影评文章。因此,电影评论写作对于广大考生而言并不算太困难。

总体来看,对于山东省文学编导类专业统考中考查的写作类科目,"编写故事"和"电影评论",只要考生掌握了二者的写作技巧,并反复练习,就一定能扫除山东文学编导类专业统考必经之路上的这两大"绊脚石",因此考生完全可以放平心态,采取常态化的备考思路,有条不紊地学习加练习。至于这两大科目的具体写作技巧及备考建议,我们会在本书的后面章节作详细讲解,这里不再赘述。

因此,对于广大山东省文学编导类专业考生而言,在备战统考期间,严格来讲,我们的主要发力点并不在考试分值很难拉开差距的写作类科目上,也就是不在"编写故事"和"电影评论"上,而是在足足占据了山东省文学编导类专业统考半壁江山的"文艺常识"上。最后,送给广大考生一句话:"学好文艺常识等同于过关山东编导统考!"

第二编　文艺常识篇

第一章　电影常识

第一节　电影理论

(一)摄影

1.镜头

镜　头　考查方向:选择、填空

指摄影机从开机到关机时间段内所记录下来的连续影像,是电影中最基本的构成单位。

一般的影视作品都是由若干个镜头构成的,但也有例外,如希区柯克的电影《绳索》从头到尾就只有一个镜头。

空镜头　考查方向:选择、填空、名词解释、简答

又称"景物镜头",是指影片中只有景或物而没有人物(主要指与剧情有关的人物)的镜头。

作用:(1)交代故事发生的环境背景。(2)转换电影中的时空场景。(3)为作品增添诗情画意,表达深远的意境,使影片能够产生借物抒情、见景生情的效果。(4)抒发影片中的人物情绪,推进故事情节的发展。

长镜头　考查方向:选择、填空、名词解释、简答

指摄影过程中从开机到关机,不间断地拍摄下一个完整的戏段或表演过程的镜头,延续时间一般在 30 秒到 10 分钟之间。长镜头理论是由法国著名电影理论家安德烈·巴赞提出的。

作用:(1)增强电影艺术的真实感。例如《三峡好人》的片头就运用了长镜头来展现人们的移民生活。(2)通过完整统一的动作,具体自然地展现人物的内心活动和心理,刻画人物性格或表现人物思想。例如《四百击》的最后一个镜头的运用,就展现了人物的内心活动。(3)有助于渲染和烘托情绪及环境,使影片形成凝重、舒缓、纪实的抒情风格。例如《城南旧事》片尾"小英子目送宋妈远去"的场景就是中国电影长镜头运用的经典范本。(4)有助于延展空间的开放度和构图的丰富性。例如《筋疲力尽》的最后一个镜头就是运用跟镜头产生的长镜头,展现了一种开放性的构图方式。

2.景别

景　别　考查方向:填空、名词解释、简答

指由于摄影机与被摄主体间的距离或者所用摄影镜头焦距不同而造成的被摄主体

在电影画面中所呈现的范围大小的区别。

按照摄影机与被摄主体间距离的不同,可分为**远景**、**全景**、**中景**、**近景**和**特写**。

远　景　考查方向:选择、填空、名词解释、简答

指**摄影机与被摄主体之间距离极远,可表现出极为广阔的景象的电影画面**。

作用:(1)可以全方位展示自然景观或声势浩大的人群活动。(2)常用于电影开头或结尾,表现人物所处的环境。(3)创造意境、抒发情感、渲染气氛。

全　景　考查方向:选择、填空、名词解释、简答

指**表现成年人全身或者场景全貌的电影画面**。

作用:可以展示人物全身的姿态,使观众既可以看清演员的动作,又能看清人物与环境之间的关系,从而确立其空间位置和其他影像元素的总体基调。

中　景　考查方向:选择、填空、名词解释、简答

指**表现成年人膝盖以上或场景局部的电影画面**,是影视作品中的**常用镜头**。中景处理得好坏,往往是决定一部影片造型成败的重要因素。

作用:(1)可以充分表现人物的形体运动和情绪交流。(2)能使观众同时看清人物的脸部表情和形体动作,有利于交代人与人、人与物之间的关系。

近　景　考查方向:选择、填空、名词解释、简答

指**表现成年人胸部以上或被摄物体局部的电影画面**,可以**使观众看清人物的面部表情和细微动作,揣摩人物的心理活动**。

作用:(1)人物上半身活动占据画面的显著位置,有利于对人物的容貌、神态、衣着、仪表等进行细致的刻画和表现。(2)可以充分展示主体上半身的动作和面部表情,从而引导观众的视点逐渐移向细节,增强感染力和冲击力。

特　写　考查方向:选择、填空、名词解释、简答

指**表现成年人肩部以上的头像或被拍摄物体细部的电影画面**,以突出强调部分。

作用:(1)往往能够捕捉演员细致的表情和某一瞬间的信息,常被用来细腻地刻画人物性格和表现人物的心理活动,展现人物的情绪变化。(2)引导观众注意力或转移观众的注意力,为影片所讲述的故事做铺垫。(3)强调某一拍摄对象的特征,以此突出创作者所要表达的内容与思想,具有较强的主观介入性,一般用于引起心理震撼的影片中,例如恐怖片。

过肩镜头　考查方向:选择、填空、名词解释、简答

指**隔着一个或数个人的肩膀,朝另一个或数个人物拍摄的镜头**。在影片中的运用频率较高,常用于叙述剧情或两人对话,有较强的叙事性。

3.角度

镜头角度　考查方向:名词解释、简答、论述

指**摄影机拍摄电影画面时所选取的视角**(即摄影机与拍摄对象的假定垂直面之间

的角度）。有纵向和横向之分，纵向分为平拍、仰拍和俯拍；横向分为正面拍摄、侧面拍摄和背面拍摄。

平　拍　考查方向：选择、填空、名词解释、简答

指摄影机处于与常人眼睛相等或相当高度，拍摄效果接近人的平视效果的拍摄。影片中大多采用平拍镜头，营造较为客观的影像风格。

作用：(1)接近常人的视线感觉，给人以真实、平稳和庄重之感。(2)塑造的人物形象较为逼真生动，能使观众快速介入剧情，并以自己的视觉感知经验回应画面内容、获得审美体验。

仰　拍　考查方向：选择、填空、名词解释、简答

指镜头低于水平角度，自下而上进行的拍摄，相当于常人站在低处朝上仰望时所见到的情景。

作用：(1)会使被拍对象显得高大雄伟，引发观众产生敬仰或畏惧心理。(2)表示剧中人与被摄对象之间高低位置的对比，常用于主观镜头，以一个人的视角来看被拍对象，以此表现二者之间的高低关系。

俯　拍　考查方向：选择、填空、名词解释、简答

指镜头高于被摄体、自上而下进行的拍摄，代表剧中人物或观众往下俯视。

作用：(1)会使人和物的体积压缩，造成观众心理上的渺小、可怜、压迫以及宿命感。(2)对地面上竖立的景物、站立的人物产生斜向汇聚的效果，常用来鸟瞰景物全貌，表现视野开阔的场景，强化环境空间的概念。

正面拍摄　考查方向：名词解释、简答

指剧中人物面对摄影机的拍摄方式。人物面对观众，邀请观众参与到剧中，使人产生亲近之感。

侧面拍摄　考查方向：名词解释、简答

指剧中人物注视右方或左方的拍摄方式，会给观众造成疏离的感觉。

背面拍摄　考查方向：名词解释、简答

指剧中人物完全背对摄影机的拍摄方式。这种角度常代表人物与这个世界的疏离，也常用来渲染幽深而神秘的气氛。

倾斜镜头　考查方向：名词解释、简答

指镜头中的元素都是歪斜的，充满不稳定和不确定性，具有相当强的主观意向，是一种充满心理动感的镜头。

作用：(1)会给人的心理造成紧张和迷乱的感觉。(2)常用于暴力(追逐)场景中，便于精确地捕捉到人物视觉上的焦躁感。

主观镜头　考查方向：选择、填空、名词解释、简答

指**摄影机的视点代表剧中某一人物的视点拍摄而成的镜头**。

作用：（1）使镜头连接顺畅，适应观众的视觉接受习惯。（2）制造悬念、引人入胜（常用于恐怖、侦探片中）。（3）促使复杂思维、内心再现，让观众有身临其境的心理感受，达到入情入戏的效果。

客观镜头　考查方向：选择、填空、名词解释、简答

又称**中立镜头**，指**摄影机采用大多数人在拍摄现场所共有的视点拍摄的镜头**。

作用：（1）**将内容客观地表达给观众**，在银幕直观效果上可产生临场感。（2）能使观众最大限度发挥自己的判断，参与剧情发展，**是影片中的主要镜头**。

4.色彩

色　调　考查方向：名词解释、简答、论述

指在一幅画或一个镜头的画面中色彩的总体倾向。通常分为**暖色调和冷色调**。影片创作时，导演会根据色调的不同，来渲染不同的气氛，表达不同的感情色彩。

作用：（1）**奠定整部电影的基调**。例如张艺谋的《红高粱》和《大红灯笼高高挂》。（2）**与时空相联，表示一种回忆、比照，以此讲述故事**。例如张艺谋的《我的父亲母亲》中，通过色彩的变化来连接时空，正式开启一段故事的讲述。（3）**用凸显出来的色彩营造较强的象征意义**。例如黑白片《战舰波将金号》中，运用加色法，将"旗"染成红色，寓意革命的胜利。（4）**用凸显出来的色彩表达表现主义意蕴**。例如安东尼奥尼的《红色沙漠》，就因其影片中的色彩具有浓厚的表现主义意味，被称为"世界上第一部真正意义上的彩色电影"。（5）**有助于人物形象的塑造**。例如张艺谋的《大红灯笼高高挂》中就通过不同阶段颂莲衣服色彩的变化，表现出人物性格的变化。

暖色调　考查方向：选择、填空、名词解释

指画面以**红、黄、橙**为基本调子，能使人联想到阳光、火焰的颜色，**给人以热情、炽烈、向上的感觉**。

冷色调　考查方向：选择、填空、名词解释

指画面以**蓝、青**为基本调子，能使人联想到水、冰、夜空的颜色，**给人以阴凉、宁静、深远的感觉**。

红　色　考查方向：选择、填空

指**太阳和火焰的色调**，象征着**温暖、热量**，是爱情、热情、冲动、激烈等感情的象征。红色给人的视觉感受是**热烈而活跃**，具有蓬勃向上的感觉。

绿　色　考查方向：选择、填空

是**大自然生命**的象征，也是**和平、环保**的象征。阳光下的绿色具有**希望和欢乐**的价值和意义；当绿色暗化时，其主要特征是**沉稳、静谧**。

蓝 色 考查方向：选择、填空

是寒冷的象征，包含着抑郁和忧伤的成分。尤其是当蓝色与昏暗结合时，会给人一种恐惧、迷信、痛苦和毁灭的感觉。

黄 色 考查方向：选择、填空

通常给人明朗和欢乐的感觉，象征着幸福和温馨。黄色因明度高，容易从背景中显现出来，具有引人注目、吸引观者视线的力量。

紫 色 考查方向：选择、填空

是极富有多义性的颜色。明亮的紫色，是高贵和智慧才智的象征；深紫色则会给人一种威胁、压迫的感受，同时又体现了迷信和蒙昧。

5.光影

光线分类 考查方向：选择、填空、简答

按照光线的来源划分，可分为自然光和人工光两大类。

按照光线的用途划分，可分为主光、辅助光、背景光、轮廓光、修饰光等。

按照光源与对象间的相对位置划分，可分为顺光、逆光、侧光、顶光、脚光等。

按照光线的影调层次划分，在明暗上可分为高调、低调、中间调；在反差度上可分为硬调、软调、中间调。

按照光线的造型效果划分，可分为自然光效和戏剧光效。

自然光 考查方向：选择、填空、名词解释

主要指太阳光、月光以及它们的反射光，具有不可控制等特点。

人工光 考查方向：选择、填空、名词解释

指以人为的光源所发出的光，具有可控制等特点。

主 光 考查方向：选择、填空、名词解释、简答

又称为"基调光"或"塑型光"，指照明被摄物时起主要作用的光线。主要作用是塑造被拍摄对象的形态和轮廓，奠定影像基调。

辅助光 考查方向：选择、填空、名词解释、简答

又称为"补助光"或"副光"，指电影摄影中用来弥补主光之不足，照亮主光所不能照亮的侧面，以显示景物阴影部分的质感，帮助主光完成形象塑造的光线。

如果阳光（直射光）是主光，那么由天空散射和地面、墙壁等反射来的光线即是辅助光。辅助光在亮度上绝对不能强于主光。

背景光 考查方向：选择、填空、名词解释、简答

指专门用来照亮背景、衬托被摄主体的光线。主要作用在于勾勒被摄体所在的背景环境，展现特定的时空特点，营造情境氛围。

轮廓光 考查方向：选择、填空、名词解释、简答

指对着摄像机方向照射的光线，产生的是逆光的效果。主要作用是勾画被摄对象的轮廓，尤其在主体和背景影调重叠的情况下，可以起到分离主体和背景的作用。

在用人工光照明中，轮廓光经常和主光、副光配合使用，使画面影调层次富于变化，增加画面形式美感。

修饰光 考查方向：选择、填空、名词解释、简答

又称为"装饰光"，指修饰被摄对象某一细部的光线。例如人物的服装、眼神、头发、面部以及用于场景某一细部的光线。

主要作用是配合主光和辅助光，进一步美化被摄体在画面中的细部形象，进而让被摄体整体上更具造型性和表现力。

顺　光 考查方向：选择、填空、名词解释、简答

指光源投射的方向与摄影机拍摄的方向一致。一般用于拍摄开阔场景、人物（淡化细节）。

逆　光 考查方向：选择、填空、名词解释、简答

指光源投射的方向与摄影机拍摄的方向相反，即光线从拍摄对象的后面打过来，会形成中间部分较为模糊的人物轮廓感，营造出一种抒情效果。但如果在恐怖电影中使用逆光，则会形成更加恐怖的气氛。

侧　光 考查方向：选择、填空、名词解释、简答

指光线从被拍摄主体的侧面打过来，常形成阴阳脸，用来表现人物性格的亦正亦邪。

脚　光 考查方向：选择、填空、名词解释、简答

指光线从被拍摄主体（通常为人）的"脚部"往上打光，常用于制造一种恐怖效果。

顶　光 考查方向：选择、填空、名词解释、简答

指光线从被拍摄主体的顶部打过来，常用于拍摄反面、阴险人物。

影　调 考查方向：名词解释、简答

指画面构成的基本明暗调子，也就是说一幅画面由于明暗比例分配不同，或色彩的配置不同，可以构成多种不同影调的照片。

高　调 考查方向：名词解释、简答

指以亮度等级偏高的光线为主构成的画面影调，可起到抒情、烘托热闹气氛的作用。

低　调 考查方向：名词解释、简答

指以亮度等级偏低的光线为主构成的画面影调，给人暗虚、模糊不清、阴暗的感觉。

硬调 考查方向：名词解释、简答

指明暗、色彩对比强烈，中间缺少层次过渡，少用渡色和补色的画面影调，会让人产生紧张、惊险和恐怖的感觉。

软调 考查方向：名词解释、简答

指光线柔和，明暗对比较弱，中间影调层次丰富的画面，能够使人产生优雅、安静、温暖的情绪。

自然光效 考查方向：名词解释、简答

指运用自然、真实的采光方法，营造真实客观之感。其中，每一个光源都有存在的客观依据。

戏剧光效 考查方向：名词解释、简答

指运用假定的、非自然的采光方法，营造具有主观意味的光线造型。主要作用是将观众带入梦幻、假定的情景，具有戏剧化的美学风格。

高反差 考查方向：名词解释、简答

指一种灯光风格，强调光影变化强烈的光线及戏剧性的条纹，通常用于惊悚片及通俗剧。

三点布光 考查方向：选择、填空、名词解释、简答

又称为"区域照明"，一般有三盏灯，分别为主体光、辅助光与背景光。

主体光主要用来照亮场景中的主要对象与其周围区域，并且担任给主体对象投影的功能。辅助光主要用来填充阴影区以及被主体光遗漏的场景区域、调和明暗区域之间的反差，同时形成景深与层次。背景光主要用来增加背景的亮度，从而衬托主体，并使主体对象与背景相分离。

主体布光一般用于较小范围的场景照明，例如室内人物采访。如果场景很大，则可以把它拆分成若干个较小的区域进行布光。

6.透镜

光圈 考查方向：选择、填空、名词解释、简答

指相机上装在镜头的透镜组之间用来控制镜头孔径的装置。光圈大小用 f 值表示。

如果说镜头相当于人的眼睛，那么光圈就相当于瞳孔。其主要作用是调节和控制镜头的通光量，以及调节景深。

景深 查方向：名词解释、简答

指不同距离的被摄对象在感光胶片上能获得清晰影像的空间范围。

景深有四种决定因素，即镜头焦距、与被拍摄体的距离、光圈的大小和感光元件的大小。一般情况下，镜头的焦距越短，景深的范围就越大；光圈越小，景深就越大。

小景深   考查方向:名词解释、简答

指在焦距对准后,把背景模糊化,来突出要拍摄的实物;或者是突出背景,把前面的实物模糊化。

焦 距   考查方向:名词解释、简答

也称焦长,是光学系统中衡量光的聚集或发散的度量方式,指平行光从透镜的光心到光聚集之焦点的距离。

根据焦距的可调与不可调,可以将透镜分为变焦镜头和定焦镜头。

变焦镜头   考查方向:选择、填空、名词解释、简答

指在一定范围内通过变换焦距,从而得到不同宽窄的视场角、不同大小的影像和不同景物范围的镜头。

作用:影视创作时,使用变焦镜头不仅可以减少携带摄影器材的数量,也可以节省更换镜头的时间。

定焦镜头   考查方向:选择、填空、名词解释、简答

根据焦距长短的不同可分为:标准镜头、长焦距镜头、短焦距镜头。

标准镜头   考查方向:选择、填空、名词解释、简答

指焦距在 40～55 mm 之间的摄影镜头,其视角一般为45°～50°。

标准镜头所表现的景物的透视与目视比较接近,被拍摄主体变形程度最小,是影视作品中最常用的一种透镜方式。

长焦距镜头   考查方向:选择、填空、名词解释、简答

又称为"窄角镜头",指焦距长于标准镜头(40～55mm)的摄影镜头。

作用:(1)用来拍摄不易接近的物体,如动物、风光、人的自然神态。例如在拍摄大型野生动物时,为了保证摄影师及摄影机的安全,一般采用长焦距镜头进行远距离拍摄。(2)用长焦距镜头会使得视野范围变窄、画面变模糊,焦距越长被拍摄主体变形程度越高,具有造型的功能。

造型特点:(1)画面包容的景物范围较少,物体成像的面积较大,有利于凸显焦点中的主体,可有效引导观众的视觉重心。例如足球比赛的现场,在球场一边的记者为了能够拍到在球场另一头的球员,往往运用长焦距镜头进行拍摄。(2)便于呈现拥挤稠密的场景,也能够将主体与环境重叠起来,营造特殊的感觉。例如《黄土地》中就是运用大量的长焦距镜头进行拍摄,以此营造一种压抑、窒息之感。(3)能够弱化动作在纵向上的运动。

短焦距镜头   考查方向:选择、填空、名词解释、简答

又称为"广角镜头",指焦距＜40mm,能够拉伸纵向空间,扩大视野范围,可使景框内所有的人或物都有清晰的焦点的镜头。广角镜头会造成线条的扭曲。

作用:(1)画面包容的景物范围大,有利于呈现空间的宏大感,前后景大小对比鲜

明,空间线条变形,前后景对比夸张。(2)适于营造多层次的环境,表达层次之间的关系。(3)能够强化动体在纵向上的运动,如跑了 100 m,看上去却有 200 m。(4)使用超广角镜头进行近景和特写处理,可以获得奇特的曲线效果。

造型特点:短焦距镜头常用于景深范围大,视野开阔的场景,可以使远近景物都聚焦在准确的范围之内,可以夸大人物或者物体间前后距离,增强运动的人物动作的速度感,能够使影像的线条和形状产生畸变。

表 2.1.1　镜头的种类及特性

短焦距镜头、标准镜头、长焦距镜头对比分析		
名　称	短焦距镜头(广角镜头或景深镜头)	标准镜头	长焦距镜头(望远镜头或窄角镜头)
焦　距	<40 mm	40—50 mm	>50 mm
特　点	①横向空间扩大,纵向空间拉大 ②扭曲的视角可以产生困惑、不确定和不安感	正常	①横向空间缩小,纵向空间压缩 ②可以产生亲近感和接近感
景　深	①大景深 ②前后景对比鲜明,可能会造成近景扭曲	正常	①小景深,前后景距离缩短 ②焦点集中在某一点,背景次要甚至模糊
透视性	①前景物比背景物大 ②空间距离比实际大 ③运动速度比实际快	正常	①前景物比背景物小 ②空间距离比实际小,有压缩透视感 ③运动速度比实际慢。
失真性	桶形失真	正常	空间感失真
视　野	开阔	正常	狭窄
举　例	《公民凯恩》中的景深镜头		《毕业生》中结尾处的长焦距镜头

鱼眼镜头　考查方向:选择、填空、名词解释、简答

是一种焦距为 16 mm 或更短的并且视角接近或等于 180°的镜头。它是一种极端的广角镜头。这种摄影镜头的前镜片直径很短且呈抛物线状向镜头前部凸出,与鱼的眼睛颇为相似,因此而得名。

（二）运动

1.摄影机运动

运动镜头　考查方向：名词解释、简答

指通过改变镜头光轴、移动摄影机机位或变化镜头焦距所拍摄的镜头。包括由推、拉、摇、移、跟、升降摄影所形成的推镜头、拉镜头、摇镜头、移镜头、跟镜头、升降镜头等。

推镜头　考查方向：选择、填空、名词解释、简答

指摄影机从相对被拍摄对象的远位置向近位置做纵向运动的镜头。

作用：（1）突出重点，表现细节，保持时空的连续性，交代整体与局部的关系。（2）可以使观众从原有的客观性观看影片到主观性参与影片。（3）也可用来营造恐怖氛围。

拉镜头　考查方向：选择、填空、名词解释、简答

指摄影机逐渐远离被拍摄对象或者变动摄影机的镜头焦距，使画框逐渐远离被拍摄对象的镜头，是拉开与被拍摄对象距离的方法之一。

作用：（1）将观众的注意力从主体引向环境，并交代主体与所处环境、局部与整体之间的关系。（2）常用在影片的结尾，表示故事的结束。

摇镜头　考查方向：选择、填空、名词解释、简答

指摄影机的机位不动，镜头借助三脚架或者拍摄者的身体做支点，变动摄影机镜头轴线进行拍摄的方式。摇摄方向可与动体方向相同，也可相背，画面为动态构图。

作用：（1）可产生巡视环境、展示规模、烘托情绪与气氛等多种艺术效果。（2）根据场面调度需要介绍被拍摄对象之间的关系。

慢摇　考查方向：选择、填空、名词解释、简答

又称为"缓摇"，指摄影机镜头摇动的速率较为缓慢时形成的一种运动方式，有利于情感的抒发和表达。

甩摇　考查方向：选择、填空、名词解释、简答

又称为"闪摇镜头"，是摇镜头的一个变种，经常用作两个镜头之间的过渡以代替镜头切换。甩摇所产生的影像通常是模糊不清的，往往用以表现内容的突然过渡或者同一时间不同场景所发生的并列情景，可把发生于不同地点本来会显得相距遥远的事件联系在一起。

移镜头　考查方向：选择、填空、名词解释、简答

指摄影机镜头沿水平面做各个方向的移动的拍摄方式。

作用：（1）常用来表现结构复杂的环境，往往借助火车、飞机、汽车、专用轨道的移动车等移动工具进行拍摄，所产生的多为动态的构图，造成环视、浏览、跟随等效果，表达一种客观的态度。（2）可获得长镜头。

跟镜头
考查方向：选择、填空、名词解释、简答

指**摄影机始终跟随被拍摄物体一起运动的镜头**。按照其运动的轨迹及人物与摄影机之间的位置关系又可分为**前跟镜头**和**后跟镜头**。

作用：可以详尽、连续、完整地表现运动主体，常用于追逐场面，展示空间，联系人物，抒发感情。

升降镜头
考查方向：选择、填空、名词解释、简答

指摄影机在上下运动中进行拍摄时所获取的镜头。主要用来向观众展现不同而又变化着的场景，为其营造丰富的视觉感受和心理感受。

作用：(1)"升"是镜头在空间垂直方向的向上运动，常用于电影的结尾，暗示着故事的结束。(2)"降"是镜头在空间垂直方向的向下运动，常用于电影的开始，暗示着故事的展开。

2.被摄主体运动

横向运动
考查方向：选择、填空、名词解释

指**被拍摄主体在画面中的左右移动**。

被拍摄主体从左到右的运动，符合观众的日常心理，所以显得**自然、舒服**。

被拍摄主体从右到左的运动，则容易使观众产生**紧张和不快**的情绪，很多创作者会利用观众这一心理现象来增加影片的戏剧效果。

纵向运动
考查方向：选择、填空、名词解释

指**被拍摄主体朝向或背离摄影机的运动**。

向摄影机靠近通常代表强悍和自信。

远离镜头(摄影机)则代表退缩，张力减少，压力减轻，有时甚至是软弱、受打击和可疑的，电影的结尾处往往喜欢运用这种镜头。

垂直运动
考查方向：选择、填空、名词解释

指**被拍摄主体的上下运动**。

垂直的动作如果是向上，会产生自由、跃升的感觉，象征**希望、欢愉、权力、权威**等意义。垂直的动作如果是向下，则象征着**忧伤、死亡、卑鄙、沮丧、软弱**等意义。

3.运动特殊形式

快动作
考查方向：选择、填空、名词解释、简答

又称为**"降格摄影"**，指**摄影机以慢于 24 格每秒的速度拍摄，再以正常的速度放映，此时画面里被摄对象的动作就会加快**，这种拍摄方式得到的镜头也被称为**"快镜头"**。

作用：(1)**通常用来加快运动的速度**，例如奔跑的马、飞驰的飞机等。(2)**会使人物动作形成笑料，产生喜剧效果**，卓别林的电影就有很多这样的镜头。(3)也可用来**表达时间的飞速流逝**。

慢动作 考查方向：选择、填空、名词解释、简答

又称为"升格摄影"。指摄影机以快于 24 格每秒的速度拍摄，再以正常的速度放映，此时画面里被摄对象的动作就会减缓，这种拍摄方式得到的镜头也称为"慢镜头"。

作用：会使动作显得优雅、庄严，利于抒情，产生一种诗意。

延时摄影 考查方向：名词解释、简答

又叫"缩时摄影""缩时录影"，是一种将时间压缩的拍摄技术。其通常是先拍摄一组照片，后期通过将照片串联合成视频，把几分钟、几小时甚至是几天的过程压缩在一个较短的时间内以视频的方式播放。

延时摄影通常应用在拍摄城市风光、自然风景、天文现象、城市生活、建筑制造、生物演变等题材的影片上。

倒转动作 考查方向：选择、填空、名词解释、简答

指摄影机先以倒拍的方式拍摄完成，放映时再颠倒顺序播放而呈现的效果。

定 格 考查方向：选择、填空、名词解释、简答

是一种电影剪辑技巧，指银幕上映出的活动影像突然停止而形成的静止的画面，可让动作瞬间凝固。

作用：(1)旋转中的舞蹈迅即休止，激烈对峙的武打突然不动，造成强调和渲染某一细节、某一动作、某一人物的特异效果。(2)一对情侣相见，用定格手法，则可起到延长幸福时刻的感受。(3)画面开始时由静(定格)变动或结束时由动变静(定格)，起转场的作用。(4)影片在结尾处采用定格，表明故事结束。

(三)声音

声 音 考查方向：选择、填空、名词解释、简答

电影作品中的声音是指在银幕上出现的所有用来表情达意的声音形态，主要包括人声、音乐、音响三类。声音和画面是构成电影艺术的两大视听语言。

作用：声音的出现为电影开创了更大的语言空间。(1)极大地增强了影像的真实感。(2)增强了影像的连贯性。(3)解除了默片时代画面承载的"解释声音"的任务，使影像的表达更加纯粹。(4)使"沉默"成为一种表现手段。(5)使"画面的省略"成为一种特殊的表意模式。

人 声 考查方向：选择、填空、名词解释、简答

指银幕上的人在表达思想和交流感情时所发出的一切声音，既包括台词，也包括笑声、咳嗽声、抽泣声等。是电影反映现实生活的重要手段之一。主要形态表现为对白、独白和旁白。

作用：(1)配合影像交代、说明、推动叙事。(2)表现人物的心境和情感。(3)塑造人物性格和形象。(4)直接表达作者的观点和作品的主题。

对　白
考查方向：选择、填空、名词解释

指剧中人物之间相互交流的对话。它是人声最主要的表现形式，也是电影声音中最主要的构成因素，具有传递、交流、沟通等作用。

独　白
考查方向：选择、填空、名词解释

指剧中人物在画面中对内心活动的自我表述，常常是人物内心情感处于复杂矛盾冲突下的产物。

影片中的独白大体有两种形式：一是以"自我"为交流对象的独白，即通常所说的"自言自语"；二是有其他交流对象的大段述说，如演讲、答辩、祈祷的声音。

旁　白
考查方向：选择、填空、名词解释

是一种独特的画外音。指的是第一人称的自述以及第三人称的议论和评说的声音从画面外传入，以构成另一个叙事空间。

画外音
考查方向：选择、填空、名词解释

指不是画面中的人或物体直接发出的、声源来自画面外的声音，可以是人声也可以是音乐、音响效果。特点是声画打破镜头的限制，拓展了视听艺术。

非语言人声
考查方向：选择、填空、名词解释

指由人发出的、在剧中作为叙事元素的、并不包括在"人声"的范畴之内的声音，例如人的打呼噜声、喘息声、心跳声等。

音　乐
考查方向：选择、填空、名词解释、简答

指用有组织的乐音创造艺术形象、表达感情、渲染情绪的一种听觉艺术。

作用：(1)描绘功能，展现不同的时代感、不同的民族特色或不同的地域特色。(2)抒情作用，用于表达一些难以用语言传递的感情、人物的心理活动等。(3)传达作者的主观评价，表达和深化作品的主题。(4)展现电影节奏、揭示画面本质和暗示故事情节。(5)组接画面，结构电影。

有声源音乐
考查方向：选择、填空、名词解释

又称"画内音乐"，指音乐的源头可以在画面中找到或意识到的音乐，例如人物的歌唱、乐器的演奏、收音机的广播等。通常，有声源音乐的出现都是必不可少的。

无声源音乐
考查方向：选择、填空、名词解释

又称"画外音乐"，指画面中找不到来源的音乐，是影片的创作者为电影画面专门制作或编配而成的。

无声源音乐是对画面的补充、解释或评价，表现了导演对影片所展现的事件的主观态度，可以深化画面的内容，加强影片的艺术感染力。

音　响
考查方向：选择、填空、名词解释

也称为"音响效果"，是指在影视艺术作品中，除了人的语言和音乐之外，所有能够表达思想、传递信息、渲染气氛、交代环境的声音形态的总称。从声源的产生来看，可分为**自然音响和社会环境中的音响**两类。

作用：(1)增强画面的立体感与空间感，扩展画面的空间容量。(2)刻画人物心理。(3)渲染气氛。(4)组接画面，推动故事情节发展。(5)表意、隐喻或象征人物所处的某种精神状态或表达作者的思想。

自然音响　考查方向：选择、填空

指自然界中除了人类所发出来的声音之外所有的声音，如**电闪雷鸣声、山崩海啸声、虫鸣声、水流声、风吹树叶声**等。

动作音响　考查方向：选择、填空

指由人或动物的行为动作所产生的声音，如**人的走路声、打斗声、动物的奔跑声**等。

背景音响　考查方向：选择、填空

指电影中处于次要位置的各种杂音，如**集市喧闹声、各种群众场面的喊叫声**等。

机械音响　考查方向：选择、填空

指由**各种机械运动而产生的声音**，如汽车行驶的马达声、刹车声、工厂车间里机器的轰鸣声等。

枪炮音响　考查方向：选择、填空

指由**各种武器引发的爆炸声**，如机枪射击声、大炮或手榴弹的爆炸声，以及子弹炮弹飞行的呼啸声等。

特殊音响　考查方向：选择、填空

指人工制造的非常见性音响，主要用于神话、梦幻、鬼神、恐怖等类型电影中。

声画关系　考查方向：选择、填空、名词解释、简答

指**声音和画面的结合关系**。声音是听觉艺术，画面是视觉艺术，画面需要声音的支持，声音也离不开视觉形象，两者协调配合才能产生立体、完整的感官效果。一般有**声画同步和声画错位**两种形式。

声画同步　考查方向：选择、填空、名词解释

又称"**声画合一**"，指**声音与画面中的发声体同进同出**，即同时呈现又同时消失，让声音情绪和画面情绪能够一致，音乐节奏与画面节奏完全吻合，**达到更加逼真和可信的艺术效果**。

声画错位　考查方向：选择、填空、名词解释

又称"**声画分离**"，指影视作品中出现的声画不同步，声音超前或者滞后，有时候以"画外音"的方式出现。又可分为**声画并列和声画对立**两种形式。

声画错位可以**增强影视画面的内涵和深度**，在新闻片、纪录片、专题片、艺术片中普

遍使用。

声画并列 考查方向：选择、填空、名词解释

指**声音、声源和画面有一定的联系但又相互分离**，即声音和影像各自具备相对独立性，以**突出声音的作用**，在听觉上**为观众提供更多的联想和潜台词**，从而扩大影视作品的表现力。

声画对立 考查方向：选择、填空、名词解释

指**画面和声音在情绪、气氛、节奏以至内容等方面是完全相反的**，形成悲与喜、快与慢、沉重与轻松等对立效果，**产生强烈的戏剧冲突**，具有**暗示、讽刺、隐喻**的表现作用。

同期配音 考查方向：选择、填空、名词解释

指**在拍摄影视作品的同时录下来的声音，从而使得影片所讲述的内容真实、可信**。纪录片中往往运用同期声，以产生缩短制作周期、增强作品的真实性等效果。

后期配音 考查方向：选择、填空

指**影视作品拍完后在录音棚内录下的声音**。优点是能够减少外界的干扰，使得声音干净、饱满；缺点是真实性较弱。有些译制片往往通过后期配音的方式给观众播放。

前期配音 考查方向：选择、填空

指在**影视作品拍摄前先录音，然后根据录音进行拍摄的方式**，这样画面中的人物只需对口型即可（形成所谓的"假唱"）。仅限于歌舞片、戏曲片、MV 等声音占主导地位的影视作品。

（四）剪辑

1.蒙太奇

蒙太奇 考查方向：名词解释、简答

来自**法语（montage）**，原义为**建筑学上的构成、装配**，借用到**电影艺术中有组接、构成之意**。在电影创作中，根据主题的需要、情节的发展、观众注意力和关心的程度，将全片所要表现的内容分解为不同的段落、场面、镜头，分别进行处理和拍摄。然后再根据原定的创作构思，运用艺术技巧，将这些镜头、场面、段落，合乎逻辑地、富于节奏地重新组合，使之通过形象间相辅相成和相反相成的关系，相互作用，产生连贯、对比、呼应、联想、悬念等效果，构成一个连绵不断的有机的艺术整体——一部完整的反映生活、表达思想、条理贯通、生动感人的影片。这种构成一部完整的影片的独特的表现方法称为蒙太奇。

分类：严格来讲，对蒙太奇的分类至今还未有一个绝对统一的标准，但为了使大家更方便地掌握蒙太奇，在这里我们将其分为三类，即**叙事蒙太奇、表现蒙太奇、理性蒙太奇**。

作用：（1）**叙事功能**：指不同景别、不同空间造型按逻辑顺序和艺术要求组合起来，形成充分的叙述。影片中所展现的故事都是通过蒙太奇组接进行的，叙事蒙太奇的作

用就是可以更好地讲好故事。(2)**创造运动**:蒙太奇不仅可以使一个个散乱的镜头连接起来形成叙事,而且还能使得静态的画面影像动起来;蒙太奇的组接在讲述故事的同时,也就创造了运动,所以观众能够看到影片中被拍摄主体的运动。(3)**表现思想**:可将不同的时空的镜头组合在一起,通过比拟、对比、隐喻等手段技巧揭示新的思想意义,从而简洁而又深刻地揭示出人与人、人与物、物与物之间各种原来隐藏着的关系和含义。理性蒙太奇的运用就是为了能够阐明和表现创作者的思想。

表现蒙太奇　考查方向:名词解释、简答

指以镜头的对列为基础,**通过相连或相叠镜头在形式上或内容上的相互对照、冲击,从而产生一种单独镜头本身不具有或更为丰富的含义**,以表达某种情感、情绪、心理或思想,给观众造成强烈的印象。

表现蒙太奇的美学作用在于**激发观众的联想,启迪观众思考**。表现蒙太奇的目的不是叙事,而是**表达情绪,表现寓意,揭示含义**。

主要类型有**对比蒙太奇、隐喻蒙太奇、心理蒙太奇、抒情蒙太奇**等。

心理蒙太奇　考查方向:名词解释、简答

是**展示人物心理的重要手段**。它通过镜头的组接或音画的有机结合,**直接而生动地展示出人物的心理活动、精神状态**,如表现人物的闪念、回忆、梦境、幻觉、想象、遐想、思索甚至潜意识的活动。

例如伯格曼的《野草莓》,不断将老教授的回忆闪回穿插进他的日常活动,展现了其困惑、迷茫的心理世界和人生状态。

隐喻蒙太奇　考查方向:选择、填空、名词解释、简答

指**通过镜头的对列或交替表现进行类比,含蓄而形象地表达创作者的某种寓意或事件的某种情绪色彩**。

例如苏联导演普多夫金在影片《母亲》中,将工人示威游行的镜头与春天河水解冻的镜头有机地组接在一起,用春水比喻革命运动不可阻挡。

对比蒙太奇　考查方向:选择、填空、名词解释、简答

指**通过镜头之间在内容上或形式上的强烈对比,产生互相强调、互相冲突的作用,以表达创作者的某种寓意或强化所表现的内容、情绪和思想**。

例如在张艺谋的电影《我的父亲母亲》中,运用黑白与彩色的时空对比,凸显出父亲母亲纯美的爱情和青春。

叙事蒙太奇　考查方向:名词解释、简答

指**以交代情节、展示事件为主旨的一种蒙太奇类型**。叙事蒙太奇按照情节发展的时间流程、逻辑顺序、因果关系,来分切组合镜头、场面和段落,表现动作的连贯,推动情节的发展,引导观众理解剧情。

叙事蒙太奇由**美国导演格里菲斯首创**,是目前电影中最常用的叙事方法。根据叙述方式的不同,可分为**连续蒙太奇、平行蒙太奇、交叉蒙太奇、重复蒙太奇**等。

连续蒙太奇 考查方向：选择、填空、名词解释、简答

指沿着一条单一的情节线索，按照事件的逻辑顺序，有节奏地连续叙述，表现出影片的戏剧跌宕。连续蒙太奇存在一定的缺点，那就是缺乏时间、场面、地点的变化，无法同时展开多条线索叙述故事，不利于省略多余的过程，有时易造成平铺直叙、拖沓、冗长的感觉。

平行蒙太奇 考查方向：选择、填空、名词解释、简答

指两条或两条以上情节线索的并列表现，分头叙述而又统一在一个完整的情节结构中，或者几个表面毫无联系的情节或事件相互穿插、交错表现，统一在共同的主题中。

平行蒙太奇具有对比的作用，最经典的平行蒙太奇运用是在格里菲斯的影片《党同伐异》中。

交叉蒙太奇 考查方向：选择、填空、名词解释、简答

又称"交替蒙太奇"，由平行蒙太奇发展而来。交叉蒙太奇所表现的是同一时间内的两条或多条线索的齐头并进，它们之间有密切的因果关系，彼此依存，互相促进，而且交替频繁，最终汇合在一起。

交叉蒙太奇能够营造紧张激烈的气氛，加强矛盾冲突的尖锐性，引起悬念，是掌握观众情绪的有力手法。例如《旺角卡门》中片尾就是运用交叉蒙太奇展现人物对命运的最后一搏，营造出惊险的场面。

重复蒙太奇 考查方向：选择、填空、名词解释、简答

又称"复现式蒙太奇"，指影片中代表一定寓意的镜头或场面乃至各种元素在关键时刻反复出现，造成强调、对比、呼应、渲染等艺术效果，以深化观众的印象。

理性蒙太奇 考查方向：名词解释、简答

由苏联学派的代表人物爱森斯坦创立，是指通过画面之间的关系而不是单纯的连续性叙事来表情达意。

理性蒙太奇与叙事蒙太奇的区别在于，即使它的画面属于实际经历过的事物，那也是一种主观视像。它的目的是使观众将视觉形象变成一种导演有意传达的理性认识。一般分为杂耍蒙太奇和思想蒙太奇等。

杂耍蒙太奇 考查方向：名词解释、简答

又称"吸引力蒙太奇"，指为了表达作者某种抽象的思想观念和主题含义，而在影片中使用脱离现实、叙事情节、人物轨迹的画面镜头，来创作具有视觉冲击力和表意明确的电影文本的方法。

例如《战舰波将金号》中三个石狮子镜头的使用，寓示了革命群众从愚昧中觉醒、自觉反抗沙皇的抽象意味。

思想蒙太奇 考查方向：名词解释、简答

指利用一些旧新闻影片中的文献资料，重新进行编排，以表达特定中心意义的蒙太

奇方式。是由**苏联纪录片导演维尔托夫创立**的。

例如苏联导演米哈伊尔·罗姆的纪录片《普通法西斯》，就是利用德国法西斯以前拍摄的新闻资料，重新编排组合之后，完全为表达反战、反法西斯的核心主题而服务。

声画蒙太奇　考查方向：名词解释、简答

指把各种独立的没有联系的声音和画面有机地、按照一定的意图连接起来，从而产生新的寓意，包括银幕上声音与声音的组合、声音与画面的组合两大部分。使得影片所表现的内容更真实，利于抒发感情。

2.其他术语

剪　辑　考查方向：选择、填空、名词解释

指将影片制作中所拍摄的大量素材，经过选择、取舍、分解与组接，最终完成一个连贯流畅、含义明确、主题鲜明并具有艺术感染力的作品。也将其形容为"**裁烦琐为凝练、化平庸为神奇**"。

从美国导演**格里菲斯**开始，采用分镜头拍摄的方法，然后再把这些镜头组接起来，因而产生了剪辑艺术。

跳　切　考查方向：选择、填空、名词解释

又称"**切出、切入**""**无技巧剪辑**"，指打破常规状态镜头切换时遵循的时空和动作连续性要求，以情节的内在逻辑联系或观众欣赏心理的能动性、连贯性为依据，以较大幅度的跳跃式镜头组接，突出某种必要的内容和情绪的剪辑手法。

叠　印　考查方向：选择、填空、名词解释

又称"**叠画**"，指两个或两个以上不同时空中不同内容的画面，叠合起来构成一个画面的制作技巧。叠印时相互重叠的各个画面间具有内在联系。

闪　回　考查方向：选择、填空、名词解释

指**在某一场景中突然插入另一场景镜头或片段的一种电影叙事手法**。闪回的内容一般为闪回前面镜头中某个人物的思念或回忆，以使观众更清晰地感受人物的思维和情绪。

圈出、圈入　考查方向：选择、填空、名词解释

又称"**圈变**"，是"**划**"的变种。是指从画面中心以圆点开始逐渐扩大（圈出）或从画面外沿以圆形逐渐收缩（圈入），使下一镜头的画面逐渐取代上一镜头的画面。这种手法有特写的作用，便于观众集中注意力于某一细节部分。

淡入、淡出　考查方向：选择、填空、名词解释

也称"**渐显、渐隐**""**渐明、渐暗**"，表现为**前一场景的画面渐渐暗淡（模糊）直至完全消失（渐隐）**，同时后一场景的画面逐渐显露直到十分清晰（渐显）。

这种手法用以表现某一个情节的终了和另一个情节的开端，使观众在视觉上得到短暂的间歇，以领会进展中的剧情。其作用如同戏剧幕间分场或音乐乐章段落的更换。

化出、化入　考查方向：选择、填空、名词解释

又称"溶变""化"。表现为前一画面渐渐隐去（化出）的同时，后一画面即已开始渐渐显露（化入），两个画面重叠隐现，起到时空自然过渡的作用。常用于表现人物的回忆和梦幻内容。在神话片中，借助短暂的"化"，可产生某种特殊效果。

划出、划入　考查方向：选择、填空、名词解释

又称"划""划变"。指用多种样式的技巧把两幅画面衔接起来。表现形式是滑移，即后一镜头从前一镜头画面上渐渐划过，前后交替。这种手法在默片时代比较流行。

反应镜头　考查方向：名词解释

指从主要场景切出，以表现人物对主要场景的反应的镜头。电影中的人物对话过程常常用到反应镜头，使观众看起来舒服。

正反打镜头　考查方向：选择、填空、名词解释

本质上是两种相辅相成的视点镜头：正打镜头和反打镜头。一般在表现剧中人物对话时用得较多。通常表现为从听话人的视点观看说话人，并因此不断变动对话双方的视点。

例如《低俗小说》中文生和老板女友在一起的时候就是运用正反打镜头展现人物之间的生疏关系。

电影节奏　考查方向：名词解释

指镜头的组接速度、音乐的节奏、演员语速、动作等方面的表现。一般情况下动作电影的节奏要快于伦理电影的节奏。

（五）其他理论

视觉暂留原理　考查方向：选择、填空、名词解释

又称"余晖效应"，1824 年由英国伦敦大学教授皮特·马克·罗葛特最先提出。

人眼在观察景物时，光信号传入大脑神经，需经过一段短暂的时间，光的作用结束后，视觉形象并不会立即消失，而是仍然在视网膜上滞留 0.1～0.4 秒的时间，这种残留的视觉被称为"后像"，视觉的这一现象则被称为"视觉暂留原理"。

第七艺术　考查方向：选择、填空、名词解释

1911 年，意大利诗人和电影先驱者乔托·卡努杜发表名为《第七艺术宣言》的著名理论文章，第一次宣称电影是一门综合建筑、音乐、绘画、雕塑、诗和舞蹈六种艺术元素的"第七艺术"。影视是有确切诞生日期的艺术。

电影文学剧本　考查方向：名词解释、简答

是用文字表述和描绘未来影片内容的一种文学样式，是剧作者根据自己的艺术构思，对大量的生活素材进行提炼和加工，把自己对生活的感受和评价融入具体形象中，并用文学的语言表述出来。

电影文学剧本的创作是用电影的方式思考,用文学的方式来表达的,它是整部影片的基础,也是导演再创作的依据,更是未来影片成败的前提。

分镜头剧本　考查方向:名词解释

又称"摄制工作台本",是将文字转换成立体视听形象的中间媒介。其作用主要表现在三个方面:一是作为影视作品前期拍摄的脚本;二是作为影视作品后期制作的依据;三是可作影视作品长度和经费预算的参考。

视听造型语言　考查方向:名词解释

是以影像和声音运动幻觉为基础,用以表达思想、传递感情、完成叙事的创造性的语言体系。电影的视觉造型与电影的声音造型诸因素(音量、音色、音调、运动等),共同形成了表达意蕴、传递情感、塑造人物的银幕特殊视听造型语言体系。

场面调度　考查方向:名词解释、简答

出自法文,意为"摆在适当的位置"或"放在场景中"。最初用于舞台剧,指导演对一个场景内演员的行动路线、地位和演员之间的交流等表演活动所进行的艺术处理。

电影艺术中的场面调度与舞台上的有所不同,是指演员调度和摄影机调度的统一处理。场面调度是在银幕上创造电影形象的一种特殊表现手段。

构　图　考查方向:名词解释、简答

造型艺术术语,指作品中艺术形象的结构配置方法,它是造型艺术表达作品思想内容并获得艺术感染力的重要手段。

电影构图是指结合被拍摄对象和摄影的造型元素,按照顺序位置有重点地组织、分布在活动着的电影画面中,达到画面形式的统一。通常电影画面构图分为主体、陪体和环境三部分。

类型电影　考查方向:名词解释

指按照不同类型(或样式)的规定要求制作出来的影片。作为一种影片制作方式,20世纪三四十年代在美国好莱坞占据统治地位。

类型电影具有以下基本特征:一是公式化的情节;二是定型化的人物;三是图解式的视觉影像。主要的类型影片有喜剧片、西部片、犯罪片、幻想片等。

西部片　考查方向:选择、填空、名词解释

又称"牛仔片",是美国好莱坞特有的一种影片类型,以19世纪美国西部开发时期为故事背景,表现拓荒者的生活、西部开发过程中各种势力之间的斗争以及白人驱赶并屠杀土著印第安人的血腥活动。

西部片被认为是最能代表美国人的民族性格和精神倾向的一类影片。一般都具有相同的电影元素和符号特征,例如蛮荒的原野、正义的牛仔形象、激斗的场面和愚昧的土著印第安人等。

纪录片 考查方向:选择、填空、名词解释

是以真实生活为创作素材,以真人真事为表现对象,并对其进行艺术加工,以展现真实为本质的影片类型。根据记录对象和表现手法的不同,可以分为历史纪录片、传记纪录片、新闻纪录片和系列纪录片等。

公路片 考查方向:选择、填空、名词解释

指以一段旅程为背景,电影的主人公在占电影绝对篇幅的公路旅行情节中完成生命体验、思想变化、性格塑造,并产生一系列的戏剧冲突的电影类型。典型作品有《末路狂花》《邦妮和克莱德》《午夜狂奔》等。

喜剧片 考查方向:选择、填空、名词解释

指以产生笑的效果为特征的故事片。其艺术手段是发掘生活中的可笑现象,作夸张的处理,达到真实和夸张的统一。主要目的是通过笑来颂扬美好、进步的事物或理想,讽刺或嘲笑落后现象,在笑声中娱乐和教育观众。

新闻片 考查方向:选择、填空、名词解释

又称"时事报道片",主要报道新近发生的新闻事件,主题单一,一般均具有时间、地点、人物等新闻要素。代表作品有报道女排比赛的《拼搏》、报道1984年国庆阅兵的《大阅兵》等。

传记片 考查方向:选择、填空、名词解释

指以历史上杰出人物的生平业绩为题材的影片。主要情节受历史人物本身事迹的制约,不能凭空虚构,但允许在真实材料的基础上做合情合理的添加和润色。代表作品有《国王的演讲》《至暗时刻》《阮玲玉》等。

数字电影 考查方向:名词解释

诞生于20世纪80年代,指以数字技术和设备摄制、制作、存储,并通过卫星、光纤、磁盘、光盘等物理媒体传送,将数字信号还原成符合电影技术标准的影像与声音,放映在银幕上的影视作品。

立体电影 考查方向:名词解释

也称"3D立体电影",指利用人双眼的视角差和会聚功能制作的可产生立体效果的电影,给观众以身临其境的感觉。这种电影出现于1922年。

立体电影在放映时将两幅画面重叠在银幕上,通过观众的特制眼镜或幕前辐射状半锥形透镜光栅,使观众左眼看到从左视角拍摄的画面,右眼看到从右视角拍摄的画面,再通过双眼的会聚功能,合成为立体视觉影像。

微电影 考查方向:名词解释、简答

即微型电影,是指专门在各种新媒体平台上播放的、适合在移动状态和短时休闲状态下观看的、具有完整策划和系统制作体系支持的、故事情节完整的影片。

主要特点有"三微"：一是**"微时"（30～3000 秒）放映**；二是**微周期制作**；三是**微规模投资**。

IP 电影　考查方向：名词解释

IP 即**知识财产**，包括**专利权、商标、著作权**等。知识财产可以是一首歌，一部网络小说、话剧，或是某个人物形象，甚至只是一个名字、短语，**把它们改编成电影的影视版权，就可以称作"IP 电影"**。

电影特技　考查方向：选择、填空、名词解释

指在不同题材影片的摄制过程中，遇到一些成本很高、难度较大、费时过多、危险性太大的摄制任务或现实生活中并不存在的被摄对象和现象时所需要用的拍摄特技，例如**特殊化妆、影像合成**等。

杀青　考查方向：选择、填空、名词解释

具有多义性，一是指古代制竹简程序之一，即将竹火炙去汗后，刮去青色表皮，以便书写和防蠹。二是指古人校书，初书于竹简上，改定后再书于绢帛，后因泛称缮成定本或校刻付印为"杀青"。三是指绿茶加工初制的第一个工序，即将鲜茶叶置锅中炒焙，便于揉捻。

明代宋应星的《天工开物》中，"杀青"也指古代的造纸方法。在**电影创作过程中，"杀青"指的是电影的前期拍摄完成**。

道　具　考查方向：名词解释

指演出戏剧或拍摄电影时所用的器物。通常分为大道具（如桌、椅、屏风等）、小道具（如杯、壶、文具等）、装饰道具（如镜框、书画、古玩等）和随身道具（如眼镜、烟盒、扇子等）。

叙事结构　考查方向：选择、填空、名词解释

指作品中对人物、动作和情节线索的全面性组合和安排。从叙事结构的角度可以将电影结构分为：**线性叙事结构、非线性叙事结构及反线性叙事结构**。

线性叙事结构　考查方向：选择、填空、名词解释

是**最传统的叙事结构**，由**"开端、发展、高潮、结局"**四部分组成，严格**按照现实的时间向度来组织安排情节线索**。

非线性叙事结构　考查方向：选择、填空、名词解释

是一种新型的叙事类型，具有**多维度、多视角、时空错乱与倒置、立体感强烈、没有明显的逻辑思维走向**等特点。常见的结构模式有戏中戏、双时空、平行时空等。

反线性叙事结构　考查方向：选择、填空、名词解释

指**不推崇叙事，有意淡化情节和人物关系，注重表达一种情绪的叙事结构**。多为散文化电影、诗化电影、实验电影等艺术电影所采用。例如王家卫的《东邪西毒》、金基德《弓》、蔡明亮的《郊游》等。

第二节 电影导演

(一)中国电影导演

1.内地电影导演

第一代导演 考查方向：选择、填空、名词解释、简答

中国电影的奠基者，活跃在无声片时期，主要是20世纪初叶到20年代末。

第一代导演善于从中国传统的叙事艺术和舞台戏曲中吸取技法，并结合时代的需要进行革新。电影反映时代要求，重视社会教化意义。代表人物有郑正秋、张石川、杨小仲、邵醉翁等。

张石川 考查方向：选择、填空

中国电影事业的开拓者。作品有《火烧红莲寺》《歌女红牡丹》《难夫难妻》《孤儿救祖记》《三笑》《燕归来》等。其中，1928年上映的《火烧红莲寺》是中国第一部武侠神怪片；1931年上映的《歌女红牡丹》是中国第一部有声片。

郑正秋 考查方向：选择、填空

中国早期电影导演、编剧。1913年郑正秋与张石川合作编写并导演了中国第一部短故事片《难夫难妻》。1922年与张石川等创建明星影片公司。代表作品还有《姊妹花》等。

杨小仲 考查方向：选择、填空

中国第一代电影导演。他一生执导影片近百部，故有"百部导演"之称。作品有《蛇蝎美人》《四姊妹》《十步芳草》等。新中国成立后，其主要拍摄儿童片和戏曲片，作品有《好孩子》《宝葫芦的秘密》《孙悟空三打白骨精》等。

邵醉翁 考查方向：选择、填空

中国第一代电影导演，1925年与其弟邵邨人、邵仁枚、邵逸夫在上海创办天一影片公司，后成立香港邵氏公司。作品有《立地成佛》《忠孝节义》《一夜豪华》《东北二女子》等。

第二代导演 考查方向：选择、填空、名词解释、简答

主要活动于20世纪三四十年代的有声片时代，突出贡献是完成了中国电影从默片到有声片的转变。在思想上，他们把电影真正从单纯娱乐中解放出来，更多地关注现实生活；在艺术上，注重把写实和电影化结合起来，以摆脱舞台的局限。代表人物有蔡楚生、孙瑜、郑君里、桑弧、费穆、吴永刚、袁牧之等。

蔡楚生 考查方向：选择、填空

中国第二代电影导演。作品有《渔光曲》《一江春水向东流》等。电影《渔光曲》获

1935 年莫斯科国际电影展览会荣誉奖，这是中国电影史上第一部在国际上获奖的影片。

孙　瑜　考查方向：选择、填空

中国第二代电影导演，被誉为"诗人导演"，是中国第一位在美国接受过正规高等电影教育的电影人。作品有《大路》《武训传》《野草闲花》《小玩意》等。

郑君里　考查方向：选择、填空

中国第二代电影导演。作品有《一江春水向东流》（与蔡楚生合导）、《乌鸦与麻雀》《聂耳》《枯木逢春》《林则徐》等。

桑　弧　考查方向：选择、填空

中国第二代电影导演。1946 年，与张爱玲合作执导了《太太万岁》《不了情》等影片。其他作品有《梁山伯与祝英台》《祝福》《子夜》《魔术师的奇遇》等。

费　穆　考查方向：选择、填空

中国第二代电影导演。作品有电影《生死恨》《小城之春》《狼山喋血记》。《生死恨》拍摄于 1947 年，由著名京剧表演艺术家梅兰芳主演，是我国第一部彩色戏曲片。《小城之春》是东方电影的开荒之作，也是使其达到个人艺术高峰的作品。

吴永刚　考查方向：选择、填空

中国第二代电影导演。作品有电影《神女》《巴山夜雨》《壮志凌云》《楚天风云》《辽远的乡村》和歌舞剧《刘三姐》等。

袁牧之　考查方向：选择、填空

中国第二代电影导演，新中国电影事业的开拓者和奠基人。作品有《风云儿女》《马路天使》《桃李劫》《都市风光》等。

第三代导演　考查方向：选择、填空、名词解释、简答

指新中国成立后走上影坛的导演，多活跃在 20 世纪五六十年代。第三代导演在表现生活的本质上遵循现实主义原则，在民族风格、艺术意蕴、地方特色等方面都进行了有益的探索。代表人物有谢晋、谢铁骊、凌子风、水华、崔嵬、李俊等。

谢　晋　考查方向：选择、填空

中国第三代电影导演。其电影创作的特征可以用"伦理煽情、评史重实、怜女抗命"来概括。作品有《女篮 5 号》《女足九号》《天云山传奇》《牧马人》《高山下的花环》《芙蓉镇》《红色娘子军》《鸦片战争》《最后的贵族》等。

谢铁骊　考查方向：选择、填空

中国第三代电影导演。作品有《早春二月》（根据柔石的中篇小说《二月》改编）、《暴风骤雨》《包氏父子》《红楼梦》等。

凌子风　考查方向:选择、填空

中国**第三代电影导演**。1949年,导演了**处女作《中华女儿》**,代表作品还有《红旗谱》《骆驼祥子》《边城》《春桃》《李四光》《狂》等。

水 华　考查方向:选择、填空

中国**第三代电影导演**。作品有《白毛女》《林家铺子》《烈火中永生》《革命家庭》《伤逝》等。其中1950年导演的《白毛女》是其成名作,1959年导演的《林家铺子》是其巅峰之作。

崔 嵬　考查方向:选择、填空

中国**第三代电影导演**。作品有《青春之歌》《小兵张嘎》《北大荒人》以及戏曲艺术片《杨门女将》《野猪林》等。

李 俊　考查方向:选择、填空

中国**第三代电影导演**。作品有《农奴》《闪闪的红星》《大决战》等。

王 苹　考查方向:选择、填空

中国**第三代电影女导演**。作品有《红军不怕远征难》《东方红》《霓虹灯下的哨兵》《永不消逝的电波》《柳堡的故事》《冲破黎明前的黑暗》等。

第四代导演　考查方向:选择、填空、名词解释、简答

第四代导演大多毕业于"文革"前的北京电影学院,在**20世纪70年代末80年代初**崭露头角。其创作倡导电影的纪实性,打破了戏剧结构,被形象地比喻为**"丢掉戏剧的拐杖"**,追求质朴自然的风格和开放式的结构。代表人物有**吴贻弓、吴天明、谢飞、黄健中、黄蜀芹、郑洞天**等。

吴贻弓　考查方向:选择、填空

第四代导演领军人物。作品有《城南旧事》《巴山夜雨》《少爷的磨难》《海之魂》《阙里人家》等。《城南旧事》改编自**林海音**1960年出版的同名中篇小说,讲述了**英子**在北京生活时发生的三个故事,**影片的主题曲是《送别》**。

吴天明　考查方向:选择、填空

中国**第四代电影导演**。作品有《生活的颤音》《人生》《老井》《变脸》《非常爱情》《百鸟朝凤》等。

谢 飞　考查方向:选择、填空

中国**第四代电影导演**。作品有《黑骏马》《本命年》《香魂女》《湘女萧萧》等。其中1992年执导的影片《香魂女》与李安执导的《喜宴》一同获得1993年柏林国际电影节金熊奖。

黄健中 考查方向：选择、填空

中国第四代电影导演。作品有《小花》《过年》《红娘》《中国妈妈》《山神》《龙年警官》《大鸿米店》《我的1919》等。

黄蜀芹 考查方向：选择、填空

中国第四代电影女导演。作品有电影《青春万岁》《人·鬼·情》《画魂》等；导演的电视剧《围城》《孽债》获中国电视剧飞天奖。

张暖忻 考查方向：选择、填空

中国第四代电影女导演。曾以《沙鸥》一片获1982年金鸡奖导演特别奖，接着又拍摄了堪称新时期电影代表作的《青春祭》《北京，你早》等。

郑洞天 考查方向：选择、填空

中国第四代电影导演。作品有《邻居》《鸳鸯楼》《秘闯金三角》《人之初》《刘天华》《台湾往事》等。

第五代导演 考查方向：选择、填空、名词解释、简答

指20世纪80年代从北京电影学院毕业的年轻导演。这批导演经受过"文革"，改革开放后接受了专业训练，带着创新的激情走上影坛。

第五代导演力图在每一部影片中寻找新的角度，强烈渴望通过影片探索民族文化的历史和民族心理的结构。在选材、叙事、刻画人物、镜头运用、画面处理等方面，都力求标新立异，其作品的主观性、象征性、寓意性特别强烈。代表人物有陈凯歌、张艺谋、吴子牛、田壮壮、张军钊、黄建新等。

陈凯歌 考查方向：选择、填空

中国著名电影导演。代表作品有《黄土地》《大阅兵》《孩子王》《边走边唱》《霸王别姬》《风月》《荆轲刺秦王》《和你在一起》《无极》《梅兰芳》《赵氏孤儿》《搜索》《道士下山》《妖猫传》《尘埃里开花》《我和我的祖国》《淑贞》（微电影）、《长津湖》等。

张艺谋 考查方向：选择、填空

中国著名电影导演、摄影师、演员。代表作品有《红高粱》《代号美洲豹》《菊豆》《大红灯笼高高挂》《秋菊打官司》《活着》《摇啊摇，摇到外婆桥》《卢米埃尔与四十大导》（纪录片）、《有话好好说》《一个都不能少》《我的父亲母亲》《幸福时光》《英雄》《十面埋伏》《千里走单骑》《满城尽带黄金甲》《三枪拍案惊奇》《山楂树之恋》《金陵十三钗》《归来》《长城》《影》《一秒钟》《悬崖之上》《坚如磐石》《狙击手》等。

吴子牛 考查方向：选择、填空

中国第五代电影导演。代表作品有《候补队员》《喋血黑谷》《国歌》《晚钟》《欢乐英雄》《阴阳界》《南京大屠杀》等。

田壮壮　考查方向：选择、填空

中国第五代电影导演。代表作品有《盗马贼》《摇滚青年》《大太监李莲英》《蓝风筝》等，并重拍了费穆的经典作品《小城之春》。

张军钊　考查方向：选择、填空

中国第五代电影导演。1983年导演的影片《一个和八个》，成为第五代导演第一部问世的作品。这部战争类故事片由张艺谋摄影，取材于郭小川的同名长诗。其他作品还有《加油，中国队》《孤独的谋杀者》《弧光》《台北女人》等。

黄建新　考查方向：选择、填空

中国第五代电影导演。代表作品有《错位》《黑炮事件》《轮回》《站直啰！别趴下》《背靠背，脸对脸》《红灯停、绿灯行》《埋伏》《求求你，表扬我》《建国大业》《建党伟业》《失眠笔记》（微电影）、《我和我的祖国》（参与执导）、《1921》等。

第六代导演　考查方向：选择、填空、名词解释、简答

又称为"新生代导演"，主要是20世纪90年代开始执导电影的一批导演。他们关注的大多是当下中国，镜头锁定一些社会边缘人物，裸露生活的原生态，暴露人性的黑暗和文化的危机，在创作上表现出"叛逆和反思"。代表人物有贾樟柯、王小帅、管虎、娄烨、张扬、李欣等。

贾樟柯　考查方向：选择、填空

中国第六代电影导演。代表作品有《小山回家》、"家乡三部曲"（《小武》《任逍遥》《站台》）、《世界》《三峡好人》《二十四城记》《海上传奇》《天注定》《山河故人》《江湖儿女》《一个村庄的文学》（纪录片）、《一直游到海水变蓝》（纪录片）等。其中《三峡好人》荣获第63届威尼斯国际电影节最佳影片金狮奖。

王小帅　考查方向：选择、填空

中国第六代电影导演。代表作品有《冬春的日子》《极度寒冷》《扁担·姑娘》《十七岁的单车》《青红》《左右》《日照重庆》《三线人家》（纪录片）、《闯入者》《地久天长》《我的镜头》（纪录片）、《致命邀请》《沃土》等。

管　虎　考查方向：选择、填空

中国第六代电影导演、电视导演、编剧，被称为"第六代电影导演"中的怪才。代表作品有《头发乱了》《浪漫街头》《再见，我们的1948》《斗牛》《杀生》《厨子·戏子·痞子》《老炮儿》《我和我的祖国》（《前夜》篇）、《八佰》《金刚川》等。

娄　烨　考查方向：选择、填空

中国第六代电影导演。代表作品有《危情少女》《周末情人》《苏州河》《紫蝴蝶》《颐和园》《春风沉醉的夜晚》《浮城谜事》《推拿》《风中有朵雨做的云》《兰心大剧院》等。

冯小刚 考查方向:选择、填空

中国著名电影导演,有"贺岁片之父"的美誉。代表作品有《甲方乙方》《不见不散》《没完没了》《一声叹息》《大腕》《手机》《天下无贼》《夜宴》《集结号》《非诚勿扰》《唐山大地震》《一九四二》《私人订制》《我不是潘金莲》《芳华》《只有芸知道》等。

姜 文 考查方向:选择、填空

中国著名电影演员、电影导演。作为演员,作品有《芙蓉镇》《红高粱》《寻枪》《有话好好说》《末代皇后》《大太监李莲英》等。作为导演,作品有《阳光灿烂的日子》《鬼子来了》《太阳照常升起》《让子弹飞》《一步之遥》《邪不压正》等。

顾长卫 考查方向:选择、填空

中国著名电影摄影师、导演,有"中国第一摄影师"的美称。主要摄影的作品有《孩子王》《红高粱》《霸王别姬》《阳光灿烂的日子》《菊豆》《兰陵王》等。主要导演的作品有《孔雀》《立春》《最爱》《遇见你真好》等。其中,《孔雀》获得第55届柏林电影节银熊奖。

陆 川 考查方向:选择、填空

中国著名电影导演、编剧。代表作品有《寻枪》《可可西里》《南京!南京!》《王的盛宴》《九层妖塔》《我们诞生在中国》(纪录片)等。

宁 浩 考查方向:选择、填空

中国新生代的"鬼才导演"。代表作品有《绿草地》《疯狂的石头》《疯狂的赛车》《黄金大劫案》《无人区》《心花路放》《疯狂的外星人》《我和我的祖国》(《北京你好》篇)等。

张一白 考查方向:选择、填空

中国电影导演、监制,被奉为"青春片教父"。代表作品有《将爱情进行到底》《开往春天的地铁》《好奇害死猫》《夜·上海》《匆匆那年》《我和我的祖国》(《相遇》篇)等。

薛晓路 考查方向:选择、填空

中国女作家、编剧、导演。代表作品有《海洋天堂》《北京遇上西雅图》《我和我的祖国》(《回归》篇)等。

徐 峥 考查方向:选择、填空

中国男演员、导演、编剧、监制。代表作品有《人在囧途之泰囧》《港囧》《我和我的祖国》(《夺冠》篇)、《囧妈》《我和我的家乡》(《最后一课》篇)、《我和我的父辈》(《鸭先知》篇)、《阳光新世界》等。

吴 京 考查方向:选择、填空

中国影视男演员、电影导演。参演电影有《杀破狼Ⅱ》《战狼Ⅱ》《流浪地球》《我和我的祖国》《我和我的家乡》《我和我的父辈》《攀登者》《金刚川》《长津湖》等;导演电影有《战狼》《战狼Ⅱ》《我和我的父辈》(《乘风》篇)等。

陈思诚　考查方向：选择、填空

中国男导演、演员、编剧。代表作品有《北京爱情故事》《唐人街探案》系列、《我和我的家乡》（《天上掉下个 UFO》篇）等。

文牧野　考查方向：选择、填空

中国"八〇后"导演、编剧。代表作品有《恋爱中的城市》《我不是药神》《我和我的祖国》（《护航》篇）、《奇迹》等。

2.港台电影导演

张　彻　考查方向：选择、填空

香港"新派武侠片之父"。代表作品有《独臂刀》《金燕子》《方世玉与洪熙官》《大上海 1937》《十三太保》等。

胡金铨　考查方向：选择、填空

香港 20 世纪 60 年代新派武侠片的代表人物之一，开创了具有强烈诗化韵味的作者式武侠电影类型。代表作品有《龙门客栈》《侠女》《空山灵雨》《山中传奇》等。

许鞍华　考查方向：选择、填空

香港著名女导演。代表作品有《疯劫》《姨妈的后现代生活》《女人，四十》《倾城之恋》《半生缘》《桃姐》《黄金时代》《明月几时有》等。

徐　克　考查方向：选择、填空

香港电影导演、编剧。其导演或监制了《黄飞鸿》系列、《英雄本色》系列、《笑傲江湖》系列和《倩女幽魂》系列。

主要作品有《七剑》《青蛇》《蜀山传》《刀马旦》《新蜀山剑侠》《狄仁杰之通天帝国》《梁祝》《黄飞鸿》《龙门飞甲》《深海寻人》《智取威虎山》《西游·伏妖篇》《狄仁杰之四大天王》《长津湖》等。其中，《智取威虎山》是由样板戏《智取威虎山》改编而成。

吴宇森　考查方向：选择、填空

香港电影编剧、导演，被誉为"暴力美学大师"。代表作品有《铁汉柔情》《英雄本色》《英雄无泪》《喋血双雄》《纵横四海》《辣手神探》《变脸》《赤壁（上）》《赤壁（下）》《太平轮》《追捕》等。其中，《英雄本色》是香港警匪片中里程碑式的杰作。

王家卫　考查方向：选择、填空

香港电影编剧、导演。他的作品具有风格化的影像、后现代意味的表达方式和对现代都市人精神状态的把握，构建了"王家卫式"电影美学。作品有《旺角卡门》《阿飞正传》《东邪西毒》《春光乍泄》《重庆森林》《花样年华》《2046》《蓝莓之夜》《一代宗师》等。其中，《一代宗师》塑造的武侠英雄是叶问。

陈可辛　考查方向：选择、填空

香港电影导演、监制。代表作品有《甜蜜蜜》《金枝玉叶》《情书》《如果·爱》《投名状》《武侠》《中国合伙人》《亲爱的》《夺冠》等。

关锦鹏　考查方向：选择、填空

香港导演、编剧。代表作品有《胭脂扣》《阮玲玉》《蓝宇》《长恨歌》等，其中，《长恨歌》改编自王安忆的同名小说。

周星驰　考查方向：选择、填空

香港演员、导演、编剧、制作人、商人，华语影坛的标志性人物之一，被誉为"中国的查理·卓别林"。其创造了风格独特的无厘头式喜剧，代表作品有《长江7号》《功夫》《喜剧之王》《少林足球》《西游·降魔篇》《美人鱼》《新喜剧之王》等。

林超贤　考查方向：选择、填空

香港著名导演。代表作品有《千机变》《证人》《火龙对决》《线人》《逆战》《湄公河行动》《红海行动》《紧急救援》《长津湖》等。

曾国祥　考查方向：选择、填空

香港影视男演员、编剧、导演。代表作品有《恋人絮语》《醉后一夜》《七月与安生》《少年的你》等。

侯孝贤　考查方向：选择、填空

台湾著名电影导演。善于用长镜头来创造浓郁的民族韵味。代表作品有《悲情城市》《童年往事》《恋恋风尘》《好男好女》《刺客聂隐娘》等。

李　安　考查方向：选择、填空

台湾著名电影编剧、导演，是第一位获得奥斯卡奖的华人导演。因在国际上屡获大奖，人称"架起了东西方文化沟通的桥梁"。代表作品有"父亲三部曲"（《推手》《喜宴》《饮食男女》）、《卧虎藏龙》《断背山》《色·戒》《少年派的奇幻漂流》《理智与情感》《比利·林恩的中场战事》《双子杀手》等。

杨德昌　考查方向：选择、填空

台湾著名电影编剧、导演，被称为"台湾社会的手术灯"。代表作品有《牯岭街少年杀人事件》《一一》《恐怖分子》《独立时代》《麻将》等。

蔡明亮　考查方向：选择、填空

台湾著名电影编剧、导演。代表作品有《爱情万岁》《天边一朵云》《你那边几点》《天桥不见了》《郊游》等。

(二)外国电影导演

1.法国导演

卢米埃尔兄弟　考查方向：选择、填空

是路易斯·卢米埃尔和奥古斯特·卢米埃尔的合称。他们是法国电影发明家、电影导演，被誉为"电影之父"。

1895年12月28日，卢米埃尔兄弟在巴黎卡普辛路大咖啡馆地下室放映了他们拍摄的《火车进站》《水浇园丁》《工厂大门》《婴儿喝汤》(又名《婴儿的午餐》)等短片，标志着电影的诞生。其中，《水浇园丁》是世界上第一部喜剧片，也是最早有故事情节的电影。

乔治·梅里爱　考查方向：选择、填空

法国著名电影导演，曾创造了淡入淡出、叠印、二次或多次曝光等电影特技，是故事片的先驱。代表作品有《月球旅行记》《贵妇人的失踪》《管弦乐队队员》《灰姑娘》《圣女贞德》等。其中，《月球旅行记》拍摄于1902年，是世界上第一部科学幻想片。

让·雷诺阿　考查方向：选择、填空

法国著名电影导演，诗意现实主义电影的杰出代表，被誉为"法国电影之父"。代表作品有《大幻影》(又译《大幻灭》《幻灭》)、《游戏的规则》等。

特吕弗　考查方向：选择、填空

法国著名电影导演，"新浪潮"电影的主将。其在1959年执导的电影《四百下》(又译《四百击》)，是新浪潮电影的重要代表作。

戈达尔　考查方向：选择、填空

法国著名电影导演，"新浪潮"电影的代表人物之一。代表作品有《筋疲力尽》《随心所欲》《中国姑娘》《侦探》等。

阿仑·雷乃　考查方向：选择、填空

法国著名电影导演，"左岸派"的代表人物。代表作品有《广岛之恋》《去年在马里昂巴德》等。

吕克·贝松　考查方向：选择、填空

法国著名电影导演，因屡创票房佳绩，被誉为"法国的斯皮尔伯格"。代表作品有《碧海蓝天》《杀手莱昂》(又名《这个杀手不太冷》)、《星际特工：千星之城》等。

安德烈·巴赞　考查方向：选择、填空

法国著名电影理论家，电影杂志《电影手册》创始人之一。他推崇现实主义美学，提出了长镜头理论，被称为"电影新浪潮之父"。

雅克·贝汉 考查方向：选择、填空

法国纪录片大师，代表作品是纪录片"天、地、人三部曲"（《微观世界》《喜马拉雅》和《迁徙的鸟》）、《地球四季》等。

2.美国导演

格里菲斯 考查方向：选择、填空

美国著名电影导演，有"美国电影之父"的美誉。也是"最后一分钟营救"蒙太奇剪辑手法的发明者。代表作品有《一个国家的诞生》《党同伐异》等。

弗拉哈迪 考查方向：选择、填空

美国纪录片导演和摄影师，被誉为"世界纪录电影之父"。代表作品《北方的纳努克》展现了北美因纽特人在冰天雪地中的生活场景，被认为是世界电影史上第一部"具有真正记录意义的纪录片"。

卓别林 考查方向：选择、填空

出生于英国，是美国电影史上最杰出的喜剧演员、导演。他被萧伯纳称为"电影艺术中绝无仅有的天才"。他塑造的头戴圆顶礼帽、手持竹手杖、足蹬大皮靴、走路像鸭子的流浪汉形象深入人心。代表作品有《淘金记》《城市之光》《摩登时代》《大独裁者》《寻子遇仙记》《凡尔杜先生》《舞台生涯》等。

希区柯克 考查方向：选择、填空

美国著名电影导演，尤其擅长拍摄惊悚悬疑片，有"悬念大师"之称。代表作品有《蝴蝶梦》《后窗》《西北偏北》《精神病患者》（又名《惊魂记》）、《迷魂记》《狂凶记》等。

约翰·福特 考查方向：选择、填空

美国著名电影导演，被誉为"西部片大师"。代表作品有《关山飞渡》《愤怒的葡萄》《铁骑》《搜索者》等。其中，《关山飞渡》改编自莫泊桑的短篇小说《羊脂球》，讲述了八名来自社会不同阶层的人聚集在一辆狭小的马车中，在面临重重危机时，他们卸去假面，尽显真实人性的故事，该片被称为"好莱坞叙事的典范"。

奥逊·威尔斯 考查方向：选择、填空

美国著名电影导演、演员和剧作家。他是好莱坞电影体系的特例，僵化的制片厂制度的革新者。代表作品《公民凯恩》是美国第一部杰出的现代主义电影作品。

科波拉 考查方向：选择、填空

新好莱坞电影导演的核心人物，影片风格在个人化和商业化之间徘徊。代表作品有《教父》《现代启示录》等，他还是电影《巴顿将军》的编剧。

库布里克 考查方向：选择、填空

美国著名电影导演。代表作品有《奇爱博士》《2001 太空漫游》《发条橙》等，这三部作品被称为库布里克"有关未来"的电影三部曲。

斯皮尔伯格 考查方向：选择、填空

美国著名电影导演。代表作品有《大白鲨》《辛德勒的名单》《侏罗纪公园》《外星人 E.T.》《拯救大兵瑞恩》《战马》《林肯》《圆梦巨人》《头号玩家》等。

马丁·斯科塞斯 考查方向：选择、填空

美国现实主义电影导演。代表作品有《出租车司机》《纽约黑帮》《愤怒的公牛》《基督最后的诱惑》《无间行者》（又译《无间道风云》）等。

昆汀·塔伦蒂诺 考查方向：选择、填空

意大利裔美国导演、编剧、演员、制作人，"暴力美学"是其电影最重要的艺术标志。代表作品有《低俗小说》《杀死比尔》《无耻混蛋》《落水狗》《八恶人》《被解救的姜戈》《好莱坞往事》等。

3.苏联、俄罗斯导演

爱森斯坦 考查方向：选择、填空

苏联电影导演、电影艺术理论家，苏联蒙太奇学派代表人物。代表作品有《战舰波将金号》《亚历山大·涅夫斯基》《伊凡雷帝》等。其中，《战舰波将金号》是爱森斯坦实践自己的蒙太奇理论的杰出作品，片中的"敖德萨阶梯"是运用蒙太奇结构最杰出的段落。

库里肖夫 考查方向：选择、填空

苏联电影导演、电影理论家，蒙太奇学派代表人物之一。其"库里肖夫效应"是爱森斯坦蒙太奇理论的有力证据。代表作品有《工程师普赖特的方案》《西方先生在布尔什维克国家的奇遇》《死光》《遵守法律》《伟大的慰问者》等。

吉加·维尔托夫 考查方向：选择、填空

苏联电影导演、编剧，电影理论家，苏联纪录电影的奠基人之一。代表作品是《持摄影机的人》。

普多夫金 考查方向：选择、填空

苏联著名电影导演和演员，蒙太奇理论的创立者之一。代表作品有《母亲》《圣彼得堡的末日》《成吉思汗的后代》等。

梁赞诺夫 考查方向：选择、填空

苏联、俄罗斯电影导演。他一生拍摄的电影几乎全是喜剧片，所以有"喜剧教父"之称。代表作品有《意大利人在俄罗斯的奇遇》等。

塔可夫斯基 考查方向：选择、填空

苏联著名的电影导演，被称为"银幕诗人"。代表作品有《伊万的童年》《镜子》《牺牲》等。

4.意大利导演

罗西里尼 考查方向：选择、填空

意大利电影导演。1945年拍摄的《罗马，不设防的城市》，被公认为是意大利新现实主义电影的奠基之作。代表作品还有《罗维雷将军》《战火》《德意志零年》等。

德·西卡 考查方向：选择、填空

意大利新现实主义电影主将。代表作品有《偷自行车的人》《孩子在看着我们》《米兰的奇迹》等。1948年拍摄的影片《偷自行车的人》是新现实主义电影最典型的代表作品。

安东尼奥尼 考查方向：选择、填空

意大利著名电影导演。代表作品有"关于人类情感的三部曲"（即《奇遇》《夜》《蚀》）、《红色沙漠》《云上的日子》等。1972年，安东尼奥尼来中国拍摄了纪录片《中国》。《红色沙漠》因出色运用色彩表现情绪而被称为电影史上第一部真正的彩色片。

费里尼 考查方向：选择、填空

意大利著名电影导演、编剧。代表作品有《八部半》《甜蜜的生活》《大路》《我记得》等。

罗伯托·贝尼尼 考查方向：选择、填空

意大利电影导演，著名喜剧演员。有"**意大利的卓别林**"之美称。代表作品有《美丽人生》《木偶奇遇记》《爱你如诗美丽》等。

朱塞佩·托纳多雷 考查方向：选择、填空

意大利电影导演、编剧。代表作品有"**时空三部曲**"（《西西里的美丽传说》《海上钢琴师》《天堂电影院》）等。

5.德国导演

施隆多夫 考查方向：选择、填空

德国著名电影导演，"新德国电影运动"的代表人物之一。代表作品有《铁皮鼓》《青年特尔勒斯》《第九日》等。其中，**电影《铁皮鼓》根据君特·格拉斯的同名小说改编**，于1979年**为德国电影首次赢得奥斯卡金像奖最佳外语片**。

法斯宾德 考查方向：选择、填空

德国著名电影导演，"新德国电影运动"的主将。代表作品为"**德国女性**"四部曲，即《玛丽娅·布劳恩的婚姻》《维罗尼卡·福斯的欲望》《莉莉·玛莲》《罗拉》等。

汤姆·提克威 考查方向：选择、填空

德国著名电影导演。其主要作品是**探索电影《罗拉快跑》**，这部影片的表层主题是

表现爱情,深层主题却是表现世界的不可知性。作为一部探索电影,它在视听语言上把动画、游戏以及电竞精神融入电影,整部影片充满了现代主义特征。

赫尔措格　考查方向:选择、填空

德国著名电影导演,与法斯宾德、文德斯、施隆多夫并称为"新德国电影四杰"。代表作品有《菲茨卡拉多》《赫拉克勒斯》《生活的标志》《玻璃心》等。

维姆·文德斯　考查方向:选择、填空

德国著名导演、编剧、制作人。代表作品有"旅行三部曲"(《爱丽丝漫游城市》《歧路》《公路之王》)、《德克萨斯的巴黎》《柏林苍穹下》等。

6.日本导演

黑泽明　考查方向:选择、填空

日本电影大师,被称为"电影天皇",斯皮尔伯格称其为"电影界的莎士比亚"。他和三船敏郎一起开创了"黑泽明黄金时代",成为日本电影史上最强的电影拍档。

代表作品有《姿三四郎》《罗生门》《影子武士》《乱》《白痴》《七武士》《蜘蛛巢城》《用心棒》《天国与地狱》等。其中《罗生门》荣获 1951 年威尼斯电影节金狮奖,为东方电影敲开了走向世界之门。

小津安二郎　考查方向:选择、填空

日本著名电影导演,以平稳移动摄影机、淡化戏剧冲突和注重心理描写的风格著称,其电影最突出的风格特征是大量使用长镜头。代表作品有《东京物语》《晚春》《秋刀鱼之味》等。

宫崎骏　考查方向:选择、填空

日本著名动画导演,被迪士尼称为"动画界的黑泽明"。其电影经常反映女性主义思想,又将梦想、环保、人生、生存这些令人反思的讯息融合片中。其大多动画作品中的音乐创作者是久石让。代表作品有《千与千寻》《风之谷》《天空之城》《龙猫》《起风了》等。

岩井俊二　考查方向:选择、填空

日本著名电影导演、作家,被中国影迷称为"日本王家卫"。代表作品有《情书》《四月物语》《燕尾蝶》《关于莉莉周的一切》《花与爱丽丝杀人事件》《你好,之华》等。

北野武　考查方向:选择、填空

日本电影导演、演员、相声演员、电视节目主持人、大学教授,有"日本电影新天皇"之称。代表作品有《那年夏天,宁静的海》《坏孩子的天空》《菊次郎的夏天》《花火》等。

是枝裕和　考查方向:选择、填空

日本导演、编剧、制作人。他执导的电影《小偷家族》获得第 71 届戛纳国际电影节金棕榈奖。代表作品还有《下一站,天国》《无人知晓》《奇迹》《如父如子》《第三次的杀

人》《凯瑟琳的真相》等。

7.其他国家导演

布努埃尔　*考查方向：选择、填空*

西班牙著名电影导演。代表作品有《一条安达鲁狗》《白日美人》等。1928 年拍摄的《一条安达鲁狗》是超现实主义电影的典型代表作品。《一条安达鲁狗》是布努埃尔与超现实主义画家达利合作拍摄的影片，主要讲述了一对情侣之间的争吵。整部影片由一组组无逻辑无理性的镜头，以及奇特怪诞的形象组合而成。

英格玛·伯格曼　*考查方向：选择、填空*

瑞典电影导演。擅长在影片中运用"隐喻""象征""暗示""影射"等手法，有着强烈的寓言化倾向。代表作品有《野草莓》《第七封印》《处女泉》《冬日之光》等。

基耶斯洛夫斯基　*考查方向：选择、填空*

波兰著名电影导演，"道德忧患电影"的灵魂人物。代表作品有"三色电影"（《蓝》《白》《红》）、《十诫》《初恋》《维罗妮卡的双重生活》（又名《两生花》）等。

克里斯托弗·诺兰　*考查方向：选择、填空*

英国著名导演、编剧，代表作品有《追随》《记忆碎片》《蝙蝠侠》系列电影、《盗梦空间》《星际穿越》《敦刻尔克》等。

詹姆斯·卡梅隆　*考查方向：选择、填空*

加拿大著名电影导演。他擅长拍摄科幻电影和动作片，电影主题通常是探讨技术和人类之间的关系。代表作品有《泰坦尼克号》《终结者》《阿凡达》等。

金基德　*考查方向：选择、填空*

韩国著名电影导演，被韩国媒体称为"21 世纪最具领导潜力的导演"。他关注边缘人物，在影片中体现了关于性、暴力和死亡的多重虚幻的主题。代表作品有《空房间》《撒玛利亚女孩》《漂流欲室》《网》等。

阿巴斯　*考查方向：选择、填空*

伊朗著名电影导演。代表作品有《樱桃的滋味》《橄榄树下的情人》《何处是我朋友的家》《生命在继续》等。

马基德·马基迪　*考查方向：选择、填空*

伊朗著名电影导演。影片多以儿童为题材，代表作品有《父亲》《小鞋子》《天堂的颜色》等。

阿米尔·汗 考查方向：选择、填空

印度宝莱坞演员、导演、制片人。代表作品有《印度往事》《地球上的星星》《三傻大闹宝莱坞》《我的个神啊》《摔跤吧！爸爸》《神秘巨星》等。

阿方索·卡隆 考查方向：选择、填空

墨西哥导演、编剧、演员。他凭借影片《地心引力》获得第 86 届奥斯卡最佳导演奖；凭借影片《罗马》获得第 91 届奥斯卡金像奖最佳导演奖；《罗马》还获得第 75 届威尼斯国际电影节最佳影片金狮奖。代表作品还有《哈利·波特与阿兹卡班的囚徒》《人类之子》等。

第三节 电影作品

（一）中外影史重要作品

1.中国影史重要作品

《定军山》 考查方向：选择、填空

中国第一部电影。1905 年由北京丰泰照相馆拍摄并在前门大观楼放映，是由任庆泰（字景丰）导演，刘仲伦摄影，京剧老生谭鑫培（饰演黄忠）主演的京剧片段。

京剧《定军山》也称《一战成功》，改编自《三国演义》，讲述了蜀国老将黄忠，打退魏国敌将张郃，乘胜攻占曹军屯粮的天荡山，后又再接再厉用计斩杀曹军大将夏侯渊，夺取曹军大本营定军山的故事。

2000 年胡安导演的影片《西洋镜》反映了《定军山》的拍摄过程。

《难夫难妻》 考查方向：选择、填空

中国第一部无声黑白短故事片。该片诞生于 1913 年，由张石川与郑正秋共同导演，美国人依什尔摄影，丁楚鹤等主演。

该剧讲述了广东潮州地区一个大户人家的小姐，因年龄偏大急于成亲，在媒婆的隐瞒和撺掇下，嫁给了一个病入膏肓的郎君的故事。

《难夫难妻》是中国电影拓荒者郑正秋的第一个电影剧本，主要批判了封建婚姻的买卖性、盲目性和不合理性。

《劳工之爱情》 考查方向：选择、填空

中国现存最早的喜剧片。由张石川导演、郑正秋编剧，讲述了 20 世纪 20 年代的上海弄堂里，郑木匠和祝郎中的女儿历经时代背景的爱情故事。

《劳工之爱情》是明星影片公司在 1922 年创立之初摄制的四部系列滑稽搞笑影片之一，其他三部分别为《滑稽大王游沪记》《大闹怪剧场》和《张欣生》。

《阎瑞生》 考查方向：选择、填空

中国第一部长故事片。是 1921 年由任彭年执导、杨小仲编剧，陈寿芝（饰演阎瑞

生)、王彩云(饰演王莲英)等主演的剧情类电影。故事取材于昔日上海滩的真实案件,即洋行买办阎瑞生设计杀害妓女王莲英的故事。

《阎瑞生》的出现打破了有声洋片对故事片的垄断,启迪中国电影走出了拓荒境地,标志着中国电影发展时期的起步。

《火烧红莲寺》 考查方向:选择、填空

中国第一部武侠神怪片。1928 年上映,由张石川执导、郑正秋编剧,萧英、夏佩珍等主演。讲述了侠士陆小青联合官府勇斗为非作歹、草菅人命的恶僧知园、知客的故事。

该片带动了中国电影史上第一次武侠神怪热,使武侠电影成为在世界影坛上最富于中国特色的电影种类。其摄影师董克毅,被誉为 20 世纪 20 年代的乔治·卢卡斯。

《歌女红牡丹》 考查方向:选择、填空

中国第一部有声电影。由明星影片公司出品,张石川执导,洪深编剧,胡蝶、王献斋等主演,采用的是蜡盘配音的方式。

该片讲述了歌女红牡丹在嫁给生活堕落的丈夫陈发祥后,不仅受尽折磨和痛苦,艺术生涯也走向衰落,但她毫无怨言终将丈夫感动的故事。

《生死恨》 考查方向:选择、填空

中国第一部彩色戏曲片。拍摄于 1948 年,由华艺影片公司出品、费穆导演、梅兰芳主演。这是梅兰芳为激发国人的抗日爱国热情而组织编写的古装戏。

该片主要讲述了北宋末年金兵入侵,士人程鹏举和少女韩玉娘被金兵俘虏后,二人背井离乡、悲欢离合的感人故事。

《渔光曲》 考查方向:选择、填空

中国第一部在国际上获奖的影片。1934 年由蔡楚生编剧和执导,王人美(饰演徐小猫)、韩兰根(饰演徐小猴)等主演。1935 年参加莫斯科国际电影节,荣获第九名。

该片讲述了渔家子弟徐小猫、徐小猴和船王何家继承人子英之间的悲欢离合,折射出旧中国各阶层人民生活的飘零动荡。

《狼山喋血记》 考查方向:选择、填空

国防电影的开山之作。由费穆导演,沈浮、费穆编剧,洪警铃、黎莉莉等主演。影片以野狼肆虐村庄、猎户团结打狼的寓言故事隐讳表达了抗日主题。

《庄子试妻》 考查方向:选择、填空

香港第一部故事片。由香港华美影片公司摄制于 1913 年,黎北海任导演、黎民伟任编剧。该片取材于明代传奇剧本《蝴蝶梦》中"扇坟"一段,表现战国时哲学家庄周诈死以试探妻子是否守节的故事。

这是中国第一部输出到国外放映的影片,片中出现了中国电影史上第一位女演员——严珊珊。

《大闹画室》 考查方向：选择、填空

中国第一部独创动画片。1926 年由万古蟾执导，万氏兄弟参与配音，长城画片公司出品，全长 12 分钟。

影片采用真人与动画相结合的制作方法，片中画家由万古蟾扮演，小纸人等用动画绘制。万氏兄弟制作的《大闹画室》《一封书信寄回来》《纸人捣乱记》被评为"中国最早的三部动画"。

《小蝌蚪找妈妈》 考查方向：选择、填空

中国第一部水墨动画片。根据方惠珍、盛璐德创作的同名童话改编，取材于画家齐白石创作的鱼虾等形象，由上海美术电影制片厂于 1960 年制作完成。该片由特伟、钱家骏、唐澄担任导演，全长 15 分钟。

《铁扇公主》 考查方向：选择、填空

中国第一部长动画片。由万籁鸣、万古蟾、万超尘、万涤寰执导，王干白编剧，白虹、严月玲、姜明、韩兰根、殷秀岑参与配音，于 1941 年在中国上海上映。该片取材于我国古典小说《西游记》中的精彩片段。

《猪八戒吃西瓜》 考查方向：选择、填空

中国第一部剪纸动画片。由包蕾编剧、万古蟾执导，于 1958 年在中国内地上映。

《聪明的鸭子》 考查方向：选择、填空

中国第一部折纸动画片。编导和人物设计是虞哲光，摄影是钟立人，于 1960 年由上海美术电影制片厂摄制完成。讲述了黑头、绿头、红头三只小鸭机智、巧妙地战胜小黑猫的故事。

《小小英雄》 考查方向：选择、填空

中国第一部彩色木偶片。编剧和导演是靳夕，于 1953 年由上海美术电影制片厂摄制完成。影片根据童话小说《红樱桃》改编，描写了小阿芒依靠集体的力量智斗恶狼，帮助山中小动物过上和平幸福生活的故事。

《骆驼献舞》 考查方向：选择、填空

中国第一部有声动画片。由万氏兄弟担任编剧、导演、制作、摄影和录音，于 1935 年由明星影业公司摄制完成。

影片根据《伊索寓言》的故事改编，描写了在狮子请客时，白兽云集，一头自作聪明的骆驼，当众献舞，大出洋相，最后被众兽赶下台的故事。

《神笔》 考查方向：选择、填空

中国第一部在国际上获奖的美术片。改编自洪汛涛创作于 1954 年的童话作品《神笔马良》。该木偶人动画片由靳夕、尤磊担任导演，洪汛涛任编剧，主题是表达劳动人民"惩恶扬善"意愿。

《武训传》　考查方向：选择、填空

新中国第一部禁片。由孙瑜编剧并执导，赵丹(饰演武训)、黄宗英、周伯勋、张翼主演，于 1950 年公映。

该片讲述了少年武训的苦难生活和他从青年时代起由"行乞兴学"而终于获得"苦操奇行""千古一人"美誉的一生经历，是一部以清朝末年武训的生平事迹为内容的传记影片。

《桥》　考查方向：选择、填空

新中国第一部国产长故事片。由东北电影制片厂拍摄，王滨执导，王家乙、吕班、江浩、陈强等出演，于 1949 年 5 月首映。

该片讲述了东北某铁路工厂的工人们克服困难完成抢修松花江铁桥的任务，为解放战争的胜利做出贡献的故事。这是一部以工人阶级为主人公，第一次在银幕上正面展示工人阶级的形象的影片。

《祝福》　考查方向：选择、填空

新中国第一部彩色故事片。根据鲁迅同名小说改编，由夏衍编剧，桑弧导演，白杨(饰演祥林嫂)主演，1956 年由北京电影制片厂摄制。

《祝福》讲述了祥林嫂一生的悲惨遭遇，是中国第一次进行文学名著的电影改编而成的影片，也是第一个将鲁迅笔下的典型人物搬上银幕、第一部自行摄制的彩色故事片。

《梁山伯与祝英台》　考查方向：选择、填空

新中国第一部彩色电影戏曲片。属于越剧戏曲艺术片，由上海电影制片厂摄制，桑弧、黄沙执导，袁雪芬(饰演祝英台)、范瑞娟(饰演梁山伯)主演，于 1954 年 8 月上映。

该片讲述了祝英台女扮男装到书院读书，与同学梁山伯相爱，但祝父把英台许配给了马家，梁山伯忧郁而死，英台殉情，二人化蝶永不分离的浪漫爱情故事。

《农奴》　考查方向：选择、填空

第一部反映新中国成立前西藏人民苦难生活的影片；新中国第一次在西藏拍摄的故事片，也是第一部完全由藏族演员出演的电影。

影片由八一电影制片厂出品、李俊执导、旺堆主演，于 1964 年上映。讲述了藏族农奴强巴多次被解放军所救，他揭露了恶势力的罪行，最终农奴们获得解放的故事。

《魔术师的奇遇》　考查方向：选择、填空

新中国第一部彩色宽银幕立体故事片。由上海电影制片厂摄制于 1962 年，著名导演桑弧执导，著名电影表演艺术家陈强主演。讲述了被反动派逼到国外的魔术师陆幻奇回到上海，在寻找亲人的过程中被祖国的新气象所感染，决心留在祖国的故事。

《风筝》 考查方向：选择、填空

新中国第一部中外合拍的彩色故事片。讲述了法国男孩比埃罗通过一只漂洋过海而来的风筝与中国的小朋友结下友谊的故事。

这是北京电影制片厂与法国加朗斯影片公司联合拍摄的奇幻儿童片，由王家乙、罗吉·比果联合执导，谢添、张春华、派特里克·特·巴尔地纳、茜尔维也娜·罗森堡等出演，于1958年在法国上映。

《女篮5号》 考查方向：选择、填空

中国第一部彩色体育故事片，也是谢晋自编自导的第一部作品。由上海电影制片厂摄制，刘琼、秦怡等主演，于1957年上映。

影片围绕篮球运动员田振华一生的经历和林洁、林小洁母女的不同境遇，揭示了新中国成立前后体育运动员的不同命运。

《过年》 考查方向：选择、填空

中国第一部同期立体声故事片。由黄健中执导，李保田、赵丽蓉领衔主演，葛优、史兰芽、六小龄童、丁嘉丽等参演，于1991年3月16日在中国香港上映。影片改编自舞台剧《大年初一》，讲述了大年初一发生在程姓一家的琐碎故事。

《红高粱》 考查方向：选择、填空

中国电影史上第一部荣获柏林国际电影节最高奖——金熊奖的影片，是首部获此奖的亚洲电影。影片改编自莫言的同名小说，由西安电影制片厂出品，张艺谋执导，姜文（饰演于占鳌）、巩俐（饰演九儿）、滕汝骏等主演，于1987年在中国上映。

《霸王别姬》 考查方向：选择、填空

中国电影史上第一部荣获戛纳国际电影节最高奖——金棕榈奖的影片，也是唯一一部同时获得戛纳国际电影节金棕榈大奖、美国金球奖最佳外语片的华语电影。

影片改编自李碧华的同名小说，由陈凯歌执导，李碧华、芦苇编剧；张国荣、巩俐、张丰毅等领衔主演。该片围绕两位京剧伶人半个世纪的悲欢离合，展现了对传统文化、人的生存状态及人性的思考与领悟。

《卧虎藏龙》 考查方向：选择、填空

华语电影史上第一部荣获奥斯卡金像奖最佳外语片奖的影片。由李安执导，周润发（饰演李慕白）、杨紫琼（饰演俞秀莲）和章子怡（饰演玉娇龙）等联袂主演，于2000年7月8日在中国上映。

影片的配乐由美籍华裔作曲家谭盾谱写，国际知名的华裔大提琴家马友友担任主奏，兼容东西方流行文化的李玟负责以中、英文演唱主题曲《月光爱人》。

《黑炮事件》 考查方向：选择、填空

第一部在中国银幕上对知识分子进行反思的影片。由黄建新执导，刘子枫、高明、杨亚洲等主演，于1986年上映。该片改编自张贤亮的小说《浪漫的黑炮》，讲述了工程

师赵书信为寻找一枚丢失的黑炮棋子而闹出一场大误会的故事。

2.外国影史重要作品

《水浇园丁》 考查方向：选择、填空

世界上第一部喜剧片，也是最早有故事情节的电影。讲述的是园丁在花园里持水管浇水，一顽童路过，用脚踩住水管使水停喷，园丁端详水管口，顽童却忽然松开脚，结果水喷了园丁一脸，顽童大乐，园丁追打的故事。

《月球旅行记》 考查方向：选择、填空

世界上第一部科学幻想片。导演是乔治·梅里爱，影片取材于凡尔纳的小说《从地球到月球》和威尔斯的小说《第一个到达月球上的人》。梅里爱采取神话剧的传统风格，表现了一群天文学家乘坐炮弹到月球探险的情景。

《火车大劫案》 考查方向：选择、填空

世界上第一部西部警匪片。1903 年由美国著名导演埃德温·鲍特执导。该片根据1900 年发生在美国的一个真实抢劫事件改编，讲述了强盗抢劫火车上旅客的钱财，最终被警察追击而受到惩罚的故事。

《爵士歌王》 考查方向：选择、填空

世界上第一部有声电影，也是世界上第一部歌舞片。由艾伦·克罗斯兰执导，艾尔·乔森、梅·麦卡沃伊等主演，于1927 年10 月 6 日在美国上映。

《浮华世界》 考查方向：选择、填空

世界上第一部彩色电影。又译为《名利场》，改编自英国小说家威廉·梅克比斯·萨克雷的讽刺小说，于1935 年由美国导演鲁宾·马莫利安拍摄。

《北方的纳努克》 考查方向：选择、填空

世界上第一部纪录电影。由罗伯特·弗拉哈迪执导，纳努克等主演，于 1922 年 6 月 11 日在美国上映。该片以因纽特人中最出色的猎手"纳努克"为主角，展现了他们捉鱼、捕猎海象、建筑冰屋的场景。

《野草莓》 考查方向：选择、填空

世界电影史上最早的意识流电影。由英格玛·伯格曼执导，维克多·斯约史特洛姆、毕比·安德森主演，于 1957 年在瑞典上映。该片讲述了年迈的医学教授波尔格在去母校接受荣誉学位的途中，回忆起自己过去的沉重往事，开启了一段心灵救赎之旅的故事。

《千与千寻》 考查方向：选择、填空

电影史上第一部获得国际电影节最佳电影奖的动画作品。由吉卜力工作室制作，宫崎骏执导，柊瑠美、入野自由、中村彰男、夏木麻里等人参与配音。

该片讲述了千寻意外来到神灵世界后，为了拯救因受惩罚而变成猪的家人，历经许多磨难的故事。分别荣获第 75 届奥斯卡金像奖最佳动画长片奖和第 52 届柏林国际电影节最佳影片金熊奖。

《寄生虫》　考查方向：选择、填空

世界电影史上第一部获得奥斯卡金像奖最佳影片奖的非英语片。由奉俊昊执导，宋康昊、李善均、赵茹珍、崔宇植、朴素丹等主演。讲述了在一家四口均是无业游民的普通家庭中，因积极向上的长子到富豪家应征家教，从而致使两个天差地远的家庭都被卷入一系列意外事件中的故事。该片还获得第 72 届戛纳国际电影节金棕榈奖，这是韩国电影首次荣获金棕榈奖。

（二）中外其他重要作品

1.中国电影重要作品

《野草闲花》　考查方向：选择、填空

这是一部由孙瑜编剧并执导，阮玲玉、金焰等主演的黑白爱情默片，于 1930 年上映。讲述了一个拒绝包办婚姻的音乐学院毕业生，爱上一位从灾区流落上海的卖花女，并把她培养成歌唱家，两人一起勇敢承担生活风雨的故事。

影片以蜡盘配音的方法配制了一首由孙瑜作词、孙成壁作曲的歌曲《寻兄词》，该曲成为中国电影史上第一首电影插曲。

《乌鸦与麻雀》　考查方向：选择、填空

这是一部由郑君里导演，陈白尘编剧，上官云珠、赵丹、孙道临、李天济等主演的黑白剧情片，于 1949 年在中国上映。影片讲述了 1948 年国民党政权灭亡之际，上海一座楼房里的几户人家与国民党军官侯义伯斗争的故事。

《神女》　考查方向：选择、填空

这是一部由吴永刚编剧并执导，阮玲玉、黎铿等主演的无声黑白电影，于 1934 年在上海上映。影片讲述了一个为了生活和抚养儿子而出卖肉体的"神女"的悲剧故事。这是一部被誉为"灵魂的写实主义"的默片巨作，也是世界公认的中国默片时代的高峰。

《风云儿女》　考查方向：选择、填空

这是一部由许幸之执导，田汉、夏衍编剧，袁牧之、王人美、谈瑛等主演的抗战故事片，于 1935 年上映。影片讲述了抗战时期，只顾享乐的诗人辛白华最终因为挚友梁质夫的牺牲而投入抗战的故事。

该片的主题曲是由田汉作词、聂耳作曲的《义勇军进行曲》，后成为中华人民共和国国歌。

《马路天使》　考查方向：选择、填空

这是一部由袁牧之编剧并执导，吴印咸摄影，赵丹、周璇、魏鹤龄等主演的黑白剧情片。该片以 20 世纪 30 年代的上海都市生活为背景，讲述了社会底层人民的遭遇以及歌

女小红与吹鼓手陈少平之间的爱情故事。

该片的两首插曲分别是《四季歌》和《天涯歌女》，均是由田汉作词、贺绿汀作曲、周璇主唱。

《桃李劫》　考查方向：选择、填空

这是一部由应云卫导演，应卫云、袁牧之编剧，袁牧之、陈波儿主演的黑白爱情片。讲述了一对接受过良好教育的知识青年，由于坚持自己的本性与原则，在社会上失意、反抗、挣扎最终被彻底吞噬的悲剧故事。

该片是中国第一部完整采用有声电影手段的电影。插曲《毕业歌》是由田汉作词、聂耳作曲。

《芙蓉镇》　考查方向：选择、填空

这是一部由谢晋导演，阿城、谢晋编剧，刘晓庆、姜文等主演的爱情片。该片根据古华的同名小说改编，讲述了芙蓉镇上的女摊贩胡玉音在"文革"等一系列政治运动中饱受迫害，与右派分子秦书田患难见真情，共同迎来拨乱反正时刻的故事。姜文与刘晓庆共同合作的电影还有《大太监李莲英》和《春桃》。

《红色娘子军》　考查方向：选择、填空

这是一部由谢晋导演，梁信编剧，祝希娟（饰演吴琼花）、王心刚（饰演洪常青）主演的战争片。讲述了土地革命战争时期，吴琼花在共产党员洪常青的帮助下，从奴隶成长为共产主义战士的经历和海南红色娘子军的战斗故事。

《鸦片战争》　考查方向：选择、填空

这是一部由谢晋导演，朱苏进、倪震等编剧，鲍国安（饰演林则徐）、林连昆、苏民、郎雄等主演的历史战争类型电影。讲述的是清道光年间，英国的鸦片贸易给清朝造成严重威胁，道光皇帝被迫下诏，委派湖广总督林则徐为钦差大臣，前往广东禁烟的故事。

《老井》　考查方向：选择、填空

这是一部由吴天明导演，张艺谋（饰演孙旺泉）、吕丽萍、梁玉瑾主演的剧情片。影片根据郑义的同名小说改编，讲述了为给弟弟换娶亲钱而"嫁"给年轻寡妇喜凤的孙旺泉与巧英姑娘的微妙感情，以及孙旺泉带领老井村村民成功建成水井的故事。

《百鸟朝凤》　考查方向：选择、填空

这是一部由吴天明导演，陶泽如（饰演焦三爷）、郑伟、李岷城主演的剧情片。讲述了在陕西的一个小村落里，德高望重的唢呐老艺人焦三爷带领徒弟们用执着的热情与坚定的信仰追求和传承唢呐精神的故事。

《香魂女》　考查方向：选择、填空

这是一部由谢飞导演，斯琴高娃（饰演香二嫂）、伍宇娟、陈宝国、雷恪生主演的剧情片。影片讲述了从小做童养媳的香二嫂，历尽苦难，最后为了傻儿子却成为伤害另一个少女终生幸福的"刽子手"的故事。

该片改编自周大新的中篇小说《香魂塘畔的香油坊》，曾与李安的《喜宴》一起获得 1993 年柏林国际电影节金熊奖。

《沙鸥》　考查方向：选择、填空

这是一部由张暖忻导演，常珊珊、郭碧川等主演的体育题材剧情片。影片讲述了中国女排运动员沙鸥经历伤病、失败、爱人罹难的种种打击之后，依然坚强地重振精神，为排球事业奉献全部生命的故事。

《台湾往事》　考查方向：选择、填空

这是一部由郑洞天导演，蒋雯丽、冯汉元、崔林等人主演的剧情电影。影片以主人公林清文在台湾的成长经历为主线，展示了动荡年代台湾人民荡气回肠的亲情、友情、爱情、故土情和民族情。

《赵氏孤儿》　考查方向：选择、填空

这是一部由陈凯歌导演，葛优（饰演程婴）、王学圻（饰演屠岸贾）、黄晓明、海清、鲍国安、张丰毅、赵文卓等主演的古装电影。该片改编自中国古典戏剧《赵氏孤儿》，讲述了被民间医生程婴救下的"赵氏孤儿"，在长大成人后向仇人屠岸贾复仇的故事。

《梅兰芳》　考查方向：选择、填空

这是一部由陈凯歌导演，黎明（饰演梅兰芳）、章子怡（饰演孟小冬）、陈红、孙红雷、王学圻、英达、余少群、安藤政信等主演的剧情片。影片讲述了一代京剧大师梅兰芳先生传奇的一生。

《妖猫传》　考查方向：选择、填空

这是一部由陈凯歌导演，王蕙玲编剧，黄轩（饰演白乐天）、染谷将太（饰演僧人空海）、张雨绮、秦昊、阿部宽、张榕容、刘昊然、欧豪、张天爱等主演的奇幻古装电影。

该片改编自日本梦枕貘的魔幻小说《沙门空海之大唐鬼宴》，讲述了一只口吐人语的妖猫搅动长安城，诗人白乐天与僧人空海联手探查，令一段被人刻意掩埋的真相浮出水面的故事。

《秋菊打官司》　考查方向：选择、填空

这是一部由张艺谋导演，刘恒编剧，巩俐（饰演秋菊）、雷恪生、刘佩琦等主演的农村题材剧情片，荣获第 49 届威尼斯国际电影节最佳影片金狮奖。

该片改编自陈源斌的小说《万家诉讼》，讲述了农村妇女秋菊为了向踢伤丈夫的村主任讨说法，不屈不挠逐级上报，并最终诉诸法律的故事。

《大红灯笼高高挂》　考查方向：选择、填空

这是一部由张艺谋导演，倪震编剧，巩俐、何赛飞、曹翠芬等主演的剧情片。影片改编自苏童的小说《妻妾成群》，围绕封建礼教展开话题，讲述了民国时一个大户人家的几房姨太太争风吃醋，并引发一系列悲剧的故事。

1991年,该片**获得第48届威尼斯国际电影节银狮奖**。1992年,提名奥斯卡金像奖最佳外语片,成为继《菊豆》后第二部提名该奖项的中国电影。另外还获得意大利电影大卫奖最佳外语片,成为第一部获得该奖的中国电影。

《满城尽带黄金甲》 *考查方向:选择、填空*

这是一部由**张艺谋**导演,周润发、巩俐、周杰伦、刘烨等主演的古装电影,**改编自曹禺的话剧《雷雨》**。片尾曲《菊花台》由方文山作词,周杰伦作曲并演唱。

"满城尽带黄金甲"出自唐末农民起义领袖**黄巢的诗歌《不第后赋菊》**,全诗为:**待到秋来九月八,我花开后百花杀。冲天香阵透长安,满城尽带黄金甲。**

《山楂树之恋》 *考查方向:选择、填空*

这是一部由**张艺谋**导演,**周冬雨、窦骁**等主演的爱情片。该片**改编自艾米的同名小说**,讲述了静秋、老三之间相识、相恋,最后天人永隔的故事,堪称是张艺谋拍摄的最纯情的一部电影。

《金陵十三钗》 *考查方向:选择、填空*

这是一部由**张艺谋**导演,刘恒、严歌苓编剧,克里斯蒂安·贝尔、倪妮、佟大为、张歆怡等主演的战争史诗电影。该片**改编自严歌苓的同名小说**,故事以**抗日战争时期的南京大屠杀**为背景,讲述了在南京的一个教堂里互不相识的人们之间发生的感人故事。

《归来》 *考查方向:选择、填空*

这是一部由**张艺谋**导演,**邹静之**编剧,**陈道明、巩俐**、张慧雯等主演的剧情文艺电影,是中国首次采用4K高视效制作技术、中国电影史上的首部IMAX文艺片。

该片**改编自严歌苓的小说《陆犯焉识》**,讲述了知识分子陆焉识与妻子冯婉瑜在大时代际遇下的情感变迁故事。

《悬崖之上》 *考查方向:选择、填空*

这是一部由**张艺谋**导演,全勇先、张艺谋编剧,张译、于和伟、秦海璐、朱亚文、刘浩存、倪大红、李乃文等主演的谍战电影。该片为电视剧《悬崖》的前传,讲述了特工们在严峻考验下与敌人斗智斗勇,执行秘密行动的故事。

《一个和八个》 *考查方向:选择、填空*

这是一部由**张军钊**导演,**张艺谋、肖风**摄影,陶泽如、陈道明等主演的战争类故事片,是**第五代导演的"开山之作"**。

影片**取材于郭小川的同名长诗**,讲述了八路军指导员王金蒙冤入狱,但仍以民族解放事业为重,感化、教育同狱的土匪逃兵,使他们用实际行动赎罪并投入对日本侵略者的战斗中的故事。

"建国三部曲" *考查方向:选择、填空*

《建国大业》《建党伟业》《建军大业》这三部电影被称为"建国三部曲"。

《建国大业》由韩三平、黄建新执导,唐国强(饰演毛泽东)、张国立(饰演蒋介石)、许晴(饰演宋庆龄)、刘劲(饰演周恩来)、陈坤(饰演蒋经国)等主演,于 2009 年 9 月 16 日上映。

《建党伟业》是为庆祝中国共产党建党九十周年而制作的献礼影片,由韩三平、黄建新执导,刘烨(饰演毛泽东)、陈坤(饰演周恩来)、张嘉益(饰演李大钊)、冯远征(饰演陈独秀)、周润发(饰演袁世凯)、赵本山(饰演段祺瑞)等一百余位明星出演。于 2011 年 6 月 15 日上映。

《建军大业》是一部献礼建军九十周年的历史片,由刘伟强执导,韩三平担任总策划及艺术总监,黄建新监制,刘烨(饰演毛泽东)、朱亚文(饰演周恩来)、欧豪(饰演叶挺)、刘昊然(饰演粟裕)、马天宇(饰演林彪)等主演。于 2017 年 7 月 27 日上映。

"故乡三部曲"　考查方向:选择、填空

《小武》《站台》《任逍遥》这三部电影被称为贾樟柯的"故乡三部曲"。

《小武》是贾樟柯编剧并执导的独立制片剧情电影,由王宏伟、郝鸿建、左雯璐等主演,于 1998 年在德国上映。该片讲述了生活在山西汾阳小县城的梁小武在接连失去友情、爱情和亲情后最终失去自由,成为囚徒的过程。

《站台》是由贾樟柯编导的剧情片,由王宏伟、赵涛、梁景东等主演,于 2000 年在中国上映。该片讲述了改革开放之初,山西汾阳县文工团的一群年轻人在社会变革浪潮中由"寻找"到"回归"的成长故事。

《任逍遥》是由贾樟柯执导并编剧,赵涛、赵维威、吴琼等主演的剧情电影,于 2002 年在戛纳电影节首映。该片讲述了山西大同的两个少年为摆脱无尽的无聊,同时也为了给自己定位而去抢劫银行的故事。

《三峡好人》　考查方向:选择、填空

这是一部由贾樟柯导演,赵涛、韩三明主演的剧情电影,荣获第 63 届威尼斯国际电影节最佳影片金狮奖。该片讲述了煤矿工人韩三明和女护士沈红从山西来到重庆奉节,分别寻找已离开自己十六年的前妻和分离两年的丈夫的故事。

《天注定》　考查方向:选择、填空

这是一部由贾樟柯编剧并执导的电影,由姜武、王宝强、赵涛和张嘉译等主演。影片讲述了四个发生在中国不同地区的人物和故事,它们通过一些叙述的线索和一种奇妙的形式彼此相连。这四个故事分别取材于胡文海、周克华、邓玉娇三起轰动全国的刑事案件,以及富士康跳楼事件。

《十七岁的单车》　考查方向:选择、填空

这是一部由王小帅导演,崔林、李滨、高圆圆、周迅等人主演的剧情片,于 2001 年 2 月 17 日在第 51 届柏林国际电影节首映。该片主要讲述进城打工的农村少年小贵和学生小坚之间关于单车而发生的一系列故事。

《地久天长》　考查方向：选择、填空

这是一部由王小帅导演，王景春、咏梅主演的剧情片。影片讲述了两个家庭因为一次意外而互生嫌隙，其中一家由北方远走遥远的南方，直到三十年后才再度聚首、揭开真相的故事。

该片片名取自苏格兰歌曲《友谊地久天长》，片中主演王景春、咏梅分别获得第 69 届柏林国际电影节最佳男演员银熊奖和最佳女演员银熊奖。

《老炮儿》　考查方向：选择、填空

这是一部由管虎导演，冯小刚监制，冯小刚（饰演六爷）、张涵予、许晴、李易峰等主演的电影。影片讲述了当年威震京城一方的"顽主"六爷被时代所抛弃，但由于儿子晓波得罪人被私扣，又不得不与老哥儿们重出江湖的故事。冯小刚凭此片荣获第 52 届台湾电影金马奖最佳男主角奖。

《推拿》　考查方向：选择、填空

这是一部由娄烨导演，马英力编剧，郭晓东、秦昊、张磊、梅婷、黄轩等主演的盲人题材的电影。影片改编自毕飞宇的同名小说，展现了盲人推拿师这一特殊群体的喜怒哀乐。影片获得第 51 届台湾电影金马奖最佳影片奖。

《甲方乙方》　考查方向：选择、填空

这是冯小刚导演的第一部喜剧贺岁片，由葛优、刘蓓、何冰、李琦、英达、杨立新等主演，于 1997 年 12 月 24 日在中国上映。

该片改编自王朔的小说《你不是一个俗人》，讲述了四个年轻的自由职业者突发奇想，开办了一项"好梦一日游"业务，承诺帮人们过一天的梦想成真的瘾的故事。

该片在中国电影史上开创了两个"第一"，分别是：1949 年以来第一部为特定档期所拍摄的影片；第一部采取导演不领取片酬，而于影片利润中提成的"风险共担"形式的影片。

《手机》　考查方向：选择、填空

这是一部由冯小刚导演，葛优、徐帆、张国立等主演的贺岁喜剧片。影片改编自刘震云的同名小说，讲述了事业如日中天的电视主持人严守一因为手机给他带来的生活上的快乐以及婚姻的巨大危机的故事。

《夜宴》　考查方向：选择、填空

这是一部由冯小刚导演，章子怡、葛优、吴彦祖、周迅、黄晓明等主演的宫廷悲剧电影。该片改编自莎士比亚的《哈姆雷特》，讲述了中国的五代十国时期，关于权力、爱情和死亡的宫廷斗争故事。

《一九四二》　考查方向：选择、填空

这是一部由冯小刚导演，张国立、陈道明、李雪健、张涵予等主演的历史灾难剧情片。该片改编自刘震云的小说《温故一九四二》，讲述了 1942 年河南大旱引发大灾时，千

百万民众背井离乡、外出逃荒的悲惨故事。

《我不是潘金莲》 考查方向：选择、填空

这是一部由**冯小刚**导演，郭涛、大鹏、张嘉译、于和伟、张译等主演的剧情片。影片**改编自刘震云的同名小说**，讲述了一个被丈夫污蔑为"潘金莲"的女人，在十多年的申诉中，坚持不懈为自己讨公道的故事。该片最大的艺术特色是采用**圆形画面**进行呈现。

《芳华》 考查方向：选择、填空

这是一部由**冯小刚**导演，严歌苓编剧，黄轩、苗苗、钟楚曦等主演的剧情片。影片**改编自严歌苓的同名小说**，以 20 世纪七八十年代为背景，讲述了在充满理想和激情的军队文工团，一群正值芳华的青春少年所经历的人生命运故事。

《阳光灿烂的日子》 考查方向：选择、填空

本片是**姜文导演的处女作**，由**夏雨**（饰演马小军）、耿乐、**宁静**（饰演米兰）、陶虹等主演。影片**改编自王朔的小说《动物凶猛》**，讲述了**在"文革"时期的**北京，一群生活在部队大院里的孩子，在耀眼的阳光和遍地的红旗中的成长故事。

《让子弹飞》 考查方向：选择、填空

这是一部由**姜文**导演，**姜文、周润发、葛优、刘嘉玲**等主演的剧情片。影片**改编自马识途《夜谭十记》中的《盗官记》**，讲述了悍匪张牧之摇身一变化名清官"马邦德"上任鹅城县长，并与镇守鹅城的恶霸黄四郎展开了一场激烈斗争的故事。该片音乐制作人是**久石让**。

《一步之遥》 考查方向：选择、填空

这是一部由姜文导演，姜文、葛优、周韵、舒淇等主演的剧情片。影片**改编自中国第一部长故事片《阎瑞生》**，讲述了冒险家马走日闯荡上海，与多年好友项飞田竟反目成仇，两个人从一起与美女共舞到在监狱之中对峙的故事。该片是亚洲地区第一部使用 IMAX3D 摄影机实拍的影片。

《邪不压正》 考查方向：选择、填空

这是一部由**姜文**导演，姜文、彭于晏、廖凡、周韵、许晴等主演的动作喜剧电影。影片**改编自张北海的小说《侠隐》**，讲述了在 1937 年"七七事变"爆发之前，一个身负大恨、自美归国的特工李天然的复仇故事。

《黄金时代》 考查方向：选择、填空

这是一部由**许鞍华**导演，**李樯**编剧和监制，**汤唯**（饰演萧红）、冯绍峰、王志文、朱亚文、黄轩、郝蕾、袁泉等主演的电影。

影片以**民国时代**为大背景，以民国传奇**女作家萧红**特立独行的人生以及爱情经历为引子，再现了当年一群意气风发的热血青年形象，还原了一个充满自由理想、海阔天空的时代。

该片获得第 34 届香港电影金像奖最佳影片奖,是许鞍华与编剧李樯继《姨妈的后现代生活》后的再次合作。

《悲情城市》 考查方向:选择、填空

这是一部由**侯孝贤**导演,陈松勇、梁朝伟、辛树芬等主演的剧情片。影片**以台湾二二八起义为背景**,讲述了林氏家族兄弟四人的遭遇和生活。该片获第 46 届威尼斯国际电影节金狮奖,是第一部在国际影展获得首奖的中国台湾电影。

《刺客聂隐娘》 考查方向:选择、填空

这是一部由**侯孝贤**导演,舒淇、张震、妻夫木聪、阮经天等主演的古装题材文艺武侠电影。影片取材自**裴铏短篇小说集《传奇》里的《聂隐娘》**,讲述了聂隐娘为完成其师之道去刺杀朝廷要员,在这过程中,逐渐找回自我,寻求自我所认同的大道的故事。

《中国机长》 考查方向:选择、填空

这是一部由**刘伟强**导演,张涵予(饰演刘长健)、欧豪、杜江、袁泉、张天爱、李沁等领衔主演的剧情传记灾难片。该片根据**5·14 川航航班备降成都事件**改编,讲述了"中国民航英雄机组"成员与 119 名乘客遭遇极端险情,在万米高空经历生死考验的故事。

《烈火英雄》 考查方向:选择、填空

这是一部由刘伟强、李锦文监制,陈国辉执导,黄晓明、杜江、谭卓等领衔主演的灾难剧情片。该片**根据鲍尔吉·原野的长篇报告文学《最深的水是泪水》**改编,故事以 **7·16 大连输油管道爆炸事故为原型**,讲述了消防队伍团结一致,誓死抵抗,以生命维护国家及人民财产安全的故事。

《八佰》 考查方向:选择、填空

这是一部由**管虎**导演,黄志忠、欧豪、王千源、姜武、张译、杜淳等主演的战争题材影片。该片**取材于 1937 年淞沪抗战**,讲述了被称作"八百壮士"的第八十八师第二六二旅第五二四团团副谢晋元率第一营战士 452 人(对外号称八百),固守苏州河畔的四行仓库、誓死阻击日军的故事。

"国庆三部曲" 考查方向:选择、填空

《我和我的祖国》《我和我的家乡》《我和我的父辈》这三部电影被称为"国庆三部曲"。

《我和我的祖国》由**陈凯歌**担任总导演,黄渤、张译、吴京、杜江、葛优、刘昊然、陈飞宇、宋佳等领衔主演。整部电影分为**《前夜》《相遇》《夺冠》《回归》《北京你好》《白昼流星》《护航》**七个单元,分别由**管虎、张一白、徐峥、薛晓路、宁浩、陈凯歌、文牧野**执导。

《我和我的家乡》由**张艺谋**担任总监制,**宁浩**担任总导演,张一白担任总策划,整部电影分为五个单元:**《北京好人》**由宁浩执导,葛优、刘敏涛主演;**《天上掉下个 UFO》**由陈思诚执导,黄渤、王宝强、刘昊然主演;**《最后一课》**由徐峥执导,范伟、张译、韩昊霖主演;**《回乡之路》**由邓超和俞白眉执导,邓超、闫妮主演;**《神笔马亮》**由闫非和彭大魔执导,沈腾、马丽主演。

《我和我的父辈》是由吴京、章子怡、徐峥、沈腾联合执导的剧情片,该片由《乘风》《诗》《鸭先知》《少年行》四个单元组成。《乘风》,描绘了抗日战争时期一组骑兵团与冀中人民共同抗击日寇侵略的军民群像,导演是吴京。《诗》以1969年我国研制长征一号火箭、发射首颗人造地球卫星为背景致敬中国航天人,导演是章子怡。《鸭先知》聚焦上海的弄堂生活,讲述了中国第一支电视广告诞生的背后故事,导演是徐峥。《少年行》通过讲述一对"临时父子"的故事,表达了科技创新精神的传承,导演是沈腾。

《你好,李焕英》 考查方向:选择、填空

这是一部由贾玲导演,贾玲、张小斐、沈腾、陈赫等主演的奇幻喜剧电影。影片根据2016年的同名小品及贾玲亲身经历改编,讲述了刚考上大学的贾晓玲经历了一次人生的大起大落后情绪失控,意外穿越回了二十年前,与正值青春的母亲李焕英相遇的故事。截至2021年,贾玲凭该片成为中国电影史上票房最高的女导演。

《唐人街探案》系列 考查方向:选择、填空

这是由陈思诚导演,王宝强、刘昊然领衔主演的一系列动作悬疑喜剧电影,目前共有三部。《唐人街探案》第一部于2015年上映,故事的发生地是泰国曼谷;《唐人街探案》第二部于2018年上映,故事的发生地是美国纽约;《唐人街探案》第三部于2021年上映,故事的发生地是日本东京。

《刺杀小说家》 考查方向:选择、填空

这是一部由路阳导演,雷佳音、杨幂、董子健、于和伟、郭京飞等领衔主演的奇幻冒险电影。影片根据双雪涛短篇小说集《飞行家》中的同名短篇小说改编,讲述了一位父亲为找到失踪的女儿,在接下刺杀小说家的任务后,所经历的奇幻而又充满波折的故事。

《长津湖》系列 考查方向:选择、填空

该系列电影目前共有两部,分别是《长津湖》和《长津湖之水门桥》。

《长津湖》由陈凯歌、徐克、林超贤联合执导,吴京(饰演伍千里)、易烊千玺(饰演伍万里)、黄轩(饰演毛岸英)、欧豪、朱亚文等主演。影片以抗美援朝战争第二阶段中的长津湖战役为背景,讲述了中国人民志愿军凭借钢铁意志和英勇无畏的战斗精神,为长津湖战役胜利作出重要贡献的故事。截至2021年11月24日,《长津湖》成为中国电影史票房冠军。

《长津湖之水门桥》由陈凯歌、徐克、林超贤监制,徐克执导,吴京、易烊千玺、段奕宏、张涵予、朱亚文等主演。该片是《长津湖》的续集,以抗美援朝战争第二阶段中的长津湖战役后期的水门桥战役为背景,志愿军第九兵团七连战士们又接到了更艰巨的任务,并最终成功完成任务、切断美军退路的故事。目前《长津湖》系列已成为中国影史系列电影票房冠军。

2.外国电影重要作品

《一个国家的诞生》 考查方向:选择、填空

这是一部由美国的格里菲斯导演,丽莲·吉许、亨利·B.沃斯奥等主演的历史剧情

片,于1915年2月8日在美国上映。影片以美国南北战争与重建时期为背景,通过描述北方斯通曼与南方卡梅伦两个家庭的交往,形象地反映了林肯解放黑奴这一历史题材。该片开创了在白宫拍摄电影的历史,也标志着电影艺术的诞生。

《党同伐异》　考查方向:选择、填空

这是一部由美国的格里菲斯导演,丽莲·吉许、梅·马什等主演的剧情片,于1916年9月5日在美国上映。影片讲述了四段相隔千年互不相干的故事:《母与法》《耶稣受难》《圣巴托罗缪大屠杀》《巴比伦的陷落》,它们反映了一个共同的主题:祈求和平,反对党同伐异。该片中还运用了蒙太奇手段的经典桥段"最后一分钟营救"。

《战舰波将金号》　考查方向:选择、填空

这是一部由俄国的爱森斯坦导演,亚历山大·安东诺夫等人主演,向俄国1905年革命二十周年献礼的影片。该片讲述了敖德萨海军波将金号战舰起义的历史故事。片中"敖德萨阶梯"的经典场景,充分展示了爱森斯坦的蒙太奇理论。

《乱世佳人》　考查方向:选择、填空

这是一部由美国的维克多·弗莱明导演,费雯·丽、克拉克·盖博等主演的爱情片。影片改编自美国女作家玛格丽特·米切尔的长篇小说《飘》。影片讲述了美国南北战争爆发后,塔拉庄园的千金小姐斯嘉丽与风度翩翩的商人白瑞德之间所发生的爱情故事。

《大独裁者》　考查方向:选择、填空

这是一部由美国电影史上最杰出的喜剧演员卓别林导演的电影。影片假借第一次世界大战的背景,刻画了一个残酷迫害犹太人,企图统治全世界的大独裁者。该人物在造型上明显仿照了法西斯头目希特勒,影片对其进行了辛辣的讽刺。这是卓别林的第一部有声电影。

《关山飞渡》　考查方向:选择、填空

这是一部由美国的约翰·福特执导的西部黑白动作影片,于1939年2月15日在美国上映。该片改编自莫泊桑的短篇小说《羊脂球》,讲述了八名来自社会不同阶层的人聚集在一辆狭小的马车中,面对重重危机,卸去假面,尽显真实人性的故事。该片被称为"好莱坞叙事的典范"。

《辛德勒的名单》　考查方向:选择、填空

这是一部由美国的斯皮尔伯格导演的战争片,改编自澳大利亚小说家托马斯·肯尼利的同名小说,讲述了第二次世界大战期间,德国企业家奥斯卡·辛德勒与其夫人倾家荡产保护了1200多名犹太人免遭法西斯杀害的真实历史故事。

《罗马，不设防的城市》 考查方向：选择、填空

这是一部由意大利的罗西里尼导演的战争电影，改编自塞吉欧·阿米迪的同名小说，讲述了意大利人民在法西斯德国占领时期，为了保卫国家以及坚持自己的信仰，与纳粹德军进行英勇斗争的故事。该片被公认为意大利新现实主义电影的奠基之作。

《偷自行车的人》 考查方向：选择、填空

这是一部由意大利的维托里奥·德·西卡导演的剧情片。电影通过描绘第二次世界大战后意大利工人的悲凉遭遇，反映了当时意大利的社会状况。该片是意大利新现实主义电影的经典之作。

《红色沙漠》 考查方向：选择、填空

这是一部由意大利的安东尼奥尼于 1964 年导演的剧情片，讲述了现代工业文明之下一个名为朱利亚娜的女子的精神状态和混乱的内心，表现了工业对人的生存环境的污染和对人性的压抑。该片因出色运用色彩表现情绪而被称为电影史上第一部真正的彩色片。

《铁皮鼓》 考查方向：选择、填空

这是一部由德国的施隆多夫执导的剧情片，改编自君特·格拉斯的同名小说，讲述了三岁的奥斯卡因目睹成年人世界的丑恶，于是拒绝长大，并反抗其父母、舅舅、情人以及纳粹的故事。该片获得第 52 届奥斯卡金像奖最佳外语片奖以及第 32 届戛纳国际电影节金棕榈奖。

《一条安达鲁狗》 考查方向：选择、填空

这是一部由布努埃尔导演并参与演出的奇幻短片，主要讲述了一对情侣之间的争吵。该片由布努埃尔与超现实主义画家达利合作拍摄，主要由一组组无逻辑无理性的镜头以及奇特怪诞的形象组合而成。

《罗生门》 考查方向：选择、填空

这是一部由日本的黑泽明导演，三船敏郎、京町子、森雅之、志村乔等主演的剧情电影。影片讲述了在战乱不断的日本平安时代，一起由武士被杀而引起的案件以及案件发生后人们互相指控对方是凶手的故事。

该片改编自芥川龙之介的小说，获得第 16 届威尼斯国际电影节最佳影片金狮奖，是日本最早在国际上获奖的电影。

《乱》 考查方向：选择、填空

这是一部由日本的黑泽明导演的剧情片，灵感来自英国莎士比亚的《李尔王》，讲述了日本战国时代一个虚构的一文字家族因自相残杀而走向灭亡的故事。

《起风了》 考查方向：选择、填空

这是一部由吉卜力工作室制作，日本的**宫崎骏**导演的动画电影，也是宫崎骏**最后的长篇作品**。影片改编自**堀辰雄**的同名小说以及漫画，讲述了**日本"航空之父"、零式战斗机的开发者堀越二郎**年轻时的技师生活，以及他与少女菜穗子相遇的故事。

第四节　电影流派

（一）中国电影流派

左翼电影 考查方向：名词解释、简答

指的是在中国"左翼作家联盟"领导下，**中国共产党的电影小组在上海开展的左翼电影运动**，并由此**拍摄了一系列反帝反封建的影片**。是20世纪30年代影响最大的电影艺术流派。

这些影片**着力表现了工人、农民、妇女和知识分子的生活斗争**，揭示了社会矛盾、阶级对立，激发了民众的爱国热情、抗日情绪，呼唤女性的独立和觉醒。

代表作品有夏衍的《狂流》，郑正秋的《姊妹花》，孙瑜的《小玩意》和《大路》，田汉编剧、卜万苍导演的《三个摩登女性》和《母性之光》，沈西苓的《女性的呐喊》等。

孤岛电影 考查方向：名词解释、简答

指的是**20世纪30年代初**，处于孤岛时期的上海所掀起的一股中国商业片制作热潮。代表作品有欧阳予倩编剧、卜万苍导演的《木兰从军》，费穆编导的《孔夫子》，于伶编剧的《花溅泪》，柯灵编剧的《乱世风光》等。

主旋律电影 考查方向：名词解释、简答

指能充分**体现主流意识形态的革命历史重大题材影片和与普通观众生活相贴近的现实主义题材、弘扬主流价值观、讴歌人性人生**的影片。邓小平同志曾说："一切宣传真善美的都是主旋律。"

具体类型有：**节日献礼片**，例如《建国大业》《建党伟业》《我和我的祖国》等；**革命历史题材片**，例如《开国大典》《大决战》《长津湖》等；**新时代英雄片**，例如《战狼》《攀登者》《中国机长》等；**商业化主旋律片**，例如《智取威虎山》《湄公河行动》《红海行动》等。

红色电影 考查方向：名词解释、简答

指**红色题材的电影，即具有革命精神和英雄主义的思想风貌**的作品。典型影片有《林海雪原》《烈火中永生》《红色娘子军》《小花》等。

十七年电影 考查方向：名词解释、简答

指从**1949年到1966年**中国拍摄的电影。"十七年电影"**以文艺为政治服务、为工农兵服务为指导思想**，以政治标准第一、艺术标准第二为批评标准。代表作品有《南征北战》《林则徐》《甲午风云》等。

"文革"八大样板戏
考查方向：名词解释、简答

"文革"八大样板戏分别为京剧《智取威虎山》《海港》《红灯记》《沙家浜》《奇袭白虎团》、芭蕾舞剧《红色娘子军》《白毛女》、交响音乐《沙家浜》。

香港电影新浪潮
考查方向：名词解释、简答

指的是20世纪80年代，一批出身于电视圈的香港青年导演运用新的电影技巧和语言创作出的一些商业片。代表导演及作品有谭家明的《名剑》《烈火青春》，徐克的《蝶变》《打工皇帝》，许鞍华的《疯劫》等。

（二）外国电影流派

欧洲先锋派电影
考查方向：名词解释、简答

该学派兴起于20世纪20年代，主要活动中心在法国和德国。主张拍摄不以营利为目的、反对叙事的纯视觉影片，提倡通过联想的绝对自由达到"电影诗"的境界，同时把对物的描写放在突出地位。主要包括"达达主义""超现实主义""表现主义"等。

欧洲艺术电影
考查方向：名词解释、简答

欧洲艺术电影非常注重电影的文化艺术内涵，有意摒弃电影的叙事功能，将电影的商业性和艺术性对立起来，执着于从表现手法、镜头技巧、叙述方式等方面探索电影语言的可能性，赋予电影语言以隐喻、象征等意义。

苏联蒙太奇学派
考查方向：名词解释、简答

20世纪20年代，以爱森斯坦的《战舰波将金号》、普多夫金的《母亲》为代表的一批影片，真实地描写革命发展，通过典型艺术形象表现现实生活中的矛盾和冲突，将实验的重点放在蒙太奇的运用上。该电影学派的代表理论是"杂耍蒙太奇"和"库里肖夫效应"。代表人物有爱森斯坦、库里肖夫、普多夫金、维尔托夫。

电影眼睛派
考查方向：名词解释、简答

指20世纪20年代初期，以维尔托夫为首的一批电影工作者组成的苏联电影理论和创作流派。该流派一方面重视电影剪辑的作用和蒙太奇的创造功能，另一方面又强调发掘电影的记录功能，主张到生活中去拍摄真人真事，对后世的纪录电影产生了深远的影响。

意大利新现实主义电影
考查方向：名词解释、简答

指二战后，在意大利兴起的一次具有社会进步意义和艺术创新特征的电影运动。特点有注重反映本国当代社会生活现实、尽量使用非职业演员、拍摄方法上注重真实感等。"日常性"是新现实主义电影在结构情节上的基本原则。另外，这类电影还拒绝给主人公的命运寻找出路，反对明星效应和扮演角色等。

代表人物及影片有罗西里尼的《罗马，不设防的城市》、德·西卡的《偷自行车的人》、德·桑蒂斯的《罗马 11 时》、维斯康蒂《大地在波动》等。

法国诗意现实主义电影
考查方向：名词解释、简答

20 世纪 30 年代，一批艺术家结合左拉的自然主义文学，继承通俗文化传统，相继拍摄了一些反映社会形势、描写普通人生活和命运、进行社会批判，同时又富有诗情画意的影片，被称为"诗意现实主义电影"运动，该运动促进了法国电影的复兴。代表人物有让·雷诺阿、雷内·克莱尔等。

法国新浪潮电影
考查方向：名词解释、简答

该流派兴起于 20 世纪 50 年代末 60 年代初的法国，其电影美学观念来自《电影手册》主编安德烈·巴赞的电影理论。

该流派的美学理念主要有以下几点：一是反对好莱坞的制片人中心制，提出导演中心制；二是确立了电影个人风格的地位；三是革新了电影语言和电影形式，例如采用实景拍摄、现场即兴表演、长镜头、跳接等，对电影艺术做出了巨大贡献。

代表导演及作品有戈达尔的《筋疲力尽》和特吕弗的《四百击》等。

法国"左岸派"电影
考查方向：名词解释、简答

指的是 20 世纪 50 年代末在法国出现的一个电影导演集团，因其成员都在巴黎塞纳河的左岸居住而得名。其艺术特点是重视对人物内心活动的描写，关注人的精神状态和对细节的精雕细琢。代表人物有阿仑·雷乃、阿涅斯·瓦尔达等。

新德国电影
考查方向：名词解释、简答

20 世纪 60 年代初出现在联邦德国，发源于 1962 年的奥伯豪森第八届西德短片电影节，当时的 26 位青年电影导演、演员和编剧联名发表《奥伯豪森宣言》，宣称要"与传统电影决裂，要运用新的电影语言"以创立德国新电影。代表人物有施隆多夫、赫尔措格、法斯宾德和文德斯等，这四位被称为"新德国电影四杰"。

新好莱坞电影
考查方向：名词解释、简答

兴起于 20 世纪 60 年代末的美国。其主要特点，一是具有美国式的"作者论"思想，强调突出个人的风格；二是在叙事上突破以线性的因果关系为基础的结构方式，对人物进行"非英雄化"的处理；三是更加注重对人物心理的刻画，影片的内容和人物呈现出多义性。

代表导演及作品有阿瑟·佩恩的《邦尼和克莱德》、迈克·尼科尔斯的《毕业生》、斯坦利·库布里克的《2001 太空漫游》等。

第五节　电影节及奖项

（一）中国电影节及奖项

中国电影金鸡奖　考查方向：名词解释、简答

简称"金鸡奖"，1981 年创办，由中国电影家协会和中国文学艺术界联合会联合主办，是中国电影界专业性评选的最高奖项，又被称为"专家奖"。奖杯为一只金鸡的雕像。

大众电影百花奖　考查方向：名词解释、简答

简称"百花奖"，1962 年创办，由中国电影家协会和中国文学艺术界联合会联合主办。该奖项由观众投票产生，是中国群众性的电影奖，最能反映观众对电影的评价和喜好。奖杯为铜质镀金花神。

中国电影华表奖　考查方向：名词解释、简答

简称"华表奖"，正式设立于1994 年，由中共中央宣传部、国家电影局主办，是中国电影界的政府奖。奖杯采用的是北京天安门城楼前的华表造型。中国电影金鸡奖、大众电影百花奖、中国电影华表奖并称为中国电影的三大奖项。

上海国际电影节　考查方向：名词解释、简答

中国国内第一个国际 A 类电影节，创办于 1993 年，由国家电影局、中央广播电视总台和上海市政府主办。

宗旨是：增进各国、各地区电影界人士之间的相互了解和友谊，促进世界电影艺术的繁荣。开始时每两年一届，从第 5 届（2001 年）起改为每年一届。其最高奖项为金爵奖。

香港电影金像奖　考查方向：名词解释、简答

创办于 1982 年，由香港《电影双周刊》、香港电台联合举办，目的是对香港地区生产的影片进行年度总结，奖励优秀作品及个人。香港电影金像奖是华语电影奖项中最能够体现艺术与商业完美结合的奖项。

台湾电影金马奖　考查方向：名词解释、简答

台湾地区电影最高奖，1962 年正式成立，主要是为了表扬对中华电影文化有杰出贡献的电影人，促进台湾地区电影制作事业的发展。台湾电影金马奖与香港电影金像奖、中国电影金鸡奖并称为代表华语电影最高成就的三大奖项。

童牛奖　考查方向：名词解释、简答

专为奖励优秀儿童少年影片、表彰取得优秀成绩的儿童少年电影工作者而设立的奖项。两年评选一次，从 2002 年起改为每年评选一次，2005 年并入中国电影华表奖。

骏马奖　考查方向：名词解释、简答

全称为**全国少数民族电影电视"骏马奖"**，1986 年创办，**奖杯为一尊骏马的雕像**。骏马奖主要包括电视艺术、文学创作、电影等奖项。

（二）外国电影节及奖项

威尼斯国际电影节　考查方向：名词解释、简答

世界上第一个国际电影节，有**"国际电影节之父"**的美誉。**1932 年 8 月在意大利威尼斯创办，最高奖项是"金狮奖"。**

柏林国际电影节　考查方向：名词解释、简答

原名为"西柏林国际电影节"，**1951 年 6 月在德国柏林创办**，每年举办一届，**最高奖项是"金熊奖"**。现已成为世界上规模最大、影响最广的电影节之一。

戛纳国际电影节　考查方向：名词解释、简答

创办于 1946 年，最高奖项是"金棕榈奖"，每年举办一次。**戛纳国际电影节与威尼斯国际电影节、柏林国际电影节并称为欧洲三大国际电影节。**

奥斯卡金像奖　考查方向：名词解释、简答

又名**"美国电影艺术与科学学院奖"，1929 年设立**，每年**在美国的好莱坞举行，奖项被通称为"奥斯卡金像奖"**，现已成为世界上最有影响力的电影奖项之一。

获得奥斯卡终身成就荣誉奖的亚洲人目前有四位，分别是：日本的黑泽明、宫崎骏；印度的萨迪亚吉特·雷伊；中国香港的成龙。

东京国际电影节　考查方向：名词解释、简答

创办于 1985 年，是**目前亚洲最大的电影节之一**。该奖项最初为两年举办一次，1992 年起改为每年举办一次，旨在发掘新人和奖励青年导演。其主要**奖项是"金麒麟奖"**。

金球奖　考查方向：名词解释、简答

创办于 1944 年，奖杯为金质地球造型。金球奖在奥斯卡金像奖之前进行评选和颁发，其评奖结果常被用作推测奥斯卡金像奖名单的依据，因此有**"奥斯卡金像奖的外围奖"**之称。

第二章 文学常识

第一节 中国古代文学

（一）先秦文学

上古神话 考查方向：选择、填空、名词解释

上古神话是中国文学的源头之一，以故事的形式表现了远古人民对自然和社会现象的认识。主要分为三类：一是创世神话，如盘古开天辟地、女娲补天；二是自然灾害神话，如羿射九日、大禹治水、精卫填海；三是部落战争神话，如黄帝战蚩尤、共工怒触不周山。

《山海经》 考查方向：选择、填空、名词解释

《山海经》是古代地理名著，是我国目前保存神话资料最多的著作，现存18篇，大致可分为《山经》《海经》和《大荒经》三部分，书中保存了不少远古神话的片段，如夸父逐日、精卫填海、黄帝战蚩尤等。

四书五经 考查方向：选择、填空、名词解释

四书五经是"四书"和"五经"的合称，中国儒家的经典书籍。"四书"指的是《论语》《孟子》《大学》《中庸》；"五经"指的是《诗经》《尚书》《礼记》《周易》和《春秋》。

【知识拓展】

《大学》：选自《礼记》，是一部中国古代讨论教育理论的重要著作。

《尚书》：我国现存最早的一部历史文献总集。

六 艺 考查方向：选择、填空、名词解释

六艺指周朝贵族教育体系中的六种技能，即礼、乐、射、御、书、数。

"礼"指礼节，"乐"指音乐，"射"指射箭技术，"御"指驾驭车马的技术，"书"指书法，"数"指算术与数论知识。

诸子百家 考查方向：选择、填空、名词解释

诸子百家是后世对先秦学术思想人物和派别的总称。"诸子"指孔子、墨子、老子、庄子、孟子、荀子等人物，"百家"指儒家、道家、墨家、名家、法家等各个学术流派。

【知识拓展】

表 2.2.1　诸子百家代表人物及其观点

流派	代表人物	著作/观点
墨家	创始人墨翟(墨子)	《墨子》,主张"兼爱""非攻""尚贤""节葬"等观点,进行了"小孔成像"实验
名家	公孙龙,名家"离坚白"派代表人物	《公孙龙子》,提出"白马非马""离坚白"等论点
名家	惠施(惠子),名家"合同异"派代表人物	主张"合同异",名句:"天与地卑,山与泽平。"
兵家	创始人孙武(孙子),被誉为"兵家至圣"	《孙武兵法》(《孙子兵法》),我国第一部军事理论著作
医家	扁鹊	《内经》和《外经》,发明"望闻问切"四诊法
杂家	吕不韦	吕不韦及其门客创作杂家名著《吕氏春秋》,也称《吕览》,本书收录了众多寓言故事,如刻舟求剑,同时编撰本书给后世留下了"一字千金"的典故
纵横家	创始人鬼谷子,代表人物苏秦、张仪	以从事政治外交为主
阴阳家	邹衍	作品《邹子》,提倡阴阳五行说

老　子　考查方向:选择、填空、名词解释

老子,姓李,名耳,春秋时期思想家,道家学派创始人,主张"无为而治"。主要作品《老子》(又名《道德经》),开创了我国古代哲学思想的先河。

【知识拓展】

老子主要思想:①"道"是世界本原——道生一,一生二,二生三,三生万物。②朴素辩证法——祸兮福之所倚,福兮祸之所伏。③政治思想——无为而治。

《道德经》(节选):

道可道,非常道;名可名,非常名。

天下难事,必作于易;天下大事,必作于细。

上善若水,水善利万物而不争。

大方无隅,大器晚成,大音希声,大象无形。

合抱之木,生于毫末;九层之台,起于累土;千里之行,始于足下。

孔　子　考查方向:选择、填空、名词解释

孔子名丘,字仲尼,春秋时期鲁国人,儒家学派创始人,其思想核心是"仁"和"礼",主张"仁政",认为只有实施仁政才能使"天下之人皆归之"。

【知识拓展】

孔子教育思想：创办私学，提倡"有教无类"，主张"学而优则仕"，教学方法上要求教师"有教无类""因材施教"，主张"不愤不启，不悱不发"的启发式教育。教育学生要"温故而知新"、举一反三。

孔子经济思想：提出重义轻利、"见利思义"的义利观与"富民"思想。

孔门弟子：

颜回：字渊，孔子最得意的门生，孔子评价其："贤哉回也！一箪食，一瓢饮，在陋巷，人不堪其忧，回也不改其乐。"典故有"颜渊问仁"。

仲由：字子路，以勇武著称，追随孔子时间最长的人。

端木赐：字子贡，儒商鼻祖，孔子弟子中最富有的人，其经商之道被称为"端木遗风"。

闵子：字子骞，以孝闻名，其相关故事"单衣顺母"，被列为二十四孝之一。

宰予：字子我，以能言善辩著称，孔子在知其"昼寝"后评价其"朽木不可雕也，粪土之墙不可杇也"。

《论语》 考查方向：选择、填空、名词解释

儒家学派的经典著作，记载了孔子及其弟子的言行，由孔子弟子整理而成，它以语录体和对话文体为主，集中体现了孔子的政治主张、伦理思想、道德观念和教育原则等。

【知识拓展】

《论语》（节选）：

学而不思则罔，思而不学则殆。

见贤思齐焉，见不贤而内自省也。

知之为知之，不知为不知，是知也。

知之者不如好之者，好之者不如乐之者。

岁寒，然后知松柏之后凋也。

工欲善其事，必先利其器。

三军可夺帅也，匹夫不可夺志也。

其身正，不令而行；其身不正，虽令不从。

吾十有五而志于学，三十而立，四十不惑，五十而知天命，六十而耳顺，七十而从心所欲，不逾矩。

孟 子 考查方向：选择、填空、名词解释

孟子，名轲，邹国（今山东邹城）人，战国时期儒家代表人物，其政治学说的核心内容是"仁政""民贵君轻"，并在哲学上提出"性善论"，被尊奉为"亚圣"，与孔子合称为"孔孟"。主要作品为《孟子》。

【知识拓展】

《孟子》（节选）：

天时不如地利，地利不如人和。

得道者多助，失道者寡助。

富贵不能淫，贫贱不能移，威武不能屈。

我善养吾浩然之气。

穷则独善其身,达则兼济天下。

恻隐之心,人皆有之;羞恶之心,人皆有之;恭敬之心,人皆有之;是非之心,人皆有之。

《孟子》成语:

五十步笑百步、明察秋毫、缘木求鱼、揠苗助长、杯水车薪、始作俑者、舍生取义、顾左右而言他。

庄　子　　考查方向:选择、填空、名词解释

庄子,名周,道家学派的代表人物,与老子并称"老庄",主要著作《庄子》,又名《南华经》。

《庄子》在文体上脱离了语录体形式,其文以巧用寓言见长,富有浓厚的文学气息和浪漫主义色彩,标志着先秦散文发展到成熟阶段。鲁迅评"其文则汪洋辟阖,仪态万方,晚周诸子之作,莫能先也"。书中名篇有《逍遥游》《秋水》等。著名的寓言故事有庄周梦蝶、呆若木鸡、庖丁解牛、螳臂当车、东施效颦、目无全牛、邯郸学步、得鱼忘筌等。

【知识拓展】

《庄子》(节选):

北冥有鱼,其名为鲲。鲲之大,不知其几千里也;化而为鸟,其名为鹏。鹏之背,不知其几千里也;怒而飞,其翼若垂天之云。

人生天地之间,若白驹之过隙,忽然而已。

君子之交淡若水,小人之交甘若醴。

吾生也有涯,而知也无涯。

荀　子　　考查方向:选择、填空、名词解释

荀子,名况,战国时期思想家,先秦儒家最后一位大师。继承了孔子的礼乐学说,提出"性恶论",在天人关系上主张"天行有常""制天命而用之",主要著作《荀子》,《劝学》是其中名篇。

【知识拓展】

《荀子》(节选):

锲而舍之,朽木不折;锲而不舍,金石可镂。

不积跬步,无以至千里;不积小流,无以成江海。

君子博学而日参省乎己,则知明而行无过矣。

学不可以已。青,取之于蓝,而青于蓝;冰,水为之,而寒于水。

积土成山,风雨兴焉;积水成渊,蛟龙生焉;积善成德,而神明自得,圣心备焉。

韩非子　　考查方向:选择、填空、名词解释

战国末期法家学派代表人物,主张君主集权制,重赏罚、重农、重战。第一次明确提出了"法不阿贵"的思想,主张"刑过不避大臣,赏善不遗匹夫"。主要著作《韩非子》,名篇有《孤愤》《五蠹》。

【知识拓展】

《韩非子》寓言故事：

自相矛盾、守株待兔、讳疾忌医、滥竽充数、买椟还珠、郑人买履、千里之堤溃于蚁穴、三人成虎、智子疑邻等。

《诗经》 　考查方向：选择、填空、名词解释、简答、论述

《诗经》又称《诗三百》或《诗》,是我国第一部诗歌总集,收录了西周至春秋中期的各地民谣及朝庙乐章共305篇,西汉时被尊为儒家经典。

《诗经》内容分为"风""雅""颂"三大类。"风"叫国风,收录的是各地民间歌谣,体现出"饥者歌其食,劳者歌其事"的创作特点;"雅"是指朝廷正乐;"颂"是指宗庙祭祀的乐调。

《诗经》艺术成就主要有两点:一是开创了我国文学的现实主义传统;二是运用了赋、比、兴的表现手法。

著名篇目有《关雎》《蒹葭》《伐檀》《硕鼠》《七月》等。

【知识拓展】

《诗经》六义:风、雅、颂、赋、比、兴。

风:即《国风》,指各地民间歌谣,按地区或诸侯国的名称分为十五国风,共160篇,著名篇目有《关雎》《蒹葭》《硕鼠》《桃夭》《氓》等。

雅:指朝廷正乐,根据题材分为《大雅》和《小雅》。《大雅》以反映朝廷重大事件为主,《小雅》以表现贵族日常生活内容居多,著名篇目有《江汉》《思齐》《采薇》《鹿鸣》等。

颂:指宗庙祭祀的乐调,分为《鲁颂》《周颂》和《商颂》。著名篇目有《我将》《有客》《玄鸟》等。

赋:指铺陈叙述,即诗人把思想感情及其有关的事物平铺直叙地表达出来。如《七月》运用赋的手法,叙述了农夫在一年十二个月中的生活。

比:比方、比喻,即诗人借助事物来比喻某种事物或情感。如《硕人》篇:手如柔荑,肤如凝脂,领如蝤蛴,齿如瓠犀,螓首蛾眉,巧笑倩兮,美目盼兮。

兴:先言他物以引起所咏之词。如《关雎》:关关雎鸠,在河之洲。窈窕淑女,君子好逑。

《诗经》(节选):

蒹葭苍苍,白露为霜。所谓伊人,在水一方。

知我者,谓我心忧;不知我者,谓我何求。

《诗经》艺术成就:

①具有强烈的现实主义精神。"饥者歌其食,劳者歌其事",运用现实主义创作手法,真实形象地反映了当时的社会面貌,表达了劳动人民的理想和愿望。

②赋、比、兴的表现手法,是《诗经》艺术特征的重要标志,后演变为我国古代诗歌创作的基本手法。

③句式上以四言为主,其间杂有二言至八言不等。结构上多采用重章叠句的复沓结构,造成反复咏叹,回环往复,其作用在于深化主题,渲染气氛,加深情感,增强音乐性和节奏感。

④语言丰富、生动、简练、形象。《诗经》采用大量动词、形容词,重叠字、叠韵字,写

景状物,拟形传声,使诗歌富于形象美和音韵美,增强了诗歌语言的艺术魅力。

先秦散文　考查方向:选择、填空、名词解释

春秋战国时期是中国古代散文蓬勃发展的阶段,出现了许多优秀的散文著作,这就是中国文学史上的先秦散文。先秦散文分为**历史散文和诸子散文**。前者包括《左传》《国语》《战国策》等;后者是诸子百家的文章,如《论语》《墨子》《孟子》等。

【知识拓展】

历史散文体裁分为编年体、纪传体、国别体等。

国别体:以国家为单位,分别记叙历史事件的史书体例。**我国第一部国别体史书是《国语》。**

编年体:以年代为线索编排有关历史事件的史书体例。**我国第一部编年体史书是《春秋》,由孔子修订整理**,并在《春秋》中首创了**"春秋笔法"**的文章写法,突出特点是**"寓褒贬于记事"**。

纪传体:通过记叙人物活动反映历史事件的体裁。

《左传》　考查方向:选择、填空、名词解释

《左传》全称《春秋左氏传》,又名**《左氏春秋》,由左丘明所著,是一部为《春秋》做注解的史书**,也是**中国第一部叙事详尽完整的编年体史书**。《左传》被称为先秦散文的"叙事之最",标志着我国叙事散文的成熟。

《左传》与《公羊传》《穀梁传》并称"春秋三传"。

《战国策》　考查方向:选择、填空、名词解释

《战国策》又称《国策》,是**西汉末年刘向**编订的一部**国别体史书**,记述了从战国初年到秦灭六国约 240 年的历史。名篇有《荆轲刺秦王》《邹忌讽齐王纳谏》等。

书中的成语故事有:**图穷匕见**、画蛇添足、狐假虎威、鹬蚌相争、狡兔三窟、门庭若市等。

楚　辞　考查方向:选择、填空、名词解释

"楚辞"指战国时期楚国诗人屈原在楚国民间歌谣的基础上开创的一种新的**诗歌体裁**,在形式上表现为宏伟繁复的体制、长短不一的句式和"兮"字的大量运用。代表作品为屈原的《离骚》《九歌》《天问》等。

《楚辞》也是中国文学史上第一部浪漫主义诗歌总集,由西汉刘向搜集屈原、宋玉等人作品编辑而成,《楚辞》**开创了我国诗歌浪漫主义传统**。

因此,"楚辞"既是一种诗体的名称,又是一部诗歌总集的名称。

【知识拓展】

宋玉:战国时期楚国辞赋家,代表作品《九辩》《登徒子好色赋》,典故**"阳春白雪""下里巴人""曲高和寡"**出自宋玉所作的《对楚王问》。

屈　原　考查方向:选择、填空、名词解释

屈原,名平,字原。**战国时期楚国人,中国文学史上第一位伟大的浪漫主义爱国诗**

人,创立楚辞新诗体,被誉为"楚辞之祖"。主要作品有《离骚》《九歌》《九章》《天问》《招魂》等。

【知识拓展】

屈原出生于楚国丹阳秭归(今湖北宜昌),早年受楚怀王信任,提倡"美政",后因贵族排挤诽谤被流放。楚国郢都被秦军攻破后,自沉于汨罗江,以身殉国。端午节最初是古代人民祛病防疫的节日,后因相传屈原在农历五月初五投江,便演变成了纪念屈原的传统节日。

《离骚》　考查方向:选择、填空、名词解释、简答、论述

《离骚》是我国古代诗歌史上一首带有自传性质的长篇抒情诗,表现了诗人坚持"美政"理想不与邪恶势力同流合污的斗争精神与至死不渝的爱国爱情。开创了"香草美人"寄情言志的比兴手法,《离骚》与《诗经》中的《国风》部分并称为"风骚"。

【知识拓展】

《离骚》(节选):

惟草木之零落兮,恐美人之迟暮。

长太息以掩涕兮,哀民生之多艰。

亦余心之所善兮,虽九死其犹未悔。

路漫漫其修远兮,吾将上下而求索。

《离骚》的艺术特色:

①具有深刻现实性的积极浪漫主义。突出表现在诗人的驰骋想象,糅合神话传说、历史人物和自然现象的编织幻想的境界。此外还表现在用浪漫主义精神塑造了一个坚贞高洁的主人公形象。

②比兴手法的运用。它"依《诗》取兴,引类譬喻",继承并发展了《诗经》比兴传统。具体表现为在广度上,它较多地应用比喻,构成庞大的比兴系统;在深度上,较之《诗经》更为注意比兴中"此物"与"彼物"的内在联系,用作比喻的事物与全篇所表达的内容统一,富有象征性。如用善鸟香草以配忠贞、恶禽臭物以比谗佞等。

③采用民歌的形式,同时又汲取了散文的笔法,把诗句加长,构成巨篇,既有利于包纳丰富的内容,又有力地表现了奔腾澎湃的感情。语言方面大量吸收楚国方言,尤其是对"兮"等语助词的使用,增强了诗句的节奏性和音乐美。

④抒情中有故事情节的叙述。抒情诗一般没有故事情节。《离骚》是一首长篇政治抒情诗,抒发其忠而被疏的愤懑之情。但在诗中前一部分里叙述了作者的家世、出生和被疏的事实,后一部分又虚构了一系列幻境,使抒情诗具有了故事情节的成分。

(二)秦汉文学

赋　考查方向:选择、填空、名词解释

赋是古代的一种文体,讲究文采、韵律,介于诗歌和散文之间。它从楚辞发展而来,汉代正式确立了赋的体例,汉赋主要有两种文体:一是骚体赋,盛行于汉初;二是散体大赋,是汉赋的主干。

【知识拓展】

西汉辞赋家枚乘《七发》标志着汉代散体大赋正式形成,司马相如的作品代表赋的

最高成就。

汉赋四大家　考查方向：选择、填空、名词解释

"汉赋四大家"是指汉代以创作大赋闻名的四位文学家，分别是司马相如、扬雄、班固、张衡。

【知识拓展】

扬雄，字子云，作品有《甘泉赋》《河东赋》等。刘禹锡《陋室铭》中"西蜀子云亭"中的"西蜀子云"即指扬雄。

张衡是东汉时期文学家、数学家、天文学家，在天文学方面著有《灵宪》《浑仪图注》等，数学著作有《算罔论》，文学作品以《二京赋》《归田赋》等为代表。

司马相如　考查方向：选择、填空、名词解释

司马相如是西汉著名辞赋家，他的作品辞藻富丽，结构宏大，被誉为"赋圣"，主要作品有《子虚赋》《上林赋》《美人赋》《长门赋》等，成语"子虚乌有"出自《子虚赋》。

【知识拓展】

《凤求凰》：一是指传说中的汉代古琴曲，演绎了司马相如和卓文君的爱情故事；二是指汉代司马相如为求爱卓文君所作名赋。

贾　谊　考查方向：选择、填空、名词解释

贾谊是西汉初年著名的政论家、文学家，是最早的汉赋作家之一，世称贾生。后因官场排挤，被贬谪为长沙太傅，世称贾长沙、贾太傅。

贾谊擅作散文和辞赋。散文的主要成就是政论文，风格朴实峻拔，被鲁迅称为"西汉鸿文"，代表作品有《过秦论》《论积贮疏》《陈政事疏》等。其辞赋皆为骚体，形式趋于散体化，是汉赋发展的先声，以《吊屈原赋》《鵩鸟赋》最为著名。

【知识拓展】

唐·李商隐《贾生》：宣室求贤访逐臣，贾生才调更无伦。可怜夜半虚前席，不问苍生问鬼神。"贾生"即指贾谊。这里的皇帝指汉文帝。

《淮南子》　考查方向：选择、填空、名词解释

《淮南子》是西汉淮南王刘安及门客集体编写的一部哲学著作，属于杂家作品。该书以道家思想为指导，杂糅其他百家学说融会贯通而成，是战国至汉初黄老之学理论体系的代表作。

此外，《淮南子》保存了一部分神话材料，主要有四大神话传说：女娲补天、共工触山、羿射九日、嫦娥奔月。还有大禹治水，以及寓言故事塞翁失马等。

《史记》　考查方向：选择、填空、名词解释、简答

《史记》由西汉史学家司马迁撰写，是中国历史上第一部纪传体通史。记载了上至上古传说中的黄帝时代，下至汉武帝太初四年间共3000多年的历史，全书共130篇。

全书包括十二本纪（记历代帝王政绩）、三十世家（记诸侯勋贵兴亡）、七十列传（记本纪、世家外各个阶层重要人物的言行事迹）、十表（大事年表）、八书（记典章制度、礼

乐、天文历法等）。

司马迁以其"**究天人之际，通古今之变，成一家之言**"的史识创作了这本史书，鲁迅称之为"**史家之绝唱，无韵之离骚**"。

【知识拓展】

"**发愤著书**"是司马迁创作《史记》的动机，"**实录**"是司马迁创作《史记》的原则，班固评价《史记》为："其文直，其事核，不虚美，不隐恶，故谓之实录。"

大行不顾细谨，大礼不辞小让。如今人方为刀俎，我为鱼肉。——《史记·项羽本纪》

燕雀安知鸿鹄之志哉！——《史记·陈涉世家》

王侯将相宁有种乎！——《史记·陈涉世家》

桃李不言，下自成蹊。——《史记·李将军列传》

众口铄金，积毁销骨。——《史记·张仪列传》

天下熙熙，皆为利来；天下攘攘，皆为利往。——《史记·货殖列传》

智者千虑，必有一失；愚者千虑，必有一得。——《史记·淮阴侯列传》

班 固　考查方向：选择、填空、名词解释

班固是**东汉**著名史学家、文学家。

作为史学家，班固主要作品《**汉书**》，与司马迁合称为史学界的"班马"。

作为辞赋家，班固是"汉赋四大家"之一，主要作品《**两都赋**》开创了京都赋的范例，"两都"指西汉的都城**长安**和东汉的都城**洛阳**。

【知识拓展】

班超：班固之弟，军事家，相关典故有"投笔从戎""不入虎穴，焉得虎子"。

《汉书》　考查方向：选择、填空、名词解释

《汉书》又称《前汉书》，由班固编撰，是**中国第一部纪传体断代史**，主要记述了汉高祖元年至新朝王莽地皇四年共229年的史事。

【知识拓展】

水至清则无鱼，人至察则无徒。——《汉书·东方朔传》

乐 府　考查方向：选择、填空、名词解释、简答

乐府主要包含两种意思。两汉时，"乐府"指**音乐机关**，它一方面将文人歌功颂德的诗制成曲谱，另一方面还采辑诗歌民谣入乐。

魏晋六朝时，"乐府"由机关的名称转变为一种带有**音乐性诗体**的名称，即"乐府诗"。这些诗歌反映了汉朝时民间的风貌，呈现出"**感于哀乐，缘事而发**"的基本创作特征，代表作品有《**陌上桑**》《**孔雀东南飞**》《**十五从军征**》等。

【知识拓展】

宋代郭茂倩编著的《乐府诗集》是收录乐府诗最为完备的一部总集。

乐府诗歌的艺术特色：

①具有浓厚的生活气息，为古代叙事诗奠定了基础。

②着意于人物的描写，例如《陌上桑》里对罗敷之美的直接描写。

③善于运用比兴和铺陈的手法。

④形式上以杂言和五言为主,对五言诗的发展产生了重要作用。

⑤语言朴素自然,生动活泼,往往使用口语,富于表现力。

《孔雀东南飞》　考查方向:选择、填空、名词解释、简答

《孔雀东南飞》原题为"古诗为焦仲卿妻作",是我国文学史上第一篇长篇叙事诗,也是汉乐府民歌中最长的一首叙事诗。

主要讲述了焦仲卿、刘兰芝这一恩爱夫妻因受到封建礼教的逼迫而分离,最后双双殉情的悲剧故事。控诉了封建礼教的残酷无情,歌颂了焦刘夫妇的真挚感情和反抗精神。

《孔雀东南飞》与北朝民歌《木兰诗》并称"乐府双璧"。

【知识拓展】

《木兰诗》是北朝乐府民歌中最杰出的作品,讲述了木兰女扮男装代父从军,立功之后不慕富贵退居乡里的故事。塑造了木兰这一不朽的艺术形象,她是古代人民理想的化身,在其身上集中体现了中华民族的英雄气概和高尚情操。

《古诗十九首》　考查方向:选择、填空、名词解释

《古诗十九首》最早见于南朝萧统的《文选》。其反映的主题主要是闺人怨别、游子羁旅情怀、失意人士的矛盾和苦闷等,艺术特色是长于抒情,代表了汉代文人五言诗的最高成就。刘勰在《文心雕龙》称其"五言之冠冕也"。

代表篇目有《迢迢牵牛星》《行行重行行》等。

《说文解字》　考查方向:选择、填空、名词解释

《说文解字》由东汉文字学家许慎撰写,是我国第一部按部首编排的字典,它首次对"六书"做出解释。

【知识拓展】

"六书"是古人解说汉字结构和使用方法归纳出来的六种条例,是最早关于汉字构造的系统理论。"六书"之名首见于《周礼》,指象形、指事、会意、形声、转注、假借。

(三)魏晋南北朝文学

建安文学　考查方向:选择、填空、名词解释、简答

建安文学指汉末建安时期至魏初的代表性文学。这一时期的文学作品以诗歌的成就最高,不少诗歌继承了汉乐府诗的现实主义精神。

建安文学反映了社会动荡的现实和人民遭受离乱的痛苦,体现了建安时代的社会风貌和苍凉刚劲的风格,被后世誉为"建安风骨"。

代表作家有"三曹"(曹操、曹丕、曹植)和"建安七子"(孔融、陈琳、王粲、徐干、阮瑀、应场、刘桢)等。

【知识拓展】

建安风骨是对建安文学风格的形象概括。"风"指建安诗歌反映社会动乱、抒写理想壮志的现实内容,"骨"主要指雄健深沉、慷慨悲凉的艺术特色。两者结合是指建安诗

歌内在的生气和感染力，以及语言表达上的刚健雄浑。

建安风骨的艺术特征：

①继承和发扬了汉乐府诗的现实主义精神，真实地反映社会生活，具有充实的内容。

②艺术境界比较开阔，自由洒脱。

③艺术体裁上以五言为主，为五言诗的发展铺平了道路。

曹操　考查方向：选择、填空、名词解释

曹操，字孟德，小名阿瞒，东汉末年杰出的政治家、文学家，"建安文学"的开创者。

曹操的诗歌气魄宏伟、充满积极进取的精神，语言古朴苍劲，风格悲凉慷慨、雄健沉郁。

代表作品有《薤露行》《蒿里行》《短歌行》《龟虽寿》《观沧海》等。其中《薤露行》《蒿里行》被誉为"汉末实录"。

【知识拓展】

《短歌行》：对酒当歌，人生几何！譬如朝露，去日苦多。慨当以慷，忧思难忘。何以解忧？唯有杜康。青青子衿，悠悠我心。但为君故，沉吟至今。呦呦鹿鸣，食野之苹。我有嘉宾，鼓瑟吹笙。明明如月，何时可掇？忧从中来，不可断绝。越陌度阡，枉用相存。契阔谈讌，心念旧恩。月明星稀，乌鹊南飞。绕树三匝，何枝可依？山不厌高，海不厌深。周公吐哺，天下归心。注：杜康，相传指最早造酒的人，代指酒。

《观沧海》：东临碣石，以观沧海。水何澹澹，山岛竦峙。树木丛生，百草丰茂。秋风萧瑟，洪波涌起。日月之行，若出其中；星汉灿烂，若出其里。幸甚至哉，歌以咏志。

《龟虽寿》（节选）：神龟虽寿，犹有竟时。腾蛇乘雾，终为土灰。老骥伏枥，志在千里。烈士暮年，壮心不已。

曹丕　考查方向：选择、填空、名词解释

曹丕，字子桓，三国时期政治家、文学家，史称魏文帝。

曹丕诗歌多写游子思妇题材，诗风清丽哀婉。其作品《燕歌行》是我国诗歌史上最早的、完整的文人七言体作品。

其作品《典论·论文》是我国文学批评史上第一篇专论性的文章。

【知识拓展】

汉魏时期因曹操与其子曹丕、曹植在政治上的地位和文学上的成就，对当时的文坛具有很大影响，后人合称之为"二曹"。

曹植　考查方向：选择、填空、名词解释

曹植，字子建，建安时期杰出诗人，是第一个大力写作五言诗的作家，五言诗奠基人，被誉为"建安文杰"。

曹植的诗歌创作以曹丕继位为分界，前期诗歌多抒发建功立业的理想抱负，如《白马篇》；后期作品则充满了抑郁难平和壮志难酬的悲愤，如《赠白马王彪》《野田黄雀行》等。

代表作品还有《七步诗》《洛神赋》等。

【知识拓展】

南朝宋·谢灵运评价曹植:"天下才有一石,曹子建独占八斗,我得一斗,天下共分一斗。"

煮豆燃豆萁,豆在釜中泣。本是同根生,相煎何太急? ——《七步诗》

捐躯赴国难,视死忽如归! ——曹植《白马篇》

建安七子　考查方向:选择、填空、名词解释

"建安七子"指东汉建安年间孔融、陈琳、王粲、徐干、阮瑀、应玚、刘桢等七位文学家的并称,是建安文学的重要代表人物。其中以王粲成就最突出,被称为"七子之冠冕"。

蔡琰　考查方向:选择、填空、名词解释

蔡琰,字文姬,汉末文学家、书法家蔡邕之女。

代表作品有五言《悲愤诗》,记述了她遭掳掠入胡直至被赎回国的经历,侧重于"感伤乱离",是中国诗歌史上第一首文人创作的自传体长篇叙事诗。另外还有骚体《悲愤诗》和《胡笳十八拍》。

竹林七贤　考查方向:选择、填空、名词解释

"竹林七贤"指魏晋间嵇康、阮籍、山涛、向秀、阮咸、王戎、刘伶七人的合称。七位文士"相与友善,游于竹林",故号"竹林七贤"。他们大都弃经典而尚老庄,蔑礼法而崇放达。以阮籍、嵇康文学成就最高。

【知识拓展】

嵇康字叔夜,世称"嵇中散"。崇尚老庄,主张"越名教而任自然",注重养生,著有《养生论》。山涛举荐嵇康,嵇康作《与山巨源绝交书》拒绝出仕;通晓音律,以弹《广陵散》著名,著有音乐理论著作《声无哀乐论》。名句"目送归鸿,手挥五弦"出自作品《赠秀才入军》,意思是一边用眼睛注视南飞大雁,一边用手弹五弦琴,比喻手眼并用,得心应手,也暗指诗文书画挥洒自如。

阮籍是建安七子之一阮瑀的儿子,政治上采取谨慎避祸的态度,主要作品有五言《咏怀诗》。阮籍常选用"青眼""白眼"表达喜爱或憎恶,成语"青眼相加"即出自此典故。

诸葛亮　考查方向:选择、填空、名词解释

诸葛亮,字孔明,号卧龙,三国时期蜀汉的丞相,杰出的政治家、散文家、发明家。

作为政治家,诸葛亮一生"鞠躬尽瘁,死而后已",是中国传统文化忠臣与智者的代表人物。在五丈原(今陕西岐山境内)逝世,死后被追谥为忠武侯。

作为散文家,代表作品有《出师表》《后出师表》《诫子书》等。

作为发明家,曾发明木牛流马、孔明灯等,并改造连弩。

【知识拓展】

夫君子之行,静以修身,俭以养德。非淡泊无以明志,非宁静无以致远。夫学须静也,才须学也,非学无以广才,非志无以成学。 ——《诫子书》

鞠躬尽瘁,死而后已。 ——《后出师表》

唐·杜甫《蜀相》评价诸葛亮:三顾频烦天下计,两朝开济老臣心。出师未捷身先

死,长使英雄泪满襟。

左　思　考查方向:选择、填空、名词解释

左思是西晋文学家,诗风继承建安文学传统,代表作品《咏史诗》八首,借古讽今,抒发个人抱负。其辞赋《三都赋》颇被当时称颂,造成"洛阳纸贵"。

《三国志》　考查方向:选择、填空、名词解释

《三国志》由西晋史学家陈寿撰写,是一部纪传体国别史,分国记载了东汉末年至东吴灭亡约110年的历史。

《三国志》与《史记》《汉书》《后汉书》并称为"前四史"。

陶渊明　考查方向:选择、填空、名词解释、简答、论述

陶渊明,又名潜,字元亮,号五柳先生,私谥靖节,世称靖节先生。东晋诗人,田园诗的开创者,被誉为"隐逸诗人之宗""田园诗派之鼻祖"。

陶渊明的文学创作以诗的成就最为突出,他的诗主要分为两类:一类是田园诗,一类是咏怀、咏史诗。田园诗以《归园田居》《饮酒》为代表,表现了诗人对淳朴生活的热爱,对劳动人民的友好感情。咏怀诗以《杂诗》12首为代表。

陶渊明也擅长创作散文辞赋,代表作品是《五柳先生传》《桃花源记》《归去来兮辞》。其中《五柳先生传》采用正史纪传体的形式的写法,这种写法是陶渊明首创。

【知识拓展】

"不为五斗米折腰"出自《晋书·陶潜传》,记载了陶渊明当县令期间,不畏权贵,不为五斗米折腰。

《归园田居·其一》:少无适俗韵,性本爱丘山。误落尘网中,一去三十年。羁鸟恋旧林,池鱼思故渊。开荒南野际,守拙归园田。方宅十余亩,草屋八九间。榆柳荫后檐,桃李罗堂前。暧暧远人村,依依墟里烟。狗吠深巷中,鸡鸣桑树颠。户庭无尘杂,虚室有余闲。久在樊笼里,复得返自然。

《饮酒·其五》:结庐在人境,而无车马喧。问君何能尔? 心远地自偏。采菊东篱下,悠然见南山。山气日夕佳,飞鸟相与还。此中有真意,欲辨已忘言。

《读山海经·其十》(节选):精卫衔微木,将以填沧海。刑天舞干戚,猛志固常在。

陶渊明诗歌艺术特色:

陶渊明诗歌总体艺术特征是平淡自然,他的田园诗集中表现了这一特色。具体表现在三个方面。

一是情、景、事、理的浑融。"意中有景,景中有意",将兴寄与自然美融为一体。

二是平淡中见警策,朴素中见绮丽。陶诗开创了诗歌意境中新的美的类型,一种韵味极为醇厚而又朴实无华的冲淡之美。

三是精当而不露痕迹的语言锤炼。陶诗多用白描式的手法,用淡朴、浅近的词语描绘,显得平淡自然。

大小谢　考查方向:选择、填空、名词解释

"大小谢"又称"二谢",是对南朝宋诗人谢灵运、南朝齐诗人谢朓的并称。

"大谢"谢灵运是山水诗的开创者，被称为"山水诗第一人"，对唐代以王维、孟浩然为代表的山水田园诗派产生了极大影响。代表作品是《登池上楼》。

"小谢"谢朓长于五言诗，打破了谢灵运写诗时"叙游—写景—言理"的固定模式，而是物随情动，更加自然，代表作品是《晚登三山还望京邑》。

【知识拓展】

池塘生春草，园柳变鸣禽。——谢灵运《登池上楼》

余霞散成绮，澄江静如练。——谢朓《晚登三山还望京邑》

唐·李白《宣州谢朓楼饯别校书叔云》"蓬莱文章建安骨，中间小谢又清发"中的"小谢"即指谢朓。

元嘉三大家　考查方向：选择、填空、名词解释

"元嘉三大家"指南朝元嘉年间三位著名的诗人谢灵运、颜延之和鲍照的并称。

他们在注重描绘山川景物、讲究辞藻的华丽和对仗的工整方面有相似之处，因此被称为"元嘉三大家"。

颜延之和谢灵运也被后人合称为"颜谢"。

江淹　考查方向：选择、填空

南朝著名文学家，历仕宋、齐、梁三代。

代表作品《别赋》《恨赋》等。其中《别赋》名句"黯然销魂者，唯别而已矣"。另外，成语"江郎才尽"中江郎指江淹。

《后汉书》　考查方向：选择、填空、名词解释

《后汉书》由南朝刘宋时期的史学家范晔撰写，全书记载了从光武帝刘秀至汉献帝的195年历史，是一部纪传体断代史，"前四史"之一。

《搜神记》　考查方向：选择、填空、名词解释

《搜神记》由东晋史学家干宝撰写，是魏晋志怪小说的集大成之作，是我国第一部文言志怪小说集。

书中所记多为神怪灵异故事，具有强烈的浪漫主义色彩，开创了中国古代神话小说的先河，唐代传奇就是在志怪小说基础上发展而来的。

书中故事有《干将莫邪》《李寄》《韩凭夫妇》《董永》等。

《世说新语》　考查方向：选择、填空、名词解释

《世说新语》又称《世说》《世说新书》，由南朝宋临川王刘义庆组织文人编写的一部志人小说集，是我国现存最早的一部笔记小说集。

该书主要记载魏晋知识分子的隽言轶行，是"一部名士的教科书"，对后代笔记文学颇有影响。

【知识拓展】

《世说新语》中的成语有：管中窥豹、望梅止渴（曹操）、拾人牙慧、卿卿我我等。

《文心雕龙》　考查方向：选择、填空、名词解释

《文心雕龙》由南朝文学理论批评家刘勰撰写，是我国第一部系统的古代文学理论著作。

全书以孔子美学思想为基础，兼采道家，认为道是文学的本原，圣人是文人学习的楷模，"经书"是文章的典范。把作家创作个性的形成归结为"才""气""学""习"四个方面。

【知识拓展】

操千曲而后晓声，观千剑而后识器。——《文心雕龙·知音》

登山则情满于山，观海则意溢于海。——《文心雕龙·神思》

文之思也，其神远矣。故寂然凝虑，思接千载；悄焉动容，视通万里；吟咏之间，吐纳珠玉之声；眉睫之前，卷舒风云之色；其思理之致乎！——《文心雕龙·神思》

《诗品》　考查方向：选择、填空、名词解释

《诗品》由南朝梁文学批评家钟嵘撰写，是我国第一部系统的评论诗歌创作的专著。

《诗品》专论五言诗，是研究古代诗歌史的重要参考资料，对后世诗歌批评影响很大。

《昭明文选》　考查方向：选择、填空、名词解释

又称《文选》，由南朝梁武帝长子萧统组织文人编选，是我国现存的最早一部诗文总集。

《昭明文选》选录先秦至梁七八百年间的诗歌、辞赋、杂文等各类文章近八百篇，为后人研究先秦至梁的文学发展概貌提供了重要的资料。

【知识拓展】

《文赋》是由西晋陆机创作的一篇关于文艺理论的作品，宗旨是解决创作中的"意不称物，文不逮意"的问题。此外，他认为"诗缘情而绮靡，赋体物而浏亮"。

《玉台新咏》　考查方向：选择、填空、名词解释

《玉台新咏》是南朝梁简文帝命徐陵编撰的，收录自汉朝至梁代的一部诗歌总集。专收关于男女情感的诗作，以绮艳的宫体诗为主。

代表篇目有《孔雀东南飞》《陌上桑》《羽林郎》等。

《水经注》　考查方向：选择、填空、名词解释

《水经注》为北魏郦道元所著，相传此书是为记载全国水道的地理书《水经》所作的注。

书中将景物、人物、故事传说、风土习尚和历史轶闻融合在一起，具有很高的文学性，堪称我国游记文学的开山之作。

（四）隋唐五代文学

初唐四杰　考查方向：选择、填空、名词解释

"初唐四杰"是唐初文学家王勃、杨炯、卢照邻、骆宾王的合称，简称为"王杨卢骆"。

"初唐四杰"反对齐梁遗风的纤巧绮靡的宫廷诗歌风气,开拓诗歌题材领域,倡导富有"骨气"的刚健之诗,推动了律诗的发展。

王勃诗歌意境开阔、清新自然,代表作品有《滕王阁序》《送杜少府之任蜀州》等。

杨炯以作边塞征战诗著名,其诗歌气势轩昂、风格豪放,代表作品有《从军行》《出塞》等。

卢照邻擅长诗歌骈文,其诗歌富丽而不浮艳,代表作品有《长安古意》《行路难》等。

骆宾王七岁时因《咏鹅》一诗而闻名,后期作品以《在狱咏蝉》为代表。

【知识拓展】

王勃《滕王阁序》(节选):落霞与孤鹜齐飞,秋水共长天一色。渔舟唱晚,响穷彭蠡之滨,雁阵惊寒,声断衡阳之浦。

关山难越,谁悲失路之人;萍水相逢,尽是他乡之客。

老当益壮,宁移白首之心?穷且益坚,不坠青云之志。

王勃《送杜少府之任蜀州》:城阙辅三秦,风烟望五津。与君离别意,同是宦游人。海内存知己,天涯若比邻。无为在歧路,儿女共沾巾。

骆宾王《在狱咏蝉》(节选):露重飞难进,风多响易沉。无人信高洁,谁为表予心。

陈子昂　考查方向:选择、填空、名词解释

陈子昂是初唐诗人,是继"初唐四杰"之后又一位诗歌革新的倡导者。

他反对六朝绮丽之风,提倡古朴淡雅,主张诗歌要恢复汉魏风骨,对唐诗的变革起到了关键性作用。

代表作品是《登幽州台歌》,全诗语言苍劲有力,慷慨悲凉。全诗为:前不见古人,后不见来者。念天地之悠悠,独怆然而涕下!

张若虚　考查方向:选择、填空、名词解释

张若虚是初唐诗人。

代表作品《春江花月夜》被誉为唐诗开山之作,享有"孤篇压全唐"之名,被爱国诗人闻一多誉为"诗中的诗,顶峰上的顶峰"。

【知识拓展】

《春江花月夜》(节选):春江潮水连海平,海上明月共潮生。滟滟随波千万里,何处春江无月明!江流宛转绕芳甸,月照花林皆似霰。空里流霜不觉飞,汀上白沙看不见。江天一色无纤尘,皎皎空中孤月轮。江畔何人初见月?江月何年初照人?人生代代无穷已,江月年年望相似。不知江月待何人,但见长江送流水。

近体诗　考查方向:选择、填空、名词解释

近体诗,又称今体诗,同"古体诗"相对而言,指唐代形成并定格的格律诗体,由南朝齐的永明体发展而来,在句数、字数、平仄、押韵等方面都有严格规定,包括绝句、律诗两种。

【知识拓展】

绝句每首四句,五言的简称五绝,七言的简称七绝;律诗一般每首八句,五言的简称五律,七言的简称七律,超过八句的称为长律或排律。

古体诗：又称"古诗""古风"，格律自由，不拘对仗、平仄，押韵较宽，篇幅长短不限，句子有四言、五言、六言、七言体和杂言体。包括唐以前各种形式的诗歌、楚辞、乐府诗。

山水田园诗派　考查方向：选择、填空、名词解释

"山水田园诗派"是盛唐兴起的一个诗歌流派。源于陶渊明的田园诗和谢灵运的山水诗，以唐代的王维、孟浩然为代表，故又称"王孟诗派"。

这类诗在内容上偏重于描写山水风光和田园生活，大多表现自然之美和闲适心情或反映农家生活现实。艺术形式表现上多以五言为主，风格恬静淡雅，语言清丽洗练，多用白描手法。

代表诗人王维、孟浩然、韦应物等。

【知识拓展】

韦应物是唐朝山水田园派诗人，世称"韦江州"或"韦苏州"，代表作品《滁州西涧》：独怜幽草涧边生，上有黄鹂深树鸣。春潮带雨晚来急，野渡无人舟自横。

王　维　考查方向：选择、填空、名词解释、简答、论述

王维字摩诘，盛唐诗人、画家，山水田园诗派代表人物，有"诗佛"之称。

王维以画入诗，使其山水诗形成了富有诗情画意的基本特征，诗风清新明快，语言含蓄，句势、节奏富于变化，音韵响亮、和谐，亦具有音乐美。宋代苏轼称赞王维的诗画作品是"诗中有画，画中有诗"。

代表作品有《山居秋暝》《送元二使安西》《九月九日忆山东兄弟》《使至塞上》《终南别业》等。

【知识拓展】

《山居秋暝》：空山新雨后，天气晚来秋。明月松间照，清泉石上流。竹喧归浣女，莲动下渔舟。随意春芳歇，王孙自可留。

《使至塞上》：单车欲问边，属国过居延。征蓬出汉塞，归雁入胡天。大漠孤烟直，长河落日圆。萧关逢候骑，都护在燕然。

《送元二使安西》：渭城朝雨浥轻尘，客舍青青柳色新。劝君更尽一杯酒，西出阳关无故人。

《终南别业》：中岁颇好道，晚家南山陲。兴来每独往，胜事空自知。行到水穷处，坐看云起时。偶然值林叟，谈笑无还期。

《鸟鸣涧》：人闲桂花落，夜静春山空。月出惊山鸟，时鸣春涧中。

《九月九日忆山东兄弟》：独在异乡为异客，每逢佳节倍思亲。遥知兄弟登高处，遍插茱萸少一人。

孟浩然　考查方向：选择、填空、名词解释、简答

孟浩然是盛唐山水田园诗派的代表人物，襄阳（今湖北襄阳）人，世称"孟襄阳"。因他未曾入仕，又称之为"孟山人"。与王维齐名，并称"王孟"。

孟浩然的诗绝大部分为五言短篇，多写山水田园和隐居的逸兴及羁旅行役的心情，诗风平淡清幽且兼壮逸之美。

代表作品有《过故人庄》《春晓》《望洞庭湖赠张丞相》《宿建德江》等。

【知识拓展】

《宿建德江》：移舟泊烟渚，日暮客愁新。野旷天低树，江清月近人。

《过故人庄》：故人具鸡黍，邀我至田家。绿树村边合，青山郭外斜。开轩面场圃，把酒话桑麻。待到重阳日，还来就菊花。

《望洞庭湖赠张丞相》：八月湖水平，涵虚混太清。气蒸云梦泽，波撼岳阳城。欲济无舟楫，端居耻圣明。坐观垂钓者，徒有羡鱼情。

边塞诗派　　考查方向：选择、填空、名词解释

"边塞诗派"是盛唐诗歌的主要流派之一。该诗派诗歌主要反映边塞风光、战争生活，多表现出渴望建功立业的愿望和慷慨不平的意气，风格多沉雄浑厚、慷慨悲壮。代表诗人有高适、岑参、王昌龄、王之涣等。

边塞四诗人　　考查方向：选择、填空、名词解释

边塞四诗人指高适、岑参、王昌龄、王之涣的并称。

高适的边塞诗格调雄浑，悲慨苍凉，代表作《燕歌行》《塞下曲》《蓟中作》等。

岑参的诗擅长创作奇特的意境，想象丰富夸张，充满浪漫气息，代表作品《白雪歌送武判官归京》《逢入京使》《走马川行奉送封大夫出师西征》等。

王昌龄以七绝见长，尤以边塞诗最为著名，有"七绝圣手"之称，代表作品《出塞》《芙蓉楼送辛渐》《从军行七首》《闺怨》等。

王之涣以善于描写边塞风光著称。代表作品有《登鹳雀楼》《凉州词》等。

【知识拓展】

高适《别董大》：千里黄云白日曛，北风吹雁雪纷纷。莫愁前路无知己，天下谁人不识君。

岑参《白雪歌送武判官归京》：北风卷地白草折，胡天八月即飞雪。忽如一夜春风来，千树万树梨花开。散入珠帘湿罗幕，狐裘不暖锦衾薄。将军角弓不得控，都护铁衣冷难着。瀚海阑干百丈冰，愁云惨淡万里凝。中军置酒饮归客，胡琴琵琶与羌笛。纷纷暮雪下辕门，风掣红旗冻不翻。轮台东门送君去，去时雪满天山路。山回路转不见君，雪上空留马行处。注：梨花代指雪花；瀚海代指沙漠。

岑参《逢入京使》：故园东望路漫漫，双袖龙钟泪不干。马上相逢无纸笔，凭君传语报平安。

王昌龄《芙蓉楼送辛渐二首·其一》：寒雨连江夜入吴，平明送客楚山孤。洛阳亲友如相问，一片冰心在玉壶。

王昌龄《出塞》：秦时明月汉时关，万里长征人未还。但使龙城飞将在，不教胡马度阴山。注：龙城飞将指汉代李广。

王昌龄《从军行七首·其四》：青海长云暗雪山，孤城遥望玉门关。黄沙百战穿金甲，不破楼兰终不还。

王之涣《登鹳雀楼》：白日依山尽，黄河入海流。欲穷千里目，更上一层楼。

王之涣《凉州词》：黄河远上白云间，一片孤城万仞山。羌笛何须怨杨柳，春风不度玉门关。

李　白　考查方向：选择、填空、名词解释、简答、论述

李白，字太白，号青莲居士，唐代著名的浪漫主义诗人，被后人尊称为"诗仙"，与杜甫并称为"李杜"。

李白的诗歌大多以描写山水和抒发内心情感为主，诗风豪放飘逸。他常将想象、夸张、比喻、拟人等手法综合运用，营造出神奇异彩、瑰丽动人的意境。

代表作品有《行路难》《蜀道难》《将进酒》《梦游天姥吟留别》《早发白帝城》《秋浦歌》《赠汪伦》《月下独酌》《望庐山瀑布》等。

【知识拓展】

《将进酒》（节选）：君不见黄河之水天上来，奔流到海不复回。君不见高堂明镜悲白发，朝如青丝暮成雪。人生得意须尽欢，莫使金樽空对月。天生我材必有用，千金散尽还复来。……主人何为言少钱，径须沽取对君酌。五花马、千金裘，呼儿将出换美酒，与尔同销万古愁。

《行路难》（节选）：闲来垂钓碧溪上，忽复乘舟梦日边。行路难，行路难，多歧路，今安在？长风破浪会有时，直挂云帆济沧海。注："垂钓碧溪"指姜尚公在渭水垂钓得遇周文王的典故，"乘舟梦日"指伊尹在受商汤聘用前梦见自己乘舟绕日月而过。

《梦游天姥吟留别》（节选）：别君去兮何时还？且放白鹿青崖间，须行即骑访名山。安能摧眉折腰事权贵，使我不得开心颜！

《闻王昌龄左迁龙标遥有此寄》：杨花落尽子规啼，闻道龙标过五溪。我寄愁心与明月，随君直到夜郎西。

《宣州谢朓楼饯别校书叔云》：弃我去者，昨日之日不可留；乱我心者，今日之日多烦忧。长风万里送秋雁，对此可以酣高楼。蓬莱文章建安骨，中间小谢又清发。俱怀逸兴壮思飞，欲上青天揽明月。抽刀断水水更流，举杯销愁愁更愁。人生在世不称意，明朝散发弄扁舟。

《春夜洛城闻笛》：谁家玉笛暗飞声，散入春风满洛城。此夜曲中闻折柳，何人不起故园情。注：折柳指《折杨柳》笛曲，代指依依送别之情。

《望天门山》：天门中断楚江开，碧水东流至此回。两岸青山相对出，孤帆一片日边来。

《月下独酌》（节选）：花间一壶酒，独酌无相亲。举杯邀明月，对影成三人。

杜甫对李白评价：

《寄李十二白二十韵》（节选）：笔落惊风雨，诗成泣鬼神。

《春日忆李白》（节选）：清新庾开府，俊逸鲍参军。

《饮中八仙歌》：李白一斗诗百篇，长安市上酒家眠。天子呼来不上船，自称臣是酒中仙。

李白诗歌的艺术特点：

①李白的诗歌创作具有强烈的主观色彩，主要表现为侧重抒写豪迈的气概和激昂的情怀，很少对客观物象和具体事件做细致的描述，李白作诗，常以奔放的气势贯穿，讲究纵横驰骋，一气呵成，具有以气夺人的特点。

②强烈的感情色彩，喷发式的抒情方式。洒脱不羁的气质、傲世独立的人格、易于触动而又爆发强烈的感情，形成了李白诗抒情方式的鲜明特点。

③李白诗歌的想象奇特、神奇瑰丽，善于用丰富而奇诡的想象创造出绚丽多姿的诗

歌意象,意象壮美而不乏清新明丽。

④李白诗歌的语言风格具有清新明快的特点,明丽爽朗是其词语的基本色调。

杜　甫　考查方向:选择、填空、名词解释、简答、论述

杜甫字子美,自号少陵野老,唐代著名的**现实主义诗人**,被后人尊称为"**诗圣**",其诗具有很强的现实性,被誉为"**诗史**"。

"**沉郁顿挫**"是杜甫诗歌主要的风格特点。"沉郁"主要指诗歌内容深沉厚重,"顿挫"指表达方式起伏迭变。

代表作品有《登高》《春望》《望岳》《茅屋为秋风所破歌》以及"**三吏**"(《石壕吏》《新安吏》《潼关吏》)、"**三别**"(《新婚别》《无家别》《垂老别》)等。

【知识拓展】

《登高》:风急天高猿啸哀,渚清沙白鸟飞回。无边落木萧萧下,不尽长江滚滚来。万里悲秋常作客,百年多病独登台。艰难苦恨繁霜鬓,潦倒新停浊酒杯。

《春望》:国破山河在,城春草木深。感时花溅泪,恨别鸟惊心。烽火连三月,家书抵万金。白头搔更短,浑欲不胜簪。

《望岳》:岱宗夫如何?齐鲁青未了。造化钟神秀,阴阳割昏晓。荡胸生曾云,决眦入归鸟。会当凌绝顶,一览众山小。

《春夜喜雨》:好雨知时节,当春乃发生。随风潜入夜,润物细无声。野径云俱黑,江船火独明。晓看红湿处,花重锦官城。

《登岳阳楼》:昔闻洞庭水,今上岳阳楼。吴楚东南坼,乾坤日夜浮。亲朋无一字,老病有孤舟。戎马关山北,凭轩涕泗流。

《旅夜书怀》:细草微风岸,危樯独夜舟。星垂平野阔,月涌大江流。名岂文章著,官应老病休。飘飘何所似,天地一沙鸥。

杜甫诗歌被称为"诗史"的原因:

①杜甫的诗歌具有史的认识价值。常被人提到的重要历史事件,在他的诗中多有反映。从安史之乱至入蜀之前,杜甫经历了大时代的动乱,写下大量的实录式写实名篇。如《丽人行》反映了上层社会的奢靡等。

②杜甫的诗歌不仅提供了事件,更在于它提供了比事件更为广阔、更为具体也更为生动的生活画面。他写战争带给百姓的苦难,是从一个人、一个家庭写起的,如《无家别》,在他的悲怆中我们可以感受到其时社会的某些心理状态。

③杜甫的诗歌多用叙事的手法写时事。杜甫既叙事件经过,又着力于细部描写。它从概括描写走向具体事件的片段,因写细节而少有概括描写常有的夸张,更多真实感,生活色彩得到极大的加强。如《兵车行》与"三吏""三别"等诗皆是如此。

郊　岛　考查方向:选择、填空、名词解释

"郊岛"指**孟郊、贾岛**的并称。因二人诗多愁苦凄清之境,且诗风孤郁悲凉,苏轼用"**郊寒岛瘦**"概括两人诗风。

孟郊是唐代诗人,因其诗作多写世态炎凉、民间疾苦,故有"**诗囚**"之称。因他是韩愈文学主张的积极支持者,遂有"**孟诗韩笔**"之誉。代表作品《**游子吟**》。

贾岛是唐代"**苦吟诗人**",自号"碣石山人",其作诗注重词句的锤炼,人称"诗奴",自

称"两句三年得,一吟双泪流",相关典故"推敲"即由其诗句"僧敲月下门"或"僧推月下门"而来。代表作品有《题李凝幽居》《寻隐者不遇》《剑客》等。

【知识拓展】

孟郊《游子吟》:慈母手中线,游子身上衣。临行密密缝,意恐迟迟归。谁言寸草心,报得三春晖。

贾岛《题李凝幽居》:闲居少邻并,草径入荒园。鸟宿池边树,僧敲月下门。过桥分野色,移石动云根。暂去还来此,幽期不负言。

贾岛《寻隐者不遇》:松下问童子,言师采药去。只在此山中,云深不知处。

贺知章　考查方向:选择、填空、名词解释

贺知章是唐代诗人,书法家,其诗文以绝句见长,多为写景、抒怀之作。其诗风格独特,清新潇洒。贺知章与张若虚、张旭、包融并称"吴中四士"。

代表作品有《咏柳》《回乡偶书二首》等。

【知识拓展】

《回乡偶书二首·其一》:少小离家老大回,乡音无改鬓毛衰。儿童相见不相识,笑问客从何处来。

《咏柳》:碧玉妆成一树高,万条垂下绿丝绦。不知细叶谁裁出,二月春风似剪刀。

古文运动　考查方向:选择、填空、名词解释

"古文运动"指唐代中叶及宋朝时期以提倡古文、反对骈文为特点的文体改革运动。

"古文"这一概念是韩愈最先提出,他提倡继承先秦两汉文章的传统。古文运动强调恢复正统的儒家孔孟之道,在提倡古文的同时进一步强调要文以明道,主张文章要有实际内容,提倡朴实自然的文风。

代表人物是唐代的韩愈和柳宗元,宋代的欧阳修、王安石、曾巩、苏洵、苏轼、苏辙等。

韩　愈　考查方向:选择、填空、名词解释

韩愈,字退之,世称"韩昌黎""昌黎先生",中唐古文大家,位列"唐宋八大家"之首。

作为古文运动的倡导者,韩愈提出"文道合一""气盛言宜""务去陈言""文从字顺"等散文写作理论,被苏轼赞誉为"文起八代之衰,道济天下之溺"。

作为"韩孟诗派"的代表诗人,韩愈提出"不平则鸣""笔补造化"等理论主张,崇尚诗作的雄奇怪异之美。

其作品收入《昌黎先生集》,名篇有《师说》《马说》《祭十二郎文》《柳子厚墓志铭》等。

【知识拓展】

《早春呈水部张十八员外二首·其一》:天街小雨润如酥,草色遥看近却无。最是一年春好处,绝胜烟柳满皇都。

《左迁至蓝关示侄孙湘》:一封朝奏九重天,夕贬潮州路八千。欲为圣明除弊事,肯将衰朽惜残年!云横秦岭家何在?雪拥蓝关马不前。知汝远来应有意,好收吾骨瘴江边。

《师说》名句:闻道有先后,术业有专攻。

《马说》名句：世有伯乐，然后有千里马。千里马常有，而伯乐不常有。

《进学解》名句：业精于勤，荒于嬉；行成于思，毁于随。

柳宗元　考查方向：选择、填空、名词解释

柳宗元，字子厚，世称"**柳河东**""河东先生"，**中唐**散文家和诗人，与韩愈同为古文运动的领导人物，二人并称"**韩柳**"，同被列为"**唐宋八大家**"。

柳宗元散文以山水游记成就最高。代表作品有《**永州八记**》《**三戒**》等。

【知识拓展】

《永州八记》包含《始得西山宴游记》《钴鉧潭记》《钴鉧潭西小丘记》《至小丘西小石潭记》《袁家渴记》《石渠记》《石涧记》《小石城山记》8 篇。《永州八记》与郦道元的《水经注》、徐霞客的《徐霞客游记》是我国山水文学史上的三个里程碑。

《三戒》是柳宗元的三篇寓言，分别为《黔之驴》《永某氏之鼠》《临江之麋》，揭露了社会上的丑恶现象。

新乐府运动　考查方向：选择、填空、名词解释

新乐府运动是中唐时期由**白居易**、**元稹**等所倡导的，**以创作新题乐府、反映现实为中心内容的诗歌革新运动**。

新乐府运动在**继承乐府诗的现实主义创作传统的基础上**，提倡"**即事名篇**"，主张"**文章合为时而著，歌诗合为事而作**"，使诗歌起到"**补察时政**""**泄导人情**"的作用，**强调诗歌的社会功能**。

白居易　考查方向：选择、填空、名词解释、简答、论述

白居易，字**乐天**，晚号**香山居士**，**中唐**现实主义诗人，新乐府运动的主要倡导者，主张"**文章合为时而著，歌诗合为事而作**"。

他的诗歌具有强烈的现实性和批判性，希望"**惟歌生民病，愿得天子知**"，试图以诗歌的手段，把政治弊端、人民疾苦反映给统治者，以求得政治的革新。

代表诗作有《**长恨歌**》《**卖炭翁**》《**琵琶行**》《**钱塘湖春行**》《**赋得古原草送别**》等。

《长恨歌》是一首描述**唐明皇和杨贵妃**爱情悲剧的叙事长诗，全诗以丰富的想象、细腻的描写、流丽的语言，表现了他们之间的爱情故事，并寄寓着作者的深刻反思和批评。

《琵琶行》通过对琵琶女高超弹奏技艺和她不幸经历的描述，揭露了封建社会官僚腐败、民生凋敝等现象，表达了诗人对她的深切同情，也抒发了诗人对自己无辜被贬的愤懑之情。

【知识拓展】

《长恨歌》(节选)：汉皇重色思倾国，御宇多年求不得。杨家有女初长成，养在深闺人未识。天生丽质难自弃，一朝选在君王侧。回眸一笑百媚生，六宫粉黛无颜色……在天愿作比翼鸟，在地愿为连理枝。天长地久有时尽，此恨绵绵无绝期。注：汉皇原指汉武帝，此处代指唐玄宗。

《琵琶行》(节选)：浔阳江头夜送客，枫叶荻花秋瑟瑟。……千呼万唤始出来，犹抱琵琶半遮面。转轴拨弦三两声，未成曲调先有情。弦弦掩抑声声思，似诉平生不得志。低眉信手续续弹，说尽心中无限事。轻拢慢捻抹复挑，初为《霓裳》后《六幺》。大弦嘈嘈

如急雨,小弦切切如私语。嘈嘈切切错杂弹,大珠小珠落玉盘。……别有幽愁暗恨生,此时无声胜有声。……同是天涯沦落人,相逢何必曾相识!……凄凄不似向前声,满座重闻皆掩泣。座中泣下谁最多?江州司马青衫湿。

《卖炭翁》(节选):满面尘灰烟火色,两鬓苍苍十指黑。卖炭得钱何所营?身上衣裳口中食。可怜身上衣正单,心忧炭贱愿天寒。

《问刘十九》:绿蚁新醅酒,红泥小火炉。晚来天欲雪,能饮一杯无?注:绿蚁指新酿酒未滤清时,酒面浮起酒渣,色微绿,细如蚁,称为"绿蚁"。

《赋得古原草送别》:离离原上草,一岁一枯荣。野火烧不尽,春风吹又生。远芳侵古道,晴翠接荒城。又送王孙去,萋萋满别情。

元 稹   考查方向:选择、填空、名词解释

元稹是中唐诗人,早年与白居易共同提倡"新乐府",并称元白。

元稹的诗歌最具特色的是悼亡诗和艳诗。代表作品有诗歌《闻乐天授江州司马》《离思》、传奇《莺莺传》等。

《莺莺传》讲述了贫寒书生张生与没落贵族女子崔莺莺的爱情悲剧故事,是后来《西厢记》的故事来源。

【知识拓展】

《闻乐天授江州司马》:残灯无焰影幢幢,此夕闻君谪九江。垂死病中惊坐起,暗风吹雨入寒窗。

《离思五首·其四》:曾经沧海难为水,除却巫山不是云。取次花丛懒回顾,半缘修道半缘君。

刘禹锡   考查方向:选择、填空、名词解释

刘禹锡,字梦得,中唐诗人,有"诗豪"之称。

刘禹锡最为后人称道的是咏物诗、怀古诗,代表作品有《陋室铭》《酬乐天扬州初逢席上见赠》《秋词》《望洞庭》《乌衣巷》《竹枝词》等。

【知识拓展】

《乌衣巷》:朱雀桥边野草花,乌衣巷口夕阳斜。旧时王谢堂前燕,飞入寻常百姓家。

《酬乐天扬州初逢席上见赠》:巴山楚水凄凉地,二十三年弃置身。怀旧空吟闻笛赋,到乡翻似烂柯人。沉舟侧畔千帆过,病树前头万木春。今日听君歌一曲,暂凭杯酒长精神。注:"闻笛赋"指西晋向秀经亡友故居,听闻邻居吹笛而作《思旧赋》,此处代指怀念老朋友;"烂柯人"出自《述异记》,写晋人王质入山砍柴,观两童下棋,局终发现柯(斧柄)已烂,回到家发现已过百年,此处指暮年返乡,恍若隔世的心情。

《秋词》:自古逢秋悲寂寥,我言秋日胜春朝。晴空一鹤排云上,便引诗情到碧霄。

《陋室铭》:山不在高,有仙则名。水不在深,有龙则灵。斯是陋室,惟吾德馨。苔痕上阶绿,草色入帘青。谈笑有鸿儒,往来无白丁。可以调素琴,阅金经。无丝竹之乱耳,无案牍之劳形。南阳诸葛庐,西蜀子云亭。孔子云:何陋之有?

李 贺   考查方向:选择、填空、名词解释、简答

李贺是中唐浪漫主义诗人,有"诗鬼"之称,与李白、李商隐称为"唐代三李"。27岁

英年早逝。

李贺的诗作色彩秾丽、想象奇诡、情调幽冷,充满浪漫主义色彩。代表作品《李凭箜篌引》《雁门太守行》《梦天》《马诗二十三首》《南园十三首》等。

【知识拓展】

《李凭箜篌引》:吴丝蜀桐张高秋,空山凝云颓不流。江娥啼竹素女愁,李凭中国弹箜篌。昆山玉碎凤凰叫,芙蓉泣露香兰笑。十二门前融冷光,二十三丝动紫皇。女娲炼石补天处,石破天惊逗秋雨。梦入神山教神妪,老鱼跳波瘦蛟舞。吴质不眠倚桂树,露脚斜飞湿寒兔。注:昆山玉碎形容音乐清脆,凤凰叫形容乐音和缓,芙蓉泣露、香兰笑形容乐声时而低回,时而轻快。

《雁门太守行》:黑云压城城欲摧,甲光向日金鳞开。角声满天秋色里,塞上燕脂凝夜紫。半卷红旗临易水,霜重鼓寒声不起。报君黄金台上意,提携玉龙为君死。

《马诗二十三首·其五》:大漠沙如雪,燕山月似钩。何当金络脑,快走踏清秋。

李贺诗歌艺术特色:

李贺诗在构思、意象、遣词设色等方面都表现出新奇独创的特色,形成奇崛幽峭、秾丽凄艳的浪漫主义特点,被称为"长吉体"。

①在构思及想象上具有独创性,往往表现那些奇特冷僻、甚至"未经人道"的形象和境界。如《梦天》诗的前半部分写瑰丽的月宫仙境景色,扑朔迷离,后半部分突然转而俯览人世的沧桑,构思甚为奇特,想象力惊人。

②李贺诗歌的意象表现出虚幻新奇的风格。意象连缀,跌宕起伏,斑斓杂陈,令人目不暇接,如《李凭箜篌引》中描写乐声,每一句子就是一个独立的意象,句子与句子之间几乎都互不关联,但却通过这一个又一个形象鲜明的画面组接来展现乐声的抑扬顿挫,出神入化。

③冷艳怪丽的语言风格。字词上浓妆重墨,常选择感情强烈或生新拗折的字眼,如喜用"啼""泣""冷""鬼""瘦""血"等字,使诗歌充满幽冷哀伤的色彩。

李商隐　考查方向:选择、填空、名词解释、简答

李商隐,字义山,号玉溪生,又号樊南生,晚唐诗人,与杜牧合称"小李杜"。

李商隐代表了晚唐诗歌的最高成就,创造了独具一格的无题诗。代表作品有《锦瑟》《无题》《夜雨寄北》《登乐游原》等。

【知识拓展】

《锦瑟》:锦瑟无端五十弦,一弦一柱思华年。庄生晓梦迷蝴蝶,望帝春心托杜鹃。沧海月明珠有泪,蓝田日暖玉生烟。此情可待成追忆,只是当时已惘然。

《夜雨寄北》:君问归期未有期,巴山夜雨涨秋池。何当共剪西窗烛,却话巴山夜雨时。

《无题·相见时难别亦难》:相见时难别亦难,东风无力百花残。春蚕到死丝方尽,蜡炬成灰泪始干。晓镜但愁云鬓改,夜吟应觉月光寒。蓬山此去无多路,青鸟殷勤为探看。

《无题·昨夜星辰昨夜风》:昨夜星辰昨夜风,画楼西畔桂堂东。身无彩凤双飞翼,心有灵犀一点通。隔座送钩春酒暖,分曹射覆蜡灯红。嗟余听鼓应官去,走马兰台类转蓬。

《登乐游原》：向晚意不适，驱车登古原。夕阳无限好，只是近黄昏。

李商隐诗歌艺术特色：

李商隐诗风受李贺影响颇深，在句法、章法和结构方面则受到杜甫和韩愈的影响，具有鲜明而独特的艺术风格。

①构思缜密，情致深蕴。他的诗无论感时抒怀，还是言情咏物，无不透露出自己的真情实感，但较少采用直抒胸臆的方式，力避平直之语。

②虚实相生，尽显朦胧之美。在诗歌的意境上，李商隐诗由传统的简单物象，如彩凤、灵犀、瑶台、青鸟等充满梦幻、虚渺、哀美的意象群，经过诗人独创性的心灵升华和创新，使之充满了虚幻和奇异，从而使诗人的感伤、怅惘得以传达。

③工于比兴，长于用典。喜用各种象征、比兴手法，重视对成语典故、民谚方言的敷色加工，使诗歌造成一种缠绵顿挫而又充满隐晦的特色。

④无题为首，蕴藉深婉。李商隐独创了无题诗，其诗深厚的内容与曲折见意的表现形式达到了完美和谐的统一，形成了深情绵邈、典丽精工的独特风格。

杜 牧　考查方向：选择、填空、名词解释、简答

杜牧，字牧之，号樊川居士，因晚年居长安南樊川别墅，故后世称"**杜樊川**"，**晚唐**诗人。其诗与李商隐齐名，世称"**小李杜**"。

杜牧博学多才，诗、赋、散文皆工，以诗的成就最高。其诗以七言绝句著称，内容以咏史抒怀为主，诗风英发俊爽。代表作品有**《阿房宫赋》《清明》《泊秦淮》**《江南春》《赤壁》《寄扬州韩绰判官》《赠别》《题乌江亭》《过华清宫绝句》等。

【知识拓展】

《泊秦淮》：烟笼寒水月笼沙，夜泊秦淮近酒家。商女不知亡国恨，隔江犹唱后庭花。注：后庭花是《玉树后庭花》的简称，是亡国之音的代表。

《江南春》：千里莺啼绿映红，水村山郭酒旗风。南朝四百八十寺，多少楼台烟雨中。

《赤壁》：折戟沉沙铁未销，自将磨洗认前朝。东风不与周郎便，铜雀春深锁二乔。注：铜雀台是曹操建造的一座楼台，晚年行乐处。周郎指周瑜。

《赠别二首·其一》：娉娉袅袅十三余，豆蔻梢头二月初。春风十里扬州路，卷上珠帘总不如。

《题乌江亭》：胜败兵家事不期，包羞忍耻是男儿。江东子弟多才俊，卷土重来未可知。

《过华清宫绝句三首·其一》：长安回望绣成堆，山顶千门次第开。一骑红尘妃子笑，无人知是荔枝来。

刘希夷　考查方向：选择、填空、名词解释

刘希夷是唐朝诗人。其诗以歌行见长，多写闺情，辞意柔婉华丽，且多感伤情调。

代表作品有**《代悲白头吟》**《从军行》《采桑》等。名句"**年年岁岁花相似，岁岁年年人不同**"出自其《代悲白头吟》。

温 韦　考查方向：选择、填空、名词解释

"温韦"是晚唐时期文学家**温庭筠、韦庄**的并称，因二者同为"花间词派"代表作家，

故并称"温韦"。

温庭筠是晚唐诗人、词人,是唐代写词最多的作家,也是**我国文学史上第一个致力于填词的文人**。温庭筠的词主要以描写妇女生活、闺愁宫怨为主,为**花间词派的鼻祖**。代表作品有《菩萨蛮》《望江南》《商山早行》等,大都收录在**我国第一部文人词总集《花间集》**中。

韦庄是晚唐诗人、词人,代表作品是长诗**《秦妇吟》**,该作品与**《孔雀东南飞》《木兰诗》并称"乐府三绝"**。

【知识拓展】

温庭筠《菩萨蛮》:小山重叠金明灭,鬓云欲度香腮雪。懒起画蛾眉,弄妆梳洗迟。照花前后镜,花面交相映。新帖绣罗襦,双双金鹧鸪。

温庭筠《望江南》:梳洗罢,独倚望江楼。过尽千帆皆不是,斜晖脉脉水悠悠。肠断白蘋洲。

温庭筠《商山早行》:晨起动征铎,客行悲故乡。鸡声茅店月,人迹板桥霜。槲叶落山路,枳花明驿墙。因思杜陵梦,凫雁满回塘。

韦庄《菩萨蛮五首·其二》:人人尽说江南好,游人只合江南老。春水碧于天,画船听雨眠。垆边人似月,皓腕凝霜雪。未老莫还乡,还乡须断肠。

陆 羽　考查方向:选择、填空

陆羽是唐代著名的茶文化家和鉴赏家,被誉为**"茶仙"**。

陆羽一生嗜茶,精于茶道,编撰**《茶经》**,此书为**世界上第一部茶学专著**。

李 煜　考查方向:选择、填空、名词解释

李煜,字重光,五代时最著名的词人,南唐最后一位国君,世称**"李后主"**。

前期作品多写帝王的享乐生活,风格柔靡;后期作品转为写"故国之思""亡国之痛"。李煜多用白描手法,善用今昔对比,将抽象事物形象隽永地传达给读者,感情真挚。代表作品有**《虞美人·春花秋月何时了》《相见欢·无言独上西楼》**等。

【知识拓展】

《虞美人·春花秋月何时了》:春花秋月何时了?往事知多少。小楼昨夜又东风,故国不堪回首月明中。雕栏玉砌应犹在,只是朱颜改。问君能有几多愁?恰似一江春水向东流。

《望江南·多少恨》:多少恨,昨夜梦魂中。还似旧时游上苑,车如流水马如龙。花月正春风。

《相见欢·无言独上西楼》:无言独上西楼,月如钩。寂寞梧桐深院锁清秋。剪不断,理还乱,是离愁。别是一般滋味在心头。

《浪淘沙·帘外雨潺潺》:帘外雨潺潺,春意阑珊,罗衾不耐五更寒。梦里不知身是客,一晌贪欢。独自莫凭栏,无限江山。别时容易见时难。流水落花春去也,天上人间。

《相见欢·林花谢了春红》:林花谢了春红,太匆匆。无奈朝来寒雨晚来风。胭脂泪,相留醉,几时重。自是人生长恨水长东。

《破阵子·四十年来家国》:四十年来家国,三千里地山河。凤阁龙楼连霄汉,玉树琼枝作烟萝,几曾识干戈?一旦归为臣虏,沈腰潘鬓消磨。最是仓皇辞庙日,教坊犹奏

别离歌,垂泪对宫娥。注:沈腰潘鬓,沈指沈约,后用沈腰指代人日渐消瘦。潘指潘岳,后以潘鬓指代中年白发。

唐传奇　考查方向:选择、填空、名词解释

唐传奇是指唐代流行的文言短篇小说,是在六朝志怪小说的基础上,融合历史传记小说、辞赋、诗歌和民间说唱艺术而形成的新的小说文体。

唐传奇按内容分为四种类型:一是**爱情婚姻传奇**,这类作品以"才子佳人式"的爱情模式为后人所推崇,代表作品为李朝威的《柳毅传》、元稹的《莺莺传》、白行简的《李娃传》、蒋防的《霍小玉传》;二是**官场黑暗传奇**,讽刺官场争名夺利,代表作品为李公佐的《南柯太守传》;三是**历史传奇**,表现出对历史的批判,代表作品为陈鸿的《长恨歌传》;四是**游侠传奇**,反映出对于藩镇割据的痛恨,以及对自由豪迈人生境界的向往,代表作品为薛调的《无双传》。

【知识拓展】

《酉阳杂俎》是唐代**段成式**创作的笔记小说集。

《南柯太守传》:写淳于梦在古槐树下醉倒,梦见自己变成槐安国的驸马,任南柯太守二十年,后失宠遭谗惊醒,发现是大梦一场。成语"南柯一梦"典始于此。

(五)宋代文学

唐宋八大家　考查方向:选择、填空、名词解释

唐宋八大家又称"唐宋散文八大家",指唐宋时期的八位著名散文家,即**韩愈、柳宗元、欧阳修、王安石、曾巩、苏洵、苏轼、苏辙**。

韩愈、柳宗元是唐代古文运动的领袖,欧阳修、三苏(苏轼、苏辙、苏洵)等四人是宋代古文运动的核心人物,王安石、曾巩是临川文学的代表人物。他们提倡散文,反对骈文,给当时和后世的文坛以深远的影响。

欧阳修　考查方向:选择、填空、名词解释

欧阳修,字永叔,**号醉翁,晚号六一居士**,谥号"文忠",北宋文学家,世称欧阳文忠公。

欧阳修的文学成就以散文最高,是北宋诗文革新运动的领袖,他继承并发展了韩愈的古文理论,提出"文""道"并重、"道"先"文"后的观点。与韩愈、柳宗元、苏轼三人被后人合称"千古文章四大家"。代表作品《醉翁亭记》等。

在诗歌方面,欧阳修提出"诗穷而后工"的创作理论,著有诗论理论《六一诗话》等。

【知识拓展】

《醉翁亭记》名句:醉翁之意不在酒,在乎山水之间也。山水之乐,得之心而寓之酒也。

《生查子·元夕》:去年元夜时,花市灯如昼。月上柳梢头,人约黄昏后。今年元夜时,月与灯依旧。不见去年人,泪湿春衫袖。

《蝶恋花·庭院深深深几许》:庭院深深深几许,杨柳堆烟,帘幕无重数。玉勒雕鞍游冶处,楼高不见章台路。雨横风狂三月暮,门掩黄昏,无计留春住。泪眼问花花不语,乱红飞过秋千去。

王安石 考查方向:选择、填空、名词解释

王安石,字介甫,世称临川先生或王荆公,北宋政治家、文学家。著作有《临川先生集》。

王安石的散文揭露时弊,反映社会矛盾,具有强烈的政治色彩;其诗歌创作前期以议论时政的政治诗和咏物、咏史诗为主,具有强烈的现实性和政治性;后期作品以写景抒情小诗为代表,风格雅丽精绝。

代表作品有诗歌《元日》《泊船瓜洲》《登飞来峰》,小品文《读孟尝君传》《伤仲永》,山水游记散文《游褒禅山记》等。

【知识拓展】

《元日》:爆竹声中一岁除,春风送暖入屠苏。千门万户曈曈日,总把新桃换旧符。注:屠苏指屠苏酒,饮屠苏酒是古代过年时的一种习俗。桃指桃符,也作春联。

《登飞来峰》:飞来山上千寻塔,闻说鸡鸣见日升。不畏浮云遮望眼,自缘身在最高层。

《桂枝香·金陵怀古》:登临送目,正故国晚秋,天气初肃。千里澄江似练,翠峰如簇。归帆去棹残阳里,背西风,酒旗斜矗。彩舟云淡,星河鹭起,画图难足。 念往昔,繁华竞逐,叹门外楼头,悲恨相续。千古凭高对此,谩嗟荣辱。六朝旧事随流水,但寒烟衰草凝绿。至今商女,时时犹唱,后庭遗曲。

苏 轼 考查方向:选择、填空、名词解释、简答、论述

苏轼,字子瞻,号东坡居士,世称苏东坡,北宋大散文家、大诗人、大词豪,曾因"乌台诗案"被贬为黄州团练副使。

苏轼的词气势磅礴、风格雄健,"以诗为词",开创了豪放词派,与同为豪放派词人的辛弃疾并称"苏辛"。苏词中常表现出对人生的思考,善于用想象和夸张,意境独特。代表作品有《水调歌头·明月几时有》《念奴娇·赤壁怀古》《定风波·莫听穿林打叶声》《江城子·密州出猎》等。

苏轼的诗题材广泛,发展了以才学为诗、触处生春的创作特色,与黄庭坚并称"苏黄"。代表作品有《饮湖上初晴后雨》《题西林壁》《惠州一绝》等。

苏轼的散文著述宏富,继承了欧阳修传统,融入了古文的疏宕萧散之气,吸收了诗歌的抒情意味,具有辞达通脱的艺术特色,与欧阳修并称"欧苏"。代表作品有《前赤壁赋》《后赤壁赋》《记承天寺夜游》等。

苏轼善书法,为"宋四家"之一,存世作品有《赤壁赋》《黄州寒食诗》《祭黄几道文》等帖,其中行书代表作《寒食帖》被誉为"天下第三行书"。

苏轼擅长画墨竹,重视神似,提倡"诗画本一律,天工与清新",明确提出"士人画"的概念,为以后文人画的发展奠定了理论基础。代表作品有《古木怪石图卷》《潇湘竹石图卷》等。

【知识拓展】

"密州三曲"指苏轼在密州(今山东诸城)任知府时创作的三首词,即《江城子·乙卯正月二十日夜记梦》《水调歌头·明月几时有》和《江城子·密州出猎》。

《水调歌头·明月几时有》:明月几时有?把酒问青天。不知天上宫阙,今夕是何年。我欲乘风归去,又恐琼楼玉宇,高处不胜寒。起舞弄清影,何似在人间。 转朱

阁,低绮户,照无眠。不应有恨,何事长向别时圆?人有悲欢离合,月有阴晴圆缺,此事古难全。但愿人长久,千里共婵娟。

《念奴娇·赤壁怀古》:大江东去,浪淘尽,千古风流人物。故垒西边,人道是,三国周郎赤壁。乱石穿空,惊涛拍岸,卷起千堆雪。江山如画,一时多少豪杰。　遥想公瑾当年,小乔初嫁了,雄姿英发。羽扇纶巾,谈笑间,樯橹灰飞烟灭。故国神游,多情应笑我,早生华发。人生如梦,一尊还酹江月。

《江城子·乙卯正月二十日夜记梦》:十年生死两茫茫,不思量,自难忘。千里孤坟,无处话凄凉。纵使相逢应不识,尘满面,鬓如霜。　夜来幽梦忽还乡,小轩窗,正梳妆。相顾无言,惟有泪千行。料得年年肠断处,明月夜,短松冈。

《定风波·莫听穿林打叶声》:莫听穿林打叶声,何妨吟啸且徐行。竹杖芒鞋轻胜马,谁怕?一蓑烟雨任平生。　料峭春风吹酒醒,微冷,山头斜照却相迎。回首向来萧瑟处,归去,也无风雨也无晴。

《江城子·密州出猎》:老夫聊发少年狂,左牵黄,右擎苍,锦帽貂裘,千骑卷平冈。为报倾城随太守,亲射虎,看孙郎。　酒酣胸胆尚开张。鬓微霜,又何妨!持节云中,何日遣冯唐?会挽雕弓如满月,西北望,射天狼。

《饮湖上初晴后雨二首·其二》:水光潋滟晴方好,山色空蒙雨亦奇。欲把西湖比西子,淡妆浓抹总相宜。

《题西林壁》:横看成岭侧成峰,远近高低各不同。不识庐山真面目,只缘身在此山中。

《前赤壁赋》(节选):月出于东山之上,徘徊于斗牛之间。白露横江,水光接天。纵一苇之所如,凌万顷之茫然。浩浩乎如冯虚御风,而不知其所止;飘飘乎如遗世独立,羽化而登仙。……其声呜呜然,如怨如慕,如泣如诉,余音袅袅,不绝如缕。舞幽壑之潜蛟,泣孤舟之嫠妇。……况吾与子渔樵于江渚之上,侣鱼虾而友麋鹿,驾一叶之扁舟,举匏樽以相属。寄蜉蝣于天地,渺沧海之一粟。哀吾生之须臾,羡长江之无穷。挟飞仙以遨游,抱明月而长终。知不可乎骤得,托遗响于悲风。……且夫天地之间,物各有主,苟非吾之所有,虽一毫而莫取。惟江上之清风,与山间之明月,耳得之而为声,目遇之而成色,取之无禁,用之不竭。是造物者之无尽藏也,而吾与子之所共适。

苏门四学士　考查方向:选择、填空、名词解释

苏门四学士指**黄庭坚、秦观、晁补之、张耒**四人。因这四人均出自苏轼门下,最先将四人并称的是苏轼。但他们与苏轼不属于同一个文学流派,文学风格也大尽相同。

黄庭坚的诗自创流派;秦观的词专以纤丽婉约见长;晁补之的诗以古体为主,尤以乐府诗见长;张耒的诗文创作核心以理为主,略显肌理有余而文采不足。

黄庭坚　考查方向:选择、填空、名词解释

黄庭坚,号**山谷道人**,**北宋**诗人、书法家、**江西诗派的开山之祖**。

黄庭坚在诗歌创作方面追求生新,即追求在唐诗之外另辟境界;主张"**点石成金**""**脱胎换骨**"的创作方法;重视诗法,但刻意求奇。代表作品《寄黄几复》《登快阁》等。

黄庭坚的书法成就较为突出,尤擅行草,**与苏轼、米芾、蔡襄并称为"宋四家"**。

【知识拓展】

江西诗派因南宋吕本中《江西诗社宗派图》而得名,该流派崇尚黄庭坚的"点铁成金""脱胎换骨"之说。代表人物为"一祖三宗":杜甫被称为江西诗派之祖;三宗为黄庭坚、陈师道、陈与义。

《寄黄几复》(节选):我居北海君南海,寄雁传书谢不能。桃李春风一杯酒,江湖夜雨十年灯。

秦　观　考查方向:选择、填空、名词解释

秦观,字**少游**,世称淮海先生。北宋词人,被称为"**婉约之宗**"。

秦观的词**凄婉柔美**,前期多写爱情题材,后期作品主要抒写被贬之苦。他的词主要体现"情"和"愁",特别注意意境的创造,融情入境,对宋代婉约派词人有直接影响。代表作品有《**鹊桥仙·纤云弄巧**》《踏莎行·郴州旅舍》《浣溪沙·漠漠轻寒上小楼》等。

【知识拓展】

《鹊桥仙·纤云弄巧》:纤云弄巧,飞星传恨,银汉迢迢暗度。金风玉露一相逢,便胜却人间无数。　　柔情似水,佳期如梦,忍顾鹊桥归路!两情若是久长时,又岂在朝朝暮暮。

《踏莎行·郴州旅舍》:雾失楼台,月迷津渡。桃源望断无寻处。可堪孤馆闭春寒,杜鹃声里斜阳暮。　　驿寄梅花,鱼传尺素。砌成此恨无重数。郴江幸自绕郴山,为谁流下潇湘去?

二　晏　考查方向:选择、填空、名词解释

二晏指北宋词人**晏殊**与其子**晏几道**的并称。

晏殊,字同叔,以词著于文坛,尤擅小令,风格含蓄婉丽,代表作品《**浣溪沙·一曲新词酒一杯**》《蝶恋花·槛菊愁烟兰泣露》等。

晏几道,号小山,词风哀感缠绵、清壮顿挫,代表作品《临江仙·梦后楼台高锁》《鹧鸪天·彩袖殷勤捧玉钟》,著有《**小山词**》。

【知识拓展】

晏殊《浣溪沙·一曲新词酒一杯》:一曲新词酒一杯,去年天气旧亭台。夕阳西下几时回?　　无可奈何花落去,似曾相识燕归来。小园香径独徘徊。

晏殊《蝶恋花·槛菊愁烟兰泣露》:槛菊愁烟兰泣露,罗幕轻寒,燕子双飞去。明月不谙离恨苦,斜光到晓穿朱户。　　昨夜西风凋碧树,独上高楼,望尽天涯路。欲寄彩笺兼尺素,山长水阔知何处?

梅尧臣　考查方向:选择、填空

梅尧臣,字圣俞,世称宛陵先生,北宋著名现实主义诗人。

梅尧臣在诗歌上创作上与苏舜钦齐名,时称"**苏梅**",他对宋诗的发展做出了重大贡献,被誉为宋诗"开山祖师",代表作品有《田家四时》《鲁山山行》等。

柳　永　考查方向:选择、填空、名词解释

柳永,原名**三变**,又称柳七、柳屯田。**婉约派**最具代表性的人物之一,北宋第一位致

力于写词的作家。

柳永的词多描绘城市风光和歌妓生活,尤长于抒写羁旅行役之情,他创作的慢词独多。他的词铺叙刻画,情景交融,语言通俗,音律谐婉,在当时流传极其广泛,人称"凡有井水饮处,即能歌柳词"。代表作品有《雨霖铃·寒蝉凄切》《八声甘州·对潇潇暮雨洒江天》等。

【知识拓展】

《蝶恋花·伫倚危楼风细细》:伫倚危楼风细细,望极春愁,黯黯生天际。草色烟光残照里,无言谁会凭阑意。　　拟把疏狂图一醉,对酒当歌,强乐还无味。衣带渐宽终不悔,为伊消得人憔悴。

《雨霖铃·寒蝉凄切》:寒蝉凄切,对长亭晚,骤雨初歇。都门帐饮无绪,留恋处,兰舟催发。执手相看泪眼,竟无语凝噎。念去去,千里烟波,暮霭沉沉楚天阔。　　多情自古伤离别,更那堪,冷落清秋节! 今宵酒醒何处? 杨柳岸,晓风残月。此去经年,应是良辰好景虚设。便纵有千种风情,更与何人说?

《八声甘州·对潇潇暮雨洒江天》:对潇潇暮雨洒江天,一番洗清秋。渐霜风凄紧,关河冷落,残照当楼。是处红衰翠减,苒苒物华休。惟有长江水,无语东流。　　不忍登高临远,望故乡渺邈,归思难收。叹年来踪迹,何事苦淹留。想佳人妆楼颙望,误几回、天际识归舟。争知我,倚阑干处,正恁凝愁!

《望海潮·东南形胜》:东南形胜,三吴都会,钱塘自古繁华。烟柳画桥,风帘翠幕,参差十万人家。云树绕堤沙,怒涛卷霜雪,天堑无涯。市列珠玑,户盈罗绮,竞豪奢。

重湖叠巘清嘉,有三秋桂子,十里荷花。羌管弄晴,菱歌泛夜,嬉嬉钓叟莲娃。千骑拥高牙,乘醉听箫鼓,吟赏烟霞。异日图将好景,归去凤池夸。

范仲淹　考查方向:选择、填空、名词解释

范仲淹,北宋政治家、文学家,谥号文正,世称范文正公。他的作品具有鲜明的政治内容,多反映爱国爱民的思想感情。

代表作品有《岳阳楼记》《渔家傲·秋思》《苏幕遮·怀旧》等。

《岳阳楼记》通过描写洞庭湖美景,抒发作者忧国忧民的情怀。名句有:不以物喜,不以己悲,居庙堂之高则忧其民,处江湖之远则忧其君。是进亦忧,退亦忧。然则何时而乐耶? 其必曰"先天下之忧而忧,后天下之乐而乐"乎!

【知识拓展】

《渔家傲·秋思》:塞下秋来风景异,衡阳雁去无留意。四面边声连角起,千嶂里,长烟落日孤城闭。　　浊酒一杯家万里,燕然未勒归无计。羌管悠悠霜满地,人不寐,将军白发征夫泪。

《苏幕遮·怀旧》:碧云天,黄叶地,秋色连波,波上寒烟翠。山映斜阳天接水,芳草无情,更在斜阳外。　　黯乡魂,追旅思,夜夜除非,好梦留人睡。明月楼高休独倚,酒入愁肠,化作相思泪。

林 逋　考查方向:选择、填空、名词解释

林逋,北宋著名隐逸诗人,因其终生不仕不娶,唯喜植梅养鹤,自谓"以梅为妻,以鹤为子",故人称"梅妻鹤子"。

林逋以诗见长，自抒胸臆，风格澄澈淡远，多写西湖的优美景色，反映隐逸生活和闲适情趣。

代表作品是《山园小梅》，其中"**疏影横斜水清浅，暗香浮动月黄昏**"两句，描绘出梅花清幽香逸的风姿，被誉为"千古咏梅绝唱"。

司马光　　考查方向：选择、填空、名词解释

司马光，北宋史学家、政治家、文学家，谥文正。

司马光主持编纂了我国历史上**最大的一部编年体通史**《**资治通鉴**》，此书被称为"**帝王的镜子**"。宋神宗认为此书"**鉴于往事，有资于治道**"，因此定名为"资治通鉴"。本书**与司马迁的《史记》一起被誉为"史学双璧**"。

《资治通鉴》以时间为纲，事件为目，记录了从周威烈王二十三年到五代，十六朝共1362年的历史。本书以"**关国家兴衰，系生民休戚**"为主旨，立志为统治者提供历史经验和教训。

沈　括　　考查方向：选择、填空

沈括，北宋科学家、政治家，精通天文、数学、地质学、气象学、农学和医学等。

代表作品《**梦溪笔谈**》，是我国第一部科普作品、以笔记体写成的学术著作，被西方学者称为"**中国古代的百科全书**"。

周敦颐　　考查方向：选择、填空、名词解释

周敦颐，北宋理学家、文学家，世称濂溪先生，宋朝儒家理学思想的开山鼻祖，其学混合了道家无为思想和儒家中庸思想等。

代表作品有《周元公集》《**爱莲说**》《通书》等。

【知识拓展】

《爱莲说》：水陆草木之花，可爱者甚蕃。晋陶渊明独爱菊。自李唐来，世人甚爱牡丹。予独爱莲之出淤泥而不染，濯清涟而不妖，中通外直，不蔓不枝，香远益清，亭亭净植，可远观而不可亵玩焉。予谓菊，花之隐逸者也；牡丹，花之富贵者也；莲，花之君子者也。噫！菊之爱，陶后鲜有闻。莲之爱，同予者何人？牡丹之爱，宜乎众矣。

范成大　　考查方向：选择、填空、名词解释

范成大是**南宋**时期著名的田园诗人，他的诗风清新奔逸，语言明快质朴，揭露社会问题比较深刻，代表作品有《四时田园杂兴六十首》等。

范成大与尤袤、杨万里、陆游齐名，号称"中兴四大诗人"。他们的创作特色是摆脱了江西诗派的牢笼，作品更加具有思想性和艺术性，代表了宋代诗歌第二个繁荣时期。

杨万里　　考查方向：选择、填空、名词解释

杨万里是南宋诗人。其创造了语言浅近明白、清新自然，富有幽默情趣的"**诚斋体**"。

代表作品有《小池》《晓出净慈寺送林子方》等。

【知识拓展】

诚斋体：主要指杨万里的诗体风格。杨万里号诚斋，故称为"诚斋体"。其特征是活泼自然、饶有谐趣。主要有两大要素：一是诗人把自己的主观情感最大限度地投射在客观事物上；二是诗歌想象奇特，并用浅近明白的语言和流畅至极的章法表达，近于口语。

李清照　考查方向：选择、填空、名词解释、简答、论述

李清照，号**易安居士**，济南章丘人。宋代（南北宋之交）词人，**婉约词派代表人物**，也是**我国文学史上第一位女词人**，提出词"**别是一家**"之说，著有《漱玉词》。

李清照的词以靖康之变为界，分为前后两个时期。

前期词主要表现她作为少女和少妇的生活与情怀，词风细腻婉约、优雅动人；后期词则主要抒写国破家亡的悲苦，将个人命运的不幸与国家灾难结合起来，表现出愁苦悲凉的意境。李清照的词擅用白描手法塑造形象，能以常语创意，在两宋词坛中独树一帜，被称为"**易安体**"。

代表作品有《**声声慢·寻寻觅觅**》《**一剪梅·红藕香残玉簟秋**》《**如梦令·常记溪亭日暮**》《**如梦令·昨夜雨疏风骤**》《醉花阴·薄雾浓云愁永昼》《渔家傲·天接云涛连晓雾》《武陵春·春晚》等。

【知识拓展】

《声声慢·寻寻觅觅》：寻寻觅觅，冷冷清清，凄凄惨惨戚戚。乍暖还寒时候，最难将息。三杯两盏淡酒，怎敌他、晚来风急！雁过也，正伤心，却是旧时相识。　满地黄花堆积，憔悴损，如今有谁堪摘？守着窗儿，独自怎生得黑！梧桐更兼细雨，到黄昏、点点滴滴。这次第，怎一个愁字了得！

《一剪梅·红藕香残玉簟秋》：红藕香残玉簟秋。轻解罗裳，独上兰舟。云中谁寄锦书来？雁字回时，月满西楼。　花自飘零水自流。一种相思，两处闲愁。此情无计可消除，才下眉头，却上心头。

《如梦令·常记溪亭日暮》：常记溪亭日暮，沉醉不知归路。兴尽晚回舟，误入藕花深处。争渡，争渡，惊起一滩鸥鹭。

《如梦令·昨夜雨疏风骤》：昨夜雨疏风骤，浓睡不消残酒。试问卷帘人，却道海棠依旧。知否，知否？应是绿肥红瘦！

《武陵春·春晚》：风住尘香花已尽，日晚倦梳头。物是人非事事休，欲语泪先流。　闻说双溪春尚好，也拟泛轻舟。只恐双溪舴艋舟，载不动许多愁。

《醉花阴·薄雾浓云愁永昼》：薄雾浓云愁永昼，瑞脑销金兽。佳节又重阳，玉枕纱厨，半夜凉初透。　东篱把酒黄昏后，有暗香盈袖。莫道不销魂，帘卷西风，人比黄花瘦。

《渔家傲·天接云涛连晓雾》：天接云涛连晓雾，星河欲转千帆舞。仿佛梦魂归帝所。闻天语，殷勤问我归何处？　我报路长嗟日暮，学诗谩有惊人句。九万里风鹏正举。风休住，篷舟吹取三山去！

《夏日绝句》：生当作人杰，死亦为鬼雄。至今思项羽，不肯过江东。

陆　游　考查方向：选择、填空、名词解释、简答、论述

陆游，号**放翁**，南宋爱国主义诗人，中国文学史上创作最丰富的诗人，存诗共 9300

余首。

陆游的诗歌始终贯穿着炽热的爱国主义精神，内容丰富，既表达了他驰骋疆场的英勇豪情，也抒发了他壮志难酬的深切悲愤。

代表作品有《卜算子·咏梅》《游山西村》《十一月四日风雨大作》《书愤》《临安春雨初霁》，陆游的诗词均收入在《剑南诗稿》中，这是一部体现民族精神的诗集。

【知识拓展】

《卜算子·咏梅》：驿外断桥边，寂寞开无主。已是黄昏独自愁，更着风和雨。无意苦争春，一任群芳妒。零落成泥碾作尘，只有香如故。

《游山西村》：莫笑农家腊酒浑，丰年留客足鸡豚。山重水复疑无路，柳暗花明又一村。箫鼓追随春社近，衣冠简朴古风存。从今若许闲乘月，拄杖无时夜叩门。

《示儿》：死去元知万事空，但悲不见九州同。王师北定中原日，家祭无忘告乃翁。

《十一月四日风雨大作二首·其二》：僵卧孤村不自哀，尚思为国戍轮台。夜阑卧听风吹雨，铁马冰河入梦来。

《书愤五首·其一》：早岁那知世事艰，中原北望气如山。楼船夜雪瓜洲渡，铁马秋风大散关。塞上长城空自许，镜中衰鬓已先斑。出师一表真名世，千载谁堪伯仲间！

《诉衷情·当年万里觅封侯》：当年万里觅封侯，匹马戍梁州。关河梦断何处？尘暗旧貂裘。　胡未灭，鬓先秋，泪空流。此生谁料，心在天山，身老沧洲。

《临安春雨初霁》：世味年来薄似纱，谁令骑马客京华。小楼一夜听春雨，深巷明朝卖杏花。矮纸斜行闲作草，晴窗细乳戏分茶。素衣莫起风尘叹，犹及清明可到家。

辛弃疾　考查方向：选择、填空、名词解释、简答、论述

辛弃疾，字幼安，别号稼轩，历城（今山东济南）人，南宋爱国词人，宋词豪放派的代表，与李清照并称为"二安"。

辛弃疾的词具有多种艺术风格，有的悲壮忧郁、直抒胸臆，有的清新活泼、生机盎然，有的含蓄婉转。他善用比兴、典故，将写景、叙事、抒情融为一体，表达深刻寓意。在语言上也具有多样化的特点，有的雄壮雅丽，有的清新明快，吸收大量民间口语，作品充满新鲜活泼的气息。

代表作品有战守之策《美芹十论》，词作《青玉案·元夕》《破阵子·为陈同甫赋壮词以寄之》《永遇乐·京口北固亭怀古》《南乡子·登京口北固亭有怀》《水龙吟·登建康赏心亭》《菩萨蛮·书江西造口壁》等。

【知识拓展】

郭沫若为辛弃疾墓写过一副挽联："铁板铜琶，继东坡高唱大江东去；美芹悲黍，冀南宋莫随鸿雁南飞。"因《美芹十论》是辛弃疾的代表作，故用美芹代指辛弃疾。

《破阵子·为陈同甫赋壮词以寄之》：醉里挑灯看剑，梦回吹角连营。八百里分麾下炙，五十弦翻塞外声，沙场秋点兵。　马作的卢飞快，弓如霹雳弦惊。了却君王天下事，赢得生前身后名。可怜白发生！注：八百里指牛，这里泛指酒食。

《西江月·夜行黄沙道中》：明月别枝惊鹊，清风半夜鸣蝉。稻花香里说丰年，听取蛙声一片。　七八个星天外，两三点雨山前。旧时茅店社林边，路转溪桥忽见。

《永遇乐·京口北固亭怀古》：千古江山，英雄无觅，孙仲谋处。舞榭歌台，风流总被，雨打风吹去。斜阳草树，寻常巷陌，人道寄奴曾住。想当年，金戈铁马，气吞万里如

虎。　　元嘉草草，封狼居胥，赢得仓皇北顾。四十三年，望中犹记，烽火扬州路。可堪回首，佛狸祠下，一片神鸦社鼓。凭谁问：廉颇老矣，尚能饭否？

《南乡子·登京口北固亭有怀》：何处望神州？满眼风光北固楼。千古兴亡多少事？悠悠。不尽长江滚滚流。　　年少万兜鍪，坐断东南战未休。天下英雄谁敌手？曹刘。生子当如孙仲谋。

《丑奴儿·书博山道中壁》：少年不识愁滋味，爱上层楼。爱上层楼，为赋新词强说愁。　　而今识尽愁滋味，欲说还休。欲说还休，却道"天凉好个秋"！

《水龙吟·登建康赏心亭》：楚天千里清秋，水随天去秋无际。遥岑远目，献愁供恨，玉簪螺髻。落日楼头，断鸿声里，江南游子。把吴钩看了，栏杆拍遍，无人会，登临意。

休说鲈鱼堪脍，尽西风季鹰归未？求田问舍，怕应羞见，刘郎才气。可惜流年，忧愁风雨，树犹如此！倩何人唤取，红巾翠袖，揾英雄泪！注：鲈鱼堪脍指晋朝人张翰（字季鹰）在洛阳做官，见秋风起，想到家乡苏州美味的鲈鱼，便弃官回乡。

《菩萨蛮·书江西造口壁》：郁孤台下清江水，中间多少行人泪。西北望长安，可怜无数山。　　青山遮不住，毕竟东流去。江晚正愁余，山深闻鹧鸪。

姜夔　　考查方向：选择、填空、名词解释

姜夔，号白石道人，南宋文学家、音乐家，精通音律，清雅派的开山大师。

姜夔的词题材主要是恋情、咏物和亡国之感等，艺术表现上以"清空骚雅"著称，侧重于空灵境界，创造出一种清刚醇雅的审美风格。代表作品有《扬州慢·淮左名都》等。

【知识拓展】

《扬州慢·淮左名都》：淮左名都，竹西佳处，解鞍少驻初程。过春风十里，尽荠麦青青。自胡马窥江去后，废池乔木，犹厌言兵。渐黄昏，清角吹寒，都在空城。　　杜郎俊赏，算而今，重到须惊。纵豆蔻词工，青楼梦好，难赋深情。二十四桥仍在，波心荡，冷月无声。念桥边红药，年年知为谁生？注：本词被认为有"《黍离》之悲"，"黍离"指《诗经·王风》篇名，表示故国之思。

岳飞　　考查方向：选择、填空

岳飞，字鹏举，南宋初期军事家、民族英雄，被奸臣秦桧构陷，代表作品《满江红·怒发冲冠》是千古传诵的爱国名篇。

文天祥　　考查方向：选择、填空

文天祥是南宋民族英雄和爱国诗人，前期的诗歌清新明快，感情丰沛，充满了饱满的战斗精神，后期诗歌则大多是对人生旅途多"险阻艰难"、未尽如人意的感叹。

代表作品有《过零丁洋》《正气歌》等，著有诗集《指南录》。

【知识拓展】

《过零丁洋》：辛苦遭逢起一经，干戈寥落四周星。山河破碎风飘絮，身世浮沉雨打萍。惶恐滩头说惶恐，零丁洋里叹零丁。人生自古谁无死？留取丹心照汗青。

（六）元代文学

话　本　考查方向：选择、填空、名词解释

话本是**宋元间"说话"艺人的底本**，既是曲艺也是白话文。"说话"通常分为小说、说经、讲史、合生四种，其中以讲史、小说两家最为重要，影响也最大。

话本的语言以白话为主，融合有部分文言，间亦穿插一些古典诗词，生动泼辣，富于表现力；话本的主角多为下层百姓中的平凡人物，形象鲜明，对后代的通俗文学和戏剧、曲艺等产生了很大的影响。

元　曲　考查方向：选择、填空、名词解释

元曲包括**杂剧和散曲**两种形式，是元代文学的主体。

元杂剧是在北方戏曲的基础上发展起来的戏曲，是音乐、歌舞、道白、做功等结合起来表演故事的一种综合性舞台艺术，它标志着**元代文学的最高成就**。

散曲则属诗歌，是金元时期在北方兴起的一种合乐歌唱的诗歌新体式，体制主要分为**小令和套数**两类。

元杂剧　考查方向：选择、填空、名词解释

元杂剧又称北杂剧、北曲，是在诸宫调和金院本基础上发展起来的，"**四折一楔子**"的结构形式和"**一人主唱**"是其显著特色。

元杂剧剧本的结构形式是"四折一楔子"，音乐曲调以北方音乐为基础，表演上一般由一人主唱，角色分为旦、末、净、杂等。

代表作家有白朴、马致远、关汉卿等。

【知识拓展】

元杂剧四大爱情剧：王实甫的《西厢记》、关汉卿的《拜月亭》、白朴的《墙头马上》、郑光祖的《倩女离魂》。

元杂剧四大悲剧：关汉卿的《窦娥冤》、马致远的《汉宫秋》、白朴的《梧桐雨》、纪君祥的《赵氏孤儿》。

散　曲　考查方向：选择、填空、名词解释

散曲是一种同音乐结合的长短句歌词，是在金代"俗谣俚曲"的基础上发展起来的。主要包括**小令和套数**两种形式。

小令又称"叶儿"，是**散曲体制的基本单位**。其名称来源于唐代的酒令，单片只曲、调短字少是最基本的特征。

套数又称套曲、散套、大令，由宋大曲、宋曲诸宫调的若干首曲牌相连而成，具有各曲同押一韵、在结尾部分有尾声等特点。

元散曲的代表作家有关汉卿、马致远、白朴、张可久等。

元曲四大家　考查方向：选择、填空、名词解释

元曲四大家指元代的**关汉卿、白朴、马致远、郑光祖**四位著名杂剧作家。他们四人代表了元代不同时期不同流派杂剧创作的成就，因此被称为"元曲四大家"。

代表作品有关汉卿的《窦娥冤》、白朴的《梧桐雨》、马致远的《汉宫秋》、郑光祖的《倩女离魂》等。

关汉卿 考查方向：选择、填空、名词解释、简答、论述

关汉卿是元代杂剧作家，"元曲四大家"之首，以杂剧的成就最大。其自述的"我是个蒸不烂、煮不熟、捶不扁、炒不爆、响珰珰一粒铜豌豆"的形象广为人称，他被誉为"曲家圣人"。

关汉卿的杂剧在内容上追求反映生活的逼真感和深刻性；在人物塑造上涉及各种社会人物，且人物性格富有鲜明个性，如窦娥、赵盼儿等；在戏剧结构上善于布置情节，营造戏剧氛围；在语言表达上，力求自然通俗却有声有色。

关汉卿的杂剧大致可以分为三类：第一类是公案剧，代表作品是《窦娥冤》等。第二类是女性生活剧，代表作品是《救风尘》《拜月亭》等。第三类是历史剧，代表作品是《单刀会》等。

【知识拓展】

《窦娥冤》：全称为《感天动地窦娥冤》，全剧四折，写弱小寡妇窦娥被无赖陷害，在昏官毒打下屈打成招，被判斩首。满腔悲愤的窦娥在临刑前许下三桩誓愿——血溅白练、六月飞雪、大旱三年，并发出"地也，你不分好歹何为地！天也，你错勘贤愚枉做天"的悲叹，果然，窦娥冤屈感天动地，三桩誓愿一一实现。

《拜月亭》：全剧共四折一楔子。讲述的是在战乱逃亡中，王瑞兰与蒋世隆相遇，产生感情并私下结为夫妇，王父因门第差别，拆散婚姻，后蒋世隆考中状元，二人终于团圆的故事。作品歌颂了青年人忠贞的爱情，对封建礼教和封建势力进行了批判。

马致远 考查方向：选择、填空、名词解释

马致远是元代散曲家、杂剧家，被称为"秋思之祖"。

马致远的创作最集中表现了元代文人内心的矛盾和思想苦闷，并由此反映了一个时代的文化特征。其杂剧语言清丽，善于把朴实自然的语句锤炼得精致而富有表现力。其散曲声调和谐优美，语言跌宕豪爽。

代表作品有杂剧《汉宫秋》《吕洞宾三醉岳阳楼》《青衫泪》，小令《天净沙·秋思》等。

【知识拓展】

《天净沙·秋思》：枯藤老树昏鸦，小桥流水人家，古道西风瘦马。夕阳西下，断肠人在天涯。

《汉宫秋》：全称《破幽梦孤雁汉宫秋》，改编于汉元帝时期的昭君出塞的故事，但在情节和人物上进行了新的创造，它将汉元帝写成对王昭君有着深厚感情的人物，同时突出了王昭君对汉朝的感情。

白 朴 考查方向：选择、填空、名词解释

白朴是元代杂剧家、曲作家。善用历史题材，敷演故事，因旧题，创新意，辞采优美，情意深切绵长。代表作品有《墙头马上》《梧桐雨》等。

【知识拓展】

《梧桐雨》：全称《唐明皇秋夜梧桐雨》，该剧取材于白居易《长恨歌》，描写唐明皇和

杨贵妃之间的爱情故事。通过对唐明皇内心世界的大量叙写，表达作者对人世沧桑和人生悲凉的感触。

《墙头马上》：全称《裴少俊墙头马上》，是讲述李千金与裴少俊争取婚姻自主的爱情剧作。

郑光祖　考查方向：选择、填空、名词解释

郑光祖是元代杂剧家、散曲家。

郑光祖描写爱情生活的剧作，以文采见长，语言典雅。

代表作品有《倩女离魂》《王粲登楼》等。

【知识拓展】

郑光祖《倩女离魂》：取材于唐代陈玄祐的传奇《离魂记》，最鲜明的特色是情节离奇、构思巧妙。作者以虚实互补的描写，表现了倩女失魂落魄的心理和神态，既写出了女子为追求自由爱情和婚姻的勇敢、抗争，也描述了她们在礼教的扼制下不能自主的可悲命运。

王实甫　考查方向：选择、填空、名词解释、简答

王实甫是元代杂剧家，与关汉卿齐名，其作品全面继承了唐诗宋词精美的语言艺术，又吸收了元代民间生动活泼的口头语言。他创造了文采璀璨的元曲词汇，成为中国戏曲史上"文采派"的杰出代表。

代表作品有《西厢记》《丽春堂》《破窑记》等。

《西厢记》取材于唐代传奇《莺莺传》，在元杂剧中具有"天下夺魁"的艺术成就。作品演绎了一对青年男女追求自由爱情与婚姻的故事，塑造了张生、崔莺莺、红娘等鲜明的艺术形象，人物刻画丰满细致，情节曲折动人，语言优雅而不失活泼。该剧具有强烈的反封建思想，著名唱词"碧云天，黄花地，西风紧，北雁南飞。晓来谁染霜林醉？总是离人泪"出自《西厢记》。

【知识拓展】

《西厢记》的艺术成就：

①突破了元杂剧一本四折的体制，多达五本二十一折。体制上的创新，使情节的曲折度、人物塑造的细腻度和艺术手法的运用具有更大的灵活性。

②人物塑造艺术性强。《西厢记》善于塑造性格鲜明的人物形象，主要体现在对张生、莺莺和红娘的性格刻画上。

③辞章优美。《西厢记》的人物语言是充分戏剧化和个性化的，形成了抒情诗般的歌唱语言和潜台词丰富的道白语言，具有很高的文学价值，被当作"文采派"的代表。

纪君祥　考查方向：选择、填空、名词解释

纪君祥是元代杂剧作家。所撰杂剧六种，今仅存《赵氏孤儿》一种。

《赵氏孤儿》是一部具有浓郁悲剧色彩的历史剧，取材于《左传》《史记·赵世家》等，主要描述春秋时晋国奸臣屠岸贾谋害忠臣赵盾，将赵家满门抄斩，义士程婴为了保护赵氏唯一的血脉，献出了自己的儿子，二十年后，赵氏孤儿长大成人后锄奸报仇的故事。

《赵氏孤儿》在18世纪传入欧洲，被法国著名文学家伏尔泰翻译成《中国孤儿》上

演,轰动巴黎。《赵氏孤儿》是我国第一部传入欧洲的戏剧作品,在元曲中堪称"雪里梅花"。

张养浩　考查方向:选择、填空、名词解释

张养浩是元代著名散曲家。他的作品文字显白流畅,感情真朴醇厚,无论是抒情或是写景,都能出自真情而较少雕镂。作品中往往流露出对黑暗官场的厌恶,寄寓着壮志难酬的愤慨。

代表作品有《山坡羊·潼关怀古》《山坡羊·骊山怀古》等。

【知识拓展】

《山坡羊·潼关怀古》:峰峦如聚,波涛如怒,山河表里潼关路。望西都,意踌躇。伤心秦汉经行处,宫阙万间都做了土。兴,百姓苦;亡,百姓苦。

南　戏　考查方向:选择、填空、名词解释

南戏又称"南曲戏文",是中国戏曲最早的表现形式。它形成于南北宋之交的永嘉(今浙江温州)一带,所以又称为"温州杂剧"或"永嘉杂剧"。它内容多以家庭为主,曲调轻柔婉转,伴奏以管乐为主,剧中各个角色可以分唱或合唱,一部戏没有固定的场次限制,相对于杂剧要灵活。

【知识拓展】

《琵琶记》:元末明初高明所创作,它代表了南戏的最高成就,被誉为"南戏之祖"。

《张协状元》:唯一完整保存下来的南宋戏文,也是中国发现最早的、保存最完整的中国古代戏曲剧本。

四大南戏　考查方向:选择、填空、名词解释

四大南戏指《荆钗记》《白兔记》(又名《刘知远白兔记》)、《拜月亭记》《杀狗记》。

这四部著名的南戏作品,也被称为"四大传奇",简称"荆刘拜杀",其中《拜月亭记》是流传最广、影响最大的一部。

四大南戏的曲文都写得通俗易懂,以民间口语为主,朴素自然,具有生活气息。这也是元代南戏在艺术表现上的共同特点。

(七)明清文学

明代四大奇书　考查方向:选择、填空、名词解释

"明代四人奇书"指的是明代的四部长篇小说,即《三国演义》《水浒传》《金瓶梅》《西游记》。

这四部小说基本上代表了中国古代小说的四种类型,即历史演义小说、英雄传奇小说、世情小说、神魔小说,它们是南宋时期说话艺术中主要四家的延续和发展。

《三国演义》　考查方向:选择、填空、名词解释、简答、论述

《三国演义》是我国第一部长篇章回体小说,也是我国第一部历史演义小说,由元末明初小说家罗贯中著。它根据陈寿《三国志》、范晔《后汉书》、元代《三国志平话》和一些民间传说写成。

《三国演义》描写了东汉末年群雄割据混战及魏、蜀、吴三国之间的政治和军事斗争，最终司马炎一统三国建立晋朝的历史。内容大致分为黄巾起义、董卓之乱、群雄逐鹿、三国鼎立、三国归晋五大部分。

《三国演义》在叙事方面采用虚实相间的写作手法，人物描写方面运用类型化人物塑造方法，语言方面文白相间，形成了"文不甚深，言不甚俗"的语体风格。

【知识拓展】

桃园三结义/三英战吕布（刘备、关羽、张飞），火烧博望坡/舌战群儒/三气周瑜/七擒孟获/空城计/挥泪斩马谡/秋风五丈原（诸葛亮），温酒斩华雄/身在曹营心在汉/千里走单骑/过五关斩六将/单刀赴会/华容道义释曹操/大意失荆州/败走麦城（关羽），错杀吕伯奢/割发代首/望梅止渴（曹操），怒鞭督邮/威震长坂坡（张飞），连环计（王允、貂蝉、董卓、吕布），煮酒论英雄（刘备、曹操），割须弃袍（曹操、张超），失街亭（马谡），空城计（诸葛亮、司马懿），定军山之战（黄忠、夏侯渊、张郃），群英会（蒋干、曹操、周瑜），草船借箭（诸葛亮、鲁肃、曹操），火烧赤壁（周瑜、诸葛亮、曹操）、辕门射戟（吕布）

赤兔：《三国演义》中名马，有"人中吕布，马中赤兔"之称，跟随的主人有董卓、吕布、曹操、关羽。

的卢：《三国演义》中刘备的坐骑，因辛弃疾的"马作的卢飞快，弓如霹雳弦惊"而知名度提升。

《三国演义》中曹操形象分析：

作者在"拥刘反曹"的封建正统思想下，把曹操塑造成了兼具"权奸巧诈"和"胆智才略"的"奸雄"形象。

①曹操的"奸"表现在多个方面：权诈残酷、奸猾多疑；挟天子以令诸侯、错杀吕伯奢等事件中完全展现了曹操的玩弄权术及"宁教我负天下人，休教天下人负我"的行为哲学。

②曹操的"雄"表现在他雄才伟略、求贤若渴、才华横溢。曹操是一个极具雄才韬略的政治家、军事家，他渴求人才，慷慨多情，爱惜人才。同时他也是一个横槊赋诗的文学家。

《水浒传》 考查方向：选择、填空、名词解释、简答

《水浒传》是我国第一部用白话文写成的英雄传奇小说，由元末明初施耐庵编著。

《水浒传》生动描写了北宋末年，以宋江为首的一百〇八位梁山好汉从起义到兴盛再到失败的全过程，广泛反映了封建社会的黑暗现实，揭示了尖锐复杂的社会矛盾，鲜明地表现了"官逼民反"的主题。

【知识拓展】

鲁智深：绰号花和尚，经典故事有：拳打镇关西（救翠莲父女）、倒拔垂杨柳、大闹野猪林（救林冲）。

武松：绰号行者，经典故事有：武松景阳冈打虎、斗杀西门庆（狮子楼）、醉打蒋门神、血溅鸳鸯楼。

宋江：绰号及时雨（呼保义），经典故事有：怒杀阎婆惜、三打祝家庄。

林冲：绰号豹子头，经典故事有：误入白虎堂（高俅）、风雪山神庙、火烧草料场（陆虞侯）、雪夜上梁山。

杨志:绰号青面兽,经典故事有:杨志卖刀、智取生辰纲(杨志护送,晁盖、吴用、公孙胜、刘唐、阮小二、阮小五、阮小七、白胜劫取)。

孙二娘:绰号母夜叉,与丈夫张青(菜园子)开黑店卖人肉包子。

人物绰号:张顺(浪里白条)、李逵(黑旋风)、石秀(拼命三郎)、卢俊义(玉麒麟)、吴用(智多星)、花荣(小李广)、时迁(鼓上蚤)、王英(矮脚虎)、柴进(小旋风)、燕青(浪子)、刘唐(赤发鬼)、杨雄(病关索)、戴宗(神行太保)。

女性人物:顾大嫂(母大虫)、扈三娘(一丈青)、孙二娘。

《西游记》   考查方向:选择、填空、名词解释

《西游记》是我国第一部浪漫主义长篇神怪小说,由明代吴承恩所著。

全书讲述了孙悟空出世、大闹天宫后,与猪八戒、沙僧及白龙马保护唐僧西天取经,历经九九八十一难的传奇故事。在"历险式"的过程中蕴含了人必须历经艰难才能获得幸福的人生真谛。

【知识拓展】

孙悟空:又名美猴王、齐天大圣、孙行者。花果山灵石孕育的石猴,拜菩提老祖为师习得本领,大闹天宫后成为唐僧徒弟,在取经路上降伏白骨精、蜘蛛精、牛魔王等妖魔鬼怪,最终修成正果。

唐僧:俗姓陈,小名江流儿,法号玄奘,被尊称为三藏法师,被唐太宗赐姓为唐。

猪八戒:又名猪刚鬣、猪悟能。原为天宫中的天蓬元帅,兵器是九齿钉耙。

沙和尚:又名沙悟净、沙僧。原为天宫中的卷帘大将,唐僧的三徒弟,兵器为降妖宝杖。

《金瓶梅》   考查方向:选择、填空、名词解释

《金瓶梅》是中国第一部文人独立创作的以描写家庭生活为题材的长篇世情小说,作者署名兰陵笑笑生。书名由三个主要女性(潘金莲、李瓶儿、庞春梅)的名字合成。

它从《水浒传》中武松杀嫂一段演化而来,以西门庆生活史为中心线索,再现了当时社会的世俗情态,开创了世情小说的先河。

三言二拍   考查方向:选择、填空、名词解释

"三言二拍"是指明代五部白话短篇小说集的合称。

"三言"是指明代冯梦龙编纂的《喻世明言》《警世通言》和《醒世恒言》三部小说集。其题材多样,主要反映了市民阶层的生活面貌和思想感情。

"二拍"指明代凌濛初创作的《初刻拍案惊奇》和《二刻拍案惊奇》两部小说集,是作者根据野史笔记、文言小说和当时的社会传闻创作而成,具有强烈的市民社会意识。但"二拍"是对"三言"的模仿之作,编造痕迹明显,艺术成就不及"三言"。

【知识拓展】

《喻世明言》名篇:《蒋兴哥重会珍珠衫》等。

《醒世恒言》名篇:《卖油郎独占花魁》《乔太守乱点鸳鸯谱》等。

《警世通言》名篇:《杜十娘怒沉百宝箱》等。

汤显祖　考查方向：选择、填空、名词解释、简答

汤显祖是明代戏曲家。与英国莎士比亚处于同一时代，因此有"**东方的莎士比亚**"之称。

汤显祖在戏曲创作上，提倡文采，主张抒写人物的真情实感，反对追求声调格律。

代表作品为"**临川四梦**"，又称"**玉茗堂四梦**"，即《牡丹亭》《紫钗记》《南柯记》《邯郸记》。

【知识拓展】

《南柯记》：取材于唐代李公佐的传奇小说《南柯太守传》，讲述了淳于棼梦入蝼蚁之槐安国为南柯郡太守的故事。

《邯郸记》：取材于唐代沈既济的传奇小说《枕中记》，讲述了书生卢生入梦后升官晋爵、梦醒后悟道的故事。

《紫钗记》：在保留唐代蒋防传奇小说《霍小玉传》主要人物和情节的同时，再造男女主人公形象，别开生面地演绎了李益和霍小玉的爱情故事。

《牡丹亭》　考查方向：选择、填空、名词解释、简答

《牡丹亭》由汤显祖创作，又名《还魂记》，是我国戏曲史上的浪漫主义杰作，代表了明代戏曲创作的最高峰。

该剧描写了官家千金**杜丽娘**对梦中书生**柳梦梅**倾心相爱，竟伤情而死，化为魂魄寻找爱人相恋，最后起死回生与柳梦梅永结同心的故事。

《牡丹亭》热情歌颂了反对封建礼教、追求自由幸福的爱情和强烈要求个性解放的精神，其中《游园》《惊梦》这两个折子最为精彩。

【知识拓展】

原来姹紫嫣红开遍，似这般都付与断井颓垣。良辰美景奈何天，赏心乐事谁家院！朝飞暮卷，云霞翠轩；雨丝风片，烟波画船——锦屏人忒看的这韶光贱！——《牡丹亭·惊梦·皂罗袍》

则为你如花美眷，似水流年，是答儿闲寻遍，在幽闺自怜。——《牡丹亭·惊梦》

《牡丹亭》的浪漫主义特色：

《牡丹亭》具有鲜明的浪漫主义色彩。首先表现在富于幻想的艺术构思。该剧在情节结构上充满了离奇跌宕的幻想色彩，如"惊梦""冥判""魂游""回生"等情节，构成了此剧结构的骨架和支柱，为表达主旨起到了十分重要的作用。其次以一系列抒情场次表现主人公强烈的追求，使其主观精神外化，并在此基础上令戏剧冲突持续升级。再次是全剧具有浓郁的抒情诗的色彩，许多曲词能够将抒情、写景和人物塑造融为一体。最后，《牡丹亭》又是一部兼悲剧、喜剧、趣剧和闹剧因素于一体的复合戏。这种悲喜交融、彼此映衬的戏曲风格，正是其富有中国戏曲特色的浪漫精神的具体呈现。

《牡丹亭》中杜丽娘形象分析：

杜丽娘作为打破封建礼教束缚、追求爱情自由的反叛者，是中国古代爱情文学人物画廊中难得的典型形象。

首先杜丽娘出生于典型封建士大夫家庭，身上背负着封建礼教的沉重枷锁，有温良贤淑的一面，但她没有泯灭自然天性，在游园中青春意识初步觉醒。其次，杜丽娘是带有叛逆色彩的对自由和爱情的追求者，因情而起，为情再生。最后，杜丽娘是直斥封建

礼教勇敢捍卫爱情的反抗者,为爱抗争,终成眷属。

王守仁
考查方向:选择、填空、名词解释

王守仁,字伯安,号**阳明**,明代著名的思想家、文学家、哲学家和军事家。

王阳明最突出的成就是创立了"**阳明心学**",是**心学集大成者**。其精神内涵包括"心外无物""心即理""**知行合一**""**致良知**"等。其思想在中国、日本、朝鲜半岛以及东南亚国家乃至全球都有重要而深远的影响。王守仁和孔子、孟子、朱熹(理学集大成者)并称为"孔孟朱王"。

公安派
考查方向:选择、填空、名词解释

公安派是明代后期的文学流派,以**袁宏道及其兄袁宗道、其弟袁中道**为首,因三人是公安(今湖北公安)人而得名。

公安派深受李贽"童心说"的影响,反对拟古风气,主张文学要"**独抒性灵,不拘格套**",强调文学情感的真实性、反对虚伪,其创作以散文成就最高。

《徐霞客游记》
考查方向:选择、填空、名词解释

《徐霞客游记》是以日记体为主的地理著作,由明末地理学家**徐弘祖(号霞客)**所作。

《徐霞客游记》不但对地理、水文、地质、植物等现象做了详细记录,而且以抒情的笔调、典雅的文辞描绘了祖国的名山大川,被誉为"**古今记游第一**"。

《封神演义》
考查方向:选择、填空、名词解释

《封神演义》由明代许仲琳创作,俗称《封神榜》,是以**武王伐纣、商周易代**的历史为框架,叙写了天上的神仙分成两派卷入这场战争的神魔小说。

书中包含了大量的民间传说和神话,有**哪吒闹海**、姜子牙下山、三抢封神榜、众仙斗阵斗法等情节,展现了古人丰富的想象力。

纳兰性德
考查方向:选择、填空、名词解释

纳兰性德,字容若,号楞伽山人,清初词人。

纳兰性德的词**以"真"取胜**,词风"清丽婉约、哀感顽艳、格高韵远、独具特色",在清代享有很高的声誉,后人称誉他为"**清朝第一词人**"。

【知识拓展】

《长相思·山一程》:山一程,水一程,身向榆关那畔行,夜深千帐灯。　风一更,雪一更,聒碎乡心梦不成,故园无此声。

《木兰花·拟古决绝词柬友》:人生若只如初见,何事秋风悲画扇。等闲变却故人心,却道故人心易变。　骊山语罢清宵半,泪雨霖铃终不怨。何如薄幸锦衣郎,比翼连枝当日愿。

李 玉
考查方向:选择、填空、名词解释

李玉,字玄玉,号一笠庵主人,明末清初戏曲作家,"**苏州派**"的代表人物。

李玉早期剧作以描写人情世态为主要内容,最负盛名的是"一笠庵四种曲"(即《一捧雪》《人兽关》《永团圆》《占花魁》),世称"一人永占"。

李玉晚期作品多描写历史上的政治斗争事件,代表作《清忠谱》《千忠戮》《牛头山》等。其中《清忠谱》被列为中国十大古典悲剧之一。

李渔 考查方向:选择、填空、名词解释

李渔,字笠翁,明末清初戏曲家和戏曲理论家,也是中国戏曲史上第一位专门从事喜剧创作的作家。

在戏剧构造方面,李渔主张"立主脑",即突出主要人物和中心事件;"脱窠臼",即题材内容应重视创意;"密针线",即紧密情节结构,使全剧浑然一体;"减头绪",即删削"旁见侧出之情",明晰主线。在戏剧语言方面,反对用书面文学的标准来衡量戏曲创作,认为必须首先从适合舞台演出来考虑,要"贵显浅""重机趣""戒浮泛""忌填塞"等。

李渔代表作品有《闲情偶寄》(我国第一部完整的戏曲理论著作)、剧目《比目鱼》《风筝误》《奈何天》等。

南洪北孔 考查方向:选择、填空、名词解释

"南洪北孔"指清初两位戏剧家洪昇和孔尚任的合称。因洪昇是南方浙江钱塘江人,孔尚任是北方山东曲阜人,故后人誉之为"南洪北孔"。

洪昇的《长生殿》和孔尚任的《桃花扇》堪称清代传奇的双璧,代表了17世纪末传奇创作的最后辉煌。

《长生殿》 考查方向:选择、填空、名词解释

《长生殿》是清初剧作家洪昇创作的剧本。取材于唐代诗人白居易的长诗《长恨歌》和元代剧作家白朴的剧作《梧桐雨》,讲述了唐玄宗李隆基和贵妃杨玉环之间的爱情故事。

《长生殿》全剧长达五十出,场面壮阔,结构细密,曲词清丽流畅,充满诗意。

《桃花扇》 考查方向:选择、填空、名词解释

《桃花扇》是清初剧作家孔尚任所作的一部现实主义历史剧,也是少数能够将悲剧精神贯彻到底的作品之一,打破了中国剧作大团圆结局。

《桃花扇》以明代末年南京为故事背景,以侯方域、李香君的爱情为线索,"借离合之情,写兴亡之感",反映了明末腐朽、动荡的社会现实和统治阶级的内部矛盾。作品较好地把历史真实和艺术真实结合起来,结构巧妙,语言雅丽。

桐城派 考查方向:选择、填空、名词解释

桐城派是清代最大的散文流派,创始于方苞,主要代表人物还有刘大櫆、姚鼐等人,因他们都是安徽桐城人,故被称为"桐城派"。

桐城派散文的基本特征是以程朱理学为思想基础,以清王朝的政权巩固为目的,以先秦两汉和唐宋八大家的古文为楷模,在文章体制和作法上有细致规则的系统化的散文理论。

方苞提出了作文的"义法"说,"义"即"言有物","法"即"言有序",包括古文写作的章法、语言和技巧等。代表作品为《狱中杂记》。

　　刘大櫆是方苞的弟子,是桐城派承前启后的人物,他的散文注重辞藻,风格清峻,代表作品为《游三游洞记》。

　　姚鼐是桐城派的集大成者,他提出文章要**义理、考证、辞章兼备**,还将多种文风归为"阳刚"和"阴柔"两种。代表作品**《登泰山记》**,"**极天云一线异色,须臾成五采。日上,正赤如丹,下有红光动摇承之**"是其中名句。

蒲松龄　考查方向:选择、填空、名词解释、简答

　　蒲松龄,别号柳泉居士,世称**聊斋先生**,清代短篇小说家,被誉为"**中国文言短篇小说之王**"。

　　代表作品是**文言短篇志怪小说集《聊斋志异》**,全书共有短篇小说 491 篇,**与《红楼梦》**并称为中国古典小说创作上的"双璧"。

　　《蒲松龄》主要反映了以下方面的社会内容:一是抨击黑暗政治,揭露封建统治阶级的罪恶,如《促织》等;二是歌颂青年男女纯洁真挚的爱情,如《连城》《画皮》《聂小倩》《婴宁》等;三是抨击科举制度对读书人的摧残,如《王子安》等;四是歌颂普通人的美德,如《宦娘》《田七郎》等。

【知识拓展】

　　《画皮》:讲述一个"愚而迷"的书生因贪图美色,招引来披着人皮的恶鬼,最后被挖去心肝的故事。该故事被改编成电影《画皮》,由陈嘉上导演,周迅、陈坤等主演。

　　《聂小倩》:讲述女鬼聂小倩被千年老妖胁迫以色害人,因钦佩穷书生宁采臣是个真君子而不忍加害,后依靠道士帮助与其终成眷属的故事。该故事改编成电影《倩女幽魂》,由徐克监制、程晓东导演,张国荣、王祖贤等主演。

中国古典四大名著　考查方向:选择、填空、名词解释

　　中国古典四大名著分别是**罗贯中的《三国演义》,施耐庵的《水浒传》,吴承恩的《西游记》,曹雪芹和高鹗的《红楼梦》**。

《红楼梦》　考查方向:选择、填空、名词解释、简答、论述

　　《红楼梦》又名**《石头记》,古典长篇章回体小说**。全书共 120 回,一般认为前 80 回是清代曹雪芹所著,后 40 回是清代高鹗所补。

　　《红楼梦》以**贾宝玉与林黛玉**的爱情婚姻悲剧为主线,描写了**贾、史、王、薛**四大家族的兴衰,展示了极其广阔的封建社会的典型生活环境,批判并揭示了封建社会制度必然走向没落的历史趋势。

　　《红楼梦》是中国古典小说的最高峰,鲁迅曾评价:"自有《红楼梦》出来以后,传统的思想和写法都打破了。"《红楼梦》自面世以来吸引了千万读者,并逐渐形成了专门研究《红楼梦》的"红学"。

【知识拓展】

　　《红楼梦》四大家族:

　　贾家:贾不假,白玉为堂金作马。代表人物:贾政、贾宝玉、贾琏、贾家四姐妹(贾元春、贾迎春、贾探春、贾惜春)。

史家:阿房宫,三百里,住不下金陵一个史。代表人物:贾母、史湘云等。

王家:东海缺少白玉床,龙王来请金陵王。代表人物:王子腾、王夫人、王熙凤等。

薛家:丰年好大雪,珍珠如土金如铁。代表人物:薛宝钗、薛蟠、薛宝琴等。

贾宝玉及金陵十二钗外貌描写及判词:

贾宝玉:【外貌描写】面若中秋之月,色如春晓之花,鬓若刀裁,眉如墨画,面如桃瓣,目若秋波。虽怒时而若笑,即嗔视而有情。/天然一段风骚,全在眉梢;平生万种情思,悉堆眼角。

林黛玉(号潇湘妃子):【外貌描写】两弯似蹙非蹙笼烟眉,一双似喜非喜含情目。态生两靥之愁,娇袭一身之病。泪光点点,娇喘微微。闲静时如姣花照水,行动处似弱柳扶风。心较比干多一窍,病如西子胜三分。【判词】可叹停机德,堪怜咏絮才。玉带林中挂,金簪雪里埋。

薛宝钗(号蘅芜君):【外貌描写】唇不点而红,眉不画而翠,脸若银盆,眼如水杏。【判词】上同林黛玉。

王熙凤:【外貌描写】一双丹凤三角眼,两弯柳叶吊梢眉,身量苗条,体格风骚,粉面含春威不露,丹唇未启笑先闻。【判词】凡鸟偏从末世来,都知爱慕此生才。一从二令三人木,哭向金陵事更哀。【曲】机关算尽太聪明,反误了卿卿性命。

贾元春:【判词】二十年来辨是非,榴花开处照宫闱。三春争及初春景,虎兕相逢大梦归。【曲】喜荣华正好,恨无常又到。眼睁睁,把万事全抛;荡悠悠,芳魂消耗。望家乡,路远山高。

贾探春(号秋爽居士):【判词】才自精明志自高,生于末世运偏消。清明涕送江边望,千里东风一梦遥。【曲】一帆风雨路三千,把骨肉家园齐来抛闪。恐哭损残年,告爹娘,休把儿悬念。

史湘云(号枕霞旧友):【判词】富贵又何为,襁褓之间父母违。展眼吊斜晖,湘江水逝楚云飞。【曲】襁褓中,父母叹双亡。纵居那绮罗丛,谁知娇养?幸生来,英豪阔大宽宏量,从未将儿女私情略萦心上。

妙玉:【判词】欲洁何曾洁,云空未必空。可怜金玉质,终陷淖泥中。【曲】气质美如兰,才华馥比仙……好一似,无瑕白玉遭泥陷,又何须,王孙公子叹无缘。

贾迎春(号菱洲):【判词】子系中山狼,得志便猖狂。金闺花柳质,一载赴黄粱。

贾惜春(号藕榭):【判词】勘破三春景不长,缁衣顿改昔年妆。可怜绣户侯门女,独卧青灯古佛旁。【曲】将那三春看破,桃红柳绿待如何?把这韶华打灭,觅那清淡天和。

贾巧姐:【判词】势败休云贵,家亡莫论亲。偶因济村妇,巧得遇恩人。【曲】留余庆,留余庆,忽遇恩人,幸娘亲,幸娘亲,积得阴功。

李纨(号稻香老农):【判词】桃李春风结子完,到头谁似一盆兰。如冰水好空相妒,枉与他人作笑谈。

秦可卿:【判词】情天情海幻情身,情既相逢必主淫。漫言不肖皆荣出,造衅开端实在宁。

"金陵十三钗"副册:

香菱:【判词】根并荷花一茎香,平生遭际实堪伤。自从两地生孤木,致使香魂返故乡。

"金陵十三钗"又副册:

晴雯：【判词】霁月难逢，彩云易散。心比天高，身为下贱。风流灵巧招人怨。寿夭多因毁谤生，多情公子空牵念。

袭人：【判词】枉自温柔和顺，空云似桂如兰。堪羡优伶有福，谁知公子无缘。

《儒林外史》　考查方向：选择、填空、名词解释

《儒林外史》是清代吴敬梓著，是我国第一部长篇讽刺小说。

《儒林外史》是一部以辛辣的笔触对社会现状和儒士命运进行批判、揭露的讽刺小说。小说形象地刻画了在科举制度下，知识阶层精神道德和文化教育腐朽糜烂的现状，从而对科举的弊端、礼教的虚伪进行了深刻的批判和嘲讽。

《儒林外史》的主要人物有周进、范进、吝啬鬼严监生、杜少卿、沈琼枝等。

【知识拓展】

鲁迅评《儒林外史》："秉持公心，指摘时弊。机锋所向，尤在士林；其文又戚而能谐，婉而多讽。"

《镜花缘》　考查方向：选择、填空、名词解释

《镜花缘》清代文人李汝珍创作的长篇小说，是一部讨论妇女问题的小说，创作手法神幻诙谐。

小说前半部分描写了唐敖、多九公等人乘船在海外游历的故事，包括他们在女儿国、君子国、无肠国等国的经历。后半部分描写了武则天通过科举选才女，由百花仙子托生的唐小山及其他各花仙子托生的一百位才女考中，并在朝中有所作为的故事。

（八）近代文学

龚自珍　考查方向：选择、填空、名词解释

龚自珍是清代思想家、文学家。

龚自珍主张"更法""改图"，力图揭露清统治者的腐朽，洋溢着爱国热情，以瑰丽见长，被柳亚子誉为"三百年来第一流"。

其作品多咏怀和讽喻之作，代表作品有《己亥杂诗》《病梅馆记》。

【知识拓展】

《己亥杂诗·其五》：浩荡离愁白日斜，吟鞭东指即天涯。落红不是无情物，化作春泥更护花。

《己亥杂诗·其一百二十五》：九州生气恃风雷，万马齐喑究可哀。我劝天公重抖擞，不拘一格降人才。

诗界革命　考查方向：选择、填空、名词解释

诗界革命是指戊戌变法前后的诗歌改良运动。梁启超提出"诗界革命"的口号，但最早反映出诗歌变革趋向并获得创作成功的是黄遵宪，其诗歌代表了诗界革命的一面旗帜。黄遵宪提出"我手写我口"的号召。

诗界革命冲击了长期统治诗坛的拟古主义、形式主义倾向，要求作家努力反映新的时代和新的思想。

梁启超　考查方向：选择、填空、名词解释

梁启超是中国近代政治家、文学家，号**饮冰室主人**，青年时期与其师康有为倡导变法维新，二人并称"康梁"，他是百日维新的领袖之一。

梁启超先后发起了"诗界革命""文界革命""小说界革命"和"戏曲改良运动"，对促进近代文化转型有着显赫的功绩。

代表作品有《少年中国说》《变法通议》等。著有《饮冰室合集》。

晚清四大谴责小说　考查方向：选择、填空、名词解释

晚清四大谴责小说指清末时四部谴责小说的合称，即**李宝嘉**（字伯元）的**《官场现形记》**、**吴趼人**（原名沃尧）的**《二十年目睹之怪现状》**、**刘鹗的《老残游记》**和**曾朴的《孽海花》**。

这四部小说都采取了批判现实主义的态度，抨击腐败，针砭时弊，被鲁迅称为"谴责小说"。

【知识拓展】

《官场现形记》全书以晚清官场为描写对象，集中描写了封建社会末期旧官场的腐败、黑暗和丑恶的情形。

《二十年目睹之怪现状》是一部带有自传性质的作品，以主角"九死一生"的经历见闻为线索，以第一人称叙述方式展开，勾勒出即将崩溃的晚清社会图卷。

《老残游记》以一位江湖医生老残的游历为主线，反映了清末山东一带的社会生活面貌。其中名篇《绝唱》描写了**王小玉（白妞）的山东大鼓**：声音初不甚大，只觉入耳有说不出来的妙境；五脏六腑里，像熨斗熨过，无一处不伏贴；三万六千个毛孔，像吃了人参果，无一个毛孔不畅快。

《孽海花》以金雯青和名妓傅彩云的爱情为线索，展开了一幅中国封建社会末期上层社会的图景。

《人间词话》　考查方向：选择、填空、名词解释

《人间词话》是近代学者王国维所著的一部文学批评著作。

王国维在《人间词话》提出"**境界**"说这个范畴，并将此作为衡量诗歌艺术价值的最高标准。

此外，还提出"古今之成大事业、大学问者"必经过三种境界：第一种境界是"昨夜西风凋碧树。独上高楼，望尽天涯路"；第二种境界是"衣带渐宽终不悔，为伊消得人憔悴"；第三种境界是"众里寻他千百度，蓦然回首，那人却在，灯火阑珊处"。

第二节　中国现当代文学

新文化运动　考查方向：选择、填空、名词解释

1915 年 9 月，由陈独秀主编的《青年杂志》（后更名为《新青年》）在上海创刊，**标志着新文化运动的开始。**

新文化运动高举民主和科学两面大旗,以个性主义和人道主义为思想武器,向中国的封建文化发起了规模空前的挑战。反对旧道德,提倡新道德;反对旧文学,提倡新文学,是新文化运动的两大内容。代表人物有陈独秀、胡适、李大钊、蔡元培、鲁迅等。

【知识拓展】

新文化运动的口号是拥护"德先生"(Democracy)和"赛先生"(Science),即提倡民主和科学。

《新青年》杂志　考查方向:选择、填空、名词解释

《新青年》杂志于1915年9月15日由陈独秀于上海创刊,初名为《青年杂志》。该杂志倡导科学、民主和新文学,是新文化运动的主要阵地。

1917年初,胡适的《文学改良刍议》和陈独秀的《文学革命理论》在《新青年》杂志上发表,标志着文学革命正式开始。

1918年5月,《新青年》杂志发表了鲁迅的《狂人日记》,标志着中国现代文学的开端。

1920年9月,《新青年》杂志成为上海共产主义小组的机关刊物,1926年终刊。

胡　适　考查方向:选择、填空、名词解释

胡适是中国现代著名学者、作家。1917年初,他在《新青年》上发表了《文学改良刍议》,提倡白话文代替文言文,并提出"白话文学之中国文学之正宗",被誉为"中国文化革命之父"。

在文学方面,胡适出版了中国现代文学史上第一部白话新诗集《尝试集》,初步确立了中国诗歌新的艺术形态,开始了一个伟大的"新诗纪元"。他还创作了中国第一部现代意义上的话剧《终身大事》(独幕剧)。在文学理论方面,胡适编写了中国第一部具有现代学术风格的文学史专著《白话文学史》。

鲁　迅　考查方向:选择、填空、名词解释、简答、论述

鲁迅,原名周树人,字豫才,浙江绍兴人,中国现代文学的奠基人。1918年他以鲁迅为笔名,在《新青年》上发表了现代文学史上第一篇白话小说《狂人日记》。

鲁迅前期小说创作,都收录在《呐喊》《彷徨》中,这两部作品标志着中国现代小说的开端与成熟。后期历史小说收录在《故事新编》中,具有强烈的现代意识和斗争精神。

1918年至1925年是鲁迅杂文创作的前期,作品主要收录在《热风》《坟》及《华盖集》的前半部分等,这时期的杂文主要是以启蒙主义的态度对当时的文化进行批判,偏重于探究文化思想和社会现象的本质问题;鲁迅后期的杂文创作主要收录在《华盖集》的后半部分、《三闲集》《二心集》《南腔北调集》《且介亭杂文》中。这时期的杂文往往以具体的社会现象引出对整个社会的思考,具有鲜明的道德倾向。

鲁迅的散文,相比他的杂文多了明朗、纯真、亲切的情味。如散文集《朝花夕拾》,主要是对作者青少年时期生活片段的回忆,以记述故乡生活为主,侧重于世态人情的描写。散文诗集《野草》则呈现出内敛的抒情倾向,表露的是灵魂的"真"与"深",是"心事浩茫"的主观心灵世界的集中表现。

鲁迅也创作过许多优秀的诗歌,他的诗歌个性鲜明、语言朴实、立意深刻。如《自

嘲》中"横眉冷对千夫指,俯首甘为孺子牛"是其一生的真实总结。

代表作品有短篇小说集《呐喊》《彷徨》《故事新编》;杂文集《热风》《坟》《南腔北调集》《而已集》《三闲集》《二心集》《华盖集》《且介亭杂文》《伪自由书》等;散文集《朝花夕拾》;散文诗集《野草》;诗歌《自嘲》《自题小像》《无题》;学术论著《中国小说史略》;等等。

【知识拓展】

鲁迅小说:

鲁迅一生未创作长篇小说,仅有1篇中篇小说《阿Q正传》,其余皆为短篇小说。他的作品题材主要包括农民和知识分子两类,贯穿着"哀其不幸,怒其不争"的关怀。塑造了一系列人物形象:反封建先觉者形象,如《狂人日记》中的狂人、《长明灯》中的"疯子"、《药》中的夏瑜、《头发的故事》中的N先生、《在酒楼上》的吕纬甫、《伤逝》中的涓生和子君、《孤独者》中的魏连殳等;封建统治者形象,如《阿Q正传》中的赵太爷和假洋鬼子、《祝福》中的鲁四老爷等;底层劳动者与下层知识分子形象,如《孔乙己》中的孔乙己、《明天》中的单四嫂子、《祝福》中的祥林嫂等。

《呐喊》:收录《狂人日记》《孔乙己》《药》《阿Q正传》《故乡》等14篇小说,反映从辛亥革命前后到"五四"时期的社会生活。

《彷徨》:共收录《祝福》《示众》《在酒楼上》《伤逝》《肥皂》《高老夫子》《孤独者》《长明灯》等11篇小说,表达了作者的反封建精神。

《故事新编》:以远古神话和历史传说为题材而写的短篇小说集,共收录《补天》《奔月》《理水》《采薇》《铸剑》《出关》《非攻》《起死》8篇小说。

鲁迅杂文:

《热风》名句:愿中国青年都摆脱冷气,只是向上走,不必听自暴自弃者流的话。能做事的做事,能发声的发声。有一分热,发一分光。

《坟》收录名篇《论雷峰塔的倒掉》《娜拉走后怎样》等。

《华盖集续编》收录名篇《记念刘和珍君》等。

《南腔北调集》收录名篇《为了忘却的记念》等。

《且介亭杂文》收录名篇《拿来主义》《中国人失掉自信力了吗》等。

鲁迅杂文的艺术特征:

①以具体的现实生活现象来形象地引出整体的社会思考,得出切实的思想及对社会历史的深入认识。

②形象性与理性原则的内在统一,两者彼此融会。鲁迅善于以新鲜贴切的比喻和具体生动的事例来描述深奥的道理。

③强烈的情感、鲜明的道德倾向与深湛的理性思考融为一体,互为促进。其杂文以浓烈的情感震荡读者心弦,对不合理的事物加以精炼、夸张,予以辛辣的讽刺。

④鲁迅的一部分杂文还具有隐曲性,善于运用曲笔是鲁迅杂文的一个突出特征,鲁迅善于借古喻今、声东击西或以特定物象、行动画面等寄寓一种抽象的思想或某种价值取向。隐曲性还表现为语言的模糊性和暗示性。

⑤现实战斗精神与艺术审美功能的统一。这一点使鲁迅的杂文成为活的思想和行动的艺术。

鲁迅的散文:

《朝花夕拾》:回忆性散文,用夹叙夹议的方法,叙写了青少年时期的生活经历。收录了《狗·猫·鼠》《阿长与〈山海经〉》《二十四孝图》《五猖会》《无常》《从百草园到三味书屋》《父亲的病》《琐记》《藤野先生》《范爱农》等10篇文章。

《野草》：写于五四后期，是鲁迅唯一一部散文诗集，采用独语式的抒情散文形式，运用了象征手法。名篇有《秋夜》《影的告别》等。

鲁迅的诗歌：

《自嘲》：运交华盖欲何求，未敢翻身已碰头。破帽遮颜过闹市，漏船载酒泛中流。横眉冷对千夫指，俯首甘为孺子牛。躲进小楼成一统，管他冬夏与春秋。注：华盖指星座名，旧时迷信，以为人的命运犯了华盖星运气就会不好。

《自题小像》：灵台无计逃神矢，风雨如磐暗故园。寄意寒星荃不察，我以我血荐轩辕。注：荃指一种香草名，古时代指国君，这里借喻祖国人民。轩辕即黄帝，此处引申为中国。

《无题·其一》（节选）：心事浩茫连广宇，于无声处听惊雷。

《无题·其二》（节选）：忍看朋辈成新鬼，怒向刀丛觅小诗。

文学研究会　考查方向：选择、填空、名词解释

文学研究会是我国现代文学史上第一个文学团体，于1921年1月4日在北京成立。

文学研究会由周作人、郑振铎、沈雁冰、郭绍虞、朱希祖、瞿世英、蒋百里、孙伏园、耿济之、王统照、叶绍钧、许地山十二人发起。

文学研究会以《小说月报》为阵地，宗旨是"研究介绍世界文学，整理中国旧文学，创造新文学"，宣扬"为人生而艺术"，强调文学表现人生、批评人生的社会职能，也被称为"人生派"。

周作人　考查方向：选择、填空、名词解释

周作人，浙江绍兴人，鲁迅二弟，中国现代闲适派散文流派的开拓者。

周作人在五四运动时期提出"人的文学""平民文学"的主张，其创作以大革命失败为界分为前后两期，前期"浮躁凌厉"，具有积极的思想意义和社会作用，代表作品《谈虎集》《谈龙集》等；后期"冲淡平和"，回避政治，注重自我，作品有诗歌《小河》、散文《喝茶》《乌篷船》《谈酒》《故乡的野菜》等。其中，《小河》被胡适誉为"新诗中的第一首杰作"。

茅　盾　考查方向：选择、填空、名词解释、简答、论述

茅盾，原名沈德鸿，字雁冰，中国现代著名作家，提倡"为人生"的文学主张，被誉为"20世纪中国的巴尔扎克"。

茅盾的创作善于将重要的政治经济事件作为创作题材，强调要反映一般民众特别是下层人民的生活苦难，同时强调文学推动社会改革和思想启蒙的作用。茅盾在创作中追求宏大而严谨的结构布局，喜欢采用能够体现时代性的网状型结构形式，擅长用心理描写揭示人物内心世界的隐秘、冲突以及这种冲突的社会性。

代表作品有长篇小说《子夜》、"农村三部曲"（《春蚕》《秋收》《残冬》）、"蚀三部曲"（《幻灭》《动摇》《追求》）、短篇小说《林家铺子》、散文名篇《白杨礼赞》等。

【知识拓展】

《子夜》：以旧上海为背景，以民族资本家吴荪甫和买办资本家赵伯韬之间的斗争为

主线,全景式反映了 20 世纪 30 年代初半殖民地半封建中国的社会现实。它既是一部社会剖析小说,也是一部政治讽喻小说。这部小说被誉为中国第一部成功的现实主义作品,标志着茅盾的创作思想已从小资产阶级立场转向了无产阶级立场,确立了茅盾在中国现代文学史上的革命现实主义作家的地位。

"农村三部曲":都以 20 世纪 30 年代乌镇农村的生活情状为题材,且在故事情节上有一定连贯性。《春蚕》描写老通宝一家养蚕丰收,而生活却更困苦的故事。《秋收》写老通宝全家通过奋斗使得稻谷丰收,结果米价飞跌,辛苦一年却背了一身债的故事。《残冬》描写老通宝儿子多多头明白了父辈们靠辛苦干来改善处境只不过是幻想,于是和六宝的哥哥陆福庆等人走上了武装革命斗争道路的故事。

茅盾文学奖　考查方向:选择、填空、名词解释

茅盾文学奖是根据作家**茅盾**先生遗愿,将其 25 万元稿费捐献出来,设立的**长篇小说奖**,以茅盾先生的名字命名。

茅盾文学奖由中国作家协会主办,目的是**鼓励优秀长篇小说的创作**,推动中国社会主义文学的繁荣。从 1982 年开始,每四年评选一次,是代表我国文学最高荣誉的奖项之一。

【知识拓展】

曾获得茅盾文学奖的部分作品:

第一届:周克芹《许茂和他的女儿们》、魏巍《东方》、姚雪垠《李自成》、古华《芙蓉镇》、莫应丰《将军吟》;

第二届:张洁《沉重的翅膀》、刘心武《钟鼓楼》;

第三届:路遥《平凡的世界》、凌力《少年天子》、刘白羽《第二个太阳》、霍达《穆斯林的葬礼》;

第四届:陈忠实《白鹿原》、刘斯奋《白门柳》;

第五届:阿来《尘埃落定》、王安忆《长恨歌》、张平《抉择》;

第六届:熊召政《张居正》、张洁《无字》、徐贵祥《历史的天空》、宗璞《东藏记》;

第七届:贾平凹《秦腔》、麦家《暗算》、迟子建《额尔古纳河右岸》;

第八届:莫言《蛙》、毕飞宇《推拿》、刘震云《一句顶一万句》、张炜《你在高原》;

第九届:王蒙《这边风景》、金宇澄《繁花》、苏童《黄雀记》、格非《江南三部曲》;

第十届:梁晓声《人世间》、徐怀中《牵风记》、徐则臣《北上》、陈彦《主角》、李洱《应物兄》。

创造社　考查方向:选择、填空、名词解释

创造社是 **1921 年 6 月**在**东京**成立的文学团体,主要成员有**郭沫若、郁达夫、成仿吾、田汉**等人。

创造社初期主张**"为艺术而艺术"**,注重自我表现,宣扬艺术**"无目的"**论;后期在倡导革命文学和革命文学理论建设方面,做出了较大贡献。先后创办了《创造》(季刊)、《创造周报》《创造日》等刊物。

郭沫若 　考查方向：选择、填空、名词解释、简答

郭沫若，原名郭开贞，中国现当代著名诗人、戏剧家、历史学家。

郭沫若的作品大都气势宏伟，境界开阔，充满了无所畏惧的破坏精神和顶天立地的创造精神。作品通常表现爱国主义以及对光明、美好理想的追求和对大自然的歌颂。

代表作品有**诗集《女神》，历史剧《棠棣之花》《屈原》《虎符》《高渐离》《孔雀胆》《南冠草》《蔡文姬》《武则天》**等。

【知识拓展】

诗集《女神》是现代浪漫主义发端，充分表现了"五四"时代精神，是白话新诗真正取代文言旧诗的标志。代表名篇有《凤凰涅槃》《日出》《天狗》等。

《女神》艺术特色：

①《女神》是中国浪漫主义新诗的开山之作，以鲜明的浪漫主义独树一帜。

②在表现手法上，《女神》运用大胆的想象、巧妙的构思、奇异的联想、极度的夸张等浪漫主义手法来表现诗人火山爆发式的激情和美好的理想。

③在语言上，《女神》运用叠句、排比等句型，形成激昂高扬的节奏韵律，语言多采用亮暖的色彩，鲜亮明丽。

④在诗歌形式上，《女神》完全冲破了旧诗格律的束缚，诗节、诗行长短无定，韵律无固定格式，成功地创造了不拘一格的自由诗体。

郁达夫 　考查方向：选择、填空、名词解释

郁达夫，中国现代小说家、散文家、诗人，被称为中国的"**现代小说之父**"。

郁达夫在文学创作上主张"文学作品，都是作家的自叙传"，他的散文无一例外是"**自叙传**"式的自我表现，因此，其创作风格常常带有感伤的弱者情调、青年觉醒者的理想、反压迫的民主主义者的倾向等文学特色。

自叙传抒情小说是中国现代抒情小说的最初体式，以郁达夫为代表。郁达夫 1921年出版的小说集**《沉沦》**使自叙传小说成为一种潮流，《沉沦》也是**中国现代文学史上第一部白话小说集**。

代表作品有短篇**小说集《沉沦》**（内收《银灰色的死》《沉沦》《南迁》），**小说《春风沉醉的晚上》《迟桂花》《薄奠》**，著名散文**《故都的秋》**《钓台的春昼》等。

【知识拓展】

《故都的秋》是郁达夫为躲避国民党的恐怖威胁，于 1934 年 7 月从杭州经青岛去北平（今北京），再次饱尝了故都的"秋味"而写下的文章。

《沉沦》是郁达夫早期创作的短篇小说，讲述了一个日本留学生的忧郁苦闷及对国家弱小的悲哀，是一个典型的"**零余者**"形象。

田 汉 　考查方向：选择、填空、名词解释

田汉，中国现当代最杰出的戏剧家，现代话剧的开拓者和戏曲改革的先驱，中国话剧的三大奠基者之一。

田汉早期的作品充满了浪漫主义气息，1930 年加入左联后，创作风格从浪漫主义转向现实主义。田汉还是新中国国歌**《义勇军进行曲》（电影《风云儿女》的插曲）**的作词者。

代表作品有《关汉卿》《名优之死》《文成公主》等。

丁西林　考查方向：选择、填空

丁西林,剧作家、物理学家,中国现代话剧中为数不多的喜剧家之一,执着于创作独幕剧。

代表作品有独幕剧《一只马蜂》《压迫》《酒后》等。

欧阳予倩　考查方向：选择、填空、名词解释

欧阳予倩,著名戏剧、电影艺术家,中国现代话剧的创始人之一,被誉为"中国现代戏剧之父"。1907年,他在日本东京加入中国最早的话剧团体"春柳社"。

欧阳予倩的作品与时代脉搏相通,为中国的民族演剧艺术体系作出了重要贡献。

代表作品有《自我演戏以来》《电影半路出家记》《唐代舞蹈》等。

【知识拓展】

春柳社：1906年冬由中国留日学生于日本东京组建,创始人李叔同、曾孝谷。先后加入者有欧阳予倩、吴我尊等人。影响最大的演出是话剧《黑奴吁天录》《热血》。

洪　深　考查方向：选择、填空、名词解释

洪深是剧作家和戏剧理论家,也是中国电影、话剧的开拓者。

代表作品有《赵阎王》《冯大少爷》《少奶奶的扇子》、"农村三部曲"（《五奎桥》《香稻米》《青龙潭》）、《第二梦》《申屠式》等。其中,《申屠氏》是我国第一部比较完整的电影文学剧本,《少奶奶的扇子》改编自英国王尔德的《温德米尔夫人的扇子》。

【知识拓展】

中国现代话剧三大奠基人：欧阳予倩、洪深、田汉。

鸳鸯蝴蝶派　考查方向：选择、填空、名词解释

鸳鸯蝴蝶派是20世纪初诞生于上海的一个文学流派,由清末民初的言情小说发展而来。由于多写才子佳人"相悦相恋,分拆不开,柳荫花下,象一对蝴蝶,一双鸳鸯",因此得名为"鸳鸯蝴蝶派"。

鸳鸯蝴蝶派以文学的娱乐性、消遣性、趣味性为标志,多数作品内容庸俗,缺乏思想性。

代表作家有张恨水、包天笑、徐枕亚、周瘦鹃、李涵秋等。

张恨水　考查方向：选择、填空、名词解释

张恨水,原名张心远,著名章回体小说家,鸳鸯蝴蝶派代表作家。

张恨水的作品情节曲折复杂,结构布局严谨完整,将中国传统章回体小说与西洋小说的新技法融为一体。

代表作品有《金粉世家》《啼笑因缘》《春明外史》等。其中,《啼笑因缘》是张恨水在20世纪30年代创作的一部最畅销的小说。

【知识拓展】

《金粉世家》：以北洋军阀内阁总理金铨封建大家族为背景,以金铨之子金燕西和普

通人家的姑娘冷清秋由恋爱、结婚到反目、离异为主线的长篇小说，全方位展示了 20 世纪 20 年代北京社会各阶层的生存状貌。

新月诗派 考查方向：选择、填空、名词解释

新月诗派即"**新格律诗派**"，是中国现代新诗史上一个重要的诗歌流派。

新月诗派主张"**理性节制情感**"的美学原则和诗的形式格律化，反对滥情主义和诗的散文化倾向，在理论和实践上对新诗的格律化进行了认真的探索。

代表人物有闻一多、徐志摩、胡适、梁实秋等。

徐志摩 考查方向：选择、填空、名词解释

徐志摩，中国现代诗人、散文家，**新月派代表诗人，被茅盾誉为"中国第一个布尔乔亚诗人，也是最后一个布尔乔亚诗人"**。

徐志摩创作的诗歌主要以爱情诗为主，富有浪漫主义色彩。诗歌字句清新、韵律谐和、意境优美，追求艺术形式的整饬、华美，具有鲜明的艺术个性。

代表作品有诗集《志摩的诗》《翡冷翠的一夜》《猛虎集》《云游》，著名诗篇《再别康桥》《偶然》《沙扬娜拉》《雪花的快乐》《我不知道风是在哪一个方向吹》等。

【知识拓展】

《再别康桥》：轻轻的我走了，正如我轻轻的来；我轻轻的招手，作别西天的云彩。那河畔的金柳，是夕阳中的新娘；波光里的艳影，在我的心头荡漾。软泥上的青荇，油油的在水底招摇；在康河的柔波里，我甘心做一条水草！那榆荫下的一潭，不是清泉，是天上虹；揉碎在浮藻间，沉淀着彩虹似的梦。寻梦？撑一支长篙，向青草更青处漫溯；满载一船星辉，在星辉斑斓里放歌。但我不能放歌，悄悄是别离的笙箫；夏虫也为我沉默，沉默是今晚的康桥！悄悄的我走了，正如我悄悄的来；我挥一挥衣袖，不带走一片云彩。

《偶然》：我是天空里的一片云，偶尔投影在你的波心——你不必讶异，更无须欢喜——在转瞬间消灭了踪影。你我相逢在黑夜的海上，你有你的，我有我的，方向；你记得也好，最好你忘掉，在这交会时互放的光亮！

《沙扬娜拉》：最是那一低头的温柔，像一朵水莲花不胜凉风的娇羞，道一声珍重，道一声珍重，那一声珍重里有蜜甜的忧愁——沙扬娜拉！

闻一多 考查方向：选择、填空、名词解释

闻一多，诗人、学者、民主战士，**新月派的代表诗人**。

闻一多主张新诗的格律化，追求诗的"**三美**"，即**音乐美（音节）、绘画美（辞藻）、建筑美（节的匀称和句的均齐）**，诗作表达了强烈的爱国主义热情。爱国主义如同一条红线贯穿着闻一多的一生，最后把他引向社会主义、共产主义，**朱自清称誉他为"五四"时期唯一的爱国诗人**。

代表作品有诗集《红烛》《死水》等，著名诗篇有《洗衣歌》《七子之歌·澳门》等。其中，《红烛》是其第一本诗集。

【知识拓展】

闻一多的诗歌主张"三美"：

①音乐美指音节和韵脚的和谐，一行诗中的音节、音尺的排列组合要有规律。音乐

美最重要的表现就是要有节奏感。《死水》是闻一多自认为"第一次在音节上最满意的试验"的力作。

②绘画美指诗的辞藻要力求美丽、富有色彩,讲究诗的视觉形象和直观性。

③建筑美指从诗的整体外形上看,节与节之间要匀称,行与行之间要均齐。

叶圣陶　考查方向:选择、填空、名词解释

叶圣陶,原名**叶绍钧**,中国著名作家、教育家,有"优秀的语言艺术家"之称。

叶圣陶小说的突出艺术成就,在于他对"**灰色人生**"的冷静观察和客观描写,表现出鲜明的现实主义特征。他的内心满蕴着悲悯之情,而在落笔之际却藏而不露、冷隽含蓄,意常见于言外,情不外露于文中。

代表作品有**长篇小说《倪焕之》、短篇小说《潘先生在难中》《多收了三五斗》**、童话集《稻草人》等。其中,《倪焕之》是其创作的第一部长篇小说;《稻草人》出版于 1923 年,是**我国第一部童话集**。

冰心　考查方向:选择、填空、名词解释

冰心,原名谢婉莹,中国现代作家、儿童文学作家。笔名取自"一片冰心在玉壶"。

冰心是"**问题小说**"最早写作者之一,也是"**繁星体**"诗歌的开创者,她还创造了清丽柔美的"**冰心体**"散文,其作品以"**爱的哲学**"为主题,充满了浓浓的爱国主义情思。

其早期代表作品有**诗集《繁星》《春水》,小说集《去国》《冬儿姑娘》,散文集《南归》《寄小读者》**,小说散文集《超人》等。1949 年后又创作了《小橘灯》《樱花赞》《再寄小读者》等。

朱自清　考查方向:选择、填空、名词解释

朱自清,中国现代著名散文家、诗人、民主战士。

朱自清的散文创作分为三类:一类是表现鲜明的政治倾向和强烈的社会正义感的杂文;一类是质朴无华的抒情小品;一类是富有诗意美、绘画美的游记。

代表作品有《荷塘月色》《背影》《春》《绿》《匆匆》《桨声灯影里的秦淮河》等。其中《桨声灯影里的秦淮河》被誉为"白话美术文的模范"。

左翼作家联盟　考查方向:选择、填空、名词解释

中国左翼作家联盟简称"**左联**",是中国共产党于 1930 年在上海领导创建的一个文学组织,领导成员有**鲁迅、夏衍、冯雪峰、冯乃超、丁玲、周扬**等。

左联以马克思主义文艺理论指导自己的实践,重视理论批评,以鲁迅在成立大会上发表的《对于左翼作家联盟的意见》为纲领,创办了《萌芽月刊》《北斗》《文学月报》等刊物,推动了左翼文化运动的迅猛发展。1936 年初,为了建立文艺界抗日民族统一战线而自动解散。

夏衍　考查方向:选择、填空、名词解释

夏衍,原名沈乃熙,中国著名作家、翻译家、文艺评论家。

夏衍善于描写普通知识分子与小市民平凡的人生,关注大时代中个人的命运,作品

充满浓郁的人情味,情节、结构简约含蓄。

代表作品有电影剧本《狂流》《春蚕》《祝福》《林家铺子》,话剧《秋瑾传》《上海屋檐下》及报告文学《包身工》等。

丁玲　考查方向:选择、填空、名词解释

丁玲,中国现当代著名女作家、社会活动家。

丁玲的作品具有鲜明而强烈的女权主义色彩,既有女性应有的秀丽,也有一股坦坦荡荡的大丈夫气概。她注重对人物的精神探索与心理剖析,为中国新文学的发展做出了可贵的贡献。

代表作品有长篇小说《太阳照在桑干河上》,短篇小说《莎菲女士的日记》等。其中《太阳照在桑干河上》描写了解放战争时期的土地改革运动,与周立波的《暴风骤雨》共同获得苏联的斯大林文学奖二等奖。

柔石　考查方向:选择、填空、名词解释

柔石,中国现代作家,左联五烈士之一。

柔石的小说富有强烈的现实感,总是透露出一种无法摆脱的绝望和宿命。

代表作品有中篇小说《二月》《三姊妹》、短篇小说《为奴隶的母亲》等。其中《二月》被谢铁骊改编成电影《早春二月》。

【知识拓展】

左联五烈士指同在 1930 年加入中国左翼作家联盟,又在 1931 年在上海被国民党秘密杀害的五位左联成员,分别是:李求实、柔石、胡也频、冯铿、殷夫。

巴金　考查方向:选择、填空、名词解释、简答、论述

巴金,原名李尧棠,字芾甘,中国著名的现当代文学家、出版家、翻译家。

巴金前期小说是“青春的赞歌”,表现为描写青年、革命者及其从事的社会斗争,揭示封建旧家庭残害青年的罪恶及其走向崩溃的命运;巴金后期创作风格转变为“深沉的悲剧艺术”,开始关注小人物及生活,基调也转向对深刻冷静的人生世相的揭示。

代表作品前期有“激流三部曲”(《家》《春》《秋》)、“爱情三部曲”(《雾》《雨》《电》)、《灭亡》等;后期作品有《憩园》《寒夜》《第四病室》《团圆》等。此外,还有短篇小说集《复仇》《光明》《神·鬼·人》,散文集《点滴》《生之忏悔》《梦与醉》等,晚年重要作品是散文集《随想录》。

【知识拓展】

《家》:以四川成都一个封建大家庭为背景,描写了觉新与钱梅芬、李瑞珏之间的婚姻悲剧、觉慧与婢女鸣凤之间的恋爱悲剧等。

高觉新的人物形象:

觉新是封建家庭的软弱者,是一个能清醒认识到自己悲剧命运又怯于行动的“多余人”,具有典型的双重性格。

①觉新是一个在封建家庭和旧礼教毒害下的悲剧典型。他是高家的“长房长孙”,被迫承担维护这个大家庭的重任,这养成了他奉行“作揖主义”和“无抵抗主义”的性格,客观上扮演了一个旧礼教旧制度的维护者形象。

②觉新受过"五四"新思想的熏陶,清晰地认识到旧家庭和旧礼教是造成自身命运悲剧的根源,但行动上却无力摆脱困境,清醒而懦弱使他不能摆脱严酷的自我谴责,这加强了人物的悲剧性。

《团圆》:1964 年由长春电影制片厂改编成电影《英雄儿女》。影片讲述了抗美援朝时期,志愿军战士王成为了守住阵地,高喊"向我开炮"而最终阵亡,王成妹妹王芳坚持战争,并在共产党的帮助下最终和亲人在朝鲜战场上团圆的故事。

《寒夜》:巴金 1944 年创作的一部长篇小说,故事发生在**重庆**。巴金小说成功塑造了**汪文宣**、曾树生、汪母这三个人物,深刻写出了抗战时期勤恳、善良的小知识分子的悲惨命运。

老　舍　考查方向:选择、填空、名词解释、简答、论述

老舍,原名**舒庆春**,字舍予,中国现当代著名作家,杰出的语言大师。老舍是**新中国第一位获得"人民艺术家"称号的作家**。

老舍的作品多取材于市民生活,其笔下的市民形象的命运是一种"**含泪的微笑**"式的悲剧。另外,老舍的小说创作讲究"俗"(浓郁的风俗)和"白"(语言朴实),是"京味小说"的源头。

代表作品有小说**《骆驼祥子》《四世同堂》《我这一辈子》《老张的哲学》《二马》**,话剧**《茶馆》《龙须沟》**等。

【知识拓展】

《骆驼祥子》:以北洋军阀统治下的旧北京为背景,描写了一个人力车夫祥子三起三落的人生经历,也塑造了虎妞、小福子、刘四爷等人物形象。

《骆驼祥子》艺术特点:

①结构紧凑,落笔谨严。作品以祥子的"三起三落"为发展线索,以他和虎妞的"爱情"纠葛为中心,交织成一幅相互关联的军阀统治下的社会图景,连接各种不同阶级、不同地位、不同命运的家庭和人物,真实反映了社会的黑暗景象,又借此自然地揭示了祥子悲剧的必然性和社会意义。

②在人物性格的塑造上,小说善于用丰富、多变、细腻的手法描写人物的心理活动和心理变化。

③鲜明突出的"京味儿"。体现在对北京的风俗民情、地理风貌、自然景物的描写。还强烈体现在小说的语言上,使用地道的北京口语,简洁朴实,自然明快。较为典型地代表了老舍的俗白的文体风格。

《茶馆》:1956 年创作的话剧,以老北京裕泰茶馆为背景,展示了戊戌变法、军阀混战和新中国成立前夕三个时代的社会风云变化。书中的主人公是王利发、其他人物还有常四爷、松二爷、秦仲义等。

《茶馆》艺术特色:

①在结构上采用横断面连缀式写法。《茶馆》截取了戊戌政变后的清末社会、辛亥革命失败后军阀混战下的民国社会和抗日战争胜利后的社会三个横断面,并通过一个最具代表性的场景——裕泰茶馆的盛衰把前后近 30 年的社会历史画面连缀成一个浑然的整体,展示出众多的人物和漫长的历史。可以说,老舍靠"一个茶馆三幕戏"埋藏了三个时代。

②"串珠链式"的戏剧结构，作者不以贯穿始终的戏剧冲突作为推动情节的主干，而是以接踵而来的社会矛盾穿插切入，达到平缓展露的效果。

③塑造了极为成功的艺术典型。《茶馆》描写了三个时代的旧北平的形形色色的人物，构成了一个展览式的"浮世绘"。裕泰茶馆的老板王利发无疑是最为成功的一个艺术典型。他是一个老实本分、安分守己的中下层生意人，但在混乱不堪的社会状态下，裕泰茶馆被霸占，王利发含恨上吊自尽，用生命做出了最后的控诉。

④富有独创性的语言特色。老舍的话剧语言都是经过提炼的北京方言，带有浓厚的地方文化意味，朴素流畅而又韵味十足。同时，由于话剧是一门对话的艺术，老舍尤其注重人物对白的性格化和个性化呈现。因此，《茶馆》中不同身份、不同性格的人物说话的口气、态度和方式均有所不同，甚至同一个人物在不同场合出现时的语气和神情也会发生变化。

《四四同堂》：以北平小羊圈胡同为背景，以胡同内的祁家为主，钱家、冠家及其他居民为辅，刻画了当时社会各阶层众多普通人的形象。

《龙须沟》：1950 年创作的社会主义新中国的颂歌，由北京人民艺术剧院首演，焦菊隐导演。

京派　考查方向：选择、填空、名词解释

京派指 20 世纪 30 年代活跃在北平和天津等北方城市的自由主义作家群。

京派多写乡村中国和平民现实题材的作品，风格上以从容节制的古典式审美趋向，强调艺术的独特品格，与政治斗争保持距离。**沈从文是京派作家的第一人**。

代表人物有**沈从文、汪曾祺、废名**等。

沈从文　考查方向：选择、填空、名词解释、简答

沈从文，原名沈岳焕，湖南**凤凰县人**，**京派小说的代表人物**。

沈从文的创作中影响最大的是乡土小说，多反映湘西人的人生状况及人生哀乐。作品具有散文化的特点，语言质朴，充满生活气息，多用比喻、夸张等修辞手法，极富象征性的意境与含蓄的诗意，充满了写实、浪漫、抒情的意味。

代表作品有**中篇小说《边城》**《长河》和散文集《湘行散记》等。

《边城》以 20 世纪 30 年代川湘交界的边城小镇茶峒为背景，以船家少女**翠翠**与船总家二兄弟**天保、傩送**之间的纯情故事，描绘了**湘西地区**特有的风土人情，展现了人性的善良美好。

【知识拓展】

《边城》艺术特色：

①擅长将人物的语言、行动描写与心理描写结合起来，以揭示人物的个性特征和丰富的内心世界。如对翠翠的描写，作者静观、揣摩少女在青春发育期性心理所表现的各种情态，通过粗线条的外部刻画与细腻入微的心理描写，从而把其羞涩、温柔的个性凸显出来。

②小说结构寓严谨于疏放。全篇围绕翠翠的爱情故事这一中心逐步展开，情节集中、单纯；作品以傩送、天保两人钟情于翠翠为经线，以老船夫关心、撮合孙女的婚事为纬线，推动故事有节奏地向前发展。经纬交织，明暗结合，将情节的单纯性与复杂性完

美结合。

③小说具有风俗美和风景美。作者将故事背景设定在湘西，穿插各种苗族风俗的描写，使作品具有独异的乡土文学色彩，表现出湘西古朴纯真的风俗美。

④作者将散文的笔法、诗歌的抒情融入小说，使小说充满了意境美与诗意美。作家以青山绿水为背景，使故事在清新、柔和的色调中进行，形成一种优美的古典田园诗般的意境，充满了诗情画意。

汪曾祺　　考查方向：选择、填空、名词解释

汪曾祺，江苏高邮人，中国散文家，京派作家的代表人物。其在短篇小说创作上颇有成就，对戏剧与民间文艺也有深入钻研。被誉为"抒情人道主义者，中国最后一个纯粹的文人，中国最后一个士大夫"。

著有短篇小说《受戒》《大淖记事》《鸡鸭名家》，小说集《邂逅集》《晚饭花集》《茱萸集》《孤蒲深处》，散文集《逝水》《蒲桥集》《人间草木》等。

【知识拓展】

《受戒》：描写了小和尚明海与农家少女英子之间天真无邪的朦胧爱情，赞颂了尘世间的人情美和人性美。

曹禺　　考查方向：选择、填空、名词解释、简答、论述

曹禺，原名万家宝，中国现代话剧的奠基人之一。

为了鼓励戏剧创作，我国设立了以曹禺名字命名的戏剧文学奖项，即"曹禺戏剧文学奖"。2005 年更名为"中国戏剧奖·曹禺剧本奖"，两年一届，是中国戏剧剧本创作的最高奖。

曹禺的创作受到了莎士比亚性格悲剧、古希腊命运悲剧和奥尼尔心灵悲剧的影响，把欧洲近代戏剧的写作技巧运用于中国的话剧创作，且注重诗意和剧作相结合，擅长运用比喻、象征、含蓄等语言技法，使戏剧具有浓厚的抒情性，达到了情景交融的艺术效果。

代表作品有《雷雨》《日出》《原野》《北京人》《王昭君》《胆剑篇》等。

《雷雨》是曹禺的处女作，被公认为是中国现代话剧成熟的标志。该剧在两个场景（周家、鲁家）24 小时内展开，以 1925 年前后的中国社会为背景，以两个家庭、八个人物、三十年的恩怨为主线，塑造了伪善的资本家大家长周朴园，受新思想影响的单纯的少年周冲，被冷漠的家庭逼疯了和被爱情伤得体无完肤的女人繁漪，对过去所作所为充满了罪恶感、企图逃离的周萍，意外归来的鲁侍萍，单纯着爱与被爱的鲁四凤，受压迫的工人鲁大海等人物形象。

【知识拓展】

《日出》：以抗战前的天津社会为背景，以交际花陈白露为中心人物，以陈白露住的某大旅馆（惠中饭店）华丽的休息室和三等妓院（宝和下处翠喜的房间）为活动地点，写了黎明、黄昏、午夜、日出四幕，描写了 20 世纪 30 年代初期在受到资本主义世界经济恐慌影响下的半殖民地半封建社会的都市里，日出之前，代表腐朽势力的上层社会在黑暗中"损不足以奉有余"的种种活动和下层社会的悲惨生活，刻画出了陈白露、潘月亭、顾八奶奶等人物形象。

《原野》：是作家唯一一部以农村生活为题材的剧本。讲述仇虎的父亲仇荣，被当过军阀连长的恶霸地主焦阎王活埋，仇家的土地被抢占、房屋被烧毁，仇虎的妹妹被送进妓院而惨死，仇虎的未婚妻金子也被焦家大儿子焦大星强占，做了"填房"，仇虎自己被投进监狱的关于复仇的命运悲剧故事。

《北京人》：以一个典型的没落士大夫家庭曾家的经济衰落为全局矛盾冲突的线索与戏剧冲突发生的具体背景，以曾家三代人为主人公而展开的家庭中善良与丑恶、新生与腐朽、光明与黑暗之间的冲突。剧中人物有曾皓、曾文清、曾霆等。

萧　红　考查方向：选择、填空、名词解释

萧红是中国现当代女作家，被誉为"20 世纪 30 年代文学洛神"。

萧红的小说创作，以自己的生活体验和历史感悟为基础，始终将人的觉醒和个性解放作为自己艺术思考和艺术表现的基本主题，从而形成了自己独特的艺术风格。

代表作品有《生死场》《呼兰河传》等。其中《呼兰河传》是萧红 1941 年出版的长篇自传体小说，以萧红自己童年生活为线索，叙述以"呼兰河"为中心场景的小城故事。被茅盾称为"一篇叙事诗，一幅多彩的风土画，一串凄婉的歌谣"。

语丝社　考查方向：选择、填空、名词解释

语丝社是中国现代文学史上的一个重要社团，因创办《语丝》周刊而得名。《语丝》是中国现代文学史上最早以散文创作为主的刊物。

语丝社倡导"文明批评"与"社会批评"，其批评的文字中"富于俏皮的语言和讽刺的意味"，形成了独具风格的"语丝文体"，主要发表杂感、短评、小品等。

主要成员有鲁迅、周作人、孙伏园、川岛、刘半农、林语堂等。

【知识拓展】

林语堂：幽默小品文的理论倡导者和代表作家，主张幽默、闲时、性灵、自我的文学理论，代表作品有长篇小说《京华烟云》等。

新感觉派　考查方向：选择、填空、名词解释

新感觉派是20 世纪 30 年代产生于上海文坛的一个现实主义小说流派，是 20 世纪中国第一个也是唯一一个现代主义小说流派。

其创作多取材于半殖民地半封建社会大都市的病态生活，着重描写病态的生活、畸形的两性关系及心理，注重对人物的心理分析，又被称为"心理分析派"。

代表作家作品有施蛰存的小说集《将军底头》、刘呐鸥的小说集《都市风景线》、穆时英的小说集《公墓》等。

臧克家　考查方向：选择、填空、名词解释

臧克家，山东诸城人，中国现代诗人。

臧克家坚持现实主义，以"土地—农民"为关注中心，被誉为"农民诗人""泥土诗人"。在创作上擅长象征，把感情和倾向性凝聚、隐蔽在诗的形象里，含蓄深沉。

代表作品有诗作《有的人》《老马》《难民》，诗集《烙印》《运河》《春风集》等。其中《有的人》是为纪念鲁迅逝世十三周年而写的一首抒情诗，讴歌了鲁迅"俯首甘为孺子牛"的

革命精神。

戴望舒　考查方向：选择、填空、名词解释

戴望舒，中国现代派代表诗人，被称为"雨巷诗人"。

戴望舒的诗作既吸收了象征派诗歌重直觉、多暗示和表现潜意识情绪的特征，也借鉴了中国古典诗歌的意境，表现出一种优雅和成熟的气质。

代表作品有《雨巷》《我用残损的手掌》《我的记忆》《寻梦者》《单恋者》《乐园鸟》等。

《雨巷》是戴望舒最具代表性的作品，诗人用象征性的意象及意象群来营造抒情空间，传达内心情感，并且融会了中国古代诗歌表现技巧和意境，表达了作者心中迷惘的情绪和朦胧的希望。

【知识拓展】

《雨巷》：撑着油纸伞，独自彷徨在悠长，悠长又寂寥的雨巷，我希望逢着一个丁香一样地结着愁怨的姑娘。她是有丁香一样的颜色，丁香一样的芬芳，丁香一样的忧愁，在雨中哀怨，哀怨又彷徨；她彷徨在这寂寥的雨巷，撑着油纸伞像我一样，像我一样地默默彳亍着，冷漠，凄清，又惆怅。她静默地走近走近，又投出太息一般的眼光，她飘过像梦一般地，像梦一般地凄婉迷茫。像梦中飘过一枝丁香的，我身旁飘过这女郎；她静默地远了，远了，到了颓圮的篱墙，走尽这雨巷。在雨的哀曲里，消了她的颜色，散了她的芬芳，消散了，甚至她的太息般的眼光，丁香般的惆怅。撑着油纸伞，独自彷徨在悠长，悠长又寂寥的雨巷，我希望飘过一个丁香一样地结着愁怨的姑娘。

汉园三诗人　考查方向：选择、填空、名词解释

"汉园三诗人"指20世纪30年代三位在现代派诗歌创作中风格各异的诗人：卞之琳、何其芳、李广田。1936年出版的诗歌合集《汉园集》，收录有何其芳《燕泥集》、李广田《行云集》、卞之琳《数行集》，三人由此得名。

【知识拓展】

卞之琳《断章》：你站在桥上看风景，看风景人在楼上看你。明月装饰了你的窗子，你装饰了别人的梦。

七月诗派　考查方向：选择、填空、名词解释

七月诗派是形成于全面抗战时期的一个重要诗歌流派。因其成员多在胡风主编的《七月》杂志上发表诗作而得名。

七月诗派的作品多反映抗日战争时期的现实生活，以自由体为主要形式，在当时产生了较大影响。代表人物有艾青、田间等。

艾青　考查方向：选择、填空、名词解释

艾青，原名蒋海澄，中国现当代著名诗人，七月诗派代表作家。

艾青的诗歌有两个中心意象：一是土地，象征忧郁和悲怆；二是太阳，象征激昂与希望。他还提倡运动口语化的语言，以自由的散文化形式来体现主题，为中国新诗的发展开辟了广阔的空间。

1933年发表成名作《大堰河——我的保姆》，代表作品还有《我爱这土地》等。

【知识拓展】

《大堰河——我的保姆》被茅盾评价：用沉郁的笔调细写了乳娘兼女佣（"大堰河"）的生活痛苦。

《我爱这土地》：假如我是一只鸟，我也应该用嘶哑的喉咙歌唱：这被暴风雨所打击着的土地，这永远汹涌着我们的悲愤的河流，这无止息地吹刮着的激怒的风，和那来自林间的无比温柔的黎明……——然后我死了，连羽毛也腐烂在土地里面。为什么我的眼里常含泪水？因为我对这土地爱得深沉……

冯 至   考查方向：选择、填空、名词解释

冯至，中国现代诗人、翻译家，中国新诗史上的现代派大家。

冯至早期以幽婉含蓄的抒情赢得了诗界的赞赏，被鲁迅赞扬为"中国最为杰出的抒情诗人"，代表作品有诗集《昨日之歌》，收录了《我是一条小河》《蛇》等；后期转至探索存在体验和生命感怀等哲学命题，代表作品有诗集《十四行集》。

九叶诗派   考查方向：选择、填空、名词解释

九叶诗派是抗战后期和解放战争时期的一个具有现代主义倾向的诗歌流派。因出版诗集《九叶集》而得此名。

九叶诗派主张"人、人民、生命的文学"的综合，强调反映现实与挖掘内心的统一。在艺术上，自觉追求现实主义和现代派的结合，注重在诗歌里营造新颖奇特的意象和境界。

主要成员有王辛笛、穆旦、郑敏、杜运燮、陈敬容等九人。

穆 旦   考查方向：选择、填空、名词解释

穆旦，著名爱国主义诗人、翻译家，九叶诗派成员之一。

穆旦的创作将西欧现代主义和中国诗歌传统结合起来，诗风富于象征寓意和心灵思辨。代表作品有《我》《赞美》《哀国难》《冬》等。

钱锺书   考查方向：选择、填空、名词解释、简答

钱锺书是中国现代作家、文学研究家。

钱锺书以智者的眼光去洞察人类的种种劣根性，擅用象征等现代主义文学最基本的表现手法，常用精辟字句带出尖刻文意，寓意深刻，文笔简洁且一针见血。

代表作品有长篇小说《围城》、中篇小说《猫》、短篇小说集《人·兽·鬼》、散文随笔集《写在人生边上》、诗话《谈艺录》、学术著作《管锥编》等。

《围城》是钱锺书唯一一部长篇小说，被誉为"新《儒林外史》"。小说以抗战初期从海外留学回国的方鸿渐为中心，描写了全面抗战爆发前后从上海到湖南后方的一些知识分子的生活。塑造了气高学浅、归国后随波逐流的方鸿渐；出身官宦名门、老于世故的苏文纨；外表柔顺、心机内敛的孙柔嘉；留学美国、出身世家的赵辛楣等。其中经典语录"城外的人想冲进去，城里的人想逃出来"即出自此书。

杨 绛 考查方向：选择、填空、名词解释

杨绛是中国现代女性作家、戏剧家、翻译家。

杨绛创作上坚持从个人生活经验和真实情感出发，注重体现世态人性；艺术风格独特，以幽默和反讽著称，语言朴素隽永。

代表作品有散文集《干校六记》《我们仨》《走到人生边上》，长篇小说《洗澡》等。

孤岛文学 考查方向：选择、填空、名词解释

孤岛文学存在时间是自1937年11月上海沦陷至1941年12月日军侵入上海租界。

存在于上海租界的孤岛文学在共产党的领导下，开展了一系列的文学活动，创作了大量文学作品：一是杂文，以唐弢为代表，带有强烈的"鲁迅风"；二是戏剧，以反映沦陷区人民生活和斗争的《夜上海》为代表；另外还有报告文学等流行文学样式，以黄裳、柯灵等为代表。

张爱玲 考查方向：选择、填空、名词解释

张爱玲，中国当代女性作家，抗战时期沦陷区女性作家代表。

张爱玲的创作多以婚恋为题材，侧重描写婚恋中的苦涩，注意挖掘人物的精神世界，表现人性中的种种病弱和丑拙，以此为突破口来感受人生之苦。

代表作品有《金锁记》《半生缘》（又名《十八春》）、《色·戒》《沉香屑·第一炉香》《沉香屑·第二炉香》《茉莉香片》《倾城之恋》《红玫瑰与白玫瑰》等。

【知识拓展】

《色·戒》：讲述了1930年末，一位女知识青年王佳芝化身刺客，企图用美人计刺杀汪精卫阵营中的一名高级特务，双方在政治、权谋、性之间尔虞我诈的故事。该小说由李安拍成同名电影，由汤唯、梁朝伟、王力宏、陈冲等主演，获得了第64届威尼斯国际电影节金狮奖、第27届香港电影金像奖最佳亚洲电影等奖项。

《倾城之恋》：讲述了上海来的白流苏与香港的范柳原因香港之战走向婚姻的故事。

《金锁记》：讲述了小麻油店的女子曹七巧被卖进姜家为妻，在封建制度的压迫下性格被扭曲，转而对自己的亲生儿女进行迫害摧残的故事。

《半生缘》：张爱玲第一部完整的长篇小说，原名《十八春》，作品通过顾曼桢与沈世钧悲欢离合的婚姻，揭示了人性的方方面面。1997年，该作品被香港女导演许鞍华改编成同名电影。

《沉香屑·第一炉香》：讲述了从上海到香港读书的少女葛薇龙是如何一步一步堕落的故事。2021年，该作品被香港女导演许鞍华改编成电影《第一炉香》。

《白毛女》 考查方向：选择、填空、名词解释

《白毛女》于1945年由延安鲁迅艺术学院集体创作，贺敬之、丁毅执笔，该剧讲述了恶霸地主黄世仁逼死佃户杨白劳并玷污其女喜儿，喜儿被迫逃入深山成了"白毛女"，后被八路军救出的故事，表达了"旧社会把人逼成鬼，新社会把鬼变成人"这一深刻主题。

《白毛女》采用了北方民间音乐的曲调，吸收了戏曲音乐及其表现手法，并借鉴了欧洲歌剧的创作经验，是在新秧歌运动基础上发展起来的中国第一部新歌剧。

沙　汀　考查方向：选择、填空、名词解释

沙汀是当代作家。代表作品有**长篇小说《淘金记》《困兽记》《还乡记》**，短篇小说**《在其香居茶馆里》**等。其中，《在其香居茶馆里》是"五四"以来最优秀的短篇小说。

艾　芜　考查方向：选择、填空、名词解释

艾芜是当代作家。代表作品有**长篇小说《百炼成钢》《故乡》《山野》**，中篇小说《一个女人的悲剧》《乡愁》等。

荷花淀派　考查方向：选择、填空、名词解释

荷花淀派又称**"白洋淀派"**，是中国当代文学史上一个重要的作家群体，因 20 世纪 40 年代孙犁发表的短篇小说《荷花淀》而得名。

荷花淀派作品大多表现冀中人民的生活变迁、民情风俗，在风格上追求诗的意境和散文的韵味，强调文学的现实主义品格而又在其中渗透着浪漫主义气息。

代表作家有**孙犁、刘绍棠、从维熙、韩映山**等。

孙　犁　考查方向：选择、填空、名词解释

孙犁是中国现当代文学家，**"荷花淀派"的创始人**，他的小说语言清新自然，充满诗情画意。

代表作品有**短篇小说《荷花淀》《芦花荡》，长篇小说《风云初记》**，散文、小说集《白洋淀纪事》等。其中，名篇《荷花淀》创作于 1945 年，选自《白洋淀纪事》。

十七年文学　考查方向：选择、填空、名词解释

十七年文学指从**中华人民共和国成立（1949 年）到"无产阶级文化大革命"开始（1966 年）**，这一阶段的中国文学历程。

十七年文学的作品题材主要为革命历史题材和农村题材，偏重塑造理想化英雄人物，在艺术风格上采用革命现实主义创作方法，极具强烈的艺术感染力，涌现出一大批优秀作品，如**《红日》《创业史》《林海雪原》《青春之歌》《暴风骤雨》**等。但也存在少数作品艺术性不强，人物程式化、作品风格单一等倾向。

山药蛋派　考查方向：选择、填空、名词解释

山药蛋派又称**"山西派"或"火花派"**，是以赵树理为代表的一个当代文学流派，形成于 20 世纪 50 年代至 60 年代中期。

山药蛋派作家都是山西农村土生土长的作家，坚持革命现实主义的创作方法，忠实于农村充满尖锐复杂矛盾的现实生活，忠实于自己的真情实感，注意写出人物的复杂性和多样性。

代表作家有**赵树理、马烽、西戎**、李束为、孙谦、胡正等。

赵树理　考查方向：选择、填空、名词解释

赵树理是中国现当代小说家、人民艺术家、**山药蛋派创始人**。

赵树理的小说多以华北农村为背景，反映农村社会的变迁和存在其间的矛盾斗争，

塑造了农村各式各样的人物形象,被誉为"写农村的铁笔圣手"。

代表作品有《小二黑结婚》《李有才板话》《三里湾》《李家庄的变迁》等。

《小二黑结婚》是一部短篇小说,描写了抗战时期解放区的一对进步青年小二黑、小芹为追求婚姻自由,冲破封建守旧传统阻挠,最终结为夫妻的故事。小说还塑造了二诸葛(小二黑父亲)、三仙姑(小芹母亲)两个落后农民的形象。

三红一创, 青山保林
考查方向:选择、填空、名词解释

"三红一创,青山保林"是文学界对"十七年文学"的8部经典长篇小说的简称。"三红一创"指罗广斌、杨益言合著的《红岩》,梁斌的《红旗谱》,吴强的《红日》,柳青的《创业史》。"青山保林"指女作家杨沫的《青春之歌》、周立波的《山乡巨变》、杜鹏程的《保卫延安》、曲波的《林海雪原》。

《红岩》:讲述了重庆解放前夕,女共产党员江姐被叛徒潘志高出卖被捕,与另外一位被捕同志许云峰在狱中同敌人斗争的故事。书中成功塑造了"江姐"这一坚贞不屈的女共产党员形象,该小说被改编成电影《烈火中永生》,由水华执导。

《红旗谱》:通过朱、严两家农民同地主冯老兰父子的斗争历史,成功塑造了朱老忠这个革命农民的形象,被誉为"一部描绘农民革命斗争的壮丽史诗"。

《红日》:以孟良崮战役为重点,形象概括了华东野战军粉碎敌人重点进攻,变战略防御为战略进攻的历程。该小说被改编成同名电视剧,由李幼斌主演。

《创业史》:是一部反映农村社会主义革命的史诗性巨著,小说塑造了创业者英雄梁生宝、老一代农民梁三老汉、郭振山、改霞等形象。

《青春之歌》:以九一八事变到一二·九运动这一历史时期为背景,以学生运动为主线,讲述了林道静这一小资产阶级女性如何成长为无产阶级战士的故事。书中的其他人物还有余永泽、江华、卢嘉川、郑瑾等。该小说被崔嵬、陈怀皑拍成同名电影。该小说与杨沫的另外两部小说《芳菲之歌》《英华之歌》合称为"青春三部曲"。

魏巍
考查方向:选择、填空、名词解释

魏巍是中国当代作家。

代表作品有长篇小说《东方》、报告文学《谁是最可爱的人》等。《谁是最可爱的人》记述了抗美援朝时期解放军的感人事迹,1951年4月11日在《人民日报》刊登,从此以后,志愿军广泛地被人们亲切地称为"最可爱的人"。

20世纪50年代 文坛三大散文家
考查方向:选择、填空、名词解释

20世纪50年代文坛三大散文家分别指杨朔、刘白羽和秦牧。

杨朔以平凡的劳动者为描写对象,提出了诗化散文的艺术主张,认为"好的散文就是一首诗",善于以诗的手法创造意境,并在长期散文创作中形成了一种抒情模式:由写景入手—写人叙事—卒章显志,被称为杨朔模式。作品有《香山红叶》《荔枝蜜》《茶花赋》《樱花雨》《雪浪花》等。

刘白羽的散文以歌颂"随着时代脉搏而跃动"的"大我"作为主体抒情的寄托,充满时代气息,富于革命激情,代表作品《长江三日》《日出》《灯火》等。

秦牧主张题材与表现形式多样化,散文知识化、艺术化,常采用"林中散步"和"灯下谈心"的行文作风,代表作《土地》《社稷坛抒情》《花城》等。

王 蒙　考查方向:选择、填空、名词解释

王蒙是中国当代作家,2019 年被授予"**人民艺术家**"国家荣誉称号。

著有**处女作长篇小说《青春万岁》**,成名作**短篇小说《组织部来了个年轻人》**以及《活动变人形》《蝴蝶》《相见时难》《悠悠寸草心》等。

伤痕文学　考查方向:选择、填空、名词解释

伤痕文学是形成于"文革"结束初期的一种文学现象。它**得名于卢新华的短篇小说《伤痕》**,其发轫之作是**刘心武的短篇小说《班主任》**。

伤痕文学揭露与控诉"文革"给人们带来的创伤,具有强烈的政治化色彩和情绪化倾向。

代表作家作品有**张贤亮《灵与肉》、从维熙《大墙下的红玉兰》、周克芹《许茂和他的女儿们》、古华《芙蓉镇》**等。

刘心武　考查方向:选择、填空、名词解释

刘心武是中国当代作家、红学研究家。

代表作品有**《班主任》《钟鼓楼》**《飘窗》《风过耳》等;其中,**长篇小说《钟鼓楼》荣获第二届茅盾文学奖**,红学研究作品为《刘心武揭秘〈红楼梦〉》。

张贤亮　考查方向:选择、填空、名词解释

张贤亮是中国当代作家。

代表作品有**短篇小说《灵与肉》**,中篇小说《绿化树》《龙种》,长篇小说《男人的风格》《我的菩提树》等。其中,**《灵与肉》被改编成电影《牧马人》**,由**谢晋**执导,获得第六届大众电影百花奖最佳影片奖。

高晓声　考查方向:选择、填空、名词解释

高晓声是中国当代作家,是农村题材反思小说的代表人物。

代表作品有《李顺大造屋》、**"陈奂生系列"小说**(《"漏斗户"主》**《陈奂生上城》**《陈奂生上城出国记》等),其中,"陈奂生系列"刻画了农民**陈奂生**,揭示了政治经济变革对普通农民命运的深刻影响。

知青文学　考查方向:选择、填空、名词解释

知青文学指 20 世纪 70 年代末出现的一股文学思潮,以小说体裁为主,内容主要描述知青生活。代表作家作品有**梁晓声《今晚有暴风雪》、张承志《黑骏马》、史铁生《我的遥远的清平湾》**等。

梁晓声　考查方向:选择、填空、名词解释

中国当代作家,知青小说代表作家。

代表作品有北大荒知青题材小说《今夜有暴风雪》《这是一片神奇的土地》《雪城》，长篇小说《人世间》等。其中《人世间》获得第十届茅盾文学奖，2022年被改编成电视剧，由雷佳音、殷桃、宋佳、辛柏青主演。

张承志　考查方向：选择、填空、名词解释

张承志是中国当代作家，其作品是表达人生理想和精神追求的物态载体，因多涉及宗教等而引起争议。代表作品有中篇小说《黑骏马》《北方的河》，长篇小说《金牧场》等。

史铁生　考查方向：选择、填空、名词解释

史铁生是中国当代作家、散文家。他把写作当成是对个人精神历程的叙述和探索，追求浓重的哲理意味。

代表作品有短篇小说《我的遥远的清平湾》，散文《我与地坛》，中短篇小说集《命若琴弦》，长篇小说《务虚笔记》等。

朦胧诗派　考查方向：选择、填空、名词解释

朦胧诗派兴起于20世纪70年代末80年代初，因章明发表《令人气闷的"朦胧"》一文而得名。

朦胧诗派在内容上反叛现实主义传统，肯定人的自我价值和尊严；在艺术上大量运用象征、隐喻、通感等现代诗歌的艺术创作手法，意蕴朦胧。

代表人物有食指、顾城、舒婷、北岛、江河、杨炼、梁小斌等。

【知识拓展】

食指《相信未来》(节选)：当蜘蛛网无情地查封了我的炉台，当灰烬的余烟叹息着贫困的悲哀，我依然固执地铺平失望的灰烬，用美丽的雪花写下：相信未来。当我的紫葡萄化为深秋的露水，当我的鲜花依偎在别人的情怀，我依然固执地用凝霜的枯藤，在凄凉的大地上写下：相信未来。……朋友，坚定地相信未来吧，相信不屈不挠的努力，相信战胜死亡的年轻，相信未来，热爱生命。

北岛《回答》(节选)：卑鄙是卑鄙者的通行证，高尚是高尚者的墓志铭。……告诉你吧，世界，我——不——相——信！纵使你脚下有一千名挑战者，那就把我算做第一千零一名。

梁小斌《中国，我的钥匙丢了》(节选)：中国，我的钥匙丢了。那是十多年前，我沿着红色大街疯狂地奔跑，我跑到了郊外的荒野上欢叫，后来，我的钥匙丢了。心灵，苦难的心灵，不愿再流浪了，我想回家，……中国，我的钥匙丢了。天，又开始下雨，我的钥匙啊，你躺在哪里？我想风雨腐蚀了你，你已经锈迹斑斑了；不，我不那样认为，我要顽强地寻找，希望能把你重新找到。太阳啊，你看见了我的钥匙了吗？愿你的光芒，为它热烈地照耀。我在这广大的田野上行走，我沿着心灵的足迹寻找，那一切丢失了的，我都在认真思考。

江河《星星变奏曲》：如果大地的每个角落都充满了光明/谁还需要星星，谁还会/在夜里凝望/寻找遥远的安慰/谁不愿意/每天/都是一首诗/每个字都是一颗星/像蜜蜂在心头颤动/谁不愿意，有一个柔软的晚上/柔软得像一片湖/萤火虫和星星在睡莲丛中游动/谁不喜欢春天，鸟落满枝头/像星星落满天空/闪闪烁烁的声音从远方飘来/一团团

白丁香朦朦胧胧/如果大地的每个角落都充满了光明/谁还需要星星,谁还会/在寒冷中寂寞地燃烧/寻找星星点点的希望/谁愿意/一年又一年/总写苦难的诗/每一首都是一群颤抖的星星/像冰雪覆盖在心头/谁愿意,看着夜晚冻僵/僵硬得像一片土地/风吹落一颗又一颗瘦小的星/谁不喜欢飘动的旗子,喜欢火/涌出金黄的星星/在天上的星星疲倦了的时候——升起/去照亮太阳照不到的地方。

舒　婷　考查方向:选择、填空、名词解释

舒婷是中国当代著名女诗人,**朦胧诗派的代表人物**。

舒婷的诗歌具有女性特有的细腻和敏感,充盈着浪漫主义和理想色彩。她的诗擅长运用比喻、象征、联想等艺术手法表达内心的感受,在朦胧的氛围中流露出理性的思考,朦胧而不晦涩。

代表作品有《致橡树》《四月的黄昏》《祖国啊,我亲爱的祖国》《啊,母亲》《神女峰》等。著有诗集《双桅船》《会唱歌的鸢尾花》《始祖鸟》,散文集《心烟》等。

【知识拓展】

《致橡树》:我如果爱你——绝不像攀援的凌霄花,借你的高枝炫耀自己;我如果爱你——绝不学痴情的鸟儿,为绿荫重复单调的歌曲;也不止像泉源,常年送来清凉的慰藉;也不止像险峰,增加你的高度,衬托你的威仪。甚至日光。甚至春雨。不,这些都还不够!我必须是你近旁的一株木棉,作为树的形象和你站在一起。根,紧握在地下;叶,相触在云里。每一阵风过,我们都互相致意,但没有人,听懂我们的言语。你有你的铜枝铁干,像刀,像剑,也像戟;我有我红硕的花朵,像沉重的叹息,又像英勇的火炬。我们分担寒潮、风雷、霹雳;我们共享雾霭、流岚、虹霓。仿佛永远分离,却又终身相依。这才是伟大的爱情,坚贞就在这里:爱——不仅爱你伟岸的身躯,也爱你坚持的位置,足下的土地。

顾　城　考查方向:选择、填空、名词解释

顾城是当代著名诗人,朦胧诗派代表人物。

顾城的诗歌有孩子般的纯稚风格、梦幻情绪,用直觉和印象式的语句来咏唱童话般的少年生活,唯美浪漫,有"**童话诗人**"之称。

代表作品有《一代人》《我是一个任性的孩子》《远和近》《生命幻想曲》,诗集《白昼的月亮》《黑眼睛》《顾城诗集》等。其中《一代人》被视为朦胧诗的标帜。

【知识拓展】

《一代人》:黑夜给了我黑色的眼睛,我却用它寻找光明。

《远和近》:你/一会看我/一会看云/我觉得/你看我时很远/你看云时很近。

寻根文学　考查方向:选择、填空、名词解释

寻根文学是兴起于20世纪80年代中期,以"文化寻根"为主题的文学形式,主张寻找民族文化的自我和作家个性的自我,由韩少功率先发表《文学的"根"》。

寻根文学作家希望立足于我国自己的民族土壤,挖掘分析国民劣根性,发扬文化传统中优秀成分,从文化背景来把握我们民族的思想方式和理想价值标准,努力创造出具有真正民族风格和民族气派的文学。

代表人物有**韩少功、阿城、贾平凹**、王安忆等。

阿　城　考查方向：选择、填空、名词解释

阿城是中国当代寻根小说的重要代表作家。他的作品多以白描的手法渲染民俗文化氛围，透露出浓厚隽永的人生逸趣，寄寓了关于宇宙、生命、自然和人类的哲学玄思。

代表作品为"三王"：**《树王》《孩子王》（被陈凯歌拍成同名电影）**和**《棋王》（被徐克拍成同名电影）**。

贾平凹　考查方向：选择、填空、名词解释

贾平凹是当代著名作家。他是当代中国极具叛逆性、创造精神和广泛影响的具有世界意义的作家，被誉为"鬼才"。

代表作品有长篇小说**《废都》《秦腔》**《商州》《浮躁》《白夜》，短篇小说《满月儿》《山镇夜店》，中篇小说《天狗》《腊月·正月》等。

【知识拓展】

《废都》：描写的是 20 世纪 80 年代中国西北城市西京城里一群知识分子的生活故事。小说主人公是庄之蝶。

《秦腔》：以一个陕南村——清风街为焦点，以两条线展开，一条是秦腔戏曲，一条是农民与土地的关系，集中展示了乡村价值观念和传统格局巨大而深刻的变迁，是"一卷中国当代乡村的史诗"。该作品荣获第七届茅盾文学奖。

王安忆　考查方向：选择、填空、名词解释

王安忆是中国当代女作家，知青小说、寻根文学的代表作家。

代表作品有**中篇小说《小鲍庄》**，长篇小说**《长恨歌》**《69 届初中生》等。其中《长恨歌》讲述了上海弄堂女孩**王琦瑶**长达 40 年的情感经历，展现了时代变迁中的人和城市，被誉为"现代上海史诗"。其中还有人物程先生、康明逊等。

莫　言　考查方向：选择、填空、名词解释、简答

莫言，本名管谟业，山东高密人，**中国第一位获得诺贝尔文学奖作家**。

代表作品有**短篇小说《白狗秋千架》**《枯河》《三匹马》《大风》，中篇小说《爆炸》**《透明的胡萝卜》**、"红高粱家族"（**《红高粱》**《高粱酒》《高粱殡》《狗道》《奇死》），**长篇小说《丰乳肥臀》《檀香刑》《蛙》《生死疲劳》**《酒国》等。

2011 年凭借小说《蛙》获得茅盾文学奖，该部小说以新中国近 60 年波澜起伏的农村生育史为背景，讲述了从事妇产科工作 50 多年的乡村女医生万心的人生经历，也反映出中国计划生育的艰难历程。

《红高粱》讲述了"我的奶奶"**戴凤莲（九儿）**和"我的爷爷"**余占鳌**抵抗日军的悲戚爱情故事，被张艺谋拍成同名电影，由姜文、巩俐主演。该片获得柏林国际电影节金熊奖，成为首部获得此奖的亚洲电影。

【知识拓展】

《白狗秋千架》：描写了一个离乡十年的读书人井河回乡与昔日恋人暖重逢的故事。被霍建起拍成电影《暖》，获东京国际电影节金麒麟大奖。

《透明的红萝卜》：讲述了一个受继母虐待的黑孩,虽沉默寡言却对大自然有着超强触觉和听觉等奇异功能的故事。

路 遥 考查方向:选择、填空、名词解释、简答

路遥是中国当代作家。他的小说大气磅礴,震撼人心,具有很强的现实主义色彩和批判性。

代表作品《平凡的世界》,是一部全景式地表现中国当代城乡社会生活的长篇小说。它以中国 20 世纪 70 年代中期到 80 年代中期的十年间为背景,以孙少安和孙少平两兄弟为中心,刻画了当时社会各阶层众多普通人的形象,如与孙少安青梅竹马的田润叶、孙少平的朋友田晓霞等。该部小说荣获第三届茅盾文学奖。

陈忠实 考查方向:选择、填空、名词解释、简答

陈忠实是中国当代作家,长篇小说《白鹿原》是其成名作,小说获得第四届茅盾文学奖。

该小说以陕西关中地区白鹿原上白鹿村为缩影,讲述白姓和鹿姓两大家族祖孙三代的恩怨纷争,展现了关中大地民情风俗的嬗变,塑造了白嘉轩、白灵、鹿兆谦(黑娃)、田小娥等人物形象。

新写实小说 考查方向:选择、填空、名词解释

新写实小说是 20 世纪 80 年代后期文坛出现的一种文学倾向,以描写现实生活中平常琐事为题材,在创作上采用"感情零度"来对人的生存状态做原生态的客观呈现。

代表作家作品有刘震云的《一地鸡毛》、池莉的《烦恼人生》《不谈爱情》、刘恒的《狗日的粮食》《伏羲伏羲》等。

刘震云 考查方向:选择、填空、名词解释

刘震云,中国当代作家、编剧。作为新写实小说代表作家,他以客观叙事视角介入小说,将创作素材的笔触深向社会最底层,展现底层人物的平凡人生。

代表作品有长篇小说《我叫刘跃进》《一句顶一万句》《我不是潘金莲》《温故一九四二》《手机》、中篇小说《一地鸡毛》、短篇小说《塔铺》等。

先锋派小说 考查方向:选择、填空、名词解释

先锋派小说又称新潮小说,主要指 20 世纪 80 年代中期以后出现的一批具有探索和创新精神的青年作家所创作的新潮小说。

先锋派小说重视"文体的自觉"(即小说的虚构性)和小说叙述方法的意义和变化,带有很强的实验性,因此又称"实验小说"。

代表作家有马原、洪峰、残雪、苏童、格非、余华等。

余 华 考查方向:选择、填空、名词解释

余华是中国当代著名作家。其早期小说带有很强的实验性,以极其冷峻的笔调揭示人性的阴暗丑陋;后期的作品逼近生活真实,以平实的民间姿态呈现出一种淡泊而又坚毅的力量。

代表作品有**长篇小说《活着》《许三观卖血记》**《在细雨中呼喊》《文城》等。其中《活着》**被张艺谋拍成同名电影**，由葛优、巩俐主演，主演葛优凭借此电影获得戛纳国际电影节最佳男演员奖。

苏 童　考查方向：选择、填空、名词解释

苏童是当代作家。他的作品着笔清雅而富有江南情调。

代表作品有**《妻妾成群》**《黄雀记》《米》《红粉》《我的帝王生涯》等。其中《妻妾成群》**被张艺谋拍成电影《大红灯笼高高挂》**，该片获得第48届威尼斯国际电影节银狮奖。

王小波　考查方向：选择、填空、名词解释

王小波是中国当代作家。作为中国富有创造性的作家之一，其作品对我们生活中所有的荒谬和苦难作出了最彻底的反讽。

代表作品有"时代三部曲"（**《黄金时代》《白银时代》《青铜时代》**）、《黑铁时代》、杂文集《我的精神家园》、随笔集《沉默的大多数》等。

王 朔　考查方向：选择、填空、名词解释

王朔是中国当代小说家、编剧。王朔以戏谑、反讽的语言风格和对"**顽主群像**"人物的塑造，被视为"痞子"作家。

代表作品有**《一半是海水，一半是火焰》**《顽主》《动物凶猛》《看上去很美》《过把瘾就死》等。其中**《动物凶猛》被姜文拍成电影《阳光灿烂的日子》**，由夏雨、宁静、陶虹、耿乐等主演。

海 子　考查方向：选择、填空、名词解释

海子，原名查海生，中国新诗史上最有影响力的诗人之一，海子借助诗作表现了他对一切美好事物的眷恋，但敏感而脆弱的心灵又构成了他极为忧郁的品格，最终以死亡来完成对诗歌的追求。

代表作品有**《以梦为马》《麦地》**《五月的麦地》《亚洲铜》**《面朝大海，春暖花开》**等。

【知识拓展】

《面朝大海，春暖花开》：从明天起，做一个幸福的人，喂马，劈柴，周游世界，从明天起，关心粮食和蔬菜，我有一所房子，面朝大海，春暖花开。从明天起，和每一个亲人通信，告诉他们我的幸福，那幸福的闪电告诉我的，我将告诉每一个人。给每一条河每一座山取一个温暖的名字，陌生人，我也为你祝福，愿你有一个灿烂的前程，愿你有情人终成眷属，愿你在尘世获得幸福，我只愿面朝大海，春暖花开。

《答复》（节选）：麦地，别人看见你，觉得你温暖，美丽，我则站在你痛苦质问的中心，被你灼伤，我站在太阳痛苦的芒上。

余秋雨　考查方向：选择、填空、名词解释

余秋雨是中国文化学者、散文家。他的散文多追溯中国历史与文化，并伴以文化反思，表现出理性的凝重和诗意的激情浑然一体的气度，被称为"**文化散文**"。

代表作品有**《文化苦旅》**《文明的碎片》《山居笔记》《霜冷长河》等。

费孝通 考查方向：选择、填空、名词解释

费孝通是社会学家、人类学家，提出"文化自觉"，被誉为中国社会学和人类学的奠基人。

代表作品有《乡土中国》《行行重行行》等。其中，《乡土中国》是一部研究中国农村的作品，全书主要探讨了差序格局、男女有别、家族、血缘和地缘等，全面展现了中国基层社会的面貌。

海 岩 考查方向：选择、填空、名词解释

海岩是中国当代作家、编剧。代表作品有长篇小说《便衣警察》《一场风花雪月的事》《永不瞑目》《玉观音》《拿什么拯救你，我的爱人》《五星大饭店》《你的生命如此多情》等。

麦 家 考查方向：选择、填空、名词解释

麦家是中国当代小说家、编剧。他的小说具有奇异的想象力和独创性，人物内心幽暗神秘，故事传奇曲折，充满悬念。代表作品有长篇小说《解密》《暗算》《风声》《风语》《刀尖》等。

刘慈欣 考查方向：选择、填空、名词解释

刘慈欣是中国科幻小说家，被誉为中国科幻文学的领军人物。

代表作品有科幻小说《三体》三部曲、《流浪地球》《乡村教师》《球状闪电》《超新星纪元》等。其中《三体》获得第73届雨果奖最佳长篇故事奖。

【知识拓展】

雨果奖：正式名称为"科幻成就奖"，是为纪念"科幻杂志之父"雨果·根斯巴克所颁发的奖项，是科幻文学领域的国际最高奖项之一。中国作家郝景芳的《北京折叠》获得第74届雨果奖最佳中短篇故事奖。

《流浪地球》被改编成同名电影，由郭帆执导，李光洁、吴孟达、吴京等主演。

《乡村教师》被改编成电影《疯狂的外星人》，由宁浩执导，黄渤、沈腾等主演。

林海音 考查方向：选择、填空、名词解释

林海音是中国台湾当代女作家。

代表作品有小说《城南旧事》《冬青树》《两地》等。其中，《城南旧事》取材于作者对北京往事的回忆，讲述了英子童年时的故事，充满了"淡淡的哀愁，沉沉的乡思"，1982年被吴贻弓改编成同名电影。

金 庸 考查方向：选择、填空、名词解释

金庸，原名查良镛，香港当代武侠小说家。与古龙、梁羽生并称为"中国武侠小说三大宗师"。

金庸擅长将作品及人物形象有机地融入鲜明的历史背景中，在尊重历史史实的前提下，将历史上的真实人物与小说中的虚拟人物交相辉映，虚实相加，使小说更加真实生动。

代表作品有"飞雪连天射白鹿,笑书神侠倚碧鸳",分别对应《飞狐外传》《雪山飞狐》《连城诀》《天龙八部》《射雕英雄传》《白马啸西风》《鹿鼎记》《笑傲江湖》《书剑恩仇录》《神雕侠侣》《侠客行》《倚天屠龙记》《碧血剑》《鸳鸯刀》。其中,"射雕三部曲"(《射雕英雄传》《神雕侠侣》《倚天屠龙记》)是最为人称道的作品。

古　龙　考查方向:选择、填空、名词解释

古龙是香港武侠小说家,与金庸、梁羽生、温瑞安并称为"中国武侠小说四大宗师"。

古龙把戏剧、推理、诗歌等元素带入传统武侠,又将自己独特的人生哲学融入其中,开创了近代武侠小说新纪元。

代表作品有"小李飞刀"系列和《楚留香传奇》《陆小凤传奇》《绝代双骄》《萧十一郎》《武林外史》《流星·蝴蝶·剑》《天涯·明月·刀》等。

梁羽生　考查方向:选择、填空、名词解释

梁羽生是港台新派武侠小说的代表作家之一,被誉为"新派武侠小说的开山祖师"。

梁羽生的小说摒弃了旧派武侠小说一味复仇与嗜杀的倾向,将侠建立在正义、尊严、爱民的基础上,提出"以侠胜武"的理念。

代表作品有《白发魔女传》《七剑下天山》《萍踪侠影录》《云海玉弓缘》《龙虎斗京华》等。

余光中　考查方向:选择、填空、名词解释

余光中是中国台湾当代作家、诗人,被称为"乡愁诗人"。代表作品有诗歌《乡愁》《白玉苦瓜》、散文《听听那冷雨》《我的四个假想敌》等。

【知识拓展】

《乡愁》:小时候,乡愁是一枚小小的邮票,我在这头,母亲在那头;长大后,乡愁是一张窄窄的船票,我在这头,新娘在那头。后来啊,乡愁是一方矮矮的坟墓,我在外头,母亲在里头。而现在,乡愁是一湾浅浅的海峡,我在这头,大陆在那头。

郑愁予　考查方向:选择、填空、名词解释

郑愁予是中国台湾当代诗人。

其代表作品有《错误》《水手刀》《小小的岛》等。其中《错误》以江南小城为中心意象,写出了战争年月闺中思妇等盼归人的情怀。

【知识拓展】

《错误》:我打江南走过,那等在季节里的容颜如莲花的开落,东风不来,三月的柳絮不飞,你的心如小小的寂寞的城,恰若青石的街道向晚,跫音不响,三月的春帷不揭,你底心是小小的窗扉紧掩,我达达的马蹄是美丽的错误,我不是归人,是个过客……

琼　瑶　考查方向:选择、填空、名词解释

琼瑶是中国台湾女作家、影视制作人。其笔名"琼瑶"出自《诗经》中的"投我以木桃,报之以琼瑶"。

琼瑶自 1963 年出版自传体长篇小说《窗外》一举成名,之后陆续出版了《几度夕阳

红》《烟雨濛濛》《在水一方》《一帘幽梦》《心有千千结》《梅花烙》等50多部中长篇小说。她的作品大多被改编成影视剧，其中较为知名的包括《庭院深深》《梅花三弄》系列、《还珠格格》系列等。

三　毛　考查方向：选择、填空、名词解释

三毛是中国台湾女作家、旅行家。代表作品有散文集《雨季不再来》《撒哈拉的故事》《哭泣的骆驼》《梦里花落知多少》《万水千山走遍》，剧本《滚滚红尘》等。

严歌苓　考查方向：选择、填空、名词解释

严歌苓是美籍华人作家。代表作品有《小姨多鹤》《少女小渔》《天浴》《金陵十三钗》《陆犯焉识》《芳华》等。

【知识拓展】

《少女小渔》由张艾嘉改编成同名电影，由刘若英、庹宗华等主演。讲述了二十四岁的小渔为了能让在纽约读书的男友江伟安定下来，经人介绍与一位年逾六十的意大利老头马里奥假结婚的故事。

《金陵十三钗》由张艺谋改编成同名电影，该片以抗日战争时期的南京大屠杀为背景，讲述了1937年被日军侵占的中国南京，在一个教堂里互不相识的人们之间发生的感人故事。

《芳华》由冯小刚改编成同名电影，以20世纪七八十年代为背景，讲述了军队文工团的一群正值芳华的青春少年，经历着成长中的爱情萌发与充斥着变数的人生命运的故事。

《陆犯焉识》由张艺谋改编成电影《归来》，讲述了知识分子陆焉识与妻子冯婉瑜在大时代际遇下的情感变迁故事。

第三节　外国文学

（一）古希腊神话

古希腊神话　考查方向：选择、填空、名词解释

古希腊神话是古希腊人集体口头创作，并且口头流传下来的一种文学形式，大约产生于公元前8世纪以前。其内容包括两大部分：神的故事和英雄传说。

在古希腊神话中，众神之主是宙斯，光明与预言之神是阿波罗，智慧女神是雅典娜，爱神是阿弗洛狄忒（古罗马神话称之为维纳斯），小爱神是厄洛斯（古罗马神话称之为丘比特），文艺科学之神是缪斯，海神是波塞冬。

《荷马史诗》　考查方向：选择、填空、名词解释

《荷马史诗》相传是由古希腊诗人荷马创作的两部长篇史诗——《伊利亚特》和《奥德赛》的统称，因史诗里塑造了大量的英雄形象，也被称为"英雄史诗"。

【知识拓展】

《伊利亚特》：讲述希腊人远征特洛伊城的故事，塑造了希腊联军统帅阿伽门农和将

领阿喀琉斯(被称为"战神")等人物形象。"木马计"故事出自此处。

《奥德赛》：讲述奥德修斯在献策木马计攻陷特洛伊城后，在海上漂流十年，经历种种艰险，终于回到祖国，夫妻团圆，并夺回自己财产的故事。

希腊三贤　考查方向：选择、填空、名词解释

"希腊三贤"即**苏格拉底、柏拉图、亚里士多德**，苏格拉底是柏拉图的老师，柏拉图是亚里士多德的老师。

柏拉图倡导"理念论"和"灵感说"，认为现实世界是对理念的模仿，而文艺又是对现实的模仿，即"模仿的模仿"。代表作品为**《理想国》**。

亚里士多德继承并突破了柏拉图的思想，认为文艺的本质是模仿现实，但认为现实本身是真实的，文艺也是真实的。代表作品是文艺理论巨著《诗学》。

【知识拓展】

未经审视的人生不值得过。——苏格拉底

吾爱吾师，吾更爱真理。——亚里士多德

爱美是人的天性。——亚里士多德

《伊索寓言》　考查方向：选择、填空、名词解释

《伊索寓言》是**世界上最早的寓言故事集**，相传为公元前 6 世纪古希腊奴隶**伊索**所作，经后人的整理汇编而成。

《伊索寓言》共收集有 350 余篇小寓言，大多是动物故事，以动物为喻，教人处世和做人的道理。形式短小精悍，形象生动，是流传最广的寓言故事之一。

比较著名的寓言故事有**《农夫与蛇》《龟兔赛跑》《狼和小羊》《狐狸和葡萄》《乌鸦和狐狸》《乌鸦喝水》《狼来了》**等。

埃斯库罗斯　考查方向：选择、填空、名词解释

埃斯库罗斯是古希腊戏剧家，被恩格斯赞誉为**"悲剧之父"**。

代表作品**《被缚的普罗米修斯》**，讲述了"盗火者"**普罗米修斯**从天界为人类带来光明，被宙斯困缚在陡崖并被鹫鹰啄食的故事。

埃斯库罗斯、索福克勒斯和欧里庇得斯被称为"古希腊三大悲剧作家"。

索福克勒斯　考查方向：选择、填空、名词解释

索福克勒斯是古希腊三大悲剧作家之一，被誉为"戏剧艺术的荷马"。

代表作品有**《俄狄浦斯王》《安提戈涅》**《厄勒克特拉》等。

【知识拓展】

俄狄浦斯情结(恋母情结)：弗洛伊德精神分析学说中的"恋母情结"出自《俄狄浦斯王》，该剧讲述的是希腊神话中，王子俄狄浦斯违反意愿，无意中杀死生父，娶母为妻的故事。

欧里庇得斯　考查方向：选择、填空、名词解释

欧里庇得斯是古希腊悲剧作家，享有古希腊**"舞台上的哲学家"**美誉。其作品取材

于神话传说,反映社会现实和思想危机,被誉为"心理戏剧鼻祖"。

代表作品有《美狄亚》《阿尔刻提斯》《特洛伊妇女》等。

【知识拓展】

《美狄亚》讲述了曾盗取"金羊毛"的英雄伊阿宋与美狄亚结婚生子后,为了图谋王位抛弃美狄亚转娶科任托斯国公主,被美狄亚复仇的故事。

阿里斯托芬 考查方向:选择、填空、名词解释

阿里斯托芬是古希腊喜剧作家,恩格斯称他为"喜剧之父"。他的作品通常使用漫画式的夸张手法,擅长运用象征和滑稽语言来反映严肃、深刻的主题。

代表作品有《阿卡奈人》《和平》《鸟》《骑士》等。其中,《阿卡奈人》是阿里斯托芬的成名作,也是现存最早的古希腊喜剧。

(二)英国文学

乔叟 考查方向:选择、填空、名词解释

乔叟是英国最早的人文主义作家,享有"英国诗歌之父"的美誉。

代表作品为《坎特伯雷故事集》,该作品是一部诗体短篇小说集,叙述了一群朝圣者聚集在伦敦一家小旅店里,准备去坎特伯雷城朝圣的故事。

莎士比亚 考查方向:选择、填空、名词解释、简答

莎士比亚是16世纪英国文艺复兴时期的剧作家、诗人,被誉为"时代的灵魂",马克思称他为"人类最伟大的戏剧天才"。

莎士比亚的戏剧不受三一律束缚,努力反映生活的本来面目,深入探索人物的内心奥秘,以博大深刻、富于诗意和哲理著称。

代表作品有"四大悲剧""四大喜剧"及《无事生非》《罗密欧与朱丽叶》等。"四大悲剧"是《哈姆莱特》《奥赛罗》《李尔王》《麦克白》;"四大喜剧"是《仲夏夜之梦》《威尼斯商人》《第十二夜》《皆大欢喜》。

【知识拓展】

《哈姆雷特》:讲述了叔叔谋害了丹麦王子哈姆雷特的父亲并篡取了王位,哈姆雷特因此向叔叔复仇的故事。

《威尼斯商人》:是一部讽刺性喜剧,也是莎士比亚喜剧作品中最具悲剧色彩的作品。该剧成功塑造了欧洲文学史上"吝啬鬼"形象——夏洛克。

《罗密欧与朱丽叶》:是莎士比亚早期创作中的一部具有强烈的反封建意识的爱情悲剧,讲述了两个有世仇的贵族家庭的后代罗密欧与朱丽叶相爱,最后罗密欧饮毒酒、朱丽叶用剑自杀殉情的故事。

笛福 考查方向:选择、填空、名词解释

笛福是英国现实主义小说的开创者之一,被誉为"英国小说之父"。

笛福善于写个人在不利的环境中不信天命、克服困难的故事。尤其擅长描写细节逼真的环境,虚构使人身临其境的情景。作品多用自述形式,情节曲折,可读性强。

代表作品有长篇小说《鲁滨孙漂流记》,该作品以鲁滨孙冒险的经历作为线索展开,

讲述他在孤岛生存28年最后回国的故事。恩格斯称鲁滨孙为"一个真正的资产者"。

"湖畔派"诗人　考查方向：选择、填空、名词解释

"湖畔派"诗人是19世纪英国浪漫主义文学的代表。该流派反对古典主义传统，向往唯情论，歌颂大自然，强调诗人的内心探索和感情的自然流露，通过缅怀中古的淳朴来否定现实的城市文明。

代表人物有华兹华斯、柯勒律治和骚塞。由于他们三人曾一同隐居在英国西北部的湖畔居住，所以有"湖畔派"诗人之称。

华兹华斯　考查方向：选择、填空、名词解释

华兹华斯是英国浪漫主义文学的先驱、湖畔派诗人的代表。

他的诗文朴素清新，多表现下层人民的生活，歌颂大自然的美，他开创了新鲜奇特的浪漫主义诗风。

代表作品有《采干果》《不朽颂》《露丝》，抒情诗《孤独的割麦女》《快乐的战士》等。

简·奥斯汀　考查方向：选择、填空、名词解释

简·奥斯汀是英国女小说家。他的作品多以乡镇中产阶级青年男女的爱情婚姻生活为题材，擅用幽默反讽的艺术手法，对英国的现实主义小说产生了很大影响。

代表作品有《傲慢与偏见》《理智与情感》《爱玛》等。

【知识拓展】

《傲慢与偏见》：描写了男女主人公达西与伊丽莎白从一见面的心存偏见到有情人终成眷属的故事。

《理智与情感》：该剧以埃莉诺和玛丽安两姐妹曲折复杂的婚事风波为主线，通过"理智与情感"的幽默对比，提出了道德与行为的规范问题。同名电影由李安改编并执导，获得第46届柏林国际电影节金熊奖，并获得第68届奥斯卡奖最佳改编剧本。

拜伦　考查方向：选择、填空、名词解释

拜伦是19世纪初英国伟大的浪漫主义诗人，他的作品洋溢着民主理想和民族解放斗争的激情，塑造了一系列"拜伦式英雄"。

代表作品有长篇叙事诗《唐璜》，抒情叙事长诗《恰尔德·哈洛尔德游记》，讽刺诗《审判的幻景》《青铜世纪》等。

【知识拓展】

《唐璜》：该小说通过主人公唐璜在西班牙、希腊、土耳其、俄国和英国等不同国家的生活经历展现了19世纪初欧洲的现实生活，讽刺批判了"神圣同盟"和欧洲反动势力。

雪莱　考查方向：选择、填空、名词解释

雪莱是19世纪初英国浪漫主义诗人，他的作品热情而富于哲理思辨，惯用梦幻象征手法和远古神话题材，诗歌节奏明快，积极向上。

代表作品有诗剧《解放了的普罗米修斯》和诗作《西风颂》《致云雀》等。著名诗句"冬天来了，春天还会远吗"就出自他的《西风颂》。

狄更斯 考查方向：选择、填空、名词解释

狄更斯是19世纪英国批判现实主义文学创始人。他的作品反映了英国资本主义社会的丑恶现实，并主张以"小人物"的温情来改变社会。

代表作品有自传体小说《大卫·科波菲尔》，历史小说《双城记》，长篇小说《雾都孤儿》《远大前程》等。

《双城记》是一部以法国大革命为背景的历史小说，故事围绕巴黎、伦敦两个大城市展开，描写了贵族昏庸溃败、残害百姓，最终导致法国大革命爆发的故事。其中，开篇名句"这是一个最好的时代，也是一个最坏的时代"被广泛流传。

【知识拓展】

《大卫·科波菲尔》：狄更斯创作的自传体小说。被其称为"心中最宠爱的孩子"，讲述了主人公大卫从幼年至中年的生活历程，展示了19世纪中叶英国教育制度的腐败、童工制度的残酷。

《雾都孤儿》：以雾都伦敦为背景，讲述了孤儿奥利弗悲惨的身世及遭遇。

勃朗特三姐妹 考查方向：选择、填空、名词解释

"勃朗特三姐妹"指夏洛蒂·勃朗特、艾米莉·勃朗特、安妮·勃朗特，她们三人都是英国文坛的著名女小说家，被称为"一个家庭中演出的一曲奇异的三重奏"。

夏洛蒂·勃朗特的代表作《简·爱》是一部具有自传色彩的长篇小说。作品讲述孤女简·爱自幼父母双亡，历经生活磨难后与桑菲尔德庄园主罗切斯特相爱的故事，小说歌颂了简·爱这一敢于争取自由和平等地位的妇女形象。

艾米莉·勃朗特的长篇小说《呼啸山庄》，描写主人公希斯克利夫被山庄老主人收养后，因不堪受辱和恋爱不遂外出，发财致富后归来复仇的故事。该作品具有"文学史上的斯芬克斯之谜"的美誉。

安妮·勃朗特的《艾格妮丝·格雷》带有自传性质。该小说以女主人公格雷小姐的经历为主线，表达了她渴求真诚的道德与幸福生活的强烈愿望。

哈代 考查方向：选择、填空、名词解释

哈代是19世纪英国批判现实主义小说家和诗人。

代表作品有《苔丝》《无名的裘德》等。其中，《苔丝》通过讲述一个被侮辱的乡村姑娘苔丝的悲惨遭遇，表达了作者对苔丝的人道主义同情。

柯南道尔 考查方向：选择、填空、名词解释

柯南道尔是英国侦探小说家，堪称侦探悬疑小说的鼻祖。

代表作品为侦探系列小说《福尔摩斯探案全集》。这部作品以侦探福尔摩斯与华生的经历为主线，引出了一件件耸人听闻的奇案，成功塑造了成功的侦探——夏洛克·福尔摩斯，被多次改编成影视剧作。

阿加莎·克里斯蒂 考查方向：选择、填空、名词解释

阿加莎·克里斯蒂是英国古典推理小说作家，有"推理小说女王"的美誉。

阿加莎·克里斯蒂开创了侦探小说的"乡间别墅派",即凶杀案发生在一个特定封闭的环境中,而凶手也是几个特定关系人之一,她始终以动机分析人性,为读者展现了一个个特异怪诞的心理世界,深层揭示了曲折摇曳的人性迷宫。

代表作品有《无人生还》《东方快车谋杀案》《尼罗河上的惨案》等。她在小说中塑造了大侦探波洛这一人物形象。

毛姆　考查方向:选择、填空、名词解释

毛姆是英国小说家、剧作家,被誉为"最会讲故事的作家"。他对生活抱有既不抗争也不颂赞的"超然"态度,被后人看作是自然主义的继承人。

代表作品有长篇小说《人生的枷锁》《月亮和六便士》《面纱》《刀锋》等。

【知识拓展】

《月亮和六便士》:以法国后印象派画家保罗·高更的生平为素材,描述了一个平凡的证券经纪人冲出世俗樊笼走向艺术的至境,在孤独中实现灵魂的自由的故事。

乔治·奥威尔　考查方向:选择、填空、名词解释

乔治·奥威尔是英国小说家、记者。他以敏锐的洞察力、犀利的文笔审视记录着他所生活的那个时代,做出了许多超越时代的预言,被称为"一代人的冷峻良知"。

代表作品《1984》和《动物庄园》是反极权主义的经典名著。

王尔德　考查方向:选择、填空、名词解释

王尔德是英国作家,以其剧作、诗歌、童话和小说而闻名,唯美主义代表人物。其文学主张是"为艺术而艺术"。

代表作品有小说《道连·格雷的画像》,剧本《温德米尔夫人的扇子》《薇拉》,童话集《快乐王子》《夜莺与玫瑰》等。

【知识拓展】

唯美主义是19世纪末期在法、英等国流行的一种文学思潮,主张"为艺术而艺术",即艺术与政治、道德、功利无关;提出"形式是一切",重视艺术形式的美,着力探讨诗歌与音乐、绘画的关系,锤炼文学的表现形式。

代表作品是王尔德的小说《道连·格雷的画像》。

艾略特　考查方向:选择、填空、名词解释

艾略特是20世纪英国诗人、文学评论家、戏剧家。

代表作品《荒原》被誉为"现代诗歌的里程碑",还有作品《空心人》《四个四重奏》《灰色星期三》等,1948年获得诺贝尔文学奖。

(三)法国文学

拉伯雷　考查方向:选择、填空、名词解释

拉伯雷是16世纪法国人文主义作家。他反对天主教会,要求享受现世的幸福。

代表作品是长篇小说《巨人传》,该小说取材于法国民间传说故事,主要写格朗古杰、高康大、庞大固埃三代巨人的活动史。

古典主义文学　考查方向：选择、填空、名词解释

古典主义是 17 世纪兴起于法国，后流传到欧洲其他各国的一种文学思潮。它以古希腊罗马文学艺术为典范，因而有古典主义之称。其哲学基础是笛卡儿的唯理主义。代表作家有法国高乃依、拉辛、莫里哀等。

【知识拓展】

高乃依：17 世纪法国古典主义悲剧代表作家，法国古典主义戏剧的奠基人。代表作品《熙德》《梅里特》《梅德》等。

拉辛：17 世纪法国古典主义悲剧代表作家，与高乃依、莫里哀合称"17 世纪最伟大的三位法国剧作家"。代表作品有《费德尔》《安德洛玛克》《阿达利》等。

笛卡尔：法国哲学家、数学家，是西方现代哲学的思想奠基人之一，最著名的名言："我思故我在。"

莫里哀　考查方向：选择、填空、名词解释

莫里哀是 17 世纪古典主义喜剧作家，被戏剧界誉为"舞台上最全面的竞技者"。

莫里哀的作品多表现当代题材，立足社会现实，熟练运用古典主义艺术法则，写出了很多具有人文主义思想的剧作，具有民主倾向。

代表作品《悭吝人》《伪君子》《唐璜》《可笑的女才子》《恨世者》《贵人迷》等。

【知识拓展】

《伪君子》：讲述了伪装圣洁的教会骗子达尔杜弗混进富商奥尔恭家中，企图勾引其妻子，夺取其家财，最后真相败露锒铛入狱，奥尔恭幡然醒悟的故事。歌德称赞其作品："像他那样的开场是现存最伟大的最好的开场。"

《悭吝人》：塑造了经典吝啬鬼形象——阿巴贡，与莎士比亚《威尼斯商人》中的夏洛克、巴尔扎克《欧也妮·葛朗台》中的葛朗台、果戈理《死魂灵》中的波留希金合称为欧洲文学史上的四大吝啬鬼。

《唐璜》：是一部五幕散文剧，该作品借用西班牙传说人物唐璜映射 17 世纪腐朽糜烂的法国贵族。

法国启蒙文学　考查方向：选择、填空、名词解释

法国启蒙文学是 18 世纪欧洲启蒙运动的一个重要组成部分。其显著特征是崇尚理性，弘扬人的价值和个性尊严，宣扬自由、平等、博爱，其作品具有强烈的战斗性和批判性。启蒙文学为建立资本主义国家制度奠定了理论基础。

代表人物及作品有伏尔泰的《老实人》、狄德罗的《百科全书》、卢梭的《忏悔录》和博马舍的《费加罗的婚礼》等。

【知识拓展】

伏尔泰：法国启蒙运动的领袖人物，被称为"法兰西思想之王"，代表作品有《老实人》《天真汉》等，哲学著作《哲学通信》《形而上学论》等。

孟德斯鸠：法国启蒙作家，代表作品有理论著作《法的精神》，阐述了"三权分立"的思想，哲理小说《波斯人信札》。

费加罗三部曲　考查方向：选择、填空、名词解释

费加罗三部曲是18世纪法国戏剧家博马舍创作的三部戏剧《塞维勒的理发师》《费加罗的婚礼》《有罪的母亲》的统称。

费加罗三部曲中，《费加罗的婚礼》影响最大，该作品被拿破仑称为"法国资产阶级革命的第一声炮响"，后来被奥地利音乐家莫扎特改编为同名歌剧。

卢梭　考查方向：选择、填空、名词解释

卢梭是18世纪法国启蒙思想家、文学家。

卢梭提倡"性善论"，提出"天赋人权"说，反对专制暴政。他在《社会契约论》中宣称"人生而自由，却无往不在枷锁中"。

代表作品有自传体小说《忏悔录》、长篇教育小说《爱弥儿》、政治著作《社会契约论》等。

司汤达　考查方向：选择、填空、名词解释

司汤达是19世纪法国现实主义文学的创始人，被称为"现代小说之父"。

司汤达的作品擅长描写政治斗争和社会问题，并以准确的人物心理分析和凝练的笔法而闻名。

代表作品有《红与黑》《阿尔芒斯》等。其中《红与黑》是19世纪现实主义文学的奠基之作。小说以于连的生活经历为线索，以波旁王朝时期的社会生活为背景，展示了尖锐复杂的社会矛盾，具有强烈的反封建、反教会的政治色彩，塑造了"少年野心家"于连这一人物形象。

巴尔扎克　考查方向：选择、填空、名词解释

巴尔扎克是19世纪法国伟大的批判现实主义作家，欧洲现实主义文学的奠基人和引领者。

巴尔扎克的小说结构多样，善于将集中概括与精准描摹相结合，用通过外形反映内心本质等手法来塑造人物；他还善于以生动逼真的环境描写再现时代风貌，构成了一幅幅鲜明生动的生活场景。

代表作品为《人间喜剧》，包括小说《欧也妮·葛朗台》《高老头》《幻灭》《朱安党人》等。

《人间喜剧》由90多部独立而又有所联系的小说组成，以现实主义手法展示了19世纪前半期整个法国社会的生活画卷，被称为法国社会的"百科全书"。

大仲马　考查方向：选择、填空、名词解释

大仲马是法国19世纪浪漫主义作家，杰出的通俗小说家。其作品大都以真实的历史作为背景，以主人公的奇遇为内容，情节曲折离奇。

代表作品有《基督山伯爵》《三个火枪手》等。

小仲马　考查方向：选择、填空、名词解释

小仲马是大仲马的儿子，法国现实主义戏剧的创始人。其剧作大都以妇女、婚姻和

家庭问题为题材,真实地反映了资产阶级道德的腐朽性质。

代表作品有长篇小说《茶花女》和剧作《私生子》《放荡的父亲》《克洛德的妻子》等。

雨 果　考查方向:选择、填空、名词解释、简答

法国 19 世纪前期积极浪漫主义文学的代表作家,被誉为"法兰西的莎士比亚"。他的创作最突出的特点是宣扬人道主义。

代表作品有长篇小说《巴黎圣母院》《悲惨世界》和《九三年》等。

【知识拓展】

《巴黎圣母院》:描述了巴黎圣母院副主教克洛德道貌岸然、蛇蝎心肠,迫害吉卜赛女郎埃斯梅拉达,面目丑陋却心地善良的敲钟人卡西莫多为救女郎而舍身的故事。

《悲惨世界》:讲述了主人公冉阿让为了姐姐的孩子不被饿死偷了面包,服刑后受到主教收留,却迫于生计偷走了主教的银器,主教让其免于被捕后,其弃恶从善,终成大企业主和市长,却始终未能见容于统治者,几遭困厄,最后在孤独中死去的故事。

福楼拜　考查方向:选择、填空、名词解释

福楼拜是19 世纪中期法国批判现实主义作家,被誉为"自然主义文学的鼻祖""西方现代小说的奠基者"。

福楼拜在创作上追求"客观而无动于衷"的美学原则和严谨精致的艺术风格。在艺术手法上,通常使用白描手法,语言简洁却善于烘托气氛。

代表作品有《包法利夫人》《情感教育》《萨朗波》等。

【知识拓展】

《包法利夫人》讲述的是一个受过贵族化教育的农家女爱玛,瞧不起当乡镇医生的丈夫包法利而两度偷情,导致最后积债如山,服毒自尽的故事。

凡尔纳　考查方向:选择、填空、名词解释

凡尔纳是 19 世纪法国科幻和冒险小说家,享有"科学幻想小说之父"的美誉。

代表作品有《格兰特船长的儿女》《海底两万里》《八十天环游地球》《神秘岛》等。

莫泊桑　考查方向:选择、填空、名词解释

莫泊桑是19 世纪末法国批判现实主义作家,文学成就以短篇小说最为突出,被誉为"短篇小说之王"。与欧·亨利、契诃夫合称为"世界三大短篇小说巨匠"。

代表作品有短篇小说《项链》《羊脂球》《我的叔叔于勒》,长篇小说《一生》《漂亮朋友》等。

左 拉　考查方向:选择、填空、名词解释

左拉是19 世纪后半期法国批判现实主义作家,也是法国自然主义文学的主要倡导者。

代表作品《小酒店》《萌芽》《娜娜》《卢贡-马卡尔家族》等。

波德莱尔　考查方向:选择、填空、名词解释

波德莱尔是 19 世纪法国现代派诗人,象征派诗歌的先驱。

代表作品为《恶之花》,这部诗集是法国象征主义的开山之作。其他作品还有散文诗集《巴黎的忧郁》、散文集《人造天堂》等。

罗曼·罗兰　考查方向:选择、填空、名词解释

罗曼·罗兰是 20 世纪初法国批判现实主义作家,他一生为争取人类自由、民主与光明而斗争,其创作常被人们归纳为"用音乐写小说"。同时,他也是传记文学的创始人。

代表作品有长篇小说《约翰·克利斯朵夫》《母与子》,名人传记《名人传》(包括《贝多芬传》《米开朗基罗传》《托尔斯泰传》三部传记)等。

【知识拓展】

《约翰·克利斯朵夫》:描写了主人公从儿时音乐才能的觉醒,到最后达到精神宁静的崇高境界,宣扬了人道主义与英雄主义。整部小说以"河"这一意象贯穿始终。

普鲁斯特　考查方向:选择、填空、名词解释

普鲁斯特是 20 世纪法国作家,意识流小说的创作先驱与大师。

代表作品为《追忆逝水年华》,这部小说展示了"我"在富裕家庭却精神空虚的生活,被公认为意识流小说的开山之作。其他作品还有《让·桑特伊》《欢乐与时日》等。

【知识拓展】

意识流小说是 20 世纪 20 年代兴起的一个现代主义文学流派。其突出特点是打破了传统小说的表达方式,采取直接叙述意识流动过程的方法来结构篇章和塑造人物形象。它可以打破时空界限,进行立体交叉式的描写,具有较大的浓缩性和凝聚力。

代表作家作品有普鲁斯特的《追忆逝水年华》、乔伊斯的《尤利西斯》、福克纳的《喧哗和骚动》、伍尔夫的《到灯塔去》等。

萨　特　考查方向:选择、填空、名词解释

萨特是法国文学家、哲学家,西方存在主义文学的代表作家。1964 年获得诺贝尔文学奖但拒绝领奖。

存在主义文学提倡文学作品要如实地表现世界和人类。在艺术技巧上,经常大段地使用意识流打断故事的叙述。

代表作品有剧作《肮脏的手》《苍蝇》《禁闭》、长篇小说《恶心》、哲学著作《存在与虚无》等。

加　缪　考查方向:选择、填空、名词解释

加缪是法国小说家、哲学家、评论家,存在主义文学的领军人物,"荒诞哲学"的代表人物,1957 年诺贝尔文学奖获得者。

代表作品有《局外人》《鼠疫》《误会》等。

尤奈斯库　考查方向:选择、填空、名词解释

尤奈斯库是 20 世纪法国荒诞派戏剧的奠基人。他的剧作多采用漫画式的夸张、荒诞的虚构、支离破碎的情节来表现人生的荒诞和绝望。

代表作品有《秃头歌女》《犀牛》《椅子》等。其中，《秃头歌女》于1950年5月10日在巴黎上演，该剧的上演标志着荒诞派戏剧的诞生。

玛格丽特·杜拉斯

考查方向：选择、填空、名词解释

玛格丽特·杜拉斯是20世纪法国女作家、电影艺术家。

代表作品有小说《情人》《琴声如诉》，电影剧本《广岛之恋》《长别离》等。

【知识拓展】

《广岛之恋》：该剧讲述了一位法国女演员与日本建筑师之间的爱情。由法国导演阿仑·雷乃执导拍摄成同名电影，是法国左岸派电影的代表作之一。

《情人》：带有自传色彩的作品，以越南为背景，描写了一名贫穷的法国少女与富有的华裔少爷之间深沉而无望的爱情。该作品被改编成同名电影，由法国让-雅克·阿诺导演，珍·玛奇、梁家辉主演。

（四）德国文学

莱 辛

考查方向：选择、填空、名词解释

莱辛是德国戏剧家、戏剧理论家、文艺批评家。他的作品大多取材于德国普通市民生活，注重作品的社会教育功能，为德国的现实主义戏剧发展指明了方向。

代表作品有美学著作《拉奥孔》，戏剧理论名著《汉堡剧评》，市民悲剧《萨拉·萨姆逊小姐》等。

歌 德

考查方向：选择、填空、名词解释

歌德是18世纪中叶到19世纪初德国作家、思想家，德国古典文学、民族文学和"狂飙突进"运动的代表人物，恩格斯称他为"天才的诗人"，海涅称他为"世界的一面镜子"。

歌德的作品运用和谐宁静的古典美的艺术表现形式，反映了青年人追求个性解放和爱情自由的心声。他的一生创作了大量的诗歌，体现出洛可可的华丽风格，具有极高的思想价值和审美价值。

代表作品有书信体小说《少年维特之烦恼》、诗剧《浮士德》《普罗米修斯》、长篇小说《亲和力》等。其中《少年维特之烦恼》是其成名作。

【知识拓展】

《少年维特之烦恼》：是歌德根据个人亲身经历的爱情体验和友人的事件写成的作品，描写了少年维特与绿蒂之间的爱情悲剧，被视为"狂飙突进"运动时期最重要的小说。

《浮士德》：是歌德创作的一部长达12111行的诗剧，取材于欧洲中世纪的民间传说，没有首尾连贯的情节，而以浮士德思想的发展变化为线索，描述他探求真理的一生。塑造了追求精神生活的海伦、魔鬼靡非斯特等形象。

欧洲文学四大古典名著

考查方向：选择、填空、名词解释

欧洲文学四大古典名著分别是《荷马史诗》《神曲》《哈姆雷特》《浮士德》。

席　勒　考查方向：选择、填空、名词解释

席勒是 18 世纪末德国诗人、剧作家、美学家，是德国"狂飙突进"运动和古典文学的代表人物、德国民族文学的奠基人。

代表作品有剧作《阴谋与爱情》《强盗》《华伦斯坦三部曲》，美学与文艺批评专著《审美教育书简》，诗歌《欢乐颂》等。其中，《阴谋与爱情》被恩格斯誉为"德国第一部有政治倾向的戏剧"。

【知识拓展】

《阴谋与爱情》：讲述了宰相之子与平民琴师的女儿深深相爱，然而这段爱情在等级森严的社会和钩心斗角的宫廷阴谋下，最终以两人死去的悲剧而告终。

《欢乐颂》：该诗歌描述了席勒受友谊感动而产生的欢乐，进而引申出对自由、平等、博爱的歌颂。后被贝多芬在第九交响曲采用作为主题合唱曲。

格林兄弟　考查方向：选择、填空、名词解释

格林兄弟指雅各布·格林和威廉·格林，兄弟二人都是 19 世纪前期德国杰出的童话大师。他们从民间收集的大量故事中提炼出 200 多个儿童故事，编成《儿童与家庭童话集》，即《格林童话》。

代表名篇有《白雪公主》《青蛙王子》《灰姑娘》《小红帽》《勇敢的小裁缝》等。

海　涅　考查方向：选择、填空、名词解释

海涅是德国民主诗人、政论家，被称为"德国古典文学的最后一位代表"。代表作品有诗作《德国，一个冬天的童话》《西里西亚的纺织工人》等。

布莱希特　考查方向：选择、填空、名词解释

布莱希特是德国戏剧家、戏剧理论家、诗人。他创立了"史诗戏剧"理论和"间离效果"表演方法，形成了独树一帜的"布氏体系"。

代表作品有剧作《大胆妈妈和她的孩子们》、取材于中国的《四川好人》与《高加索灰阑记》等。

【知识拓展】

间离效果：又称陌生化方法，是布莱希特提出的一种新的戏剧理论和方法，其基本含义是利用艺术方法把平常的事物变得不平常，揭示事物的因果关系，暴露事物的矛盾性质，使人们认识到改变现实的可能性。但就表演方法而言，"间离方法"要求演员与角色保持一定的距离，不要把二者融合为一，演员要高于角色、驾驭角色、表演角色。

君特·格拉斯　考查方向：选择、填空、名词解释

君特·格拉斯是德国当代作家，1999 年诺贝尔文学奖获得者。代表作品有"但泽三部曲"（《铁皮鼓》《猫与鼠》《狗年月》）和《局部麻醉》等。

【知识拓展】

《铁皮鼓》是"但泽三部曲"的第一部。作者采用倒叙的方法，让主人公以第一人称"我"的口吻在两个时空平面上叙述发生在德、波边境和但泽地区半个多世纪的事件。该小说被德国导演施隆多夫改编成同名反战电影，电影获得奥斯卡金像奖最佳外语片奖。

（五）意大利文学

但 丁　考查方向：选择、填空、名词解释

但丁是从中世纪到文艺复兴过渡时期最有代表性的作家，被恩格斯誉为"中世纪的最后一位诗人，同时又是新时代的最初一位诗人"。

代表作品为长诗《神曲》。《神曲》采用了中世纪文学特有的幻游形式，全诗分为《地狱》《炼狱》《天堂》三个部分，是浪漫主义和现实主义紧密结合的典范。作者在书中坚决反对中世纪的蒙昧主义，表达了执着追求真理的思想。

彼特拉克　考查方向：选择、填空、名词解释

彼特拉克是意大利人文主义奠基人，享有"人文主义之父"的美誉。

彼特拉克的诗歌一改中世纪的神秘思想和抽象晦涩风格，直接描写现实生活中的人和自己对幸福生活的向往。1341年获得"桂冠诗人"的称号。

代表作品为抒情诗集《歌集》，反映了诗人的爱情观和幸福观。

薄伽丘　考查方向：选择、填空、名词解释

薄伽丘是意大利文艺复兴运动的杰出代表。他的作品都以爱情为主题，充满了对人间生活和人生幸福的追求。他的理论著作中提出"诗歌即神学"的观点，强调了文学的启迪和教育的作用。

代表作《十日谈》是一部框架结构的短篇小说集，被誉为"欧洲文学史上第一部现实主义经典巨著"。该书讲述了意大利佛罗伦萨瘟疫期间 10 名男女在 10 天里每人每天讲一个故事，批判了宗教守旧思想，宣扬了"幸福在人间"的思想，被视为文艺复兴的宣言之作。

【知识拓展】

但丁、彼特拉克、薄伽丘是文艺复兴的先驱，被称为"文艺复兴三巨头"或"文坛三杰"。

（六）俄国、苏联文学

普希金　考查方向：选择、填空、名词解释

普希金是 19 世纪俄国浪漫主义文学代表人物、批判现实主义文学奠基人，被高尔基誉为"俄国文学之始祖"，后人赞誉他为"俄罗斯诗歌的太阳"。

代表作品有诗体小说《叶甫盖尼·奥涅金》、中篇小说《上尉的女儿》，短篇小说《黑桃皇后》、抒情诗《假如生活欺骗了你》《自由颂》《致大海》、童话诗《渔夫和金鱼的故事》等。

果戈理　考查方向：选择、填空、名词解释

果戈理是 19 世纪俄国讽刺作家，批判现实主义文学的奠基人，鲁迅称他为"写实派的开山鼻祖"。

代表作品有小说《死魂灵》《狂人日记》《外套》、五幕讽刺喜剧《钦差大臣》等。

《死魂灵》是果戈理创作达到顶峰的标志，有力地揭露了俄国专制统治和农奴制度

的吃人本质。小说还刻画了泼留希金这个经典吝啬鬼形象。

《钦差大臣》逼真地反映了俄国专制社会的种种弊端和黑暗,讽刺了官场逢迎拍马的腐败作风,深刻地揭露了官僚阶级的丑恶和腐朽。

【知识拓展】

果戈理被誉为"俄国散文之父",普希金是俄国的"诗歌之父",他们两人被誉为俄国文学史上的"双璧"。

列夫·托尔斯泰   考查方向:选择、填空、名词解释

列夫·托尔斯泰是19世纪俄国批判现实主义作家,列宁称他为"俄国革命的镜子"。高尔基认为,"不认识托尔斯泰,不可能认识俄罗斯"。

托尔斯泰在创作中,除了对现实进行无情的批判外,还热切宣扬悔罪、拯救灵魂、禁欲主义等观点。托尔斯泰还提出了"三大学说",即道德的自我完善、不以暴力抗恶、博爱(即全人类普遍的爱)。

代表作品有《战争与和平》《安娜·卡列尼娜》《复活》等。

《安娜·卡列尼娜》讲述了贵族妇女安娜追求爱情幸福,却在卡列宁的虚伪、渥伦斯基的冷漠和自私面前碰得头破血流,最终落得卧轨自杀的下场。名句"幸福的家庭都是相似的,不幸的家庭各有各的不幸"出自该作品。

《复活》是托尔斯泰最后一部长篇小说,被誉为俄国现实主义文学发展的高峰。小说以贵族地主聂赫留朵夫为玛丝洛娃伸冤而四处奔走为线索,全面展示了俄国社会从城市到乡村的现实生活,深刻地暴露了专制农奴制度的黑暗腐朽。

【知识拓展】

《战争与和平》:史诗性长篇小说,以1812年拿破仑入侵俄国为题材,展现了俄国人民反对入侵者的斗争。小说成功地把大规模的战争场面和多方面的和平生活有机结合在一起,描绘了19世纪最初20年纵横俄国城乡的广阔画面。

屠格涅夫   考查方向:选择、填空、名词解释

屠格涅夫是19世纪俄国批判现实主义作家,他的作品真实而艺术地再现社会事件,享有"艺术编年史"的美称。

代表作品有短篇小说和散文集《猎人笔记》,长篇小说《罗亭》《父与子》《贵族之家》《前夜》等。

【知识拓展】

"新人"形象:指19世纪中叶俄国文学作品中出现的具有民主主义思想倾向的平民知识分子艺术形象。在当时俄国文学作品中,俄国贵族知识分子逐渐被平民知识分子取代,屠格涅夫开创了俄国文学史上的"新人"形象。

多余人形象   考查方向:选择、填空、名词解释

"多余人"是19世纪俄国文学中所描绘的贵族知识分子的一种典型。他们属于贵族知识分子,他们不满于现状却又跳不出这种小圈子与人民结合,成了社会上的"多余人"。

"多余人"出自屠格涅夫的《多余人日记》,但最早具有"多余人"形象特点的是普希

金笔下的叶普盖尼·奥涅金,其他的还有莱蒙托夫笔下的毕巧林、屠格涅夫笔下的罗亭、冈察洛夫笔下的奥勃洛摩夫、赫尔岑笔下的别尔托夫等。

陀思妥耶夫斯基　考查方向:选择、填空、名词解释

陀思妥耶夫斯基是 19 世纪俄国批判现实主义作家,有"现代派小说鼻祖"的美誉。

代表作品有长篇小说《被侮辱与被损害的》《罪与罚》《卡拉马佐夫兄弟》,中篇小说《女房东》《白夜》等。

契诃夫　考查方向:选择、填空、名词解释

契诃夫是俄国 19 世纪末期最后一位批判现实主义作家,世界三大短篇小说巨匠之一。

契诃夫善于从日常生活中发现有典型意义的人和事,通过简洁明快的语言、幽默讽刺的笔调进行讲述,情节生动,节奏紧凑,短小精悍,有着强烈的艺术感染力。

代表作品有小说《变色龙》《装在套子里的人》《小公务员之死》《凡卡》《第六病室》、戏剧《樱桃园》《万尼亚舅舅》《海鸥》《三姊妹》等。

【知识拓展】

《变色龙》是契诃夫早期创作的短篇小说。契诃夫在该作中栩栩如生地塑造了虚伪逢迎、见风使舵的巡警奥楚蔑洛夫,通过人物如同变色龙似的态度不断变化的细节描写,有力地嘲讽沙皇专制制度下封建卫道士的卑躬屈膝的嘴脸。

高尔基　考查方向:选择、填空、名词解释

20 世纪俄国无产阶级作家,苏联文学的创始人,被称为"无产阶级艺术的最杰出的代表"。

代表作品有自传体三部曲《童年》《在人间》《我的大学》,散文诗《海燕》,长篇小说《母亲》等。其中,《母亲》是世界上第一部正面歌颂无产阶级革命的作品,塑造了投身革命的工人形象帕维尔与作为群众代表的母亲形象,展现了列宁领导的俄国无产阶级革命的发展全过程。

奥斯特洛夫斯基　考查方向:选择、填空、名词解释

奥斯特洛夫斯基是苏联作家、战斗英雄。

代表作品是长篇小说《钢铁是怎样炼成的》。作品以其亲身经历为原始素材,以主人公保尔·柯察金的成长过程为线索,讴歌了对信念执着、为理想献身、无私奉献的精神,感动并激励了几代人。

肖洛霍夫　考查方向:选择、填空、名词解释

肖洛霍夫是苏联著名作家,1965 年诺贝尔文学奖获得者。他以描写顿河地区的生活而闻名于世,主要作品有《静静的顿河》《一个人的遭遇》《新垦地》等。

《静静的顿河》生动反映了俄国十月革命前后顿河一带的重大事件,以及哥萨克各阶层的矛盾和兴衰变化,被誉为"哥萨克社会历史上的一面镜子"。

（七）美国文学

斯托夫人　考查方向：选择、填空、名词解释

斯托夫人是**美国女小说家**、浪漫主义诗人，废奴主义文学的代表作家。林肯总统评价她是"写了一本书，酿成一场大战的小妇人"。

代表作品为**《汤姆叔叔的小屋》**。这部作品暴露了蓄奴制度的罪恶，把废奴文学创作推向了高潮，也对社会的进步起到了积极的推动作用。

梭　罗　考查方向：选择、填空、名词解释

梭罗是美国作家、哲学家、超验主义代表人物，废奴主义及自然主义者，有无政府主义倾向。

代表作品是散文集**《瓦尔登湖》**。该书描绘了作家独居瓦尔登湖的所见、所闻和所思。

惠特曼　考查方向：选择、填空、名词解释

惠特曼是19世纪美国浪漫主义诗人，被誉为**美国的"诗歌之父"**。代表作品有诗歌集**《草叶集》**。

马克·吐温　考查方向：选择、填空、名词解释

马克·吐温是美国19世纪批判现实主义文学代表作家，被誉为"短篇小说大师"，作品以幽默讽刺见长，在语言风格和写作技巧上打破了美国的传统模式。

代表作品有**短篇小说《竞选州长》**，**中篇小说《百万英镑》**，**长篇小说《哈克贝利·费恩历险记》《汤姆·索亚历险记》**等。

【知识拓展】

《百万英镑》：讲述了一个穷困潦倒的办事员美国小伙子亨利·亚当斯在伦敦的一次奇遇，被改编成同名电影，由罗纳德·尼姆执导，格利高里·派克等领衔主演。

《竞选州长》：小说以第一人称"我"展开，讲述了"我"与伍福特先生、霍夫曼先生参加纽约州州长的竞选的历程遭遇，揭示了资产阶级政党的卑劣行径与丑恶灵魂。

欧·亨利　考查方向：选择、填空、名词解释

欧·亨利是美国现代短篇小说家、批判现实主义作家，世界三大短篇小说巨匠之一。

欧·亨利的作品以描写社会的底层人物为主，情节生动、幽默，有**"美国生活的幽默百科全书"**之称。他的小说结构精巧，善于制造**"既在情理之中，又出乎意料之外"**的结尾。

代表作品有**《麦琪的礼物》《警察与赞美诗》**《最后一片叶子》《爱的牺牲》等。

【知识拓展】

《警察与赞美诗》：讲述一个穷困潦倒的流浪汉苏比，因为想去监狱熬过寒冬而故意犯罪，却未能如愿，而当他在教堂里被赞美诗所感动，想要重新做人的时候，警察却将他送进了监狱的故事。

《麦琪的礼物》：讲述圣诞节女主人公德拉卖掉秀发为丈夫吉姆买了白金表链,吉姆卖了金表为妻子买了梳子的故事,赞美了善良纯真的爱情。

海明威　考查方向：选择、填空、名词解释

海明威是 20 世纪美国小说家,"新闻体"小说的创始人,1954 年诺贝尔文学奖获得者。

海明威在作品中对人生、世界、社会都表现出了迷茫和彷徨,是美国"迷惘的一代"作家中的代表人物。

代表作品有中篇小说《老人与海》,长篇小说《太阳照样升起》《永别了,武器》《丧钟为谁而鸣》,短篇小说集《乞力马扎罗的雪》等。

《老人与海》讲述了一位老年古巴渔夫圣地亚哥与一条巨大的马林鱼在离岸很远的湾流中搏斗的故事,体现了海明威不向命运低头、永不服输的斗士精神和积极向上的乐观人生态度。"一个人并不是生来要给打败的,你尽可以把他消灭掉,可就是打不败他"即出自此。

【知识拓展】

冰山原则：该创作理论首先由海明威提出,主要指"更少即是更多",即用简洁的文字塑造出鲜明的形象,把自身的感受和思想情绪最大限度地埋藏在形象之中。

尤金·奥尼尔　考查方向：选择、填空、名词解释

尤金·奥尼尔是美国戏剧家、表现主义文学代表作家,1936 年诺贝尔文学奖获得者。代表作品有《琼斯皇》《毛猿》《天边外》《悲悼》《榆树下的欲望》等。

德莱塞　考查方向：选择、填空、名词解释

德莱塞是美国现实主义作家,现代小说的先驱。

代表作品有长篇小说《嘉莉妹妹》《珍妮姑娘》《美国的悲剧》等。

塞林格　考查方向：选择、填空、名词解释

塞林格是美国作家,擅长塑造早熟、出众的青少年形象。

代表作品是长篇小说《麦田里的守望者》。作品讲述了中学生霍尔顿·考尔菲德从离开学校到纽约游荡的三天时间内的内心世界,塑造了当代美国文学中最早出现的反英雄形象霍尔顿,揭示了二战后美国青少年孤寂、彷徨、痛苦的内心世界。

福克纳　考查方向：选择、填空、名词解释

福克纳是美国作家,意识流小说的代表作家,1949 年诺贝尔文学奖的获得者。

代表作品有《喧哗与骚动》《我弥留之际》等。其中,《喧哗与骚动》讲述了美国南方没落地主康普生一家的家族悲剧,书中大量运用多视角叙述方法及意识流手法,与《尤利西斯》《追忆逝水年华》并称为意识流小说的三大杰作。

玛格丽特·米切尔

考查方向：选择、填空、名词解释

玛格丽特·米切尔是美国现代女作家。

代表作品是长篇小说《飘》。该小说取材于美国南北战争，描写的是南方女种植园主郝思嘉的生活经历及爱情纠葛，1939 年被改编成电影《乱世佳人》，由维克多·弗莱明导演，费雯·丽主演。

海勒

考查方向：选择、填空、名词解释

海勒是美国小说家、戏剧家、黑色幽默文学的代表作家。

代表作品有长篇小说《第二十二条军规》《出了毛病》，剧本《我们轰炸了纽黑文》等。

杰克·凯鲁亚克

考查方向：选择、填空、名词解释

凯鲁亚克是美国作家，美国"垮掉的一代"代表人物。

代表作品有自传体小说《在路上》及《达摩流浪者》《孤独天使》《孤独旅者》等。其中《在路上》描写了以萨尔为主的一群年轻人荒诞不经的生活经历，被公认为是"垮掉一代"的经典之作。

（八）日本文学

紫式部

考查方向：选择、填空、名词解释

紫式部是日本平安时代女作家。

代表作品长篇小说《源氏物语》，被认为是日本也是世界最早的长篇小说。小说以日本平安时代为背景，描写了主人公源氏的生活经历和爱情故事。该作品确立了日本崇奉的"物哀"美学传统，代表了日本古典主义文学的最高峰，被誉为"日本的《红楼梦》"。

夏目漱石

考查方向：选择、填空、名词解释

夏目漱石是日本近代文学家，被称为"国民大作家"。他在小说中对个人心理的描写开创了后世"私小说"的先河。

代表作品有小说《我是猫》《虞美人草》《门》等。其中，《我是猫》通过一只猫的眼睛，以主人公中学教员苦沙弥的日常起居为主线，全面抨击了日本明治时期的社会黑暗，极具讽刺性。

芥川龙之介

考查方向：选择、填空、名词解释

芥川龙之介是日本小说家。

代表作品有短篇小说《罗生门》《竹林中》等。《竹林中》和《罗生门》两部小说被日本导演黑泽明改编成电影《罗生门》。

川端康成

考查方向：选择、填空、名词解释

川端康成是日本新感觉派作家。1968 年获得诺贝尔文学奖，是日本第一位获此殊荣的作家。

川端康成的作品在虚幻、哀愁和颓废的基调上,以病态、失意、孤独、衰老、死亡来反映空虚的心理和忧郁的生活,追求一种颓废美。

代表作品有小说《伊豆的舞女》《雪国》《古都》《千羽鹤》等。

大江健三郎　考查方向:选择、填空、名词解释

大江健三郎是日本当代作家,1994 年获得诺贝尔文学奖,是日本第二位获此殊荣的作家。

代表作品有长篇小说《个人的体验》《万延元年的足球队》《洪水淹没我的灵魂》等。

村上春树　考查方向:选择、填空、名词解释

村上春树是日本当代作家,被誉为"日本 20 世纪 80 年代的文学旗手"。

代表作品有《且听风吟》《挪威的森林》《海边的卡夫卡》《舞! 舞! 舞!》《刺杀骑士团长》等。

东野圭吾　考查方向:选择、填空、名词解释

东野圭吾是日本推理小说家。

代表作品有《放学后》《嫌疑人 X 的献身》《神探伽利略》《白夜行》《预知梦》《解忧杂货店》等。

(九)其他地区文学

塞万提斯　考查方向:选择、填空、名词解释

塞万提斯是 16 世纪末西班牙最杰出的现实主义小说家、戏剧家,享有"现代小说之父"的美誉。

代表作品是长篇反骑士小说《堂吉诃德》,被评论家称为"欧洲文学史上第一部现代小说"。作者以现实主义创作手法塑造了堂吉诃德和他的随从桑丘两个典型形象,对上层腐朽的统治阶级进行了无情的鞭笞和嘲骂,对人民的苦难给予了深切的同情。

泰戈尔　考查方向:选择、填空、名词解释

泰戈尔是印度 19—20 世纪诗人、作家、哲学家。1913 年成为亚洲第一位获得诺贝尔文学奖的作家。

代表作品有诗集《飞鸟集》《吉檀迦利》《新月集》《园丁集》,长篇小说《戈拉》《沉船》等,诗作《人民的意志》被定为印度国歌。

【知识拓展】

如果你因为失去太阳而流泪,那么你也失去了群星。——《飞鸟集》

世界以痛吻我,要我报之以歌。——《飞鸟集》

生如夏花之绚烂,死如秋叶之静美。——《生如夏花》

茨威格　考查方向:选择、填空、名词解释

茨威格是奥地利小说家、文艺评论家。

代表作品有中篇小说《一个陌生女人的来信》《一个女人一生中的二十四小时》,短

篇小说《家庭女教师》《月光小巷》等。

【知识拓展】

《一个陌生女人的来信》：讲述了一个陌生女人，在她生命的最后时刻，饱蘸着一生的痴情写下一封凄惨动人的长信，向一位作家袒露了自己绝望的爱慕之情的故事。中国女导演徐静蕾曾将该小说改编为同名电影。

卡夫卡　考查方向：选择、填空、名词解释

卡夫卡是 20 世纪奥地利小说家，表现主义文学先驱。其作品多采用象征、直觉的手法，塑造变形、荒诞的形象。作品里的主人公多是小资产阶级及知识分子，他们饱受社会的欺压却无力反抗，于是呈现出孤独、恐惧的心理。

代表作品有短篇小说《变形记》《在流放地》《乡村医生》，长篇小说《审判》《城堡》《美国》等。

【知识拓展】

《变形记》：讲述了推销员格里高尔醒来变成甲壳虫的荒诞故事，反映了世人被社会挤压变形的现实。

《城堡》：是一部未完成的长篇小说。讲述了主人公 K 来城堡应聘土地测量员，却因种种原因始终无法进入城堡的故事。

裴多菲　考查方向：选择、填空、名词解释

裴多菲是 19 世纪中叶匈牙利诗人，他创造了自由诗体，为匈牙利诗歌的发展开辟了道路。

代表作品有《自由与爱情》《民族之歌》《给贵族老爷们》《农村的大锤》等。《自由与爱情》中的著名诗句是："生命诚可贵，爱情价更高。若为自由故，二者皆可抛。"

米兰·昆德拉　考查方向：选择、填空、名词解释

米兰·昆德拉是捷克小说家。

代表作品有《生命中不能承受之轻》《玩笑》《告别圆舞曲》《无知》等。

萧伯纳　考查方向：选择、填空、名词解释

萧伯纳是爱尔兰现实主义剧作家，1925 年获得诺贝尔文学奖。

代表作品有《华伦夫人的职业》《圣女贞德》《苹果车》《康蒂姐》《巴巴拉少校》等。

乔伊斯　考查方向：选择、填空、名词解释

乔伊斯是爱尔兰现代小说家，"意识流"小说的大师。其创作标志着"人类意识的新阶段"。

代表作品有长篇小说《尤利西斯》《一个青年艺术家的肖像》，短篇小说集《都柏林人》等。

贝克特　考查方向：选择、填空、名词解释

贝克特是爱尔兰荒诞派剧作家、小说家。1969 年获得诺贝尔文学奖。他的作品以诙谐、幽默的方式，表现了人生的荒诞、无意义和难以捉摸。

代表作品有剧作《等待戈多》《结局》《快乐时光》，长篇小说三部曲《莫洛伊》《马龙之死》《无名者》等。其中，《等待戈多》是荒诞派戏剧的经典之作。

【知识拓展】

《等待戈多》：是一部两幕悲喜剧，也是第一部演出成功的荒诞派戏剧。作品没有连贯的故事情节，只有两个老流浪汉的形象。

安徒生　考查方向：选择、填空、名词解释

安徒生是 19 世纪丹麦童话作家，以童话创作成就最大，被誉为"现代童话之父"。

代表作品有《海的女儿》《拇指姑娘》《卖火柴的小女孩》《丑小鸭》《皇帝的新装》等。

易卜生　考查方向：选择、填空、名词解释

易卜生是 19 世纪挪威戏剧家，欧洲近代戏剧的创始人，享有"现代戏剧之父"的美誉。他的"社会问题剧"对推动欧洲戏剧艺术的发展做出了重要贡献，具有世界性的影响。

代表作品是四大社会问题剧：《玩偶之家》《社会支柱》《人民公敌》《群鬼》。

《玩偶之家》讲述了女主人公娜拉与丈夫海尔茂之间由相亲相爱到决裂乃至最后离家出走的婚变历程。这是一部典型的社会问题剧，揭示了资产阶级的婚姻问题，鼓励妇女挣脱传统观念的束缚，争取真正的自由平等。

魔幻现实主义　考查方向：选择、填空、名词解释

魔幻现实主义文学是20 世纪 50 年代崛起于拉丁美洲文坛的一个后现代主义文学流派。

该流派的特点是在反映现实的叙事和描写中，插入离奇怪诞的情节、人物和意境，以及种种超自然的现实，代表作家有马尔克斯、博尔赫斯等。马尔克斯的《百年独孤》是该流派最为杰出的代表作。

加西亚·马尔克斯　考查方向：选择、填空、名词解释

加西亚·马尔克斯是哥伦比亚当代小说家，拉丁美洲魔幻现实主义文学的代表人物，1982 年获得诺贝尔文学奖。

代表作品有《百年孤独》《霍乱时期的爱情》等。其中《百年孤独》是一部魔幻现实主义文学的典范之作，被誉为"再现拉丁美洲历史社会图景的鸿篇巨著"。

【知识拓展】

《百年孤独》：描写了布恩迪亚家族七代人的传奇故事，以及加勒比海沿岸小镇马孔多的百年兴衰，反映了拉丁美洲一个世纪以来风云变幻的历史。作品融入神话传说、民间故事、宗教典故等神秘因素，巧妙地糅合了现实与虚幻，展现出一个瑰丽的想象世界，成为 20 世纪最重要的经典文学巨著之一。

博尔赫斯　考查方向：选择、填空、名词解释

博尔赫斯是阿根廷小说家。

代表作品有组诗《红色的旋律》，短篇小说集《赌徒的纸牌》《深沉的玫瑰》，小说《交叉小径的花园》等。

【知识拓展】

《交叉小径的花园》：是一部带有科幻色彩的小说。讲述了一个中国博士余准在第一次世界大战中的英国替德国人充当间谍的故事。

《一千零一夜》 考查方向：选择、填空、名词解释

《一千零一夜》又名《天方夜谭》，是阿拉伯著名的民间故事集。作品中很多故事来源于古代阿拉伯社会的民间传说，赞美和歌颂了人民的善良和智慧，抨击和揭露了坏人的邪恶和罪行。因其内容丰富，规模宏大，被高尔基誉为世界民间文学史上"最壮丽的一座纪念碑"。

《一千零一夜》中的著名故事有《渔夫的故事》《阿拉丁和神灯》《阿里巴巴和四十大盗》《辛巴达航海旅行记》等。

第三章　电视常识

第一节　中外广播电视发展历史

（一）外国广播电视发展历史

广播的诞生　考查方向：选择、填空

1906年12月25日，美国匹兹堡大学教授费森登在美国马萨诸塞州用无线电广播圣诞歌曲成功，被认为是广播的诞生。

世界第一座广播电台　考查方向：选择、填空

1920年11月2日，美国匹兹堡西屋电气公司的广播电台开播，呼号KDKA。这是世界上第一座广播电台，也是第一家商业广播电台。11月2日被公认为世界广播事业的诞生日。

电视的诞生　考查方向：选择、填空

1925年4月，英国人贝尔德在伦敦的塞尔弗里奇百货商店展示了第一台机械式电视机，他因此被称为"电视之父"。

1936年11月2日，BBC在伦敦郊外的亚历山大宫开始了电视的正式播出，这一天被公认为世界电视事业的诞生日。

美国的广播公司　考查方向：选择、填空

20世纪初美国出现了三大广播公司：全国广播公司（NBC）、哥伦比亚广播公司（CBS）、美国广播公司（ABC）。

全国广播公司（NBC），成立于1926年，总部设在纽约，是美国历史最久、实力最强的商业广播电视公司。1941年7月1日，播出了电视史上第一条商业广告。

哥伦比亚广播公司（CBS），成立于1927年，总部设在纽约。1941年，正式开办电视广播。

美国广播公司（ABC）1945年正式使用该名称。总部有两个，娱乐节目部设在洛杉矶附近的伯班克市，另一个总部设在传媒中心纽约的时代广场上。截至2008年，ABC是美国观众最多的电视网。

英国广播公司（BBC）

考查方向：选择、填空

1922 年 12 月 15 日，英国广播公司建立并开始播出节目。1936 年，英国广播公司在伦敦建立了世界上第一个正规的电视台，同年 11 月 2 日开始正式播放电视节目。被称为是"世界上缺点最少的电视体制"。

世界上第一台彩色电视机

考查方向：选择、填空

1940 年，古尔马研制成了世界上第一台彩色电视机。1949 年美国广播公司开发出全电子的彩色电视。

1954 年，美国全国广播公司（NBC）正式播放了彩色电视节目，标志着电视正式走进彩色世界。

《花言巧语的人》 考查方向：选择、填空

1930 年，英国广播公司（BBC）播出了多幕电视剧《花言巧语的人》，这是世界上公认的最早的电视剧，尽管画面效果不好，但此剧声像俱全，拉开了电视剧历史的帷幕。

（二）中国广播电视发展历史

中国境内第一座广播电台

考查方向：选择、填空

1922 年，美国人奥斯邦在上海成立中国无线电公司，并与英文报纸《大陆报》合作，创办了广播电台，呼号 XRO，播出的内容参照美国模式，以音乐娱乐节目为主。

1923 年 1 月 23 日晚间首次播出节目，标志着中国境内第一座广播电台的诞生。

哈尔滨广播电台 考查方向：选择、填空

1926 年，刘瀚建成了哈尔滨广播电台，呼号 XOH。这是中国人自办的第一座（官办）广播电台，于 1926 年 10 月 1 日进行广播。

刘瀚先生开中国广播事业之先河，是划分我国广播事业有与无界限的人，被誉为"中国广播之父"。

新新公司广播电台

考查方向：选择、填空

1927 年 3 月 18 日，上海新新公司为推销收音机等无线电器材，开办了一座十分简陋的广播电台，这是中国人自办的第一座民办广播电台，成为中国私营商业广播事业的始祖。

当时的民营电台已经出现了"专业台"的划分，主要分为教育性电台、商业性电台和宗教性电台。

国民党中央广播电台 考查方向：选择、填空

1928 年 8 月 1 日，北伐成功后，陈果夫等人在南京创办了中国国民党中央执行委员会广播无线电台，呼号为 XKM，时称中央广播电台，每天播音三小时。

1939 年抗日战争中，国民党政府在重庆建立短波广播电台（1940 年 1 月改名为国际广播电台）用于国际宣传，这是中国国家对外广播的开端。

延安新华广播电台 考查方向：选择、填空

1940 年，中国共产党在陕北根据地建立延安新华广播电台，于 1940 年 12 月 30 日播出，新的中国人民广播事业由此诞生。

该广播电台于解放战争中多次转移，后改名为"陕北新华广播电台"。1949 年 3 月迁往北平，同年 12 月 5 日更名为中央人民广播电台，成为全国性广播电台。

中央人民广播电台 考查方向：选择、填空

1949 年 12 月 5 日，中央人民广播电台正式成立，其前身是延安新华广播电台。

2018 年 4 月，中央人民广播电台与中国国际广播电台、中国中央电视台正式合并组建"中央广播电视总台"，归中宣部领导。

北京（中央）电视台 考查方向：选择、填空

1958 年 5 月 1 日，北京电视台播出直播的、黑白颜色的电视节目，标志着我国电视事业的诞生。1973 年 5 月 1 日，北京电视台首次向首都观众试播彩色电视节目。

1978 年 5 月 1 日，北京电视台改为中央电视台（CCTV），成为国家电视台。

中央电视台的频道有 CCTV-1 综合频道；CCTV-2 财经频道；CCTV-3 综艺频道；CCTV-4 中文国际频道；CCTV-5 体育频道；CCTV-6 电影频道；CCTV-7 国防军事频道；CCTV-8 电视剧频道；CCTV-9 纪录频道；CCTV-10 科教频道；CCTV-11 戏曲频道；CCTV-12 社会与法频道；CCTV-13 新闻频道；CCTV-14 少儿频道；CCTV-15 音乐频道；等等。

第二节 广播电视基础理论

电视语言 考查方向：选择、填空

电视语言是指能表达出思想或感情，并使接受者感知信息的一切手段和方法。例如画面、声音、镜头、符号等都是构成电视艺术最重要的语言元素。

具体而言，电视语言可分为画面语言、声音语言、编辑语言、造型语言、镜头语言、特技语言、符号语言、文字语言等八类。

电视机三基色 考查方向：选择、填空

电视机三基色指红、绿、蓝三种颜色，即光的三原色。

电视节目制作方式 考查方向：选择、填空

电视节目制作方式是指电视拍摄、制作、播出的不同方式，一般分为三种：

一是ENG方式，即电子新闻采集式。这是人们经常采用的方式，指使用便携式的录像、摄像设备，来采集电视新闻。

二是EFP方式，即电子现场制作式。它是以一整套设备连接为一个拍摄和编辑系统，进行现场拍摄和现场编辑的节目生产方式。

三是ESP方式，即电子演播室制作式。这种方式技术质量高，特技手段丰富，是一种较为理想的制作方式。

电视节目制作过程 考查方向：选择、填空

电视节目制作过程是指前期筹备、前期摄制和后期制作三个阶段。

电视节目播出方式 考查方向：选择、填空

电视节目播出方式分为直播、录播和转播。

直播是指拍摄、编辑和播出同时进行，使观众有一种同时参与的惬意和亲临现场的感觉，可分为现场直播和播音室或演播室直播。

录播是指先拍摄画面记录在录像带上，进行剪辑、修改、包装、加工之后再播出。

转播则是指播送别的电台或电视台的节目。

电视导播 考查方向：选择、填空

在电视节目制作过程中，对于采用固定场地、固定灯光类的节目，比如电视栏目、情景剧等，一般使用多台摄像机进行拍摄。在这种类型的拍摄中，各路视频信号通过信号线传输到"视频切换台"上，再由"电视节目制作人员"根据电视表现规则从多路信号中选择一路输出到录像机。

这种现场切换工作就是"导播"，这个进行信号选择的"电视节目制作人员"通常也被称为"导播"。导播的责任是指挥"摄像师"进行拍摄，并进行现场切换。

电视制式 考查方向：选择、填空

电视信号的标准简称制式；是指为了实现电视图像或声音信号所采用的一种技术标准。目前世界上主要使用的电视广播制式有PAL、NTSC、SECAM三种。

中国大部分地区使用PAL制式，日本、韩国、东南亚地区与美国等欧美国家使用NTSC制式，俄罗斯则使用SECAM制式。

新闻的5个"W"和一个"H"　考查方向：选择、填空

新闻的5个"W"，是指一则新闻报道必须具备的五个基本因素，分别为何时（When）、何地（Where）、何事（What）、何因（Why）、何人（Who）；一个"H"即怎样执行（How）。

制片人制度　考查方向：选择、填空

制片人制度是一种以制片人为中心的制度。制片人在节目的生产制作、包装、推介、优化等流程中具有实际操作经营权和对相关人员的指挥领导权。

制片人是摄制组的行政领导和最高负责人。制片人制度的代表作是《乱世佳人》。

卫星电视　考查方向：选择、填空

中央电视台第四套频道（中文国际频道）是我国第一个国际卫星电视频道。

高清电视　考查方向：选择、填空

高清电视简称"HDTV"，相当于一个透明系统，是指一个视力正常的观众，在距该系统显示屏高度的三倍距离上，所看到的图像质量会具有观看原始景物或表演时所得到的影像效果。

真正意义上的高清电视，必须具备高清电视机、高清机顶盒和高清频道三个条件。高清电视机屏幕的长宽比为16∶9。

绿色收视率　考查方向：选择、填空

绿色收视率是指既要努力提高收视率和收视份额，确保国家主流媒体对观众的影响力和对舆论的引导力，有效体现节目的思想性和导向性，又要杜绝媚俗和迎合，坚守品位，抵制低俗，实现收视率的科学、健康、协调、可持续增长，增强电视台的权威性、公信力和品牌价值。

制播分离　考查方向：选择、填空

制播分离的概念最早起源于英国，原意是指电视播出机构将部分节目委托给独立制片人或独立制片公司来制作。其在一定程度上是我国广播电视产业化的标志。

第三节　电视纪录片

电视纪录片　考查方向：选择、填空

电视纪录片是影视艺术中对某一事实或事件作纪实报道的非虚构节目，即直接拍摄真实环境里真实时间中发生的真人、真事，以采访摄录来代替虚构。

我国比较著名的电视纪录片有《话说长江》《望长城》《舌尖上的中国》等。

《舌尖上的中国》　考查方向：选择、填空

《舌尖上的中国》是由陈晓卿执导、中国中央电视台出品的一部美食类纪录片。每

一集都有专属的章节和名字,将具体的人物故事串联起来,讲述中国各地的美食生态,通过美食使人们认知这个古老的东方国度。《舌尖上的中国》目前已经播出了三季。

《航拍中国》　考查方向:选择、填空

《航拍中国》是中央广播电视总台推出,央视纪录国际传媒有限公司承制的航拍纪录片。该片以前所未有的航拍视角给观众视觉上的满足,真正达到了"俯瞰中国"。该片的画面取材于真实场景,与拍摄、剪辑、配音、音乐等完美融合,呈现出一种自然美、和谐美和意境美。

《美丽中国》　考查方向:选择、填空

《美丽中国》是第一部表现中国野生动植物和自然人文景观的大型电视纪录片,是中国中央电视台(CCTV)和英国广播公司(BBC)第一次联合摄制的作品。

《第三极》　考查方向:选择、填空

《第三极》是由央视中文国际频道推出的一部纪录片,是中国首部全面反映青藏高原人与自然和谐相处的电视纪录片,同时也是中国首部采用4K技术摄制的纪录片。

《第三极》这部纪录片创下了许多中国乃至全球"之最":

全球首部呈现第三极(青藏高原)人与自然相处奥秘的大型纪录片;

全球迄今为止最全面的西藏自然人文影像考察;

首次在地球5000米以上最大的湖泊冰潜拍摄;

首次在雅鲁藏布江岸200米悬崖悬空拍摄;

首次"高清纪录"羌塘无人区的动物生态链;

拍摄转场行程超过5万公里,是迄今为止转场最多的有关青藏高原的纪录片;

拍摄超过1000多个小时的4K超高清素材,是迄今为止4K素材量最大的有关青藏高原的纪录片。

《人间世》　考查方向:选择、填空

《人间世》是由上海广播电视台与上海市卫生和计划生育委员会联合策划拍摄、周全执导的10集医疗新闻纪录片。

《我在故宫修文物》　考查方向:选择、填空

《我在故宫修文物》是中国中央电视台出品的一部三集文物修复类纪录片,该片重点记录了故宫书画、青铜器、宫廷钟表、木器、陶瓷、漆器、百宝镶嵌、宫廷织绣等领域的稀世珍奇文物的修复过程和修复者的生活故事。

《我在故宫六百年》　考查方向:选择、填空

《我在故宫六百年》是由中央广播电视总台、故宫博物院联合出品,中央广播电视总台影视剧纪录片中心摄制的纪录片,以纪念紫禁城建成六百年。该片讲述故宫六百年

的历史沿革和建国七十年来老中青古建保护者们代代相传的独特故事。

《摆脱贫困》　考查方向：选择、填空

《摆脱贫困》是郑秀国担任总导演，中央宣传部指导中央广播电视总台摄制的脱贫攻坚政论专题片。该片讲述了党的十八大以来，以习近平同志为核心的党中央带领全国各族人民向贫困宣战，使现行标准下近 1 亿农村贫困人口全部脱贫，832 个贫困县全部摘帽的故事。

《青春正当时》　考查方向：选择、填空

为庆祝中国共产党成立100 周年的青春励志纪录片《青春正当时》于 2021 年 7 月 1 日播出。节目选取了雪域高原上的女子飞行班、武汉大学中南医院重症医学科、湖南援藏队、中车智轨团队、三江源生态保护队等青年群体，展现了他们在各自岗位上拼搏进取、热血奉献的精神。

《小小少年》　考查方向：选择、填空

《小小少年》是由哔哩哔哩出品，五星传奇制作，孙超导演的系列人文纪录片。该片讲述了六个痴迷于自然、科技、艺术、运动等不同领域的天赋异禀的少年的成长故事。

第四节　电视节目

电视新闻节目　考查方向：选择、填空

电视新闻节目是电视上播出的传播新闻信息，分析、解释和评论新闻事实的各种节目的总称。

电视新闻节目的主要特点是时效性、形象性和真实性。

根据作用的不同，可分为消息类新闻节目、专题类新闻节目、言论类新闻节目三大类。

文化类节目　考查方向：选择、填空

电视文化类综艺节目实则是以文化知识为主要传播内容，用影视艺术的手段，使其具备教育、娱乐、文艺的多重属性，并通过画面、声音等方式向观众传达出来，从而实现寓教于乐的目的，提升受众文化水平与艺术素养的一种电视节目。

自 2016 年《中国诗词大会》起，一系列文化类综艺节目逐一呈现，这些以传播经典文化为己任的综艺节目就将更多的生活化因素和娱乐化方式嵌入其中，从而获取受众的最大认同。

竞赛类节目　考查方向：选择、填空

竞赛类节目是一种依靠知识和能力，也依靠技巧和运气，利用有强烈悬念的结果来吸引观众的节目类型。

近年来，商业竞争促使竞赛类节目发展出"真人秀"的新形式，在节目中加入了天然风景、曲折过程、俊男靓女等，让竞赛的内容更加新奇。

我国比较著名的竞赛类节目有《汉字英雄》《开心辞典》《最强大脑》等。

"真人秀"节目　考查方向：选择、填空

"真人秀"节目的"真"是特色，"人"是核心，"秀"是指虚构和游戏。它有三个特征，即纪实性、冲突性、游戏性。

我国比较著名的"真人秀"栏目有《爸爸去哪儿》《变形计》《极限挑战》等。

口播新闻　考查方向：选择、填空

口播新闻又称口语报道或文字报道，是指电视播音员进行图像播报新闻的播音活动。通俗地讲就是播音员坐在播音室出画面报告新闻。

口播新闻的时间一般控制在三分钟左右，主要用于播送难以用图像表达或没有录像资料以及"刚刚收到的"最新消息。

脱口秀　考查方向：选择、填空

脱口秀又叫漫谈节目，是一种观众聚集在一起讨论主持人提出的话题的广播或电视节目类型。其起源可以追溯到 18 世纪英格兰地区的咖啡吧集会，而其得到真正的发展则是在美国。

《新闻联播》　考查方向：选择、填空

1976 年 7 月 1 日，北京电视台第一次试播全国电视新闻联播节目，这是《新闻联播》的雏形。1978 年 1 月 1 日正式播出，每天 19：00 在中央电视台综合频道、中央电视台新闻频道直播，同时各省级卫视进行转播。

目前由郭志坚、康辉、海霞、李梓萌、刚强、潘涛、宝晓峰、严於信、郑丽等担任主播。

《焦点访谈》　考查方向：选择、填空

《焦点访谈》是中国中央电视台综合频道（CCTV-1 综合频道）于 1994 年 4 月 1 日推出的深度新闻报道栏目。

《焦点访谈》采用了演播室主持和现场采访相结合的结构方式。《焦点访谈》特色是"用事实说话"来构建内容及其逻辑结构，强化事实论证和细节描写。

《今日说法》　考查方向：选择、填空

《今日说法》是中国中央电视台综合频道（CCTV-1 综合频道）于 1999 年 1 月 2 日推出的法治专题报道栏目。节目于 1999 年 1 月 2 日起每天中午 12：38 在中国央视综合频道播出。

中央广播电视总台春节联欢晚会　考查方向：选择、填空

中央广播电视总台春节联欢晚会通常简称为"央视春晚"或"春晚"，是中央广播电视总台每年农历除夕晚上 8 点为庆祝新年而举办的综艺性文艺晚会。

央视春晚以小品、相声、歌舞为三大支柱，1983 年推出第一届春节联欢晚会，由黄一鹤、邓在军导演。春晚已经入选世界纪录协会世界收视率最高、播出时间最长、演员最

多的综艺晚会。

《为您服务》 考查方向：选择、填空

1983 年元旦，沈力出任中央电视台《为您服务》栏目的专题节目主持人，她被公认为中国电视史上第一个固定栏目的节目主持人。

《中国好声音》 考查方向：选择、填空

《中国好声音》是大型励志专业音乐评论节目。节目前四季版权源自荷兰节目《The Voice of Holland》(荷兰之声)，2016 年采用了全新的原创模式，并为避免版权争议暂时更名为《中国新歌声》。

《中国好声音》不仅仅是一个优质的音乐选秀节目，更实现了中国电视历史上首次真正意义上的制播分离，在目前中国音乐类节目中也起到了领头羊的作用。

《奔跑吧兄弟》 考查方向：选择、填空

《奔跑吧兄弟》是浙江卫视引进韩国 SBS 电视台综艺节目《Running Man》而推出的大型户外竞技真人秀节目，第一季由浙江卫视和韩国 SBS 联合制作，从第二季开始由浙江卫视节目中心制作。节目从第五季开始更名为《奔跑吧》。

《中国汉字听写大会》 考查方向：选择、填空

《中国汉字听写大会》是中央广播电视总台、国家语言文字工作委员会于 2013 年推出的大型原创文化类电视节目。总导演是关正文，主创团队是实力传媒。《中国汉字听写大会》的主旨是"书写的文明传递，民族的未雨绸缪"。

中央电视台自主创作的文化类益智竞赛节目有《中国成语大会》《中国汉字听写大会》《中国谜语大会》等。

《朗读者》 考查方向：选择、填空

《朗读者》是由中央电视台推出的文化情感类节目，由董卿担任节目主持人与制作人。节目以"访谈＋朗读＋轻解析"为模式，嘉宾围绕当期的主题词分享人生故事，通过朗读一篇散文、一首诗或者一封家信，甚至一段电影剧本，把观众带入情景之中。

《演员请就位》 考查方向：选择、填空

《演员请就位》是由腾讯视频打造的国内首档导演选角真人秀节目，目前已播出两季。由陈凯歌、李少红、郭敬明等担任导师。

《戏剧新生活》 考查方向：选择、填空

《戏剧新生活》是由爱奇艺出品的"无名"戏剧人生活生产真人秀，共 10 期。该节目由黄磊、赖声川、乔杉化身"戏剧委员会主任"，集结刘晓晔、修睿、吴彼、赵晓苏、刘晓邑、丁一滕、刘添祺、吴昊宸八位"无名"戏剧人齐聚乌镇戏剧公社，开启生活、创作、演出三位一体的"戏剧新生活"。

《脱口秀大会》 考查方向：选择、填空

《脱口秀大会》包括《脱口秀大会第一季》《脱口秀大会第二季》《脱口秀大会第三季》《脱口秀大会第四季》。

第一季由张绍刚担任主持人，李诞、池子担任队长，**庞博**获得冠军。第二季由于谦、吴昕、李诞担任领笑员，**卡姆**获得冠军。第三季由张雨绮、罗永浩、李诞担任首发领笑员，**王勉**获得冠军。第四季由杨澜、大张伟、罗永浩、李诞担任领笑员，**周奇墨**获得冠军。

《国家宝藏》 考查方向：选择、填空

《国家宝藏》是由中央广播电视总台、央视纪录国际传媒有限公司制作的文博探索节目，由张国立担任 001 号讲解员。《国家宝藏》包括《国家宝藏第一季》《国家宝藏第二季》《国家宝藏第三季》《国家宝藏·展演季》。

《经典咏流传》 考查方向：选择、填空

《经典咏流传》是由中央电视台综合频道和央视创造传媒有限公司联合制作推出的文化音乐节目，由**撒贝宁**担任主持人。

节目开始首先由主持人朗诵诗词，然后由以明星或普通人为代表的经典传唱人，用流行歌曲的演唱方法重新演唱经典诗词，再由传唱人和其他嘉宾讲述歌曲创作背景以及时代意义，最后进入鉴赏嘉宾团的鉴赏时刻，由康震解读经典背后的诗词人文背景，鉴赏团成员负责歌曲点评。

《典籍里的中国》 考查方向：选择、填空

《典籍里的中国》是由中央广播电视总台央视综合频道与央视创造传媒联合推出的大型文化节目，共 11 期，节目于 2021 年 2 月 12 日 20：00 在中央电视台综合频道首播，于 2021 年 10 月 10 日完结。由**撒贝宁**担任当代读书人，**王嘉宁**担任节目主持人，**田沁鑫**担任艺术总监。

第五节　电视剧及导演

电视单本剧 考查方向：选择、填空

电视单本剧**一般为一至两集，最长为上、中、下三集**。现在最长为 20 集。代表作品有《秋白之死》（中国）、《神探夏洛克》（英国）等。

电视连续剧 考查方向：选择、填空

电视连续剧的**情节、人物角色和表演之间都具有连续性**，通常情况下，前一集的结尾常常采用设置悬念的方法吸引观众。一般而言，**八集以下的称为"中篇电视连续剧"，八集以上的称为"长篇电视连续剧"**。

主旋律电视剧 考查方向：选择、填空

主旋律电视剧是以**当代主旋律话题或事件**为题材，弘扬主流文化，塑造社会集体价值观，鼓励积极健康的物质与精神生活的电视剧。代表作品有《亮剑》《在一起》《觉醒年

代》《山海情》等。

情景喜剧 考查方向：选择、填空

情景喜剧一般有固定的主演阵容，一条或多条故事线，围绕着一个或多个固定场景（如家庭）进行。代表作品有《我爱我家》《家有儿女》《闲人马大姐》《屌丝男士》等。其中，《我爱我家》是中国第一部情景喜剧。

网络电视 考查方向：选择、填空

网络电视又称IPTV，是以网络视频资源为主体，将电视机、个人电脑及手持设备作为显示终端，通过机顶盒或计算机接入宽带网络，实现数字电视、时移电视、互动电视等服务。

电视电影 考查方向：选择、填空

电视电影起源于20世纪60年代的美国，是指只在电视上播放的电影，通常由电视台制作或电影公司制作后再卖给电视台。电视电影成本低廉，传播渠道便捷，拥有比较多的受众，而且受到越来越多影视创作者的关注。

电视小品 考查方向：选择、填空

电视小品是电视屏幕上最短小的电视剧样式。人物、情节都比较简单。电视小品形式短小、言简意赅、人物性格鲜明、耐人寻味。

东阳正午阳光影视有限公司 考查方向：选择、填空

东阳正午阳光影视有限公司成立于2011年，是一家具有专业水准的综合性影视机构，拥有一支以制片人侯鸿亮，导演孔笙、李雪、简川訸、孙墨龙、张开宙为创作主体的国内优秀制作团队。

制作出品了《父母爱情》《北平无战事》《琅琊榜》《温州一家人》《伪装者》《欢乐颂》《外科风云》《大江大河》《知否知否应是绿肥红瘦》《都挺好》《清平乐》《山海情》《乔家的儿女》《开端》等剧。

《一口菜饼子》 考查方向：选择、填空

《一口菜饼子》是北京电视台（中央电视台的前身）以直播方式播出的我国第一部电视剧。由陈赓编剧，胡旭、梅村导演。

《一口菜饼子》是黑白电视剧，全长只有20多分钟，1958年6月15日播出，主题是号召人们节约粮食、忆苦思甜。它的出现标志着中国电视剧艺术的开始。

《敌营十八年》 考查方向：选择、填空

《敌营十八年》是中国大陆第一部电视连续剧。由中央电视台于1981年播出，全剧共9集，导演为王扶林、都郁，编剧为唐佩琳。这部电视剧的播出，标志着我国长篇电视连续剧的诞生。

2008年重拍的《敌营十八年》，剧集扩展为40集，是近年来我国最为优秀的红色谍

战剧之一。

《渴望》　考查方向：选择、填空

《渴望》于 1990 年播出，是中国第一部长篇室内剧，被称为"中国电视剧发展史上的里程碑"。《渴望》共 50 集，由鲁晓威、赵宝刚导演，王朔策划，李晓明编剧。政府给予该剧高度重视，称此剧打开了媒介通往通俗戏剧的大门。

《编辑部的故事》　考查方向：选择、填空

《编辑部的故事》于 1991 年播出，是中国第一部以语言幽默为特色的电视系列剧，共 25 集。《编辑部的故事》极大地拓展了我国电视剧的美学品格，其导演为赵宝刚、金炎。

《大宅门》　考查方向：选择、填空

《大宅门》是 2001 年播出的电视连续剧。由郭宝昌导演。剧中讲述了医药世家白府在清末、民国、军阀混战、抗日战争、解放战争等不同时期的浮沉变化。

剧中主要演员有陈宝国、斯琴高娃、刘佩琦等。

《亮剑》　考查方向：选择、填空

《亮剑》是 2005 年播出的一部战争题材电视连续剧。根据都梁同名小说改编，由张前、陈健导演。

《亮剑》讲述了一位不计生死、霸气十足、桀骜不驯的铁血军人李云龙在战争年代的经历。剧中的李云龙由著名演员李幼斌饰演。

《士兵突击》　考查方向：选择、填空

《士兵突击》是 2006 年播出的 30 集电视连续剧。根据兰晓龙同名小说改编，由著名导演康红雷执导。

《士兵突击》以军事动作、青春励志为题材，讲述了一个农村出身的普通士兵许三多不抛弃、不放弃，最终成为一名出色的侦察兵的成长历程。剧中主要人物许三多由王宝强饰演。

《武林外传》　考查方向：选择、填空

《武林外传》是 2006 年播出的 80 集古装情景喜剧。由尚敬导演、宁财神编剧。《武林外传》主要讲述了以佟湘玉为代表的一家小客栈里的人情世故和喜怒哀乐，语言风趣幽默，人物形象生动。该剧堪称国内情景喜剧的巅峰之作。

《三国演义》　考查方向：选择、填空

《三国演义》是由中国电视剧制作中心、中国中央电视台制作的 84 集电视连续剧，改编自中国古典名著《三国演义》。该剧于 1994 年 10 月 23 日在中央电视台一套首播。该剧由王扶林担任总导演。

《西游记》（1986 年版）

考查方向：选择、填空

《西游记》（1986 年版）是一部改编自明代小说家吴承恩同名文学古典名著的古装神话电视剧，由杨洁执导，六小龄童、徐少华、迟重瑞、汪粤、马德华、崔景富、闫怀礼、刘大刚等主演。

剧中孙悟空由六小龄童（原名章金莱）饰演，片尾曲《敢问路在何方》由著名歌唱家蒋大为演唱。

《闯关东》

考查方向：选择、填空

《闯关东》是一部由张新建、孔笙执导，高满堂、孙建业编剧，李幼斌、萨日娜、宋佳、朱亚文等领衔主演的大型民族史诗剧作。

《闯关东》讲述了从清末到九一八事变爆发前，朱开山和他的家人在闯关东这一历史事件中所参与的各种平凡而又传奇的历史故事，彰显了与恶劣的生存环境顽强抗争的"闯关东精神"。

《红高粱》

考查方向：选择、填空

《红高粱》改编自中国首个诺贝尔文学奖得主莫言的《红高粱家族》，由郑晓龙执导，由周迅、朱亚文、黄轩、秦海璐等主演。

该剧讲述了 20 世纪 30 年代初，九儿在充满生命力的山东高密大地上，用生命谱写的一段关于爱与恨、征服与被征服，充满生命力的近代传奇史诗。

《白鹿原》

考查方向：选择、填空

《白鹿原》是由刘进执导，张嘉译、何冰、秦海璐、刘佩琦等领衔主演的一部大型年代剧，改编自著名作家陈忠实的同名小说。

《白鹿原》以陕西关中平原上被称为"仁义村"的白鹿村为背景，讲述了白姓和鹿姓两大家族祖孙三代人之间的恩怨纷争。

《大江大河 2》

考查方向：选择、填空

《大江大河 2》是由李雪、黄伟执导，孔笙监制，王凯、杨烁、董子健、杨采钰等领衔主演的当代创业剧。

该剧延续第一季内容，以宋运辉、雷东宝、杨巡等人的际遇和奋斗历程为线索，展现了中国 20 世纪 80 年代末到 90 年代初经济领域、社会生活、政治领域的变革。

《觉醒年代》

考查方向：选择、填空

重大革命历史题材电视剧《觉醒年代》由龙平平编剧，张永新导演，于和伟、张桐、侯京健等主演。

电视剧《觉醒年代》以新文化运动、五四运动为背景，展现了从新文化运动、五四运动到中国共产党建立这段波澜壮阔的历史画卷，讲述了觉醒年代的社会风情和百态人生。

《山海情》 考查方向：选择、填空

《山海情》是由孔笙、孙墨龙执导，黄轩领衔主演，张嘉益、闫妮、黄觉、姚晨、陶红、王凯特别出演，热依扎、黄尧、白宇帆等主演的脱贫攻坚剧。

该剧讲述了20世纪90年代以来，西海固的人民和干部们响应国家扶贫政策的号召，完成易地搬迁，将风沙走石的"干沙滩"建设成寸土寸金的"金沙滩"的故事。

《功勋》 考查方向：选择、填空

《功勋》是由郑晓龙担任总导演，毛卫宁、沈严、林楠、杨文军、康洪雷、阎建钢、杨阳、郑晓龙担任单元导演，王雷、雷佳音、郭涛等主演的重大现实题材剧。

该剧分为八个单元（《能文能武李延年》《无名英雄于敏》《默默无闻张富清》《黄旭华的深潜》《申纪兰的提案》《孙家栋的天路》《屠呦呦的礼物》《袁隆平的梦》），讲述了8位功勋人物的故事。

《扫黑风暴》 考查方向：选择、填空

《扫黑风暴》是由五百、王斯阳联合执导，孙红雷、张艺兴、刘奕君等领衔主演。该剧根据中央政法委筛选的真实案例改编。

讲述了中央扫黑除恶督导组进驻中江省绿藤市后，发生了一系列事件，"前刑警"李成阳、年轻刑警林浩在督导组的指导下，与专案组组长何勇共同协作将黑恶势力及保护伞成功抓获的故事。

《在一起》 考查方向：选择、填空

《在一起》是由张黎、沈严、曹盾、汪俊、姚晓峰等联合执导，张嘉益、雷佳音、杨洋、朱亚文、黄景瑜等领衔主演的抗疫报告剧。

该剧以新冠肺炎疫情期间各行各业真实的人物、故事为基础，由单元故事组成，讲述了平凡人挺身而出参加武汉全民抗疫的故事。

《开端》 考查方向：选择、填空

《开端》是由东阳正午阳光影视有限公司出品，孙墨龙、刘洪源、算共同执导，白敬亭、赵今麦领衔主演，刘奕君特别出演，刘涛友情出演，黄觉、刘丹等主演的时间循环短剧。

该剧改编自祈祷君的同名小说，讲述了游戏架构师肖鹤云和在校大学生李诗情遭遇公交车爆炸后死而复生，在时间循环中并肩作战，努力阻止爆炸、寻找真相的故事。

李少红 考查方向：选择、填空

李少红是华语影视女导演。她执导的影视作品透露出对女性意识的强调和一种对社会、人生的个人化、女性化的思考。代表作品有《大明宫词》《橘子红了》《雷雨》《红楼梦》（2010年版）等。

孔 笙 考查方向：选择、填空

孔笙出生于山东省，中国著名导演、摄像、演员，东阳正午阳光影视有限公司董事。

孔笙在创作中一直严格要求自己,作品往往传达出人性中的善良温暖和正面的价值。代表作品有《闯关东》《生死线》《父母爱情》《战长沙》《北平无战事》《琅琊榜》《欢乐颂》等。

张开宙　考查方向:选择、填空

张开宙,中国著名导演、影视剧摄像。张开宙的导演风格继承了"山影创作者们"的严谨、细致、大气,同时在细腻情感的描写上表现出很高的敏锐度。代表作品有《如果蜗牛有爱情》《知否知否应是绿肥红瘦》《清平乐》《乔家的儿女》等。

赵冬苓　考查方向:选择、填空

赵冬苓是中国著名女作家、编剧。赵冬苓是一位擅长塑造人物的编剧,她的影视作品大都反映现实生活,她的作品以写"正剧"和"弘扬主旋律"见长。代表作品有《北方有佳人》《雾都》《我的父亲母亲》《红高粱》《幸福到万家》《燃烧大地》等。

二月河　考查方向:选择、填空

二月河,原名凌解放,南阳作家群代表人物。二月河凭其笔下五百万字的"帝王系列"(《康熙大帝》《雍正皇帝》《乾隆皇帝》三部作品,被他称为"落霞三部曲"),被海内外读者熟知。

第六节　中外电视奖项

中国电视金鹰奖　考查方向:选择、填空

中国电视金鹰奖是经中宣部批准,由中国文学艺术界联合会和中国电视艺术家协会主办的全国性电视艺术综合奖,是国家级的唯一以观众投票为主评选产生的电视艺术大奖。

该奖自 2000 年第 18 届开始,全面升级为"中国金鹰电视艺术节",并落户湖南长沙。自 2005 年起,金鹰奖改为每两年举办一次。

中国电视剧飞天奖　考查方向:选择、填空

中国电视剧飞天奖是中国电视剧最高政府奖。1980 年创办,1981 年开始评奖,每年举办一届,原名"全国优秀电视剧奖",1992 年改为现名"中国电视剧飞天奖"。2005年,改为两年一届。

上海电视节白玉兰奖　考查方向:选择、填空

上海电视节白玉兰奖原名"中国国际电视节白玉兰奖",由国家广播电视总局、中央广播电视总台、上海市人民政府主办。2005 年改名为上海电视节白玉兰奖。

上海电视节白玉兰奖评选包括电视电影、电视连续剧、纪录片、动画片和综艺单元

在内的优秀电视节目。

普利策奖　考查方向：选择、填空

普利策奖也称为普利策新闻奖。1917 年根据美国报业巨头约瑟夫·普利策的遗愿设立，分别奖励新闻界和创作界。20 世纪七八十年代发展成为美国新闻界的一项最高荣誉奖，被称为"新闻界的诺贝尔奖"。

艾美奖　考查方向：选择、填空

艾美奖是美国电视界最高奖项。艾美奖的奖项涉及节目、演员、创意艺术等多个方面，且不以收视率或观众欣赏口味为指标，而是偏重学院气，从社会角度、电视业发展的前景去考量电视剧的优劣。

第四章　音乐常识

第一节　音乐基本理论

五线谱　考查方向：选择、填空

五线谱是目前世界上通用的记谱法。最早的发源地是希腊。

进行曲　考查方向：选择、填空

世界上著名的进行曲有莫扎特的《土耳其进行曲》、肖邦的《葬礼进行曲》、瓦格纳的《婚礼进行曲》等。

爵士乐　考查方向：选择、填空

爵士乐是19世纪末20世纪初产生于美国的一种音乐。源自美国新奥尔良的流行音乐。亦译"爵士"（源于美国黑人俚语jasm，意为"活力"）。

摇滚乐　考查方向：选择、填空

摇滚乐兴起于20世纪50年代的美国。早期摇滚乐多用吉他、钢琴、鼓、萨克斯管等乐器伴奏，深受年轻人的喜爱。

摇滚乐作为一种独立的音乐种类最早于20世纪80年代出现在中国，代表人物是崔健。1986年5月9日，崔健在北京工人体育馆举行的百名歌星演唱会上演唱了《一无所有》，宣告了中国摇滚乐的诞生。

美声唱法　考查方向：选择、填空

美声唱法源于意大利，17世纪以后盛行于欧洲。美声唱法的特点是注重发声方法，追求声乐效果，讲究技巧，声音厚实，音域宽广，音色柔美，常用于演唱西洋歌剧。

民族唱法　考查方向：选择、填空

民族唱法是由中国各族人民按照自己的习惯和爱好，创造和发展起来的一种歌唱艺术。它包括中国的戏曲唱法、说唱唱法、民间歌曲唱法和民族新唱法等。

通俗唱法　考查方向：选择、填空

通俗唱法又名流行唱法，20世纪30年代得到广泛传播。其特点是声音自然，近似说话，中声区使用真声，高声区一般使用假声。演唱时必须借助电声扩音器。通俗唱法的演出形式以独唱为主，常配以舞蹈动作，追求声音自然甜美，感情细腻真实。

乐器的分类 考查方向：选择、填空

乐器一般可以分为**打击乐**、**管乐**、**弦乐和键盘乐**四类。前三类又有西洋乐器和中国乐器之分。此外，各民族都有一些独有的乐器。

打击乐	
西洋打击乐	架子鼓、三角铁、洋鼓、沙槌、钹、军鼓等。
中国打击乐	锣、鼓、钹、木鱼、钟、梆子、竹板、铃。

管乐		
西洋管乐	木管乐	短笛、长笛、单簧管、双簧管、萨克斯。
	铜管乐	小号、大号、短号、长号、军号、圆号。
中国管乐		笛子、箫、芦笙、唢呐、排箫、竽、葫芦丝等。

弦乐	
西洋弦乐	小提琴、中提琴、大提琴、倍大提琴、吉他（六弦琴）、曼陀铃、竖琴。
中国弦乐	高胡、二胡、中胡、京胡、板胡、琵琶、三弦、筝、柳琴、扬琴。

键盘乐 考查方向：选择、填空

键盘乐属于**西洋乐器**，用黑白键来制造高低不同的音。键盘乐音域宽广，表现力最强。主要有**风琴**、**钢琴**、**手风琴**、**电子琴**等。**意大利人**巴托罗密欧·克里斯多佛利在1709年发明。钢琴音域范围宽广，被称为"**乐器之王**"。

第二节　中国音乐

八 音 考查方向：选择、填空

"八音"是我国**周代**按照制造材料的性质创设的乐器分类方法，这是我国最早的乐器科学分类法。"八音"分别是：**金**、**石**、**土**、**革**、**丝**、**木**、**匏**、**竹**。

五 音 考查方向：选择、填空

"五音"指的是**宫**、**商**、**角**、**徵**、**羽**。

中国古代 十大名曲 考查方向：选择、填空

中国古代十大名曲通常是指：《**高山流水**》《**阳春白雪**》《**十面埋伏**》《**胡笳十八拍**》《**广陵散**》《**夕阳箫鼓**》《**平沙落雁**》《**汉宫秋月**》《**渔樵问答**》《**梅花三弄**》。

【知识拓展】

《高山流水》是中国**古琴曲**。"高山流水"比喻知己或知音，也比喻乐曲高妙，后世分为《高山》《流水》二曲。

《阳春》《白雪》合称为《阳春白雪》，是春秋时期晋国的**师旷**所作的著名**古琴曲**。在

战国时期成为楚国的高雅乐曲,也指高深典雅、不够通俗易懂的文艺作品,与"下里巴人"形成鲜明对照。

《十面埋伏》,又名《淮阴平楚》,是以楚汉相争的历史为题材而创作的琵琶独奏曲,乐谱最早见于《华秋苹琵琶谱》。

伯 牙　考查方向:选择、填空

伯牙是春秋时期著名的琴师,擅弹七弦琴,技艺高超,被人尊为"琴仙"。

高山流水遇知音:古时有"伯牙摔琴谢知音"的故事,取材于民间传说,讲述的是伯牙和砍柴樵夫钟子期互为知音的故事。

伯牙的名曲有琴曲《高山》《流水》《水仙操》等。

师 旷　考查方向:选择、填空

师旷是春秋时期晋国著名音乐家,自幼双目失明,故自称盲臣。他尤精于音乐,擅弹琴,辨音能力极强。代表作品有《阳春》《白雪》等。

李延年　考查方向:选择、填空

李延年是西汉音乐家。汉武帝宠妃李夫人的哥哥。他因擅长音律,颇得武帝喜爱。代表作品有李延年为武帝献歌:"北方有佳人,绝世而独立,一顾倾人城,再顾倾人国。宁不知倾城与倾国,佳人难再得。"即《佳人曲》,而使妹妹入宫获宠。

嵇 康　考查方向:选择、填空

嵇康是"竹林七贤"的领袖人物,魏末琴家、音乐理论家。嵇康精通音律,创作了"嵇氏四弄",即《长清》《短清》《长侧》《短侧》,与东汉的"蔡氏五弄",即蔡邕的《游春》《渌水》《幽思》《坐愁》《秋思》,合称"九弄"。

他还著有音乐美学著作《声无哀乐论》,谱写了中国古代十大名曲之一的《广陵散》。

李隆基　考查方向:选择、填空

李隆基即历史上著名的唐玄宗,是我国古代第一位皇帝音乐家。李隆基酷爱音乐,尤擅演奏羯鼓和横笛,他设立梨园,扩充教坊,培养了许多优秀的音乐艺人。代表作品有《霓裳羽衣曲》。

李龟年　考查方向:选择、填空

李龟年是唐朝开元、天宝年间的著名乐师、"乐圣",擅长唱歌。因为受到皇帝唐玄宗的宠幸而红极一时。"安史之乱"后,李龟年流落江南,靠卖艺为生。曾和李彭年、李鹤年兄弟创作《渭川曲》。

【知识拓展】

杜甫《江南逢李龟年》:岐王宅里寻常见,崔九堂前几度闻。正是江南好风景,落花时节又逢君。

朱载堉　考查方向:选择、填空

朱载堉是明代乐律学家,有"律圣"之称。朱载堉创造的十二平均律,是近代科学和音乐理论的先驱,他因此被誉为"**钢琴理论的鼻祖**"。

代表作品有《乐律全书》《嘉量算经》《律吕正论》《瑟谱》等。

学堂乐歌　考查方向:选择、填空

学堂乐歌是**一种选曲填词的歌曲**。随着新式学堂的建立而兴起。起初多是**归国的留学生**用**日本和欧美**的曲调填词,后来也有用**民间小曲或新创曲调填词**的作品。

代表人物有**李叔同**、**沈心工**等。

李叔同　考查方向:选择、填空

李叔同即**弘一法师**,是近代中国**第一位出国学习音乐**、**绘画**的进步知识分子。代表作品有《送别》《忆儿时》《晚钟》等。《送别》曾被选为《早春二月》《城南旧事》等电影的插曲。

1906年,李叔同创办了中国第一本音乐期刊《音乐小杂志》。**同年,与欧阳予倩**等留学生在**日本东京**组织了我国**第一个话剧团体"春柳社"**,先后演出了《茶花女》《黑奴吁天录》等剧,奠定了中国话剧的基础。

萧友梅　考查方向:选择、填空

萧友梅是中国现代著名音乐家,被誉为"**中国近代音乐教育的宗师**"。曾在蔡元培的支持下**在上海创建了我国第一所独立设置的国立音乐院**。代表作品有**我国第一首大提琴曲《秋思》**、艺术歌曲《问》等。

阿炳(华彦钧)　考查方向:选择、填空

阿炳(华彦钧)是中国民间音乐家,双目失明,人称"**瞎子阿炳**"。他刻苦钻研道教音乐,并广泛吸取民间音乐的曲调,一生共创作和演出了**270多首**民间乐曲,**现留存仅6首**。

代表作品有**琵琶曲《大浪淘沙》《昭君出塞》、二胡曲《二泉映月》**《寒春风曲》《听松》等。名曲《二泉映月》获"20世纪华人音乐经典作品奖"。

刘半农　考查方向:选择、填空

刘半农曾参加辛亥革命,后在上海以向**鸳鸯蝴蝶派**报刊投稿为生,参与过《新青年》杂志的编辑工作,积极投身文学革命,**反对文言文,提倡白话文**。

《教我如何不想她》是由刘半农在1920于**英国**伦敦大学留学期间所作。该诗被著名的语言学家**赵元任**谱成曲,广为传唱。刘半农在这首诗中首创了"她"字的使用。

刘天华　考查方向:选择、填空

刘天华是中国现代著名作曲家、演奏家、音乐教育家,**与其兄刘半农、其弟刘北茂被誉为"刘氏三杰"**。刘天华在传统的基础上大胆借鉴了西洋乐器的创作和演奏技术。

代表作品有《良宵》《光明行》《空山鸟语》《病中吟》等10首二胡曲和3首琵琶曲,并**改编了二胡版的《汉宫秋月》**。

冼星海　考查方向：选择、填空

冼星海是中国著名作曲家。他创作了大量反映中国人民的抗日斗争、表现中华民族精神的音乐作品，赢得了"人民音乐家"的光荣称号。

代表作品有《黄河大合唱》《生产大合唱》《九一八大合唱》《反攻》《祖国的孩子们》《到敌人后方去》《在太行山上》等。

【知识拓展】

《黄河大合唱》分为九个乐章：《序曲》《黄河船夫曲》《黄河颂》《黄河之水天上来》《黄水谣》《河边对口曲》《黄河怨》《保卫黄河》《怒吼吧！黄河》。

聂　耳　考查方向：选择、填空

聂耳是中国著名音乐家，中国无产阶级革命音乐的先驱。他一生的音乐创作大多是为电影、话剧、舞台剧创作插曲和主题歌，歌曲带有浓厚的民族风格和时代气息。

代表作品有《义勇军进行曲》《毕业歌》《铁蹄下的歌女》《卖报歌》《码头工人歌》等。其中《义勇军进行曲》由田汉作词、聂耳作曲，是电影《风云儿女》的主题歌，1949 年后被定为我国国歌。

郑律成　考查方向：选择、填空

郑律成出生于朝鲜，后加入中国国籍，是中国现代著名的作曲家，也是一位国际主义战士。

代表作品有《八路军进行曲》（后改名为《中国人民解放军进行曲》，被定为中国人民解放军军歌）、《中国人民志愿军进行曲》等，他曾为《十六字令三首》《娄山关》等毛泽东诗词谱曲。

贺绿汀　考查方向：选择、填空

贺绿汀是中国著名音乐家、教育家。他的作品艺术结构严谨、音乐发展富于逻辑性。

代表作品有《牧童短笛》《四季歌》《游击队之歌》《天涯歌女》《摇篮曲》《嘉陵江上》《春天里》《怨别离》等。

【知识拓展】

《四季歌》是电影《马路天使》中的一首插曲。由田汉作词，贺绿汀作曲，周璇原唱。《牧童短笛》原名《牧童之笛》，是音乐界第一首具有鲜明、成熟的中国风格的钢琴曲。

王洛宾　考查方向：选择、填空

王洛宾是著名的西部民歌传播者，被誉为"西部歌王"。他的歌曲优美、舒展且富有民族风味，深受群众喜爱。王洛宾是第一个记谱传播"花儿"的现代音乐家。

代表作品有《在那遥远的地方》《掀起你的盖头来》《康定情歌》《达坂城的姑娘》《半个月亮爬上来》《萨拉姆毛主席》等。

郭兰英　考查方向：选择、填空

郭兰英是中国著名女高音歌唱家、晋剧表演艺术家、民族声乐教育家，被称为"一代宗师"。

代表作品有《我的祖国》《南泥湾》《数九寒天下大雪》等。其中,《数九寒天下大雪》选自歌剧《刘胡兰》。

谷建芬　考查方向:选择、填空

谷建芬是中国当代著名女作曲家。她的主要成就是在通俗歌曲创作上。谷建芬还于1984—1989年创办了"谷建芬声乐培训中心",培训歌手50余人,包括毛阿敏、解晓东、那英、孙楠等,为中国流行音乐的繁荣奠定了坚实的基础。

代表作品有歌曲《年轻的朋友来相会》《那就是我》《绿叶对根的情意》《思念》《烛光里的妈妈》《歌声与微笑》、电视连续剧《三国演义》主题歌等。

何占豪　考查方向:选择、填空

何占豪是中国杰出的音乐家,世界著名作曲家。他最主要的成就是与陈钢共同创作了中国第一部小提琴协奏曲《梁山伯与祝英台》(简称《梁祝》)。

代表作品还有《相见时难别亦难》《孔雀东南飞》等。

陈　钢　考查方向:选择、填空

陈钢是中国当代著名的作曲家之一。早在求学期间,他即以与何占豪合作的小提琴协奏曲《梁山伯与祝英台》蜚声中外乐坛。

代表作品还有《苗岭的早晨》《金色的炉台》《王昭君》等。

雷振邦　考查方向:选择、填空

雷振邦是中国著名的电影音乐作曲家。他的作品形象鲜明,优美抒情,具有强烈的民族地方色彩,形成了独特的艺术风格。代表作品有为影片《五朵金花》《刘三姐》《冰山上的来客》《景颇姑娘》《芦笙恋歌》等谱写的乐曲。

陈其钢　考查方向:选择、填空

陈其钢是享誉法国、欧洲乃至全世界音乐界的中国作曲家,也是当今少数几个在世界音乐舞台上极为活跃的中国作曲家之一。陈其钢创作了2008年北京奥运会主题曲《我和你》。

施光南　考查方向:选择、填空

施光南是新中国乐坛上成就卓然的作曲家。先后创作了《生活是多么美丽》《月光下的凤尾竹》《假如你要认识我》等上百首带有浓厚理想主义色彩的抒情歌曲。其中,《祝酒歌》《在希望的田野上》《打起手鼓唱起歌》《吐鲁番的葡萄熟了》等广为流传。

【知识拓展】

《祝酒歌》被联合国教科文组织编入世界性的音乐教材。《吐鲁番的葡萄熟了》是由瞿琮作词,施光南谱曲,罗天婵首唱的歌曲。

苏　聪　考查方向:选择、填空

苏聪是中国著名电影作曲家。他曾因在1988年由中国、意大利、英国合拍的故事片《末代皇帝》中作曲,而获得第 60 届奥斯卡金像奖最佳作曲奖,成为我国历史上第一位奥斯卡奖的获得者。

谭 盾　考查方向:选择、填空

谭盾是著名的美籍华裔作曲家。他曾因在 2001 年由李安导演的电影《卧虎藏龙》中作曲,而获得奥斯卡金像奖最佳原创配乐奖。谭盾还曾为《英雄》《夜宴》等电影作曲。

李焕之　考查方向:选择、填空

李焕之是著名作曲家、指挥家、音乐理论家。他创作的《春节组曲》已成为我国春晚必演曲目。代表作品还有《社会主义好》《民主建国进行曲》《新中国青年进行曲》等。

民 歌　考查方向:选择、填空

根据体裁,民歌可分为山歌、小调和劳动号子。

山歌主要集中分布在高原、内地、山乡、渔村及少数民族地区。山歌可分为一般山歌、田秧山歌、放牧山歌三类。常见的种类有信天游、山曲、花儿、客家山歌等。

号子,又称为"劳动号子",主要有搬运号子、工程号子、农事号子、船渔号子、作坊号子等类型。

小调,又称为"小曲""俚曲""时调"等,按照内容的不同,可分为抒情歌、诙谐歌、儿歌和风俗歌四类。典型作品有《十送红军》《沂蒙山小调》等。

新疆维吾尔木卡姆　考查方向:选择、填空

新疆维吾尔木卡姆是流行于新疆维吾尔地区,具有统一调式体系,以歌、舞、乐三者组合而成的传统古典大曲,被誉为"东方艺术瑰宝"。

按照流传地区和音乐风格的不同,主要分为十二木卡姆、刀郎木卡姆、哈密木卡姆、吐鲁番木卡姆等。其中,由于十二木卡姆具有复杂、严谨的艺术形式,最全面也最具代表性,通常以其指称木卡姆。

蒙古族长调　考查方向:选择、填空

蒙古族长调主要是在放牧时或者在宴会、婚礼和那达慕大会上演唱,以鲜明的民族文化为主,被称为"草原活化石"。

蒙古呼麦　考查方向:选择、填空

蒙古呼麦是蒙古族人创造的一种神奇的歌唱艺术:一个歌手纯粹用自己的发声器官,在同一时间里唱出两个声部。

呼麦声部关系的基本结构为一个持续低音和它上面流动的旋律相结合,又可以分为泛音呼麦、震音呼麦、复合呼麦等。

纳西古乐　考查方向:选择、填空

纳西古乐是世界上最古老的音乐之一。纳西古乐由白沙细乐、洞经音乐和皇经音乐组成,融入了道教法事音乐、儒教典礼音乐,甚至唐宋的词、曲牌音乐,形成了它独特

的灵韵，被誉为"音乐化石"。

江南丝竹　考查方向：选择、填空

江南丝竹是中国传统器乐丝竹乐的一种，流行于江苏南部和浙江一带。因乐队主要由二胡、扬琴、琵琶、三弦、秦琴、笛、箫等丝竹类乐器组成，故得名。其主要曲目有《中花六板》《三六》《行街》《欢乐歌》和《云庆》等。

苗族飞歌　考查方向：选择、填空

苗族飞歌是苗族歌曲的一种，流行于贵州台江、剑河、凯里等一带。多用在喜庆、迎送等大众场合，见物即兴，现编现唱。

苗族飞歌的歌词内容以颂扬、感谢、鼓动一类为主，在过苗年、划龙舟等节日开展喜庆活动时，一般要唱飞歌。

《阳关三叠》　考查方向：选择、填空

《阳关三叠》是中国古代名曲之一，是根据唐代诗人王维《送元二使安西》这首绝句而创作的一首琴歌。全曲分为三大段，用同一曲调作变奏反复，叠唱三次，所以称为"三叠"。其音调整体风格古朴深沉，后段略显激越。

《百鸟朝凤》　考查方向：选择、填空

《百鸟朝凤》原为流行于山东、河南、河北一带的民间乐曲，后经加工改编为唢呐独奏曲。演奏者常以丰富的想象力和娴熟的技巧，细腻地模拟各种鸟禽的啼啭，神态生动活泼，情绪热烈欢快，富有浓厚的生活气息。

《小白菜》　考查方向：名词解释

《小白菜》原为河北民歌，讲述了一个从小丧母的孤苦女童的悲惨命运。全曲仅有12小节，曲调采用带哭腔、逐级下行的手法展开。以《小白菜》为母体还衍生出了许多民歌，例如《沂蒙山好风光》、歌剧《白毛女》中喜儿演唱的《北风吹》等。

《茉莉花》　考查方向：选择、填空

《茉莉花》是民间小调，主要流传于江苏和河北两地，反映出青年男女初恋时欲言又止的羞涩心态。全曲由四乐句组成，第三、第四句在音乐上一气呵成。

《茉莉花》在国外被当作中国民间音乐的代表，是中国文化的代表元素之一，曾被意大利作曲家普契尼吸收到歌剧《图兰朵》中，也被誉为"中国的第二国歌"。

《嘎达梅林》　考查方向：选择、填空

《嘎达梅林》是蒙古族长篇叙事歌。讲述的是民族英雄嘎达梅林率领人民反抗封建王爷与军阀统治的故事。《嘎达梅林》是一首上下句结构的短调民歌，采用五声羽调式，节奏舒展沉稳，风格庄严肃穆。

《渔舟唱晚》　考查方向：选择、填空

《渔舟唱晚》是一首颇具古典风格的筝曲。乐曲描绘了夕阳映照万顷碧波，渔民悠

然自得,渔船随波渐远的优美景象。1925 年古筝大师魏子猷完成《渔舟唱晚》初稿,曲成后经高徒娄树华加工润色,成了一首蜚声世界、举世公认的中国传统古筝名曲。

另,由山东省临清市金灼南大师将传统筝曲《双板》《三环套日》《流水激石》改编而成的《渔舟唱晚》,也广为流传。

1984 年,著名电子琴演奏大师浦琪璋将其改编并用电子琴完美演奏,中央电视台选取其 1 分 36 秒至 2 分 43 秒作为天气预报的背景音乐,一直沿用至今。

《二泉映月》 考查方向:选择、填空

《二泉映月》是一首二胡独奏曲,由华彦钧(即阿炳)创作。作者在曲中倾诉了自己坎坷的一生,后来他人根据当地惠山泉的别称将其改为《二泉映月》。

歌剧《白毛女》 考查方向:选择、填空

歌剧《白毛女》由延安鲁迅艺术学院集体创作,贺敬之、丁毅执笔。该剧深刻地揭示了"旧社会把人变成鬼,新社会把鬼变成人"的主题。

故事取材于晋察冀边区流传的恶霸地主黄世仁迫害贫农女儿喜儿,将其逼入深山老林,变成了"白毛女",后来在中国共产党领导下喜儿重获新生的故事。

歌剧《白毛女》于 1945 年初创作于延安,演出后受到热烈欢迎。这是我国第一部新歌剧,标志着我国歌剧创作取得了突破性进展,被誉为民族新歌剧创立过程中的里程碑。

《梁山伯与祝英台》 考查方向:选择、填空

《梁山伯与祝英台》简称《梁祝》,是一首小提琴协奏曲,由何占豪、陈钢作曲,于 1959 年完成并首演。

作曲家选择了家喻户晓的民间传说为主题,以越剧的音调为基础,分别采用了故事的三个关键情节"草桥结拜""英台抗婚"和"坟前化蝶"作为乐曲的呈示部、展开部和再现部。这部协奏曲在国内被誉为"民族化的交响乐",在国外则被称为"'蝴蝶的爱情'协奏曲"。

《我和我的祖国》 考查方向:选择、填空

《我和我的祖国》是一首由张藜作词、秦咏诚作曲、黄新国首唱的爱国主义歌曲,创作于 1983 年末,1984 年 1 月发表于刊物《音乐生活》,该曲有多个版本,以李谷一录制的版本流传较广。

歌词:我和我的祖国/一刻也不能分割/无论我走到哪里/都流出一首赞歌/我歌唱每一座高山/我歌唱每一条河/袅袅炊烟小小村落/路上一道辙/我最亲爱的祖国/我永远紧依着你的心窝/你用你那母亲的脉搏/和我诉说/我的祖国和我/像海和浪花一朵/浪是那海的赤子/海是那浪的依托/每当大海在微笑/我就是笑的旋涡/我分担着海的忧愁/分享海的欢乐/我最亲爱的祖国/你是大海永不干涸/永远给我碧浪清波/心中的歌。

第三节　外国音乐

比才　考查方向：选择、填空

比才是19世纪法国著名的作曲家，他杰出的歌剧代表作是《卡门》。这部歌剧根据梅里美的同名小说改编而成，讲述的是一个生性无拘无束的吉卜赛女郎走私的冒险经历，是一部具有传奇性的悲剧作品。

《卡门》中的经典曲目有《斗牛士之歌》《爱情像一只自由的鸟儿》等。

柏辽兹　考查方向：选择、填空

柏辽兹是法国浪漫主义音乐的杰出代表，与法国浪漫主义文学大师雨果、浪漫派画家德拉克洛瓦并称为"法国浪漫主义三杰"。

柏辽兹一生致力于标题音乐的创作，创造了"固定乐思"的创作手法，他还著有《配器法》一书。代表作品有《幻想交响曲》《罗密欧与朱丽叶》等。

德彪西　考查方向：选择、填空

德彪西是法国著名作曲家、音乐评论家。他的音乐具有一种朦胧、飘逸和空幻的气氛。代表作品有管弦乐曲《牧神午后》《夜曲》《大海》，钢琴曲《月光》《亚麻色头发的少女》《水中倒影》，歌剧《佩利亚斯与梅丽桑德》等。其中，《牧神午后》被认为是印象主义音乐的开山之作。

皮埃尔·狄盖特　考查方向：选择、填空

皮埃尔·狄盖特是伟大的共产主义者、工人作曲家。他以创作工人运动歌曲为主，歌曲中具有浓厚的时代背景因素。

代表作品是《国际歌》。《国际歌》是由欧仁·鲍狄埃作词，皮埃尔·狄盖特谱曲而成的歌曲。1920年中国首次出现由瞿秋白译成的中文版《国际歌》。

李斯特　考查方向：选择、填空

李斯特是匈牙利杰出的浪漫主义音乐家，被誉为"钢琴之王"。代表作品是两部标题交响曲，即以《神曲》为题材的《但丁交响曲》和以《浮士德》为题材的《浮士德交响曲》。

李斯特创作的《匈牙利狂想曲》还被作为《猫的协奏曲》（由美国米高梅公司出品的动画片《猫和老鼠》中的一集，曾获奥斯卡奖）的背景音乐。

海顿　考查方向：选择、填空

海顿是奥地利著名作曲家，古典主义音乐的代表人物之一，被后人推崇为"交响乐之父"。他的创作在弦乐四重奏和交响曲方面有突出贡献。

代表作品有《伦敦交响曲》《告别交响曲》《惊愕交响曲》《时钟交响曲》等。

莫扎特　　考查方向：选择、填空

莫扎特是奥地利著名作曲家，欧洲维也纳古典乐派的代表人物之一，被誉为"天才音乐家""音乐神童"。歌剧是莫扎特创作的主流，他与格鲁克、瓦格纳和威尔第被誉为"欧洲歌剧史上四大巨子"。

代表作品有《费加罗的婚礼》《安魂曲》《唐璜》《魔笛》等。其中，《安魂曲》是莫扎特最后一部作品。

舒伯特　　考查方向：选择、填空

舒伯特是奥地利著名作曲家、浪漫主义音乐的奠基人，他一生写了600多首艺术歌曲，被称为"歌曲之王"。

代表作品有《野玫瑰》《鳟鱼》《小夜曲》《魔王》《圣母颂》《冬之旅》等。

老约翰·施特劳斯　　考查方向：选择、填空

老约翰·施特劳斯是奥地利著名的圆舞曲作曲家，他一生写过150多首圆舞曲，被誉为"圆舞曲之父"。在他的作品里，影响最大、流行最广的是《拉德斯基进行曲》。

小约翰·施特劳斯　　考查方向：选择、填空

小约翰·施特劳斯是老约翰·施特劳斯的儿子，奥地利著名的作曲家、指挥家、小提琴家，被世人誉为"圆舞曲之王"。

代表作品有《蓝色多瑙河》《春之声圆舞曲》《维也纳森林的故事》和《皇帝圆舞曲》等。其中，《蓝色多瑙河》被称为"奥地利的第二国歌"。

卡拉扬　　考查方向：选择、填空

卡拉扬是奥地利著名指挥家、键盘乐器演奏家和导演。卡拉扬在音乐界享有盛誉，在中文领域被人称为"指挥帝王"。

擅长指挥莫扎特、贝多芬、瓦格纳、理查·施特劳斯等人的交响作品和歌剧，对20世纪的指挥艺术有重要影响。

斯美塔那　　考查方向：选择、填空

斯美塔那是捷克著名作曲家、钢琴家和指挥家，被誉为"新捷克音乐之父""捷克民族音乐的奠基人"。

代表作品有交响诗套曲《我的祖国》、歌曲《自由之歌》、歌剧《里布舍》等。

肖邦　　考查方向：选择、填空

肖邦是波兰浪漫主义音乐的代表人物，被誉为"钢琴诗人"。肖邦第一次在音乐中突出斯拉夫民族因素，并使其归入欧洲音乐的主流。他的创作与祖国的现实、民族的命运密切相关，充满热情。

代表作品有钢琴曲《波兰舞曲》《革命练习曲》《葬礼进行曲》等。

格林卡 考查方向：选择、填空

格林卡是俄罗斯民族乐派的奠基人，俄罗斯民族歌剧的创始人，被誉为"俄罗斯音乐之父"。

代表作品有歌剧《伊凡·苏萨宁》和《鲁斯兰与柳德米拉》等。他的《爱国者之歌》曾被定为 20 世纪 90 年代的俄罗斯联邦的国歌。

柴可夫斯基 考查方向：选择、填空

柴可夫斯基是俄罗斯伟大的浪漫乐派作曲家，也是俄罗斯民族乐派的代表人物。代表作品有歌剧《叶甫盖尼·奥涅金》《黑桃皇后》、舞剧《天鹅湖》《睡美人》《胡桃夹子》等。

巴 赫 考查方向：选择、填空

巴赫是德国作曲家，中世纪以来音乐最伟大的总结者，被后世称为"西方音乐之父"。代表作品有《哥德堡变奏曲》《马太受难曲》《B 小调弥撒》《农民康塔塔》《意大利协奏曲》《我们的上帝坚不可摧》等。

贝多芬 考查方向：选择、填空

贝多芬是德国伟大的作曲家、维也纳古典乐派代表人物之一，被世人尊称为"乐圣"。他的音乐象征着自由、力量、激情和意志，给人以极度震撼。

代表作品有《第三交响曲》（又被称为《英雄交响曲》）、《第五交响曲》（又被称为《命运交响曲》）、《第六交响曲》（又被称为《田园交响曲》）、《第九交响曲》（又被称为《合唱交响曲》）、《月光》（又名《月光奏鸣曲》）等。

门德尔松 考查方向：选择、填空

门德尔松是德国著名作曲家、指挥家，被誉为浪漫主义杰出的"抒情风景画大师"。1842 年，门德尔松与舒曼等人一起创办了德国第一所音乐学院——莱比锡音乐学院。

代表作品有《婚礼进行曲》《春之声交响曲》等。

勃拉姆斯 考查方向：选择、填空

勃拉姆斯是德国著名作曲家。他创作了除歌剧以外的一切体裁的作品，在交响曲、室内乐、协奏曲和艺术歌曲等方面留下了众多杰作。

代表作品有《第一交响曲》《D 大调小提琴协奏曲》《匈牙利舞曲》，声乐作品《摇篮曲》等。勃拉姆斯与巴赫、贝多芬并称为"三 B"。

帕格尼尼 考查方向：选择、填空

帕格尼尼是意大利小提琴演奏家、作曲家，欧洲晚期古典乐派、早期浪漫乐派的音乐家。历史上最著名的小提琴大师之一。

代表作品有《二十四首随想曲》《女巫之舞》《无穷动》《威尼斯狂欢节》等。

威尔第　考查方向：选择、填空

威尔第是意大利伟大的歌剧作曲家，有"意大利革命的音乐大师"之称。他把意大利歌剧推向了一个新的历史高峰，为世界歌剧艺术做出了杰出贡献。

代表作品有《茶花女》《弄臣》《阿伊达》《奥赛罗》等。

普契尼　考查方向：选择、填空

普契尼是意大利著名歌剧作曲家。他的歌剧多取材于下层人的生活，作品风格细腻婉转，音乐新颖而具有戏剧性。

代表作品有《托斯卡》《蝴蝶夫人》《西部女郎》《图兰朵》等。其中，《图兰朵》采用了中国民歌《茉莉花》的旋律。

当代三大男高音　考查方向：选择、填空

当代世界三大男高音是意大利的帕瓦罗蒂、西班牙的多明戈和卡雷拉斯。

当代中国三大男高音是戴玉强、魏松、莫华伦。

帕瓦罗蒂　考查方向：选择、填空

帕瓦罗蒂是世界著名的意大利男高音歌唱家，别号"高音C之王"。代表作品有《我的太阳》《今夜无人入睡》等。

流行音乐　考查方向：选择、填空

流行音乐是根据英语Popular Music翻译过来的。流行音乐植根于大众生活的丰厚土壤之中，因此又有"大众音乐"之称。世界著名的流行音乐家有猫王普莱斯里、迈克尔·杰克逊、恩雅、雅尼、喜多郎等。

埃尔维斯·普莱斯里　考查方向：选择、填空

埃尔维斯·普莱斯里即"猫王"，是美国20世纪最重要的摇滚歌手，被称为"摇滚乐之王"。他强烈地震撼了当时的流行乐坛，并让摇滚乐如同旋风一般横扫世界乐坛。代表作品有《温柔地爱我》等。

迈克尔·杰克逊　考查方向：选择、填空

迈克尔·杰克逊是世界级的著名歌手、作曲家、作词家、舞蹈家，被誉为"流行音乐之王"，他魔幻般的舞步更是被无数明星效仿。

杰克逊于1979年发行的第1张专辑《Off the Wall》，被誉为迪斯科音乐经典之作，1982年发行的专辑《Thriller》（《颤栗》），是世界上唯一一个销量过亿的专辑。杰克逊一生共获15次格莱美奖、26次全美音乐奖，被誉为"世界上最成功的艺术家"。

莎拉·布莱曼　考查方向：选择、填空

莎拉·布莱曼是英国跨界音乐女高音歌手和演员，被称为"月光女神"，是继世界三大男高音之后涌现出的另一个天后级人物，英国美声唱法的历史革命者。

布莱曼曾在 1992 年巴塞罗那奥运会上与何塞·卡雷拉斯演唱《永远的朋友》（《Friends for Life》），也曾在 2008 年北京奥运会上与刘欢同唱《我和你》（《You and Me》）。

甲壳虫　考查方向：选择、填空

甲壳虫也译作"披头士"，是 20 世纪最知名的英国摇滚乐队，被誉为摇滚乐历史上"最伟大的乐队"。甲壳虫成立于 20 世纪 60 年代，主唱兼吉他手约翰·列侬为其核心人物，该乐队于 1970 年解散。

代表曲目有《昨天》（《Yesterday》）、《顺其自然》（《Let It Be》）、《想象》（《Imagine》）等。

理查德·克莱德曼　考查方向：选择、填空

理查德·克莱德曼是法国著名的钢琴演奏家，有"钢琴王子"之誉，也是中国听众最早熟悉的一位当代外国钢琴家。他是当今世界上拥有金唱片最多的钢琴演奏家和唯一的金钢琴奖获得者。

代表曲目有《秋日私语》《水边的阿狄丽娜》等。

维也纳新年音乐会　考查方向：选择、填空

维也纳新年音乐会是为了庆祝新年而于每年的当地时间 1 月 1 日上午，在奥地利首都维也纳的"维也纳音乐之友协会"大厅举行的新年音乐会。

演出的曲目是被称为"圆舞曲之王"的小约翰·施特劳斯及其家族的音乐作品，由世界历史最悠久、素质最高超的维也纳爱乐乐团演奏。

第五章　美术常识

第一节　美术基本理论

素　描　考查方向：选择、填空

由木炭、铅笔、钢笔等以线条来画出物象明暗的单色画，称作素描；单色水彩和单色油画也可以算作素描；中国传统的白描和水墨画也可以称之为素描。通常讲的素描多指铅笔画和炭笔画。

中国画　考查方向：选择、填空

中国画简称"国画"。是用毛笔、墨以及中国画颜料，在特制的宣纸或绢素上作画。中国画从题材上可分为山水画、人物画和花鸟画三大画科。其传统表现技法可分为工笔、写意和工兼写。

山水画　考查方向：名词解释

山水画形成于魏晋南北朝时期，但尚未从人物画中完全分离。隋唐时始独立，五代、北宋时趋于成熟。山水画按照画法、风格可分为青绿山水、金碧山水、水墨山水、浅绛山水等。

人物画　考查方向：名词解释

人物画因题材类别的不同，可分为道释画、仕女画、风俗画、肖像画、历史故事画等；因画法式样的不同，可分为工笔人物、减笔人物、写意人物、泼墨人物、白描人物等。

花鸟画　考查方向：填空、名词解释

传统花鸟画从技法角度可分为工笔、写意、工兼写三种画法。工笔花鸟画即用浓、淡墨勾勒对象，再深浅分层次着色；写意花鸟画即用简练概括的手法绘写对象；介于工笔和写意之间的就称为工兼写画法。

年　画　考查方向：选择、填空

年画是中国特有的一种绘画体裁。始于古代的"门神画"，清光绪年间，正式称为年画。题材多以神话、生活风俗、历史故事、戏曲小说、时装美人、风景花卉为主。

我国著名的四大年画产地是天津杨柳青、潍坊杨家埠、苏州桃花坞和四川绵竹。

油　画　考查方向：选择、填空

油画起源并发展于欧洲，15世纪以前欧洲绘画中的蛋彩画是油画的前身。天主教

传教士利玛窦第一个将油画引进中国。

浮世绘　考查方向：名词解释

浮世绘是日本的风俗画、版画。它是日本江户时代兴起的一种独具民族特色的艺术奇葩，是典型的花街柳巷艺术。

岁寒三友　考查方向：选择、填空

"岁寒三友"是指松、竹、梅三种植物。因这三种植物在寒冬时节仍可保持顽强的生命力而得名，是中国传统文化中高尚人格的象征，也借以比喻忠贞的友谊。

四君子　考查方向：选择、填空

"四君子"是中国画的传统题材，包括梅、兰、竹、菊四种花卉，画家用"四君子"来标榜君子的清高品德。

古代四大美女　考查方向：选择、填空

享有"沉鱼落雁之容，闭月羞花之貌"的中国古代四大美女，分别是西施、王昭君、貂蝉、杨玉环。

"沉鱼"讲的是西施浣纱的故事；"落雁"讲的是昭君出塞的故事；"闭月"讲的是貂蝉拜月的故事；"羞花"讲的是玉环赏花的故事。其中，貂蝉是唯一一位无史料记载仅存在于小说戏剧中的美女。

中国佛教四大石窟　考查方向：选择、填空

中国佛教四大石窟指的是以中国佛教文化为特色的巨型石窟艺术景观，包括甘肃敦煌莫高窟、山西大同云冈石窟、河南洛阳龙门石窟、甘肃天水麦积山石窟。

敦煌石窟是世界上现存规模最大、内容最丰富的佛教艺术圣地。敦煌飞天就是画在敦煌石窟中的飞神，是敦煌艺术的标志。

中国四大名刹　考查方向：选择、填空

中国四大名刹是江苏南京的栖霞寺、浙江天台的国清寺、山东济南的灵岩寺和湖北当阳的玉泉寺。

世界三大宗教及其代表建筑　考查方向：选择、填空

世界三大宗教是佛教、基督教和伊斯兰教。

佛教代表建筑包括佛寺、佛塔和石窟。基督教代表建筑主要是教堂，其建筑风格有罗马式、拜占庭式和哥特式三种。伊斯兰教代表建筑为清真寺。

世界七大建筑奇迹　考查方向：选择、填空

世界七大建筑奇迹是埃及吉萨（胡夫）大金字塔、印度泰姬陵、中国万里长城、意大

利古罗马大斗兽场、希腊雅典卫城的帕特农神庙、法国巴黎的埃菲尔铁塔、柬埔寨的吴哥窟。

哥特式建筑 考查方向：选择、填空

哥特式建筑是11世纪下半叶起源于法国，13－15世纪流行于欧洲的一种建筑风格。哥特式建筑最明显的建筑风格就是高耸入云的尖顶及窗户上巨大斑斓的玻璃画。

最负盛名的哥特式建筑是俄罗斯圣母大教堂、意大利米兰大教堂、德国科隆大教堂、巴黎圣母院等。

第二节　中国美术

后母戊鼎 考查方向：选择、填空

后母戊鼎又称"司母戊大方鼎"。1939年出土于河南省安阳市，是商代后期王室祭祀用的青铜方鼎。

后母戊鼎现存于中国国家博物馆，是迄今世界上出土最大、最重的青铜礼器，享有"镇国之宝"的美誉。

三 孔 考查方向：选择、填空

曲阜的孔府、孔庙、孔林，统称"三孔"，是中国历代纪念孔子、推崇儒学的表征。被世人尊崇为世界三大圣城之一。

图2.5.1　后母戊鼎

战国曾侯乙编钟 考查方向：选择、填空

战国曾侯乙编钟是一套战国早期曾国国君的大型礼乐重器，现藏于湖北省博物馆，为该馆"镇馆之宝"。曾侯乙编钟的甬钟正面、钲部有"曾侯乙乍持用终"错金铭文，表明钟的制作和享用者是曾侯乙。

图2.5.2　曾侯乙编钟

三星堆遗址 考查方向：选择、填空

三星堆遗址位于四川省广汉市西北的鸭子河南岸，分布面积12平方千米，距今已有3000至5000年历史，是迄今在西南地区发现的范围最大、延续时间最长、文化内涵最丰富的古城、古国、古蜀文化遗址。三星堆遗址被誉为"长江文明之源"。

2021年5月28日，三星堆新发现6个"祭祀坑"，发掘收获颇丰。

战国帛画 考查方向：选择、填空

战国帛画中最具代表性的两幅作品是《人物龙凤帛画》和《人物御龙帛画》，前者于1949年出土于长沙陈家大山楚墓；后者于1973年出土于长沙子弹库楚墓。这两幅作品是我国出土最早的绘画实物。

秦始皇陵 兵马俑 考查方向：选择、填空

秦始皇陵兵马俑被誉为"世界第八大奇迹"，位于陕西省西安市以东35千米的临潼区境内。1974年春，被当地农民打井时发现。

马王堆汉墓 考查方向：选择、填空

马王堆汉墓位于湖南省长沙市，是西汉初期长沙国丞相、轪侯利苍的家族墓地。马王堆汉墓于1972－1974年先后两次发掘三座墓，墓葬的结构宏伟复杂。

2016年6月，马王堆汉墓被评为世界十大古墓稀世珍宝之一。2021年10月18日，马王堆汉墓入选全国"百年百大考古发现"。

马踏飞燕 考查方向：选择、填空

马踏飞燕又名"马超龙雀""铜奔马"。1983年10月，"马踏飞燕"被国家旅游局（今文化和旅游部）确定为中国旅游标志；1986年，被定为国宝级文物。马踏飞燕是东汉青铜器，1969年出土于甘肃武威的一座东汉墓中，现藏甘肃省博物馆。

图2.5.3　马踏飞燕

六朝三杰 考查方向：选择、填空

"六朝三杰"是指六朝时期的三位著名画家，即东晋顾恺之、南朝宋陆探微、南朝梁张僧繇。

顾恺之 考查方向：选择、填空

顾恺之是东晋时期伟大的画家和绘画理论家。时人称之为"三绝"，即画绝、文绝和痴绝。代表绘画作品有《女史箴图》《洛神赋图》《列女仁智图》等，理论专著有《论画》。

图2.5.4　《洛神赋图》局部

张僧繇　考查方向：选择、填空

张僧繇是南朝萧梁时期画家，其主要创作领域为**佛寺壁画**。张僧繇创造的艺术形象独具特色，被称为"**张家样**"。他**与顾恺之、陆探微、吴道子并称为"画家四祖"**。

陆探微　考查方向：选择、填空

陆探微是南朝宋明帝时宫廷画家。据传他是**正式以书法入画的创始人**，他把东汉张芝的草书体运用到绘画上，形成气势连绵的"**一笔画**"笔法。

吴带当风，曹衣出水　考查方向：选择、填空

"**曹衣出水，吴带当风**"是指古代人物画中衣服褶纹的两种不同的表现方式。**吴道子**中晚年用笔豪放遒劲，所画人物衣褶有飘举之势，与**曹仲达**所画外国佛像衣稠紧窄有别，故称为"**吴带当风，曹衣出水**"。

谢赫　考查方向：选择、填空

谢赫是南朝齐梁间画家、绘画理论家。其撰写的《画品》是古代第一部对绘画作品、作者进行品评的理论专著，书中论述了绘画的社会功能，提出了绘画的品评标准"**六法论**"。

"六法"分别是**气韵生动、骨法用笔、应物象形、随类赋彩、经营位置、传移模写**。

敦煌壁画　考查方向：选择、填空

敦煌壁画的内容丰富多彩，主要描写神的形象、神的活动、神与神的关系、神与人的关系等，以寄托人们善良的愿望，安抚人们的心灵。

"**飞天**"是敦煌壁画艺术的标志。著名的敦煌壁画有《鹿王本生故事图》《萨那太子本生故事图》等。

展子虔　考查方向：选择、填空

展子虔是北周末隋初的杰出画家，也是**现在唯一有画迹可考的隋代著名画家**。其传世作品《游春图》是中国现存最早的卷轴山水画。

《游春图》以**青绿勾填法**描写山川、人物，画面取**俯瞰式构图**。展子虔的《游春图》**开创了青绿山水的端绪**

图 2.5.5　《游春图》

吴道子　考查方向：选择、填空

吴道子是**唐代著名画家，被誉为"画圣"**。他的创作成就主要表现在**宗教绘画**上，其独创的宗教图像样式被称为"吴家样"。代表作品有**《送子天王图》**等。

图2.5.6　《送子天王图》局部

阎立本　考查方向：选择、填空

阎立本是**唐代著名宫廷画家**。工于写真，尤擅故事画，取材多是贵族、官宦以及宫廷历史事件。

代表作品有**《步辇图》《历代帝王图》《职贡图》《凌烟阁二十四功臣像》**等。其中**《步辇图》描绘的是贞观十五年(641年)唐太宗接见吐蕃松赞干布的使者和亲的场面**。

图2.5.7　《步辇图》

李思训　考查方向：选择、填空

李思训是**唐代杰出画家**，以战功闻名于世，史称"**大李将军**"。李思训**擅画青绿山水**，题材上多表现**幽居之所**。唐人推崇李思训的作品为"**国朝山水第一**"。代表作品有**《江帆楼阁图》**。

李昭道　考查方向：选择、填空

李昭道是唐代画家，为**李思训之子**，同样以**山水画**创作享有盛名，史称"**小李将军**"。代表作品有**《春山行旅图》《明皇幸蜀图》**。其中，《明皇幸蜀图》表现的是唐明皇因安史之乱入蜀避难的故事。

王 维　考查方向：选择、填空

王维是盛唐著名诗人，也是影响深远的山水画家。他以诗入画，创造出简淡抒情的意境，并创立了"破墨"山水的技法。苏轼评价王维的作品为"诗中有画，画中有诗"。

代表作品有《雪溪图》《辋川图》等。

曹 霸　考查方向：选择、填空

曹霸是唐玄宗时期的画家，擅画御马和功臣像，由他修补的《凌烟阁二十四功臣图》以及御马，笔墨沉着，神采生动。代表作品有《九马图》《赢马图》。

韩 干　考查方向：选择、填空

韩干是唐代杰出画家，擅长画马。其作画重视写生，遵循写实主义的创作原则，坚持以真马为师，遍绘宫中及诸王府之名马。代表作品有《照夜白图》《牧马图》等。

韩 滉　考查方向：选择、填空

韩滉是唐代著名画家，擅长画牛。代表作品是《五牛图》，又名《唐韩滉五牛图》，该画作是中国十大传世名画之一，也是现存最古老的纸本中国画。

张 萱　考查方向：选择、填空

张萱是盛唐时期著名画家。以擅绘贵族仕女、宫苑鞍马著称，常以宫廷游宴入画。代表作品有《虢国夫人游春图》《捣练图》等。

图 2.5.8 《虢国夫人游春图》

周 昉　考查方向：选择、填空

周昉是唐代画家。其画作题材主要表现了贵族生活，同时周昉也是一名宗教画家，他创作的"水月观音"体的佛画样式，被称为"周家样"。

代表作品有《簪花仕女图》《挥扇仕女图》。

张彦远　考查方向：选择、填空

张彦远是晚唐时期重要的书法家和书画理论家。他在采集前人著述加以汇集整理的基础上，发表自己的见解，作成《历代名画记》，这是中国第一部体例完备、史论结合、内容宏富的绘画通史著作。

图2.5.9 《簪花仕女图》

唐三彩　考查方向：选择、填空

唐三彩是一种低温釉陶器，盛行于唐代，主要用途是作为冥器用于随葬。唐三彩的色彩多以黄、赭、绿三色为主，故名为"唐三彩"。

昭陵六骏　考查方向：选择、填空

昭陵是唐朝第二代皇帝李世民的陵墓，"六骏"是指李世民经常乘骑的六匹战马，唐太宗李世民令雕刻名匠将其征战时骑乘过的六匹战马刻成浮雕，世称"昭陵六骏"。

六骏：特勒骠（一作"特勤骠"）、青骓、什伐赤、飒露紫、拳毛䯄、白蹄乌。

顾闳中　考查方向：选择、填空

顾闳中是五代南唐画家，以画人物肖像著称。代表作品是《韩熙载夜宴图》，该画以长卷形式分为聆听琵琶、揎鼓起舞、盥手小憩、重奏管籥、再开歌舞等五个场面。

图2.5.10《韩熙载夜宴图》
局部

荆　浩　考查方向：选择、填空

荆浩是五代后梁画家，因避战乱，曾隐居于太行山洪谷，故自号"洪谷子"。代表作品是《匡庐图》，理论著作是《笔法记》。

关　仝　考查方向：选择、填空

关仝是五代末及宋初的画家。其作品多表现北方山川峻伟荒寒的景象，具有很强的艺术感染力，被称为"关家山水"。代表作品有《关山行旅图》和《山溪待渡图》。

黄　筌　考查方向：选择、填空

黄筌是西蜀宫廷画家。擅画花竹翎毛，所画多为宫廷中的

图2.5.11 《关山行旅图》

奇禽名花,勾勒精细,设色秾丽,有"**黄家富贵**"之称,是一位技艺全面的画家。代表作品有《**写生珍禽图**》。

崔　白　考查方向:选择、填空

崔白是北宋中后期画家。擅长画花竹翎毛,尤其精于败荷、芦雁等的描绘,**富于野情野趣**。代表作品有《**双喜图**》《**寒雀图**》《**竹鸥图**》等。

赵　佶　考查方向:选择、填空

赵佶即**宋徽宗**,同时也是北宋时期的画家、书法家。他擅画花鸟画,重视写实。宋徽宗在书法上也有较高的造诣,创造出了独树一帜的"**瘦金体**"。

代表作品有《**瑞鹤图**》《**芙蓉锦鸡图**》等。

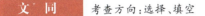

图 2.5.12 　《芙蓉锦鸡图》

文　同　考查方向:选择、填空

文同是**北宋时期最善于画竹的画家**,有"**墨竹大师**"之称。文同开创了"**湖州竹派**"。"**胸有成竹**"这个成语起源于文同画竹的思想。代表作品是《**墨竹图**》。

李公麟　考查方向:选择、填空

李公麟是北宋时期著名画家。其创造了不着色彩而完全以墨笔线描塑造形象的画法,称为"**白描**"。代表作品有《**五马图**》《**龙眠山庄图**》《临韦偃牧放图》等。

张择端　考查方向:选择、填空

张择端是**北宋后期卓越的风俗画家**,擅长画建筑、车船等风俗题材。其主要作品是《**清明上河图**》。

《清明上河图》以**全景式构图**、严谨精细的笔法展示出**北宋都城汴梁(今河南开封)** 市民的生活状况和汴河上店铺林立、市民熙来攘往的热闹场面。

画家在创作时采用**散点透视**,整幅画卷有铺垫、有起伏、有高潮,长卷构图中充满了戏剧性情节和引人入胜的细节描写。《清明上河图》**代表了宋代风俗画发展的最高水平**。

图 2.5.13 　《清明上河图》局部

李成　考查方向：选择、填空

李成是北宋时期山水画家。他的画多作平远寒林，画法简练，笔势锋利，好用淡墨，有"**惜墨如金**"之称。他画的山石好像是卷动的云，后人称这种表现技法为"**卷云皴**"。

代表作品有《**读碑窠石图**》《**寒林平野图**》等。

范宽　考查方向：选择、填空

范宽是北宋时期山水画家。他的作品多取材于其家乡**陕西关中一带**的山岳，被誉为"**得山之骨**""**与山传神**"。范宽还擅画雪景，被称赞为"**画山画骨更画魂**"。

代表作品是《**溪山行旅图**》，该画作被誉为山水画中的"**第一神品**"。

梁楷　考查方向：选择、填空

梁楷是**南宋时期著名书画家**。他既能创作精妙严谨的图画，又擅长描绘洗练放逸的减笔画，其人物画多以**佛教禅宗人物或文人雅士**为题材。

代表作品有《六祖伐竹图》《**布袋和尚图**》《**泼墨仙人图**》等。

图 2.5.14　《溪山行旅图》

南宋四家　考查方向：选择、填空

"南宋四家"分别是**李唐、刘松年、马远、夏圭**。

李唐开创了南宋山水画之新风。其主要作品有《**万壑松风图**》《清溪渔隐图》。

刘松年水墨青绿兼工，其主要作品有《**四景山水图**》。

马远善于描绘山之一角、水之一涯，人称"**马一角**"。其主要作品有《踏歌图》《寒江独钓图》。

夏圭突破全景式构图而画边角之景，人称"**夏半边**"，其主要作品有《溪山清远图》《西湖柳艇图》。

宋代五大名窑　考查方向：选择、填空

中国宋代瓷器生产，以**汝窑、官窑、哥窑、钧窑、定窑**五个窑口的产品最为有名，后人统称其为"宋代五大名窑"。

汝窑是**五大名窑之首**，以**青瓷**为主，有玉石般的质感，造型庄重大方。

官窑由**官府直接营建**，其窑器主要为素面，胎色铁黑，有古朴典雅之美。

哥窑的瓷器釉面大开片纹路呈铁黑色，称"**铁线**"，小开片纹路呈金黄色，称"**金丝**"。

钧窑主要是青瓷，但还有多种色彩。钧窑的典型特征是"**蚯蚓走泥纹**"。

定窑是最早为北宋宫廷烧造御用瓷器的窑场，也是宋代五大名窑中**唯一烧造白瓷**的窑场。

苏州四大园林　考查方向：选择、填空

苏州四大园林分别是**沧浪亭、狮子林、拙政园、留园**。这四处园林分别代表着宋、元、明、清四个朝代的艺术风格，被称为苏州"四大名园"。

赵孟𫖯　考查方向：选择、填空

赵孟𫖯是元代画坛中心人物，其主要成就在书画方面。赵孟𫖯的艺术主张有两点：一是标榜"古意"，提倡继承唐与北宋绘画；二是强调书法与绘画的关系，将书法用笔引入绘画中。

代表作品是《鹊华秋色图》《秋郊饮马图》《秀石疏林图》等。

元四家　考查方向：选择、填空

"元四家"分别是黄公望、吴镇、倪瓒、王蒙。

黄公望的作品多描绘虞山、富春等地的江南自然景色，其主要作品是《富春山居图》。

吴镇擅画山水、梅花、竹石，其主要作品是《渔父图》《雪竹图》。

倪瓒所画山水主要表现太湖一带的风光，景中多不画人，其主要作品有《渔庄秋霁图》《水竹居图》。

王蒙的山水多表现隐居生活，其主要作品是《青卞隐居图》等。

图 2.5.15　《富春山居图》
局部

王　冕　考查方向：选择、填空

王冕是元代著名画家，以画梅著称，尤工墨梅。代表作品有《墨梅图》。

吴门四家　考查方向：选择、填空

"吴门四家"产生于明代中期的苏州，又称为"明四家"，分别是沈周、文徵明、唐寅、仇英四位明代画家。"吴门四家"中的沈周与文徵明是吴门派文人画最突出的代表。

青藤白阳　考查方向：选择、填空

"青藤白阳"指的是徐渭与陈淳两位画家。"青藤白阳"对清代扬州画派和近代海派花鸟画都产生了重要影响。

陈淳的绘画属文人隽雅一路，尤擅写意花鸟。

徐渭则发展出了"泼墨大写意"的花鸟画风格。

董其昌　考查方向：选择、填空

董其昌是明代后期著名书画家。他著有《画旨》一书，提出山水画"南北宗"论，重倡文人画，强调模仿古人，讲究章法形势，追求"士气"。代表作品有《秋兴八景图》等。

董其昌认为北宗是行家画,南宗是文人画,崇南贬北。

清初四僧　考查方向:选择、填空

"清初四僧"分别是朱耷、石涛、弘仁和髡残四位清初画家。

朱耷号八大山人,他的作品往往以象征手法抒写心意,如画鱼、鸭、鸟等,皆以白眼向天,充满倔强之气。其主要作品有《眠鸭图》《孔雀竹石图》等。

石涛自称苦瓜和尚,"搜尽奇峰打草稿"。其主要作品有《泼墨山水卷》《山水清音图》等。

弘仁注重从大自然中吸收营养,直师造化。其主要作品有《冈陵图》《黄海松石图》等。

髡残是一位遗民意识十分强烈的画僧,以强烈的主观情感抒写胸中山川。其主要作品有《苍翠凌天图》《苍山结茅图》等。

扬州八怪　考查方向:选择、填空

扬州八怪是清代乾隆年间活跃在江苏扬州画坛的革新派画家之总称,主要以金农、郑燮(郑板桥)、黄慎、李鳝、李方膺、汪士慎、罗聘、高翔八人为代表。

郑板桥　考查方向:选择、填空

郑板桥是"扬州八怪"中的代表人物,清代的政治家、文学家、书画家,以画梅兰竹菊著称,也擅画花鸟枯石,尤其擅长画竹。代表作品有《墨竹图》《兰竹图》。

郑板桥自称"四时不谢之兰,百节长青之竹,万古不败之石,千秋不变之人"。其诗书画,世称"三绝"。他所说的从"眼中之竹",到"胸中之竹",再到"手中之竹",形象地描述了艺术创造的过程。

岭南画派　考查方向:选择、填空

岭南画派是指由广东籍画家组成的一个地域画派。创始人为高剑父、高奇峰、陈树人,简称"二高一陈"。

傅抱石　考查方向:选择、填空

傅抱石是中国著名画家、美术教育家,擅画山水。中年创立"抱石皴",笔致放逸,气势豪放,尤擅作泉瀑雨雾之景;晚年多作大幅,气魄雄健,具有强烈的时代感。

代表作品有《江山如此多娇》(与关山月合作)、《韶山》《待细把江山图画》等。

齐白石　考查方向:选择、填空

齐白石是国画艺术大师、书法篆刻家、诗人。擅画小动物,尤擅画虾。被授予"人民艺术家"的称号。齐白石与傅抱石并称"南北二石"。

代表作品有《墨虾》《蛙声十里出山泉》等。

徐悲鸿　考查方向:选择、填空

徐悲鸿是中国杰出的画家和美术教育家,中国现代美术事业的奠基人之一,被誉为中国近代"绘画之父"。徐悲鸿尤擅画马,主张现实主义。

代表作品有中国画《愚公移山》《九方皋》《田横五百士》《巴水汲人》等。

图 2.5.16　《愚公移山》

李可染　考查方向：选择、填空

李可染是中国现代著名画家。擅长画牛，并创造了自己的画牛方法和风格。代表作品有《江山无尽图》《万山红遍》《爱晚亭》《井冈山》《牧牛图》等。

黄 胄　考查方向：选择、填空

黄胄是中国 20 世纪中后期影响最大的画家之一。人物、动物、山水、花鸟无所不精。尤擅画驴。代表作品有《百驴图》《洪荒风雪》《飞雪迎春》等。

齐白石的虾、徐悲鸿的马、李可染的牛和黄胄的驴，并称为 20 世纪"中国水墨四绝"。

张大千　考查方向：选择、填空

张大千是 20 世纪中国画坛最具传奇色彩的国画大师。张大千与齐白石一南一北两位绘画大师，被人们称为"南张北齐"。

代表作品有《爱痕湖》《庐山图》《丹山春晓》《长江万里图》等。

黄宾虹　考查方向：选择、填空

黄宾虹是中国现代杰出的山水画大师、书法家、书画鉴定家。他在山水画上成就突出，形成了"黑、密、厚、重"的独特风格。代表作品有《山中坐雨》《青山红树》等。

关山月　考查方向：选择、填空

关山月是中国现代著名画家。其作品以山水画为主，兼画其他。艺术上不拘泥于传统，坚持岭南画派的革新主张，追求绘画的时代感和生活气息。

代表作品有《江山如此多娇》（与傅抱石合作）、《绿色长城》等。

董希文　考查方向：选择、填空

董希文是受毛泽东同志赞誉的油画大家，国家文物局规定的"作品一律不得出境"的大师之一。代表作品有《开国大典》《红军过草地》《千年的土地翻了身》等。

董希文的油画作品《开国大典》被誉为"共和国成立的艺术见证"。

图 2.5.17　《开国大典》

丰子恺　考查方向：选择、填空

　　丰子恺是中国现代著名画家、美术教育家、漫画家和翻译家。

　　丰子恺的漫画最初以古诗为题，代表作有《帘卷西风，人比黄花瘦》等；接着又以儿童作为题材，代表作有《阿宝两只脚，凳子四只脚》等；他还以苦难的社会生活为题材进行创作，例如《二重饥荒》《最后的吻》等。

张乐平　考查方向：选择、填空

　　张乐平是中国当代杰出漫画家。其漫画以政治讽刺见长，他所创作的三毛形象，妇孺皆知，名播海外，他因此被誉为"三毛之父"。

　　代表作品有"三毛"系列漫画《三毛流浪记》《三毛从军记》等，其他系列漫画有《小萝卜头》等。

朱德庸　考查方向：选择、填空

　　朱德庸是台湾著名漫画家，他的漫画作品充满了机智幽默，方寸之间，挥洒自如。

　　代表作品有《双响炮》《涩女郎》《醋溜族》等。其中他的《涩女郎》系列被改编成影视剧《粉红女郎》。

罗中立　考查方向：选择、填空

　　罗中立是中国当代著名油画家、教育家，四川美术学院原院长。其主要代表作品是油画《父亲》。该画创作于 1980 年，现收藏于中国美术馆。

第三节　外国美术

米　隆　考查方向：选择、填空

　　米隆是希腊雕刻家。他擅长创作青铜像，把希腊雕刻艺术推向了新的高峰。代表作品是《掷铁饼者》。

乔托　考查方向:选择、填空

乔托是佛罗伦萨画派的创始人。他被誉为"欧洲绘画之父"。代表作品有《逃往埃及》《犹大之吻》等。

**文艺复兴
美术三杰**　考查方向:选择、填空

"文艺复兴美术三杰"分别是达·芬奇、米开朗基罗和拉斐尔三人,他们都是 15－16 世纪意大利文艺复兴时期的杰出画家。

达·芬奇　考查方向:选择、填空

达·芬奇是整个文艺复兴美术最卓越的代表人物之一,他把自然科学引入美术领域,并在绘画中首先使用了空气透视法表现绘画的空间感。

代表作品有《蒙娜丽莎》《最后的晚餐》《岩间圣母》等。

米开朗基罗　考查方向:选择、填空

米开朗基罗的雕塑成就最为突出。他的作品以人物"健美"著称。

图 2.5.18　《蒙娜丽莎》

代表作品有雕塑《大卫》《最后的审判》《晨》《暮》《昼》《夜》《摩西》和完成于西斯廷教堂 800 平方米天花板上的绘画作品《创世纪》。

拉斐尔　考查方向:选择、填空

拉斐尔是西方美术史上擅长塑造圣母形象的大师,被誉为西方的"画圣"。他的作品以"秀美"著称,一直被视为古典美术精神最完美的体现。

代表作品有《西斯廷圣母》《雅典学院》《椅中圣母》等。

波提切利　考查方向:选择、填空

波提切利是佛罗伦萨画派最主要的绘画代表。其创作多取材于文学作品中的古代神话传说,不再局限于宗教题材。代表作品有《春》《维纳斯的诞生》等。

丢勒　考查方向:选择、填空

丢勒是德国文艺复兴运动中最知名的艺术家,也是最早表现农民和下层人民生活的画家之一。代表作品有《农民和他的妻子》《农民舞蹈》等。

巴洛克艺术　考查方向:选择、填空

巴洛克艺术是16－17 世纪诞生并流行于意大利的艺术。"巴洛克"一词有"奇形怪状、矫揉造作或畸形的珍珠"的意思。巴洛克艺术在建筑和雕塑方面的大师是意大利的贝尼尼,在绘画方面的大师是比利时的鲁本斯。

普桑　考查方向:选择、填空

普桑是 17 世纪法国古典主义美术的代表人物,被称为"法国绘画之父"。代表作品

有《阿尔卡迪的牧人》《台阶上的圣母》等。

伦勃朗　考查方向：选择、填空

伦勃朗是17世纪荷兰的现实主义大师。他的作品常常借宗教题材来宣扬人性的善良和对美好生活的向往，他也擅长肖像画。代表作品有《杜普教授的解剖学课》《夜巡》等。

图 2.5.19　《夜巡》　　　　图 2.5.20　《马拉之死》

维米尔　考查方向：选择、填空

维米尔是17世纪荷兰伟大的风俗画家，其作品大多取材于市民日常的生活。代表作品有《倒牛奶的女仆》《花边女工》等。

大　卫　考查方向：选择、填空

大卫是法国大革命时期的杰出画家，新古典主义的代表人物。代表作品有《马拉之死》《荷拉斯兄弟的宣誓》等。

洛可可艺术　考查方向：选择、填空

洛可可艺术产生于18世纪的法国，泛指这一时期室内装饰、建筑、绘画、雕塑以至家具、服装等各方面的流行风，是一种为王室、贵族享乐服务的艺术。代表人物有华多、布歇等。

安格尔　考查方向：选择、填空

安格尔是18—19世纪法国画家，新古典主义画派代表人物。安格尔的艺术成就集中体现在肖像画和女性人体画方面。代表作品有《泉》《大宫女》《土耳其浴女》等。

籍里柯　考查方向：选择、填空

籍里柯是18—19世纪法国画家，法国浪漫主义的先驱。他的最可贵之处在于其画中凝聚着强烈的时代感情。代表作品是《梅杜萨之筏》，这幅画作被看作是浪漫主义的伟大宣言。

图 2.5.21　《梅杜萨之筏》

图 2.5.22　《自由引导人民》

德拉克洛瓦　考查方向：选择、填空

德拉克洛瓦是 19 世纪法国画家，法国浪漫主义最杰出的代表。作品《希奥岛的屠杀》标志着浪漫主义盛期的到来；他的另一幅作品《自由引导人民》，展示了法国的七月革命，标志着浪漫主义达到顶峰。

米　勒　考查方向：选择、填空

米勒是巴比松派画家，19 世纪法国现实主义画家。其作品一般采用横带式构图。代表作品是表现农民题材的三幅杰作《播种者》《拾穗者》和《晚钟》，这三部作品又被称为"米勒三部曲"。

图 2.5.23　《播种者》

图 2.5.24　《拾穗者》

图 2.5.25　《晚钟》

图 2.5.26　《日出印象》

罗　丹　考查方向：选择、填空

罗丹是19 世纪法国最伟大的现实主义雕塑家，是继米开朗基罗之后欧洲又一位杰出的雕塑大师。代表作品有《思想者》《巴尔扎克像》《青铜时代》《地狱之门》等。

马奈　考查方向：选择、填空

马奈是 19 世纪法国画家，**印象主义的奠基人和精神领袖**。代表作品有《草地上的午餐》《奥林匹亚》《吹短笛的男孩》等。

莫奈　考查方向：选择、填空

莫奈是 **19-20 世纪法国画家，印象派创始人之一**，有"**印象派之父**"之称。代表作品有《日出·印象》《睡莲》等。

《日出印象》是莫奈创作的一幅**油画**作品，是莫奈画作中最经典的一幅，也是**印象画派的开山之作**。

塞尚　考查方向：选择、填空

塞尚是 19 世纪法国著名画家，被誉为"**现代绘画之父**"。他的绘画主要以**肖像画、静物画和风景画**为主。

代表作品有《静物·苹果篮子》《四季》《玩牌者》《坐在红扶手椅里的塞尚夫人》等。

高更　考查方向：选择、填空

高更是 **19 世纪法国后印象派著名画家**。他的作品多取材于**塔希提和布列塔尼**的风土人情。代表作品有《塔希提少女》《我们从哪里来？我们是谁？我们往哪里去？》等。

修拉　考查方向：选择、填空

修拉是**法国画家，新印象画派（点彩派）的创始人**。代表作品有《大碗岛上的星期日下午》、对于点彩派的最初尝试的作品《安涅尔浴场》、代表性风景画之一《欧兰菲林的运河》等。

梵高　考查方向：选择、填空

梵高是 **19 世纪荷兰后印象派著名画家**，表现主义的先驱。梵高被称为"**追赶太阳的艺术家**"。代表作品有《向日葵》《星月夜》《麦田上的乌鸦》等。

代表作品《向日葵》是以插在瓶中的向日葵为主要内容的一系列**油画**作品。

图 2.5.27　《星月夜》

列宾　考查方向：选择、填空

列宾是 **19 世纪后期俄国巡回展览画派的重要代表人物**。代表作品是著名的批判现实主义杰作《伏尔加河上的纤夫》。

列维坦　考查方向：选择、填空

列维坦是 **19 世纪后期俄国巡回展览画派画家**，杰出的现实主义风景画大师。他开创了俄国的"**情绪风景画**"。代表作品是《弗拉基米尔之路》，这幅作品被称为"**俄国的历史风景画**"。

图 2.5.28 《伏尔加河上的纤夫》

马蒂斯 考查方向：选择、填空

马蒂斯是法国 20 世纪前期著名画家，野兽派的创始人和主要代表人物，被称为"野兽派之祖"。代表作品有《音乐》《舞蹈》《钢琴课》《开着的窗户》和《戴帽的妇人》等。

蒙 克 考查方向：选择、填空

蒙克是 20 世纪前期伟大的挪威画家。他的绘画以死亡、恋爱、焦虑为主题。代表作品有《呐喊》《青春期》《生命之舞》等。

杜 尚 考查方向：选择、填空

杜尚是 20 世纪前期法国画家，达达主义及超现实主义的代表人物之一。代表作品是《泉》。

毕加索 考查方向：选择、填空

毕加索是 20 世纪前期西班牙画家，立体画派的创始人。他一生留下了数量惊人的作品，风格丰富多变，充满非凡的创造性。

代表作品有《亚威农少女》《格尔尼卡》《卡思维勒像》《瓶子、玻璃杯和小提琴》等。

图 2.5.29 《亚威农少女》

图 2.5.30 《格尔尼卡》

第四节　书法篆刻

文房四宝　考查方向：选择、填空

文房四宝分别是**笔、墨、纸、砚**。

笔：名产为浙江湖州的"**湖笔**"。

墨：名产为安徽徽州的"**徽墨**"。

纸：名产有安徽宣城的"**宣纸**"。

砚：名产有四大名砚，即广东肇庆的**端砚**，安徽歙县的**歙砚**，甘肃临洮的**洮砚**，山西绛州的**澄泥砚**。

书法五体　考查方向：选择、填空

书法五体是指**篆书、隶书、草书、行书、楷书**五种字体。

篆书分为大篆和小篆，小篆也称"**秦篆**"，**秦国"书同文"时统一**，字体较大篆更易书写。

隶书是从篆书演变而来，**隶书是古文字和今文字的分水岭**。

草书形成于**汉代**，有**章草、今草、狂草**之分。

行书既有楷书的基本间架结构，又有草书简洁流便的行笔和线条。

楷书是从隶书演变而来，更趋简化。**楷书形成后，中国文字已基本定型**。

李　斯　考查方向：选择、填空

李斯是秦朝丞相，著名的政治家、文学家和书法家。秦统一后，李斯主张以小篆为标准书体。代表作品有**书法作品《泰山刻石》**，**文学作品《谏逐客书》**等。

张　芝　考查方向：选择、填空

张芝是**东汉书法家**，擅长草书中的**章草**，在当时影响很大，有"草圣"之称。代表作品有《冠军帖》《终年帖》等。

蔡　邕　考查方向：选择、填空

蔡邕是**东汉**文学家、书法家，为著名女诗人蔡文姬之父。他擅长隶书，长于碑记，又**自创"飞白书"**。

钟　繇　考查方向：选择、填空

钟繇是楷书（小楷）的创始人，被后世尊为"**楷书鼻祖**"或是"**正书之祖**"。与东晋书法家**王羲之**并称为"**钟王**"。

王羲之　考查方向：选择、填空

王羲之是**东晋著名书法家**，有"书圣"之称。王羲之的书法被誉为"**龙跳天门，虎卧凤阙**"。代表作品《兰亭集序》被誉为"**天下第一行书**"。

王献之　考查方向：选择、填空

王献之是著名书法家、诗人、画家，为书圣王羲之第七子。与其父王羲之合称为"二王"。与张芝、钟繇、王羲之并称"书中四贤"。

欧阳询　考查方向：选择、填空

欧阳询是初唐著名书法家，"九宫格"的创始人。他的书法，号为"欧体"，世称"楷书第一人"。欧阳询与同代另三位书法家虞世南、褚遂良、薛稷，并称"初唐四大家"。

代表作品有《九成宫醴泉铭》《卜商帖》《张翰帖》《皇甫诞碑》等。

张旭　考查方向：选择、填空

张旭是唐代著名书法家，他使草书成为一种艺术，后人称之为"草圣"。世称"张颠"。其草书与当时李白的诗歌、裴旻的剑舞并称"三绝"。代表作品有《肚痛帖》《古诗四帖》等。

怀素　考查方向：选择、填空

怀素是唐代著名书法家，僧名为怀素。时与张旭齐名，人称"颠张狂素"。代表作品有《小草千字文》《自叙帖》《苦笋帖》《食鱼帖》等。

颜真卿　考查方向：选择、填空

颜真卿是唐代中期杰出书法家，"楷书四大家"之一。他的书法被称为"颜体"。代表作品有楷书《多宝塔碑》、行书《祭侄文稿》，《祭侄文稿》被称为"天下第二行书"。

柳公权　考查方向：选择、填空

柳公权是晚唐书法家。他的书法，初学王羲之，又遍阅近人笔法体势，以楷书著称。柳公权的书法被称为"柳体"，与颜真卿共有"颜筋柳骨"之誉。

代表作品有《神策军碑》《玄秘塔碑》等。

瘦金体　考查方向：选择、填空

瘦金体是由北宋皇帝宋徽宗赵佶独创。代表作品有《楷书千字文》《欲借风霜二诗帖》《夏日诗帖》《秾芳诗》等。

宋四家　考查方向：选择、填空

宋四家分别是苏轼、黄庭坚、米芾、蔡襄。

苏轼是"宋四家"之首，他的书法用笔多取侧势，故其字右斜、扁肥。

黄庭坚擅草书、楷书，是宋代唯一的草书大家。

米芾崇尚"二王"，尤其擅长临摹，行书成就最高。

蔡襄的书法和平蕴藉，端庄婉丽，讲究结构，运笔严谨，很少有放纵之笔。

楷书四大家　考查方向：选择、填空

楷书四大家是对书法史上以楷书著称的四位书法家的合称，也称四大楷书。他们分别是唐朝欧阳询（欧体）、唐朝颜真卿（颜体）、唐朝柳公权（柳体）、元朝赵孟頫（赵体）。

第六章 戏曲常识

第一节 戏曲理论

梨园 考查方向：选择、填空

梨园原是唐代都城长安的一个地名，因唐玄宗李隆基而成为艺术组织的代名词。

我国人民习惯于称戏班、剧团为"梨园"，称戏曲演员为"梨园子弟"，称几代人从事戏曲艺术的家庭为"梨园世家"，称戏剧界为"梨园界"。

行当 考查方向：选择、填空

行当是指戏曲中角色的分工，根据角色的性别、年龄、身份、性格来划分，以方便学员学习。行当起初有 10 余种，经过逐步的发展，目前主要分为生、旦、净、丑四大行当。

花雅之争 考查方向：选择、填空

花雅之争是指花部和雅部之间的竞争。雅部就是昆腔。花部为京腔、秦腔、弋阳腔、梆子腔、罗罗腔、二黄调，统谓之乱弹。

脸谱 考查方向：选择、填空

脸谱具有概念化、程式化的特点，其基本画法分为揉脸、抹脸、勾脸、破脸等。一般而言，红色脸谱代表忠烈，白色脸谱代表奸诈，黑色脸谱代表粗直等。

龙套 考查方向：选择、填空

龙套是传统戏曲中扮演兵卒、夫役等群众角色的统称。龙套在舞台上的活动有一定的程式，表演讲究"站如钉，走如风"。

亮相 考查方向：选择、填空

"亮相"是一种戏曲上的表演动作，即主要角色上场时、下场前，或者是一段舞蹈动作完毕后的一个短促停顿。通常采用一种雕塑的姿势。

戏曲的亮相有两个作用：一是向观众展示美丽的造型，二是便于拍摄剧照。

跑圆场 考查方向：选择、填空

"跑圆场"是戏曲表演的动作程式。演员在舞台上所走的路线呈圆圈形，周而复始，称为圆场。走圆场时的速度多为由慢到快，因此又称跑圆场。跑圆场分为男、女两种步法。

草台班 考查方向：选择、填空

草台班是指民间剧社，也泛指长期流动演出于农村集镇的戏曲班社。一般而言，草台班规模较小，设备简陋、演员少且表演水平参差不齐，演出的多为传统剧目，与民众联系紧密。

板 眼 考查方向：选择、填空

板眼是我国传统音乐和传统戏曲唱腔的节拍。奏乐或唱曲时，每一小节，强拍多以鼓板敲击按拍，称"板"；弱拍或次强拍则以鼓签或手指按拍，称"眼"，合称"板眼"。如一板三眼（四拍子），一板一眼（二拍子），有板无眼（一拍子或称流水板），无板无眼（散板）等。

科 介 考查方向：选择、填空

科介是指古代戏曲创作与表演中，用于表达人物动作、表情以及舞台效果的提示。北杂剧多用"科"，南戏、传奇多用"介"。随着南北戏曲的交融，一些剧本中出现了科介连用现象，如《小孙屠》中有"作听科介""扣门科介"等。

文武场 考查方向：选择、填空

文武场是指戏曲的乐队，总称为场面，分为文场和武场。

文场以胡琴（又称京胡）为主奏乐器，伴以弹拨弦乐、吹管乐器，拉、弹、吹兼有。

武场以鼓板为主，小锣、大锣次之。

票 友 考查方向：选择、填空

票友是戏曲界的行话，是对戏曲、曲艺非职业演员、乐师等的通称。相传清朝八旗子弟凭清廷所发"龙票"，赴各地演唱"子弟书"，后来就把非职业演员称为票友。

折子戏 考查方向：选择、填空

折子戏是针对本戏而言的，它是本戏里的一折，或是一出。折子戏通常是戏曲中的精彩片段，是一部剧的中心或灵魂。

著名的折子戏有《牡丹亭》中的《游园》《惊梦》，《玉堂春》中的《苏三起解》，《白蛇传》中的《断桥》《盗草》，《宝剑记》中的《夜奔》等。

压轴戏 考查方向：选择、填空

压轴戏一般是指戏曲的倒数第二个节目。压轴本是京剧的"术语"，现在也指一场演出排在最后的较精彩的节目。压轴戏是整个故事中最精彩最具转折性的部分。

京剧一场戏如有五出的话，第一出叫作"开锣戏"，第二出名曰"早轴"，第三出为"中轴"，第四出（倒数第二出）称为"压轴"，第五出（最后一出）则叫"大轴"。

四功五法 考查方向：选择、填空

"四功五法"是指戏曲表演的基本功法。

"四功"指的是唱、念、做、打；

"五法"指的是手(手势)、眼(眼神)、身(身段)、法(技法)、步(台步)。

五音四呼　考查方向：选择、填空

"五音四呼"是中国戏曲演唱术语。传统戏曲演唱要求"审五音，正四呼"，认为这是正确表达字音所必须用的方法。

"五音"即唇、齿、舌、牙、喉五个发音部位。

"四呼"指开口呼、齐齿呼、合口呼、撮口呼四种口形，简称开、齐、合、撮。

四大声腔　考查方向：选择、填空

四大声腔是指中国明代南曲系统中海盐腔、余姚腔、昆山腔、弋阳腔的合称。

四大徽班　考查方向：选择、填空

四大徽班是清朝乾隆年间进京的四个著名班社的合称，即三庆、四喜、春台、和春。

四大徽班在表演上各有特色：三庆擅长连演整本大戏；四喜擅演昆曲；春台的演员以青少年为主；和春以武戏为主。

四大徽班来自湖北，以徽调二黄和汉调西皮为主，到京后不断吸收其他剧种的优点，对京剧的形成起过很大作用。

第二节　戏曲剧种

京　剧　考查方向：选择、填空

京剧是中国戏曲剧种之一，发源于 19 世纪中期的北京，并于清朝宫廷内得到了空前的繁荣。京剧是在徽戏和汉戏的基础上，又融合了昆曲、梆子、京腔的精华而逐渐形成的。

京剧的主要腔调是西皮和二黄，用胡琴和锣鼓等伴奏，其戏衣基本上沿用了我国明代的服装，被视为中国的国粹。

昆　曲　考查方向：选择、填空

昆曲也叫昆山腔、昆剧，被誉为"百戏之祖"。其曲调清新婉转，细腻优雅，有"水磨调"之称。昆曲的表演有独特完整的体系及自成一体的表演程式，伴奏乐器有笛、管(箫)、笙、琵琶等。经典剧目有《牡丹亭》《长生殿》等。

昆曲在 2001 年被联合国教科文组织列为"人类口述和非物质遗产代表作"，是第一批入选的剧种。

黄梅戏　考查方向：选择、填空

黄梅戏原名"黄梅采茶调"，是安徽地方戏曲。其唱腔委婉清新，表演细腻动人，风靡全国，颇受广大观众喜爱。代表艺术家有严凤英、王少舫等，代表剧目有《天仙配》《女驸马》等。

越　剧　考查方向：选择、填空

越剧是中国传统戏曲形式，主要流行于上海、浙江、江苏、福建等地。越剧长于抒情，以唱为主，声腔清悠婉丽，优美动听，表演真切动人，极具江南地方色彩。越剧演员最初由男班演出，后全部改为女班。

代表艺术家有袁雪芬、傅全香、范瑞娟、姚水娟等，代表剧目有《梁山伯与祝英台》《碧玉簪》《红楼梦》等。

湘　剧　考查方向：选择、填空

湘剧是湖南省的汉族戏曲剧种之一，源自明代的弋阳腔，后又借鉴昆腔、皮黄等声腔，形成了一个包括高腔、低牌子、昆腔、乱弹的多声腔剧种。

湘剧的剧目以高腔、乱弹为主，与民间艺术和地方语言巧妙结合，富有湖南地方特色，如《琵琶记》《白兔记》《拜月记》等。

秦　腔　考查方向：选择、填空

秦腔是流行于陕西、甘肃、青海等地的西北地方戏曲，也是我国民族戏曲艺术中最古老的声腔艺术。秦腔的音调高亢激越，节奏强烈鲜明，要求用真嗓音演唱，一般不用假音，保持了原始、豪放、粗犷的特点。

代表剧目有《三滴血》《火焰驹》《铡美案》等。

川　剧　考查方向：选择、填空

川剧是四川文化的一大特色。川剧语言生动活泼，幽默风趣，充满鲜明的地方色彩、浓郁的生活气息和广泛的群众基础。

变脸是川剧表演艺术的特殊技巧之一。变脸的方法大体分为三种——抹脸、吹脸、扯脸。著名的川剧艺术家有康子林、萧楷成、周慕莲、周企何等，代表剧目有《白蛇传》《玉簪记》《鸳鸯谱》等。

豫　剧　考查方向：选择、填空

豫剧是中国戏曲剧种。又名河南梆子，流传于河南全省和邻近的省区，远及甘肃、新疆。代表艺术家有常香玉、马金凤、陈素真、崔兰田、牛得草等。代表剧目有《花木兰》《穆桂英挂帅》《秦香莲》等。

晋　剧　考查方向：选择、填空

晋剧是山西省的代表性剧种，又名"山西梆子""中路梆子"。晋剧旋律婉转流畅，曲调优美、圆润、亲切，道白清晰，具有晋中地区浓郁的乡土气息。代表人物有乔国瑞、张锦荣、王云山、丁果仙、牛桂英、郭凤英等，代表剧目有《渭水河》《打金枝》《白水滩》等。

沪　剧　考查方向：选择、填空

沪剧是中国戏曲剧种。源于太湖流域及黄浦江沿岸地区农村的山歌。沪剧的基本唱腔格式为板腔体结构，并辅以部分民歌小曲以及本滩、弹词等曲调，分起腔、平腔、落腔三部分，伴奏乐器为二胡、扬琴、三弦和琵琶等。

沪剧擅长表现当代生活情景,主要流行于上海、苏南及浙江的部分地区。

粤　剧　考查方向:选择、填空

粤剧是中国戏曲剧种,又称"广东大戏"。主要流行于广东、香港、澳门和广西的粤语地区,在东南亚、美洲、澳洲的华侨聚居地也有相当的影响。

粤剧用广东方言演唱,在表演上吸收了大量话剧、电影、歌剧的表演手法。代表艺术家有李文茂、马师曾、罗品超、红线女等,代表剧目有《关汉卿》等。

评　剧　考查方向:选择、填空

评剧是流行于我国华北、东北等地的地方戏曲剧种。评剧的前身是民间说唱"莲花落"和民间歌舞"蹦蹦"。1935 年,蹦蹦戏在上海演出时正式被称为"评剧"。代表艺术家有新凤霞、成兆才、李金顺、白玉霜等,代表剧目有《秦香莲》《刘巧儿》《杨三姐告状》等。

吕　剧　考查方向:选择、填空

吕剧是山东地方剧种。是由说唱形式的山东琴书发展演变而来,早先流行于山东的广饶、博兴、惠民、张店、潍县等县市和胶东一带的城镇农村,后进入济南等城市演唱。1940 年定名为"吕剧"。

吕剧的唱腔属板式变化体,简单朴实,明快流畅,伴奏乐器有坠琴、二胡、三弦、琵琶、唢呐等。经典剧目有《小姑贤》《借年》《姊妹易嫁》《金鞭记》《五女兴唐》等。

湖南花鼓戏　考查方向:选择、填空

湖南花鼓戏是对湖南各地花鼓戏、花灯戏的总称。表演朴实、欢快、活泼,行当以小生、小旦、小丑为主,长于扇子、毛巾的运用。代表剧目有《刘海砍樵》《补锅》等。

第三节　著名戏曲表演艺术家

四大名旦　考查方向:选择、填空

"四大名旦"是梅兰芳、尚小云、程砚秋、荀慧生。

梅兰芳　考查方向:选择、填空

梅兰芳是著名京剧表演艺术家,"四大名旦"之首。梅兰芳创立了"梅派"艺术体系。代表剧目有《霸王别姬》《贵妃醉酒》《天女散花》等。

程砚秋　考查方向:选择、填空

程砚秋是京剧演员,工青衣。曾拜梅兰芳为师,又受教于王瑶卿,形成低回婉转的唱腔和形神兼备的表演风格,世称"程派"。代表剧目有《窦娥冤》《荒山泪》《锁麟囊》等。

尚小云　考查方向:选择、填空

尚小云是京剧演员。初学武生,后改正旦,以青衣戏为主。其嗓音响亮遒劲,表演风格以刚健婀娜见长,世称"尚派"。代表剧目有《失子惊疯》《梁红玉》《昭君出塞》等。

荀慧生　考查方向：选择、填空

荀慧生是京剧演员，工花旦、闺门旦，艺名白牡丹。他将河北梆子的唱腔、唱法、表演的精华融入京剧的演唱中，世称"荀派"。代表剧目有《红娘》《花田错》等。

四大须生　考查方向：选择、填空

"四大须生"是指京剧老生演员余叔岩、高庆奎、马连良、言菊朋。

后因高庆奎有嗓疾而渐渐退出舞台，谭富英崛起，余叔岩和言菊朋先后去世，杨宝森、奚啸伯声誉日盛，遂形成"后四大须生"，即马连良、谭富英、杨宝森、奚啸伯。

如今提到四大须生一般指"后四大须生"。

余叔岩　考查方向：选择、填空

余叔岩是京剧演员，工老生。世称"余派"。代表剧目有《打棍出箱》《搜孤救孤》等。

马连良　考查方向：选择、填空

马连良是京剧演员，工老生，创立"马派"。代表剧目有《清风亭》《借东风》《甘露寺》等。

京剧三鼎甲　考查方向：选择、填空

"京剧三鼎甲"指的是京剧形成初期，第一代演员中的三位杰出老生人才：程长庚、余三胜、张二奎。

程长庚　考查方向：选择、填空

程长庚是清代徽剧、京剧表演艺术大师。与四喜班的张二奎、春台班的余三胜并称为"老生三杰""老生三鼎甲"。程长庚为京剧艺术的形成做出了重要贡献，被誉为"徽班领袖""京剧鼻祖""京剧之父"等。

京剧三大贤　考查方向：选择、填空

"京剧三大贤"是20世纪二三十年代京剧界的一种习称。

"三大贤"有两种说法：一是指当时老生行中的三位代表人物余叔岩、马连良、高庆奎。另一种说法更为普遍，是指旦行的梅兰芳、老生行的余叔岩、武生行的杨小楼。

谭鑫培　考查方向：选择、填空

谭鑫培是京剧演员，工老生。他创立了"谭派"，有"伶界大王"的美誉。代表剧目有《定军山》《空城计》《捉放曹》等。

《定军山》拍摄于1905年，是北京丰泰照相馆与京剧名角谭鑫培合作拍摄的京剧片，也是中国人自己拍摄的第一部电影。该片取材于《三国演义》第七十回和第七十一回。

周信芳　考查方向：选择、填空

周信芳是京剧演员，艺名麒麟童。他创立了"麒派"。"南麒北马关东唐"分别是指周信芳、马连良、唐韵笙。代表剧目有《徐策跑城》《萧何月下追韩信》《乌龙院》等。

杨小楼　考查方向：选择、填空

杨小楼是京剧演员，有"**武生宗师**"之誉。他的表演长于念白，功架优美，以"**武戏文唱**"著称，世称"**杨派**"。代表剧目有《长坂坡》《霸王别姬》《挑滑车》等。

王金璐　考查方向：选择、填空

王金璐是著名京剧演员。他是公认的文武老生，被称为"**武生泰斗**"。代表剧目有《挑滑车》《长坂坡》等。

盖叫天　考查方向：选择、填空

盖叫天是**京剧武生演员**。创造了独具特色的"**盖派**"艺术。尤擅演武松戏，有"**江南活武松**"的美誉。代表剧目有《打虎》《狮子楼》《快活林》等。

王瑶卿　考查方向：选择、填空

王瑶卿是京剧演员、京剧教育家。他是京剧**花衫行当的创始人**，在梨园界被尊奉为"**通天教主**"，四大名旦都曾在其门下受业，世称"**王派**"。代表剧目有《樊江关》《十三妹》等。

常香玉　考查方向：选择、填空

常香玉是**豫剧**女演员。原唱豫西调，后创造新腔，形成了独特的风格，世称"**常派**"。代表剧目有《**花木兰**》《拷红》《大祭桩》等。

袁雪芬　考查方向：选择、填空

袁雪芬是**越剧**女演员，工正旦，"**袁派**"创始人。她博采众长，注重吸收昆曲、话剧、电影等艺术手法，并提倡越剧改革。代表剧目有《**梁山伯与祝英台**》《西厢记》《祥林嫂》等。

红线女　考查方向：选择、填空

红线女是**粤剧**女演员，工旦，**红派创始人**。代表剧目有《**关汉卿**》《昭君出塞》《山乡风云》等。

严凤英　考查方向：选择、填空

严凤英是**黄梅戏**表演艺术家，工花旦、小旦，"**七仙女**"的塑造者。严凤英被田汉誉为"**黄梅戏里的梅兰芳**"。代表剧目有《**天仙配**》《**女驸马**》等。

新凤霞　考查方向：选择、填空

新凤霞是**评剧**女演员，工青衣、花旦，**评剧"新派"创始人**。新凤霞尤以"**疙瘩腔**"而受人称道。代表剧目有《花为媒》《杨三姐告状》《刘巧儿》等。

第七章　戏剧常识

第一节　戏剧理论

戏　剧　考查方向：选择、填空

戏剧按照表现形式，可分为话剧、歌剧、舞剧、歌舞剧、芭蕾舞剧、哑剧等。

戏剧按照作品的容量大小和结构，可分为**独幕剧和多幕剧**。

戏剧按照矛盾冲突的性质，可分为**正剧、悲剧、喜剧**。

戏剧按照题材反映的时空，可分为**现代剧和历史剧**。

悲　剧　考查方向：选择、填空

悲剧**源于古希腊**，由酒神节祭祀仪式中的酒神颂歌演变而来。悲剧有**命运悲剧、性格悲剧、社会悲剧**。著名的悲剧作品如莎士比亚的《哈姆雷特》《李尔王》等。

喜　剧　考查方向：选择、填空

喜剧起源于古希腊祭祀酒神的狂欢歌舞和民间滑稽戏。喜剧可分为**讽刺喜剧、抒情喜剧、荒诞喜剧和闹剧**等样式。著名的喜剧作品有**阿里斯托芬的《鸟》、莫里哀的《伪君子》《悭吝人》**等。

正　剧　考查方向：选择、填空

正剧又称为"**悲喜剧**"，是兼有悲剧和喜剧两种因素，能够反映悲喜等的复杂变化和社会生活的戏剧。正剧既可以表现重大、严肃的社会事件，也可以表现富有社会意义的日常生活；既有对正面人物的歌颂，也有对反面人物的批判。

独幕剧　考查方向：选择、填空

独幕剧是指**全剧情节在一幕内完成的戏剧**。独幕剧篇幅较短，情节单纯，结构紧凑，要求戏剧冲突迅速展开，形成高潮，戛然而止，一般不分场并且不换布景。

中国早期独幕剧，如**田汉的《名优之死》、丁西林的《压迫》、洪深的《五奎桥》**等。

多幕剧　考查方向：选择、填空

多幕剧与独幕剧相对应，多幕剧**篇幅长，容量大，人物多，剧情复杂，宜于反映广阔的社会生活**。多幕剧中剧情发展的一个段落，称为"幕"。一幕之内又可分为若干场。有的戏剧不分幕，只分场。幕与幕、场与场之间必须互相连贯，使全剧成为统一的艺术整体。

戏剧冲突　考查方向：选择、填空

戏剧冲突是指戏剧中人物与人物之间、人物与环境之间、人物自身的矛盾和斗争，是社会生活矛盾在戏剧艺术中集中概括的反映。

冲突是戏剧情节发展的动力，矛盾是戏剧冲突的依据。一般而言，戏剧冲突比生活矛盾更为强烈，也更为典型和集中，更富于戏剧性。

舞台提示　考查方向：选择、填空

舞台提示又称为舞台说明，是剧作者根据演出需要，提供给导演和演员的说明性的文字。舞台说明一般出现在每一幕的开端、结尾或对话中间，一般用括号括起来。

舞台说明主要包括剧中人物表、剧情发生的时间与地点、服装、道具、布景以及人物的表情与动作、上下场等，语言要求简练、扼要、明确。

戏剧文学　考查方向：选择、填空

戏剧文学即戏剧剧本，是剧作家创作的供戏剧舞台演出用的脚本，它是一种与小说、散文、诗歌并列的文学体裁。

戏剧剧本通常包括剧作家的舞台提示和人物自身的台词两个部分，结构形式分幕和场。

话　剧　考查方向：选择、填空

在中国现代话剧运动刚开始时，话剧被称为"文明戏"。其主要特征是舞台性、直观性、综合性、对话性。

中国最早的话剧团体是春柳社；中国现代文学史上最早公开发表的话剧剧本是《终身大事》，这是一部受《玩偶之家》影响而创作的独幕话剧，作者是胡适。

哑　剧　考查方向：选择、填空

哑剧是以动作和表情表达剧情的戏剧。因为不用对话或歌唱而只以动作和表情表达剧情，所以哑剧艺术被称为"无言的诗人"。哑剧演员不仅需要有话剧表演的基础、舞蹈的功底，还需要有较高的文学修养。

台　词　考查方向：选择、填空

台词是戏剧表演中角色所说的话语，其特点为动作性、性格化、诗化、口语化。

台词是剧本构成的基本成分，也是作者用以展示剧情、刻画人物、体现主题的主要手段。戏剧的台词一般包括对白、独白、旁白。

幕和场　考查方向：选择、填空

幕，即拉开舞台大幕一次，一幕就是戏剧的一个较完整的段落。

场，即拉开舞台二道幕一次，它是戏剧中较小的段落。

幕和场在戏曲中又叫"折"。

三一律　考查方向：选择、填空

三一律是古典主义戏剧的艺术法则，要求戏剧创作在时间、地点和情节三者之间保持一致性，即要求一出戏所叙述的故事发生在一天（一昼夜）之内，地点在一个场景，情节服从于一个主题。

这种规则有利于剧作情节简练集中，但作为清规戒律，却束缚了戏剧的发展。18世纪以后，三一律逐步被打破。

小剧场运动　考查方向：选择、填空

小剧场运动最早产生于19世纪末20世纪初的欧洲，是西方戏剧反商业化、积极实验和探索的产物。

1982年，林兆华第一次将小剧场话剧《绝对信号》搬上戏剧舞台，在随后的几年中，小剧场戏剧的影响悄然渗透于中国各地。以林兆华、牟森、孟京辉为代表的"戏剧人"，从20世纪80年代末90年代初开始在小剧场上演作品。

第四堵墙　考查方向：选择、填空

第四堵墙是戏剧术语。在镜框式舞台上，一般写实的室内景只有三面墙，沿台口的一面不存在的墙，被视为"第四堵墙"。

"第四堵墙"对观众来说是透明的，对演员而言是不透明的。这一概念是适应戏剧表现普通人的生活、真实地表现生活环境的要求产生的。

间离效应　考查方向：选择、填空

间离效应又称"陌生化效应"，是德国戏剧家布莱希特创立的戏剧理论。间离效应需要演员与角色之间保持一定距离，要时刻注意自己是在扮演角色。

间离效应能够调动观众的主观能动性，促使其进行冷静的理性思考，从而达到推倒舞台上的"第四堵墙"，彻底破坏舞台上的生活幻觉的目的，突出戏剧的假定性。

世界三大古老戏剧　考查方向：选择、填空

世界三大古老戏剧是古希腊戏剧、古印度梵剧和中国戏曲。

世界三大戏剧表演体系　考查方向：选择、填空

世界三大戏剧表演体系是俄国的斯坦尼斯拉夫斯基表演体系、德国的布莱希特表演体系、以梅兰芳为代表的中国戏曲表演体系。可简称为斯氏体系、布氏体系和梅氏体系。

中国戏剧奖　考查方向：选择、填空

中国戏剧奖是2005年经中宣部正式批准，由中国文联、中国剧协主办的全国性戏剧艺术综合奖项。每两年评选一次。

第二节　外国戏剧作品

《哈姆雷特》 考查方向：选择、填空

《哈姆雷特》是由英国剧作家**威廉·莎士比亚**创作于 1599 年至 1602 年间的一部**悲剧作品**。《哈姆雷特》是威廉·莎士比亚所有戏剧中**篇幅最长的一部**。同《麦克白》、《李尔王》和《奥赛罗》一起组成莎士比亚"四大悲剧"。

《李尔王》 考查方向：选择、填空

《李尔王》是**威廉·莎士比亚**创作的戏剧，是其**四大悲剧之一**。故事来源于英国的一个古老传说，故事本身大约发生在 8 世纪左右。后在英国编成了许多戏剧，现存的戏剧除莎士比亚的外，还有一个更早的无名氏作品。

《威尼斯商人》 考查方向：选择、填空

《威尼斯商人》是英国戏剧家**威廉·莎士比亚**创作的戏剧，是一部具有讽刺性的喜剧。大约作于 1596 年。该剧的剧情是通过三条线索展开的：一条是鲍西娅选亲；一条是杰西卡与罗兰佐的恋爱和私奔；还有一条是"割一磅肉"的契约纠纷。

《罗密欧与朱丽叶》 考查方向：选择、填空

《罗密欧与朱丽叶》是英国剧作家**威廉·莎士比亚**创作的戏剧。该剧讲述意大利贵族凯普莱特的女儿**朱丽叶**与蒙太古的儿子**罗密欧**诚挚相爱，誓言相依，但因两家世代为仇而不能结合，终于先后以身殉情。《罗密欧与朱丽叶》虽是一出悲剧，但青年男、女主人公的爱情本身却不可悲。

《推销员之死》 考查方向：选择、填空

《推销员之死》是美国剧作家**阿瑟·密勒**创作的一部两幕剧。该书刻画了一个小人物悲剧的一生，揭露了美国富有神话的欺骗性。密勒使用象征主义和表现主义手法，使主题意蕴深刻，并对人物的内心世界进行了深入探讨。由于采用了此类技巧，**本剧即在今天看来仍具现代性**。

《玩偶之家》 考查方向：选择、填空

《玩偶之家》是挪威戏剧家**亨利克·易卜生**创作的戏剧作品。该戏剧是一部典型的社会问题剧，主要围绕女主人公娜拉的觉醒展开，最后以**娜拉**的出走结束全剧。提出了资本主义社会的法律、伦理和妇女地位等社会问题。

《等待戈多》 考查方向：选择、填空

《等待戈多》是爱尔兰现代主义剧作家**塞缪尔·贝克特**的两幕悲喜剧，于**1953 年首演**。《等待戈多》是戏剧史上真正的革新之作，也是**第一部演出成功的荒诞派戏剧**。贝克特在《等待戈多》一剧中，大胆地运用了与荒诞的内容相适应的荒诞不稽的舞台形式，打破了传统戏剧的模式。

《死无葬身之地》 考查方向：选择、填空

《死无葬身之地》是法国作家让-保罗·萨特于1946年创作的话剧。萨特在其洋溢现实主义气息的剧作《死无葬身之地》中，成功地注入了他的存在主义哲学思想。

第三节　中国戏剧作品

《黑奴吁天录》 考查方向：选择、填空

1907年6月，春柳社排演话剧《黑奴吁天录》，李叔同是主角之一。该剧剧本改编自美国作家斯托夫人的反种族歧视小说《汤姆叔叔的小屋》的林纾、魏易译本《黑奴吁天录》。它是根据现代戏剧的分裂表演形式用口语写成的。

1907年，曾孝谷与李叔同等人商量，将《黑奴吁天录》改编成剧本，使其成为中国现代话剧的开山之作。

《名优之死》 考查方向：选择、填空

《名优之死》是由田汉写作的中国三幕话剧，是现实主义戏剧作品。《名优之死》于1927年冬在上海梨园公所首演，由洪深饰刘振声、杨闻莺饰凤仙。作品以揭示艺术的社会命运为主旨，批判"容不了好东西"的病态社会，同时写出了进取、抗争的力量。

《绝对信号》 考查方向：选择、填空

中国话剧作品名，编剧高行健、刘会远；剧本发表于《十月》月刊1982年第5期，由北京人民艺术剧院于1982年11月以小剧场的形式在北京首演。作品讲述主人公黑子被车匪胁迫登车作案，在车上遇见昔日的同学小号、恋人蜜蜂和忠于职守的老车长，而产生一系列复杂的矛盾冲突，最终每个人都承担了自己的责任，使列车避免了事故。

《压迫》 考查方向：选择、填空

《压迫》是中国物理学家、喜剧作家丁西林创作于1925年的一出独幕剧。这是一出反映市民生活的幽默喜剧，反映了大城市一些房东不招单身房客的现象，揭示了当时有房者与无房者之间的矛盾。

《暗恋桃花源》 考查方向：选择、填空

《暗恋桃花源》是一部话剧，于1986年在中国台湾首次公演，引起岛内轰动，该剧的编导是赖声川。该剧在美国、中国香港巡回演出。《暗恋桃花源》一剧以奇特的戏剧结构和悲喜交错的观看效果闻名于世，被称为表演工作坊的"镇团之宝"。

《恋爱的犀牛》 考查方向：选择、填空

《恋爱的犀牛》首演由孟京辉执导，郭涛、吴越、李乃文等主演。讲述了年轻的犀牛饲养员马路爱上了他的女邻居明明，但是明明不爱他。马路坚信明明是他的，这一信仰让他陷入绝望的境地。在一段长久的纠葛后，明明始终无动于衷。于是，绝望的他绑架了明明，并亲手杀死了自己最心爱的犀牛。

第八章　数字媒体常识

新媒体　考查方向:选择、填空

新媒体英文为New Media,是1967年由美国人戈尔德马克率先提出的。严格来讲,新媒体应该称为数字化新媒体。其特征是:数字化、多媒体、互动性、网络化、个人化。其形式是:虚拟世界、镜像世界、生活记录、增强现实。

新媒体	
互联网新媒体	博客、播客、维客、网络电视、网络广播、网络报刊
手机新媒体	手机报、手机电视
电视新媒体	数字电视、IPTV、移动电视

新媒体技术　考查方向:选择、填空

新媒体技术包括数字技术、移动通信技术、互联网终端信息技术等。新媒体技术影响社会形态、社会经济、大众生活。

IMAX　考查方向:选择、填空

IMAX 即Image Maximum 的缩写,是一种能够放映比传统胶片更大和更高解像度的胶片的电影放映系统。

整套系统包括以 IMAX 规格摄制的影片拷贝、放映机、音响系统、银幕等。标准的IMAX 银幕为 22 米宽、16 米高,但完全可以在更大的银幕上播放,而且迄今为止不断有更大的 IMAX 银幕出现。

VR　考查方向:选择、填空

VR 全称虚拟现实技术,是一种可以创建和体验虚拟世界的计算机仿真系统。VR的特征是多感知性、存在感、交互性、自主性等。

AR　考查方向:选择、填空

AR 即增强现实技术,是一种实时地计算摄影机影像的位置及角度并加上相应图像、视频、3D 模型的技术,这种技术的目标是在屏幕上把虚拟世界套入现实世界并进行互动。

【知识拓展】

VR 和 AR 的区别:

VR 是纯虚拟场景,用户作为主角所看到的场景和人物全都是假的,是把用户的意识带入一个虚拟的世界。

AR 是现实场景和虚拟场景的结合,用户作为主角所看到的场景和人物一部分是真一部分是假,是把虚拟的信息带入到现实世界中。

MR　考查方向:选择、填空

MR 即混合现实技术,既包括增强现实又包括增强虚拟,指的是合并现实和虚拟世界而产生的新的可视化环境。在新的可视化环境里,物理和数字对象共存,并实时互动。

AI　考查方向:选择、填空

AI 全称是 Artificial Intelligence,即人工智能。它是研究、开发用于模拟、延伸和扩展人的智能的理论、方法、技术以及应用系统的一门新的技术科学。

4K　考查方向:选择、填空

4K 是一种高清显示技术,主要应用于电视、电影、手机等行业。所谓 4K 视频,即分辨率为 4096×2160 的视频,总像素超过 800 万,是 2K 投影机和高清电视分辨率的4 倍。

HDTV　考查方向:选择、填空

HDTV 是 High Definition Television 的简称,中文意思是"高清晰度电视",源于DTV"数字电视"技术,采用数字信号,拥有最佳的视频、音频效果。

HDTV 的显示格式有 720P(1280×720,非交错式,场频为 24、30 或 60),1080 i(1920×1080,交错式,场频为 60),1080P(1920×1080,非交错式,场频为 24 或 30)。

中国网络电视台　考查方向:选择、填空

中国网络电视台(英文简称 CNTV),由央视国际网络有限公司主办,是中央电视台旗下的国家网络广播电视播出机构,于 2009 年 12 月 28 日正式开播。

中国网络电视台全面部署多终端业务架构,已建设网络电视、IP 电视、手机电视、移动电视、互联网电视五大集成播控平台,通过部署全球镜像站点,已覆盖全球 190 多个国家及地区的互联网用户,建立了拥有全媒体、全覆盖传播体系的网络视听公共服务平台。

全息投影技术　考查方向:选择、填空

全息投影技术是 3D 技术的一种,原指利用干涉和衍射原理记录并再现物体真实的三维图像的技术。随着科幻电影与商业宣传的引导,全息投影的概念逐渐延伸到舞台表演、展览展示等商用活动中。

5G　考查方向:选择、填空

5G 是第五代移动通信技术的简称,是 4G、3G 和 2G 的延伸。5G 的性能目标是提高数据速率、减少延迟、节省能源、降低成本、提高系统容量和实现大规模设备连接。

2019 年 6 月 6 日,工信部正式发放 5G 商用牌照,首批获得牌照的单位为:中国移

动、中国电信、中国联通、中国广播电视网络有限公司等四家。

新媒体营销 考查方向：选择、填空

新媒体营销是指利用新媒体平台进行营销的方式。在 Web2.0 带来巨大革新的时代，营销方式也发生了变革，具有沟通性、差异性、创造性、关联性、体验性的互联网已经进入新媒体传播时代。

八种最常用的新媒体营销方法是病毒式营销、事件营销、口碑营销、饥饿营销、知识营销、互动营销、情感营销、会员营销。

微信公众号 考查方向：选择、填空

微信公众号是开发者或商家在微信公众平台上申请的应用账号。通过公众号，商家可在微信平台上实现和特定群体的文字、图片、语音、视频的全方位沟通、互动，形成一种主流的线上线下微信互动营销方式。

导 流 考查方向：选择、填空

导流是指在新媒体上做推广时，把流量集中导向某个平台的做法。常见的导流方式有在文章结尾留下微信公众号、QQ 号或微博号等联系方式，在文章中多次标明与公众号关联的关键字以及评论区回复互动等。

标题党 考查方向：选择、填空

标题党是互联网上利用各种颇具创意的标题吸引网友眼球，以达到某种目的的一小部分网站管理者和网民的总称。他们发帖的标题严重夸张，帖子内容通常与标题完全无关或联系不大。

电子支付 考查方向：选择、填空

电子支付的类型有网上支付、电话支付、移动支付等。目前人们主要使用的支付工具有阿里巴巴旗下的支付宝，腾讯旗下的财付通等。

自媒体 考查方向：选择、填空

自媒体的特性是个性化、碎片化、交互性、多媒体、群体性、传播性等。

自媒体的发展经历了三个阶段：第一个阶段是自媒体的初始阶段，以 BBS 为代表；第二个阶段是自媒体的雏形阶段，主要以博客、个人网站、微博为代表；第三个阶段是自媒体意识觉醒时代，主要以微信公众平台、搜狐新闻客户端为代表。

著名的自媒体平台有新浪微博、微信公众号、今日头条号、抖音、知乎、简书、豆瓣等。

社交软件 考查方向：选择、填空

社交软件是指通过网络来实现社交这一目的的软件。目前，全球社交软件使用人数最多的是 WhatsApp，其次是 Facebook，微信排名第三。

微信　考查方向：选择、填空

微信（WeChat）是腾讯公司于 2011 年 1 月 21 日推出的一个为智能终端提供即时通信服务的免费应用程序，由张小龙所带领的腾讯广州研发中心产品团队打造。

微信支持用户跨通信运营商、跨操作系统平台快速发送免费的语音短信、视频、图片和文字，同时还提供公众平台、朋友圈、消息推送等功能。

微博　考查方向：选择、填空

微博（Weibo）是指一种计算机网络用户通过个人计算机或手机即时分享短篇文本、小型图片和网络链接等信息的传播平台，允许用户通过 Web、Wap、Mail、App、IM、SMS以及 PC、手机等多种移动终端接入，以文字、图片、视频等多媒体形式，实现信息的即时分享、传播互动。

微博的特点是便捷性、传播性、原创性。

知乎　考查方向：选择、填空

知乎是网络问答社区，连接各行各业的用户。借助知乎，用户分享着彼此的知识、经验和见解，为中文互联网源源不断地提供多种多样的信息。

短视频　考查方向：选择、填空

短视频即短片视频，是一种互联网内容传播方式，指的是在互联网新媒体上传播、时长在 1 分钟以内的视频。

随着移动终端的普及和网络的提速，短、平、快的大流量传播内容逐渐获得各大平台、粉丝和资本的青睐。

小红书　考查方向：选择、填空

小红书是一个生活方式平台和消费决策入口，创始人为毛文超和瞿芳。截至 2019年 7 月，小红书用户数已超过 3 亿；截至 2019 年 10 月，小红书月活跃用户数已经过亿，其中 70% 新增用户是 90 后。

在小红书社区，用户通过分享文字、图片、视频笔记，记录了这个时代年轻人的正能量和美好生活。

抖音　考查方向：选择、填空

抖音是一款可以拍摄短视频的音乐创意短视频社交软件，该软件于 2016 年 9 月上线，是一个专注年轻人音乐短视频的社区平台。用户可以通过这款软件选择歌曲，拍摄音乐短视频，形成自己的作品。

快手　考查方向：选择、填空

快手是北京快手科技有限公司旗下的产品，其前身是"GIF 快手"，诞生于 2011 年 3月，最初是一款用来制作、分享 GIF 图片的手机应用。2012 年 11 月，快手从纯粹的工具应用转型为短视频社区，可供用户记录和分享生产、生活的平台。

搜索引擎　考查方向：选择、填空

搜索引擎是指根据一定的策略、运用特定的计算机程序从互联网上采集信息，在对信息进行组织和处理后，为用户提供检索服务，将检索的相关信息展示给用户的系统。

目前，国内用户最多的搜索引擎是百度，国外用户最多的搜索引擎是谷歌。

网络直播　考查方向：选择、填空

网络直播大致分为两类：一类是在网上提供电视信号的观看，例如各类体育比赛和文艺活动的直播，这类直播的原理是将电视（模拟）信号通过采集，转换为数字信号输入电脑，实时上传网站供人观看，相当于"网络电视"。

另一类是人们所了解的"网络直播"，即在现场架设独立的信号采集设备（音频＋视频）导入导播端（导播设备或平台），再通过网络上传至服务器，发布至网址供人观看。

网络水军　考查方向：选择、填空

网络水军通常简称为水军，又名网络枪手。他们通常活跃在电子商务网站、论坛、微博等社交网络平台中，伪装成普通网民或消费者，通过发布、回复和传播博文等对正常用户产生影响。

网络暴力　考查方向：选择、填空

网络暴力是指网民在网络上的暴力行为，是社会暴力在网络上的延伸。

其表现形式通常有网民对未经证实或已经证实的网络事件，在网上发表具有攻击性、煽动性和侮辱性的失实言论，对当事人名誉造成损害；在网上公开当事人现实生活中的个人隐私，侵犯其隐私权；对当事人及其亲友的正常生活进行行动或言论侵扰，致使其人身权利受损；等等。

融媒体　考查方向：选择、填空

"融媒体"是充分利用媒介载体，把广播、电视、报纸等既有共同点，又存在互补性的不同媒体，在人力、内容、宣传等方面进行全面整合，实现"资源通融、内容兼融、宣传互融、利益共融"的新型媒体。

媒体融合未来的发展趋势：传统媒体与新媒体之间的内容融合势在必行；多媒体接收终端的融合；媒体融合更趋向于多元化；媒体融合将进一步满足受众的需求，强化人文关怀。

跨屏互动　考查方向：选择、填空

跨屏互动是通过新一代移动互联网技术建立起来的屏与屏之间的链接和交互。它弥补了电视单向传播的短板，使电视具有可交互的双向传播功能。

跨屏互动的特点：一方面，传统电视媒体通过跨屏互动与视频网站、移动终端等进行资源整合，把优质的电视剧、综艺节目等视频内容搬到网络上进行播放，扩大了传播渠道，延伸了传播覆盖率；另一方面，跨屏互动改变了观众的收视习惯，受众由原来的被动观看转变为主动选择感兴趣的传播内容。

弹　幕　考查方向：选择、填空

弹幕指的是在网络上观看视频时弹出的评论性字幕。弹幕可以给观众一种"实时互动"的错觉，虽然不同弹幕的发送时间有所区别，但是其只会在视频中特定的一个时间点出现，因此在相同时刻发送的弹幕基本上也具有相同的主题，在参与评论时就会有与其他观众同时评论的错觉。

公民新闻　考查方向：选择、填空

"公民新闻"的概念产生于20世纪90年代的美国，是指公民（非专业新闻传播者）通过大众媒体、个人通信工具，向社会发布自己在特殊时空中得到或掌握的新近发生的特殊的、重要的信息。

微内容　考查方向：选择、填空

微内容可以被定义为最小的独立的内容数据，如简单的链接、网址、图片、音频、视频、元数据等。Web2.0的出现，改变了以往的宏内容生产模式，从而让微内容生产成为新一代互联网的标志。

大数据　考查方向：选择、填空

大数据（Big Data）是IT行业术语，是指无法在一定时间范围内用常规软件工具进行捕捉、管理和处理的数据集合，是需要新处理模式才能具有更强的决策力、洞察发现力和流程优化能力的海量、高增长率和多样化的信息资产。

大数据具有海量的数据规模、快速的数据流转、多样的数据类型和价值密度低四大特征，可以对用户行为进行分析预测，使新媒体可以做到更精准的推广。

云计算　考查方向：选择、填空

云计算（Cloud Computing）又称为网格计算，是分布式计算的一种，指的是通过网络"云"将巨大的数据计算处理程序分解成无数个小程序，然后通过多部服务器组成的系统处理和分析这些小程序，得到结果并反馈给用户。

通过这项技术，可以在很短的时间内（几秒钟）完成对数以万计的数据的处理，从而提供强大的网络服务。

BAT　考查方向：选择、填空

BAT是中国互联网公司三巨头的简称。B指百度公司（Baidu）、A指阿里巴巴集团（Alibaba）、T指腾讯公司（Tencent）。百度总部在北京、阿里巴巴总部在浙江省杭州市、腾讯总部在广东省深圳市。

三家巨头各自形成自己的体系和战略规划，分别掌握着中国的信息型数据、交易型数据、关系型数据，并利用与大众的通道不断兼并后起的创新企业。

第九章　其他常识

第一节　文艺理论

艺　术　考查方向：选择、填空

艺术的特点是形象把握与理性把握的统一、情感体验与逻辑认知的统一、审美活动与意识形态的统一。

齐白石认为："作画妙在似与不似之间，太似为媚俗，不似为欺世"，"学我者生，似我者死"。这些美学理论反映了艺术的本质在于创造性。

艺术起源的几种学说　考查方向：选择、填空

艺术的起源是一个复杂的问题，目前流行的有以下几种学说：模仿说、表现说、游戏说、巫术说、劳动实践说等。

艺术的分类　考查方向：选择、填空

根据艺术形象的存在方式可分为：时间艺术、空间艺术、时空艺术。时间艺术有音乐、文学等；空间艺术有雕塑、绘画、建筑等；时空艺术有舞蹈、戏剧、影视等。

艺术流派　考查方向：选择、填空

艺术流派是指艺术史上的一些思想观念、美学主张、创作方法和艺术风格相近或相似的艺术家群体。

它往往与艺术大师或新的艺术观念、艺术风格结合在一起，例如文学中的田园诗派、边塞诗派，美术中的印象画派、野兽派，戏剧中的荒诞派、中国戏曲梅派，摄影中的抽象派、堪的派等。

文　学　考查方向：选择、填空

文学主要包括戏剧、诗歌、小说、散文等体裁。

圆形人物　考查方向：选择、填空

圆形人物是指文学作品中具有复杂性格特征的人物。它在塑造人物方面打破了好的全好、坏的全坏的简单分类方法，按照生活的本来面目去刻画人物形象，更真实、更深入地揭示人性的复杂，具有更高的审美价值。这种塑造人物的方法给读者一种多侧面、立体可感的印象，往往能够带来心灵的震动。

典　型　考查方向：选择、填空

典型是指文艺作品中能够反映现实生活某些方面的本质规律而又具有极其鲜明生动的个性特征的艺术形象,包括典型人物和典型环境。

典型环境是形成典型人物性格的基础,典型环境也以典型人物的存在而存在,二者相互依存。

小　说　考查方向：选择、填空

小说起源于上古神话,是指通过塑造人物、叙述故事、描写环境来反映生活、表达思想的一种文学体裁。小说必须具备人物、故事情节、环境描写三个要素。

【知识拓展】

小说与诗歌、散文、戏剧,并称"四大文学体裁"。

小说按照篇幅及容量可分为长篇小说、中篇小说、短篇小说和微型小说(小小说)等。

小说按照表现内容可分为神话小说、仙侠小说、武侠小说、古传小说、当代小说等。

小说按照体制可分为章回体小说、日记体小说、书信体小说、自传体小说等。

小说按照语言形式可分为文言小说和白话小说。

情　节　考查方向：选择、填空

情节一般包括开端、发展、高潮、结局等,有的作品还有序幕和尾声。

高　潮　考查方向：选择、填空

高潮是指叙事性文艺作品中主要矛盾冲突发展到最尖锐、最紧张的阶段,是决定矛盾双方命运和发展前景的关键一环。在高潮中,主要人物的性格和作品的主题思想都能获得最集中、最充分的表现。

诗　歌　考查方向：选择、填空

诗歌是世界上最古老的文学体裁。诗歌产生于劳动中,具有想象丰富、饱含感情、音韵和谐、语言优美的特点。孔子认为,诗具有兴、观、群、怨四种作用。

意　境　考查方向：选择、填空

意境是指文艺作品中所描绘的生活图景和所表现的思想感情融合一致而形成的一种艺术境界。意境的特点是景中有情、情中有景、情景交融,其能够激发读者的联想和想象,获得超越具体形象的更深广的艺术时空。

灵　感　考查方向：选择、填空

灵感是指艺术家在创作过程中,由于大脑皮质的高度兴奋,所产生的一种特殊的心理状态和思维方式,是艺术创作中令人神迷而又无法捉摸的奇异现象,是创作的发现和飞跃。灵感的特点是突发性、超常性、易逝性。

共　鸣　考查方向：选择、填空

在文艺作品鉴赏活动中鉴赏者的思想感情同创作者所表达的或作品中的人物所拥有的思想感情相通或相似，这种现象叫作共鸣。

共鸣是文学接受过程进入高潮阶段的一个标志。通常有两种情形：一是**读者与文本的作者**产生共鸣，二是**读者与文本中的人物**产生共鸣。

古典主义　考查方向：选择、填空

古典主义是**17世纪**流行于西欧特别是法国的一种文学思潮。因为它在文艺理论和创作实践中以**古希腊、古罗马的古典时代文化为典范和样板**而被称为"古典主义"。

代表人物有**拉辛、莫里哀、莫扎特**、普桑、布瓦洛等。

浪漫主义　考查方向：选择、填空

浪漫主义产生于**18世纪末**，与现实主义同为文学艺术上的两大主要思潮，对后来的现代主义和后现代主义产生了深远的影响。

代表人物有**雪莱、雨果、德拉克洛瓦、肖邦**等。

"双百"方针　考查方向：选择、填空

即"**百花齐放，百家争鸣**"。"百花齐放"和"百家争鸣"分别于1951年、1953年被提出，而"双百"方针于**1956年**正式由**毛泽东**在中共中央政治局扩大会议上提出。

"双百"方针旨在提倡文学、科学研究的思考自由、辩论自由、创作和批评自由。

"二为"方向　考查方向：选择、填空

即"**文艺为人民服务，为社会主义服务**"。这是在1980年7月26日的《人民日报》社论中提出的。

"两结合"创作方法　考查方向：选择、填空

1958年，**毛泽东**同志提出文艺的创作方法，即"**革命的现实主义和革命的浪漫主义相结合**"。前者强调要深入生活、反映现实、大胆揭示矛盾；后者强调要用英雄主义、理想主义教育人、鼓舞人，既要源于生活，又要高于生活，并将这两者结合起来。

关于宣传工作的四个要求　考查方向：选择、填空

20世纪90年代，**江泽民**同志针对宣传工作作出重要指示，要求宣传工作要"**以科学的理论武装人，以正确的舆论引导人，以高尚的精神塑造人，以优秀的作品鼓舞人**"。

关于精品的三个标准　考查方向：选择、填空

江泽民同志提出，所谓文艺精品，是指那些"**思想精深、艺术精良、制作精湛**"的

作品。

五个一工程　考查方向：选择、填空

　　"五个一工程"是由中宣部组织的精神文明建设评选活动，自 1992 年起每年举办一次。

　　"五个一"是指：一部好的戏剧作品，一部好的电视剧（片）作品，一部好的电影作品，一部好的图书（限社会科学方面），一部好的理论文章（限社会科学方面）。1995 年起，将一首好歌和一部好的广播剧列入评选范围，"五个一工程"的名称不变。

"三贴近"原则　考查方向：选择、填空

　　"三贴近"原则由胡锦涛同志提出，要求文化宣传工作要"贴近群众、贴近实际、贴近生活"。"三贴近"原则是作为党和人民喉舌的新闻媒体在从事新闻报道过程中必须遵循的原则之一。

在文艺工作座谈会上的讲话　考查方向：选择、填空

　　习近平同志在文艺工作座谈会上指出，广大文艺工作者要高扬社会主义核心价值观的旗帜，坚持以人民为中心的创作导向，创作无愧于时代的优秀作品，中国精神是社会主义文艺的灵魂。

　　党的领导是社会主义文艺发展的根本保证。加强和改进党对文艺工作的领导，一是要紧紧依靠广大文艺工作者，二是要尊重和遵循文艺规律。

四个自信　考查方向：选择、填空

　　四个自信即"中国特色社会主义道路自信、理论自信、制度自信、文化自信"，由习近平同志在庆祝中国共产党成立 95 周年大会上提出。习近平总书记在 2017 年 11 月 8 日致中国记协成立 80 周年的贺信中，殷切期望广大新闻工作者"坚定'四个自信'，保持人民情怀，记录伟大时代，讲好中国故事，传播中国声音，唱响奋进凯歌，凝聚民族力量"。

第二节　舞蹈常识

民间舞　考查方向：选择、填空

　　民间舞是由广大人民群众在长期历史进程中集体创造，不断积累和发展而形成的，并在群众中广泛流传的一种舞蹈形式。

　　汉族民间舞主要有秧歌、腰鼓舞、龙舞、狮舞、花灯、花鼓、高跷、跑旱船、采茶舞、绸舞、扇舞、剑舞等。

　　中国各少数民族舞主要有（见表 2.9.1）：

表 2.9.1　中国少数民族及其舞蹈

民族	舞蹈
藏族	弦子、锅庄、热巴
维吾尔族	赛乃姆、多朗
蒙古族	安代、筷子舞
朝鲜族	长鼓舞、农乐舞
土家族	摆手舞、茅谷斯舞
苗族	芦笙舞、踩鼓舞
瑶族	铜鼓舞、长鼓舞
侗族	多耶
壮族	扁担扣、横鼓舞
彝族	阿细跳月、跳脚舞
傣族	孔雀舞
白族	绕山林
黎族	竹竿舞、钱铃双刀舞
高山族	杵舞

世界各国的民间舞主要有（见表 2.9.2）：

表 2.9.2　世界各国的民间舞蹈

国家	舞蹈
奥地利	华尔兹舞
波兰	玛祖卡舞、波洛涅兹舞
捷克	波尔卡舞
墨西哥	踢踏舞
阿根廷	探戈舞
巴西	桑巴舞
南非	鼓舞
苏丹	伦巴舞
印度	婆罗多舞
孟加拉	脚铃舞
泰国、老挝、柬埔寨	南旺舞
印尼	巴厘舞
日本	盂兰盆舞

古典舞　考查方向：选择、填空

古典舞是具有一定典范意义和古典风格特点的舞蹈。例如表现敦煌文化的民族舞剧《丝路花雨》，就是集中展示中国古典舞魅力的经典之作。

《丝路花雨》是中国于1979年首演的大型民族舞剧，是以举世闻名的丝绸之路和敦煌壁画为素材创作的。

芭蕾舞　考查方向：选择、填空

"芭蕾"是法语ballet的音译，是一种有一定动作规范、技巧和审美要求的欧洲古典舞。芭蕾舞起源于意大利，兴盛于法国，俄罗斯芭蕾舞代表了芭蕾舞的最高成就。

踢踏舞　考查方向：选择、填空

踢踏舞是具有现代风格的一种舞蹈，形成于美国。这种舞蹈的形式比较开放自由，形式化的限制较少。舞者不注重身体的舞姿，而是注重趾尖与脚跟的打击节奏的复杂技巧。

踢踏舞在不断发展中形成了美式、英式、爱尔兰式等表演类型。

秧　歌　考查方向：选择、填空

秧歌是中国北方民间舞蹈，又称为"扭秧歌"，是我国最具代表性的一种民间舞蹈形式，是一种集歌、舞、戏为一体的综合艺术。

秧歌可分为"鼓子秧歌""陕北秧歌""地秧歌""东北秧歌""高跷秧歌"等不同类别。

高　跷　考查方向：选择、填空

高跷也叫"踩高跷"或是"踩拐子"，是舞者脚上绑着长木跷进行表演的形式。高跷是社火队中不可缺少的一项群体街头表演项目。

腰鼓舞　考查方向：选择、填空

腰鼓舞是我国汉族的民间舞蹈，新中国成立前流行于陕北一带，新中国成立后遍及全国城镇农村，群众称之为"打腰鼓"。

腰鼓舞属集体舞蹈，主要用于欢庆、热烈的场面。腰鼓队少则四至八人，多至十人甚至上百人。

锅　庄　考查方向：选择、填空

锅庄是藏族民间舞蹈。在节日或农闲时，男男女女围成一个圆圈，自右而左，边歌边舞。锅庄舞体现了藏族人民纯朴善良、勤劳勇敢、热情奔放的民族性格，而且有一定的力度和奔跑跳跃变化动作，具有明显的体育舞蹈训练价值和强身健体的功效。

热巴舞　考查方向：选择、填空

热巴舞是由藏族热巴艺人表演的一种舞蹈形式。是一种由以卖艺为生的流浪艺人班子（一般以家庭为基本单位组成）表演的，以铃鼓为主，融说唱、谐（歌舞）、杂技、热巴剧等于一体的综合性艺术。

阿细跳月　考查方向：选择、填空

阿细跳月也称为"阿西跳月""跳月"，是居住在云南部分地区的彝族人的民间传统舞蹈。男舞者弹大三弦或吹笛子，女舞者合着节拍与男舞者对舞，或者牵手围圈，左右摆动，拍掌踹脚，旋转而舞，主要动作有三步一蹦跳、拍掌、跳转等。

孔雀舞　考查方向：选择、填空

孔雀舞是我国傣族民间舞中最负盛名的传统表演性舞蹈，以云南西部瑞丽市的孔雀舞最具代表性。孔雀舞风格轻盈灵秀，舞姿婀娜优美，是傣族人民智慧的结晶。

芦笙舞　考查方向：选择、填空

芦笙舞是苗族最具代表性的民间舞，也称"跳芦笙"，是一种以男子边吹"芦笙"边以下肢灵活舞动为主要特征的传统民间舞蹈。

芦笙舞可分为群众性芦笙舞、表演性芦笙舞、风俗性芦笙舞等类型。

多朗舞　考查方向：选择、填空

多朗舞是维吾尔族历史悠久、形式完整、动作粗犷矫健的礼俗性民间舞蹈。其舞蹈形式以双人对舞为主，可几组同时进行，但不得中途进场或退场。

巴渝舞　考查方向：选择、填空

巴渝舞是汉代西南少数民族舞蹈。巴渝舞是中国古代最有影响的战前舞，即武舞。通过在民间世代传承，历经演变，原始的武舞已演变成祭祀性舞蹈和庆典性舞蹈。

赵飞燕　考查方向：选择、填空

赵飞燕是中国汉代的著名舞人。她身材窈窕，学习歌舞精心刻苦。其舞姿身轻若燕，能作"掌上舞"，故名赵飞燕。相传汉成帝为其制造一个水晶盘，令宫人用手托盘，她能在盘上自由舞蹈，可见其舞蹈功力非凡。

杨玉环　考查方向：选择、填空

杨玉环是中国唐代著名舞蹈家，备受唐玄宗喜爱。

杨玉环所擅长表演的《霓裳羽衣舞》，被唐代大诗人白居易在《霓裳羽衣歌·和微之》中称赞道："飘然转旋回雪轻，嫣然纵送游龙惊。小垂手后柳无力，斜曳裾时云欲生。"

《霓裳羽衣舞》是唐代的宫廷乐舞，由唐玄宗所曲，主要是在太清宫祭献老子时演奏。

公孙大娘　考查方向：选择、填空

公孙大娘是唐代著名舞蹈艺人，擅舞剑器，并编创了多种剑器舞，如《西河剑器》《剑器浑脱》等。唐代诗人杜甫曾写有《观公孙大娘弟子舞剑器行》一诗，赞叹其剑舞惊心动魄，雄妙神奇。

戴爱莲　考查方向：选择、填空

戴爱莲是中国当代舞蹈艺术先驱者和奠基人之一，著名舞蹈艺术家、舞蹈教育家，被誉为"中国舞蹈之母"。代表作品有《思乡曲》《拾穗女》等。其创作的群舞《荷花舞》和双人舞《飞天》在国际比赛中先后获奖。

戴爱莲是国内第一个将民族舞蹈搬上舞台的人，也是第一个将芭蕾舞介绍到国内的人。她还创办了中国第一所舞蹈院校——北京舞蹈学院。

双人舞《飞天》　考查方向：选择、填空

双人舞《飞天》是由戴爱莲编导的双人舞。该舞是我国第一部根据敦煌壁画中"飞天"的形象创作的舞蹈作品。

戴爱莲继承和发展了我国传统舞蹈中长绸舞的技法，神形并茂地将"飞天"的形象再现于舞台上。

吴晓邦　考查方向：选择、填空

吴晓邦是中国舞蹈家，20世纪中国新舞蹈艺术的开拓者、播种人。他和戴爱莲被称为舞蹈界的"男吴女戴"。

代表作品有《丑表功》《思凡》《饥火》《罂粟花》和《虎爷》等。

刀美兰　考查方向：选择、填空

刀美兰是著名傣族舞蹈家，中国舞台上的第一个"孔雀公主"。她长于表演傣族舞蹈，风格纯正，婀娜多姿。

1957年，她在第一届全国少数民族音乐舞蹈会演中因扮演"孔雀公主"而获奖。其他作品还有独舞《水》和《金色的孔雀》等。

贾作光　考查方向：选择、填空

贾作光是著名舞蹈表演艺术家、编导艺术家，中国现代民族民间舞的奠基人，有"东方舞神"之誉。贾作光被誉为蒙古族舞的奠基人之一。

代表作品有《牧马舞》《鄂伦春舞》《鄂尔多斯舞》等。

白淑湘　考查方向：选择、填空

白淑湘是中国著名芭蕾舞演员、中国舞蹈家协会主席。曾于1958年首演芭蕾舞剧《天鹅湖》中的奥杰塔，被称为"中国第一只白天鹅"。

白淑湘还出演过中国芭蕾舞剧《红色娘子军》中的吴琼花，广受好评。她还曾在《海侠》《吉赛尔》《巴黎圣母院》等10多部古典芭蕾舞剧中担任主要角色。

陈爱莲　考查方向：选择、填空

陈爱莲是著名的舞蹈表演家，被誉为"东方舞蹈女神"。陈爱莲长于中国古典舞、民间舞等多种风格的舞蹈。

代表作品有双人舞《弓舞》《蛇舞》，独舞《霓裳羽衣舞》《春江花月夜》，舞剧《文成公主》《红楼梦》等。

杨丽萍　　*考查方向：选择、填空*

杨丽萍是**云南大理白族人**，著名舞蹈艺术家，1983 年凭借**独舞《雀之灵》**一举成名，被誉为继毛相、刀美兰之后的"**中国第二代孔雀王**"。

代表作品有**《云南映象》**《云南的响声》《月光》《两棵树》《孔雀公主》等。

独舞《雀之灵》　　*考查方向：选择、填空*

独舞《雀之灵》是著名舞蹈家**杨丽萍自编自演的女子独舞**。该舞以**傣族民间舞蹈**为基本素材，从**孔雀的基本形象**入手，以形求神，塑造了一个轻灵高洁的生命意象。

《白毛女》　　*考查方向：选择、填空*

《白毛女》是根据同名歌剧改编创作的芭蕾舞剧。该剧成功地塑造了**喜儿、大春、杨白劳**等舞蹈形象。

《红色娘子军》　　*考查方向：选择、填空*

《红色娘子军》是根据**梁信**的同名电影改编而成的芭蕾舞剧，是**中国第一部革命历史题材的芭蕾舞剧**。同时，也是**第一部**成功的大型中国芭蕾舞剧。

荷花奖　　*考查方向：选择、填空*

荷花奖是由中国文学艺术界联合会、中国舞蹈家协会创意，1996 年经中宣部立项、中共中央办公厅和国务院办公厅批准的全国性专业舞蹈评奖活动。

荷花奖自 1997 年创建以来已经成为标志着**中国舞蹈艺术专业最高成就的专家奖**。

国标舞　　*考查方向：选择、填空*

国标舞全称为"**国际标准交谊舞**"，来源于各国的民间舞蹈，在传统交谊舞的基础上，加以国际统一规则而成。国标舞兼有**体育和舞蹈的双重特点**，格调高雅、姿态优美、轻柔顺畅、节奏起伏。

国标舞种类繁多，按来源可分为**现代舞和拉丁舞**两大类。

华尔兹　　*考查方向：选择、填空*

华尔兹是**起源于奥地利**的一种民间舞，又称"**圆舞**"。华尔兹按照舞蹈速度分为快三步和慢三步两种。

快三步又称"维也纳华尔兹"，被誉为"**宫廷舞之王**"，不断旋转，热烈轻快。

慢三步舒展流畅，柔和秀美，被誉为"**舞中之后**"。

探戈　　*考查方向：选择、填空*

探戈是一种双人舞蹈。起源于非洲，但流行于阿根廷，使**阿根廷**获得了"**探戈王国**"的称号。探戈节奏强烈，有较多侧身甩头动作，风格刚劲潇洒，被誉为"**舞中之冠**"。目前探戈是国际标准舞大赛的正式项目之一。

伦巴　　*考查方向：选择、填空*

伦巴是古巴民间舞，也被称为"**爱情之舞**"。伦巴的主要特征是肩的抖动和胯的扭摆,整个舞蹈充满魅力、活力和浪漫情调,是表达男女爱慕情感的一种舞蹈,被誉为"拉丁舞之魂"。

恰 恰　考查方向:选择、填空

恰恰是所有拉丁舞中最受欢迎的舞蹈。其舞步源自爵士舞,在整体的舞蹈行为中提示注意腰胯的扭动。恰恰舞的曲调欢快而有趣,给人一种俏皮而利落的感觉。

桑巴舞　考查方向:选择、填空

桑巴舞是巴西最具代表性的舞蹈之一,被称为"国舞"。桑巴舞起源于非洲,是音乐和舞蹈的混合体。音乐主要由弦乐、打击乐和歌手共同完成,而舞者则负责舞蹈的部分。男舞者钟情于脚下各种灵巧的动作,女舞者则以上身的抖动及腹部与臀部的扭动为主。

斗牛舞　考查方向:选择、填空

斗牛舞起源于法国,盛传于西班牙,是模仿西班牙斗牛士动作的一种舞蹈,伴奏音乐为 2/4 拍。斗牛舞由斗牛运动演变而来,男士象征斗牛士,气宇轩昂、刚劲威猛;女士象征斗牛士用以激怒公牛的红布。

迪斯科　考查方向:选择、填空

迪斯科是美国黑人社区自娱性舞蹈,源于火岛、纽约、旧金山等地小城镇黑人夜总会中的爵士舞,20 世纪 70 年代风靡全世界。

迪斯科有独舞、双人舞、多人舞等样式,而根据技术要求的不同,又可分为舞厅类、健身类和表演类三类。

街 舞　考查方向:选择、填空

街舞诞生于 20 世纪 60 年代末,是美国黑人城市贫民的舞蹈,20 世纪 70 年代被纳为嘻哈文化的一部分,具有较强的表演性、参与性和竞争性。

街舞的动作是由各种走、跑、跳组合而成,各个动作都有其特定的健身效果。

爵士舞　考查方向:选择、填空

爵士舞是一种急促而又富于动感的节奏型舞蹈,是非洲舞蹈的延伸,是在美国逐渐演进而形成的本土化、大众化的舞蹈。爵士舞在自由之中仍有一种规律的存在。

霹雳舞　考查方向:选择、填空

霹雳舞起源于美国,创始人是美国东海岸黑人歌星詹姆斯·布劳德。布劳德于1949 年在电视上唱新歌时,创作了一种稀奇古怪的动作,青年们竞相模仿,并在街头进行跳舞比赛,故又称"街头舞蹈"。霹雳舞的节奏感和动感强烈。

邓 肯　考查方向:选择、填空

邓肯是美国著名舞蹈家,现代舞的创始人,是世界上第一位披头赤脚在舞台上表演的艺术家,被誉为"现代舞之母"。

代表作品有《马赛曲》《国际歌》等。

米哈伊尔·福金　考查方向：选择、填空

米哈伊尔·福金是俄国芭蕾舞大师，被誉为"现代芭蕾之父"。他在前人对舞蹈交响化探索的基础上，创立了新型的"交响芭蕾"。福金于1905年创作《天鹅之死》，1907年创作《仙女们》，1910年创作《火鸟》。

《天鹅之死》是米哈伊尔·福金在1905年为巴甫洛娃创作的一支芭蕾独舞，自1905年在俄国圣彼得堡初演以来，每次演出都给人以新的感受，深受各国人民的喜爱。

巴甫洛娃　考查方向：选择、填空

巴甫洛娃是俄国著名女芭蕾舞演员，20世纪初芭蕾舞坛的一颗巨星，其将毕生都献给了芭蕾舞艺术。

巴甫洛娃表演过的剧目有《天鹅湖》《睡美人》《胡桃夹子》《天鹅之死》《舞姬》《吉赛尔》《仙女》《埃及之夜》等。

乌兰诺娃　考查方向：选择、填空

乌兰诺娃是苏联女芭蕾舞演员，是世界公认的苏联戏剧芭蕾大师。代表作品有《天鹅湖》《吉赛尔》《罗密欧与朱丽叶》《灰姑娘》《天鹅之死》等。

《皇后喜剧芭蕾》　考查方向：选择、填空

《皇后喜剧芭蕾》是1581年由意大利芭蕾舞大师巴尔塔扎·德·博若耶编导，取材于《荷马史诗》。该剧熔舞蹈、音乐、戏剧于一炉，被认为是第一部真正的芭蕾舞剧。

《睡美人》　考查方向：选择、填空

《睡美人》取材于法国诗人夏尔·佩罗的名作《林中睡美人》，由彼季帕编导、柴可夫斯基作曲，首演于圣彼得堡，是俄国19世纪末大型神幻芭蕾的顶峰。

《天鹅湖》《睡美人》和《胡桃夹子》是柴可夫斯基作曲的三大芭蕾舞剧，被誉为古典芭蕾舞剧的"三大芭蕾"。

《胡桃夹子》　考查方向：选择、填空

《胡桃夹子》根据霍夫曼的《胡桃夹子与老鼠王》的故事改编而成，有"圣诞芭蕾"的美誉。它由彼季帕编剧、编导，柴可夫斯基作曲，首演于圣彼得堡皇家剧院。

《天鹅湖》　考查方向：选择、填空

《天鹅湖》取材于德国中世纪民间童话，讲述的是王子齐格弗里德与公主奥杰塔的故事，由盖尔采尔编剧，彼季帕、伊凡诺夫编导，舞剧音乐由柴可夫斯基1876年作曲完成，1877年首演于俄国莫斯科大剧院。

《天鹅湖》自诞生以来，几乎成了芭蕾或整个芭蕾艺术的一个象征和代名词，在经典性的基础上起到了承上启下的作用。

《吉赛尔》　考查方向：选择、填空

《吉赛尔》是浪漫主义芭蕾舞剧的代表作，由简·克拉里和朱尔·佩罗共同创作，得到了"**芭蕾之冠**"的美誉。

在芭蕾舞史上，**《吉赛尔》成为从浪漫主义向现实主义转折的芭蕾舞作品**。

第三节　传统文化

二十四节气　考查方向：选择、填空

分别是**立春**、**雨水**、**惊蛰**、**春分**、**清明**、**谷雨**、**立夏**、**小满**、**芒种**、**夏至**、**小暑**、**大暑**、**立秋**、**处暑**、**白露**、**秋分**、**寒露**、**霜降**、**立冬**、**小雪**、**大雪**、**冬至**、**小寒**、**大寒**。

【知识拓展】

关于二十四节气的诗歌：

立春——唐·白居易《立春日酬钱员外曲江同行见赠》：下直遇春日，垂鞭出禁闱。两人携手语，十里看山归。柳色早黄浅，水文新绿微。风光向晚好，车马近南稀。机尽笑相顾，不惊鸥鹭飞。

春分——宋·徐铉《春分日》：仲春初四日，春色正中分。绿野徘徊月，晴天断续云。燕飞犹个个，花落已纷纷。思妇高楼晚，歌声不可闻。

清明——明·高启《送陈秀才还沙上省墓》：满衣血泪与尘埃，乱后还乡亦可哀。风雨梨花寒食过，几家坟上子孙来？

十二生肖　考查方向：选择、填空

分别是**子鼠**、**丑牛**、**寅虎**、**卯兔**、**辰龙**、**巳蛇**、**午马**、**未羊**、**申猴**、**酉鸡**、**戌狗**、**亥猪**。

农历每月别称　考查方向：选择、填空

一月（**正月**、端月、开岁）；二月（**杏月**、如月、仲春）；三月（**桃月**、季月、暮春）；四月（**梅月**、余月、初夏）；五月（**榴月**、蒲月、仲夏）；六月（**荷月**、焦月、季夏）。

七月（**兰月**、瓜月、新秋）；八月（**桂月**、壮月、仲秋）；九月（**菊月**、朽月、季秋）；十月（**露月**、良月、初冬）；十一月（**葭月**、辜月、仲冬）；十二月（**腊月**、冰月、残冬）。

五湖四海　考查方向：选择、填空

"五湖"的原意是指太湖流域所有的湖泊，近代指**洞庭湖**、**鄱阳湖**、**太湖**、**巢湖**、**洪泽湖**。"四海"是指**天下**、**全国**。

三山五岳　考查方向：选择、填空

"三山"所指有多重说法，普遍认为"三山"指传说中的**蓬莱**、**方丈**、**瀛洲**三座仙山。"五岳"是指**东岳山东泰山**、**西岳陕西华山**、**南岳湖南衡山**、**北岳山西恒山**、**中岳河南嵩山**。

中国四大佛教名山
考查方向：选择、填空

中国四大佛教名山是浙江的普陀山、四川的峨眉山、山西的五台山、安徽的九华山。

江南三大名楼
考查方向：选择、填空

江南三大名楼是岳阳楼（湖南岳阳）、黄鹤楼（湖北武汉）、滕王阁（江西南昌）。

丝绸之路
考查方向：选择、填空

丝绸之路亦称"丝路"，是古代以中国为始发点，向亚洲中西部及非洲、欧洲等地运送丝绸等物的交通通道之总称。

西湖十景
考查方向：选择、填空

西湖十景最早见于南宋画院画师的山水画题名，指的是苏堤春晓、平湖秋月、花港观鱼、柳浪闻莺、双峰插云、三潭印月、雷峰夕照、南屏晚钟、曲院风荷、断桥残雪十处景观。

传统节日
考查方向：选择、填空

我国的传统节日有除夕（大年三十）、春节（正月初一）、元宵节（正月十五）、清明节（公历 4 月 5 日前后）、端午节（五月初五）、七夕节（七月初七）、中秋节（八月十五）、重阳节（九月初九）等。

我国各少数民族的传统节日有傣族泼水节、彝族火把节、苗族跳花节等。

【知识拓展】

关于传统节日的诗词：

春节——宋·王安石《元日》：爆竹声中一岁除，春风送暖入屠苏。千门万户曈曈日，总把新桃换旧符。

元宵节——宋·欧阳修《生查子·元夕》：去年元夜时，花市灯如昼。月上柳梢头，人约黄昏后。　今年元夜时，月与灯依旧。不见去年人，泪湿春衫袖。

元宵节——宋·辛弃疾《青玉案·元夕》：东风夜放花千树，更吹落，星如雨。宝马雕车香满路。凤箫声动，玉壶光转，一夜鱼龙舞。　蛾儿雪柳黄金缕，笑语盈盈暗香去。众里寻他千百度，蓦然回首，那人却在，灯火阑珊处。

清明节——唐·杜牧《清明》：清明时节雨纷纷，路上行人欲断魂。借问酒家何处有，牧童遥指杏花村。

端午节——宋·张耒《和端午》：竞渡深悲千载冤，忠魂一去讵能还。国亡身殒今何有，只留离骚在世间。

七夕节——宋·杨朴《七夕》：未会牵牛意若何，须邀织女弄金梭。年年乞与人间巧，不道人间巧已多。

中秋节——宋·苏轼《水调歌头·明月几时有》：明月几时有？把酒问青天。不知天上宫阙，今夕是何年。我欲乘风归去，又恐琼楼玉宇，高处不胜寒。起舞弄清影，何似在人间？　转朱阁，低绮户，照无眠。不应有恨，何事长向别时圆？人有悲欢离合，月有阴晴圆缺，此事古难全。但愿人长久，千里共婵娟。

重阳节——唐·王维《九月九日忆山东兄弟》：独在异乡为异客，每逢佳节倍思亲。遥知兄弟登高处，遍插茱萸少一人。

方位与尊卑　考查方向：选择、填空

我国古代帝王和臣子在殿堂上都有固定的位置，"面南称王""面北称臣"，位置丝毫不能变更。北尊南卑是殿堂之上的方位、君臣之间的尊卑，而室内的方位和宾主之间的尊卑则为西尊东卑。

方位有尊卑，左右也不例外。在官场上右尊左卑，求贤待客上则为左尊右卑。

陵　号　考查方向：选择、填空

陵号是指历代已故帝王及其后妃所葬陵墓的称号，最早产生于战国时期。著名的有汉武帝的茂陵、唐太宗的昭陵、唐高宗的乾陵等。

年龄称谓　考查方向：选择、填空

襁褓（不满周岁）、孩提（幼儿泛称）、垂髫（童年泛称）、黄口（10岁以下）、豆蔻（13岁女）、及笄（15岁女）、弱冠（20岁男）、桃李年华（20岁女）、花信年华（24岁女）、而立之年（30岁）、不惑之年（40岁）、知命之年（50岁）、花甲之年/耳顺之年（60岁）、古稀之年（70岁）、耄耋之年（80－90岁）、期颐之年（100岁）。

茶的分类　考查方向：选择、填空

茶一般分为六大类，分别是红茶、绿茶、白茶、黑茶、黄茶、乌龙茶（见表2.9.3）。

表2.9.3　茶的品种分类表

品类	品种
红茶为全发酵茶	祁门红茶等
绿茶为未发酵茶	西湖龙井、黄山毛峰等
白茶为微发酵茶	白毫银针等
黑茶为后发酵茶	云南普洱等
黄茶为轻发酵茶	霍山黄芽等
乌龙茶亦称青茶，为半发酵茶	安溪铁观音等

中国十大名茶是安溪铁观音、西湖龙井、洞庭碧螺春、黄山毛峰、六安瓜片、信阳毛尖、君山银针、庐山云雾、武夷岩茶、祁门红茶。

八大菜系　考查方向：选择、填空

川菜、鲁菜、粤菜、苏菜、浙菜、闽菜、湘菜、徽菜，共同构成汉民族饮食的"八大菜系"。

满汉全席　考查方向：选择、填空

满汉全席是清代皇室贵族及官府才能举办的宴席，民间少见，菜肴达300多种，起

到为统治者帮助沟通、消除冲突的作用,具有"中国古代宴席之最"的美誉。

中国四大名绣　考查方向:选择、填空

中国四大名绣是苏绣、湘绣、粤绣、蜀绣。

三纲五常　考查方向:选择、填空

"三纲"是指君为臣纲,父为子纲,夫为妻纲。"五常"是指仁、义、礼、智、信。其核心是倡导服从于正理或无条件服从于上下关系。

三教九流　考查方向:选择、填空

"三教"是指儒教、道教、佛教。"九流"实际上是指三教之中的各"上中下"三等人,至于上中下九流之说,则源于《汉书·艺文志》,分别指儒家、道家、墨家、法家、名家、杂家、农家、纵横家、阴阳家。

琴棋书画　考查方向:选择、填空

琴棋书画即"文人四友"。弹琴多指弹奏古琴,弈棋大多指下围棋,书法、绘画是文人骚客包括一些名门闺秀修身养性所必须掌握的技能,合称琴棋书画。

中国四大书院　考查方向:选择、填空

中国四大书院是湖南长沙岳麓书院、江西庐山白鹿洞书院、河南登封嵩阳书院、河南商丘应天书院。

科举制度　考查方向:选择、填空

科举制从隋代至明清,形成了完备的制度,到了明朝共分成四级:童生试(含县试、府试、院试)、乡试、会试和殿试。

院试的录取者称为"生员",俗称"秀才",第一名称为"案首";乡试的录取者称为"举人",第一名称为"解元";会试的录取者称为"贡生",第一名称为"会元";殿试的录取者称为"进士",第一名称为"状元"。在后三试中连续获得第一名,被称为连中三元。

八股文　考查方向:选择、填空

八股文是明清科举考试制度规定的一种文体。具有固定格式,规定每篇由破题、承题、起讲、入手、起股、中股、后股、束股八个部分组成。

八股文的题目主要摘自"四书",所论内容也主要根据宋代朱熹的《四书集注》等书展开考察。

乔迁新居 适用对联　考查方向:选择、填空

举例部分对联(见表 2.9.4):

表 2.9.4　对联举例

上联	下联
东风开画栋	旭日映华堂
新春迎新气	福地启福门
祥云浮紫阁	喜气溢朱门
宝盖万年在	华夏千秋辉
爵味新居怡人心	清窗露台兰花丽
喜迁佳宅晋官爵	福临美居享净清
旭日随心临吉宅	春风着意入新居
燕喜新居春正暖	莺迁乔木日初长
祥云绕吉宅家承旺世添福禄	瑞蔼盈芳庭人值华年增寿康

四大发明　考查方向：选择、填空

我国古代的四大发明分别是火药、指南针、造纸术、印刷术。

火药是由中国汉族炼丹家发明于隋唐时期，于唐末开始用于军事。

指南针的前身是司南，战国时代制成，是世界上最早的指南仪器。

西汉时期开始造纸，东汉蔡伦改进了造纸术。

隋唐时期发明了雕版印刷术，宋代毕昇发明了活字印刷术，世界上现存最早的印刷物是唐咸通九年印制的《金刚经》。

圆周率　考查方向：选择、填空

三国末年，数学家刘徽创造了用割圆术求圆周率的方法，求得 3.141024 的圆周率值。南北朝时期杰出的数学家祖冲之，求出圆周率在 3.1415926 和 3.1415927 之间，与现代的圆周率值很相近，是当时最精确的圆周率，早于欧洲千年之久。

九宫格　考查方向：选择、填空

九宫格是我国书法史上临帖写仿的一种界格，又叫"九方格"。唐代书法家欧阳询书《九成宫醴泉铭》，被学者赞誉为"正书第一"。相传为方便习字者练字，欧阳询根据汉字字形的特点，创制了"九宫格"的界格形式。

第十章　文艺常识卷五大题型答题技巧

　　文艺常识是山东省文学编导类专业统考考查的重中之重,在总分值300分的试卷中,"文艺常识卷"就占据了150分。"得文常者得天下"这句话最适用于山东编导考生。

　　经过仔细分析,我们发现山东省文学编导类专业统考对文艺常识的考查主要有以下三大特点:

　　一是**考查面广**。山东省文学编导类专业统考重点考查考生对文艺常识知识点的掌握,以及考生是否具备文学和艺术的专业素养。因此,除考查电影、文学、广播电视等传统的重要常识外,对美术、音乐、戏剧戏曲、文艺理论及方针政策、舞蹈、摄影,甚至是传统文化等领域的重要知识点也会有所涉及。总体来看,考查内容灵活多变、考查范围十分宽泛。

　　二是**答题量大**。与国内其他省份编导类专业统考相比,山东省文学编导类专业统考对文艺常识的考查是明显偏多的。山东考生需要在两个半小时,也就是150分钟的时间里,完成"30道选择题、20道填空题、4道名词解释、5道简答题、2道论述题",尤其是后面三大题型,即名词解释、简答题和论述题,11道题目的分值占据了整个文艺常识卷总分值的53.33%。据统计,如果每道题目都能按要求做完,答题字数将达到1200—1500字,这对绝大多数考生而言是一个巨大的挑战。

　　三是**题型全面**。山东省文学编导类专业统考对文艺常识的考查,主要采用五大经典题型,即选择题、填空题、名词解释、简答题和论述题。通过这些题型,既考查了考生对知识点的掌握能否做到精准无误,又考查了考生对所学知识点的运用和发挥能否做到自由灵活。可以说,山东省文学编导类专业统考通过对考查题型的设置,进一步提高了整个考试的难度系数。

　　那对于广大考生而言,如何才能在有限的备考时间里学好文艺常识呢?给大家提出以下建议:

　　首先,**必须要掌握学习文艺常识的"十六字"口诀,即战线要长、复习要细、记忆要勤、做题要多**。第一,文艺常识的学习一定要早做准备,早动手,制订长期的学习计划,慢慢积累。第二,知识点的学习要做到深入、细致,要点清晰,记忆准确,万不可"不知而自以为知",草草了事。第三,根据艾宾浩斯遗忘曲线,人的遗忘是有规律的,因此考生对于文艺常识的基础知识点要反复记忆、勤于记忆,这样才能将其牢牢掌握。第四,要尽可能地多做练习题、历年考试真题。只有通过做题才能检验学习的效果,同时做题也是变相记忆知识点的一种行之有效的方法,此外,考生还可以在做题时寻找考试的感觉。

　　其次,**一定要掌握各考试题型的答题技巧**。这一点往往是很多考生所忽略的。对于山东考生而言,要想在编导统考中取得好成绩,只是一味地对文艺常识的知识点进行背诵学习是远远不够的,更需要深入掌握各考试题型的答题技巧,尤其是后面的三大题型,即名词解释、简答题、论述题。据统计,每年都有很多考生因为不知道如何答题而丢掉很多分值,被排除在合格线之外。因此,下面我们将用几个小节来详细阐述文艺常识考试中主要题型的答题技巧。

第一节　选择题答题技巧

　　山东省文学编导类专业统考文艺常识卷中的选择题,一般都是单选题。与填空题和名词解释相比,单选题是难度较低的一种题型,因为单选题的答案是公开的,且只有唯一答案,难度只在如何选择上。而且,单选题还有一个最重要的特点,那就是即便一道题所涉及的知识点考生并未掌握,也可以通过一些技巧,找出正确答案。那到底有什么方法和技巧呢?下面我们就来具体讲解单选题的答题技巧。

(一)看清题目要求是关键

　　做单选题,最基本的是要看清楚题目要求。题目问的到底是"什么"? 题目本身是"否定"的问法还是"肯定"的问法? 如果考生在做题时忽略了以上这两点,那么答案也就"失之毫厘,谬以千里"了。

【实例分析】

1.下列不是作家的是(　　)。

A.莫里哀　　　　B.泰戈尔　　　　C.施隆多夫　　　　D.契诃夫

正确答案:C

2.下列是俄国人的是(　　)。

A.莫里哀　　　　B.泰戈尔　　　　C.施隆多夫　　　　D.契诃夫

正确答案:D

　　由此可见,单选题的形式和问法是可以千变万化的,要求不同选出的答案肯定也有所不同,因此考生在做单选题时,一定要看清楚题目的要求。

(二)做单选题最常用的方法——排除法

　　排除法是做单选题时最常用也是最有效的答题方法,这种方法简单、便捷,可以大大节省做题的时间并提高正确率。

【实例分析】

1.下列乐器中属于打击类的是(　　)。

A.小提琴　　　　B.琵琶　　　　C.沙槌　　　　D.二胡

正确答案:C

2.维也纳三大古典乐派代表人物不包括(　　)。

A.莫扎特　　　　B.贝多芬　　　　C.海顿　　　　D.柴可夫斯基

正确答案:D

　　第一道题目:"沙槌"是什么乐器,可能很多人并不知道,可是其他三个选项中的"小提琴""琵琶"和"二胡"却是大家在日常生活中经常见到的,显然它们都不是通过打击发出声音的乐器,所以运用排除法,可以顺利选出正确答案 C。

第二道题目:选项中的四位人物都是著名音乐家,虽然对于很多考生而言,可能并不清楚谁的音乐属于古典乐派,但是题目主干中提问的是"维也纳三大古典乐派代表人物",而大多数考生应该都知道柴可夫斯基是俄国人,所以通过排除法,可以顺利选出正确答案 D。

(三)做单选题的另一方法——联想推算法

其实,联想推算法归根到底也是为了排除不正确的选项,与排除法属于同宗同源,只不过这种排除不能简单直接地进行,而是需要通过其他信息的辅助,慢慢地推算出来。

【实例分析】

1.( )年 12 月 28 日是公认的世界电影诞生日。

A.1895　　　　　　B.1905　　　　　　C.1906　　　　　　D.1910

正确答案:A

2.世界上第一部有声电影是( )。

A.《工厂的大门》　　　　　　　B.《一个国家的诞生》

C.《党同伐异》　　　　　　　　D.《爵士歌王》

正确答案:D

第一道题目:假设考生不记得世界电影的诞生日,但是却知道中国电影的诞生日和电影诞生于法国,那么可以通过这些信息进行推算:先分析四个选项中时间的特点,A选项为 19 世纪末期,其他三个选项为 20 世纪初期。我们知道中国电影的诞生日是1905 年,而且世界电影诞生于法国,然后才传入中国,因此世界电影的诞生日肯定要早于中国电影的诞生时间,借此可以轻松排除选项 B、C、D,得出正确答案 A。

第二道题目:如果是在考生只模糊记得中国出现有声电影的时间是 20 世纪 30 年代初、外国出现有声片的时间可能是 20 世纪 20 年代末期的情况下,我们可以进行这样的联想推算:A 选项是电影诞生日放映的影片,肯定不可能是有声片,排除掉;B、C 两个选项都是格里菲斯的电影,格里菲斯是美国早期电影的奠基人,而这两部影片的拍摄时间大约为 20 世纪 20 年代以前,所以也可以排除掉。最终选出正确选项 D。

联想推算法要求考生在不知道正确答案的情况下,一定不要气馁和乱了阵脚,而是要静下心来,尽可能地从脑海中搜集出较多的、与这个知识点相关联的知识点,借助这些信息,尝试通过联想推算出正确答案。

不过,归根结底,做选择题仅仅依靠这些技巧是不够的,关键还是要靠考生的勤学苦练。无论是使用排除法还是联想推算法,都需要考生掌握较多的知识点作为支撑。因此,考生最终还是要把文艺常识的知识点记准、记牢,因为这才是取得高分的关键。

第二节　填空题答题技巧

填空题是一种比较简单直接的题型,考查范围往往是在某一个点上,例如考查某部作品的名称、作者,某个事件发生的时间、地点,某首诗词的名称、名句等。填空题的特点是:会做就是会做,不会做就是不会做。它不像选择题一样,即便不会做,运气好的话也有做对的可能性;也不像名词解释,随便写上几个自己知道的要点,也有得分的希望。因此,填空题虽然看起来题型简单,实际上却是难度最高的题目。

考生在做填空题时,要掌握以下几个要点:

(一)回答问题要完整

填空题一般要求作答的字数都比较少(对诗词名句的考查除外),所以考生在答题时一定要注意答案的准确、完整,尽量不要使用简写或缩写,否则很可能明明是会做的题目,却因为这个原因而丢了分数。

【实例分析】

1.贝多芬的《第三交响曲》又叫什么交响曲? _____。

错误答案:《英雄》

正确答案:《英雄交响曲》

2.巴金的小说《家》《春》《秋》属于什么三部曲? _____。

错误答案:激流

正确答案:激流三部曲

遇到这样的试题,考生一定要完整作答,万不可因贪图省力而白白丢了分。当然,从山东省文学编导类专业考试的情况来看,出题还是比较规范的,以 2022 年考题为例,一般是以这样的形式出现:

10.“路漫漫其修远兮,吾将上下而求索”出自屈原的《_____》。

11.费孝通在《_____》中提出“差序格局”这个重要概念。

作答这样的试题,恐怕很多考生就不会出现上面的错误了。

(二)回答人名要准确

这主要是针对外国人名而言的,因为有一些外国人名,由于音译的差别,翻译出来的汉字也会不一样,遇到这样的情况,考生要尽量使用比较权威和常见的译名。

【实例分析】

1.名画《梅杜萨之筏》的创作者是法国浪漫主义先驱_____。

正确答案 1:席里柯

正确答案 2:籍里柯

2.“文艺复兴美术三杰”分别是达·芬奇、_____、拉斐尔。

正确答案 1:米开朗基罗

正确答案 2:米开朗琪罗

以上两个试题的两种答案都是正确的,两种形式的人名的使用频率也难分伯仲,但是考生若遇到一些生僻的外国人名,则一定要使用权威的翻译名称。

(三)回答作品要典型

在文艺常识的考试中,经常会遇到要填写名家名作的考题,建议考生在作答此类考题时,一定要尽量填写这位作者最有名、最典型的作品。

【实例分析】

1.沈从文以反映湘西的人生状况及人生哀乐的作品而闻名,其代表作品有_____。

最佳答案:《边城》

正确答案:《湘行散记》

2.宁浩被称为新生代的"鬼才导演",他的作品善于从小人物的视角出发,故事带有很强的戏剧性,其代表作品有_____。

最佳答案:《疯狂的石头》

正确答案1:《疯狂的赛车》

正确答案2:《绿草地》

填空题的考查点一般都比较精确,所以考生的答案也要切中要害。遇到上面这种考题时,应尽量回答出最佳答案,以免因不必要的疏忽而造成丢分、失分的情况。

总而言之,应对填空题,要从两点入手,一是复习要"广",二是答题要"准"。复习面广,才能尽可能多地掌握知识点;答题精准,才能提高作答的正确率,获得更高的分数。

第三节　名词解释答题技巧

名词解释,就是要求考生对一个名词进行直接的说明,特点是开门见山、单刀直入,要点全面,言简意赅,不需要考生作较多的发挥。不过,这种题型也有一定的主观性,不像填空题和选择题,答案对就是对,错就是错,所以考生对于那些实在不了解的名词,唯一的办法就是能发挥多少就写多少,尽力而为,有时候还是有希望得到分数的。

通过总结发现,名词解释从考查内容上看,大体可分为以下几类:

1.考查流派、思潮

例如"文艺复兴""意大利新现实主义电影""婉约派""新月派""中国左翼作家联盟""立体主义"等。

2.考查各类奖项

例如"茅盾文学奖""金鸡奖""百花奖""金像奖""金鹰奖""华表奖"等。

3.考查对某种事物的定义

例如"芭蕾舞""公益广告""主观镜头""章回小说""京剧""卫星电视""写意画""戏剧文学""蒙太奇""交响曲"等。

4.考查名人

例如"梅兰芳""德彪西""老舍""白居易""贝多芬""王羲之""泰戈尔""宫崎骏""司马迁"等。

5.考查名作

例如"《清明上河图》""《蒙娜丽莎》""《诗经》""《荷马史诗》""《离骚》""《黄河大合唱》""《史记》""《早春二月》"等。

6.考查某种说法

例如"吴带当风""第五代导演""建安七子""曹衣出水""黄家富贵,徐熙野逸""马一角""夏半边"等。

7.考查某种事物所包含的内容

例如"色彩三要素""莎士比亚四大悲剧""临川四梦""双百方针""三言二拍""四书五经"等。

一般而言,虽然名词解释考查的内容和重点各不相同,但是也有一套常规的答题模式,即:

发生时间＋发生地点＋主要内容＋历史意义(作用、影响等)＋代表作家＋代表作品

众所周知,文艺常识内容繁杂,考生不可能把每一个知识点都完完全全地背诵下来,所以最有效的学习方法就是把每项知识点中的"重要小点"记下来即可,而这些重要小点也正是做名词解释和简答题、论述题所需要回答的"要点"。只要把这些要点写全面、写准确,名词解释题的考分就很容易拿到手了。下面就通过实例来分析不同类型名词解释的答题思路。

(一)考查流派、思潮

【答题思路】

产生时间＋地点＋性质＋主要思想＋社会影响＋代表作家(代表作品)

【实例分析1】

名词解释:文艺复兴

参考答案:

文艺复兴是14世纪中期至16世纪末欧洲新兴资产阶级在文化领域的一场反封建运动,发源于佛罗伦萨,后扩展至欧洲各国。文艺复兴运动倡导理性与科学精神,重视人性,肯定人的价值,把人从封建神学的束缚中解放出来,确立了"人文主义"的思想体系。文艺复兴运动是一场伟大的思想解放运动,对人类社会、科学、文化的进步起到了巨大的推动作用。文艺复兴的代表人物有意大利的文学家但丁、彼特拉克、薄伽丘等,美术家达·芬奇、米开朗基罗、拉斐尔等,科学家伽利略、布鲁诺等;西班牙的文学家塞万提斯;法国的文学家拉伯雷;英国的戏剧家莎士比亚、思想家培根、科学家牛顿;等等。

思路展示:

产生时间:14世纪中期至16世纪末

产生地点:发源于佛罗伦萨,后扩展至欧洲各国

性质:新兴资产阶级在文化领域的一场反封建运动

主要思想:"人文主义"思想,倡导理性与科学

社会影响:对人类社会、科学、文化的进步起到了巨大的推动作用

代表作家:但丁、达·芬奇、塞万提斯等

【实例分析2】

名词解释:意大利新现实主义

参考答案:

意大利新现实主义产生于二战后20世纪40年代的意大利,是一次写实主义的电影创作运动,与二战后的意大利社会密切相关。它的艺术主张是"真实",与一切虚假为敌,在内容和形式上提出了"还我普通人"和"把摄影机扛到大街上"两个响亮的口号。"日常性"是新现实主义电影在结构情节上的基本原则,另外,这类电影还拒绝给主人公

的命运寻找出路,反对明星效应和扮演角色等。主要代表作品有罗西里尼执导的《罗马,不设防的城市》、德·西卡执导的《偷自行车的人》等。意大利新现实主义电影具有世界性影响,是法国电影理论家巴赞"长镜头"理论的实践来源。

思路展示:

产生时间:二战后 20 世纪 40 年代

产生地点:意大利

性质:写实主义的电影创作运动

主要思想:"真实""还我普通人""把摄影机扛到大街上""日常性"

社会影响:世界性影响

代表作家、作品:罗西里尼《罗马,不设防的城市》、德·西卡《偷自行车的人》

(二)考查各类奖项

【答题思路】

产生时间+主办方+性质+主要内容+社会影响

【实例分析 1】

名词解释:金鸡奖

参考答案:

中国电影金鸡奖是中国电影界专业性评选的最高奖,由中国电影家协会和中国文联主办,以奖励优秀影片和表彰成就卓著的电影工作者。首届金鸡奖评奖活动于 1981 年(农历鸡年)5 月举行,以"金鸡啼鸣"象征"百家争鸣"并激励电影工作者"闻鸡起舞"。金鸡奖每年评选一次,奖杯为一只金鸡的雕像,评奖委员会由电影专家组成,反映了一定的学术价值。

思路展示:

产生时间:1981 年

主办方:中国电影家协会和中国文联

性质:中国电影界专业性评选的最高奖

主要内容:奖杯为一只金鸡的雕像,激励电影工作者,每年评选一次

社会影响:反映了一定的学术价值

【实例分析 2】

名词解释:茅盾文学奖

参考答案:

茅盾文学奖于 1981 年由中国作家协会设立,每四年评选一次,是我国的长篇小说文学奖,以著名作家茅盾先生的名字命名。茅盾生前曾捐赠 25 万元作为资金,以鼓励优秀长篇小说的创作,推动我国的文学繁荣。魏巍的《东方》获首届茅盾文学奖。

思路展示:

产生时间:1981 年

主办方:中国作家协会

性质:长篇小说文学奖

主要内容:每四年评选一次,鼓励优秀长篇小说的创作

社会影响:推动我国的文学繁荣

(三)考查对某种事物的定义

【答题思路】

一句话定义＋产生时间(地点)＋主要特点＋主要内容＋例证

【实例分析1】

名词解释:芭蕾舞

参考答案:

　　芭蕾舞是一种流行于欧美的古典舞蹈、舞剧形式,是综合了音乐、戏剧、哑剧、舞台美术等形式的舞蹈艺术品种。芭蕾孕育于文艺复兴时期的意大利,形成于17世纪后期的法国,18世纪传入俄国,19世纪初成长为独立的戏剧艺术。其主要特征是女演员要穿上特制的足尖鞋立起脚尖起舞。世界著名的芭蕾舞剧有《天鹅湖》《胡桃夹子》《吉赛尔》《仙女》等。

思路展示:

一句话定义:流行于欧美的古典舞蹈……的舞蹈艺术品种

产生的时间、地点:文艺复兴时期的意大利

主要特点:女演员要穿上特制的足尖鞋立起脚尖起舞

主要内容:形成于17世纪后期……18世纪……19世纪初……

例证:《天鹅湖》《胡桃夹子》《吉赛尔》《仙女》

【实例分析2】

名词解释:章回小说

参考答案:

　　章回小说是中国古代长篇小说的唯一体裁,产生于元明之交。章回小说具有分章叙事、分回标目的特点,通常全书分若干卷,卷中分若干节,节前有简单目录,结构上前回与后回保持连贯性。例如我国的四大名著《西游记》《三国演义》《水浒传》和《红楼梦》均为章回小说。

思路展示:

一句话定义:中国古代长篇小说的唯一体裁

产生时间:元明之交

主要特点:分章叙事、分回标目

主要内容:全书分若干卷……

例证:我国的四大名著

(四)考查名人

【答题思路】

身份地位＋所处年代＋业务特点＋主要成就＋代表作品

【实例分析1】

名词解释:白居易

参考答案:

　　白居易,字乐天,号香山居士,是唐代最负盛名的诗人之一,也是唐代创作量最大的诗人。白居易是新乐府运动的开创者和集大成者,他的诗歌分为讽喻、感伤、闲适和杂律四类,具有强烈的现实性和批判性。主要代表作有《长恨歌》《琵琶行》《卖炭翁》等。

思路展示：

身份地位:最负盛名的诗人之一,唐代创作量最大的诗人

所处年代:唐代

业务特点:其诗歌具有强烈的现实性和批判性

主要成就:是新乐府运动的开创者和集大成者

代表作品:《长恨歌》《琵琶行》《卖炭翁》

【实例分析 2】

名词解释:贝多芬

参考答案：

贝多芬生活于 18 世纪 70 年代到 19 世纪 30 年代,是维也纳古典乐派高峰时期的代表人物,被称为"乐圣"。他一生共创作了九部交响曲,其中第三部又称为《英雄交响曲》,第五部又称为《命运交响曲》,第六部又称为《田园交响曲》,第九部又称为《合唱交响曲》,他的音乐象征着自由、力量、激情和意志,给人以极度震撼。《费德里奥》是其唯一的一部歌剧作品。

思路展示：

身份地位:维也纳古典乐派高峰时期的代表人物,被称为"乐圣"

所处年代:18 世纪 70 年代到 19 世纪 30 年代

业务特点:音乐象征着自由、力量、激情和意志,给人以极度震撼

主要成就:一生共创作了九部交响曲

代表作品:《英雄交响曲》《命运交响曲》等

（五）考查名作

【答题思路】

创作者＋价值＋主要内容＋社会影响

【实例分析 1】

名词解释:《清明上河图》

参考答案：

《清明上河图》由北宋画家张择端所画,是中国十大传世名画之一,现存于北京故宫博物院。《清明上河图》流传至今已有 800 多年的历史。全卷以全景式构图、严谨精细的笔法展示出北宋都城东京市民的生活状况和汴河上店铺林立、市民熙来攘往的热闹场面,以及运载东南粮米财货的漕船通过汴河桥紧张繁忙的景象。画家在创作时用心经营,采用散点透视,整幅画卷充满了戏剧性的情节和引人入胜的细节描写。这幅作品是我国古代绘画史上的不朽杰作,具有高度的历史真实性和极高的史料价值。

思路展示：

创作者:北宋画家张择端

价值:中国十大传世名画之一

主要内容:全卷以全景式构图……

社会影响:是我国古代绘画史上的不朽杰作,具有极高的史料价值

【实例分析 2】

名词解释:《史记》

参考答案:

《史记》是我国第一部纪传体通史,由西汉伟大的史学家司马迁所著。它记载了上至黄帝下至汉武帝太初年间,大约 3000 年的历史。全书共 130 篇,52 万余字,本纪、世家、列传是书的主体。《史记》暴露了封建统治阶级的骄奢、残酷,对下层人物的智慧、才能进行了肯定,并在描述故事、塑造人物、谋篇布局等方面取得了巨大的成就,被鲁迅先生评价为"史家之绝唱,无韵之离骚"。

思路展示:

创作者:史学家司马迁

价值:我国第一部纪传体通史

主要内容:记载了上至黄帝……

社会影响:被鲁迅先生评价为"史家之绝唱,无韵之离骚"

(六)考查某种说法

【答题思路】

说法的由来＋特点＋主要代表＋(社会影响)

【实例分析 1】

名词解释:"第五代导演"

参考答案:

"第五代导演"是指 20 世纪 80 年代从北京电影学院毕业的年轻导演,他们对新的思想、新的艺术手法特别敏感,力图在每一部影片中寻找新的角度。他们强烈渴望通过影片探索民族文化的历史和民族心理的结构。在选材、叙事、刻画人物、镜头运用、画面处理等方面,都力求标新立异。他们凭着全新的电影语言、冷峻的哲理性反思、富有力度的银幕造型,创作出主观性、象征性、寓意性都特别强烈的作品,给中国影坛带来一股强烈的冲击波。主要的代表人物有陈凯歌、张艺谋、吴子牛、田壮壮、黄建新、张军钊、李少红、胡玫、周晓文、刘苗苗等。

思路展示:

说法的由来:20 世纪 80 年代从北京电影学院毕业的年轻导演

特点:全新的电影语言、冷峻的哲理性反思、富有力度的银幕造型

主要代表:陈凯歌、张艺谋等

社会影响:给中国影坛带来一股强烈的冲击波

【实例分析 2】

名词解释:"建安七子"

参考答案:

"建安七子"是建安年间孔融、陈琳、王粲、徐干、阮瑀、应场、刘桢七位文学家的合称。七子均以诗文有名于当时,每个人擅长的文体各不相同。孔融的主要成就在散文方面,诗歌成就最高的是王粲、刘桢,王粲的赋作的也很好,徐干诗文兼擅,陈琳、阮瑀在章表书记方面的成就较高。

思路展示：

说法的由来：建安年间七位文学家的合称

特点：每个人擅长的文体各不相同

主要代表：孔融、陈琳、王粲等

（七）考查某种事物所包含的内容

【答题思路】

（出现的时间）＋（相关人物）＋主要包含内容＋（价值或意义）

【实例分析1】

名词解释：莎士比亚四大悲剧

参考答案：

莎士比亚是英国文艺复兴时期伟大的剧作家、诗人，人文主义文学的集大成者。他的四部经典悲剧作品分别是《哈姆雷特》《奥赛罗》《李尔王》《麦克白》，里面的故事均取材于欧洲的历史传说。

思路展示：

相关人物：莎士比亚

主要包含内容：《哈姆雷特》《奥赛罗》《李尔王》《麦克白》

【实例分析2】

名词解释：临川四梦

参考答案：

临川四梦是指明代作家汤显祖的《牡丹亭》《邯郸记》《南柯记》《紫钗记》这四部作品，又称为《玉茗堂四梦》。这四部作品包含了深邃的思想内涵，以虚幻的纪梦方式，表明鲜明的价值倾向。

思路展示：

相关人物：汤显祖

主要包含内容：《牡丹亭》《邯郸记》《南柯记》《紫钗记》

价值：包含了深邃的思想内涵

总体而言，名词解释的特点是：得分容易，得满分难。所以，考生在答题时要做到重点突出，适当发挥，卷面清晰，知识点准确。

第四节　简答题答题技巧

所谓"简答题"，顾名思义就是要求考生要"简略阐述出要点"的题目，这其中包含了两方面的信息：一是这类题型要求考生回答出的是"要点"，这就意味着考官在阅卷时会采点给分；二是对于"要点"的回答不能一味地"罗列"，而是必须要"简略阐述"。因此，简答题可以看作是名词解释和论述题之间的一个过渡题型。也就是说，有的简答题的问法与名词解释非常相似，而有的简答题则又完全可以当成是论述题来考查。

【实例分析1】类名词解释式"简答题"

1.什么是戏剧剧本？

2.请谈谈西方印象主义画派及其代表人物。

3.什么是画外音？

4.《狂人日记》的作者是谁？分析一下该作品。

【实例分析 2】类论述题式"简答题"

1.列举贾樟柯的作品并分析其风格。

2.简述《无问西东》中沈光耀的人物形象。

3.简述微电影的特点及其繁荣的原因。

4.最近几年,印度电影在中国盛行,请结合具体作品谈谈印度电影艺术的真实性。

一般而言,简答题的考查模式离不开以上两种类型,因此如果考生在考试中遇到了简答题,首先要区分清楚是哪种类型的考查模式,然后再对应回答就可以了。下面我们就通过实例来为考生具体讲解一下应对简答题的答题技巧。

(一)"类名词解释"式简答题的答题思路

应对"类名词解释"式简答题时,考生要记住一个字——"加",即在做名词解释题的基础上,"延伸要点,增加表述语言",以完成这种类型的简答题的作答。

【实例分析】

请谈谈西方印象主义画派及其代表人物。

思路讲解:

这是一道非常典型的"类名词解释"式简答题,提问的核心点是印象主义画派,因此我们首先可以按照名词解释题中"考查流派、思潮"题目的答题思路来回答出这样一些"要点"(划横线部分为要点部分):

印象主义画派是19世纪下半叶兴起于法国的艺术流派,因莫奈的《日出·印象》而得名。该画派追求对事物的感觉和印象,注重在绘画中对光的研究和表现,提倡户外写生。代表画家有马奈、莫奈等。

然后再在这些要点的基础上进行简略阐述(划横线部分为阐述部分),从而形成一道简答题的完整答案。这一简答题的标准答案如下:

印象主义画派是19世纪下半叶兴起于法国的艺术流派,因莫奈的《日出·印象》而得名。

该画派追求对事物的感觉和印象,注重在绘画中对光的研究和表现,提倡户外写生,并根据画家自己眼睛的观察和直接感受,表现微妙的色彩变化。

代表画家有马奈、莫奈等。马奈是印象派的奠基人和精神领袖,创作强调明暗和光影,代表作品是《草地上的午餐》等;莫奈是印象派创始人之一,被称为"印象派之父",创作追求"临场经验",代表作品是《日出·印象》等。

(二)"类论述题"式简答题的答题思路

应对"类论述题"式的简答题时,考生要记住一个字——"减",即在做论述题的基础上,"概括要点,简化论证过程",通过这样的思路来进行这种类型简答题的作答。

【实例分析】

简述艺术起源的不同观点。

思路讲解：

这是一道非常典型的"类论述题"式简答题，关于"艺术起源的不同观点"本身就是一道非常大的题目，可以阐述的内容有很多。首先，"关于艺术的起源"目前都有哪五大流行的观点，每一种观点是什么，是谁提出来的，它阐述的主要内容是什么等；其次，每一种观点本身也比较有研究价值和意义，尤其是在不同观点的进步性上更是众说纷纭。因此，这道题目完全可以按照论述题的答题模式这样来回答：

第一种是模仿说。模仿说认为，艺术起源于对世界的模仿。古希腊哲学家德谟克利特和亚里士多德都认为模仿是人类的本能。无论是在中国还是在西方，模仿说都在艺术史上产生了巨大的影响。但是模仿说缺乏对艺术根本性质与社会功能的考察，只能在一定层次上对原始艺术进行阐述。

第二种是表现说。表现说认为，艺术是艺术家情感的表现，柏拉图、康德、克罗齐、科林伍德等都支持这一理论。表现说的合理之处在于突出了艺术家的主体精神，缺点是忽视了当时的社会环境，想法太天真。

第三种是游戏说。游戏说认为，艺术起源于人类的游戏冲动，人类的过剩精力通过艺术得以发泄，呈现为一种无目的、无功利的游戏特征。游戏说认为艺术的主要特征是没有现实的功利目的，是为了自身的练习活动。

第四种是巫术说。巫术说产生时间最晚，它认为艺术起源于人类的巫术活动，其哲学基础是原始社会的万物有灵观念，巫术的基本功能是通过某种巫术仪式掌握世界，艺术的正式产生与巫术活动的需要是密切相关的。

第五种是劳动实践说。劳动实践说源于马克思主义创始人之一恩格斯的著名观点"劳动创造了人本身"。劳动实践说揭示了艺术与人类劳动实践的关系，从人类最基本的物质生产出发来寻找艺术起源，在诸多关于艺术起源的学说中，相对而言其是最为根本的一种学说。

考生尤其要注意一下划线部分，这是回答论述题的精华所在，因为作答论述题必须要在答案中体现出"观点性"，这是由论述题的题型特点所决定的，论述题必须要具备"论点""论据""论证"这三个方面才算完整，我们在后面还会具体讲到，因此在这里就不再赘述了。

那考生在作答这种"类论述题"式简答题时，只需要在论述题答案的基础上简化一部分，留下要点和阐述精华部分就可以了。这一简答题的标准答案如下：

模仿说是关于艺术起源最古老的理论，该学说认为模仿是人类固有的天性和本能。代表人物是意大利画家达·芬奇、俄国文学家车尔尼雪夫斯基等。

表现说认为艺术起源于人类表现和交流情感的需要。这一学说的主要代表人物是英国诗人雪莱、俄国文学家列夫·托尔斯泰等。

游戏说认为艺术起源于游戏，是一种过剩精力的使用，剩余精力是人们进行艺术这种精神游戏的动力。其代表人物有德国著名美学家席勒和英国学者斯宾塞等。

巫术说是西方关于艺术起源理论中最有影响的一种观点，认为艺术起源于原始宗教巫术活动。该理论最早由英国著名人类学家泰勒在他的《原始文化》一书中提出。

劳动说认为劳动是原始艺术最主要的表现对象，从根本上阐释了艺术起源问题。代表人物有毕歇尔、希尔恩、玛克斯·德索、普列汉诺夫等。

总而言之，考生在作答简答题时，一定要把握好"度"：既要回答出"要点"，又要对

"要点"进行适当阐述；内容既不能太简单，又不能过于繁杂。如果答案过于简单，很可能会要点不全，阐述不细；而如果过于繁杂，则很可能会占用其他题目的答题时间，影响整个考试。因此，简答题虽然看似简单，所占分值也不算太高（每小题 6 分），却是整个答题过程中比较关键的一种题型。

第五节　论述题答题技巧

论述题是比较"大"的一类题型。这里的"大"指的是，思考占用时间多，回答问题时间长，题目答案内容多，题目占据分值大。具体分析而言，所谓论述题，也就是论证阐述题，需要考生对所提出的问题有一个逻辑清晰、有理有据的论证阐述过程。因此，从本质上讲，作答论述题，就相当于写一篇百字以上的小型议论文。那既然是议论文，自然就需要具备写作这类文体的几大要素，即论点、论据、论证，考生只要掌握好这几点，做好一道论述题也就不在话下了。

但是在实际考试中，情况却并非如此！通过对多名考生的问卷调查发现，很多考生作答这一类题目时非常犯难：有的考生由于不熟悉这一类题型而不知如何下手；有的考生则寥寥几句话应付过去；甚至有的考生因为考试时间紧张，便以放弃不做来处置，从而白白丢掉了大量分值。

其实，在文艺常识的众多考试题型中，论述题属于比较简单的一类，因为从某种意义上讲，这类题目的答案没有严格的对错之分。例如——

论述题：你最喜欢央视的哪一档文艺节目？为什么？

论述题：有的人喜欢弹幕，有的人不喜欢弹幕。谈谈你对"弹幕"的看法。

从以上这两道最为常见的考试题中，我们能够看出，**论述题是主观性最强的一类题型，往往没有标准答案**，只要考生能在题目要求下亮出自己的观点，并且言之有物、言之有理，阅卷考官就会酌情给分。而且鉴于文科类考试的特点，对于这一类题型，考生只要是有自己的想法并将其写在卷面上，一般情况下就会得分。因此，论述题型看似很难，事实上却是最简单和最容易得分的题型之一，考生一定要树立起做这一类题的信心。

通过研究十多年来的影视传媒类专业文艺常识科目的考试真题，我们发现，在考试中论述题一般可分为三大类：

一是专业理论题。例如："论述文学与电影的关系""论述文学与艺术的关系""你认为一位优秀的艺术家应当具备怎样的修养和能力""论述如何培养和提高艺术鉴赏能力"等等。

二是专业常识题。例如："谈一谈京剧的艺术价值在哪里""论述电影音乐的功能有哪些""谈谈你最喜欢的一位亚洲导演，并论述其导演风格""什么是现场真人秀节目？你对这一节目类型的看法是什么"等等。

三是文化热点题。例如："谈谈短视频火爆的原因""你对网络直播有什么看法""谈谈'一带一路'建设给电影业带来的机遇和挑战""你对学术造假事件有什么看法""谈谈对各大高校开设电子竞技专业的看法"等等。

在这三类题型中，以文化热点题最为常见，而考查到的文化热点则多以当年的文化热点为主。

虽然论述题在考试中会按照考查内容的不同而分为一些小的类别,但**答题模式和技巧都是一样的**,即——

第一步:提出论点。这一论点必须是斩钉截铁的,不能模棱两可。

第二步:阐述原因。一般情况下,原因至少要有 2 个,大多数为 3～4 个。总体来说应当具体问题具体分析,对原因的具体数量没有强制要求。

第三步:举例论证。这一点可有可无,考生可以根据实际答题情况和自身能力做出取舍。

第四步:总结或提出建议。答题要有头有尾,在作答最后再次总结和强调自己的论点或是提出好的建议方法,会使题目内容看起来更加完整。

下面我们通过题目来进行具体分析。

【实例分析 1】

论述题:你认为一位优秀的艺术家,应当具备怎样的修养和能力?

参考答案:

一位优秀的艺术家,必须具备一定的艺术素质和能力,主要包括:真性情和人格境界、发现的眼光和独到的体验、艺术技巧和文化修养,尤其重要的是创造精神。

真性情与人格境界是一个成功艺术家的首要素质。所谓真性情,是指人们对待世界的一种态度,率性而发,真挚自然;人格境界则是艺术家的精神实体,是艺术家艺术生命的常青树。例如,贝多芬的音乐被公认为最伟大的交响乐,但是人们欣赏的不仅仅是他的音乐,还有他不朽的人格境界。

发现的眼光和丰富的生活体验结合起来会形成艺术家独到的艺术思考。发现的眼光要求艺术家有敏锐的洞察力,能够关注到普通人易于忽略的生活与自然的内涵,生活体验则主要包括人类生活体验和自然生活体验。

艺术技巧与文化修养是艺术家必备的素质。从一定程度上说,它们制约着艺术家的创作水准。有的艺术家凭借天赋的优势或某种偶然的机缘获得了一定的成功,但是由于缺乏文化底蕴而显得后劲不足,这种现象在艺术界大量存在。

艺术家的创造精神是至关重要的。衡量一位艺术家水准的高低,创造精神是一个重要的尺度;评估一件艺术品艺术价值的高低,独创性也是一个重要的尺度。创造精神也是艺术家独特艺术风格的源泉。

综上所述,一位艺术家必须具备以上这些艺术修养和能力,才能称得上是一位真正优秀的艺术家。

思路展示:

提出论点:真性情和人格境界、发现的眼光和独到的体验、艺术技巧和文化修养,尤其重要的是创造精神。

阐述原因:第一,真性情与人格境界是一个成功艺术家的首要素质。

第二,发现的眼光和丰富的生活体验结合起来会形成艺术家独到的艺术思考。

第三,艺术技巧与文化修养是艺术家必备的素质。

第四,艺术家的创造精神是至关重要的。

最后总结:综上所述……

【实例分析 2】

论述题:什么是"现场真人秀节目"? 对于这一节目类型,你的看法是什么?

参考答案:

真人秀节目,目前尚没有很规范的定义,多指"由普通人(非演员)在规定的情景中,按照预定的游戏规则,为了一个明确的目的,做出自己的行动,同时被记录下来而做成电视节目",也泛指"由制作者制定规则、由普通人参与并录制播出的电视竞技游戏节目"。真人秀节目强调实时现场直播,没有剧本,不是角色扮演,是一种声称百分之百反映真实的电视节目。真人秀节目迎合了普通人的求知欲、猎奇心、窥探他人隐私的心理。

但是,目前中国的真人秀节目还存在以下问题:

一是流于形式,原创力低下。中国本土的真人秀节目原创力低下,节目主要是对国外成功节目的借鉴和模仿。

二是对受众的把握不能与时俱进。国内的真人秀节目形态与欧美呈逆向发展:欧美是人性大暴露的室内节目,国内真人秀节目则全体走进大自然。例如《走进香格里拉》将重点放在行走与探险,与天地斗而不与人斗,虽名为真人秀却像一部纪实专题片。

三是挥之不去的纪录片情结。中国电视人不遗余力地淡化真人秀的娱乐色彩,固然是出于对中西文化差异的考量,但充溢于心中的纪录片情结,也是不可忽视的原因。因此,我们常常看到扣人心弦的"原版"真人秀被克隆成一档有"中国特色"的民俗纪录片,失去了原有的特色。

针对以上的问题,我们应该从以下几方面着手改进:一是跟进国际真人秀节目最新进展的同时,倚重本土的策划制作力量;二是充分利用反馈渠道,把握年轻受众的心理;三是正视并重视真人秀的娱乐功能。

思路展示:

提出论点:由制作者制定规则、由普通人参与并录制播出的电视竞技游戏节目。

阐述原因:第一,流于形式,原创力低下。

第二,对受众的把握不能与时俱进。

第三,挥之不去的纪录片情结。

提出建议:一是倚重本土制作;二是严把受众心理;三是重视娱乐功能。

【实例分析 3】

论述题:谈谈革命历史题材等主旋律影视剧越来越受大众喜爱的原因是什么?

参考答案:

近几年,《大江大河》《山海情》《理想照耀中国》《我和我的祖国》《我和我的家乡》《红海行动》《中国机长》《悬崖之上》……越来越多主旋律影视剧叫好又叫座。经过仔细分析,除了在影视剧的制作水准上越来越精细化、国际化之外,它们在内容上都有一个共同之处,那就是在塑造人物角色、表达真实情感时,于故事中见精神,在细微处显震撼。这种更贴地气、更真诚的表达,引发了观众的强烈共鸣。

十几年前,《建国大业》《建党伟业》等革命历史题材主旋律作品的成功上映,开启了一种创新呈现历史的新模式。以《建党伟业》为例,这部电影以辛亥革命为起点,将十年间的重大历史事件浓缩在两个小时里,更为重要的是,其不仅仅展现了宏大的历史主题,而有意识地塑造了革命洪流裹挟中的各类有血有肉的人物。

2021年播出的《觉醒年代》更是将这一模式发挥得淋漓尽致。有数据统计,追捧该剧的网友中,90后等年轻观众占了很大比例,而该剧之所以受到这类群体的青睐,很重要的一个原因在于剧中人物充满了魅力。例如率真可爱的仲甫先生,与妻子相濡以沫的"憨坨",冷峻幽默的鲁迅,阳光帅气的延年、乔年等都令观众喜爱不已。

其实,观众们从来不会排斥主旋律,更不会排斥革命题材剧,他们排斥的是悬浮的、不接地气的、粗糙的、不严谨的作品。感人心者,莫先乎情。而情,"藏"在故事里、人物中。我国百年党史波澜壮阔,有着太多惊天动地的人物和故事。

因此,我们的革命历史题材主旋律影视剧要想获得长远发展,一定要摒弃刻板的说教,转而寻求更为"接地气"的呈现方式,只有那些关乎民情的作品,才能真正抓住民心。

思路展示:

提出论点:主旋律影视剧更接地气、更真诚的表达方式,引发了观众的共鸣和喜爱。

阐述原因:第一,新时期的主旋律影视剧开创了一种创新呈现历史的新模式。

第二,当下的主旋律影视剧延续了这一模式,并在人物塑造上更加成功。

第三,观众从来不排斥主旋律影视剧,排斥的是粗糙的、不严谨的作品。

提出建议:主旋律影视剧要想获得长远发展,一定要关乎民情、抓住民心。

总体而言,论述题的作答并没有考生想象中那么困难,恰恰相反,只要大家掌握了论述题的答题技巧,就会变得非常简单。另外,考生还要注意的是,由于论述题从本质上讲是一种写作题,所以考生在答题时书写一定要认真、清晰。

第三编　影视评论篇

影视评论写作一直都是山东省文学编导类专业统考中重要的考查科目。一般来说,影视评论写作是针对一部影视艺术作品或一种影视现象在专业理论的指导下所做的一种研究行为,它要求考生系统地掌握中外影视发展史、影视技巧、影视批评学、新闻传播理论等方面的基本知识。也就是说,考生要在影视理论的基础上,用明白晓畅的语言将自己对影视所表现出的艺术风格、手法、美学追求、主题、人物形象以及演员的表演、导演手法、摄影、灯光、美术等构成电影的重要元素进行深入细致的分析和挖掘,最终目的是让没有看过这部影片的人明白这部影片的主要内容、所表达的主题思想以及所彰显的艺术风格等。

　　不论是艺术类院校单独组织的校考,还是国内各个省份组织的统一考试,设置影视评论写作的主要目的,都是考查学生对影视作品的感悟能力、鉴赏能力、理论分析能力以及文字写作能力等。

第一章　影视评论写作考试概况

参加山东省文学编导类专业统考的考生,要想在影视评论写作考试中取得好成绩,就一定要做到"知己知彼"。下面我们就从影视作品分析的考查内容、考试形式、文体要求以及前期准备等四个方面为大家作具体讲解。

第一节　影视评论写作的考查内容

通过对近年来山东省文学编导类专业统考影视评论写作的考试要求进行归纳总结得知,该类考试主要要求考生从以下几个方面对一部影视作品进行具体分析。

1.视听语言的读解

考生对影像的读解主要包括对画面、色彩、灯光、镜头运动方式等的读解;对声音的读解主要包括对音乐和音响,台词和对白、旁白等的读解;还有对蒙太奇以及表演、细节等的读解与分析。

2.主题的揭示

考生在进行影视评论写作考试时,必须客观、准确地读解影片的主要内容,对影评主题进行深入的理解与分析。这需要考生有较强的视听语言读解能力以及综合、概括的思考能力。

3.情节结构的把握

考生要能用最简练的语言介绍银幕故事;能准确把握全片的情节结构,了解全片情节的起点、中点和终点;对情节结构的设置与人物主题的必然关系有一定认识。

4.人物和人物关系的分析

考生要能够分析影视作品中主次人物及他们之间的关系;分析主要人物性格的多面性和复杂性;把握和分析人物关系发展中的矛盾冲突以及解决的方式,它们和创作者所要表达的思想情感的关联等。

第二节　影视评论写作的考试形式

一般来说,影视评论写作考试通常有以下几种命题形式:

1.现场观摩

即在考试现场放映一部影视作品,考生观影结束后,按照考试要求完成一篇评析文章。

2.默评

即现场不观摩影片,直接给出几部影视作品的名字,要求考生从中选择一部完成一篇影视评论。或是不给出具体的作品,而是给出一个范围,让考生从中选择一部,比如选择某一风格的电影或者某导演的电影等。

3.问答式命题

即考试现场放映一部影视作品,再给出几个需要回答的问题。这一考试形式又分为两种情况:一种是要求影评文章中至少要包含所给出的问题,但是要求考生不能写成问答形式。另外一种是观影结束之后,考生再具体回答给出的每个问题,注意答题的语言不要刻板僵硬。

4.微电影评论写作

微电影放映时间较短(一般在 30 分钟以内),但是承载的内容完整且丰富,因此越来越受到各大院校影视传媒类专业考试的青睐。一般的考试形式是:现场观摩影片,然后写影评。

总体来说,山东省文学编导类专业统考中的影视评论写作,主要是采用第二种形式,即默评。从近年来的考试情况看,考试现场会一次性给出考生三部或是四部影片,其中既有中国影片也有外国影片,既有当下热门影片也有历史上的经典影片。考生需要从中选择一部影片,再根据考试具体要求写出一篇评论文章。这种考试形式省去了现场观看电影的时间,要求考生在平时的学习中就要多加积累。

第三节　影视评论写作的文体要求

从广泛意义上讲,影视评论写作的文体形式是千姿百态、灵活多样的。例如论说文体、诗歌体、书信体、对话体等等。但是在艺术类院校招生考试和国内各个省份艺术类专业的考试中,则一般要求考生必须写作"论说文体"。下面,我们就论说文体影视评论写作要领作简要的介绍和分析。

一、论说文体影视评论写作的特点和要素

论说文体也就是我们俗称的议论文,其主要特点是逻辑推理,抽象论证。它具备三大要素:

1.论点

论点就是作者在影视评论写作中所表明的对于一部影片或其他问题所持的观点、态度,这是影评写作的主旨。

2.论据

论据就是在影视评论写作文章中能有力证明论点的材料,例如具体的影片材料、电影形象、声画处理、色光处理等。

3.论证

论证就是运用一定的(如逻辑学上的演绎、推理等)方法,通过对论据的分析来阐明论点的过程。

二、论说文体影视评论写作的基本章法和要领

一般来说,论说文体影视评论写作的基本结构由以下三部分构成:

1.开篇部分

影视评论写作的开篇部分十分重要,其主要任务是提出论题(即主要论点)或说明

论题的主要内容。考生应在这一部分简捷明了地表明自己这篇文章的观点是什么。切忌无的放矢,含糊其词。开篇部分的写法,有的是"开门见山",直接提出论点,有的则是"曲径通幽",先叙述一件事,或讲一个简短的故事,引起考官注意,再从叙事、故事中提出一个问题并在下文中进行论述。鉴于山东省文学编导类专业统考中,对于影视评论写作考查的时间和字数都非常有限,考生采用"开门见山"式直接提出论点即可。

2.主干部分

在一篇文章中,主干部分是主体,也是写作的重点。在论说文体中,对于写作主干部分的要求是:论证清楚有力,论据扎实,无可辩驳。考生在构思主干部分时要注意:

第一,如果文中不提出小论点,直接用论据证明全文的论题。

在这种情况下,考生行文的关键首先在于如何选择合适的论据来说明论题。选择论据时,要注意两点:一是论据必须真实、确凿、可靠;二是论据要充分、典型。只有做到这两点,论据才会有力;其次,在选择好论据后,则要考虑安排好使用这些论据的次序(即安排层次);最后,再确定使用什么论证方法。对以上几个环节有了通盘考虑后,就可以动笔了。

第二,如果文中除了中心论点之外,还要建立小论点。

在这种情况下,考生则首先要想好使用哪几个小论点才能正确、充分、全面地论证清楚论题;其次,这几个小论点各使用什么材料(论据);另外,这几个小论点和说明它的材料,先后次序怎样安排;再者,使用什么论证方法等等。

3.结论部分

在论说文体中,结论部分的主要作用在于,对全文的主要论点加以概括和总结,使论题更加明确,很多时候还能起到升华全篇的作用,因此写好影视评论的结尾部分也是非常重要的。

第四节　影视评论写作的前期准备

对习惯了文化课学习的考生而言,初学影视评论往往都会存在这样一个问题,就是观赏完一部电影后不知从何写起。出现这种情况很正常,因为初学者对电影的欣赏还停留在普通观众的思维上,较为关注的是电影里的故事情节、明星表演等,而影视评论则要求考生要从专业的角度对一部电影做出自己的研究和分析,这是一个由量的积累到质的飞跃的过程。因此,考生在学习影视评论写作时一定不可心急,不但要掌握影视评论的写作技巧,更要做好前期的准备工作。

一、培养艺术感

艺术没有一个固定的概念可以学习,是需要培养感觉的,被誉为"第七艺术"的电影更是如此。

感觉敏锐通常是指一种心理印象能力。在观看影片时所表现出的感觉敏锐多集中于对电影中的画面、构图、景别、音效等的关注,即对电影视听语言有着敏锐的感触。这是一个专业的影视鉴赏者应该具备的基本艺术素养。

另外,影评写作者在观影时还要有特殊的艺术感觉。这种特殊感觉主要体现在,对影视作品主题的挖掘要深,对作品内容的解析要有层次感,这样在写文章时才会论点深刻,论证清晰,有理有据。

例如,在李安执导的电影《喜宴》中,普通观影者都可以直接感受到剧中父子之间的矛盾与冲突,而对于专业的观影者,则需要有特殊感觉,有透过现象看本质的能力,能够将影片的主题由简单的父与子之间的个体冲突上升至"中西方文化的碰撞与交流"的高度上。

二、储备影视常识

影视评论写作不是一个孤立的课程,它需要考生在平日里储备大量的影视基本常识,只有将这些影视常识真正掌握好,才能在评论写作中准确、恰当地运用影视专业术语,使文章更加丰富生动。

考生需要掌握的影视基本常识主要包括:中外影视史、电影流派、影视视听语言、电影奖项设置、经典电影赏析等。

三、边观影边记录

以写作评论文章为目的而欣赏一部影视作品时,切忌只看不记。有很多考生在观影过程中心潮澎湃,产生了很多想法,但是影片结束后却又一头雾水,写作时不知所云;更甚者有些考生在观影时完全被里面的故事情节所吸引,事后方知一无所获,这两种做法都是不可取的。考生在观影时一定要注意边看边记,提前准备一个专门的拉片本。需要记录的内容如下:

1.基本记录内容

影片的发行方,包括导演、演员在内的主创团队,影片中的时间、地点、人物、事件、原因等。

2.主要记录内容

这主要是围绕影视作品评论角度所作的记录。一般情况下,当一部电影进行到一半时就可以考虑写作时的评论角度了,确定好评论角度后,便可重点围绕评论角度进行记录。记录内容主要包括作品的题材类型、艺术手法的特别之处等。

四、列好提纲

观影结束后,根据事先确立的评论角度,整理出拉片本上记录的有效信息,再次回忆是否遗漏了相关信息,之后,不要急于下笔,要先列出写作提纲。如果考生没有一个整体的规划,急于动笔,抱着写一步看一步的心态的话,表面上看是节省了答题时间,实则很可能出现中途写不下去,或是涂涂改改影响卷面整洁的情况。而事前写好行文大纲则可以使整个谋篇布局更有章法。

提纲内容包括以下几个方面:

题目(主标题、副标题)

总论点

分论点1

分论点2

分论点3

……

结尾

在这里,我们以2022年山东省文学编导类专业统考中,影视评论写作的考查影片之一——《流浪地球》为例,来展示影视评论提纲的写法。

题目：

主标题：展现家国情怀，彰显奉献精神

副标题：评电影《流浪地球》

总论点：《流浪地球》以其对科幻文学的高度浓缩以及对中国精神的巧妙展现，给观众呈现了一幅超现实的宏伟画卷。影片对传统文化价值观进行了重构和表达，在中国科幻电影史上留下了不可磨灭的痕迹。

分论点1：中国文化符号，浓浓故土情节。作为一部中国式科幻影片，在展现其特效水平高超的同时，更应该注重对中国符号的表现。

分论点2：无私奉献精神，国际合作理念。《流浪地球》的出现打破了好莱坞科幻电影的传统叙事模式。

分论点3：乡愁科幻大戏，人类情感共鸣。在人类生存和延续面前，个体的牺牲已经成为一个必然选择，小家眷恋与大国情怀古今有之，未来更有。

结尾：《流浪地球》能够在不同文化背景的人群中收获认同，一个主要的原因是电影塑造的精神内涵唤醒了商业价值弥漫下的人类流浪的心灵，让观众通过未来看现实。现实中导演用独特的视角告诉我们：日月盈仄，时光流转，蓦然回首，唯山河常在，令人无限欣慰。

对山东省文学编导类专业的考生而言，因为现场没有观看影片的环节，考生要根据记忆对自己熟悉的影片进行分析写作，因此以上讲解的这些准备工作，考生在平时的练习中就要把握好，这样真正考试的时候才能得心应手。

第二章　影视评论写作必备技巧

在具体的专业考试中,考生要想在有限的时间里写出一篇像模像样、有血有肉、相对专业的影评文章,相关技巧是一定要掌握的。从大的方面讲,写作技巧主要包含两个方面:一是影评文章的谋篇布局;二是影评文章的内容阐述。

一篇专业的影评在谋篇布局上,一定要具备这么几大要素,即"点睛"的标题、精彩的开篇、丰满的主体和有深度的结尾。搭建完成大的框架之后,接下来便是极其重要的内容填充,这才是关系到一篇影评文章质量好坏和水平高低的重中之重! 就山东省文学编导类专业统考而言,电影评论写作考试要求广大考生从"主题""人物""结构""画面"等方面对一部影视作品进行深入分析,还是具有一定难度的。那下面我们就从"篇章结构"和"评论角度"两个方面给广大考生讲述具体的影评写作技巧。

第一节　影视评论写作的篇章结构

影视评论的写作是一个需要用心经营谋划的过程,除了要"言之有物"以外,更要"言之有序",这里的"序"指的就是文章的谋篇结构问题。一般来说,评论文章的谋篇布局体现在以下几个方面:

一、文章标题

好的题目可以使文章骤然生动,更好地突出文章主旨。例如,直接判断式标题,往往具有醒目的作用;疑问式标题,则欲说还休,将作者意旨藏在文章里,吸引考官阅读;比喻式标题,想象丰富,韵味无穷,会令考官印象深刻。

在编导类专业考试中常见的评论文章标题形式多为复合式,即"主标题＋副标题"。笼统地讲,主标题以简洁的话语交代文章主要观点,副标题居于主标题之后,用来标明文章的评述方向和角度。具体来讲,对于主标题和副标题的规定是这样的:

1.主标题的命题要求

首先,也是最重要的一点,就是主标题的命名要体现出文章的主要观点,即影视材料评论文章的主题。

其次,要有一定的文采,能够吸引考官的眼球。

再次,主标题体现出的论点,能够与正文的论证交相呼应。

最后,主标题要简洁明了,尽量不要使用逗号,可使用间隔号。

2.副标题的写作要求

一般来说,副标题主要用以表明文章的评论对象或角度。通过研究发现,山东省文学编导类专业统考的影视评论写作考试,每年都会规定具体的评析角度,但也有规定评论角度比较单一的年份,例如 2018 年和 2019 年山东省文学编导类专业统考的试题中,明确要求考生要从"人物"和"主题"角度任选其一进行评论。遇到这种情况,建议考生在写副标题时,应当体现出自己的具体评论方向,例如"评××电影的人物塑造"或是"评××电影的主题意蕴"。然而,有的年份规定的评论角度比较多样化,例如2022年山东省文学编导类专业统考试题中就明确规定,考生必须要从"主题""人物""结构""画面"四个方面进行具体评论。针对这种情况,建议考生在写副标题时,可笼统概括"评××电影"即可,不必点明具体的评论角度,否则会给考官造成顾此失彼、以偏概全的印象。

3.标题写作优秀范例

历史挤压下的艺术追寻
  ——评影片《早春二月》

淡淡的哀愁 沉沉的相思
  ——评电影《城南旧事》

挚爱与真情:一部散文诗式的电影
  ——评电影《那山那人那狗》

自然美、质朴美、色泽美
  ——评电影《我的父亲母亲》

敬畏·自由·生态
  ——浅析电影《狼图腾》

展现家国情怀,彰显奉献精神
  ——评电影《流浪地球》

以荒诞对抗荒诞
  ——评影片《我不是潘金莲》

爱乐城中的理想赞歌
  ——浅析电影《爱乐之城》

荒唐的年代,灿烂的青春
  ——评《阳光灿烂的日子》的主题意蕴

山河已逝,故人不在
  ——评电影《山河故人》的主题意蕴

现世者的反叛壮歌
  ——评电影《哪吒之魔童降世》的主题意蕴

美国精神的寓言
  ——评电影《阿甘正传》的主题意蕴

细嗅蔷薇的那只猛虎
  ——评电影《少年派的奇幻漂流》中的人物形象

万壑险途有新生
  ——评《黄土地》"翠巧"的人物形象

情感挣扎与欲望诉求
  ——电影《何以为家》的人物形象评析

以影为镜,可以示人心
  ——浅评电影《摔跤吧!爸爸》的艺术形式

唯美追求与诗意营造

　　——评《刺客聂隐娘》的镜头语言

愿偏见不再，彼此温柔对待

　　——评《绿皮书》创作特色

时代情绪转换下失独家庭的挣扎与追寻

　　——评电影《地久天长》的时空叙事

向人类内心之谜进军的时刻

　　——评电影《公民凯恩》的视听语言

二、文章开头

影视作品评论文章的开头部分主要是提出作者的主要论点，以便于下文就论点展开充分的陈述和论证，因此，开头部分决定了一篇文章的走向。在编导类专业考试中，往往有很多考生就是因为写不好开头，而导致成绩落后。

在阅卷的过程中，开头是继标题之后考官最先看到的又一重要部分，这一部分能够最先体现出作者的写作能力和专业素养，因此考生要尽量在这一部分先声夺人，写出一个好的开头。下面我们来具体看一下写作影评开头的方法。

1.用名人名言开头

例如：美国学者苏珊·朗格曾说过，"艺术，是人类情感的符号形式的创造"，《狼图腾》这部影片借助毕利格老人将蒙古草原上的图腾崇拜以及敬畏生命的文化传统进行了淋漓尽致的展示，借助"小狼"这一具象符号表现了对自由的追求。与此同时，影片最为深刻之处在于对人类生态意识的传达，这也正是导演借助电影这一艺术形式将自己的情感外露的体现。

2.用特色定位开头

例如：以宏大的场面、磅礴的气势、昂扬的激情和悲壮的美质演绎出中国军人"一日为战狼，终身为战狼"的铮铮铁骨形象的影片《战狼Ⅱ》，重铸了主旋律电影的形象坐标。这部电影的热映如同中国军人形象与国家实力在国际社会的一次"路演"，以一种全新的视角向世界宣示——"中国的发展，是世界和平力量的壮大，是传递友谊的正能量"。

3.用联想升华开头

例如：时光的厚重齿轮缓缓从身边驶过，人类抱着仅存的信念，看着四周精心构筑的美好渐渐败落，苟延残喘的星辰在震耳欲聋的轰鸣中破碎，溢出的流光逐渐消失在即将湮灭的废墟中……当一切尘埃落定，地球，这个人类共同的家园又将何去何从？2019年大年初一，根据刘慈欣的小说《流浪地球》改编的同名电影，一经上映便好评如潮。

4.用作品评价开头

例如：《阿甘正传》这部电影结构宏阔、内涵深厚，再加上导演特殊的叙事策略和特技运用，使影片呈现出无可抗拒的惊世魅力。它不仅是一个好莱坞式的"梦幻"故事，也不仅是一部富有传奇色彩的人生传记，更主要的是，它通过智商只有75的阿甘非凡的人生经历，宣扬了美国人淳朴、乐观的精神风貌和坚强、执着的文化品质，并以阿甘在美国20世纪50年代到80年代的生活历程，折射出一个回归传统价值观的美国精神寓言。

5.用导演分析开头

例如：斯皮尔伯格是当今好莱坞极具票房号召力的导演之一，他不仅擅长用高科技的手段来武装自己的电影,同时也能在艺术上有所建树。他所有的影片总能用充满想象力的故事和极具观赏效果的视听语言来满足观众的期待。虽然《拯救大兵瑞恩》和他以往的充满幻想色彩的电影故事迥异,但仍以三方面的特色打上了"斯皮尔伯格制造"的烙印:营造战争奇观、构筑冒险故事、表达人性主题。

6.用作品风格开头

例如:《拆弹部队》是一部反思性质的战争题材电影,采用纪录影像风格,手持摄影,没有商业片强烈的视觉冲击,没有惊心动魄的画面,而是简单的写实主义,将战争极现实地搬上屏幕。导演选取了一批很特殊的人物群体来进行刻画描写,表现残酷的战争对人心理的影响。

7.用艺术理论开头

例如:电影是艺术的载体,是戏剧、音乐、美术等艺术形式的综合体现。电影之所以是电影,而不是单纯的戏剧、音乐或者美术,是因为作为载体,它具有无限包容性。电影是"造梦的工厂",你想到的一切、梦到的一切都可以通过这个工厂制造出来。比如伴随一代人成长的电玩,它的内核也有变成电影的可能性,就像这部《罗拉快跑》。

8.用作品内容开头

例如:两颗孤独而又敏感的心在最美好的年华、最阴暗的角落,以最为纯真的面孔相识、相知、相依,原本毫无交集的平行线就这样交织在一起,延伸向那遥远而又不可知的未来……导演曾国祥以少年的视角用最为贴切的方式书写着那段每个人成长过程中都曾拥有过的青葱岁月,通过讲述陈念与小北守护彼此、走向成年的故事,向观众还原了一个本该乐观美好实则灰色茫然的高三时期,同时也揭示了当今社会上备受瞩目的校园安全问题。

9.用获奖背景开头

例如:1995年在第67届奥斯卡颁奖典礼上,一口气囊括包含最佳影片在内七项大奖提名的《肖申克的救赎》,因为遭遇《阿甘正传》而铩羽而归,但从它在影迷心中的地位来讲,《肖申克的救赎》无疑是历史上的无冕之王。

三、文章主体

影视作品评论文章的主体就是整篇文章的中间部分,这个部分起着桥梁与纽带的作用,承担着分析的使命。不管中心论点放在开头还是结尾,都要在这里展开分析、论述。考生在动手写文章之前,应首先整理好自己的思路,然后采用科学的思维、逻辑形式完成恰当的论证过程。

具体来讲,一篇评论文章的主体就是针对总论点而提出几个分论点,并利用手中所掌握的论据材料加以论证的过程。

1.写作主体部分注意事项

首先,主体部分的写作要注意段落之间的逻辑关系,分清是对照式、层进式还是并列式。但不论是哪一种逻辑关系,都应该做到每个段落都能够陈述清楚某一方面的观点看法。

其次,论据选择上要细致。因为山东省文学编导类专业统考采用"默评"的形式,这对绝大部分考生而言都是一个考验,所以建议考生在平时的写作练习中,观看影片一定要认真细致,集中精力把握好每一处细节,以便为主体部分的行文提供充足的材料。

再次,论证语言上要鲜明、准确、客观。

最后,分论点可以写在一段的段首、段中和段尾,但是一般情况下要写在文章较为明显的位置,建议大家将分论点写在每一段的段首,这样便于阅卷考官看到观点。

2.主体部分举例说明

我们以电影《山河故人》为例,来分析影评主体的写作。

历史的创伤:过去早已是断壁残垣,了无痕迹

贾樟柯坚持着他的**"纪录"风格**,关注着中国社会历史的变迁,用**持久而肃穆的镜头**,聚焦在一个个敦厚而伤怀的小故事上,无形中便把中国社会在高速发展过程中所带给历史的创伤展现出来。特别是山西汾阳这样的小县城,在从农村向大城市过渡的夹缝中生存,既淡去了农村的淳朴自然,也没有大城市的喧嚣繁荣,有的只是在经历历史变迁时遗留的时代创伤。无论是越来越多的随着现代化进程的加快拔地而起的高楼,还是为了与逝去的历史做义无反顾的永诀而炸开的汤汤冰河,都在抒写着那些反复出现的颓败的城墙默默叹息。就算是看似亘古不变的文峰塔,也在时代变迁下增加了许多社会的附庸品,从而显得破败不堪。

除此之外,**叙事空间**的变化也在无言而又强烈地诉说着时代的巨变,历史的变迁。从多彩而又略显灰暗的20世纪90年代的汾阳到2025年干净整洁而又空旷寂寥的汾阳镜像,无疑讲述着因中国巨变而承载的现代宏大叙事中处于上升性叙事的创伤体验。而作为叙事空间变化起点的汾阳,叙事空间变化只是其表象所在,对观者来说,实则是阶级分化、故乡沦落的社会历史创伤。然而,在中国历史创伤的大背景下,映射的又何尝不是社会边缘小人物内心的创伤呢?

内心的创伤:社会边缘人"寻根"的迷茫,无所适从

《山河故人》向观者展现的**每一个人物**,似乎都在时代的洪流中迷失了自我,无所适从。他们在历史的洪荒中踽踽前行,却最终不得初衷。迷茫、恐惧充斥着他们渴望归乡却惶惶不可终日的内心,故乡的沦落,最终带来的是内心的无处皈依。

"涛"似乎是那个孤独的坚守者,坚守着内心的乡音,坚守着故乡贫瘠的"沃土",坚守着故人依旧美好的愿望,但时代的洪流却无情地冲散了她内心仅剩的美好。曾经美好的"梁子"终虽归来,却早已是风烛残年;始终挚爱的"到乐"的归来竟是遥遥无期。亲人的离世,友人的病重,以及儿子的远在他乡,无不像吸血虫一样一点一点蛀蚀着"涛"灼热的心。

而**"到乐"更像是那个"寻根"者**,由于从小母亲角色的缺失而导致的"忘年恋",谁说这不是一种对母爱的寻找呢?把归家的钥匙当成至珍之物放在最接近心脏的位置,谁说这不是一种对故乡的追寻呢?种种辛酸,谁说这不是时代变迁带给小人物内心的创伤呢?

导演的创伤:不忘初心的踽踽独行者,坚守如一

或许像张艺谋执导的《归来》一样,亲情的归来,爱情的归来,最终都逃不过张艺谋自己的归来。而贾樟柯的电影,从《小武》《站台》《任逍遥》,到《三峡好人》《天注定》《山河故人》,每一部都充斥着**浓浓的人文关怀**。贾樟柯的电影之所以被称为"贾樟柯电影",大概也是因为他走过的每一步都充满**对社会,对小人物的悯怀之情**。

近两年,怀旧美学、创伤美学迅速占领影视界,迎合了部分观众的审美口味,而贾樟柯却从一开始就没有变过,一直践行着**怀旧创伤美学**,只是他眼中的怀旧创伤美学与大众文化语境中所认为的怀旧创伤美学不同,他更注重的是被时代裹挟着的小人物的生存状态,说到底,是一种人文关怀。或许是对山西汾阳存在着一种"情有独钟"的偏爱,贾樟柯总是愿意用不经意的长镜头,向世人展示着汾阳的一切。即使是破落不堪的汾阳城墙,即使是小偷、矿工、煤矿老板,也都是不可批判的,因为在他们身上散发的浓浓乡愁,正是贾樟柯对于故乡的拳拳思念。

这里需要广大考生注意的是,山东省文学编导类专业统考对于影视评论写作的考试要求是比较详细的,明确规定考生必须要"对作品的主题、人物、结构、画面四个方面进行具体评论"。这就要求考生在进行影评文章主体写作的时候,虽然不用严格标明这段是分析"主题""人物",下段是分析"结构""画面"等,但也要有意识地尽量做到"面面俱到",对"主题""人物""结构""画面"等每一部分的评论都可以根据自己对影片的熟悉程度、文章的整体行文结构以及所评论影片的主要特色等情况做合理安排。

就像以上《山河故人》影评的主体部分一样,仔细分析一下,我们不难发现,"历史的创伤"段落主要侧重评析的是影片的"影像风格""叙事空间"等结构和画面中的要素;"内心的创伤"段落着重评析的则是"涛""到乐"等社会边缘人物;而"导演的创伤"部分则是借导演的怀旧创伤美学表达了他"对社会、对小人物的悯怀之情",这很显然是对主题的评论。因此,建议考生一定要认真参考学习,争取写出一篇合格的影评。

四、文章结尾

结尾是考生思想情感的凝聚点,是考官理解影评内涵的一把钥匙。好的结尾,能使文章的观点得到充分展示,让人产生深思和认同。一般来说,影视作品评论文章的结尾可以总结全文,也可以进一步补充上文的论述,或是升华文章的主要观点。常见的影评结尾方式有以下六种:

1.总括全文,揭示主旨

例如:电影《小偷家族》聚焦都市文明中被遮蔽的边缘阶层,委婉地指出现代文明中的症结和盲点,在温情和冷静的叙事下,对现代家庭结构、伦理道德关系、都市底层人的身份与情感都进行了详尽的呈现与剖析,在日常化的叙事中运用节制克己的长镜头、固定机位等手法勇敢地披露边缘者不堪的生活,润物细无声地感动了观众。

2.首尾衔接,前后呼应

例如:开头:赤飞导演的《柳月弯弯》奏响了爱的旋音,演绎了一家三口之间的真情。声音的介入使影片发生了质的飞跃,使导演在处理视觉形象方面有了更大的自由。影片中的一系列镜头也呈现出许多社会问题,引发人们的深思。影片把镜头对准西部山村,将一段曲折感人的故事呈现在银幕上。

结尾:《柳月弯弯》奏响爱的旋音,母爱、老师的爱、社会的爱都在旋律下一一展现。影片准确把握声音的功效,从声音中透析人物心理、社会问题,将其声画结合,增强了视觉冲击力,丰富了苍白的人物画廊,再加之影片对色彩等艺术手法的运用,对画面和镜头的调度,使影片取得良好的成效。从其中投射出的社会问题也映现在人们的生活中,引发人们无限的遐思。

3.感叹呼吁,表达意愿

例如:庄重的主题、巧妙的道具、鲜明的对比、美式的幽默、声画的烘托……作为荣获第 91 届奥斯卡奖多个奖项的口碑佳片,《绿皮书》这部影片关乎的是平等、尊重和孤独。彼得·法拉利用有限的电影语言迸发出无限的张力,使影片中有偏见和歧视,也有认可和理解,有愤怒,也有感动,有孤独,也有陪伴,现实却也暖心。在那条狼狈的路上,他们的车一直很干净,无论雨雪。

4.指出问题,批评建议

例如:在市场的视域下,电影艺术应当在"商业性"和"艺术性"中寻求辩证统一,实现经济利益与文化效应的同频共振,逐步提升自身的美学趣味与审美价值,营造出时尚流行的大众文化环境,最终创造社会、商业、艺术和文化价值。《我不是潘金莲》虽说对当下的社会有一定的批判作用,但影片刻意地强调画幅,牺牲了部分美学价值;过分美化李雪莲的不合理行为与政府的不作为,又压缩了影片的社会价值。就大众的审美而言,失去这两者做支撑的《我不是潘金莲》并没有满足观众对冯小刚突破常规的期待。

5.强调重点,催人深思

例如:该片是一个地地道道的"小"故事,虽然这种"小"故事往往会被大银幕所无情地吞没,但其力量最终证明它无时不充满着银幕。在一个依赖超级英雄和巨资特技的战争片和太空片的时代,我们能欣慰地说长期以来最令人满意的影片却是一部描述人,以及人与人之间相互作用的平静、质朴的故事,一部呈现人生的短暂而又辉煌的时刻的影片。

6.巧用名言,深化主题

例如:法国著名导演弗朗索瓦·特吕弗认为:一部真正有特点的电影作品,应该是导演个人创造的,电影艺术家要在影片中表现出本人的创作意志和个性,他们不是文学家的奴隶,不应该受制于电影企业和电影创作集体。侯孝贤导演的作品完全展现出自己别具风格的创作特色,他并非追求过于强烈的戏剧冲突和武侠电影的刀光剑影,而是用情绪和气韵作为核心,将聂隐娘的多个生命片段连缀起来,展现了一个心中有情的剑客的情感世界,整部影片就是侯氏创作风格的集中展现。在影片中,观众不仅能够感受到聂隐娘的情,更能够通过导演独具特色的镜头运用和画面构图体会到独特的诗意和唯美的意境。

当然,以上只是为考生提供了一种影视作品评论文章的写作模式,尤其是写作开头和结尾的方式远不止上述几种,在影视作品评论写作中,考生可根据文章的具体构思来写作开头和结尾,可不拘泥于形式,只要能为自己的影评文章加分即可。

第二节 影视评论写作的角度选择

影视评论写作的角度多种多样,只要是和电影相关的一切现象都可以写成评论文章。一般来说,艺术类专业考试中常见的影视作品评论文章的写作角度主要有两个方面:一是影片艺术表现层面的评论;二是影片内容层面的评论。

一、影片艺术表现层面的评论

影片艺术表现层面的评论也就是我们常说的对影片艺术手法的分析,在分析一部影片的艺术手法时,要注意以下两点:

首先,论点要切实可行,有理有据。作为一个专业的影评人,应该能够分辨出一部影片的特色所在,而不应该泛泛而谈,千篇一律,言之不详。例如,如果文中将"本片最大的特点是各种镜头手法运用娴熟"这一类型的话语作为论点,则是毫无意义的,甚至是画蛇添足。

其次,要抓住最主要的艺术手法进行分析。我们针对一部影片进行艺术手法分析时,可以谈论色彩、声音、构图、景别、道具等各个方面,但是应该详略得当,尤其是电影短片,只要牢牢抓住其中的一个关键点,进行深入分析即可。

一般来说,在影评写作专业考试中,影视艺术表现层面可以评论的角度有以下几个:

1.评镜头画面

电影作为视听艺术,镜头画面是最基本的、也是最直接的意义载体。文学作品通过由文字符号构成的语词、文句、段落表情达意,电影则以镜头画面为影像符号来刻画人物、叙述故事。正如亚历山大·阿尔诺所说:"电影是一种画面语言,它有自己的单词、造句措辞、语形变化,省略、规律和文法。"与文字符号表意的间接性相比,影像符号是把形象直接送到观众面前。

我们知道,构成和影响镜头画面的因素有很多。主要有:

以镜头而言:

镜头的运动:推镜头、拉镜头、摇镜头、移镜头、跟镜头、升降镜头等;

拍摄角度:俯视拍摄、平视拍摄、仰视拍摄、正面拍摄、侧面拍摄、背面拍摄等;

景别:特写、近景、中景、全景、远景等;

景深、焦距等;

以画面而言:

构图:前景、中景、背景等;

光线:顺光、逆光、侧光、顶光、脚光、装饰光、高调画面、低调画面等;

色彩:冷色调、暖色调等。

以声音而言:

人声:对白、独白、旁白等;

音乐:音乐情调的变化、演唱风格、不同段落配乐与情节间的联系等;

音响:有无声源、音响的性质等。

这些艺术因素各有各的艺术效用,协同起来,则构成了影像,表达了丰富的意蕴,形成了作品的风格特色。对影片镜头画面进行评论,就是从这些艺术构成因素入手,分析其艺术技巧,指出其风格特色,评价其艺术作用。

由此可见,评影片镜头画面,一方面要感受影像整体,正确解读影像画面的意蕴内涵,另一方面,又要从综合走向分体,对镜头运用、画面构图、用色用光以及音响等影像构成元素逐一进行分析,揭示它们各自艺术特性的发挥和对影像内蕴、总体风格所起的作用。

在此需要特别强调的是,在评影片镜头画面时,不能仅仅把它们当作传达故事的手段,以是否将故事叙述得明白顺畅为评价尺度,而应当认识到,无论是电影镜头画面还是画面的各个构成要素,都具有最直接的表现力,影像本身往往直接表达着对历史和社会的深沉思考,直接显示着主题。

例如,电影《红高粱》的镜头画面出现了大量红色物件(如大红轿子、红盖头、红高粱酒、太阳、鲜血等等），并用暗蓝色景物作为衬托（如蓝天、月亮），以红色这一热烈响亮、极具视觉冲击力的颜色作为影片的色彩基调，从而强烈地凸显出作品赞颂人性和强健生命力的主旨，对影片镜头画面的评论要注意把握影像自身的内蕴，将构成镜头画面的技巧与表现的内容联系起来，从"意象"——即将意义与画面合为一体的影像层面来分析，可以考察影像内蕴对于整部影片题旨表达所起的作用，也可以此分析影像的艺术构成的创新、成败、风格特色等等。

除了对影片镜头画面进行综合评论外，还可对构成影像的色彩、构图、光线等要素中的一两个因素，单独进行深入透彻的分析。

2.评结构

影片的结构，就是影片各种材料的组织安排，按照某种顺序，以一定的结构方式对影片材料合理地加以布局安排，组织成完整、和谐、统一的艺术整体。每一部完成的影片都呈现出一定的结构形态，影片各部分之间存在着前后、主次、详略、虚实等结构关系。结构是电影重要的形式因素，没有结构，便无法构成影片，影片的内容也无法表现出来。因此，影片结构也是影视作品评论文章的重要着眼点。

对一部影片的结构进行评论，首先需要理清影片的叙述框架，看一看影片是以什么顺序来叙述的，还要分析影片的段落、场景组成，仔细研究影片结构的艺术效用，看它是否有利于作品题旨的表达和人物的刻画，并深入体会影片结构所产生的美感。

结构作为形式因素，自身便会显示出和谐、完整、匀称、错落等美感，影片前后各部分之间也会呈现出虚实、明暗、疏密、开阖等互相比照的结构关系，使影片产生内在张力和极为丰富的艺术效果。考生对这些都需要用心体会。当然最终对影片结构的评论还是要以它对于表现影片题旨意蕴成功与否作为衡量的尺度。

常见的评论结构有：

第一，线性结构，即按照某一事件的发展来讲述故事的结构方式。绝大多数影视片都是以线性结构来讲述故事。

第二，段落式结构，即整体故事结构由若干个板块或片段组成。例如贾樟柯导演的《天注定》、张一白导演的《将爱情进行到底》等。

第三，交叉式结构，是指多条线索交叉来讲述故事。例如宁浩导演的《疯狂的石头》和《疯狂的赛车》等。

第四，套层式结构，是指影片整体包含几个故事，这些故事之间形成一种嵌套式的结构。例如最典型的影片《盗梦空间》等。

3.评场景

影片中的场景，是人物活动的具体环境，包括具体的景物和活动场面。在电影中，场景既是故事发生的地理性和时间性环境，又无不反映着人物活动的社会环境及其时代特征，体现着与人物命运的内在联系。不仅如此，电影视觉艺术的特性，使得影片场景成为意象化的视觉语汇，极富表现力——通过塑造具体鲜明的视觉形象，或者渲染气氛，创造情绪氛围，烘托人物性格；或者使人物心理状态与场景对应，成为人物内心世界的外化；或者比喻式、象征性地呈示作品思想意蕴。因此，在评论影片的场景设置时，我们不能仅将它们看作情节因素，更要将它们作为电影叙述语汇来看它们是如何体现人物的性格和心理、情感变化的，并分析它们与人物刻画、主题表现之间的关系。

影评作者只有懂得电影中"一切景语皆情语"，懂得场景本身就是戏，对电影场景的评论才能突破客观地理属性,而从电影意象化的美学层面进行把握,深入揭示场景在影片中的真正艺术效用。

二、影片内容层面的评论

1.评主题意蕴

每部影片都可以通过银幕艺术形象表现出一定的思想内涵,它是作者赋予作品的,也是作品自身显现的。影片反映的生活丰富多彩,它所表现出来的意蕴内涵也是丰富的和多方面的,既有社会历史的,也有道德伦理的,既有社会心理的,也有哲学文化的。其中,贯穿作品的主要思想就是影片的主题。编导总企图把自己对生活的感受、认识和态度通过艺术形象告诉观众,任何影片都不可能漫无目的地把生活现象表现在银幕上,只不过有的影片主题表现得比较明白些,有的影片主题则含蓄隐晦。所谓"景愈藏,境界愈大",优秀的影片往往将主题思想藏得较深,并通过艺术形象自然地显现出来。对影片主题思想和意蕴内涵的阐释、分析,可以帮助观众加深对作品的认识和理解,使影片更好地实现其社会认识、教育和审美价值。

和其他文艺评论一样,对作品的主题思想进行的评论,在影视作品评论文章中占有很大比重。这些文章,围绕作品的思想意蕴,或者进行阐释,或者发表感想,或者表明观点,或者从一定的社会历史观念和伦理道德观念出发评价主题思想的正确与否,指出作品的思想意义和价值所在。这些文章可以说是以往影视作品评论的"主流",而且现在和今后仍将是很重要的一类,它们对于帮助观众正确认识影片的思想意义自有不可抹杀的功绩,但以往这类影视作品评论文章中有不少存在着严重的缺陷,那就是忽略了对银幕形象的具体真切的把握和分析,忽略了对电影特性的直接感受和对电影语汇的深入读解。

清初戏曲家李渔说:"作文一篇,定有一篇之主脑。主脑非他,即作者立言之本意也。"他说的"主脑"就是作品的题旨。可见,艺术家是围绕主题来塑造人物、设置情节、安排结构和运用各种艺术表现手法的。因此,对影片主题思想的评论就应该注意从影片具体艺术语言的读解入手,通过对人物行动、事件情节的具体分析来阐释和评论,如果不注意这一点,而是从观念到观念地泛泛而谈,极易成为一篇思想评论,失去影视材料评析的独特品格。

影片的主题尽管是编导赋予作品的,但也常常超出编导的主观意图。这主要有两种情形。一种是编导在影片中力图表现的主题思想与其深层意识内蕴不一致,影视作品评论文章可以通过对作品深层内蕴的揭示,展开分析评论。另一种情形,由于作品完成后艺术语言自身的表现性语义使编导原本赋予作品的主题发生变化,显示出编导主观意图之外的新的意蕴内涵,评论文章也可以对此作深入探究和分析评价。

总之,对影片思想内容的评论,不应该局限于传统的社会历史评论。一部影片除了主题思想外,还有着极为丰富的意蕴内涵,从文化、社会心理、哲学等角度都可以进行阐释、分析和评价,这样影片思想内容的评论就能摆脱单一陈旧的面孔,呈现丰富多彩的面貌。

2.评人物形象

和其他叙事性文艺作品一样,人物始终是大多数故事影片内容的中心。一部影片最吸引观众的正是人物的命运、人物的行动和他们的喜怒哀乐,影片的思想意蕴主要在人物身上体现出来,而且人物形象塑造是否成功,直接关系到影片艺术创造的成功与否,因此人物成为影视评论文章关注的重心是必然的。

评人物,离不开对人物与环境、人物与人物间的关系、冲突的考察和把握,离不开对影片中人物具体动作行为(包括人物的外部行为、心理行为和言语)和事件的分析,因为艺术家正是通过这些关系、行为和事件来塑造人物形象的,而人物的性格、内心世界也正是通过它们表现出来的。

每一个人物都是特定环境中的人物,而每一个环境,又是人物参与和影响下的环境。一方面,环境是人物诞生、成长的背景因素,另一方面,环境又是人物创造活动的结果。通过对人物与环境关系的分析,可以深入把握人物的性格,揭示人物性格形成的原因。环境因素中最重要的是社会环境,也就是人与人构成的种种关系。作品中人物的性格往往通过人物间的关系表现出来,而人物的性格冲突又产生事件,最终影响着人物的命运。对人物关系变化的分析,对人物性格的分析和把握,最终离不开对影片人物具体行为和言语的分析。

3.评情节

所谓情节,简单地说就是作品中人物一系列行为所构成的事件。作为影片重要的内容要素,情节既是相对自在的,又是与人物性格、人物间的关系密切关联的。说情节相对自在,是因为在电影中事件总有其相对完整的发展过程,有一定的发展规律,而且情节的曲折变化又相应地对观众产生一定的吸引效果。但是,任何事件都离不开人,离不开人的行为,事因人生,人借事显。行为是人物性格的表现,情节体现着人物性格的发展变化,也是人物与人物间相互关系发展变化的历史。

鉴于此,对电影情节的评析就可以在不同方向上进行延展。有的影视作品评论文章着重研究影片情节设置的艺术技巧,如悬念的设置与情节线索的起伏、张弛、曲折等安排,评价它们所产生的观赏效果;有的影视作品评论文章则是从人物性格关系史的角度,通过分析情节,指出其对于刻画人物、表现影片题旨的作用。当然也可以将这两者结合起来分析评论。

必须注意的是,电影中的情节不一定非要有完整的发展过程,其有多种多样的存在形式,在电影艺术发展中,情节的地位和作用并不是一成不变的。因此,对电影情节评价的尺度也不能一成不变。

传统的电影情节大多讲究事件开端、发展、高潮、结局的完整性,情节环环紧扣,层层相因,曲折多变。情节在影片中的地位十分重要。依凭这类戏剧性情节,容易吸引观众,影片也就容易成功。这类情节符合中国大众长期以来形成的民族欣赏心理和欣赏习惯,在中国电影中一直比较多见。

4.评细节

如果说情节是影片的骨架,那么细节就好比血肉。正是大量的细节使人物形象丰满生动,使作品富有生活气息。在电影中,细节对于塑造人物、深化主题无疑具有重要作用。不仅如此,在一些影片中,细节还经常作为结构因素,或推动情节的发展,或为情节穿针引线,使作品前后呼应,脉络贯通,结构严谨。

好的细节,犹如诗文中的"诗眼""文眼",整部作品的精神俱在其中,它能使影片增添光彩,令观众过目难忘。细节中往往包含着编导很深的艺术匠心。评影片细节的文章短小精悍,却可以收到"以管窥豹"的效果,因此,细节便成了影评爱好者落墨较多之处。

对细节的评论,可以着重分析它在人物性格刻画、影片题旨表达上所起的作用。还有的影评,则着重分析细节对于影片情节所起的穿针引线的作用。评细节,需要考生采取精读细勘的方法,不放过一丝一缕,并联系整部影片,深入体味细节中丰富的意蕴。

评细节应当注意:首先要精选细节,真正抓住编导那些特别独到、含意深沉丰富,尤其是对刻画人物、表现主题有密切联系,确有突出效果的细节来评,而不是随便什么细节都评。在具体评细节时,要尽量开掘深,阐发透,但又不要胡乱发挥,牵强附会,做到恰如其分地说明某一个细节在影片中所起到的作用即可。另外,还必须注意到具体细节与其他部分之间的联系,才有可能将这一细节的意义和作用开掘深,阐发透,因为任何细节再好,孤立起来都是没有特定意义和作用的。只有同整部影片中的其他部分发生联系,相互依存,彼此烘托,交相辉映,才能迸发出生命的活力,闪射出奇异的光彩。

第三节 影视评论写作的注意事项

影视作品评论文章是对考生要求比较高的一种写作文体,可以综合考查考生的文字功底、影视知识、审美鉴赏能力。由于在平时的文化课学习中对这种文体写作的练习较少,很多考生在考试中出现了或多或少的问题。本书的编者根据多年的培训教学经验,总结了9种常见的影视作品评论写作问题,并提供了解决途径,希望能对考生有所帮助。

1.复述代替论述

很多初学影视作品评论写作的考生,往往会把大段的故事情节的复述误认为是"论述",这是不正确的。解决的途径是构思时要采取逻辑思路,而不是剧情思路。

2.面面俱到地"蜻蜓点水"

通俗地讲,就是指文章的结构写散了,看似涉及的问题比较全面,实则整篇文章没有一个中心点,对问题的论证也不深入。解决的途径是将文章的内容和形式两大块融为一体,进行构思和写作。

3.不会联系具体内容

很多考生在写文章时,总是以单纯的理论阐述为主,文章缺乏理据,苍白无力。解决的途径是加强影片分析。所谓分析,不是对情节的重复,而是在理解情节的基础上,对在情节中所发现的问题进行分析,通俗一点讲,就是自己给自己提出几个"为什么"来回答。

4.观点陈旧老套

影视作品评论文章的写作运用的是议论文体,因此在整篇文章中要有一个中心论点,即观点,这个观点提炼的深入与否,直接体现出考生的能力与水平。因此,考生在解读一部电影时,内容方面一定要理解得深,艺术方面要体会出新。

5.段落缺少长短节奏变化

很多情况下,一篇影视作品评论文章的好坏不仅仅体现在内容写作上,文章的段落结构安排也至关重要。在阅卷过程中,考官经常发现很多考生的文章段落划分过短或是过长,更有甚者有的文章一段到底,标点全是"逗号",这样的文章在考试中也是会被扣分的。而解决的途径是,写文章时一层意思是一个段落,说完一层意思后就另分一段,做到节奏适中,段落合理。

6.不会写开头或结尾

在任何一篇文章中,开头和结尾都是非常重要的,开篇是否引人入胜,结尾是否收放自如,直接影响着文章的质量,同样也是考查一位考生能力和素质的关键点。那怎样才能写好一篇文章的开头和结尾呢?一个比较有效的办法是:开头要奇、深、新,要能引领下文,如可采用专业领域的名人名言;结尾要扣题、升华或讲究启发性,"总之"之类的词语最好不要出现,文风上可以哲理化,也可感情化。

7.不注意观察细节

写作影视作品评论文章时的前期准备非常重要,首先是需要一个专门的"拉片本",在看电影时一定要边看边记,注意观察影片中出现的具有特殊意义的细节,因为有的细节本身就能构成一篇影评,例如《黄土地》中翠巧的几次挑水,《我的父亲母亲》中那只大青花碗和"路"。

8.跑题

这在文章中主要分为两种情况,一是全篇跑题,二是中间拐弯。解决的途径是在整体动笔前,先列出具有逻辑性的提纲,以统领全局,全盘考虑完备后再动手写作。另外,在观点与观点之间要有自然的过渡感,这也需要事先设计。

9.缺乏电影常识

要想写出一篇好的影视作品评论文章,仅仅掌握影评写作的技巧是远远不够的,还要配合学习大量的电影基础常识。要想使自己的影评文章写得有血有肉,平时就要多看影评文章和影视理论著作。

第三章　统考考纲影片写作提示

1.《一江春水向东流》
【影片信息】

导演:蔡楚生、郑君里　类型:剧情　上映时间:1947年　色彩:黑白

内容:讲述了一个家庭在中国抗日战争巨变之时发生的悲欢离合的故事。

【角色介绍】

素芬:白杨饰演。纱厂女工,张忠良的妻子,温良贤淑,后因被丈夫抛弃而跳江自杀。

张忠良:陶金饰演。原是爱国青年,后变为玩弄女性、抛妻弃子的负心汉。

王丽珍:舒绣文饰演。重庆交际花,喜欢攀附权贵,后与张忠良结婚。

何文艳:上官云珠饰演。王丽珍的表姐,心肠歹毒,后与张忠良勾搭成奸。

【影评关键词】

中国版《乱世佳人》、史诗巨作、现实主义电影的里程碑

【精彩评析】

《一江春水向东流》中的素芬,就是"美与善"的化身。影片在叙事上,所有的起承转合都交代得清清楚楚,每一场戏都具有很强的逻辑性,镜头与镜头之间会有逻辑呼应,很像中国古代的章回小说。在艺术修辞手法上,影片自觉地采用了中国古典诗歌的"赋、比、兴"手法,擅长渲染气氛,托物言志。在戏剧场面的处理上,感情色彩浓烈,擅长用感情来打动观众。

2.《万家灯火》
【影片信息】

导演:沈浮　类型:剧情　上映时间:1948年　色彩:黑白

内容:通过呈现小职员胡智清一家的生活,展示了抗战后国统区人民的生存现状。

【角色介绍】

胡智清:蓝马饰演。贸易公司小职员,虽日夜操劳却遭解雇,家庭生活也一地鸡毛。

钱剑如:齐衡饰演。胡智清的同乡兼同学,唯利是图、投机钻营的资本家。

蓝又兰:上官云珠饰演。胡智清的妻子,与婆婆经常发生矛盾。

【影评关键词】

"20世纪40年代电影"的代表作品、现实主义创作手法

【精彩评析】

《万家灯火》运用了现实主义的创作方法,没有任何的夸张和技巧卖弄,整部影片朴素无华,具有强烈的生活实感;其表现是含蓄的,而意蕴却是深刻的,这一切都构成了影片独特的素描般的艺术风格。

影片最后以一个"万家灯火"的镜头呼应了片名,将胡家从个体呈现推送到了千家万户,看起来是一片祥和欢乐之景,背后却隐藏着小人物的悲情生活,这是无数个小人物在社会挫折中绝望的呐喊。正如影片中最后一句台词所说:"不是你们不对,是这个年头不对。"

3.《小城之春》

【影片信息】

导演:费穆　类型:剧情　上映时间:1948年　色彩:黑白

内容:讲述了在抗战胜利后的一座南方小城里,一个已婚女人在丈夫久病不起的情况下再次见到昔日恋人的故事。

【角色介绍】

戴礼言:石羽饰演。南方小城的乡绅,在战争中失去家产,重病缠身,终日郁郁寡欢。

周玉纹:韦伟饰演。戴礼言的太太,夫妻二人相敬如宾,实则已没有了感情。

戴秀:张鸿眉饰演。戴礼言的妹妹,开朗活泼,对未来充满幻想,喜欢志忱。

章志忱:李纬饰演。医生,既是戴礼言的朋友,也是玉纹过去的情人。

【影评关键词】

传统文化与电影美学完美结合、女性主义的觉醒、中国早期的爱情电影

【精彩评析】

早期的中国电影往往写事多于写人写情,而《小城之春》却独辟蹊径,将镜头深入人物复杂矛盾的心灵,揭示微妙的情感关系,是一部典型的心理抒情片。此外,它还吸收中国古典诗词的传统,借物喻人,以景抒情,富有诗情画意,显示了费穆导演的艺术特色,是中国电影史上不可多得的艺术珍品。

《小城之春》虽然讲述的是一个私人化的故事,但其影像中却处处浸染着"国破山河在,城春草木深"的意境。影片中所体现的新与旧、道德与情欲、生命活力与死气沉沉之间的对抗更为那个特定的时代做了意味深长的注脚。

4.《祝福》

【影片信息】

导演:桑弧　编剧:夏衍　上映时间:1956年　色彩:彩色

内容:改编自鲁迅的同名小说,通过祥林嫂一生的悲惨遭遇,反映了辛亥革命后中国的社会矛盾,及封建礼教的吃人本质。

【角色介绍】

祥林嫂:白杨饰演。浙东山村的一位妇女,善良勤快,经历丧子丧夫打击后去世。

贺老六:魏鹤龄饰演。祥林嫂再嫁后的丈夫,为还债受伤,后因遭丧子打击而去世。

【影评关键词】

鲁迅名著改编、地主阶级压迫劳动妇女、反封建

【精彩评析】

桑弧导演以高超的技艺把《祝福》里的人物刻画得有血有肉、形象鲜明。例如淳朴忠厚的贺老六;伪善残酷的鲁四老爷;精打细算的鲁四太太;狡诈奸猾的卫老二;老实善良的阿根以及迷信麻木的柳妈。《祝福》以严谨的结构、精炼的笔触,忠实地再现了原作的思想,保持了鲁迅作品中冷峻、深沉、凝重、窒息的悲剧气氛和艺术风格。

5.《青春之歌》

【影片信息】

导演:陈怀皑、崔嵬　编剧:杨沫　上映时间:1959年　色彩:彩色

内容:改编自杨沫的同名长篇小说,讲述了知识女性林道静几经周折与磨难最终走上革命道路的故事。

【角色介绍】

林道静:谢芳饰演。出身资产阶级家庭的青年女性,后走上革命道路。

卢嘉川:康泰饰演。共产党员,林道静革命道路上的引路人,后英勇就义。

余永泽:于是之饰演。地主阶级的大少爷,林道静的丈夫,敌视革命。

【影评关键词】

女性知识分子、男权话语背景、新时代的"娜拉"

【精彩评析】

《青春之歌》就像一首优美而又激昂的长诗,片中雄浑与细腻、叙事与写意、战斗与抒情、严酷与乐观融合得极其和谐,在编剧、导演、表演、摄影、美术、音乐等各个方面均已达到了很高的艺术水平,成为我国20世纪50年代一部难得的经典影片,也是新中国成立后唯一一部正面表现知识分子的电影。该片的价值不仅在于其所洋溢的汹涌革命激情和对英雄人物的礼赞,还在于其在创作上所作出的大胆而有益的艺术探索,为文学名著搬上银幕树立了又一成功范例。

6.《早春二月》

【影片信息】

导演:谢铁骊　类型:剧情　上映时间:1963年　色彩:彩色

内容:改编自柔石的小说《二月》,讲述了为追寻革命真理而苦闷的知识青年肖涧秋应好友之邀来芙蓉镇教书期间所发生的一系列故事。

【角色介绍】

肖涧秋:孙道临饰演。一个为追寻革命真理而苦恼彷徨的知识青年。

文嫂:上官云珠饰演。寡妇,因接受肖涧秋帮助而遭受非议,后羞愤自杀。

陶岚:谢芳饰演。一个爱慕肖涧秋的女孩,后追随肖涧秋离开芙蓉镇。

【影评关键词】

"毒草"与"香花"之争、诗意美、革命者

【精彩评析】

《早春二月》这部影片画面隽永诗意,具有浓烈的东方气质,镜语极其讲究、丰富、成熟。该片以现实主义的创作手法成功地塑造了一群具有人道主义精神的知识分子的形象,反映了他们的苦闷与彷徨。影片最后的悲剧性结局,体现出旧知识分子在传统观念和封建势力的压力下的无能为力。

片中主演孙道临塑造的"肖涧秋"形象,气质逼真、性格鲜明,表现出很高的艺术造诣,成为他表演艺术生涯的代表作;谢芳饰演的追求个性解放的新女性"陶岚"也生动而真实,她不仅将女主人公执着任性、桀骜不驯、热烈奔放的性格表现得淋漓尽致,同时也细致入微地揭示出"陶岚"的善良真诚、富于同情心以及对爱情的甜蜜渴望,极大地突破了她以往的表演范畴。

7.《烈火中永生》

【影片信息】

导演:水华　类型:剧情　上映时间:1965年　色彩:黑白

内容:改编自小说《红岩》,讲述了在重庆解放前夕,英勇无畏的女共产党员江姐与敌人顽强斗争的惨烈故事。

【角色介绍】

江姐:于蓝饰演。银行高级职员,实为重庆地下党,因甫志高的出卖而被捕牺牲。

许云峰:赵丹饰演。重庆地下党领导,后壮烈牺牲。

华子良:蔡松龄饰演。狱中做杂工的老犯人,实为中共华蓥山区的党委书记。

【影评关键词】

革命斗争题材典范作品、红色经典、政治类型电影

【精彩评析】

《烈火中永生》在当时普遍采用彩色片的情况下大胆使用黑白镜头拍摄,是与影片的悲壮基调相吻合的,这有助于主题的深化。该片塑造了浮雕般的革命者英雄群像,洋溢着视死如归的英雄主义气概,其蕴含的革命牺牲精神、乐观主义精神已经熔铸为中华民族的精神财富。

这是一部中国电影史上特有的“政治类型电影”的代表作,影片中已经形成了一整套电影叙事的“政治修辞学”。例如,在光的运用上,对许云峰、江姐等革命者的形象始终使用全光,以显示革命者的浩然正气,而对反面人物则大量使用舞台剧式的脚光,以突出其为黑暗势力的化身。在角度的安排上,也体现了“三突出”式的构图法则,片中的英雄人物总是占据着高处和前景,从而占据了反面人物所无法获取的视觉优势,而在英雄与敌人的对切镜头中,则始终贯穿着对英雄人物的低位拍摄与反面人物的平位拍摄,造成一高一低、一轩昂一猥琐的视觉感受。

8.《茶馆》

【影片信息】

导演:谢添　类型:剧情　上映时间:1982年　色彩:彩色

内容:改编自老舍的同名话剧,以老北京裕泰茶馆的兴衰变迁为背景,展示了戊戌变法、军阀混战和新中国成立前夕近半个世纪的社会风貌。

【角色介绍】

王利发:于是之饰演。裕泰茶馆的掌柜,精明能干,热衷于搞改良。

常四爷:郑榕饰演。普通旗人,富于正义感,有骨气,敢做敢当。

秦仲义:蓝天野饰演。裕泰茶馆的房东,一心想实业救国却一事无成。

松二爷:黄宗洛饰演。普通旗人,讲礼节,待人和气,胆小怕事。

【影评关键词】

话剧舞台、电影手法、“三堵墙”

【精彩评析】

电影《茶馆》完整地保留下了舞台剧的重要情节和精华,把一些舞台上不容易强调的东西举重若轻地表现了出来,给观众留下了较为深刻的印象。该片巧妙地运用蒙太奇手法和镜头组接,使舞台演出流程中最富感染力的视听形象得到强化,例如在秦二爷第一次上场的戏中,电影使用八个近距镜头,并迅速切换,把秦、常、王三个人物的不同

性格及复杂关系传达得淋漓尽致,比舞台演出效果更为鲜明突出。此外,导演还充分运用了长镜头和镜头的内部运动,既生动地表现了行动中的人物,又保全了重场戏中人物的精彩台词的完整性,使视听形象搭配得和谐统一。在画面造型上,该片讲究表现力,把富于诗情、哲理含义的镜头雕琢得丰满而强烈,令人久久回味。

9.《城南旧事》

【影片信息】

导演:吴贻弓　类型:剧情　上映时间:1983 年　色彩:彩色

内容:改编自林海音的同名短篇小说,透过六岁小女孩英子的目光,讲述了她在北京生活时发生的三个故事。

【角色介绍】

英子:沈洁饰演。六岁时随父母从台湾来到北京,几年后父亲去世,又随家人返回了台湾。

宋妈:郑振瑶饰演。英子家的乳母,勤快、诚实。

秀贞:张闽饰演。因孩子失踪成为"疯女人",后在英子帮助下找回女儿。

小偷:张丰毅饰演。英子的朋友,后被警察抓走。

【影评关键词】

诗化散文电影、童年视角、悲剧意蕴

【精彩评析】

《城南旧事》在结构上极具创造性,导演摒弃了由"开端、发展、高潮、结局"所组成的线性叙事结构,以"淡淡的哀愁,浓浓的相思"为基调,采用串珠式的结构方式,串联起英子与疯女秀贞、英子与小偷、英子与乳母宋妈三段并无因果关系的故事。这样的非线性叙事结构使影片具有多棱镜的功能,从不同的角度映照出 20 世纪 20 年代老北京城的历史风貌,形成了一种以心理情绪为内容主体、以画面与声音造型为表现形式的散文体影片。

《城南旧事》选用两首 20 世纪 20 年代的歌曲作为插曲。一首是《麻雀与小孩》,该插曲出现在英子上学之初,歌中唱出的小孩与小麻雀的问与答,表现了幼雀等待"母亲"觅食归来的急切情景,在影片中烘托出了孩子们天真无邪的心灵。另一首插曲是由李叔同作词的学堂乐歌《送别》,该插曲情调悠扬而深沉,与影片最后离别的主题高度契合,在影片情节、人物性格的发展上起到了以声相助、托景传情的作用。

10.《黄土地》

【影片信息】

导演:陈凯歌　类型:剧情　上映时间:1984 年　色彩:彩色

内容:改编自柯蓝的小说《深谷回声》,讲述了陕北农村女孩翠巧,受八路军文艺工作者顾青的影响,勇敢追求新生活却殒命黄河的故事。

【角色介绍】

顾青:王学圻饰演。到贫瘠的陕北某地采风的八路军文艺工作者。

翠巧:薛白饰演。一个纯真而善良的陕北农村贫穷家庭的女孩。

【影评关键词】

信天游、摄影构图、第五代的乡土情结

【精彩评析】

如果说《一个和八个》是中国第五代导演的开山之作,那么这部由中国电影的双峰——陈凯歌和张艺谋的"会师"之作《黄土地》,则是标志着第五代导演真正崛起的电影作品。这部影片在电影风格和语言表述上形成了一种新的影像,革新了当时中国电影的叙事语言,并深深影响了整个第五代导演早期的叙事倾向和风格基调。大色块和色觉强烈的摄影、西北黄土地的民俗以及对中国文化的反思性叙事,让中国电影呈现出另一番不同的风貌,也标志着第五代导演与以往中国导演不同的历史视角。

11.《红高粱》

【影片信息】

导演:张艺谋　类型:战争/文艺　上映时间:1987年　色彩:彩色

内容:改编自莫言的小说,讲述了男女主人公经历曲折后一起经营一家高粱酒坊,但是在抗日战争中,女主人公和酒坊伙计因参加抵抗运动而被日军虐杀的故事。

【角色介绍】

余占鳌:姜文饰演。一个个性刚烈,具有正义感和民族精神的人。

九儿:巩俐饰演。一个性格刚强、率真、泼辣的女子,被日本人杀害。

罗汉大叔:滕汝骏饰演。酒坊伙计,被日本人残忍地剥皮杀害。

【影评关键词】

莫言《红高粱家族》、红色基调、野性美、生命赞歌

【精彩评析】

《红高粱》塑造了"我奶奶""我爷爷"、罗汉大叔等中国普通老百姓的群像,歌颂了他们敢生、敢死、敢爱、敢恨的精神,也对中华民族的历史、性格、心理、文化以及生存方式作出了思考。该片最大的特色是拍出了中国人豪迈爽快的一面,跟中国内地电影一贯的哀伤沉重的传统风格大相径庭。

从色彩方面分析,《红高粱》只由黄色和红色组成。在黄土高坡上,黄沙漫天,特别是颠轿这个段落,几个轿夫连唱带跳,带起了滚滚尘土。身为西安人的张艺谋用泼墨式的表象风格向它们表达着热爱之情,那黄色的土地正是他所要朝拜的对象。而红色则更加出彩,除了比人高的"红"高粱,还有"我奶奶"的红盖头、红轿子、红鞋子,窗上的红窗花、碗里血红的高粱酒、红彤彤的炉火,还有最后日食时那彻底变成红色的世界。这份鲜艳的色彩的出现,更能表达出陕北人的热情与豪爽,呈现了中国农民积极向上的精神状态。

12.《我的父亲母亲》

【影片信息】

导演:张艺谋　类型:爱情　上映时间:1999年　色彩:彩色

内容:改编自鲍十的小说《纪念》,讲述了母亲招娣与父亲骆长余相知、相爱并相守一生的故事。

【角色介绍】

招娣:章子怡饰演。村里远近闻名的美人,暗恋淳朴幽默的青年教师骆长余。

骆长余:郑昊饰演。师范学校毕业的城里人,自愿来当乡村教师。

骆玉生:孙红雷饰演。骆长余与招娣的儿子,父亲去世后,从城里赶回三合屯奔丧。

【影评关键词】

清新纯朴的风格、意境美、乡村恋情

【精彩评析】

在《我的父亲母亲》那扑面而来的乡土情怀中,张艺谋用一份弥足珍贵的纯朴,一份对爱的执念,将一个原本平凡的爱情故事,演绎得抒情而浪漫,而他对色彩的运用,不仅在形式上形成了"现代"与"过往"美好鲜明的反差,更将自然化作了电影唯美的基色。另外,章子怡在这部作品中所施展的演技亦让人难以忘怀,她将一个乡村少女的青涩纯美演绎得淋漓尽致,形与意的高度契合不仅使电影完成了影片本身尤为出色的艺术表达,更令这份纯朴的乡土之恋动人心魄。

在这部影片中,张艺谋隐去了思想上的批判锋芒,洗褪了以往作品中对民族性的反思,转而以清新的散文笔调来描述女性细腻的爱情心理,用真情来感动观众。整部影片的感染力完全围绕情窦初开的招娣来营造,通过她脸上含羞的笑容、换上大红衣服时的光彩、面对先生时欲说还休的尴尬、一次次在田野中奔跑的姿态,表现了一个被爱所笼罩的女孩形象。

13.《花样年华》

【影片信息】

导演:王家卫　类型:文艺/爱情　上映时间:2000 年　色彩:彩色

内容:以 20 世纪 60 年代的香港为背景,讲述了苏丽珍和周慕云在发现各自的配偶有婚外情后,两人开始互相接触并随之产生感情的故事。

【角色介绍】

苏丽珍:张曼玉饰演。公司秘书,陈先生的太太,丈夫出轨了。

周慕云:梁朝伟饰演。报社编辑,苏丽珍的邻居,妻子出轨了。

【影评关键词】

作者电影、香港文化空间、唯美的摄影、浪漫主义怀旧

【精彩评析】

《花样年华》以其独特的电影语言和叙述模式,以及带有王家卫独特标记的风格特色,实现了形式与内容的完美结合。王家卫通过一段普通的故事展现了人性的复杂和微妙,通过对场景、道具和服装的细致追求让整部电影完整地表现了属于那个时代的风情画卷。同时,在影片表达上,王家卫通过独特的表现手法将民族色彩、民族特色以及时代色彩淋漓尽致地表现出来,从而融合成独一无二的怀旧气质,这也成为该片的成功之处。

影片中最具色彩表现力的部分是主人公苏丽珍身上的旗袍。不断变化的旗袍色彩,不仅反映了人物心理的微妙变化,而且增强了影片在主题表现上的抒情意味。不断变化的旗袍颜色与暗淡的画面色调形成了鲜明的对比,在灰暗色调的映衬下旗袍的色彩变化更加具有表现力,隐喻作用更加明显。通过色彩的变化,影片暗喻了人物心理的变化、情感的变化,从而间接深化了主题,使得影片的主题表现更加含蓄朦胧。

14.《可可西里》

【影片信息】

导演:陆川　类型:剧情　上映时间:2004 年　色彩:彩色

内容:讲述了"记者"尕玉和巡山队员为保护可可西里的藏羚羊和生态环境,与盗猎分子顽强抗争的故事。

【角色介绍】

日泰：多布杰饰演。可可西里巡山队的队长，被盗猎者残忍杀害。

尕玉：张垒饰演。一个为调查藏羚羊被猎杀状况，假扮记者来到可可西里的警察。

刘栋：亓亮饰演。可可西里巡山队的队员，因被流沙吞噬而牺牲。

【影评关键词】

生态电影、非英雄化的人物、道德信仰、敬畏生命

【精彩评析】

《可可西里》被称为"一部关于信仰和生命的电影"，它的震撼之处在于它揭示了民族精神的核心，把一个理想主义者由生到死的过程鲜活地展现出来。这部电影带着一种绝对的淳朴和阳刚，以及被无限放大的生存和死亡的自然法则，片中没有用慷慨激昂的热血台词向观众喊话，也没有用常见的宣传语气呐喊"杀死藏羚羊剥皮的行为是无耻的"，而是通过一个个真实到令人窒息的画面和巡山队员朴实的话语，让观众感受到那种震撼的力量。

陆川的《可可西里》展示了一种国产片中从未有过的极度洗练、残酷的纪实美学风格，片中经常出现突如其来的暴力和没有铺垫的死亡，这在美国导演昆汀·塔伦蒂诺和日本导演北野武的电影中经常见到，但与他们不同的是，《可可西里》的暴力彻底剔除了黑色幽默成分，只剩下了完全的冰冷和决绝。在可可西里严酷的生存环境里，这种描述方法表达了对生命的最大尊重。

15.《疯狂的石头》

【影片信息】

导演：宁浩　类型：犯罪/喜剧　上映时间：2006年　色彩：彩色

内容：讲述了因重庆某工艺品厂在推翻旧厂房时发现了一块翡翠，而引发了国际大盗、本地小偷与保卫科长之间的较量。

【角色介绍】

包世宏：郭涛饰演。工艺品厂的保卫科长，承担翡翠展览的安保工作。

道哥：刘桦饰演。三人盗窃小组的头儿，想偷盗翡翠发财。

冯董：徐峥饰演。一个企图霸占工艺品厂土地的商人，雇国际大盗麦克偷翡翠。

黑皮：黄渤饰演。跟着道哥混的笨贼，随身携带榔头以泄愤。

麦克：连晋饰演。国际大盗，高科技罪犯，口头禅是"顶你个肺"。

【影评关键词】

犯罪题材、黑色喜剧、缝合式叙事、方言电影

【精彩评析】

《疯狂的石头》给漆黑一片的中国低成本电影市场带来了曙光。电影的语感完全是影视化的、视听化的，而不是中国电影擅长并牢牢抓住不放的"小说、散文甚至诗歌"的传统范式。导演宁浩还有意调动了方言的特殊幽默感，影片里讲的是动荡大都会里的小人物喜剧，既接地气又闪耀着动人的光环。除此之外，这部影片还展示了宁浩非常出色的驾驭细节的能力，法国新浪潮电影、意大利新现实主义风格以及昆汀的黑色幽默在这里都有所体现，导演将这种当代流行的拼贴艺术方式运用得十分到位。

16.《建国大业》

【影片信息】

导演:韩三平、黄建新　　类型:剧情　　上映时间:2009年　　色彩:彩色

内容:该片是庆祝中华人民共和国成立60周年的献礼片,讲述了从抗日战争结束到1949年中华人民共和国成立前夕发生的一系列故事。

【角色介绍】

毛泽东:唐国强饰演。中华人民共和国的主要缔造者和领导人。

蒋介石:张国立饰演。国民政府军事委员会委员长。

蒋经国:陈坤饰演。蒋介石的长子。

宋庆龄:许晴饰演。孙中山的夫人,青年时代便追随孙中山,献身革命。

李宗仁:王学圻饰演。国民革命军陆军一级上将,国民党"桂系"首领。

【影评关键词】

主旋律电影、史诗巨片、主流商业大片

【精彩评析】

《建国大业》继承了主旋律电影基本的传统和叙述模式,更为重要的是它还借鉴了好莱坞类型片的经验。这部影片不仅写出了历史,描绘出一幅幅宏伟壮观的时代画卷,它还为我们展现了历史人物,并给予历史中的人应有的尊重和理解,甚至对蒋介石、李宗仁等反面人物,都体现出一种悲悯,一种"大江东去,浪淘尽"的气概,呈现出健康明朗,阳光亲和的国家形象。正是按照电影艺术与市场的双重规律来创作,《建国大业》这部影片才成为双重意义上的真正的主流电影。

17.《狼图腾》

【影片信息】

导演:让-雅克·阿诺　　类型:中法合拍/冒险　　上映时间:2015年　　色彩:彩色

内容:改编自姜戎的同名小说,讲述了在内蒙古大草原上,牧民与狼为了生存而展开搏杀的故事。

【角色介绍】

陈阵:冯绍峰饰演。一个年轻的北京知青,响应国家号召前往内蒙古草原插队。

杨克:窦骁饰演。与陈阵患难与共的最好的兄弟。

毕利格:巴森扎布饰演。陈阵的启蒙老师,传授他草原文化、狼图腾文化。

【影评关键词】

合拍片、人文关怀、动物题材电影、少数民族题材电影

【精彩评析】

《狼图腾》这部电影的情节非常简单,主要讲述了一个来自北京的知青在内蒙古草原上养狼,又放生的一段"人狼与共"的故事,可以说从故事片的角度讲,过于单薄的内容很难带给观众一种"情节丰满、回味无穷"的畅快感。为此,本片专门请来了曾拍摄《兵临城下》《虎兄虎弟》的法国著名导演让-雅克·阿诺,这位被誉为最会拍摄动物题材的导演,历经7年的筹备,真正拍摄时全片均采用3D实景,扎实的镜头让人生出浓浓的感动,例如小到千万根柔软的狼毫在冯绍峰饰演的陈阵的鼻息中拂动,大到草原上云层的诡变多端、一望无垠。那天地大美,似乎时刻在提醒着人们如果能像主人公一样爱护、放生包括凶悍的草原狼在内的万物生灵,那么这个世界也将与人们温柔相待。

18.《山河故人》

【影片信息】

导演:贾樟柯　类型:家庭/剧情　上映时间:2015年　色彩:彩色

内容:讲述了山西汾阳姑娘沈涛一家三代从1999年到2025年的时代变迁的故事。

【角色介绍】

张晋生:张译饰演。煤矿主,沈涛的前夫,与沈涛和梁子是中学同学。

沈涛:赵涛饰演。小学老师,与张晋生、梁子三人青梅竹马。

梁子:梁景东饰演。沈涛和张晋生的中学同学,曾爱慕沈涛。

张到乐:董子健饰演。张晋生和沈涛的儿子,后跟随张晋生移民澳大利亚。

Mia:张艾嘉饰演。张到乐的中文老师,两人发展成忘年恋。

【影评关键词】

贾樟柯电影、跨文化冲突、故乡认同

【精彩评析】

一如贾樟柯以往的风格,无论是《小武》《站台》《任逍遥》,还是《三峡好人》《天注定》,他都在作品中关注社会底层小人物的生活状态,舔舐着社会转型的创伤,流露出对逝去年代的无限怀旧与乡愁。不管其他第六代导演在时代的洪流中怎样变换着自己,或是违反初衷,或是走向商业大片的“坦途”,贾樟柯都依旧在自己的国度,抱着赤诚,怀着执念,驰骋在人文关怀的世界里,踽踽独行,不忘初心。而《山河故人》也坚持着“贾樟柯电影”的特色,将那种时代洪荒下山河流转、故人不再的创伤真实地呈现出来,直击人们心灵深处,叩问着时代留给社会什么。

《山河故人》里的每一帧镜头、每一种声音、每一个人物,都有创伤美学的影子。无论是时代洪荒下的历史变迁,还是小人物无可皈依的状态,都流露着一种发自内心的伤感,以及站在云端俯瞰社会边缘小人物的悯怀之心和深深的无力感。这是一种时代发展下的伤痕,是一种直击观者内心的力量和洞察社会的柔情,更是贾樟柯不忘初心的踽踽独行。

19.《我们诞生在中国》

【影片信息】

导演:陆川　类型:纪录片　上映时间:2016年　色彩:彩色

内容:以四川大熊猫、三江源雪豹、川金丝猴三个中国独有的野生动物家庭为主线,讲述了动物宝宝们出生、成长的感人故事。

【角色介绍】

达娃:雪豹。山中唯一的女王。

淘淘:川金丝猴。渴望得到家庭温暖的捣蛋鬼。

丫丫:四川大熊猫。一个霸道的妈妈。

美美:四川大熊猫。丫丫的女儿,渴望长大和自由。

【影评关键词】

生命轮回、自然类纪录片、拟人化叙事

【精彩评析】

《我们诞生在中国》采取碎片化叙事,将诸多动物的故事化为并行的叙事脉络,多方位展现自然的规律又最终统一于生命轮回的宏大主题中。《我们诞生在中国》在时间线上用"春、夏、秋、冬、春"五个季节里的故事来表示横向上的"轮回",时光清晰可见、周而复始是最好理解的一个轮回。而在纵向上每一个动物的生活轨迹都是一组闭合的螺旋。金丝猴淘淘因为不满妹妹的出生而受到父母的冷落,于是离家出走,在感觉到现实的残酷后,淘淘最后又回到了父母身边,此间蕴含着生命的意义,让人思考爱恨别离中的禅意。电影不以时间为跨度展现、反映主体的心路历程,通过讲述一段寻求自我的旅程兜兜转转又回到了起点,以小见大点明了生命轮回的具体形式,其不只有亲代间的延续,更有自我在反复贬抑中发现的本真。

20.《大鱼海棠》

【影片信息】

导演:梁旋、张春　类型:动画/奇幻　上映时间:2016年　色彩:彩色

内容:讲述了掌管海棠花生长的少女椿,为报恩而努力复活人类男孩"鲲"的灵魂,从而演绎出一段与命运斗争的故事。

【角色介绍】

椿:季冠霖、潘淑兰配音。居住在"神之围楼"里的少女,掌管着海棠花的生长。

湫:苏尚卿配音。掌管秋风的少年,椿的好朋友,用自己的生命换回了椿的性命。

鲲:许魏洲配音。原是人类男孩,为救化为海豚的椿牺牲了生命,成为巨兽"鲲"。

灵婆:金士杰配音。掌管所有死去人类灵魂的老婆婆,鱼头人身。

【影评关键词】

中国风动画影片、国产动画的民族化与现代化

【精彩评析】

《大鱼海棠》将《逍遥游》《诗经》《山海经》等中国古籍中的形象与故事相结合,再配以中国画风和蕴含着中国古典哲理的剧情台词,令人印象深刻,久久难忘。剧中人物的服饰造型、古朴宏伟的土楼和土楼上层层悬挂的大红灯笼,以及椿受石狮子指引去拜访灵婆路上那如梦如幻的奇妙美景,包括那株美丽的海棠树,都有着浓郁的中国画风,情景交融,意韵悠长。另外,剧情和人物的设定,也充满了无限的想象力和创造力,充满中国古典哲学的思辨色彩。

在动画电影行业,以好莱坞为代表的美国动画电影和以吉卜力工作室为代表的日本动画电影,它们一个构筑了庞大的童话世界,一个横跨儿童与成人观影群体,对动画电影的发展进程产生了深刻影响。近年来,许多国产动画对以上两种模式进行拙劣模仿,粗制滥造的创作让观众频频失望。而《大鱼海棠》在吸收国外动画创作与制作优点的同时,饱含了中国动画人的匠心,其可贵的努力和探索足以摘取"国产动画电影良心之作"的头衔。

21.《人生》

【影片信息】

导演:吴天明　类型:爱情　上映时间:1984年　色彩:彩色

内容:改编自路遥的同名小说,讲述了到城市发展的农村青年高加林在如愿到城里工作后抛弃未婚妻,却最终失去一切的故事。

【角色介绍】

高加林:周里京饰演。村里的教师,心比天高的农村知识青年。

刘巧珍:吴玉芳饰演。爱慕高加林才华的村里姑娘,俊俏、善良、痴情。

黄亚萍:李小力饰演。干部家庭出身的现代女性,倾慕高加林的才华。

【影评关键词】

陕北风味、乡土电影、命运悲剧

【精彩评析】

《人生》这部影片充满了忧患意识,对青年在社会上碰壁的难处和追求的困惑做了深入的思考,在情感探求和人的精神世界的矛盾性上也给予了深刻的揭示。这部影片不仅是情感表现上的深度创作,而且是时代风云的巧妙表现,令人叹息也充满审美的感染力。

吴天明导演在影片的拍摄手法上具有某些先锋主义的韵味,其往往通过远景、全景等景别使画面高远空旷,以展示给观众大西北独特的气势,使人情、乡俗、诗意、哲理等因素都得以从容地涌现在银幕上。整部影片流动着一种真实而自然的美,片中浓郁的地方色彩、民族风格、风土人情,将黄土高原的自然之美和西部人民的善良质朴表现得淋漓尽致。

22.《流浪地球》

【影片信息】

导演:郭帆　类型:科幻/灾难　上映时间:2019年　色彩:彩色

内容:改编自刘慈欣的同名小说,讲述了2075年太阳即将毁灭,人类带着地球寻找新家园的故事。

【角色介绍】

刘培强:吴京饰演。中国航天员,为给地球提供燃料而英勇殉职。

韩子昂:吴孟达饰演。刘启的姥爷,为了孩子付出了自己的生命。

刘启:屈楚萧饰演。刘培强的儿子,与姥爷在地下城生活。

韩朵朵:赵今麦饰演。韩子昂收养的小女孩,与哥哥刘启关系非常好。

【影评关键词】

科幻灾难电影、首部国产科幻大片、家园情结、视听特效

【精彩评析】

作为一部中国式科幻电影,它在展现其高超特效制作水平的同时,更注重了中国符号的表现。"天人合一"既是东方文化的宇宙观,也是阐释人与自然关系的自然观;"忠孝礼义""团结友爱"等也都是中国传统文化价值观的精神内核。导演郭帆在《流浪地球》这部电影中,讲述了"父子情""兄妹情""祖孙情"以及跨越大洋的"友情"。正是这种多元而复杂的情感的交织,造就了电影在展现毁灭式场景以及通过高频节奏展现画面时,始终闪耀着人类情感联结的光辉。

23.《哪吒之魔童降世》

【影片信息】

导演:饺子　类型:动画　上映时间:2019年　色彩:彩色

内容:改编自中国神话故事,讲述了哪吒虽"生而为魔"却"逆天命而行"的成长故事。

【角色介绍】

哪吒:吕艳婷、囧森瑟夫配音。李靖之子,因魔丸转世的身份,遭到百姓歧视。

敖丙:瀚墨配音。东海龙王三太子,申公豹的徒弟,灵珠转世。

李靖:陈浩配音。哪吒的父亲,陈塘关总兵,负责守护百姓、抵挡妖魔鬼怪。

殷夫人:绿绮配音。哪吒的母亲,李靖的妻子,性格火暴,巾帼不让须眉。

太乙真人:张珈铭配音。哪吒的师傅,生性洒脱,嗜酒如命。

申公豹:杨卫配音。敖丙的师傅,豹子修炼成精的妖魔。

【影评关键词】

国产动漫、哪吒闹海、成人寓言

【精彩评析】

《封神演义》中的哪吒,闹东宫、拔龙筋、剔骨还父、剔肉还母,重生莲花,参与商周之战,最终被封为天神。而《哪吒之魔童降世》里的哪吒,则完全颠覆了人们的这一传统认知,该片将原著推翻并重新进行建构,拆解原有形象重新进行碎片拼接,在千丝万缕的组接过程中汇入锐意创新,在原来片面而类型化的人物形象中,重新注入血肉和思想,使其丰满立体地呈现在观众面前。另外,在该片中,善恶之间也不再有明确的界限,利益对立和冲突下营造出的人际关系显得更加复杂和生动。例如,申公豹为了成为十二尊位之一而不择手段玩弄阴谋,一改传统的道正骨清的仙人形象而更加贴近生活;太乙真人会因为自己喝醉失误致使混元珠被调换,间接导致哪吒受人欺辱而心存愧疚,进而尽心尽力当好哪吒的师傅;李靖也不再是威武不可接近的陈塘关将军,而是芸芸众生中一个平凡而又救子心切、无私而伟大的父亲;敖丙也不再是狂妄自大、不可一世、目中无人的三太子,而更像是一个独自承受起龙族强加给他的复仇重担的"悲剧少年"……在影片中,每一个人物的烦恼以及自身的性格都得到了充分的张扬和展露。

24.《乡村里的中国》

【影片信息】

导演:焦波　类型:纪录片　上映时间:2013年　色彩:彩色

内容:以24节气为点,以山东省沂源县杓峪村的三个农民家庭为主线,向观众展示了转型中的中国最普通的乡村生活。

【角色介绍】

杜深忠:家境贫寒却一直追求文化的农民。

张兆珍:杜深忠的妻子,典型的农村妇人,经常与丈夫争吵。

张自恩:村支部书记和主任,为村里事务忙东忙西。

杜滨才:一个努力拼搏的农村大学生,父母离异。

【影评关键词】

乡愁文化、乡土纪实叙事、乡村纪录片

【精彩评析】

《乡村里的中国》以质朴的笔触,直观鲜活地呈现了中国农民不同个体的喜怒哀乐、家庭关系和民俗民风,真实生动地描绘了乡民的生存状态、乡愁的文化源头,是一部有思想、有温度、有品质的纪录片。片中的人物形象鲜明生动,故事结构充满张力,叙事线索清晰完整,段落剪辑自然流畅,同期声音录制完美,是我们这个时代有记录意义的、不可多得的中国农村生活的标本。

除此之外,《乡村里的中国》所记录和展示的,也不仅仅是一种静态的乡土生活的标本,更是一种生长着社会流动中各种枝蔓的复杂的可能性。它所钩沉的,远非几位农民的流俗生活,而是潜藏于他们日出而作、日落而息的生命旅程背后一个时代所遭遇的文明冲突。各种逻辑之间的抗争、扭打与纠缠，看似无奈、甚至残酷的现实，或许才是真正的生活现实，也是观众更愿意承认和接受的现实。而且该片本身就流淌着创作者超越于记录历史之外的文化诉求，这种诉求，就像贯穿纪录片始终的时令与节气一样，缀满了复杂而隽永的诗意。

25.《四个春天》

【影片信息】

导演:陆庆屹　类型:纪录片　上映时间:2019 年　色彩:彩色

内容:以导演陆庆屹自己真实的家庭生活为背景,记录了生活在南方小城里的父母四年里的日常故事。

【角色介绍】

陆运坤:父亲。中学退休老师。

李桂贤:母亲。家庭妇女。

【影评关键词】

家庭影像、诗意现实主义、诗意叙事

【精彩评析】

　　《四个春天》关乎的是导演陆庆屹的个体经验和记忆,作品以他的视角,叙述了整个家庭二十多年的变迁,尤其是影片中所拍摄的四个春天。在这期间,发生了极多的变故,但是导演对此并没有过分着墨。与这些家庭情节剧式的故事性部分相比,该片更核心的内容是老两口的日常生活。片中的父母既平凡,又难得。他们勤勉于干农活、做饭食的劳作,却又能用音乐和歌声让生活充满艺术与诗意,他们彼此间的爱意与温柔,更加让人感动。由于这部纪录片没有《路边野餐》那种涣散的浪漫,再加上拍摄对象是导演自己的父母,所以其现实主义根基更为坚实,并且还有些许诗意现实主义的韵味。导演通过这部纪录片,在我们日常普通的生活中,挖掘出了更多审美的意义和价值。

26.《我和我的祖国》

【影片信息】

总导演:陈凯歌　类型:剧情　上映时间:2019 年　色彩:彩色

内容:讲述了新中国成立后的 70 年间普通百姓与共和国息息相关的故事。

【角色介绍】

《前夜》:管虎导演。背景为 1949 年 10 月 1 日中华人民共和国成立前夕。

《相遇》:张一白导演。讲述了 1964 年原子弹科研工作者为祖国做出的贡献。

《夺冠》:徐峥导演。以 1984 年中国女排在洛杉矶奥运会上夺冠为背景讲述故事。

《回归》:薛晓路导演。背景为 1997 年 7 月 1 日香港回归祖国。

《北京你好》:宁浩导演。以 2008 年北京举办奥运会为背景讲述故事。

《白昼流星》:陈凯歌导演。背景为神舟十一号飞船成功着陆。

《护航》:文牧野导演。背景为 2015 年 9 月 3 日纪念抗战胜利 70 周年阅兵式。

【影评关键词】

献礼片、集锦式影片

【精彩评析】

　　面对高昂宏大的礼赞主题,《我和我的祖国》以小见大,塑造了身处大时代的"小人物"群像。该片既有取材于史实的真实人物,如开国大典自动升旗装置的设计师、香港回归仪式上的升旗手、原子弹的研究人员、舍己扶贫的基层干部、备飞护航的女飞行员；也有大胆创设的艺术形象，如上海里弄小男孩、北京出租车司机、迷途知返的失足青年等。这些在大事件中鲜为人知的小人物，默默无闻而又矢志不渝地将"小我"的人生篇章，无私地融入共和国的"大我"华章中。他们所承载的奉献、牺牲、拼搏、捍卫、坚守的时代精神，穿越时空，历久弥新，凝聚成"我和我的祖国，一刻也不能分割"的坚强信念，也生动地表达着"历史是人民写就的"价值主题。

《我和我的祖国》带领观众重温了新中国 70 年的峥嵘岁月，它既是一部献礼片，更是一封写给祖国的情书，用"我"的故事、"我"的经历、"我"的感动向祖国表白。该片虽然以重大历史事件为背景，但它的艺术风格却独具特色。其一方面纯熟应用了类型化叙事手法，既有传统电影叙事手法的经典再现，又有商业类型片悬念叙事的娴熟应用，多种叙事手法交互作用，让故事的讲述更有趣味；另一方面其成功把握了风格化叙事艺术，使该片的基调始终较好地控制在质朴深情、温暖奋进的向度上，不仅营造了浓厚的生活质感与时代氛围，如里弄、胡同、市井的生活景观，而且呈现了广阔的社会场景与生活容量。

27.《夺冠》

【影片信息】

导演：陈可辛　类型：体育/剧情　上映时间：2020 年　色彩：彩色

内容：讲述了几代中国女排的奋斗历程及她们顽强拼搏、为国争光的传奇故事，诠释了祖国至上、团结协作、顽强拼搏、永不言败的女排精神。

【角色介绍】

郎平：巩俐饰演。中国女排总教练，人称"铁榔头"。

袁伟民：吴刚饰演。中国女排的奠基人，在他任教期间女排取得"三连冠"。

青年陈忠和：彭昱畅饰演。陪打教练，后成为创造女排中兴时代的英雄主帅。

【影评关键词】

体育题材、主旋律电影

【精彩评析】

《夺冠》这部电影用叙事的"真"和修辞的"诚"书写了一场中国女排的奋斗史和心灵史。它以集体叙事的方法，唤起了一段温暖而充满力量的全民回忆。该片最珍贵的地方在于它没有停留在表面的煽情上，也没有对集体主义进行过度的美化，相反，它传递的体育精神有着与时俱进的变化。也正是在这样的影像呈现之下，"女排精神"才得以代代相传，生生不息。在这部更加注重展现女排群像的影片中，观众既唏嘘于这股集体精神的流动与传承，又能清晰地从中看到群体内每一位个体所具有的鲜明特点。

28.《公民凯恩》

【影片信息】

导演：奥逊·威尔斯　类型：纪传/悬疑　上映时间：1941 年　色彩：黑白

内容：讲述了一位报业大亨孤独地在豪宅中死去，临死前令人费解地念叨着"玫瑰花蕾"一词，影片由此展开了他一生不平凡的经历。

【角色介绍】

凯恩：奥逊·威尔斯饰演。美国的报业大亨。

苏珊：多萝西·康明戈尔饰演。凯恩的第二任妻子。

杰德戴·李兰德:约瑟夫·科顿饰演。凯恩的大学好友、戏剧专栏评论员。

【影评关键词】

多视点聚焦叙事、现代电影、景深镜头

【精彩评析】

《公民凯恩》作为现代电影史上具有里程碑意义的佳作,打破了好莱坞习惯的线性叙事和单线索戏剧性逐层递进的结构模式,整部影片通过访谈的方式再现了公民凯恩传奇的一生,向观众展示了关于"美国梦"的实现过程,以及在"美国梦"实现的背后所隐藏在凯恩内心深处的秘密——玫瑰花蕾,这也成为电影最大的悬念所在。奥逊·威尔斯力图在电影语言和电影技术上寻求创新,并在电影艺术表现手段上取得巨大成就,其视听语言在揭示玫瑰花蕾的秘密上所起到的作用远远超过了访谈、揭秘,产生出窥视者侦探似的发掘秘密的效果,导演无时无刻不在试图通过视听语言向人类的心理和潜意识进军。

贯穿《公民凯恩》全片的"玫瑰花蕾",可以看作是一种童真的象征。凯恩小时候失去了父母,成为报业大亨后失去了理想,竞选州长失败后失去了第一任妻子和孩子,努力培养苏珊成为歌剧明星失败后又失去了苏珊。凯恩在临终前吐露的"玫瑰花蕾",实际是对失去的天真的一种哀叹。凯恩终其一生也找不回小时滑雪板上的那朵玫瑰花蕾了,这是一出彻头彻尾的悲剧。爱情层面上的失去、理想价值观的陨落、生命意义里的衰败,都使《公民凯恩》这部影片生发出一种充满古典意味的悲壮。

29.《音乐之声》

【影片信息】

导演:罗伯特·怀斯　类型:音乐　上映时间:1965年　色彩:彩色

内容:讲述了修女玛丽亚到特拉普上校家当家庭教师,并与之产生感情的故事。

【角色介绍】

玛丽亚:朱丽·安德鲁斯饰演。萨尔茨堡修道院里的志愿修女,活泼开朗。

冯·特拉普:克里斯托弗·普卢默饰演。海军上校,有七个孩子。

男爵夫人:埃莉诺·帕克饰演。冯·特拉普上校的女朋友。

【影评关键词】

音乐电影

【精彩评析】

电影《音乐之声》取材于玛利亚·奥古斯都·特拉普的同名自传体小说,根据美国百老汇的同名音乐剧改编而成,是美国音乐片巨匠罗伯特·怀斯新风格音乐片的又一力作。在编、导、演的天衣无缝的配合下,这部影片成为电影史上最经典的音乐片之一。

《音乐之声》中天性自由、不受繁文缛节约束的美丽修女玛丽亚,迷人的阿尔卑斯山、清澈的湖泊、明媚的阳光,怡人的气候,雅致的别墅,七个活泼可爱的孩子,以及他们反对纳粹、追求自由的勇气,都深深打动着观众们的心。片中多首歌曲,如表达玛丽亚对大自然热爱的主题曲《音乐之声》、轻松愉快的《孤独的牧羊人》、特来普演唱的深情无限的《雪绒花》、欢乐有趣的《哆来咪》,以及可爱的孩子们在比赛中和客厅里演唱的《晚安,再见!》等等,也都成了观众们记忆中最值得细细回味的旋律。

30.《十二怒汉》

【影片信息】

导演:西德尼·吕美特　类型:剧情　上映时间:1957年　色彩:黑白

内容:讲述了由十二个人组成的陪审团就一起贫民窟男孩被指控谋杀生父的案件进行讨论的故事。

【角色介绍】

1号陪审员:马丁·鲍尔萨姆饰演。一所高中的球队教练,会议的主持。

2号陪审员:约翰·菲尔德饰演。一个戴着眼镜,有些害羞的小个子中年人。

3号陪审员:李·科布饰演。一个愤怒的中年人,最后一个坚持被告有罪的人。

4号陪审员:E.G.马歇尔饰演。头发稀疏的戴眼镜的中年人,做股票分析工作。

5号陪审员:杰克·克卢格曼饰演。一个在贫民窟长大,性格自卑的人。

6号陪审员:艾德·宾斯饰演。一个正义感很强的普通上班族。

7号陪审员:杰克·瓦尔登饰演。一个做销售的球迷,最初反对最激烈的人。

8号陪审员:亨利·方达饰演。影片主角,整个事件均由他的质疑而起。

9号陪审员:约瑟夫·史威尼饰演。一个瘦小的老头,第一个支持主角的人。

10号陪审员:埃德·贝格利饰演。一个怀有阶级偏见的老人。

11号陪审员:乔治·沃斯科维奇饰演。钟表匠,第四个支持主角的人。

12号陪审员:罗伯特·韦伯饰演。一个戴着黑框眼镜开朗健谈的广告商。

【影评关键词】

美国法律电影、陪审团制度

【精彩评析】

《十二怒汉》被认为是导演西德尼·吕美特的巅峰之作,而影片的剧本是其成功的关键。编剧雷金纳德·罗斯在缜密、理性、充满力量的剧作中,提出了一个伟大的命题:在民主社会中,人们应当如何行使自己手中的权力?隐藏其后的是更高层面的哲学思考:在艰难的环境下,我们仍应力图保持对生命的尊重。罗斯的剧本,人物刻画饱满,悬念冲突迭起,起先是涓涓细流,中段是波涛汹涌,最后排山倒海一般的戏剧力量,至今仍有力地撞击着半个世纪后的观众。

这部影片最大的特点是:场景单调得离奇。全片只有一个场景,这完全可以创吉尼斯世界纪录了。这个能让所有观众痴痴地看上一个半小时的场景,就是一间陪审团的休息室,把旁边的小厕所计算在内都不会超过40平方米。导演用他魔术般的艺术表现力,在这间不足40平方米的房子里展现了耐人寻味的感人故事。

31.《办公室的故事》

【影片信息】

导演:梁赞诺夫　类型:喜剧/爱情　上映时间:1977年　色彩:彩色

内容:讲述了统计局女局长洛佳娜与部下瓦谢里采夫不打不相识,从互相轻视到真诚相爱的故事。

【角色介绍】

洛佳娜:阿丽萨·弗雷因德利赫饰演。全身心投入工作的统计局局长。

瓦谢里采夫:安德烈·米亚科夫饰演。与妻子离异后独自抚养两个孩子的统计员。

【影评关键词】

苏联电影、喜剧电影、俄式"鸡汤"

【精彩评析】

《办公室的故事》是一曲对美好人性和温馨情感的赞歌。导演将独特的视角、巧妙的构思以及鲜活的时代特征注入电影中,打破了传统电影的喜剧特征。该片通过对男女主人公几场戏的性格冲突、性格反差的揭示,使观众欣赏到了完整而鲜明的人物形象。由于这部喜剧片的笑料都来自人物本身的性格和所处的生活情境,而不是故意制造出的噱头,所以它带给观众的是一种清新的、愉快的、会意的笑。导演的高明之处不在于刻板俗套地抓住噱头大闹一场,而是把喜剧、闹剧、严肃剧等诸多因素都巧妙地结合在了一起。

32.《幸福的黄手帕》

【影片信息】

导演:山田洋次　类型:喜剧　上映时间:1977 年　色彩:彩色

内容:讲述了因判刑入狱而与妻子离婚的勇作,出狱后在路人花田与小川的鼓励和陪同下重回家园的故事。

【角色介绍】

岛勇作:高仓健饰演。原是一名矿工,后因失手杀人被判刑入狱 6 年。

岛光枝:倍赏千惠子饰演。岛勇作的妻子。

花田钦也:武田铁矢饰演。一个因失恋而辞了工作的年轻人。

小川朱美:桃井薰饰演。单身旅行的姑娘,因搭车与花田相识,后遇到勇作。

【影评关键词】

日本民族电影

【精彩评析】

《幸福的黄手帕》的故事情节非常简单,主要人物也只有勇作、光枝,以及勇作出狱后路上邂逅的钦也和朱美两个年轻人。导演山田洋次不追求情节的离奇,而着重于细致入微地挖掘人物的内心。他通过对勇作内心激烈斗争的描绘,展现出他对过去生活美好的回忆,刻画出光枝纯洁的品德和情操。同时影片还用钦也、朱美这一对青年来衬托勇作的深沉性格,促使他对自己进行痛苦的内省,对未来认真地思索。

影片的结尾尤其令人难忘。在六年监狱生活结束之后,等待勇作的究竟是什么呢?观众也被这个悬念紧紧地吸引着。当勇作一行人来到夕张时,看到远处一长串的黄手帕迎风招展,此时观众的疑惑虽然瞬间瓦解,然而激动的心情却久久难以平复。而导演此时却没有正面去表现勇作、光枝相见的喜悦,他只用远景表现了在悬挂着一长串的黄手帕的旗杆下,勇作与光枝默默无语地重逢;而站在高处观看的钦也与朱美也感动地失声痛哭,这种含而不露的描绘不仅生动地展现了人物各自不同的性格,而且意味深长,令人回味不已。

33.《小鞋子》

【影片信息】

导演:马基德·马基迪　类型:家庭/儿童　上映时间:1999 年　色彩:彩色

内容:讲述了一对兄妹与一双小鞋子的感人故事。

【角色介绍】

阿里:法拉赫阿米尔·哈什米安饰演。一个善良勤奋的小男孩。

莎拉:巴哈丽·西迪奇饰演。阿里的妹妹,心地纯洁善良的小女孩。

阿里的爸爸:默罕默德·阿米尔·纳吉饰演。阿里和莎拉的爸爸,老实巴交的工人。

【影评关键词】

伊朗电影、儿童视角、"原生态"镜头语言

【精彩评析】

电影《小鞋子》还有一个名字叫《天堂的孩子》,这是一部将写实主义发挥到极致的伊朗电影。该片从对苦难的描述开始,为观众展示了小男孩阿里一家人在艰难命运面前的所作所为。导演以一种极其温情的目光关注着一个普通儿童以自己的方式实现梦想的全过程。影片中的两个孩子,哥哥稍带忧郁气质,漆黑的眸子里除了天真灵动以外,好像还有一些小小的心思隐逸其间;妹妹是个可爱懂事的小女孩,有着美丽的大眼睛,快乐的时候会有极为纯真可爱的笑容。孩子们的出现几乎没有刻意表演的痕迹,但关怀和温情的气息却贯穿于影片始终。导演将孩子世界的那些纯真、善良、友爱、积极的美好品格,在影片里通过丢掉一双缝补好的鞋子为主线平实展开,却未给观众带来怜悯与同情的感觉,有的只是感动、赞扬和鼓励。

34.《美丽人生》

【影片信息】

导演:罗伯托·贝尼尼　类型:爱情/战争　上映时间:1997年　色彩:彩色

内容:讲述了一对犹太父子被关进纳粹集中营后,父亲为保护儿子的童心,利用想象力让其身处"游戏"中,最后儿子的童心未受到伤害,自己却惨死的故事。

【角色介绍】

圭多:罗伯托·贝尼尼饰演。一个心地善良、生性乐观的犹太青年。

多拉:尼可莱塔·布拉斯基饰演。一位美丽的意大利女教师。

乔舒亚:乔治·坎塔里尼饰演。圭多与多拉的儿子,与父亲一起被关进集中营。

【影评关键词】

反常规黑色喜剧、二战反思、亲情人性

【精彩评析】

《美丽人生》完全不同于以往任何一部二战题材的影片,它是一幕黑色的喜剧,以一种超越常规的新鲜的角度,通过另一个侧面来面对二战这段历史。这部电影在叙事上也很成功,它没有按照传统的方法处理,而是用寓言的方式写实,用悲剧情境营造喜剧效果。影片前半部为后半部做了充分铺垫,如孩子爱玩坦克,就有了父亲利用他对坦克的期盼编织谎言;孩子不爱洗澡,后来恰恰这一点救了他的命;圭多和心上人去看歌剧,最后他也是通过咏叹调向妻子传达他们活着的信息。

《美丽人生》这部电影讲述了一个关于"父爱"的故事。导演通过对人物、战争的残酷和细节的描述向观众传达了"父爱深沉"这一主题,进而表达出导演对人生意义的个人思考。在导演的镜头里,他向观众展现的是战争创伤下真实的犹太人的世界以及灾难中的美好,为此,他并没有通过大量对战争的残酷的渲染来诠释父爱的伟大,而是用温情的影像告诉我们,战争虽然残酷,但人性依然美好。只要有一颗乐观而强大的内心,就终将会扫去人生中的阴霾,迎来真正的光明。

35.《肖申克的救赎》

【影片信息】

导演:弗兰克·德拉邦特　类型:剧情　上映时间:1994年　色彩:彩色

内容:改编自斯蒂芬·埃德温·金的同名小说,讲述了银行家安迪因被误判为枪杀妻子及其情人而入狱,后寻找机会成功越狱的故事。

【角色介绍】

安迪:蒂姆·罗宾斯饰演。银行家,被误当成杀妻凶手而被判无期徒刑。

瑞德:摩根·弗里曼饰演。监狱的囚犯,为安迪提供了小锤子、海报等物品。

塞缪尔·诺顿:鲍勃·冈顿饰演。肖申克监狱的监狱长。

【影评关键词】

救赎与自由、体制化、励志影片

【精彩评析】

《肖申克的救赎》是一部伟大的作品,它不仅向我们讲述了一个寻求"救赎"与"自由"的故事,更是给我们提供了一道宏观的人生命题。影片里呈现的那座监狱,里面的囚犯和官员,恰恰构成了社会的众生相。典狱长诺顿高高在上,平时道貌岸然,对圣经倒背如流,实际上攫取利益时不择手段,残酷、阴险而贪婪。警卫队长哈德利和其他狱警凶狠残暴,充当诺顿的打手,草菅囚犯的人命。他们影射的是现实中的掌权阶层。而监狱里的囚犯也各不相同,除了主人公安迪和瑞德之外,图书管理员老布的人生轨迹也令人扼腕叹息。因此,与其说肖申克是一座监狱,不如将其看成是一个缩小版的社会。而该片所反映的体制化问题更是与我们息息相关。虽然我们绝大多数人并不是生活在监狱里的囚犯,但是身处这个社会,我们是不是已经不知不觉地成了其他形式的囚犯呢?正如影片所说的那样,"监狱的围墙有点滑稽:首先你恨它们,然后你习惯它们,等足够的时间过去之后,你会依赖它们。这就是体制化。"

36.《放牛班的春天》

【影片信息】

导演:克里斯托夫·巴拉蒂　类型:音乐　上映时间:2004年　色彩:彩色

内容:讲述了一位怀才不遇的音乐老师马修来到辅育院后,改变了一群被大人放弃的野孩子以及他自己命运的故事。

【角色介绍】

马修:热拉尔·朱诺饰演。辅育院的助理教师,怀才不遇的音乐家。

皮埃尔:尚-巴堤·莫里耶饰演。辅育院里极具音乐天赋的男孩。

拉齐:弗朗西斯·贝尔兰德饰演。辅育院的校长,自私自利,为人冷酷。

【影评关键词】

法国音乐电影

【精彩评析】

《放牛班的春天》堪称法国版的"麻辣教师",该片在主题结构上并无新颖之处,故事情节却把轻松逗趣、温馨可爱推到了极致,并体现了对教师职业的尊重以及对问题学生的关怀,唤起了观众心灵深处的共鸣。整部影片中并没有充斥美女、暴力、动作、凶杀等过多的商业元素,而是犹如一股清流,用最古典的技法讲述了一段最纯真的故事,将长期受"电影机器"围攻的观众心灵彻底清洗了一番。

大多数法国电影不同于传统的欧美电影,片中往往没有那种因剧情需要而刻意的做作,浪漫而平凡的故事,一直是法国电影的主基调,就好比是一杯中国的"功夫茶",平淡中带着香浓的回甘,细细品来,才能感悟其独到的魅力所在。《放牛班的春天》虽然并不是一部爱情电影,但片中所传递出的温情却如同一首心灵的颂歌,以音乐和歌声为介质将电影里的温暖送入每个观众的心房。

37.《拯救大兵瑞恩》

【影片信息】

导演:史蒂文·斯皮尔伯格　类型:战争　上映时间:1998年　色彩:彩色

内容:根据二战的真实故事改编,讲述了一支8人小队,在枪林弹雨中寻找生死未卜的二等兵詹姆斯·瑞恩的故事。

【角色介绍】

米勒上尉:汤姆·汉克斯饰演。8人小分队的领导者,曾是一名教师。

詹姆斯·瑞恩:马特·达蒙饰演。一名普通的美国士兵,被拯救者。

霍瓦特中士:汤姆·塞兹摩尔饰演。米勒上尉最忠实的下属。

【影评关键词】

战争史诗巨作、个体生命价值、英雄主义情怀

【精彩评析】

《拯救大兵瑞恩》除了紧张的故事情节和荡气回肠的情感带给观众一种强烈的震撼外,视觉上的无限冲击也极强地抓住了观众们的心。影片重现了当年惊天动地的诺曼底登陆战,战争表现得非常逼真,几乎是真实再现了当时的血腥景象,被认为是有史以来最逼真的战争片之一,美国电影协会将其定为"极度渲染战争的暴力片",也有人称它是"最真实反映二战的影片"。

本片在反映反战的基本主题之外,更反映了美国社会一种最广泛的平民意识,对家庭的重视是美国人价值观的核心之一,因此观众能在片中看到战士们在战争最危难的时候回忆起过往的家庭生活。在这部电影中,"拯救"只是增强影片吸引力的一个煽情卖点,它的真正意义在于对生命的充分肯定,而这并不以简单的数字来换算,这是好莱坞故事片中最常见的主题。

38.《阿凡达》

【影片信息】

导演:詹姆斯·卡梅隆　类型:科幻/冒险　上映时间:2009年　色彩:彩色

内容:讲述了杰克自愿接受实验穿上阿凡达的躯壳,飞到遥远的潘多拉星球开采资源,并与当地纳美族公主相恋的故事。

【角色介绍】

杰克:萨姆·沃辛顿饰演。前海军陆战队员,被派遣去潘多拉星球采矿。

涅提妮:佐伊·索尔达娜饰演。纳美族公主,热爱自己的家园。

奥古斯汀博士:西格妮·韦弗饰演。阿凡达计划的成员,善良且富有同情心。

【影评关键词】

美国好莱坞大片、3D特效技术、生态危机、诗意乌托邦

【精彩评析】

有人曾说:"克里斯托弗·诺兰负责革新电影的叙事语言和框架,而詹姆斯·卡梅隆则负责革新电影的技术。"沉寂了十二年之后,卡梅隆终于推出了这部科幻旷世奇作——《阿凡达》。这部电影不仅给他带来了莫大的声名,更是为二十一世纪的世界电影的技术革新带来了福音。这部运用真人表演和电脑CG动画的科幻大片让世人重新认识了电影,片中科幻得让人难以置信同时却又真实得如身临其境般的场景,让影院中

佩戴 3D 眼睛的观众对卡梅隆的创造力佩服不已,但是影片又不仅仅局限于对电影科技的革新,而是在绚丽的电影工业外衣下,暗藏着卡梅隆的环保意识和社会责任感。

影片一改以往人们对于外星人和人类的形象定位,颠覆了人们对这二者关系的传统认知,把一般科幻片中人类总是处于劣势,遭受外星人侵略的设定修改为:先进的人类文明,为了资源而去侵犯其他星球的生物种族,想要毁灭该种族的文明和信仰。这样的视角转换,让人类有机会审视自身目前的环境和社会问题,尽管最终男主角抛弃了人类属性,选择用纳美人的身体进入纳美人的社会,但是这样的决裂只是对于野蛮残忍的人性的背离,他向往的是纳美人虽然原始,但却与大自然和睦共处,与其他物种共养生息的法则,这样的一种社会理念也是卡梅隆对于人类社会的倡导。

39.《何以为家》

【影片信息】

导演:娜丁·拉巴基　类型:剧情　上映时间:2019 年　色彩:彩色

内容:讲述了一个 12 岁的黎巴嫩男孩赞恩的悲惨生活经历,他控告自己的父母生下他,却不能好好抚养他。

【角色介绍】

赞恩:赞恩·阿尔·拉菲亚饰演。一个黎巴嫩贫困家庭的长子,12 岁的孩子。

拉希尔:约丹诺斯·希费罗饰演。埃塞俄比亚移民,一个一岁儿子的母亲。

【影评关键词】

难民电影、儿童问题、生存苦难

【精彩评析】

电影《何以为家》用朴素的影像向观众展示了这个世界上难为人知却真实存在的另一面。在黎巴嫩的难民窟中,每一个人都在为谋求生路而苦苦挣扎。在这个潦倒不堪的难民世界,解决温饱乃至突破阶层、出人头地可谓天方夜谭,但来自埃塞俄比亚的难民母亲拉希尔却用她对儿子的责任感证明了即便生活百孔千疮,亲情仍是支持个体变得更为强大的催化剂。但是,亲人只给赞恩带来了绝望!赞恩一家所处的困顿环境在一定程度上为赞恩父母承担责任带来了一定限制,可这并不是他们推脱责任的借口。珍视亲情的赞恩虽然尽其所能地做出了突破贫穷束缚的所有努力,但他最终得到的不过是一次次绝望,而这并没有磨灭赞恩对亲情的渴望,反而激发了他对亲情的深层次理解,使他变成了一个更加有责任感的人。

40.《迁徙的鸟》

【影片信息】

导演:雅克·贝汉　类型:纪录片　上映时间:2001 年　色彩:彩色

内容:该片主要讲述了候鸟南迁北移的惊险旅程。

【角色介绍】

无

【影评关键词】

散文诗电影、人与自然、影像生态学

【精彩评析】

与其说《迁徙的鸟》是一部纪录片,倒不如说它是一场视觉的盛宴,它带给观众的是诗一般的画面,是纯粹大自然的声音。该片讲述了候鸟终生不止的飞行,而这对于鸟儿们而言并没有所谓的意义,只是对自然的一种高贵的遵从。因此,这部影片在情节信息上并不丰富,但却拥有着极其优美的画面,导演用独具欧洲气质的浪漫之声结合唯美画面,把原属自然科学范畴的鸟类迁徙话题拍摄成洋溢着人文主义精神的不朽杰作,为大家讲述了一个关于"承诺"的故事。

《迁徙的鸟》的成功有赖于拍摄者艰苦、漫长的等待和其对自然界深沉的爱。精妙的航拍技术是人类的诚意,镜头内充满了不可思议的质感,甚至能够令人感受到翅膀切割空气的震颤。广角镜头注视下的大自然开阔壮丽,没有大开大阖的戏剧性情节、跌宕起伏的人物命运,该片只是用纯美的目光注视着鸟儿的遭遇,如掉队的灰雁孤独地走向沙漠,海滩上被成堆的螃蟹吞噬的伤鸟,草丛中雏鸟惊恐地面对机械无情的车轮……精良的技术似乎能够让你触摸到风的颗粒,然而看得越清楚,内心便越悲凉,鸟类迁徙的诗情与宿命被升华到了极限。迁徙是候鸟关于回归的承诺,而它们却要用生命来实践。

41.《至暗时刻》

【影片信息】

导演:乔·赖特　类型:传记/历史　上映时间:2017年　色彩:彩色

内容:讲述了二战时期英国首相丘吉尔带领英国人民奋起反抗,最终赢得敦刻尔克战役、度过了黎明前的黑暗的故事。

【角色介绍】

丘吉尔:加里·奥德曼饰演。英国首相,带领人们赢得第二次世界大战。

乔治六世:本·门德尔森饰演。英国国王。

克莱门汀·丘吉尔:克里斯汀·斯科特·托马斯饰演。首相丘吉尔的妻子。

【影评关键词】

人物传记片

【精彩评析】

《至暗时刻》是对每一个重大历史时刻及重大选择所涉及的责任与勇气的隐喻,传递出的是为了独立和自由,绝不向强权妥协,绝不同独裁者议和的价值观。该片最后以丘吉尔的一段话为结尾:没有最终的成功,也没有致命的失败,最重要的是继续前进的勇气。这种精神与信念,正是人类社会穿过一个个幽暗的时刻,最终迎来光明的保证。英国电影不乏以名人传记弘扬英国的传统与现代精神的案例,《至暗时刻》无疑是其中一部有着深刻的现实隐喻的重要作品。

42.《海上钢琴师》

【影片信息】

导演:朱塞佩·托纳多雷　类型:剧情/音乐　上映时间:1998年　色彩:彩色

内容:改编自亚利桑德罗·巴里克的文学剧本《1900:独白》,讲述了一个被命名为"1900"的弃婴在一艘远洋客轮上成为钢琴大师的传奇故事。

【角色介绍】

1900:蒂姆·罗斯饰演。被遗弃在维吉尼亚号上的孤儿,由水手养大。

丹尼·博德曼:比尔·努恩饰演。邮轮上的工人,发现弃婴1900。

杰利·罗尔·莫顿:克拉伦斯·威廉姆斯三世饰演。与1900斗琴的音乐家。

帕多万:梅兰尼·蒂埃里饰演。清秀动人的女孩,1900的初恋。

【影评关键词】

钢琴音乐、时空三部曲、浪漫主义色彩

【精彩评析】

《海上钢琴师》的精神内核无疑是纯真与自由。天赋秉异的 1900 就是这样的象征，他放荡不羁、不为世俗所动，只因演奏是他毕生所爱，他不必下船，只要一直沉浸在音乐中就得到了最纯粹的快乐。该片就是献给那些始终向往单纯、远离喧嚣的人。纯真是他们固有的属性，不会因为时间而改变。

在《海上钢琴师》中，导演托纳多雷使用柔和的拍摄和温暖的情绪来激起主角 1900 长久动人的悲伤，在不经意间寻找观众最敏感和动情的神经，轻轻触碰，让我们永远记住了它。影片在艺术的层面上，通过人物宿命来推动故事发展是非常合理的。这部影片不仅仅想要诉说一段经历，它更希望最终能够接近人心。因此，整个故事充满了人类对自我的解读和反思，使观影者得以通过这位一生致力于音乐的钢琴家，去重新窥探自己深埋已久的真实灵魂。

第四章　影视作品评论优秀范文

历史挤压下的艺术追寻

——评影片《早春二月》的艺术成就

该片导演谢铁骊的艺术生涯中有一个引人注目的现象,就是"文革"中的八部样板戏竟有五部出自他手,然而当他晚年回忆往事时,他说他真正想拍的影片唯有《早春二月》。从中可以看出,在中国艺术史上那段因政治挤压而整体异化的时期里,艺术家们仍在小心翼翼地规避,在暗礁中迂回地追求着自己的艺术理想。《早春二月》拍摄完成于 1963 年,那时,在文艺界一片为工农兵服务的呼声中,十足鲜明的阶级立场和舍我其谁的英雄主义精神成为文艺创作的主要指导思想,当时虽有"新侨会议"郑重地提出应当尊重艺术尊重传统,但历史的反复仍让大多数艺术家不敢稍越雷池。然而正是在这种创作环境中,《早春二月》在包括谢铁骊、夏衍、茅盾等人的努力下终于得以面世,并在试映中获得了一片好评。毋庸讳言,该片确实有着卓然于世的艺术特色,与当时的众多影片相比,浓郁的抒情特色、与众不同的思想立意和清新隽永的散文化风格成为它的专属标签,成为它走向今天的"通行证"。

该片改编自作家柔石的小说《二月》,它以 20 世纪 20 年代的江南水乡为背景,披露了五四运动退潮后苦闷彷徨的知识分子的一段心路历程。主人公萧涧秋(孙道临饰)是被五四运动唤醒的青年,但革命风暴的洗礼并没有使他成为坚定的革命者,随着五四运动退潮,他又陷入痛苦迷茫之中。为了让疲倦的心灵得到安宁,他应老同学陶慕侃之邀,到芙蓉镇中学任教,希望在这世外桃源般的水乡小镇过一段清静的生活,在美丽的自然和纯朴的乡民中间忘却烦恼,疗救心灵的创伤。在这个小镇上,陶慕侃的妹妹陶岚(谢芳饰)对他展开了极为热烈的追求,这让萧涧秋苦闷的心情得到极大的疏解。与此同时,他却陷入了对自己昔日同学的遗孀文嫂(上官云珠饰)和他的两个孩子的深切同情之中,甚至为了"彻底地解救他们"而要与寡妇重新组成家庭。他的一系列清白正义的行为虽然得到陶岚的同情却不为小镇上的封建势力所容,谣言中伤纷至沓来,竟至寡妇自尽,萧涧秋的人道主义理想也就此破灭。事隔不久,他倾注一腔心血的贫苦学生王海福的退学又给了他当头一棒,棒杀了他教育救世的理想。他终于明白过来,任凭自己怎样努力,都无法改变这些人的悲苦命运,他必须寻求另外的道路。于是,在逃避了两个多月后,他离开芙蓉镇,重又投身到时代的洪流中。

从来到芙蓉镇到走出芙蓉镇,影片重在表现萧涧秋性格的发展轨迹。围绕这一中心,影片创造性地运用各种视听语言手段来叙述、描写、抒情,在传统艺术与电影的结合上作出了卓有成效的探索。该片的艺术形式是别致的，这也同样奏出了与那个时代不和谐的音调。

从整体视觉感觉来说，当时大颗粒胶片（其成像特点是相对模糊和疏淡）的使用和江南水乡背景的选择使该片的画面极具透气感，相对于时代和当时大多数影片的浓墨重彩，犹如一阵扑面而来的清风，颇具影片题目中夏衍特意添加的"早春"之气。在影像内部，清新的风格、舒徐的节奏在第一个镜头中就可以初步感受到。定位拍摄中，一堵木板墙占满了整个银幕，墙的左上角是一个小小的窗口，在字幕出现的同时，窗口缓缓掠过岸边的景色，虽然远景不很清晰，但江南水乡的特色还是十分明显的。字幕出完以后，镜头摇向货舱与客舱连接的窗口，从窗口慢慢推向客舱，最后以近景停留在侧对镜头的萧涧秋身上。镜头的这种巧妙设计不仅点明了故事所发生的环境，避免了单纯出字幕的单调，而且具有由远及近、由动到静的层次感。接下来的镜头以中景展示客舱，萧涧秋处于画面中央，从他的穿着打扮以及面貌神情不难看出，他和这种嘈杂的环境是格格不入的。要命的地方就在这里，影片在这里特别突出了一个细节，暗示萧涧秋与环境的不协调。旁边的一个农民打瞌睡，把头靠在萧涧秋的肩上，他皱起眉头露出厌恶的表情，推开那人站起来走了出去。萧涧秋这一近乎本能的举动，形象地揭示出他这一类知识分子与农村下层民众的隔膜——或许正是这个艺术上的巨大成功最先给这部影片惹来了意识形态方面的麻烦。优美的意境，细腻的抒情，可以看出影片深得传统美学之妙，这一点还表现在情与景的交融上。在这部影片中，写景的镜头随处可见，从开始展示萧涧秋内心的波澜到结尾预示未来的希望，写景的镜头在影片中占了较大比重。这些镜头与人物的心理、情感、环境气氛有机结合在一起，在传情达意方面收到了很好的效果。以萧涧秋七次经过通往西村的拱桥为例，七种心境各不相同，由喜悦到愤怒到最后的悲哀，景物也随之变化，景以情生，情以景浓，情景相辅相成，给人留下极为深刻的印象。

《早春二月》在叙事方面最大的艺术特色在于抛弃戏剧化的结构原则而代之以多场景组合的方法。戏剧化的结构往往把影片分为几个矛盾冲突相对集中的段落，段落与段落之间用渐隐、渐显连接，类似舞台上的分幕分场。而该片所独创的多场景组合则明快洗练，意蕴丰厚。例如陶岚与萧涧秋初识，陶家、萧涧秋在学校的客房、西村文嫂家几个场景直接组合在一起。陶家，萧涧秋听了文嫂的遭遇陷入沉思，他的神情引起陶岚的注意，陶岚若有所思地注视着萧涧秋，这时影片从陶岚的近景直接切到萧涧秋的客房，陶岚进来，萧涧秋不在，镜头以陶岚的视角扫过桌子上的书、杂志，陶岚接下来做什么影片没有再交代，而是从书、杂志一下切到西村文嫂家，从文嫂家出来，萧涧秋兴奋异常，按通常的处理，镜头应随萧涧秋的行踪回到客房，而影片则从外景直接切回客房，方陶岚反客为主，等待萧涧秋回来。仔细分析这个段落三个场景间的四次转换，虽都是直接切换，但由于镜头与镜头之间相互暗示、相互补充，因而并没有生硬的感觉，与渐隐、渐显相比，这种多场景组合使得影片结构更紧凑，意蕴更丰厚，也彰显出这部影片的散文化特色。可是，那个时代允许散文的存在吗？

《早春二月》虽然有一个"光明的尾巴"，但相对于它的艺术成就来说，是瑕不掩瑜的，或者说，那只是一种假象。在该片拍摄的年代，"以阶级斗争为纲"和"大写十三年"已经开始流行，影片的编导选择这样一个反映小资产阶级知识分子徘徊探索又充满人情味和人道主义题材的电影，显然不合"时宜"，可这也正是其可贵之处，里面包含着明知不可为而为之的胆气和夹缝中求发展的韧性。

（文/佚名）

万壑险途有新生
——评电影《黄土地》"翠巧"的人物形象

当民歌瑰宝信天游成为酸曲儿,当青春韶华小女子为他人作嫁衣裳;当滚滚黄河水变成吃人漩涡,当生养人的黄土地渐噬着希望……在千沟万壑的沙土中,仍有一缕向阳而生的生灵之光。由陈凯歌导演、王学圻等人主演的电影《黄土地》,通过黄土高原上无法摆脱封建愚昧与贫苦束缚的翠巧勇敢追逐自由,却最终被生养她的黄土地吞噬的故事,表达了导演对愚昧落后思想的批判以及对人们勇敢追求新生与光明的希冀之情。本文从"身不由己的苦难者""渴望自由的追随者""勇敢挣脱的悲悯者"三个维度深度剖析该电影作品中"翠巧"这一人物形象的内心世界与个体价值。

翠巧——身不由己的苦难者。

陈凯歌导演极其善于剖析历史和传统的重负对民众精神的制约与影响,在《黄土地》这部影片中,他一如既往地用风格化的镜头语言着重表现了主要人物"翠巧"的人性弱点以及地域与传统带给她的无法磨灭的伤痕印记。在这部影片中,导演对于蒙太奇的巧妙运用起到了至关重要的作用。当翠巧看到长长的迎亲队伍从不远处一步步靠近时,对比蒙太奇使得该部分的内核丰满又灵活:表面上看,翠巧所见与其他围观村民所见并无差异,然而正反打镜头与对比蒙太奇的结合运用,却将翠巧看到的热闹喜庆场景镀上了一层恐惧冷漠的色彩,翠巧压抑隐忍的脸庞与乡民们麻木的痴笑形成鲜明的对比。她为那位新嫁娘的命运感到怜惜、痛心,同时,也对自己未来的命运感到惶恐不安,因为她能预见终究有一天,包办婚姻也是自己的最终归宿,那看似欢乐吉祥的成亲之日,恰恰是自己"人为刀俎,我为鱼肉"的苦难降临日。

身陷水深火热之中却无能为力,而封建思想的桎梏也将这片陕北黄土地变成了被割裂成条条框框的人间炼狱,翠巧的身不由己是封建思想枷锁下女性的悲哀,更是那个愚昧时代的悲哀。隐喻蒙太奇在这里也为影片增添了浓墨重彩的一笔:远望黄河,波涛滚滚,然"大音希声,大象无形",影片中大量黄河的远景空镜头所展现出的苍凉感与一望无际的虚空景象,实则隐喻了翠巧内心的挣扎,凸显了她在当时根深蒂固的封建思想束缚下无法逃脱的苦难者形象;而极具色彩冲击力的鲜红色"门帘"背后,隐藏的是黄土高原上所有女娃们一成不变的归宿——"生于黄土,埋于黄土;嫁汉嫁汉,穿衣吃饭"。只要跨过这道红色"门帘",她们便真正进入了一个"嫁鸡随鸡,嫁狗随狗"的轮回世界,沉闷、痛苦、压抑、无助……这些"苦难"是生于黄土地上的"翠巧们"一生都无法摆脱的人生关键词。

翠巧——渴望自由的追随者。

虽然翠巧是一个身不由己的苦难者,但她并没有一味顺从地遵循上天早已为她安排好的人生轨迹去生活,延安八路军文艺工作者顾青的到来,赋予了她更加坚定地去追求自由和理想的勇气。她以"信天游"作为呐喊心声的武器,以着鲜红色棉袄抒发内心的渴望。最后她甚至身穿嫁衣下定决心与顾青"私奔"。翠巧情真意切地对顾青说:"你……带上我走! 我打了包袱。"在看到顾青犹豫时,翠巧那颗早已被烈火点燃的心依旧在燃烧,她努力争取道:"洗衣服,挑水,做饭,我都能! 就是绞辫子也成……"这是一个地地道道的黄土高原女娃所能做出的最后的"反抗",然而得到的回答却是:"公家人也得有公家人的规矩",就像"庄稼人有庄稼人的规矩"一样,"只有得到领导的批准,才可以去延安"……在这一刻,翠巧的内心是无比失落的,但是当她听到顾青在答应她"一定会再来"时,即使是这样一个并不确定的轻飘飘的承诺,翠巧的脸上还是漾起了笑意,她回答道:"我信了。"她相信自己终有一天能够脱离苦海,彻底摆脱这个压抑且不完整的家庭。在这一段情节中,导演和摄影师运用了大量的近景和特写镜头来展现翠巧欣喜与渴望的表情。先是鼓足勇气说出"带上我走"的殷切盼望,后在听到"不能违反纪律"后转为无边的失望,最后在得到顾青的那句"我会再回来"时又转变为深深的希望,这一步步的情感变化,进一步刻画出翠巧对于自由的无限向往和追求光明的坚定决心。

影片中,翠巧所穿服装的色彩大多为红色——红色的棉袄、棉裤,红色的头巾……红色衣服强化了视觉冲击力,使观众也能够跟随翠巧的情感流变产生情绪上的跌宕起伏,与影片中的主要人物产生共鸣。我们的憧憬和现实生活之间往往横亘着难以逾越的鸿沟,但现实之中的每一步追求理想的行动又总是能放射出热烈的光辉。翠巧,就是在封建旧思想的牢笼中觉悟到应该掬起黄河水的人们中的一个,是对自由与光明充满热情的追随者。

翠巧——勇于挣脱的悲悯者。

最煎熬的时刻莫过于无边无际、虚无缥缈的漫长等待,曾经因承诺点燃的希冀之光若明若暗,经历过无数翘首以盼的日夜后,却始终不见光明的到来。顾青回延安后便杳无音信,然而翠巧却不舍不弃地坚守他的到来,期盼有朝一日他能带自己逃离这片贫瘠穷困且无比压抑的黄土地。看着日子一天天流逝,翠巧久等的心终于无法继续坚持了,在一个黄昏时分,她勇敢迈出了追求自由的坚定一步——她要乘着木筏渡过波涛滚滚的黄河去延安。在渡河时,翠巧一改往日唱信天游时的沉郁低缓与悲凉慨叹,以激昂振奋之音唱起顾青教给她和弟弟憨憨的"红歌":"镰刀斧头老镢头……"她那激动而清脆的歌声飘扬在滚滚河水之上,仿佛希望和光明之路就在前方;然而就在下一秒,画面中的人声刹那消逝,只剩下大全景中的滔滔黄河仿佛什么事情都没有发生一样继续翻涌着,岸上的憨憨在听不到姐姐声音后呆呆地喊了一句"姐"……翠巧,这个勇于挣脱束缚的黄土地上的女娃最终被黄河水吞没了。这是那个时代大潮下挣脱苦痛与追求自由的代价,一定程度上可以说正是翠巧自己的选择酿成了她最终的悲剧。翠巧选择的挣脱之途难在她所要抗衡的,不是狭义的社会恶势力,而是孕育了她以及祖祖辈辈根深蒂固的黄土里的愚昧。较之与恶势力对抗,这种向"生我养我"的土地所发出的挑战需要付诸更大的勇气与决心。翠巧终被汹涌的黄河之水淹没了,然而就在这死亡的无尽悲凉中,更饱含着在旧社会男权与封建思想禁锢下女性独立意识的"觉醒"! 导演用隐晦生动而富有先锋化色彩的视听语言充分展现了其对以"翠巧"为代表的向往自由之女性的悲悯情怀,升华了电影的内在主旨,使得"翠巧"这一人物形象更加深入人心,完成了对勇于挣脱、改变当时中国现状的悲悯者的致敬。

"翠巧"代表着那个时代背景下千千万万个不满于愚昧婚嫁陋习与封建思想压迫,且敢于打破囚笼追寻自由、独立的女性形象,她不仅影射着无数被封建男权、父权压迫的弱女子的不屈服之精神,同时她勇敢果断的抉择与对自身的救赎又代表着在压抑的旧势力之黑暗中点燃的希望之光。纵然她终被生养她的黄河水所扼杀,但她不甘于做恶俗势力之囚徒的前卫精神犹如使她重获新生,最终完成了那个时代的"被救赎"。

(文/王一然)

长路漫漫,愿与共行

——评析电影《我的父亲母亲》

　　草结种、风摇叶,长路漫漫积回忆,些许辛酸苦楚,半生相守与共,相顾无言,却爱意弥漫……导演张艺谋巧妙地借用质朴的乡土情怀,使父母平凡的爱情故事充满了纯朴的美感和浓浓的浪漫气息。

　　电影《我的父亲母亲》通过讲述"我"的父亲与母亲几经波折却始终相爱坚守的故事,描绘了父母在希望与失望的不断交织中更显珍贵的纯真爱情。影片中粗线条的表达愈益凸显"慢"的柔和与温润,与快节奏时代的爱情观念大相径庭,而时代发展、物欲横流,质朴的爱情也愈加令人神往,将其放在当下社会里依然值得不断地回味与探索,为何总是"从前慢"?

　　导演张艺谋对色彩的把控是极为大胆的,他将色彩融入叙事,运用反差对比强化表现,鲜明而富有深意,真实而不失唯美,也因此使影片的视觉元素更加具有穿透力。在《我的父亲母亲》中,导演通过灰白与彩色的色调交替参与电影叙事,配合时间线索,将故事段落进行划分,在描绘现实时间时,影片采用灰白为基色铺满画面、以固定机位的镜头为常态化的表现,更彰显了一种冷静感和克制感,肃穆的画面迎合父亲的葬礼的叙事安排,肃杀、悲悯的气氛得到了强而有力的渲染,奠定了在现实时间中悲痛的感情基调,同时给予观众疑问与思索,这极致的"悲"究竟从何而来?

　　相反,不同于现实时间中的灰白影调,在回忆往昔的时间中,电影画面的色彩浓郁而鲜艳,跳脱的运动镜头与高浓度、高饱和的艳丽色彩相得益彰,无论是夕阳余晖与泛黄树叶的交相辉映,还是母亲戴着红围巾、穿着父亲最爱的那件红棉袄在旷野灌丛中奔跑的景象都美得朦胧氤氲。回溯往昔有多美好,父亲与母亲的爱就有多浓烈、多炽热。艳丽而浓重的色彩将父亲与母亲爱情的真挚灿烂、纯洁神圣展现得淋漓尽致,这强烈的颜色对比之间,给现实中的"悲"交付了答卷。在面对爱人死亡时,心底深沉的爱无处宣泄又怎能不悲?

　　影片中的爱情是纯粹的、真挚的,也因此更加动人。父母初见时的羞涩与紧张,慌乱间的期待与盼望在电影中都表现得恰如其分。在描绘父亲与母亲初见的场景时,导演通过升格摄像的方式进行记录表现,镜头画面在远道而来的父亲与好奇观望的母亲间不断剪接、反复横跳,父亲与母亲就这样一步一步走进了对方的世界。升格镜头下画面展现的时间得到延长,这是母亲内心世界荡起波澜的外化,爱的种子从此生了根。马落蹄、风尘起,冬日暖阳下光影迷离,导演利用自然状态下的光影以强化画面中的真实和灵动,父亲与母亲的初见在这细腻的勾勒中更显唯美与浪漫,情意萌动的美好囊括在这迷离之中,母亲少女情怀的羞涩与甜蜜、父亲一见倾心的沉醉和恬念都在这光影中得到淋漓尽致的展现,纯真而美好的爱情故事由此展开。

　　母亲翘首以盼,在山路上等候父亲相遇的情节中,导演通过移动镜头将母亲心中焦急的心情表现出来,慌张与仓促是少女沉醉在芳心暗动中的不经意,羞于近距离的接触却又不断渴望靠近而保持着若即若离,正值青春年华的花季少女躁动的心情跃然于银幕之上,欣喜与紧张的气氛是芳心狂热的外在表现。在母亲主观视角中,浓郁的景色下父亲带着孩子们在乡间小道上唱着儿歌欢愉漫步,镜头以全景的景别进行构图,并随人物的运动方向进行水平移动,在这样的描画下,模糊了参照体系的客观,带给观众以树木后移或是人物前行的视觉错觉,新奇的动静结合为影片的艺术表现更添风韵,平面化的构图更增添了几分灵活生动,表现了父亲的一举一动皆刻印在了母亲的心头。加持升格摄像与长焦镜头的拍摄手法强化了少女在心动时的真实表现,观众的代入感得到增强,父亲与母亲的爱情故事也显得更加真挚,更加引人动容。

节奏舒缓而又富有情绪渲染力的纯音乐《The Road Home》贯穿影片始终,悠扬的旋律扣人心弦,纯音乐的特性降低了突兀感,增强了代入感,而音乐《The Road Home》本身便带有极强的回忆性与故事感。随着电影情节的发展,《The Road Home》在不同的时期对每一种情感的表达都起到了恰当的辅助作用,无论是相遇时的优柔婉转还是相恋时的郁郁青青抑或是分别时的哀怨惆怅,其将每一种风格都展现得淋漓尽致。当“我”拿起照片,讲述父亲与母亲的爱情故事时,《The Road Home》的音乐随之缓缓奏响,配合画面叠化的镜头剪接,时空的转换自然流畅,唯美与纯粹的情感也得到了意境化的表达。当父亲逾期未归,母亲拖着生病的身体踏上前往县城的路时,风雪交加,覆盖大地的白雪与母亲的红颜色棉袄搭在一起,意境感浑然而生,人物在画面的右侧不断叠化显现,同一背景音乐却将全然不同的凄美之感烘托至极致,母亲内心的情绪得到听觉化的展现,缠绵的旋律附加着母亲对爱人的想念。

纵观影片,导演张艺谋以其独到的眼光和深厚的文化底蕴将人文的情感关怀与对传统工艺、传统文化的推崇巧妙地通过叙事线索结合在一起,使影片的表现更加环环相扣,全方位的元素得以同台展现。“织红”承载着情窦初开的少女对意中人的祝福与为全村祈愿求福的双重含义,回忆中梁上的“织红”通过与环境中色彩的差异化对比,这份“红”鲜艳而纯正,蕴藏的情谊之深感人肺腑,其背后所传达的文化缩影引人深思。然而回到现实时间中,灰白色调下已然没有了颜色之分,陈旧教室中这抹红晕的“消褪”浓缩了母亲的无限眷恋、相爱相持一生、唯愿相伴相守。这种本土文化与电影主题深度融合的创作手法在“国师”张艺谋的作品中被应用得炉火纯青,例如在电影《大红灯笼高高挂》中,导演通过精心设计的“红灯笼”来辅助叙事、表达主旨思想的创作手法极具影视表现力,同时兼有明显的民族风格和特色。而《我的父亲母亲》中“织红”与“灯笼”的运用则有异曲同工之妙,这也让张艺谋的作品更具有民族归属感,更彰显了文化自信。

导演张艺谋用最为纯粹、质朴的电影语言,通过灰白色调与彩色色调的反差与交替,升格摄像的慢镜表现与叠化转场的剪切结合,自然光影的烘托,具有民族元素的“织红”,以及背景音乐的渲染,复刻了那段属于父母的独一无二的爱情,丰盈了观众对于新世纪最纯真、美好爱情的无限遐想,看似不加修饰的视听设计却让“爱”的表达更加炽热、真挚。父亲与母亲用单纯的相守与等待,走过了崎岖坎坷的漫漫长路,心中不变的是为对方保留的那份单纯的爱!

(文/杨振)

爱情的不在

——评电影《花样年华》的主题

一个艺术家成熟的标志就是形成了属于自己的风格,王家卫凭借自己对电影的独特理解以及标志性的风格,已经成为中国电影的代表者之一。王家卫的审美特质、艺术个性以及他对电影语言具有创造性的运用,非常成功地塑造出一种充满怀旧的幽暗但又极其富丽的电影场景,并借此来表达关于现代人的爱,关于现代人的内心。与其说《花样年华》这部电影讲述的是关于周慕云和苏丽珍两个人的命运相遇与一见倾心,倒不如说是讲述了一种真情实感之间永远的匮乏、彷徨和可望而不可即,这种可望而不可即像一朵华丽的阴云始终盘旋在观众的心头,让观众们为之感伤的同时也为情感流露的真实而感动。

道德的束缚与情感的追逐相互碰撞,洁身自好的生命固守与真情实感作为生命的真谛是永恒的矛盾。苏丽珍和周慕云之间所有的情感都来自角色扮演,而所有的角色扮演都演变成了爱情的不在,导演在刻意追求和探索现代人内心情感的脆弱点,用富有东方特色的旗袍来展示苏丽珍作为现代女性的内心情感。具有符号特征的旗袍甚至已经成为后人津津乐道电影语言,再配上优雅而又深沉的小提琴协奏曲,一股浓郁的怀旧气息油然而生。苏丽珍的柔美、婀娜以及那份自然的束缚感与旗袍完美契合,王家卫导演总能找到一两个典型的道具和电影相匹配,旗袍的束缚感和时代感与苏丽珍自身的气质相融合,既表现出现代女性追求自由爱情,渴望获取真爱的情感冲动,也表现出中国传统女性对忠贞的坚守,其对于苏丽珍来说是极其纠结的。而两人在房间约会时的尴尬与小心,也都在导演窥视性视角的镜头当中得以呈现,非正常的拍摄角度暗示两人爱情是不可见人的,或者说是隐藏在地下的爱情故事。同时象征情欲的红色窗帘和床单则是二人内心情感的真实写照,那种想要冲破但又无法冲破的纠结与无奈,在道德的审判力度下显得如此压抑。无论是色彩还是镜头拍摄角度,导演都试图从最直接的视听语言系统中释放周苏二人情感与道德直接的矛盾和错位。

道德谴责与情感追求之间的错位意味着永远的擦肩而过、错失以及丧失真情。导演运用精妙的构图艺术勾勒出周苏二人的情感关系,两人不经意间在楼梯内擦肩而过,看似简单的镜头实则寓意深刻,暗示他们无法在相互的情感世界中共享生命空间。或者导演会将两人的镜头角度调度在门框以及床下等狭小的空间范围内,周苏二人被挤压在那狭隘的空间当中,导演想要通过镜头语言所表达的思想情感自然不言而喻,那是一段被世俗道德所挤压的情感,也是二人内心情感的压抑。电影中经常使用浅焦镜头,造成视觉画面的双人中景中一虚一实,这种浅焦镜头的艺术效果使得一个人完全在焦点之外,画面虚虚实实,以至于他们两人不能达成在一个电影空间中共享情感空间,造成两人情感的错位和最终的无果。而苏丽珍的那句"我们不能像他们一样",直接宣判了她和周慕云的爱情只能是过眼云烟,作为现代女性的苏丽珍内心仍然坚守着自己的原则和底线,仍然有中国传统女性的情感道德,于是两人的感情在道德的困境之下永远成为一种遗憾,但是这种遗憾却是电影的伤感美学所在,被导演表达得如痴如醉。

真情和时间的流逝注定了生命中永难追回的遗憾和怅惘。电影中没有秒针的钟表的特写镜头让观众忘却了时间的流逝,仿佛是一种时间的定格,同样也是对逝去的花样年华的追思与怀念,怀念那段美好的年华。电影中"缺席式"的人物处理也是现代都市小资家庭的感情现状,观众始终无法在镜头中清晰地捕捉到陈先生和周太太的样貌,只留给观众背影和声音,这种巧妙的情节处理暗示现代都市的生活中没有一个人的情感是圆满的,情感的出轨造成家庭的分崩离析,整部电影也都充满着遗憾与逝去。王家卫导演将"镜像理论"运用到极致,在象征虚假的电影镜头中,昏暗的光线下,苏丽珍抱着周慕云哭泣,可"镜像"中的一切都代表了虚假,都代表了爱情与不在。影片最后,周慕云只身来到吴哥窟,在吴哥窟的黑洞里唯一一次尽情地倾诉自己的真实情感,但没有人知道他表达的是怎样的情感,那段无台词的处理成为了整部电影的情感升华,音乐旋律的渲染始终未变,可花样的年华却再也无处可寻。

《花样年华》是具有典型的王家卫式电影美学的影片,其中不乏香港电影的典型风格,同时内涵属于中国电影的艺术之美。昏黄的光线、下雨的夜、离奇的道具和飘忽的烟雾,这些甚至有些"恋物式"的镜头语言符号共同塑造了影片经典的怀旧色彩和伤感气息,镜头语言和故事叙述都散发出一种怀念与伤感。电影的英文名叫《In The Mood For Love》,但电影始终没有给这一份爱一个美好的结局,电影最后周慕云和苏丽珍也未能在一起,想必会造成很多观众的隐痛与遗憾,但是故事发展到现在,两人最终是否能在一起已经不再重要了,孩子到底属于谁也不再重要,或许这才是对他们情感最好的安排,而那段逝去的花样年华,同样是周苏二人之间炽烈情感的最好见证。

(文/赵冰)

不确定叙事

——解读《可可西里》的叙事策略

《可可西里》展示了可可西里荒原命运的转变,代价却是几条人命的陨灭。作为一部故事片,它一反常规的戏剧式叙事方法,空前地加强了不确定因素的使用,甚至强化到不确定叙事已经成为主导全片的叙事策略。不确定是一种叙事态度,它相信故事一旦想与生活产生更明显的交集,就不会再有头有尾、有因有果,而是类似于真正的生活,在出现最终的不可避免的过程中,一切都不可预期。这种态度相信真实更甚于相信经典剧作理论。本文将从影片剧作和表现手法两个大的层面对其进行尝试性的解读。

首先,从剧作来看,《可可西里》时间线索明晰,空间的转换也是伴随时间的行进,乃是严格的线性叙事结构,但它却以巡山队员强巴的死亡作为影片的开始,这里存在悖论——常规叙事中,线性结构的叙事影片的开始就是故事的开始,但强巴的死亡在这部影片里却不是故事的开始,因为在接下来的叙事中,我们看到巡山队的追捕并不是为强巴报仇。或者退一步讲,影片是以盗猎分子对藏羚羊的捕杀开始的,那这是否就是故事的开始呢?仍然不是。因为盗猎、追捕这一对立行动由来已久,这一次的追捕行动充其量是这一长久行动中的一个事件,只不过最为惨烈,它是正邪双方的最后一次较量。所以说,影片的叙事类似于陀思妥耶夫斯基的小说,一上来就是高潮,这是有悖于常规叙事的。在常规的叙事结构中,故事一般开始于相当稳定的情势,经催化成为有意义的行动,然后经展现、发展,在影片将近结尾时获得解决。影片以这样的方式开头,就在一定程度上消解了常规叙事的情节曲线——在影片的行进中,这一点将得到继续证明。第三天巡山队抵达牦牛谷,巡山队在这里遭到伏击,但在漠漠荒原这样一个非常不容易逃匿的地方,凶手却无迹可寻,应该说,这是一种刻意处理,这里又出现悖论了——看似戏剧化处理的回归,却造成了完全相反的效果,它将一次重大的冲突消解于无形,再一次消解了常规叙事。第五天在卓乃湖巡山队对捕鱼人的罚款行为和第十天汽车行进在布格达坂峰时队长日泰给记者尕玉讲述的私卖羊皮这两件事情也是意味深长的,这是一种反英雄的处理——本来巡山队作为可可西里的保护神,似乎是天然的英雄,这是戏剧化的一个必要元素(正反双方的建立)。导演陆川却做了这样一种反英雄化的处理,这就更加鲜明地表明了他的叙事态度,即尽可能地突破叙事常规,而向不确定性靠拢。这样做的效果是显著的,我们相信那是更为真实的。这种真实性更加体现在队员刘栋的死亡上。刘栋的死亡是毫无先兆的,并且对于整件事情来说毫无意义可言,但是,"可可西里到处是吃人的流沙",这一点他们是早就做好思想准备的,它折射出的是这些巡山队员对可可西里的一种感情。这种感情在队长日泰那里体现得更为强烈。在影片的开始我们看到日泰在队员中是相当有威信的,然而威信从何而来?这可以从日泰的死亡中体会出来。日泰在影片将近结尾的死亡是颇有争议的,大多数人认为——有必要吗?细加考究,日泰在整个追捕过程中是持一种非常坚持的态度的,他在最终走向那群亡命徒之前面临了重重危机,弹尽粮绝,队员全部走散,但是他仍然要走上前去。于是,本来的一次追捕就变成了日泰的曲折赴死。换句话说,日泰是自愿赴死的,他怀抱着对可可西里深厚的感情,同时也明白仅仅凭借一己之力是无法改变整个局面的,藏羚羊已经濒临灭绝,于是,他便想以自己的死亡来唤醒整个社会。事实上他也做到了。非常值得注意的是,最后导致日泰死亡的并非反方力量的代表"我们老板",却是由于手下人的慌忙开枪。这是一种冷冰冰的高潮处理手法,让人觉得英雄的死更加憋屈。但唯其如此,才更加真实。这是一次强有力的不确定描述,虽然消解了故事高潮,但在不确定的叙事意义上却达到了它的顶峰。

　　就剧作来说,《可可西里》是对陆川处女作《寻枪》中表现出来的熟稔的好莱坞叙事方法的一次彻底的反叛。同时在表达方法上他也一反在《寻枪》中的准确精致,力求做到与剧作中不确定性的匹配。

　　影像方面,首先从景别上来看,这部影片的景别远则大远景大全景,近则中近景,很少使用能够通过完整细致的肢体动作来明确表意的中全景和通过细致刻画的局部动作来准确表意的特写镜头。换句话说,陆川并没有作出强烈的动作来邀请观众进入影片的情节,而只是把观众带入一种境遇。这种景别处理强化了影像的观感,让影像在观感上是与现实生活接近的,这就初步在影像上表明了影片的叙事态度;从色彩和影调上来看,本片的色彩处理是消色,朝灰走,画面中只有几个场景例如在不冻泉保护站用了饱和色,而且不回避大量的高反差镜头和大量的夜景。这种色彩处理淡化了影调,完全区别于张艺谋式的浓墨重彩。这些处理方法的运用非常切合可可西里的荒原氛围,在感觉上是更加真实的,同时在色彩的表意功能上用影调表意取代了色别表意,就像一个人用沉默表意取代了单个的语句表意,其不确定性的叙事意旨显而可见。

　　声音方面,除了表明可可西里荒原环境感的藏歌以外,其他画外音乐总共才出现了两次,第一次用于映衬在影片开始时那张群体像的出现,第二次则出现在巡山第九天,并且两段音乐是不一样的。这就几乎等于抛弃了音乐的表情达意功能。就一般的观影经验来看,声音大多数时比影像更准确更可信,比如陆川在《寻枪》中运用的主题音乐、主题变奏、种种模拟音等等就让敏感的观众深刻地体会到了马山的命运和他的一些即时心理。所以陆川对音乐的抛弃就等于抛弃了确定性,而走向了不确定性。

从表演来看,演员们都采取了一种内敛化的表演方式,很少通过强烈的肢体动作和表演语言来传达他们的内在心理,甚至连日泰最后死亡的内在动机都深不见底。这种表演方式在表意功能上属于开放类型,当然也充分地传达了导演的不确定意旨。

善于通过讲故事来表达哲学命题的陆川在《可可西里》中摆脱了他观念先行、好莱坞呈现方式的创作方法,诚实地立足于他在可可西里的强烈现实感,以其不确定的叙事策略准确地讲述了可可西里巡山队的故事。这不仅完成了他自己的成长,更大的意义在于他同时完成了对国内电影叙事格局的突破。

(文/佚名)

敬畏·自由·生态
——浅析电影《狼图腾》

电影《狼图腾》改编自姜戎同名小说,由法国著名导演让-雅克·阿诺历时7年摄制完成。影片讲述了"文化大革命"背景下,城市知青陈阵和杨克尝试逃离首都,到内蒙古草原寻求心灵家园的故事。影片借助知青的视角将草原狼的生存和小狼的成长展现在观众面前。德国学者恩斯特·卡西尔曾说过"艺术,是人类情感的符号形式的创造",《狼图腾》影片中借助毕利格老人将内蒙古草原中的图腾崇拜以及敬畏生命的文化传统进行了淋漓尽致的表达,借助小狼这一具象符号表现了对自由的追求。与此同时,影片最为深刻之处在于对人类生态意识的传达,这也正是导演借助电影这一艺术形式将自己的情感外露的表现。

影片中借助草原的美丽场景表现了对于自然的敬畏,借助蒙古人的图腾文化表达了对于生命的崇拜。毕利格老人在影片中是一个具有意象性代表的人物,毕利格老人是草原的智者及草原人领袖的代表,而且其人物形象中充满了狼的寓意特征。在影片中,有狼图腾的蒙古包是他的居住地,这也正是对于其领袖地位的认可和象征,是对于其睿智的赞叹。毕利格老人懂得狼在蒙古人心里是一种精神信仰,是一种图腾崇拜,是一种对于生命的崇尚。影片中他将"大命"与"小命"这个简单的逻辑告诉知青陈阵,这个睿智的逻辑也是蒙古人对于草原游牧民族古老信仰坚守的表现。从毕利格老人对草原深沉的爱和宗教般神圣的情感,可以强烈感受到人类需要敬畏自然,需要敬畏腾格里的天命和草原的大命。不仅如此,导演在作品中同样借助影像拍摄技巧将敬畏主题加以表现。影片中知青陈阵、杨克作为"闯入者"进入草原时,导演运用远景镜头将草原的壮阔、美丽呈现在画面中。除了蒙古包等少许场景运用了近镜头外,草原上的大多数场景都是通过大全景与远景来呈现的,而大全景与远景的拍摄强调了草原的广袤无边与美丽绚烂。此外,近景和特写镜头具有更多强制性,让观众以导演的强制视角去观察影像画面,观众缺少主观思考的空间。大远景和全景拍摄则给观众留下了思考的空间,让其感受到人类相对于自然的渺小,表现出了人类对于自然的敬畏。

影片中小狼正是自由的象征符号,正是小狼的这一形象凸显了影片追寻自由的主题。小狼是知青陈阵的情感寄托物,陈阵在猎杀狼崽的行动中拯救了这只小狼。在陈阵的想象中,如果小狼一直在自己的人工喂养和呵护下长大,应该会完全摆脱狼性,成为一个乖顺而温柔的"狼狗"。影片中,小狼不断想摆脱锁链的束缚。当它嗅到同伴的尸体的气味时突发野性,咬伤了养它长大的陈阵,展现了小狼在人性与狼性中不断挣扎的状态。在陈阵与阿爸转换居住地时,小狼被陈阵放在马车的筐子里,特写镜头下,小狼锋利的狼牙恶狠狠地咬着束缚自己的"笼子"。这个场景正是借助小狼将影片对于自由追求的主题进行了最为直白的表达。自由,是草原文化的重要内涵之一。游牧民族不依赖于土地,过着迁徙的自由生活。对于自由的追寻已经深深刻入蒙古草原游牧民族的血液之中。最终,影片以小狼回归大自然作为结尾,进一步以狼的形象为符号,表现草原文化中游牧民族崇尚自由、践行自由的深刻内涵。

《狼图腾》最深刻地揭示了人类与生态环境的关系。"草原与草都是大命,而剩下的人、狼群都是小命,微小的生命需要依靠大命才能延续……"影片中简单的对白蕴含了深刻的生态意识。毕利格老人不断在给知青陈阵诉说这一生态法则。影片中表现人们破坏生态平衡的情节有很多。冬天人们偷走狼群埋藏的黄羊时,影片用大远景和全景俯拍表现了人类的残暴和贪婪。特写镜头下,狼默默看着人类的"无耻"行径,愤怒、无奈、复仇……一场危机的发生已不可避免。毕利格老人说过,"狼群藏下来的肉被人抢光了,它们已经要挨饿了。再去掏狼崽,狼会愤怒和报复的,它们会很强烈地反击"。影片在表现狼报复人类的这场戏中,在狼群围攻马群时,镜头更多选择的是俯拍的大全景镜头与航拍的大全景移动镜头,大全景镜头展现给观众气势恢宏的场面,表现军马队伍的壮大及狼群的规模。而展现狼撕咬军马的中近景镜头,则将狼的愤怒、残暴、野性表露无遗。在这次有计划的围剿报复中,马群被狼群逼入冰湖,最终被冻成一座座"壮美"的冰雕,震慑魂魄,壮哉哀哉! 这就是大自然的生态法则,任何违背者都将受到严厉的惩罚!

电影《狼图腾》向我们展现了美丽的草原画面,让观众凝视了草原狼深邃的目光。狼图腾是游牧民族对狼的崇敬,也是对自然的感激。影片中毕利格老人和巴图的尸体被郑重地放置在草原上实行"天葬"的那一刻,在游牧民族的心里,这才是生命最后的尊严和最好的归宿。《狼图腾》是献给"曾经美丽的内蒙古草原"的一首歌,歌曲里面吟唱的是对美丽的内蒙古草原的喜爱,是对一切生物对于自由的追寻,是对人类破坏草原的无情批判,更是对那些永不被人类驯服的草原狼的崇敬。

(文/李子良)

山河已逝,故人不在

——评电影《山河故人》主题意蕴

从聚焦时代到聚焦人物,贾樟柯的《山河故人》和他以往作品一样,关注着时代变迁下社会小人物的悲欢离合,不断地诉说着对逝去故乡和旧人的无限怀念。《山河故人》延续了贾樟柯不同寻常的诗意表达,以传统的线性叙述,通过段落化的叙事讲述了沈涛、张晋生、梁子之间跨越了 26 年的情感纠纷,把过去、现在和未来连接在一起,共同组成了时代变化的情感历程。情感之下看到的尽是对社会变迁的无力感伤,影片中一个个真实而肃穆的镜头,一重重耐人寻味的意象和一串串淳厚而伤感的故事,向世人谱写了一曲"山河已逝,故人不在"的悲凉赞歌。

时代的变迁不仅撕裂了爱情婚姻,友情和亲情也被撑开。时光流逝,沈涛和张晋生的婚姻以失败而告终,亲情在沈涛的世界里完全崩塌,亲生骨肉近在身边却咫尺天涯,父亲的离去更是让她的亲情世界化为灰烬。旧日情人的回归并没有给沈涛带来情感上的慰藉,反而更让她感到孤独。影片的最后,镜头拉回到山西汾阳,沈涛在飞雪中翩翩起舞,背景音乐依然是《Go West》,但是只剩下沈涛孤身一人,首尾呼应的同时也是对情感的升华。与此同时,身患绝症的梁子回到故里却感到一丝悲凉,贾樟柯通过真实的镜头和昏暗的光线展示出变迁的故里,这里已经不再是旧日的山河和昔日的沈涛,时代的变迁也终究是梁子无法摆脱的伤痛。和沈涛情感破裂的张晋生也没有逃脱时代的更迭,影片中张晋生与张到乐的亲情是电影的重要组成部分,张到乐从小就移居上海,开始与亲生母亲长期分离,而后又被移民澳大利亚,语言和文化上的障碍让他和父亲无法进行最基本的交流,这是非常可笑的,但同时也是悲哀的。此外,2025年之后张晋生的第二任妻子再也没有出现,或许时代的变迁再次造成了婚姻的破裂。

时代的变迁造就了社会的沧桑,社会的沧桑映射个人的悲剧。影片始终在讲述小人物的悲欢离合,不管是情场失意远赴他乡的梁子,还是随着时代变化不断在迁移的张晋生,甚至是仍然守在原地、坚守山河的沈涛,都逃脱不了孤独的命运。面对无法回去的故乡以及无限感怀的旧人,贾樟柯通过不一样的镜头语言赋予不同人物以不同的生命轨迹。在爱情的较量中落败的梁子,逃离了汾阳却逃离不了命运对他的剥夺,成了彻头彻尾的失败者。张晋生看似获取了一定的胜利,成于金钱和爱情,却最终也败于金钱和爱情,成了一个远赴他乡的漂泊者,相比于梁子的失败,张晋生最后的失意和落寞似乎更像是精神世界的崩塌。即便是冷静面对生离死别的沈涛,也终究无法摆脱命运的孤独和悲剧,坚守家园守护故土的她换来的依然是孤独的一生。而影片中两次出现背着关公刀的少年在人流中来往,更是为整部影片增添了不少漂泊之意。无论个人进行怎样的挣扎,终究在时代变迁的道路上无法回头,每个人都义无反顾地走向孤独、走向漂泊。

影片对细节的捕捉和思考,展现了不一样的山河与故人。《山河故人》表面上看上去是一段简单的三角恋,但实际上贾樟柯是希望通过这种关系去揭开真实历史中存在的创伤。那些具有符号化的镜头语言和意象就是对这些创伤的完美解读。叶倩文的歌曲,古老的街道,破碎的山河以及经常出现的饺子,让一个个不同的山河和故人跃然于荧幕之上。除此之外,贾樟柯运用电影技术参与叙事,不同比例的画幅分别代表了不同的时代,代表不一样的山河故人,更引起了观众的时代记忆。在影片中,无论是过去现在还是将来,都出现了"饺子"这一意象,它象征着中国的团圆和情感的归属,这正是现代人所缺失的。物质生活的充盈让人们的精神世界和情感世界不断缺失,这也正是大时代剧变所带来的情感哀愁。

《山河故人》以饱含深情的情怀诉说着时代变迁下小人物的迷失、孤独与脆弱,映射出现代人的生存状态,具有深刻的现实主义情怀。向观众展示的也不再是"山河依旧,故人安在"的传统意义的怀旧形式,而是"山河已逝,故人不在"的现代主义感伤。

(文/赵冰)

向人类内心之谜进军的时刻

——评电影《公民凯恩》的视听语言

《公民凯恩》作为现代电影史上具有里程碑意义的佳作,打破了好莱坞习惯的线性叙事和单线索戏剧性逐层递进的结构模式,整部影片通过访谈的方式再现公民凯恩的传奇一生,向观众展示了关于"美国梦"的实现,以及在"美国梦"实现的背后所隐藏在凯恩内心深处的秘密——玫瑰花蕾,这也成为电影最大的悬念所在。奥逊·威尔斯力图在电影语言和电影技术上寻求创新,在电影艺术上取得巨大成就,视听语言对于揭示玫瑰花蕾的秘密所起到的作用远远超过了访谈、揭秘,以及那种窥视者侦探似的对于秘密的发掘,导演无时无刻不在试图通过视听语言向人类的心理和潜意识进军。

极富创新性的景深镜头始终伴随着凯恩的一生,尤其在寻求玫瑰花蕾之谜的过程中,更是起到了至关重要的作用。众所周知,在电影场景当中,景深镜头强调的是它的前景、中景、近景同时发生的事件,而每个事件之间相互联系、同时表意。例如,在《公民凯恩》中,景深镜头的运用直接地、强有力地围绕着揭开玫瑰花蕾之谜展开,甚至于,从景深镜头运用的意义上说,它对于电影的揭秘作用远超过了其他视听语言。其中最具代表性的景深长镜头就是,童年时期的凯恩不知不觉中被母亲安排了一生命运的场面。前景中的母亲与后景中的凯恩形成了控制与被控制的对立面,中景的父亲则是家庭的陪衬,而这也是凯恩一生追求"美国梦"的开始。奥逊·威尔斯非常系统地使用景深镜头以及镜头运动来构成一个探询心灵之谜、追索秘密的故事。镜头一次又一次地从某一个人物的雕像开始下拉,然后推进,或者从一个人物的画像上移,开始推进。同时低机位和景深镜头又构成了一种人物内心与人物外在,人物的社会生存与人物的所谓心灵生存或者内在生存之间的张力。

奥逊·威尔斯非常节制地,同时也是非常原创性地使用"画框中的画框"参与构图,也就是指在影像当中利用窗框、门框或是镜子来构成某种心灵的表意。画框和镜子已经成为影片最重要的构图元素。例如,影片刚开始时始终未动的唯一的亮窗,成为导演带领观众进军凯恩内心世界的重要之门。最著名的"画中画"镜头则是出现在苏珊最后绝望出走的那个场景当中。管家打开门的时候,观众透过一系列的门框所形成的套层,看到了尽头处的凯恩,而后看到砸碎具有密集恐惧症似的奢华的陈列着的家居,最后他抓住了事实上就是在序幕和尾声当中出现的那个玻璃球,然后喃喃自语着"玫瑰花蕾"向外走。接下来呈现的是凯恩走过走廊的时候摄影机似乎不留意地捕捉到了走廊旁边的立镜当中他的影像,于是他的影像在画面中被一分为二,直到愤怒地疾步向前走着的凯恩又从画框的另一侧闯入画面的时候,在影像当中就出现了由互相映照的镜子所形成的回廊的套层,而凯恩在幽暗的镜子里面的镜头,当凯恩出画,摄影机摇回头再一次推向那个空洞、幽暗的镜子。在这部影片当中,导演用非常精到和有节制的方法向观众展示,这个在当时是超越时代的尝试,尝试去探讨人类内心,揭示玫瑰花蕾的实质所在,也就是凯恩成功背后的伤痛的一生。

运动镜头和低机位的拍摄方式以似乎不经意的方式埋下了伏笔,这并不是戏剧性情境的线索,而是关于人类心灵秘密的隐秘交代。影片开始的时候是在一个近景浅焦镜头当中,拍摄凯恩庄园的大门,在铁门上赫然有着"禁止入内"的字样,然后摄影机似乎迟疑地向前推,切化成了一系列的短叠化到长叠化的过程,依次地显现出铁门,镜头向深处继续探索,出现凯恩城堡,直到出现了暮色当中唯一一个亮着的窗口。这个时刻已然成为摄影机突破物质世界,突破外在世界,突破表象,向内心世界,向幽隐、神秘的人类心灵之谜进军的时刻;同时也是向被财富、物质所束缚的现代世界究竟存在怎样的匮乏和创口探秘的起点。在影片当中,两次出现了访问凯恩的第二任妻子的场景。两次场景中,摄影机都用同样的方式呈现,从歌剧院门口,她的大幅海报开始升起,升过歌剧院前面的霓虹灯,然后摄影机开始向下推降,穿过一个透明的玻璃屋顶,观众可以看到在俯拍镜头当中烂醉的、颓废的、绝望的、空虚的苏珊坐在那里,而后开始对她的访问,或者说对她的心灵之谜的追问,当然更主要的是对凯恩的心灵之谜的追索,对凯恩传奇一生的讲述和刻画。

奥逊·威尔斯一生最重要的成就,就是给世界提供了一个有正反面的"美国梦",给观众提供了关于美国社会,关于美国社会中的人,关于所谓现代人,成功背后可能存在的那些不能弥补的创痛。影片围绕着"玫瑰花蕾",结构起整部电影的叙事结构,构建起影片整个叙事的指向以及其他镜头语言的组织,在电影史上留下了一个探询心灵之谜,追索心灵秘密的电影时刻。

(文/李莹莹)

人间炼狱中的希望与自由

——评电影《肖申克的救赎》

电影《肖申克的救赎》由斯蒂芬·艾德温·金的同名小说改编而成,导演弗兰克·德拉邦特于 1994 年将其搬上银幕。这部牢狱题材的电影突破了常规类型片的限制,依靠对人性独到的诠释获得无数肯定。这部电影的成功不仅使原著小说作者和影片导演名声大振,而且多年以来也一直在各大视频网站的高分推荐板块占据一定地位。影片在主题表达和叙事结构等方面淋漓尽致地展现了创作者对于人性的深层解读和严谨思考,是一部值得反复观看的优秀影片。

救赎与自由是本片贯穿始终的主题。"救赎"一直是很多文学、艺术以及影视作品所热衷表达的永恒话题。本片名为"肖申克的救赎","救赎"一词起源于《圣经》:"锡安必因公平得蒙救赎,其中归正的人必因公义得蒙救赎。"(Zion shall be redeemed with justice, and her converts with righteousness)在影片中,"救赎"在肖申克监狱中有了新的世俗意义,"救赎"是一场无声的战争。凶残的狱警和阴险狡诈的监狱长对犯人的长期施暴,早已在监狱内形成的"社会秩序",致使囚犯早已没有为个人尊严和自由信念发动"战争"的想法,直到安迪的到来,这一切才在看似无声中悄然发生了变化,他是给狱友带来希望与改变的伟大之人,安迪自身强烈的追求自由和希望的属性,连身处屏幕外的观影者都受到了强烈的震撼与感动。

影片开始,无论是上帝视角的解说还是影片的画面语言都没有说明安迪是否有罪,安迪在狱中的"悠闲"是无罪的坦然还是犯罪后的伪装,我们不得而知。正如片中的"瑞德"站在上帝视角所说的话:"他有一种平静的气质。他的行动、言谈都不属于这里正常的生活。他就像世界上最无忧无虑的人在公园里散步一样。"直到后来小囚犯汤米的出现,安迪的清白才得以昭示。凡是来监狱的人都说自己无罪,谁又能想到,安迪真的是无罪之人。剧中人瑞德和观众的震惊是同步的,明明无罪的人却要一直承受着狱中的折磨,这一刻狱友们似乎也懂得了安迪一直以来的自我救赎。当安迪因为帮助狱警获得一笔巨额遗产后和狱友们在夏日的屋顶享受奖励——啤酒的时候,他仰望着天空,这一刻,我们才知道,安迪一直是自由的,没有任何监狱能够禁锢他的信仰和希望。

有信仰且力图救赎自己的人往往能够影响到其他人。更甚言之,一个强壮的人能自我救赎,而一个伟大的人则能够救赎其他人。瑞德是影片中的上帝视角叙述者,一位早已在监狱中形成自己生活节奏的囚犯,看似愤世嫉俗实则早就随波逐流,瑞德是安迪影响的第一个角色。在几次假释面谈中,瑞德的草草回答让我们知道,他从未考虑过自己的罪行,他想获得假释,但又知道这一切都是无望的空想。直到安迪无畏地一步步与其他囚犯、典狱长,甚至与整个体制对抗时,瑞德才终于受到感染,不再浑浑噩噩,而是与安迪一起整理那些来之不易的图书。"从来没有一天,我不后悔……回首往昔,看着那个愚蠢的、犯下可怕罪过的年轻人,我想和他交谈,告诉他人生的道理……"这是瑞德最后一次假释面试时所说的话,他也终于得到了救赎。

经典好莱坞叙事结合多愁善感的现实主义是本片的主要特色。《肖申克的救赎》遵循着好莱坞电影的叙事结构,采用线性的叙事模式,善与恶二元对立的矛盾冲突,按照事件发展顺序,依次展开情节。影片故事以安迪杀妻为开端,讲述了安迪入狱后与狱友相识,在狱中为自己和狱友争取自由,并通过自己不断的努力一步步改变在狱中的境遇,直到最后成功出逃。主人公的人生因为顺时线性的结构发展,使观众在观影时也能对其一波三折的命运感同身受。同时,这种叙事模式使故事在波澜壮阔的发展中顺其自然地塑造出了一个勇敢、孤傲、睿智、坚守信念和永怀希望的救赎者形象,直击人物心灵,引发了观众对自由和希望深刻隽永的思考。另外,影片还善用揭示谜底的模式来丰富故事的叙事结构。当小汤米带来安迪并未杀人的真相后,影片在最后的二十八分钟时间里才揭开安迪出逃的谜底,叙述了监狱长诺顿自杀以及瑞德出狱与安迪重聚开始新生活的现实。电影不仅对已经形成范式经典的美国中心文化进行了剖析,还以更加温婉,甚至是略带黑色幽默的方式复刻了美国主流文化的民族优越感和种族中心论,在本质上仍然是一曲以美国自我为中心的赞歌,是一种自我褒扬意向的镜面投射。

影片独特的旁观者叙事拉近了影片与观众的情感距离。黑人瑞德以身在其中的叙事者身份向观众娓娓道来自己的所见所感,他的语言在影片开端是即时且直观的,相对于视觉的直接作用来说有一种明显的优势,导演对旁白的精心控制也足以看出其专业水准。在瑞德解说整个故事的同时,影片中的角色都有属于他们自己的声音,这些声音不同程度地塑造着影片的风格基调和人物关系。瑞德的角色视角有限,影片中包括场景、动作、音色等在内的其他元素的加入为故事的讲述提供了更加丰富的补充。观众也因为叙述者声音的提前进入,有先入为主的情感适应,与瑞德感同身受,于是能够更快地跟上影片的故事进展和叙事节奏。

影片结尾处,干净的天空和蔚蓝的大海象征着自由与信仰的成功救赎,停靠在海边的木船和两位好友不言自明的微笑充满了对美好未来的憧憬。这是影片第一次向观众展示出肖申克监狱外的大远景景别,是圆满的视觉感受,更是心理的认同。这一刻,影片的主题和结尾相得益彰,叙述者瑞德的讲述也完美谢幕,新生活的篇章已然开启。

(文/于佳伟)

那一段硝烟弥漫的历史

——评电影《拯救大兵瑞恩》

斯皮尔伯格是当今好莱坞极具票房号召力的导演之一,他不仅擅长用高科技的手段来武装自己的电影,同时也能在艺术上有所建树。他所有的影片总能用充满想象力的故事和极具观赏效果的视听语言来满足观众的期待。《拯救大兵瑞恩》虽然和他以往的充满幻想色彩的电影故事迥异,但仍以三方面的特色打上了"斯皮尔伯格制造"的烙印:营造战争奇观、构筑冒险故事、表达人性主题。

影片最为人称道的也是给观众留下深刻印象的,莫过于开场长达二十分钟的战争场面。导演先声夺人,在一开头就把充满暴力血腥的恐怖场面展现在了观众面前:被炸的士兵尸横遍野;拖着只剩半截身体的不知所措的战士;四处游走的士兵;子弹打在钢盔上那令人恐怖的声音;一个刚刚摘下钢盔便被子弹击中,头上爆出一团血雾的士兵;血淋淋的战地手术……还没有哪一部电影能把战争的血迹斑斑、惨绝人寰表现得如此淋漓尽致!对没有亲身经历过战争的人而言,战争如同一个传说,其惨烈仅仅停留在想象层面,而他们想目睹那种战争场面的猎奇心理,正是导演极力进行逼真刻画的原动力。这一段放弃了高科技手段而力求真实的战争场面显然达到了导演预期的效果,被评论家评论为"战争史上最真实"的战争场面。该片中有一个重复出现的细节耐人寻味:士兵们把牺牲了的战友的家书重新抄写一遍,而不让其家人看到血迹斑斑的原件。这让早已习惯战争残暴的人们感到震惊、颤抖。传统的战争题材的电影好比是这重新撰写的家书,已经抹去了血迹和弹孔;而本片却好比是家书原件,给人以心灵的震撼。真实是目的,真实更是手段,为的是通过这种恍若亲临现场的场景产生震撼观众心灵的作用,使观众在被战争奇观惊得目瞪口呆的同时,感受到强烈的刺激感,这正是电影娱乐功能的诉求。

讲述冒险色彩的故事是童心未泯的斯皮尔伯格的拿手好戏,《大白鲨》《外星人》《侏罗纪公园》等电影都是把科幻和逻辑融为一体。而米勒上校率领小分队深入战场的拯救故事,制造出海底寻宝一样的悬念让观众期待。与以往一样,斯皮尔伯格没有忘记给观众塑造一位英雄,米勒上校就是本片中的英雄。他有情有义,是一位普通的却具有高尚品质的战士,这恰恰是人们所追求的那种理想的艺术形象。身经百战的米勒并不是战神巴顿的神化形象,他原本是一个中学教师,这种平民化和知识化的背景使米勒的身上充满了人性的光辉。他对瑞恩的拯救不具有任何军事意义,而是出于人道主义和对家庭的保全。因此,在影片的最后,当老年瑞恩问自己是否完成了当年米勒的心愿时,米勒的拯救行为显示出了价值,显然,米勒不仅仅拯救了一个美国家庭,而且更以自己的牺牲使一个人懂得了生命的意义。

本片在反映反战的基本主题之外,更反映了美国社会一种最广泛的平民意识,对家庭的重视是美国人价值观的核心之一,所以观众能在片中看到战士们在战争最危难的时候回忆起过往的家庭生活。在这部电影中,"拯救"只是增强影片吸引力的一个煽情卖点,它的真正意义在于对生命的充分肯定,而这并不以简单的数字来换算,这是好莱坞故事片中最常见的主题。

总之,本片对战争的深刻思考,对战争中人性的深入挖掘,以及视听语言的高技术水准,决定了它是战争题材类电影的一个新高峰。

（文/亓彬）

塘底的窗

——《放牛班的春天》"窗"的意象分析

电影《放牛班的春天》作为一部人物故事片,以塘底辅育院学监马修的日记为引线,讲述了处在人生最低谷的马修来到塘底辅育院后,以成立合唱团的教育方式,与院里的"问题少年们"通过互相尊重和理解在音乐中得到救赎,在绝境中迸发希望,从而彼此实现自我意识觉醒的成长故事。导演克里斯托夫·巴拉蒂以平缓中带着激昂的影片节奏,"寒冬—春熹—盛夏"的段落结构安排,搭配得当的冷暖色调和光影变化,以及感人的音乐合唱曲,将马修来到塘底后师生间性格转变与彼此救赎的过程进行了细腻真挚的展现,从而阐释了教育与成长、希望与救赎、梦想与坚守的母题。尤其是影片中对"窗"这一意象的运用,不仅起到了串联故事重要节点的作用,而且对塑造和表现马修、皮埃尔、校长等主要人物的性格以及心理变化也具有至关重要的辅助意义。

影片中第一次出现塘底辅育院"高窗"的空镜头,是在马桑大叔受伤后校长要求紧急集合时,镜头随着马修摇铃上仰的动作转向塘底辅育院的窗口,这里的摇镜头契合了马修的主观视角,观众跟随马修第一次打量这所学校的整体状况:三扇望不到天际的高窗、半个挂在三扇高窗中央的沉闷挂钟、冰冷肃穆的高墙和无处不在的铁栏,再搭配上寒冬萧条的冷色调,一股莫名的压抑感和沉重感扑面而来。这里"高窗"的空镜头不仅直接交代了塘底辅育院阴沉恶劣的环境,更表现了马修此时的渺小、紧张、慌乱、局促与不适感。这与马修初入教室时,在长廊透过教室窗口的推镜头有异曲同工之妙。同样是以马修的视角从教室门窗的全景推向窗口的近景,画面从教室里学生毫无秩序的喧闹场景到最后虚化成背景的空镜头。这组呈现"窗"的镜头是马修第一次给学生上课前所做的心理建设,同样作为主观镜头,与第一组"高窗"空镜头不同的是,这里预示着马修在努力地克服恐惧和不安,已经做好了一定的心理准备。这两组关于"窗口"的镜头都是马修初入塘底辅育院和初进教室时对外部环境的观察,但第二组镜头更多地表现了马修在心理上的初步转变,这也为影片后来马修对这群问题少年的关怀和坚持奠定了基础。这两组马修主观视角的窗口镜头,体现出导演对"窗"这一意象在特殊环境下的巧妙运用和对镜头语言的细节把控。

影片中第一次出现禁闭室的"小窗"镜头是在皮埃尔乱画校长的图像被校长关进禁闭室时,镜头的视角在马修的背后,穿过马修从小窗的视角拍摄皮埃尔的背面,随着马修"关禁闭室内门—上锁—关禁闭室外门"的一系列动作变化,整个画面的光影也随之改变,镜头从皮埃尔背面到皮埃尔转头位置始终保持不变,并且一直是小窗的视角,画面整体呈现昏暗阴冷的色调。但皮埃尔的目光似乎是通过小窗镜头看向屏幕外的,目光恰在整个画面的黄金分割点上。在这里,皮埃尔的目光透过小窗,没有任何独白,只有上锁关门的声音,导演在这里似乎是借皮埃尔的目光和沉默去表达一种反抗与呐喊。与其相对应的是另外一组"小窗"镜头,是皮埃尔在听到教室中合唱团的声音时,不由自主地停下手中打扫的动作,随着其向教室的前行,跟镜后退,镜头始终在教室小窗对面,画面逐渐从全景到近景,这里导演通过"窗"的意象直接表达了塘底辅育院的封闭、隔阂与孤立,仅一窗之隔,隔开了皮埃尔对音乐的向往。但是也正因为有这两组"小窗"镜头的对比和衔接,预示了皮埃尔封闭内心枷锁的真正打开,他完成了从一个冷漠疏离的问题少年到对音乐充满无比热情的孩童的回归。

而皮埃尔天生绝佳的音色也让身处低谷的马修看到了希望,这也解释了影片最初佩皮诺提及的马修指定将日记送给皮埃尔的原因。从皮埃尔打开封闭的内心的那一刻起,马修与皮埃尔便成为彼此在绝境中的希望,直至最终互相成就、互相救赎。合唱团的成立改写了皮埃尔的命运,而皮埃尔的歌声也点亮了马修挫败的一生,使其最终找到了归属感与自身存在的价值。

直至故事进入四月,影片才又出现了两组"高窗"镜头。第一组是校长在封闭的高窗内俯视阳光下孩子们欢乐嬉笑的场景,仰拍的镜头不断推进,从全景到近景却始终看不到窗户的边缘,封闭的窗户与放飞小白伞的蓝天镜头形成鲜明对比。这里的"窗"更像是分割世界的门,一侧是封闭压抑的,一侧则是向往自由的。与之相对应的另一组"高窗"镜头是听闻蒙丹被抓回学校时马修闻声到窗边的仰拍,这是影片中唯一的具有人物近景开窗,并且有人物对白的高窗固定镜头。这里还设计了马修向外探出身体的动作细节,人物对白也显得诙谐舒适。这些都与此时春熹已至,天气转暖,合唱团顺利开展的故事情节相对照,影片的色调和光影也呈现出暖阳如春的喜悦。这两组"高窗"俯视镜头,一动一静,一冷一暖,一个压抑封闭,一个敞亮放松,形成鲜明而强烈的对比,校长的诡谲和马修的温良也在此形成反差,这也是导演通过"高窗"镜头为后来两人的矛盾冲突设置了隐喻。

影片的最后一组"高窗"镜头,也是唯一一组在塘底辅育院外侧拍摄的呈现天空画面的高窗镜头:敞开的窗户,数不清的纸飞机从高窗飞落,无数双小手在挥动告别。随着固定镜头皮埃尔独唱《风筝》开启,直至马修离开的移镜头终止,那个曾经孤独局促的马修个体终于完成了与孩子们的互相救赎。

无论是"高窗"镜头还是"小窗"镜头,随着马修日记里的故事在寒冬困境中开幕,春初转折,希望萌生,盛夏收官,播种萌芽。"窗"的意象在导演克里斯托夫·巴拉蒂的电影语言里已不再是一个简单的具象,更是影片的重要符号,同样更谕示了在影片故事中马修用音乐为这群问题少年打开的一扇窗,窗的一侧是关爱、尊重和坚守,而窗的另一侧则是自由、梦想与希望。

或许,曾经的塘底辅育院是地狱,问题少年是魔鬼。但马修通过关爱和尊重打开了这扇封禁已久的心灵之窗,曾经压抑冰冷的地狱变成了春风和煦的天堂,地狱里的魔鬼早已被天使的真善美所感化。马修用自己对音乐的坚守与热爱,通过尊重、平等与信任,教化孩子们的同时也找到了自身存在的意义。整体而言,影片以写实的手法突破了英雄主义的围固,虽然没有过于宏大的背景,马修的故事却堪比传奇。马修作为皮埃尔音乐路上的启蒙者,佩皮诺音乐教育的引路人,教音乐也好,做学监也罢,他无疑都是最成功的。皮埃尔与佩皮诺的传承正是教育本身的意义。

（文/杨帅）

情感挣扎与欲望诉求

——电影《何以为家》的人物形象评析

乱世，没有秩序的世界，人民困苦。

电影的故事里，一个混乱失序的国家，生活着一群无处安身的人们，影片以赞恩为象征讲述了在直线距离我们约 6974 公里的黎巴嫩底层民众的生存掠影。在赞恩身上，见不到正常社会中一个孩子该有的纯真，他承受着生命中最艰辛的求生和无法保护亲人的痛苦。最后矛盾的集中点，爆发为"生而为人"的愤怒，他将自己的父母告上法庭。赞恩所面对的，是这个无序世界逼迫孩童挤压自己生命的历程，使他们提前进入到混乱的成人社会后被压榨和欺凌。他的控诉表达着儿童身体被家国无端地损害，用成人规则方式在呐喊和呼告。

"赞恩，你为什么在这里？""我要起诉我的父母。""为什么？""因为他们生了我。"

赞恩：梦幻现实的痛苦之体

影片开始，全景展示了主人公——赞恩，瘦弱的身体，穿着背心和内裤的他对裸露表现得随意而自然。赞恩一家兄弟姐妹七个，与父母挤在一间破旧的阁楼里生活。家，对赞恩而言是一个四处漏风、时常漏水、破沙发与烂尿布拼凑的窝，小小孩被铁链拴着脚，像牲口一样驯养。

12 岁，对于孩子来说，本应享受着家庭的爱护和童年的快乐，但对弱小的赞恩来说，他早已扛起了生活的重担。作为长子的他不但要照顾弟弟妹妹，还要打零工补贴家用。白天在混账房东阿赛德的杂货铺送货，夜晚要在街头拦路过的行人兜售甜菜汁，定期还要帮母亲编好几个理由去买曲马多。上学是遥不可及的，赞恩对于学校的印象，仅限于校车保险杠处塞满的书包。父母仅有过一次讨论赞恩是否可以去上学，但他们关注的只是上学能管吃住，还能"拿"回些东西来。

真正的贫穷不会因为你甘之如饴，就对你网开一面。

更可怕的事情发生了——十一岁的妹妹来了月经，在这个家庭，意味着可以待价而沽了，阿赛德早就对她垂涎欲滴。因此，在萨哈初潮来临时，赞恩坚决地令妹妹保守秘密，但是，不明就里的妹妹并没有意识到危险的降临，反而单纯地说了一句："阿萨德挺好的，他经常给我方便面和甘草糖，还不要钱……"

生活在贫困中的萨哈将他人赠予食物作为判断一个人好坏的标准，这是电影对表面繁荣的黎巴嫩社会的最大讽刺。为了阻止妹妹这样的想法，赞恩不惜编造谎言称"你以后只能吃泥土和大便，阿萨德会把你关起来和老鼠住一个房子，他不会让你出去，不让你看窗户外面，连阳台也不让你去，每三天才能喝一滴水，吃一顿坏掉的面条……"赞恩想尽一切办法阻止父母知道萨哈的身体变化，叮嘱萨哈不要乱扔用过的卫生用品，要藏在他指定的地方。

可不管他怎么努力的隐藏，事情还是败露了。在一个下午妹妹萨哈被父母仅仅因为几只鸡几个月的房租强行送予阿萨德做妻子。妹妹的离开让赞恩失去了忍受生活的最后理由，愤怒的他带着原本为妹妹跑路准备的生活用品离家出走。

走投无路的赞恩被一个没有合法身份，带着尚在哺乳期儿子的黑人妈妈拉希尔收养。白天拉希尔出去打工，他就帮她在家带儿子尤纳斯。后来拉希尔因为没有身份证明被警察扣留,她想象不到,眼前这个少年在她"失踪"之后,尽了怎样的努力去抚养她的孩子。他拿自己所有的钱,一分一分掰着花去给尤纳斯买食物。他伪装成叙利亚难民去领救济粮。他拿抢来的滑板车,加上一口锅,放上尤纳斯去街市卖锅,后来他甚至操起老本行去卖曲马多……找不到拉希尔,他想攒钱带着尤纳斯去瑞典,听说三百美金就够了。街市办假证的阿洛看出他的狼狈,让他把尤纳斯卖给自己……赞恩想都没想就拒绝了。可是老天爷恶作剧似的,似乎想要考验这个男孩子究竟还能承受多少。房子到期,他们被赶出来了,所有的东西包括他辛苦攒的钱都没有了。

什么都没有了。

赞恩想了想,又想了想,他把尤纳斯拴在路口,自己老远坐着,想让哪个好人带走尤纳斯。尤纳斯却一个劲地朝他爬。最后他只能把尤纳斯卖给了阿洛,他亲了亲尤纳斯,好像那是他亲爱的妹妹。

他保护不了妹妹,也守护不住尤纳斯。然而,生活的爪牙并未打算放过赞恩,他回家取身份证件时,得知妹妹萨哈死亡的消息,这对赞恩来说是一次毁灭性的打击,他因悲伤而疯狂:持刀将阿萨德刺伤。为此他不得不付出代价,被判5年刑期……

赞恩与现实世界搏斗,惨败而归,身心俱损。

母亲:身体叙事的符号意向

母亲是电影视觉中情感意味厚重的身体符号,作为孩童肉体的生育者,从文化建构和生理本能上,对于孩子成长的关注和情感寄托的需求,较之父亲形象,大多会显得温情。

赞恩离家出走后走进游乐场。他爬上屋顶,扒开女雕像身上的衣服,露出乳房在露天旋转,那代表母性的乳房显得空洞而虚假,如同赞恩对他母亲的情感,没有温度也没有情义。母亲那用来哺育孩子的神圣的存在,在他的生命中好像没有什么印象。拉希尔比苏阿德面临的生存处境更加艰难,根据当地法律,非法务工者如若怀孕生子,被发现后就会被遣返回国,但其仍不舍孩子,偷偷生养;当看到赞恩无家可归时,她也动恻隐之心收留。

对于何处为家,电影给出最直接的回答就是爱,尤其是母爱,能撑起整个家的情感空间。虽然生存逼仄之下有诸多无奈,但能抵御住这个世界冷酷而保护孩子的就是这尽力而为的爱意。在家中,赞恩不仅是长兄,也像个家长,带着弟妹挣钱,想要周全他们的未来。当在家中的挣扎和反抗无效后,绝望之下,这个家也成为地狱一样的存在。

赞恩的绝望始作俑者便是父母亲情的缺席,无知的父母将孩子当成了谋生的工具,将保护妹妹的赞恩当作仇人般看待。关于亲情他们似乎没有概念,亦没有感受,仅仅将一切归咎于贫穷和难民的身份。

母亲苏阿德不明白为何赞恩对她怀有恨意,她认为噩梦般的生活已让她无能为力:不是不愿而是不能给予孩子更多,自己无错。

不可否认,在黎巴嫩的难民窟中,每一个人都在为谋求一条生路而苦苦挣扎。在这个潦倒不堪的难民世界,解决温饱乃至突破阶层出人头地可谓天方夜谭,但拉希尔却用她对儿子的责任感证明了即便是生活百孔千疮,亲情仍可以是支持个体变得更为强大的催化剂。但是,亲情在赞恩的生活里只带来了绝望!赞恩一家所处的困顿环境在一定程度上限制了赞恩父母承担责任的空间,可这不是他们推脱责任的借口。珍视亲情的赞恩虽然尽其所能地做出了突破贫穷束缚的所有努力,但他最终得到的不过是一次次绝望但这并没有磨灭赞恩对亲情的渴望，反而激发了他关于亲情的深层次理解，使他变成了一个更加有责任感的人。

父亲：逃亡之路的身份迷失

叙利亚战争爆发之后，因难民数量巨大，联合国难民署难以对所有难民进行妥善安置，因而，绝大多数的难民都无法通过合法途径申请移居，只能采取偷渡等方式在逃难地苟且偷生。在黎巴嫩，合法公民需有身份证才能工作、上学、住院、才能享有正常的生活，没有国家认定的身份证，那人生存的合法性问题也就不存在，跟物没有什么差别。

一直蛊惑拉希尔卖掉儿子的人贩子说："你儿子还没出生就已经死了，他并不存在，即使是番茄酱也有名字，有生产日期和到期日期。"这真是一个令人悲伤的现实，一个人明明就在这个世上，却无法在社会上证明他存在。赞恩在家里找不到身份证，才知道自己是"黑户"，妹妹萨哈怀孕大出血却因没有证件而被医院拒收。拉希尔拼命打工赚钱只为不停地买假身份证以能继续拥有工作赚钱为了买假证，买假证是为了继续赚钱，这本身就是个悖论循环。

他们是一群没有身份的边缘人，他们跳脱出原来生活环境中的纷飞战火后又陷入另一个身份困境的泥潭。缺失的身份认同迫使难民无法通过获得全新的身份定位获取自我的存在确证，只好徘徊于社会边缘，被困苦所裹挟，无法触碰幸福。

赞恩的父亲说："我们这种人究竟是死是活又有谁会在乎呢，我们就是虫子，社会的寄生虫。"这群边缘人背后是战乱，脚下是混乱，眼前是黑暗。

影片的最后，在摄影师说："笑一笑吧，这可是护照的照片。"赞恩终于缓缓地，略显羞涩的绽开了笑容。影片定格在男孩的笑上，这个终于有了身份的男孩，终于用一个身份证上的笑脸，与自己，达成了和解。

电影通过营造孩子控告父母的残酷达成了对社会不公的讽刺和对不完善的社会制度的批判，以及社会碾压下关于生存与人性的两难决断，透过少年赞恩眼中绝望的家与世界，成功地将一幅繁芜萧瑟的黎巴嫩底层民众的社会百态跃然纸上，影片既剖白了难民儿童情感世界荒芜的现状，亦透过赞恩发出了关于情感诉求的呼声。

（文/范清月）

第四编　编写故事篇

在影视传媒类艺术考试中,编写故事的考查形式一般有两种:一是编讲故事,二是编写故事。编讲故事是面试当中的主要考查形式之一,而编写故事则是笔试中的重头戏。山东省文学编导类专业考试自实行统考以来,编写故事一直都是必考题型,估计在未来几年的统考中也会一直延续对此类题型的考查,因此考生应对此给予足够的重视。编写故事主要考查考生对生活的提炼和观察能力、逻辑思维能力、架构故事能力、文字表达能力以及语言表述能力等。

第一章　编写故事文体要求

故事,顾名思义就是已经过去的事情。在考试中,编写故事是由考生作为第三方或事件的目击者,把过去的事情叙述出来。形式就好比同学甲向同学乙讲述自己在上学路上看见的一起车祸。这起车祸,与甲无关,但是给他留下了深刻的印象;对听讲人来说,事件跌宕起伏,扣人心弦,充满了戏剧性。

所谓戏剧性,一般是指出乎意料的、奇特的、异常的、微妙的、非同一般的、耐人寻味的事件、行动、变化、结构、人物、语言等。由此可以给戏剧故事下个定义:戏剧故事是由戏剧性的情节虚构编织的,为表现人物性格和展示主题思想的,有因果联系的,可以用戏剧或者电影、电视的情节进行表现的客观性生活事件。

戏剧故事作为剧本的载体,要求曲折精彩,情节丰富,结局既出人意料又在情理之中。戏剧故事作为文学的一种体裁,要求讲述的是一个完整的、情节生动连贯的、通俗易懂的故事。

第一节　故事的特征

故事是人类艺术创作的核心之一,在古今中外文艺创作史上,故事以各种形式存在着。例如传统的传奇、小说、戏剧,以及现代社会较为流行的电影、电视剧等。故事的具体特征有以下几点:

1.内容的情节性

故事是一种以情节见长的艺术,只有情节丰富了,故事才会充实,人物形象才会饱满,这样的故事才有可读性。

2.线索的清晰性

大量的考试作品已经让阅卷老师产生了审美疲劳,如果你的故事线索烦琐,结构不清楚,让考官很难找到头绪,他就很可能失去阅读兴趣。因此,故事中的线索要一贯到底,像珍珠项链的那根线一样把故事中的人物都串到一起,使故事中的人物不前后脱节。

3.情节的趣味性

情节设置要有悬念,有冲突。只有这样,故事才有意思。故事情节环环相扣,才容易受到考官的青睐。

4.立意的新奇性

如果一个故事情节丰富、线索清晰,那么还需要一个新奇的立意,但在立意的选择上一定要注意"源于生活,而又高于生活"的原则。

5.语言的口语性

故事的语言要求和其他文学体裁不同,故事要用叙述的语言,即比较接近通俗性的口语。和书面语相比,口语具有通俗易懂、自然朴实、形象生动、朗朗上口等特点,因此戏剧故事一般采用口语化语言,而不用文绉绉、晦涩艰深的书面语言。

第二节 故事的写作文体

与影视评论写作的议论文体不同,故事的写作要用我们最为常见的叙述性文体,但是考生需要注意的是,这种叙述性文体又与叙事散文、小说等叙事性文体有所区别。

1.与叙事散文的区别

第一,叙事散文强调通过具体事件的记述与描写来叙述自己发生的或者与自己有关的故事,可以是完整的故事,也可以是故事片段。通过刻画人物表达作者的情感,具有一定的主观性。例如:

同学甲上课迟到了,老师要他讲述迟到的原因,他可以说:"对不起老师,我今天上课迟到了是因为来的路上遇见了一起车祸,当时三辆卡车相撞,伤亡惨重,人流车流加在一起,造成交通阻塞,所以我来晚了。"

故事则要求考生作为目击者,讲述别人的故事,如同甲向乙讲述一个有头有尾、有起承转合、波澜曲折的故事,具有一定的客观性。

同样用上面这起车祸举例子:

下课后甲拉过乙:"喂喂,伙计我给你讲个故事。今天早上,在西藏路和南京路交叉口三辆卡车相撞了,蓝色的卡车上还坐着一个大肚子的妇女,当时人们都以为她的孩子肯定没了,结果只听见'哎呀'一声,就见地上满是……"

第二,故事要求把"人物、事件、环境"连贯、完整地表现出来,讲一段浓缩、精彩的人生经历,故事要完整,不一定具有深刻的内涵,但是必须是有头有尾的一件事,这是故事创作常用的表现形式;

叙事散文并不要求把"人物、事件、环境"连贯、完整地表现出来,它只需要选择其中的一点或几点,写出深刻、细致的"印象"来,同时,再充分发挥艺术才华,把自己的"情感"抒发出来。

2.与小说的区别

第一,小说可以是故事(戏剧故事),而故事不是小说,故事必须具有画面感。

小说是渐变的艺术,戏剧故事是激变的艺术。小说可以展开大篇幅的环境、心理描写,而故事则不能这么做,故事中的每一处情节都应该力求具有画面感。例如,小说可以这样写:"今天天气很冷,整个世界充满了萧瑟感……"而故事则要这样来描述这种场面:"今天天气很冷,河里的水结成了冰坨坨,坚硬的黑土地被冻开了几道缝,道路两旁寥寥几株早已掉光了叶子的杨树孤零零地矗立着……"。

第二,从表现的主体来说,小说是写人的,故事是写事的。

小说中所有关于环境、心理活动、语言、动作的描写,都是为塑造人物形象而服务的,必须符合人物的身份、特征和事物发展的规律,小说的情节是由人物的思想决定的,有时候作者自己都不知道结局是什么,只能按照书中主人公的性格向下走。而故事是写事的,结局早已注定,只是其间的情节或曲折或复杂。

第三,小说注重细节,故事讲究情节。

细节,是缓慢的甚至是静止的,它捕捉人物心理一闪而过的"镜头",常常影射社会或日常生活隐蔽的另一面,并将画面定格,让读者去思考,去体会。而故事情节,是动态的,是一种事件发展的必然过程,是组成故事中一个个或大或小的悬念。严格说,许多"经典"小说,并非真正的小说。

第四,小说描述一个人或一群人的命运走向,往往涉及一个人的一生或家庭的兴衰史,而故事只是讲述一件完整的事情,它表现的只是人物性格的一个方面或一段故事。

第二章　编写故事元素分析

　　初学故事（戏剧故事）创作的考生，往往把"编写故事"理解为"编一件事"，看起来似乎很简单，但是动笔之后又觉得很难，不知从何入手，"怎么个编法""怎样才能编好"等问题一直困扰着大家。造成这种现象的原因主要是考生对故事的构成元素不够了解，因此我们下面着重来讲解故事创作的几大元素，即主题、背景、人物、情节、悬念、冲突、发现与突转、语言、动作等。

第一节　故事的"主题立意"分析

　　古人云："意犹帅也，无帅之兵，谓之乌合。"意思是说，主题立意好比统帅，无统帅的士兵，只能称之为乌合之众。正确、鲜明、突出的主题，能把全篇的人物、情节，以至细节描写都带动起来，使它们各得其所，配置、安排得十分妥帖，形成一个缜密的整体。因此，衡量一个故事的成败，"主题"是其中一个很重要的因素。在历年的考试中，总有考生创作的故事主题表现不正确，甚至有严重的错误和问题。因此，主题的开掘和深化，是故事创作中应该十分注意的问题。

　　主题是文章的灵魂，是贯穿全文的主线，是故事的内涵和思想，也可以理解为故事所要表现的生活态度：是呼唤真善美，还是批评假恶丑？是表现爱情的美丽，还是表现爱情的痛苦，或者两者兼有？是报复，还是以和为贵？是表现两代人之间的矛盾，还是表现亲情的宝贵？是表现友情的深厚，还是表现利益冲突？

　　要开掘和深化故事的主题，就要去积极解决两个问题：一个是认识问题，另一个是表现问题。

　　认识问题，实际上是世界观的问题。由于各个作者的世界观不同，在处理同一个题材时，就会产生各式各样的主题，有的截然相反、有的侧重点不同、有的深浅程度不同等等，这种现象在戏剧故事写作中是屡见不鲜的。这个问题其实不难解决，只要我们对题材本身所包含的政治意义和社会价值有了深透的理解，就能开掘和深化主题。需要提醒广大考生的是，由于部分考生的世界观还不完善，因此尽量不要涉及政治等了解不深的题材。

　　表现问题，实际是形象化的能力问题，因为主题是借生动的形象表现出来的。这种形象化的能力主要包括刻画人物、组织情节和运用语言等，这就需要考生在写作实践中逐步通过训练来提高了。故事的最基本特征是形象，应该让形象来说话，通过对人物和事件的具体描写来开掘和深化主题。这就是说，作者的倾向性，作品的主题，不要直白地说出来，不要把结论直接硬塞给读者，一切要从所描写的场面和故事情节中自然流露出来。只有这样的故事，才能感染人和教育人。成功的故事，作者总是把自己的观点、故事的主题潜藏在形象里,让读者和听众自己去体会、寻觅。

考生想好了主题,故事的走向就明确了。例如:《真没想到……》一题,有位同学这样写道:

老王原是一家工厂的科长,工厂倒闭后,他也下岗了,原本欢乐的家庭也笼罩上了阴影。几个月后,与他同厂的工人大多自谋到了职业,可老王却放不下架子去谋职,整天在家唉声叹气,愁眉苦脸。可有一天,老王的一个朋友到路旁新摆的自行车摊修自行车,没想到摊主竟是老王。老王还笑着说:"我又上岗了。以前爱面子,现在想通了,只要靠双手劳动挣钱,都光荣!"

这篇文章由老王的"下岗"到"上岗",反映了人们就业观念的转变,具有浓烈的时代气息。

第二节 故事的"背景"分析

一个故事的发生必然会有一定的背景,必然是在某一个时间或者地点发生,或者必然是在某种情况之下发生。因此,考生在写作时要注明故事发生的时间,如古代、现代、春、夏、秋、冬、白天、黑夜、早上、中午、晚上等等;注明故事发生的地点,如家里、公园、办公室、饭店、路边、宿舍等等;注明人物关系如何、矛盾程度如何、曾经发生过什么事情、现在怎样等等。

1.环境

背景笼统来讲就是环境,是故事发生必不可少的因素。环境包括自然环境和社会环境。自然环境描写包括人物活动的时间、地点、季节、气候以及景物等,对表现人物身份、地位、行动,表达人物心情,渲染气氛,都具有重要作用。社会环境描写指的是对特定的时代背景以及人物生活环境的描写。它所描写的范围可大可小,大至整个社会、整个时代,小至一个家庭、一处住所。描写的内容可以是室内陈设、当地的风土人情和时代气氛等。

2.典型环境

无论是社会环境还是自然环境,一定要是典型环境。那么,什么是典型环境呢?典型环境是指促进人物行动并形成人物独特鲜明个性的社会背景和具体的生活环境。例如,如果主人公出门要打伞,他的环境就一定是阴天下雨、下雪,或者这个人物是个特别注重皮肤保养的女士,她要在炎热的夏天出门。

因此,无论是时间还是空间,考生在叙述故事的时候都一定要表达清楚。例如大家以前听过的"从前有座山,山里有个庙,庙里有个小和尚……"这个故事的开头虽然简单,但是他把故事发生的时间、地点、人物都表述了出来。有经验的考生在文章的开头也应该简明概括地讲述出故事的发生时空,这样的故事才有基础,有可信度。

第三节 故事的"人物"分析

故事是人的情感故事,只有抓住人物,才能抓住故事中的情感要求;也只有通过揣摩故事中人物的心理需要与主观需要,才能找到一个比较新颖的故事角度。因此,从人物出发,是讲好一个故事的有效方法。

考虑太多的内容,不如多花心思考虑故事中的人物。例如看电视剧《三国演义》的观众,总记得诸葛亮、关羽、张飞、曹操,而他们所做的事情,恐怕并不会记得非常清楚;看电视剧《上海滩》,观众至今还记得许文强、冯程程、丁力,对他们的具体事迹却十分模糊。因此,生动鲜明的人物形象,永远栩栩如生地活在读者观众的脑海里。严格来讲,我们容易被故事中人物的性格所吸引。

故事要有人物,听起来是件简单的事,可每年在考故事创作的时候,能把一个人物塑造好的考生凤毛麟角。原因何在? 这是因为有的考生只考虑编织情节,而不从人物的主观愿望出发去组织情节;同时,在编织情节的过程中,不考虑让情节从人物性格出发,不去体会自己故事中人物的心理感受。有时候故事情节是组织起来了,可其中没有人物的感受;没有人物,情节就会生硬,故事自然也就鲜活不起来了。

故事中对人物的设置,有以下几点值得考生注意:

1.为人物设置压力,为人物命运设置障碍

如果我们在创作的时候有意识地让故事中的人物都面临一个问题,例如生存艰难或爱情遇阻等,并让主人公奋力去解决这个问题,读者或者听众就会被吸引。

尽快地把故事中的主人公推入困境,这是故事塑造人物的第一规律。故事的主人公到底是怎样一个人,只有当他面临压力、陷入困境、身处危机时才能得到揭示。使人物陷入困境,看他在压力或障碍之下作出的选择,在对其生活的追求中会采取什么样的行动。当他作出决定并采取行动的时候,一个人物的本质特征也就栩栩如生了。需要注意的是,故事中的人物遇到的困境要有具体的内容,必须是能够关系到人物命运的东西,例如生死存亡、事业成败、情感尊严等,这样就比较容易引起读者对故事情节的关注。

如陆川导演的电影《寻枪》的开头部分,马山(姜文饰)是西南山区小镇上的一名普通警察。他有一支手枪,整日佩在身边,虽然没有用过,但他知道,小镇因他和他的手枪而安宁平和。一天早晨醒来,马山发现手枪不翼而飞。看着空空的枪套,马山的精神几乎崩溃,他的枪里装有三颗子弹,他知道偷枪的人是有可能杀人的! 这样整个故事就变得有意思了。

2.通过行动刻画人物,人物要有目的性

故事中的人物不是静止的人物,而是行动中的人物。具体说来,人物的行动由三个要素组成:做什么,为什么做,怎样做。

第一,做什么。

"做什么"是指人物行动的最终目的,这往往成为贯穿故事情节的主线。在故事的构思过程中,如果一开始就明确人物行为目的,情节的展开就会相对容易一些。人物完成自己目的的行动过程其实就是整个故事情节走向的构成。如果人物是个目的性不强的人,故事的情节则必然含糊。

自己创造出的人物到底要"做什么",这是作者必须首先明确的一点,这样故事情节才能曲而不乱,保持统一性;其次,人物要做的事情往往是有一定难度的,需要经过一个曲折的过程才能达成,也就是上面第一点讲到的要为人物设置障碍,这种障碍可以是外部环境也可以是故事中的其他人物。

第二,为什么做。

为什么做,是指人物行动的动机。好的动机必须既清晰合理,又不流于概念化。有时候,为人物的行动设计一个独特的动机,会给故事带来意想不到的效果。要记住:你越能清楚地确定人物的需求,就越容易给这些需求制造障碍,这样也就产生了冲突。这有助于我们创作一条紧张而富于戏剧性的故事线索。

第三,怎样做。

在这三个要素当中,最为关键的是怎样做。既然出现了问题,我们就要解决它,在我们日常生活中同样如此。怎样做,是指人物采取行动的具体方式,故事情节是否精彩,往往就取决于人物行动的方式设计得好不好、有没有创意、是否出人意料,这也是最考验作者构思功力的一点。

3.人物要有性格

性格是人物的灵魂,看到了性格,就看到了人,抓住了性格,人物就活起来了。故事中的人物要有人物性格,可是考试的时候,有些考生总是容易忽略这一点。即使没有忽略,也不会从人物性格出发去组织情节。

性格决定命运,通俗地说,有什么性格的人才会去做什么事。故事最大的目的就是塑造人物,这个人物要有鲜明的性格,要有使人不能忘怀的"点"。要塑造好一个人物,首先要注意的一点就是你设置的人物的性格要决定他的动作,不是让故事情节牵着人物走,而是人物发展了故事。这就要求一定要给人物的行动一个目的或者动机,而不是在情节发生的时候,需要什么人物才加上什么人物。

例如张艺谋导演的电影《秋菊打官司》,影片中的秋菊就是一个很有性格的人物。因庆来骂了无儿子的村主任"断子绝孙"的话,被村主任踢伤了下身"要命的地方"。庆来之妻秋菊(巩俐饰)咽不下这口气,为了寻求公道,她带着身孕,走上了漫长的告状路途。秋菊作为一个农村妇女,没有多少文化,却非常执着地寻找自己的价值和尊严,锲而不舍地、倔强地要求"有个说法",是一种新时代农村女性自尊、自强精神的表现。如果不是秋菊这种执拗、锲而不舍的性格,整个电影的情节也不会成立,因此,要建立一个合理的情节,必须从人物性格出发。

人都有性格,但是在设定人物性格的时候,我们要认真考虑故事中的人物性格是否真实可信。另外,戏剧故事中的人物不能类型化,脸谱化。生活是复杂的,人性也是复杂的,戏剧故事需要复杂的人物形象,而不是简单的、非善即恶的单一形象。

4.要处理好人物之间的关系

人物关系从社会层面上可以分为血缘关系、社会关系和利害关系三种;从故事人物角色设置上可以分为主要人物和次要人物的关系、人物与环境的关系两种。

我们先来看社会层面上的人物关系:

①血缘关系,也叫自然关系,如父母子女、兄弟姐妹等。

②社会关系,只要生活在社会当中,任何人都避免不了社会关系。如朋友、同学、同事等。

③利害关系,顾名思义就是利益和损害的关系。利害关系也就是人物冲突,有矛盾冲突,故事情节才会跌宕起伏、耐人寻味。

再从故事人物角色设置上来看人物之间的关系:

①主要人物和次要人物之间的关系。主要人物是戏剧故事中的中心人物,是矛盾冲突的主体,也是主题思想的体现者,其行动贯穿全篇,是故事情节展开的主线。次要

人物是对主要人物起对比、陪衬和铺垫作用或者作为矛盾的对立面而存在的角色。

故事中出现的人物不要太多,感情纠葛太繁复就会很难驾驭。一篇比较成熟的故事需要有三个人物:一个主要人物和两个次要人物。主要人物就是故事的主人公,故事要展现的就是这个主要人物的命运、性格、人生等,次要人物都要为展现主要人物服务。

主要人物与次要人物的关系:矛盾的双方,冲突的双方,由于故事篇幅不大,人物设置也少,所以要想在短短千字的文章中展现复杂的关系,就要设置复杂的人物关系,让人物双方对立起来,可表现为意志相反、理想相悖、身份地位悬殊等。人物之间的矛盾冲突还可以表现为身份的冲突,如学生和老师,家长和孩子;地域的冲突,如娇小的南方女孩到狂风肆虐的大西北插队;东西方文化的差距;等等。

②人物与环境之间的关系。人物与环境之间的关系也很重要。自然环境会对人物的心情、情感产生一定的影响,社会环境一般会影响人物的某些重大决定。人物内心与实际行动的矛盾会使人物形象更加丰满。如果不能展现复杂的人物关系,考生一定要注意给主人公自身创造矛盾,让她的行动与自身想法相矛盾。如一个想学习医学的女孩子被父母逼着考军校、一个崇尚单身的男孩子被包办婚姻等。

第四节　故事的"情节"分析

情节指叙事性文艺作品中以人物为中心的事件演变过程,情节就是事件的细节经过,是矛盾生成、发展、解决的过程。情节由一组以上能显示人和人、人和环境之间的关系的具体事件和矛盾冲突构成。一般包括开端、发展、高潮、结局四个部分,有的还有序幕和尾声(如话剧)。

情节是故事的主要内容,故事的质量在很大程度上取决于故事的情节是否生动、曲折,是否具有戏剧性,是否有吸引力和感染力。"文似看山不喜平",一个好的故事之所以能够吸引人,主要是因为故事的情节跌宕起伏。好的故事中要有悬念、冲突、误会、巧合,要能产生惊奇有趣的效果,但是不宜使用科幻、荒诞、鬼怪的情节,以免破坏故事的真实性和逻辑性。

既然情节对于故事如此重要,考生在写故事的时候,就要尽量把情节凸显出来,这一点,也是故事和小说在写法上一个重要的区别。小说往往要把情节线索隐藏起来写,更多地刻画人物形象、心理活动,更注重侧面描写,而故事一定要把情节凸显出来,所有的人物和细节都要围绕核心的情节线索来写,人物之间的矛盾也要围绕推动情节发展来展开。在这里顺便提一下,把故事写成"某某二三事"是肯定不行的,故事的主角是情节,而不是人物。曾经有位考生写了一篇戏剧故事,语言挺不错的,情节也有可取之处,但整个故事是围绕一个人写的,故事的题目就是主人公的名字,这个故事还是不可取的。总之,作者在构思之初就应当从故事情节的角度来考虑,而不是以人物为线索,这样会更符合故事的要求。

情节是按照因果逻辑关系组织起来的一系列事件,应当体现出人物行为之间的冲突。高尔基说,情节"即人物之间的联系、矛盾、同情、反感和一般的相互关系——某种性格、典型的成长和构成的历史"。因此,情节的构成离不开事件、人物和场景。

有些考生认为事件就是情节,在这里,有必要说一下事件和情节的区别。关于"事件"和"情节"的区别,最常提到的就是英国的福斯特举出的例子:"国王死了,王后也死了"和"国王死了,王后因伤心过度也死了",前者只是强调了时间关系,而后者突出了因果关系,因此,因果关系成了判断两者区别的标志。再一点,情节显然是有情感逻辑在内的,因此我们常看到的情节是环环相扣的,情节实际上是对行动的安排。

我们平时看电影、电视剧的时候,会情不自禁地被其中的情节所吸引,但是到了自己创作故事的时候却总是在情节上出问题。从历年考生考试的实际情况来看,在情节上出现的问题一般有:

一是缺少集中的、明确的情节核心,往往是洋洋洒洒写了一大篇但是没有一个中心事件;

二是情节有核心,但是这个情节核心并不能吸引读者,不是不够曲折,就是缺少出人意料之处;

三是为情节而情节。在一些考生的故事作品中,见事件不见人物,故事离奇曲折,人物只是个符号,这在那些侦破故事中表现尤甚,似乎一篇故事,除了寻找一个"真相终于大白"外就没别的什么了,如此等等。故事虽奇、虽巧、虽曲折,但就是看不到为什么会这样,人物的行为缺乏内在依据,故事的情节不是由人物支配,而是由作者随意编排,人物跟着情节走。由于看不到人物的内心世界,所以考官看后,要么觉得是胡编乱造,不可信,要么就是无动于衷,这也就谈不上给出高分了。

因此,突出情节要把握以下几点:

1.理清线索,把握情节的来龙去脉

一般来说,故事情节前后有着某种内在联系,这种内在联系就是贯穿在整个故事当中的情节线索。故事要求单线曲折,情节紧凑,层次分明,这样故事情节才会清晰明了。不脱节,不松散,环环相扣,浑然一体。例如鲁迅的《祝福》,祥林嫂与鲁四老爷的矛盾冲突就是构成情节的主要线索。

另外,考试中的故事篇幅不大,为理清情节线索故事中的人物也不宜过多,应当尽量减少人物静态的对话和描写、议论。

2.以人物推动情节,用情节表现人物

前面在人物这一元素当中已经讲到过人物的刻画方法,故事是写人的故事,人物和情节有着密不可分的关系。也可以这么说,情节是人物发展的历史,是作为人物行动的形式出现的。故事强调突出情节,但是并不否定对人物的刻画描写,人物要在故事情节发展的过程中行动起来。也就是说,要把人物放在充满激烈的矛盾冲突的情节当中进行塑造,以人物推动情节,用情节表现人物。

3.情节既要波澜起伏、扣人心弦,又要简洁明了、环环相扣

矛盾冲突是故事的本质特征,没有冲突就没有故事。理清情节线索并不是平铺直叙地叙述流水账式的情节,而是要通过简洁明了的叙事线索表达跌宕起伏的情节。

情节是在开端、发展、高潮、结局这一过程中不断发展的,要环环相扣,简洁紧凑。"文似看山不喜平",在情节的发展中,从来都不是平铺直叙的,总是曲曲折折,一波未平,一波又起,山重水复,层峦叠嶂。比如比较经典的美国电视剧《24小时》《越狱》等,都是情节比较曲折的典范;再如《三国演义》中的《温酒斩华雄》一段,虽然不过区区一千多字,直接描写关羽的笔墨也不多,却将关羽这一盖世名将写得生龙活虎、形神俱备,表现出了他无比英勇威武的精神风采。

4.情节的逻辑性

逻辑是人的一种抽象思维,是人通过判断、推理、论证来理解和区分客观世界的思维过程。故事中的情节虽然可以虚构,但是故事情节的发展要符合现实生活中人们的思维逻辑,不能盲目追求情节的曲折性而忽略情节的逻辑性。

与生活真实不同,艺术真实以假定性情境表现对社会生活内蕴的认识和感悟。从这个侧面来说,艺术真实是一种内蕴的真实,是假定的真实。它源于生活真实,又高于生活真实。它可以以生活中的真人真事为基础,也可以以生活中可能有的人和事为基础进行艺术创造,达到艺术的真实。艺术真实并不要求照搬生活现象,也并不排斥艺术想象和艺术虚构。

第五节 故事的"悬念"分析

悬念大师希区柯克曾经给"悬念"下过一个著名的、通俗形象的定义:"如果你要表现一群人围着一张桌子玩牌,然后突然一声爆炸,那么你便只能拍到一个十分呆板的炸后一惊的场面。另一方面,虽然你是表现这同一场面,但是在打牌开始之前,先表现桌子下面的定时炸弹,那么你就造成了悬念,并牵动了观众。"

法国著名剧作家贝克也曾对悬念作过确切的解释:悬念就是"兴趣不断向前冲、紧张和预知后事如何的迫切要求。"比如,我们正在看一场乒乓球男子决赛,比赛的两个对手实力相当,而且前四轮的比分两人持平,最后一轮的比赛成了胜负的关键。我们在观看最后一轮的比赛时,会始终处于紧张的情绪中,对接下去比赛的发展变化毫无所知,但又急于探其结果,于是产生了看下去的兴趣。

从上面两个例子我们可以看出,悬念,也就是"卖关子",是小说、戏剧、影视等艺术作品中常用的一种表现技法。它主要是利用观众或读者急于知道故事结局的心理,而故意将某些较为重要的细节或人物行动隐藏起来,也就是故意吊胃口,然后才像抽丝剥茧般一点一点地展示出故事结局的艺术技巧,是人们由持续疑虑不安而产生的期待心理,在故事中是对情节悬而未决、结局难料的安排以引起观众急于知其后果的迫切期待心理。如古典小说中的"欲知后事如何,且听下回分解"等。

余秋雨先生曾经说过,戏剧作品可以对所有元素进行改造,但是唯有一种东西不可以更改,那就是悬念。悬念可以引起读者、观众阅读或者观看的欲望,在结局未来之前制造一种紧张情势,引起观众兴趣。

悬念有大小之分,大悬念是贯穿在文章主体故事中的整体悬念,因此又叫作总体悬念。它能够引起观众对故事始末、人物最终命运的关心。也有人认为小悬念是大悬念的构成部分,是大悬念在某个阶段中出现的一种即时的诘问和解答,也就是那种欲知后事如何且听下回分解的局部性悬念。大悬念由多个小悬念组成,大悬念和小悬念要配合使用。一本叫作《编剧课堂》的书中给悬念定出一个公式:提出悬念—好像是—好像不是—我看是—我看不是—肯定是—肯定不是—到底是不是呢—结论。

在故事创作中,悬念起着非常重要的作用,因此学会设置悬念是非常有必要的。下面介绍几种设置悬念的方法。

1.疑问悬念法

在文章开头,如果情节设置得出人意料,就可以迅速展示性格鲜明的人物和复杂奇妙的人物关系。

例如:王磊和李红在吵架,忽然有人敲门,李红嘘了一声:"可能我丈夫回来了。"

像这样的开头就容易抓住考官的眼球,因为这种奇怪的人物关系是很容易吊老师的胃口的。王磊和李红是什么关系呢? 偷情? 邻居? 同学? 设置巧妙的人物关系是设置悬念的一种方法。

2.倒装悬念法

也叫倒叙悬念法,即打破时空顺序,挪用故事情节,把最具戏剧性或者最具悬念性的情节放在故事的开头。

例如电影《肖申克的救赎》,影片开始的场景是法庭审判,作者打破时空顺序,故事不是从案件发生开始,而是从破案开始,通过对案件的审判猜测,一步步展开情节,同时引发观众的兴趣。

3.误会悬念法

即利用故事中人物之间的猜疑或误解来激化矛盾,掀起波澜,不断推动情节的发展变化,最终释疑解扣。

例如《三国演义》写刘备三顾茅庐请诸葛亮出山,作者便不厌其烦地运用了误会法。在没有见到孔明之前,刘备先后将孔明的朋友崔州平、孟光威、石广元以及弟弟诸葛均、岳父黄承彦等误当作诸葛亮。这一次次的误会便构成了一个个悬念:这诸葛亮究竟是个什么样的人? 这样故事便波澜起伏,曲折跌宕,读来趣味横生。

4.巧合悬念法

巧合是利用偶然事件组合故事情节的一种技巧。俗话说:"无巧不成书。"即使是在现实生活中也会有很多偶然、巧合的事情发生,因此,在故事创作中可以设置巧合,甚至有一些故事中如果没有巧合,很多情节都会变得含糊不清,无法联系在一起。故事中的巧合可以引起悬念,从而增强矛盾冲突的力度,推动故事的发展。文学作品中用到巧合的例子比比皆是。

例如《水浒传》中假扮李逵的李鬼,他在劫道时,偏偏遇到回家接老母的真李逵;再比如曹禺先生的名著《雷雨》,《雷雨》在戏剧结构上的一个显著特点,就是巧合的突出运用。曹禺先生自己也说过:"一部《雷雨》全都是巧合。"的确,它的整个情节就是用一连串的偶然巧合编织起来的。比如周萍同四凤这对异父同母兄妹的关系的巧合;鲁侍萍同周朴园三十年后的巧遇;周朴园同鲁大海父子的巧遇;周萍、鲁大海这对亲兄弟的巧遇等。

需要注意的是,巧合虽然可以作为推动情节发展的一种技巧,但是要既在情理之中,又在意料之外。再一点,巧合在一篇故事当中不宜多用,也尽量不要将其作为故事中解决矛盾冲突的手法,因为运用巧合来解决矛盾冲突就会使故事显得过于简单化。

5.欲扬先抑法

这里的"欲扬先抑"并不是指写作中的常见的艺术手法,而是指先让故事中的主人公经历重重磨难才能达到所期望的目标,比如有情人终成眷属、沉冤得雪等等。比如电影中经常见到这样的情节:无辜之人蒙受不白之冤,被判死刑,已经被押赴刑场。这时,观众会不由自主地为主人公的命运捏一把汗,从而调动观众继续看下去的欲望。

另外,值得考生注意的是,吃惊并不等于悬念。

还有的考生往往会陷入误区,认为悬念就是破案。但是考试中的故事写作,悬念并不等于破案,不能一提到戏剧性和悬念就写侦探故事。

人的精力毕竟有限,阅卷老师经过大批量的试卷阅读,很容易产生视觉疲劳,况且考试中的编写故事篇幅不大,一个故事中如果出现多个悬疑就会分散老师的注意力,增加老师的审美疲劳,进而使他们失去观看的兴趣。因此,考生在故事创作中不要过多地设置悬念,只要根据故事中的人物、情节的发展设置一个好的大悬念就行,如果故事需要的话,也可以加入一两个小悬念,但不要太多。

总之,设置悬念的方法多种多样,不一而足。考生在故事写作中应该结合故事内容的需要来合理地设置悬念,它必须符合生活的真实,绝不是闭门造车、瞎编乱凑的产物,它应该既出人意料,又合情合理。

第六节　故事的"戏剧冲突"分析

由于故事要求叙述一个曲折有趣的情节,因此它就离不开戏剧性表现形式——戏剧冲突。"没有冲突就没有戏剧。"这句话被无数次地引用,出现在各种戏剧理论著作中,而"戏剧冲突"一词也突破了原来的范畴,被抽象成文艺评论文本中流行的刻画"矛盾冲突"的专用名词。

戏剧冲突是表现人与人之间矛盾关系和人的内心矛盾的特殊艺术形式,同时也是戏剧中矛盾产生、发展、解决的过程,由戏剧动作体现出来。

1.在故事中戏剧冲突的运用可以分为三种

第一种是人与人之间的冲突。

主要包括人与人之间的性格差异,身份和地位差距以及人物之间的目的、思想、心灵、世界观、价值观和观念欲望等的冲突。例如张艺谋执导的电影《大红灯笼高高挂》中大学生出身、一心追求真爱的四太太颂莲与没有学历、迂腐、整天做"太太梦"的丫鬟之间的冲突。

第二种是人物内心的冲突。

例如良心和欲念的冲突、信仰与信念的冲突等。

哈姆雷特是世界文学史上一个极富艺术魅力的典型,这种魅力的产生很大程度上依赖于这一形象内心冲突的丰富性。哈姆雷特的内心冲突是随着为父复仇的戏剧情节逐步展开而不断激化的,而复仇的外在冲突又逐渐让位于内心冲突,从而揭示出其犹豫延宕的本质特性。他追求理想又对现实的丑恶感到失望甚至悲观;向往人性的善又深信人自身有恶的渊源;想重整乾坤又因人性之恶的深重而感到回天无力;觉得人生无意义又对死后世界充满恐惧;爱奥菲莉娅和母亲乔特路德,又怨恨她们的"脆弱"("脆弱啊,你的名字就叫女人!"——第一幕第二场);等等。这一系列的内心冲突描写既显示了主人公心灵世界的丰富性、复杂性,又展现出其性格的丰富性、复杂性。

第三种是人物与环境之间的冲突。

主要包括人与自然环境和社会环境之间的冲突。人与自然之间的冲突指人与自然环境,如天灾等一切非人为的对抗体之间的冲突。人与社会环境的冲突主要是指个人命运在社会大环境下的命运转变与冲突。例如在封建礼教的层层束缚下，梁山伯与祝英台的爱情势必会枯萎；在资本主义萌芽时期，莎士比亚笔下的哈姆雷特虽然为父亲报了仇，但是死亡仍然是他的最终归宿；老舍的代表作《茶馆》中的戏剧冲突比较特殊，剧中没有扣人心弦的故事情节，也没有集中完整的戏剧冲突，其戏剧冲突主要表现为人物与时代之间的冲突，剧中用人物生活的变迁反映社会的变迁，并由此反映出中国逐步沦为半殖民地半封建社会的历史，展现出北京半个多世纪的社会面貌，颇具"史诗"的意味。

大多数戏剧故事都利用人与人之间的冲突。因此，人物之间的关系，便甚为重要了。人物与人物的冲突，最基本的戏剧元素是对立。有了对立，才可以引起矛盾。通常利用正面人物表示作者的正确思想、肯定的价值观；用反面人物来表示作者反对及否定的价值观。

有些考生在创作故事的时候，可能认为故事情节应该越复杂越好，冲突越多越好，小小的一篇故事之中融合了悬疑凶杀、血缘之谜、正邪搏斗等等，于是大高潮小高潮层出不穷，故事情节很是热闹，但自始至终恐怕连作者本人也不知道他自己要说什么。这样一来故事是拼凑成了，殊不知，这样只会使故事头绪繁杂、意义含混。因此，了解戏剧冲突的特征是很有必要的。

2.戏剧冲突的特征

①尖锐激烈

在故事中，只有矛盾的双方都有足够的冲击力，冲突在最后爆发时才能格外强烈。例如《罗密欧与朱丽叶》的故事，让两种最极端的情感——爱情和仇恨，在两个主人公之间发生猛烈的碰撞，其中蕴含的力量和故事的吸引力就不言而喻了。

②高度集中

考试中的命题故事创作篇幅不大，这就要求故事的主题要集中、矛盾冲突要集中、人物关系要集中。因此，考生不要把故事构思得太艰深复杂，一个故事就是一对主要矛盾，要明确、集中，从开头到结尾贯穿情节始终，不要随意横生枝节；在人物关系的设置上要尽量简练、集中，把戏剧冲突都集中在两个人物的身上，并且人物之间是矛盾对立的关系，要给他们不断制造误会、制造冲突，从而推动情节的发展。

③进展紧张

戏剧冲突必须是扣人心弦、波澜起伏的，使读者一直处于紧张和期待之中。在现实生活中，矛盾冲突的进展一般需要有一个相当长的酝酿过程，而戏剧冲突则不同，必须比生活矛盾更为集中、更为迅速。

有些考生没有意识到这一点，把故事情节的推进速度等同于生活中事件的发展速度，事无巨细，婆婆妈妈，让人看了心生厌烦，甚至完全看不下去。这都是因为没有掌握好情节的详略关系，故事推进过于松散了。其实，我们的考官是很聪明的，他们一边看故事，一边也挖空心思地想要猜出谜底。当你还在原地絮絮叨叨绕圈子的时候，考官早就想到前面去了，那故事自然变得索然无味了。因此，在情节的推进上，考生要始终比考官想得快半拍，让情节牵着考官走。

3.戏剧冲突的构建

上面讲的是故事的戏剧冲突的特点，那么如何来构建戏剧冲突？法国戏剧理论家布伦退尔说："戏剧所表现的是人的意志与神秘力量或自然力量（它们使我们变得有限和渺小)之间的冲突,它将我们之中的一位放在舞台上,在那里,他反抗命运,反抗社会规律,反抗他的同类之一,反抗自己(假如需要的话),反抗他周围人等的野心、兴趣、偏见、蠢行和恶意。"

在实际生活中,我们作为社会成员生活在具体环境中,工作、学习、生活必定遭遇到各种各样的障碍,在内心激起克服障碍抑或放弃的意向、愿望与动作,从而那个被行为动作引发的对立面必定有其反动作,人物性格、戏剧冲突由此而产生。

人物的性格是千差万别的,个性标记也是丰富多彩的,性格的丰富性赋予各种冲突展开方式的多样性,有多少性格,就会有多少冲突。从人物性格出发,精心构思人物之间的矛盾障碍与性格的冲突,这种障碍既需要符合逻辑性,又需要具有鲜明个性色彩,即独特性与典型性。"这种冲突既要以符合人物性格和目的的方式产生出来,又要使矛盾得到解决。"(黑格尔《美学》)

那么,如何为戏剧冲突的发生设置障碍呢?在构思情节时,首先要有一个明确的主旨,即想要表达的思想或目标;其次,确定一个连贯事件发生、发展的契机;最后,依据人物性格和感情本身的力量,为有助于事态向作者欲表达的主旨前进的戏剧冲突设置障碍。只有冲突充分展开,才能使参与冲突的各色人物的情感、性格不断发生碰撞,使事态向纵深发展,真正使人物性格鲜活起来。

总之,故事就是要给主人公树立一个势均力敌的对立面,千方百计地阻挠、干扰其达到目的;故事就是要看双方的斗智斗勇、你死我活,力量的此消彼长、互相拉锯;故事就是要看一对不可调和的矛盾演变激化至最高程度,然后以一个出其不意的方式收尾。这个才是真正的故事的戏剧冲突。

需要注意的是,故事中的冲突是要不断发展的。具体一点说,冲突的发展即"逐渐升级的冲突"。故事的开始,为吸引读者或者听众,可能要安排一次严重的冲突。跟着"问题"出现了,刻不容缓地需要解决问题,各类矛盾随之而来,纷纷营造冲突的布局,就像台风吹袭一样,初时是弱风,继而烈风,继而巨风,继而狂风,直至高潮。这便是"逐渐升级的冲突"。

戏剧冲突是一个故事的灵魂,它来源于生活,但绝不是生活矛盾的简单复制,更不是所有生活矛盾都可以提炼成戏剧冲突。什么才是有价值的、新鲜的戏剧冲突,需要考生用自己的眼睛去提炼、选择、集中、塑造。

第七节　故事的"发现与突转"分析

发现与突转是戏剧结构技巧术语。

发现,指从不知到知的转变,它可以是主人公对自己身份或者与其他人物关系的新的发现,也可以是对一些重要事实或无生命实物的发现。在创作实践中,发现总是与突转相互联用或者同时出现,戏剧故事往往通过发现来造成情节的激变。

突转,指剧情向相反方面的突然变化,即由逆境转入顺境,或由顺境转入逆境。它是通过人物命运与内心感情的根本转变来加强戏剧性的一种技法。

《雷雨》是我国现代话剧的经典之作,曹禺先生生前曾因《雷雨》能"咬"住观众而自得,道理似乎很简单:话剧作为舞台艺术,如果不能"咬住"观众,也就失去了它的生命。

但《雷雨》凭什么能"咬住"观众,把戏剧的矛盾冲突逐步推向高潮?其根本的原因是作者在戏剧创作中,成功地运用了"发现"与"突转"的艺术,这是《雷雨》高潮艺术的真谛。

我们知道,在戏剧故事中,新的人物关系和新的情况的出现,常常会引起整个情节的急剧变化,会使矛盾冲突的双方或由顺境到逆境,或由逆境到顺境,从而形成"突转",而"突转"往往就是戏剧故事的高潮所在,是戏剧故事中最激动人心、最吸引人的地方。

《雷雨》中周朴园与鲁侍萍见面的场景,曹禺先生用了点技巧。这技巧其实就是"发现"。鲁妈到了周公馆,是由见到熟悉的家具和自己的照片(所谓的"周家第一个太太"),才"发现"自己又回到了三十年前的周家,而她最不愿意女儿伺候老爷的事,竟然也发生了,这不能不引起她的担心和警惕。而周朴园通过鲁妈关窗的动作、无锡口音,以及鲁妈回答三十年前发生在无锡的"那件很有名的事"和"老爷那件衬衣不是一共有五件?您要哪一件"的问话,"发现"了被他抛弃的侍萍还活着,并且现在正站在自己的眼前。这一下子打破了他平静的生活,打破了他所标榜的"我的家庭是我认为最圆满,最有秩序的家庭"的神话,使周朴园陷于不知如何是好的窘地。

接着,鲁妈"发现"了更残酷的事情:女儿不仅重蹈了自己当年的覆辙,而且她同周萍还是兄妹之间的乱伦。更令鲁妈苦不堪言的是,四凤已怀孕三个月了……鲁妈只能打掉牙和着血往肚子里咽,让他俩走得远远的,永生不要让她见到……最后,所有的人物都登场了:周萍"发现"眼前的鲁妈竟是自己的亲生母亲,他与四凤竟是亲兄妹间的乱伦;四凤也"发现"与之相爱的周萍是自己的亲哥哥;周冲也"发现"自己的爱原来是"剃头挑子一头热",而自己的母亲也不是他想象的那样圣洁;繁漪也"发现",她请来的鲁妈竟是当年的侍萍,自己引燃的导火索,竟使周家和鲁家两个家庭"灰飞烟灭";周朴园也痛苦地"发现"自己所经营的家庭并不是最有秩序、最理想的……这时候,情节便一下子产生了"突转":四凤惊愕、羞辱地跑了出去,结果触电身亡;周冲本想拽住四凤,却也因触电而死;周萍在房里开枪自杀;繁漪、鲁妈都疯了……这就是《雷雨》惊心动魄的高潮!

在这里,一方面每一次的"发现"都是无意的,都出乎人们的意料之外,都是情节发展链条上的一个发展动因,它推动情节不断地向前发展,使矛盾冲突一次次加剧;另一方面,每一次的"发现",又都是戏剧高潮之前的一次蓄势,蓄势愈多愈久,"突转"便愈猛愈烈,高潮便愈激荡人心。

第八节　故事的"语言"分析

故事不同于剧本,戏剧是一伙人讲一个故事,故事则是一个人讲一台戏。故事中出场的人物如果讲话太多,就会使听众弄不清他们的真实身份。由于较书面语而言,口语通俗易懂,朗朗上口,易传易记,所以故事的语言一般不用文绉绉的书面语言。但是无论是故事编写还是故事编讲,因为都是讲述别人的故事,所以尽量用第三人称,进行客观的叙述。

故事是比较忌讳对话的,尤其不允许大段大段的对话,因为它容易限制情节的推动和发展。但又不能不对话,因为人物的思想活动的撞击、感情的交流必须通过对话的手段去实现。因此,这些对话就力求能写得简洁精炼、生动准确,富于动性。人物的对话要符合人物的年龄、性别、职业、地位等,要能显示人物的性格特征。在茶馆中,唐铁嘴

第一句话就是："王掌柜，捧捧唐铁嘴吧，送给我碗茶喝，我就先给您相相面吧！手相奉送，不取分文！"这句话便活灵活现地表现出一个油滑而又可怜的江湖相士的嘴脸。但是故事中的对话不宜太多，不然和戏剧小品就没有区别了。因此，故事的对话只要能透漏出人物要表达的主要意思就行了。

不少初学者写故事时对话极多，这是故事的大忌。这时也该想想你平时和别人讲故事时是怎么讲的？你如果老是"张三说""李四说"的，有人听你讲才怪。只要你懂得和掌握了用讲述的语气来写故事，那么你写出来的东西在叙述方式上就可以过关了。

故事语言的基本特点是通俗流畅、富于动性。也就是说它在不断地流动，以推进情节的发展。语言富于动性，是故事与小说的重要区别之一。大家都知道，故事是写"事"的，小说是写"人"的。故事不允许有过多的心理活动描写、大段的对话和繁复细腻的景物描写、人物形象的刻画，更不允许作者在故事中对人物或事件大加评论（那是评书）。故事应该着力于你笔下的人物在怎么做，而不是在怎么说，怎么想。作者始终要注意推进故事情节的流动，进展。如果语言富于动性，不需着意刻画，其中的人物就会鲜活起来。

第九节　故事的"动作"分析

这里说的动作是指故事中人物的活动形式，动作能够表现出故事中人物的性格、思想和目的，动作必须有流动性，必须贯穿在情节不断发展的过程中，可理解为做什么（目的），为什么做（动机），怎样做（过程）。关于这三点在人物这一元素中已经详细阐述过，在这里就不多加解释了。

如果我们细心观察周围的人，也许会发现这样一个道理：要想了解一个人，从他们的行为入手会认识得比较清楚。最浅显的观察方法，是从他的外貌着手。一般而言，相貌、穿着、小动作、走路姿势、谈话姿势、工作姿势等，都会不经意地流露出这个人的性格。

故事中对于人物的动作不需要像小品那样具有很强的可视性，但是必须要做到细节化、个性化。具体到人物的某一时刻的动作往往由当时的环境所决定。例如电影《寻枪》的开头，姜文扮演的警察疯狂地翻箱倒柜，导演甚至运用了快镜头和跟镜头拍摄主人公骑自行车的场景，这一系列动作完全由于他丢了手枪，担心这会对市民生命安全有潜在危险所致。但是如果是人物惯性的动作就与他的性格有关。例如：在周星驰主演的《唐伯虎点秋香》中，唐伯虎的放肆夸张的笑往往是他自信豁达性格的体现。

下面是一段描述火车上场景的文字：

……当列车行驶到两个站点中间地段时，突然一片漆黑，车也慢慢停下来。车厢里的人一下像炸了锅似的，乱哄哄的如同马蜂窝从树上落到地下。……"哎呀！"一声惊叫，药瓶不知传到谁的手里时不慎掉到地上，那人急忙俯下身在地上摸，整个车厢的人都俯下身在地上摸，仿佛药瓶会在黑暗中流窜到车厢的任何一个角落。终于有人说找到了，把药瓶又传下去……

以上文字就具有可视性，"乱哄哄的如同马蜂窝从树上落到地下"形象生动地讲述了火车脱轨后乘客从座位滑落的情景；"整个车厢的人都俯下身在地上摸，仿佛药瓶会在黑暗中流窜到车厢的任何一个角落"两句话就描述了全车厢人在黑暗中为病人俯身找药的场景,画面感很强,黑暗的车厢展示了社会光明的一面。

为了展示情节,虽然使用生动且富有内涵的动作能给故事增色,但若用得不恰当,便会起一种干扰作用。例如,你希望一个人物能给你的读者带来一组具体的信息,如指出为了解决某些问题都采取了哪些措施,或者正在执行什么样的计划,你要确定这种信息不是被埋没在乱糟糟的一大堆动作当中。过多的看、叹气等都会对事实起一种干扰作用。为了调动情绪,考生应该把这些有目的的动作限制在一段对话的开头或者结尾。如果你想让这种情绪随着故事的发展而变化,最关键的就是要使用不同的动作,让读者看出变化了的姿势、感情,或者态度。

有一些故事仅仅是从客观角度来写的,作者几乎没有深入到主人公的思想活动中去。在这种情况下,就必须使所有的动作都能够带有确定的意义,使肢体动作能够表达人的感情和想法。有时我们需要更多的词汇来赋予一个动作以实际内容和戏剧效果,特别是在写短篇故事的时候,要做到字斟句酌。因此,当你的人物做出动作的时候,要让考官知道哪个动作是关键性的。记住,与一连串零乱的动作相比,一个有实际内容的句子会使你的故事更有影响力。

一个完整的故事包含了诸多元素:主题、环境、人物、情节、悬念、动作等等,这诸多的元素应该和谐、完美地统一在一个结构框架里,要做到这一点并不容易。比方说,你的故事是比较简单的,事件的过程并不复杂,而你却设计了众多的人物,设计了比较复杂的叙述结构,这就不合理了。在历年考试中经常会发现这样的范例:篇幅很长,故事却十分简单,大量的内容是叙述和对话,这样的故事无疑是无法吸引考官的;反之,如果你的故事是很复杂的,但你设计的叙述结构却较为简单,于是许多精彩的内容都一笔带过,这同样不是好故事。

要想把一篇故事中的诸多元素和谐、完美地组合到一个结构框架内,考生必须在构思阶段就从结构上予以全盘考虑,诸如人物关系的设置、环境的安排、情节的设计、线索的铺陈、悬念的安置等等,以形成一个合理的结构系统。但是,在历年考试中我们发现,一些考生在创作前的准备工作做得并不充分,他们并没有认真考虑故事中各个要素的完美组合,这样做的弊端是显而易见的,那就是捉襟见肘、顾此失彼,想到哪里算哪里,这样的创作状况显然是不可取的。在下面的小节中,我们就具体来看一下编写故事的方法和技巧。

第三章　编写故事答题技巧

编写故事是影视传媒类专业特别是戏剧影视文学、影视编导等专业的重要考试科目之一。它主要考查考生的形象思维能力、想象能力和语言表达能力。一般的考试形式就是给出一个既定命题,例如一个开头、一则材料,一个或者若干个关键词,再要求考生在规定时间内进行即兴创作。

一般而言,编写故事大体上可以分为以下三种命题方式。

第一,续写式。

这样的题目像高考的话题作文一样有很强的发散性,后面怎么写,就看你的思维延伸到何处。这种考试方式不会将你禁锢在一个题目上,它会让你有更大的发挥余地。例如"下班回家,他看到一个陌生人坐在沙发上……"

第二,组词式。

这类题目主要考查考生组接、整合以及分层架构故事的能力。例如"时光　孤岛　青年"。

第三,关键词式(也叫作命题式)。

这是艺术类院校考查戏剧故事的主流方式。题目的形式多种多样。例如"高考之后""转变"等。

在山东省文学编导类专业统考中,对于编写故事的考查,以上三种形式均有涉猎。

例如:2022年山东省普通高校文学编导类专业招生统考试题

命题故事写作(70分)

请根据下面给出的情境,按照要求编写一个故事。

飞驰的高铁上,他(她)凭窗远眺,眼里流露出无限喜悦……

例如:2021年山东省普通高校文学编导类专业招生统考试题

命题故事写作(70分)

请根据下面给出的关键词,按照要求编写一个故事。

单车　桥　纸飞机

例如:2020年山东省普通高校文学编导类专业招生统考试题

命题故事写作(70分)

以"苹果的故事"为题,编写一个有一定思想内涵、情节生动曲折、人物形象鲜明的故事,构思应新颖巧妙,故事结构要完整。不少于800字。

在下面章节中,我们将为大家具体讲解编写故事的答题技巧。

第一节 题目破解与素材选取

1.题目破解

考生拿到题目后,首先要对题目进行破解,看看题目有哪些暗含的条件。命题性题目就需要考虑命题的规定性和限制性;除此之外,故事续写需要考虑要在哪个方向、哪个领域展开,题目给出的开头可以是故事的起点,也可以是故事的中间,也可以是故事的结尾。

(1)命题式:例如《秋天的故事》。

对于这种题目,要分析题目里面的限制条件。具体要求是一定要抓住关键词语,既然写"秋天"的故事,行文中就不能出现"鹅毛大雪"和"姹紫嫣红"等。有了规定,就缩小了考生选材的范围,降低了难度。

因为这类题目只给出一个短语,所以考生需要联想各种有联系的人物、事物,每个故事都有自己的结局和寓意。给出的这一个抽象或具象的单词,可以被作为主旨、关键词、关键道具等进行创作,创作空间较大,例如"意外""站台""胡子"等。

(2)续写式:例如"那天合该出事,一清早雨就下个不停,她接到派出所的电话后披上雨衣,匆匆朝出事地点赶去,她后悔,不该让×××在这种天气把妹妹玉儿约出去……"。

题目分析:

①时间:清早

②地点:出事地点

③环境:雨

④人物:她、妹妹、×××

⑤情绪性名词:合该、后悔

由此分析,本文的故事是表达主人公"她"后悔的一个决定,需要增加一个人物。这个人物为什么约妹妹出去、出去干什么、什么天气、他们又出了什么事情,等等。

(3)组词式:例如"胡同、男人、足球"。

相对来说这类题目较为复杂,因为考生要分析这些词语的词性、种类。它们是实词还是虚词,是名词还是动词,是形象词语还是抽象词语,是动物还是人物,等等。

①形象类

如实物或者实物的图画,对于这类题目考生要挖掘事物的属性,找出与之具有的对应关系,或者是具有对立关系的人物、道具或事件。考生可以通过故事中人物之间的关系和事件的发生发展把这几个物件有机地联系起来,比如"西红柿、鸡蛋、导弹"。

②抽象类

对于题目中抽象的词语,考生可以考虑它们的寓意和象征性,挖掘其内在的联系,或者再回归到实物组词创作的轨道。比如"时光、孤岛、青年"。

但是,无论是形象词还是抽象词,题目中的物件绝对不是简单的叠加,在故事中它们具有不可替代性。考生必须把这些词语(至少其中的一个)当作故事的中心、关键、事件的起承转合。总之,缺少这三个词语,故事就不够完整,而且这三个词语是别的词语所不能取代的。

　　组词类故事编写要求以人为本,不管给出的词语中有没有人,考生都一定要从人的视角出发。在有人的情况下,人就是主角;在没有人的情况下,也要以人为主角(或者有主观意识的物体);实体事物可以当作道具,比如"笔记本、旅游、手机"中的"手机";情景词语可以用以抒情,比如"月亮、大雨";地点词语可以用来交代故事的场景,比如"食堂、胡同"。

2.选取素材

　　对题目进行充分分析以后,下一步就是选取素材,好的素材是保证一部优秀故事作品的根本。

　　故事素材的具体来源主要有:考生个人生活经历;考生间接的道听途说;文学作品、戏剧影视作品、报纸杂志等。但是不管选择什么样的题材,都一定要是自己熟悉的,如校园题材,家庭题材和爱情、友情题材等等,但是不要贸然涉及不熟悉的婚姻、政治和军事等题材。

　　因为故事对戏剧性有要求,所以考生在选取素材的时候应该选取新鲜奇特的事件,这样的素材才能写出有意思的故事。那么,故事的素材怎样才算是新奇的呢?弄虚作假、耸人听闻的,例如两个脑袋、三只眼睛之类,不能算作新奇的题材;千奇百怪、荒诞不经的,例如飞檐走壁的剑仙侠客之类,更不能算作新奇的素材。新奇不是猎奇、刺激和哗众取宠。

　　选择有意思的事件,需要考生从观察生活中的人或事入手,捕捉典型的人物事件,通过想象,把故事中的人物放入典型环境中,展开冲突,设置矛盾,进而完成故事写作。

　　考官看考生的故事,从来不会追查考生所得的素材来源,但是在实际生活中,考生自己的亲身经历可能缺乏戏剧性,道听途说的事情也不一定能够构成一个完整的故事,因此考生只能把这些故事作为参考,然后通过给里面的人物设置障碍充实故事情节。亚里士多德在《诗学》中说过这样一句话:"一件不可能发生而可能成为可信的事,比一件可能发生而不可能成为可信的事更为可取。"例如有的电影宣传说:"改编自真实故事",观众看后,发觉并不真实,正是"真作假时真亦假"。

第二节　故事构思与结构安排

1.故事构思

　　选好了素材以后,就到了最重要的构思环节。构思就如同厨师做菜,虽然提供的原材料是一样的,但是不同的厨师会做出不同的味道。构思是一个系统性的整体性思维活动,包括选择题材、提炼主题、安排人物和设置情节等等。

　　面对一个很糟糕的构思,无论考生有多么好的文字表达能力也创作不出好的故事。有的考生不喜欢在构思上下功夫,往往在考场上头脑中只有个模糊不清、尚未充分形成的想法时,草草地想出一个故事构思就急急忙忙开始写作了,结果往往写了一半左右,就写不下去了。不知道下面该写什么,或者情节应该往哪个方向发展,于是便不知所措,甚至感到灰心丧气,最后干脆放弃,由此可以看出构思的重要性。

　　经常有考生感到没有好故事写,或者在一个故事上苦苦思索,最终却发现不得要领。一个构思写不下去了,进入了死胡同。我们这里先来谈谈怎样着手构思,进入的途径顺利了,发展就会水到渠成。关于题材和主题前面已经提到了,这里重点来讲如何构思出来一个精彩的故事。

在构思之前,我们先要准备一个故事大纲。一般来说,故事大纲包括:

(1)作品主题。

(2)主要人物表。把故事中的人物都列出来,把人物关系理清楚。

(3)情节线索。也就是你的故事讲了一件什么事情。情节线索要清楚,一般来讲,考试中的故事篇幅不大,有一条情节线索就可以了。

(4)篇章结构。关于故事的结构,下面会详细进行分析。

(5)精于首尾。一篇好的故事要引起读者广泛的兴趣,就需要有一个好的开头。好的开头必须直截了当,引进人物,展开故事。至于结尾,在故事写作中同样重要。这是因为好的结尾可以提高和深化作品的思想意义、加强作品的感染力和艺术效果。优秀的故事结尾,或给人以人生哲理的思索,或给人以希望和鼓舞,或使人掩卷深思……

这样的"备忘录"式的大纲,虽然在实际写作时会有变化,但是比没有大纲要好得多,尤其对初学写作故事的人更为重要。

在完成大纲之后,我们需要先确定准备创作一个什么模式的故事。可能很多考生会感到非常棘手。故事的模式多种多样,我怎么选择呢?其实故事的模式虽然很多,但是简单来说都包含在下面这两种模式之内:

(1)先有一个精彩的故事情节然后根据情节设置人物,或者先创作一个人物然后让故事情节从人物中产生出来。

简单来说,也就是一个人要达成某个目标或者突然遇到某事。也可以这样概括:这些人物是什么人?他们需要什么?他们为什么需要它?他们将怎样去得到他们所需要的东西?他们面临的阻力是什么?其后果如何?找到这些重大问题的答案并把他们构建成故事,便是我们构思的任务。

这一种模式是相当宽泛的,很多故事都属于这一模式。比如我国古典四大名著之一的《西游记》,便基本遵循了唐僧师徒四人遇险—排除困难—再遇险这样一种模式。《西游记》中每一集都是一个独立的小故事,但是我们并不觉得厌倦,正是因为唐僧师徒每次遇到的困难不同,解决困难的方式也不相同。考试中的命题故事创作篇幅不大,不需要我们在故事情节中设置过多的障碍,只要有一两个转折就可以了。

(2)两个人形成了某种关系。

这一模式要求故事的核心是两个人关系的发展或者转变,并且人物在相识之初是构成某种对立的,是具有矛盾冲突的。为此,要寻找人物之间的差距,令其开始就发生冲突,然后冲突渐渐缓解,直到最后竟演化成爱情或友情。其情节线实际就是两个人物之间关系渐近的历史。这样设计的话,我们就可以在后面的情节发展当中利用他们关系的转变来完成对情节的填充。

在构思好故事的模式之后,考生下一步就需要考虑通过这个模式写一个什么样的故事了。这里就涉及故事核的问题了,大家都知道枣核、桃核,那么什么是故事核呢?所谓核,就是有生长点、有生命力的东西。一颗桃核,埋在泥土里,会长出一颗桃树来。戏剧故事写作也讲究要有个好的故事核。

故事核是故事中的核心情节或细节,是整个故事的闪光所在,在情节上要有延伸、派生、扩展的生命力,在冲突上要有抗衡、对峙、激化的爆发力,在反映生活的内涵上要有深邃、强悍、独特的穿透力。说通俗一点,故事核其实就是一个"好点子",有了故事核,然后用一些情节把这个故事核包裹起来,然后再剥丝抽茧地把情节展开,这不就是一个完整的故事吗?

有人说,有了一个好的故事核,一个故事也就成功了一半。因此,我们平时可以积累一些好的故事核,这样考试的时候就不愁没有故事可写了。那么,如何获取故事核呢?生活多姿多彩,到处都有故事,这就需要我们平时注意观察生活,生活中大量的事件经过加工都有可能成为一个好的故事核;考生所处的年龄段决定了他们社会阅历不会特别多,但是在平时道听途说、看书、看电影的过程中也可以留心一下,一些奇事、乐事等都具有故事因子,如果把这些记下来,再经过自己的加工,也完全可以获得一个好的故事核。

发挥想象构思故事绝对不是毫无根据地胡思乱想,胡编瞎造,而是以现实生活中的矛盾冲突作为构成故事情节的基础,从错综复杂的矛盾冲突和形形色色的生活事件中,选取最能展示人物性格的事件,经过提炼、加工和改造,构成富有表现力的情节。这种加工改造,就是情节典型化的过程。它告诉我们:根据提炼出的主题,从人物性格出发构思故事情节,就是构思的基本原则。

2.结构安排

结构是在写作过程中对故事的布局、组合,直接影响文章的节奏。故事的完整性要求故事结构必须具备"起""承""转""合"四个部分。

(1)"起"是矛盾的开端,要令人期待

这一部分主要包括介绍人物性格、人物关系、故事情节的开展等等。没有开端会使故事的叙述显得突兀而生硬,令读者感到莫名其妙,不得要领。

高尔基曾说:"写文章,开头第一句是最难的,好像音乐里的定调一样,往往要费好长时间才能找到它。"一篇好的戏剧故事,注定要有个好的开头。别开生面、新颖别致的开头,才有震撼力、吸引力,才会让人产生一种欲读之而后快的感觉。

之所以说开头难,是因为开头既要把事情交代清楚,让人看得明白,看得下去,不会莫名其妙;又要三五行字就能抓人,不能有过多的背景介绍,让人看了烦躁。故事开头讲究"开门见山""先声夺人",一开始就要把人吸引住,切忌干绕圈子不入题,"千呼万唤始出来"。

一个好的开头是故事成功的关键,后面的故事,不用着急。一个有意思的人,面对一件有意思的事情(开头交代的事情),会有很多有意思的反应,引发更多有意思的事情出来。这样,故事是可以自己成长的。

故事能够紧紧扣住读者心弦的手段通常有两种。一是制造惊奇,二是设置悬念。开头必须在这两方面做好文章,短短的几句话,就让对方为你超常的人物、超常的事件而吃惊;为人物的命运、事件的发展或牵肠挂肚,或提心吊胆,或疑云满腹,或兴味盎然,势必穷其结果,探其根本。于是就产生了读下去、看下去的欲望。

总之,"文无定法",具体运用哪种方法要根据故事的内容而定。但是考生在给故事开头设置悬念时应注意:一是开头悬念的设置要简明扼要,不能啰唆,与悬念关系不大的内容不写,悬念的点要集中。二是要围绕悬念一步一步地解开谜底,一层一层地解除悬念,慢慢地完成,直到结尾时才让人恍然大悟,这样,既符合读者的阅读思路,又可以

使文章曲折多姿,前后呼应。

(2)"承"是矛盾的发展,要引人入胜

这一部分包括由主要人物产生的主要冲突,冲突发生的原因等等。没有发展会使故事情节缺少一个阶段性的过程,从而使事件的发生缺少逻辑性和必然性。

发展是指开端揭开矛盾冲突以后,主要矛盾及其他各种矛盾冲突相互纠缠扭结在一起,不断发展激化直至高潮出现之前的情节描写过程。它是整个剧作的情节主干,是把情节推向高潮的基础。

(3)"转"是矛盾的高潮,要让人意外、震惊

这是主要矛盾发展到最紧张、最激烈、最尖锐的阶段,是决定人物命运、事件转折和发展前景的关键环节。没有高潮会使故事显得平铺直叙、一览无余,令读者感到味同嚼蜡、索然无味,同时也使故事中情节的发展缺少应该达到的高度。

首先,高潮是属于故事情节整体结构的一部分,因此,它的设计要符合故事整体的安排,和前后的情节要有着逻辑和情感上的联系,建立在全剧的主题上。高潮不是异想天开的神来之笔,忽然就冒出来的,它应该是剧情前面所积累矛盾的一个爆发点,在这个段落中,主人公将展示真正的内心世界。在高潮段落,矛盾冲突将得到解决,同时,这也是彰显主题的段落。例如大家都熟悉的《雷雨》的高潮段落。

(4)"合"是矛盾转化后的结局,要令人回味

故事的结尾是对文章的升华,往往成为点睛之笔,决定故事的好坏,一个好的结尾能给听众和读者带来无穷的回味。没有结局会使故事情节丧失应有的完整感。因此,要在结尾有亮点,给读者意料之外、情理之中的感觉。收尾的时候,考生应该注意升华主题,给出一个意想不到的结局,让考官有种"怎么会是这样?""我怎么没有想到?"的感慨。

结尾和开头同样重要,是整个故事所有的矛盾冲突的最后结果。如果一篇故事的前半部分都写得非常漂亮,却因为结尾的糟糕而功败垂成,那是非常令人惋惜的。结尾的方法现在可说是层出不穷,我们选常见的几种介绍一下:

①传统结尾法

故事讲究完整性,因此,它的结尾一般就是事情的结局。善有善报,恶有恶报,正义被伸张,邪恶被剪除,故事也就结束了。因为传统故事中有很多反映下层人民由于种种原因造成家人离散,天各一方,最后或破镜重圆,或合家团聚的题材,所以在习惯上这种结尾有时也被称为"大团圆"结局;或者说,"大团圆"结局也应该被纳入这种结尾的范畴。

这样的结尾大家平时可以说是司空见惯并且经常使用的,不需要举出更多的例子。它基本上是按照情节发展的顺序娓娓道来,将所有出场人物的归宿和大事件的结局向读者作个清清楚楚的交代。这样的结尾自然朴实,易于掌握,并不追求什么技巧。

然而,这里说的这种结尾并不等于事件有了喜剧或正剧结果,并不等于事件有了圆满的结局,它指的是事件本身有了完完整整的结局,故事的主要矛盾解决了。因此,有时它也可以是悲剧的结尾。比如著名的戏剧作品《俄狄浦斯王》《雷雨》的结局。

②出人意料法

这种结尾方式也就是在结尾解开前面所设的悬念,把谜底揭示出来。一个故事,前面设了悬念,结尾就必须解开悬念,我们姑且把这种方法称为"出人意料法"。现在好多戏剧故事也都采用这种方法结尾,如欧·亨利的《麦琪的礼物》《最后一片叶子》都是用这种方式结尾的。

世界艺术大师卓别林有一句名言:"我总是力图以新的方法来创造意想不到的东西。假如我相信观众预料我会在街上走,那我便跳上一辆马车去。"(引自《卓别林——伟大的流浪汉》一书)这就告诉我们,创作故事要巧,首先要"出人意料"这是第一步。但更重要的是,所叙述的情节,必须在情理之中。所谓情理之中,是指这种"出人意料",与故事中人物性格的发展合拍,合乎客观规律,合乎生活逻辑。它不是荒诞的,不是臆造的。其应既曲折离奇,又理所当然。

《麦琪的礼物》就非常巧妙地做到了这一点,故事讲的是圣诞节前一天,为了给丈夫买一条白金表链作为圣诞礼物,妻子卖掉了一头秀发。而丈夫出于同样的目的,卖掉了祖传金表给妻子买了一套发梳。尽管最后彼此的礼物都失去了使用价值,但他们从中获得了比礼物更重要的东西——爱。礼物有价,爱却是无价的。在这里,尽管有对故事主人公与读者的"出人意料",但统统在情理之中,因为他们夫妻恩爱的感情,超过了对"金发""表链"的感情。而在"金钱第一"的资本主义世界,对下层的小人物来说,也只能是这样辛辣的结局。

③深化主题法

在故事的结尾部分点出作品的精华所在,加深读者对故事思想意义的理解和印象。这种结尾,通常是与事件的结局紧密糅合在一起的,在说清事件结局后再加上一两句精辟的语句来深化主题。

使用这种方式结尾,要注意一个问题,那就是结尾一定要自然,要自然而然地流露,而不要像贴标签一样硬贴上去,如果生怕阅卷老师不理解,硬是把考生自己的议论凑上去,那这个就不是好故事了。

在故事收尾的时候考生往往犯两种错误,一种情况是前面的故事情节曲折离奇,但无法收尾,只能草草了事,虎头蛇尾。这要求考生不要刻意追求新奇,不要去尝试自己不了解、不熟悉的题材,一定要在写故事前准备完整的提纲,做好充足的材料准备工作。另外一种情况是从头到尾都是平平淡淡。针对这样的问题,考生平时训练一定要注意给自己故事中的情节、人物故意制造障碍,培养自己创造戏剧性的能力,如果考试时考生行文中遇到这样的情况,这就要求考生应高度重视结尾。即使前面平淡无奇,但结尾一定要非常精辟,这样做的目的是挽回颓势,使主题升华到另一个高度。

总之,开端、发展、高潮和结局互相依存,互为作用,有着严密的逻辑性,体现着很强的辩证关系。一篇成功的故事只有同时具备这四个部分,才能构成完整的叙述和情绪表达。

第四章 编写故事优秀范文

题目：小华在姥姥家过完暑假，回程上学到车站，发现爸爸妈妈没有来接他，他急忙跑回家……

正文

"城里的天气总是这么乌七八糟的，连云彩都是灰蒙蒙的。乡下都是蓝天白云……"小华边出车站边往外走边嘀咕着，"咦？怎么没人来接我呢？火车明明是晚点了，按说他们早该到了，该不会……"心中一阵不祥的预感，他匆忙赶回家。

"喂，华子，你可回来了！刚才你爸出门时突然不知哪疼，站都站不住了，让你妈送中心医院了，你快去吧。哎，在住院部……"还没顾上放下行李，小华便匆匆打车去了医院。

当他冲进住院楼时，妈妈正巧缴费出来。"妈，爸咋样了？""小华，回来啦。你爸没事，就是胃病犯了，没去接你，看看，这么热的天，你这身汗啊，走，进屋去。"小华听罢，放了心，爸爸是文艺工作者，加班熬夜是常有的事，正好趁此调养一下。

爸爸躺在床上，看着一篇剧本，不时标注着什么。妈妈笑着抽走了剧本："哎，你怎么回事啊，医生让你休息，你怎么不听呢？"小小的埋怨后，妈妈在墙上放了一个枕头，好让爸爸倚得舒服些。"呵呵，小华啊，对不起，让你自己回来了，看热的，爸得去做个小检查，你去买个冰棒凉快凉快吧，顺便帮我拿点东西。"

小华走出医院，想着爸妈恩爱的样子，很有一种温暖感。他吃完冷饮回家洗了一个热水澡，回到爸爸的书房，帮爸爸收拾东西，发现一本精致的本子，是个记事本吧。他好奇地打开，"6月8日，收到小朵的信。6月10日剧团演出，小朵很出色……6月13日，小朵来信。"这个"小朵"是谁？小华心中画了个大问号，这时，从本子中掉出一个女孩的相片，模样可人，温柔大方，二十出头。这到底是谁呢？他很困惑，"小朵……"

回到病房，他明显感到一股压抑。妈妈红着双眼，爸爸在床上看着一张纸发呆。"他……你爸爸……是肝癌，晚期。"主治医生为难地说着。本想瞒住病人，没想到他却一再询问，毕竟，这是病人的权利。"积极配合治疗吧！准备一下，近日为你手术。"即使希望不大医生也愿为了这一家三口，尽全力。

妈妈借遍了邻里亲友的钱，凑足手术费，却只得到了一个结果："已经扩散。"

手术后的爸爸变得异常暴躁，那天小华走进病房时，妈妈正淌着泪水捡起爸爸摔碎的碗碟。"哭什么！不愿在这里就滚啊！我都快死了，还要你每天哭丧着脸来折我的寿？"小华一阵心疼："爸，你怎么能这样？你知道她为了这碗汤费了多少心血吗？3点就开始起床煲，一直忙到天亮，为了买原料，妈跑了四个市场，回家脚都肿了，你一口不喝，有没有在乎过妈妈的感受？嗯？你变了，你畏惧死亡，我看不起这样的你。你是懦夫！"说完这些，小华摔门离开，就在门合拢的一瞬，"这就是你教育的好儿子！敢这么说我，你是干什么吃的？真是瞎了眼，才娶了你！"这句话，小华一直都记得。

他开始怨恨父亲，为什么在临别时将他原本美好的回忆打破，他还伤害了妈妈，"爸也许是真的难过吧，毕竟……我应该让他开心不是吗？得回去道歉。"

小华这样想着，便折回了医院。可在走廊的长椅上，她一眼就看见了妈妈孤单瘦弱的背影。"妈，你怎么在外面？爸又骂你了？""没有，没……你爸，他有客人……他让我回避一下。""客人？什么大人物，还要你回避？我去看看。""别……"不顾妈妈的阻拦，小华推开了房门，眼前的一幕让他有些手足无措。爸爸的手紧紧握住一双女人的手，而那个女人坐在床边正附耳听着什么。优美的曲线，看着就让人心动。"你们干什么！"小华斥问，"你们刚刚在做什么？爸，你为什么把妈赶走，这个人是谁？"病床上两人同时转头，小华惊奇地发现，那就是照片的主人。她美极了，比照片上还要妖娆，甚至可以用惊心动魄来形容。"你这孩子，这是你陈朵阿姨。快叫啊！"小华没有理会爸爸的命令，只顾瞪着陈朵，充满敌意。"呵呵，多可爱的孩子啊，长得像他妈呢！"小华似乎明白，这个女人也许将会毁了他的家，伤害他的妈妈，便闷声道："请你离开这里，我们不欢迎你……""啪！"话音未落，一记耳光打来。"你个没礼貌的东西，滚出去！"小华呆了一秒钟，天啊，爸为了一个女人打了他。原来，真的是这样。顾不了那么多，小华拉起妈妈冲回了家。"妈，那个人……爸爸他是不是不要我们了？"小小年纪的他并不完全明白这一切，但又隐隐约约有种预感。妈妈哭着不说话，也许是默认了。小华有种心痛的无力感，那个疼爱家人，满腹文采的爸爸不见了，不值得他留恋了，只是他为妈妈难过。

之后，小华再没去过医院。直到一个月后，小华再次见到爸爸，爸爸已经躺在水晶棺里。他没有哭，当他看见陈朵时，本以为自己会骂她，但却只是说出几个字："我恨你们。"

一年后，妈妈再婚，继父让小华很快淡忘了过去，接受了现在的生活。对于父亲，小华偶尔想起他，总觉得"他伤害了我们，没什么可留恋的了。妈妈想必和我一样吧！"

几年后，进入大学不久的小华，接到了一个特殊的电话："喂，小华吗？我是陈朵，有时间就见一面吧，我有东西给你。"他本想推掉，但却对东西很好奇。他回想着陈朵的一切，虽然有些心痛。

午后的咖啡馆，两人沉默而坐。"说吧，有什么事？""几年不见，变成大小伙子了。"小华没有心情接话。"这是你爸留给你的，让我在你18岁成人时交给你。"是一封信。

亲爱的儿子：

你终于长大了。

还恨爸爸吗？爸爸要向你道歉，向妈妈道歉，其实，爸爸爱你们。

真的，相信我好吗？当知道自己只有短短几个月的生命时，我很难过。并不是因为要死了，而是难过你们母子离开了我，该怎样生活？我最担心你们对我的爱将牵绊你们，如果你妈妈不去组建新的家庭，或者你不去接受别人，那日子会过得多难。所以爸爸想，不如让你们恨我吧。我知道陈朵阿姨的出现伤害了你们母子，但她是无辜的，是爸爸求她的。

现在你成人了，爸爸希望可以得到你们的原谅。可以吗？

永远爱你的爸爸

眼泪已经不受控制地涌了出来。小华出着神。陈朵开了口："我父亲与你父亲是同乡，但是我父母遭到变故，是他资助我完成学业。他生病时，请我帮他的忙，让你们误会。开始我不同意，后来懂了，也理解他的良苦用心，才答应了他。其实，他很爱你和你的母亲。"

小华突然觉得整个咖啡屋的空气变得温暖潮湿起来，那个他爱的爸爸又回来了。他恨自己那时太小，太不懂事，也陷入没有见他最后一面的痛苦之中。他现在只想做一件事。

"我父亲的墓在哪？"……

题目：牛二虎在追一个小偷，当追到死胡同时，小偷气喘吁吁地回过头来，两个人都大吃一惊……

正文

"你，你不是俺大哥吗？"牛二虎呆在那里，怎么也不相信分别了七年，两个人竟在这种情境下相遇。"谁是你大哥？少在这胡咧咧，出了你们牛家大门，俺就没想过再是你们牛家的人。"大龙喘着气，恶狠狠地说道。

二虎也不再吭气。七年前相差一岁的哥俩同时考上了理想的大学，可是近万元的学费让这个本就不富裕的家庭蒙上了阴影。大龙和二虎的爹爹死得早，全家人的重担压在母亲一个人身上，接到录取通知书的当天，母亲将两个儿子叫到身边，决定抽签选出一个继续上大学。抽到的人是二虎。作为哥哥，大龙咽下所有的苦水，离开学校，专心务农。可是风言风语传入他的耳朵："大龙啊，你妈领养过一个孩子，那就是你吧？你想呀，谁会让捡来的娃上学，不让自己的孩子上呢？"大龙愣在那里怎么也不愿意相信这是真的。他冲回家中，找到了当时用过的破茶壶，从里面拿出那两张作为抽签的纸条，果然上面写的都是"牛二虎"。他伤心极了，觉得自己在牛家是多余的，就扔下一句"以后我再也不会回来了"离开了。

如今，时隔七年，兄弟二人又碰面了，二虎在警校毕业，已经干了三年的刑警，而大龙显然快没有活路了。

"哼，好小子，当上警察了是吧？怎么着，抓我回去，立个功？"

牛二虎否认着，但却在心里打鼓，自己是个警察，看到穷凶极恶的小偷拿了市民的东西，并且把户主打成重伤，怎么能不抓呢？可是这毕竟是自己的哥哥呀？况且一家人有愧于他。他不知道如何是好。经过很长时间的思考，他终于作出了决定。"哥，今天这事我就当没有看见，你看都晌午了，咱们好久没有见面了，我有好多话想和你说，咱找家饭馆吃饭吧。你看怎么样？"大龙心里头犯嘀咕，可是肚子也确是空荡荡的想吃东西："好，你小子可别耍花招。"

"哪会呢？"两个人说着话来到一家农家菜馆。牛二虎点了一桌子的菜，还要了两瓶酒，全是大龙爱吃的。大龙的心软了一下，一时间找不出话来，只是低着头抽烟。"哥，你？"

"废啥话？大老爷儿们，说话吞吞吐吐的，不就是想问我为啥干这个吗？还不是被你们逼的？我高中刚毕业，又没啥技术，让我干啥？"二虎不吭声了，大龙越说越多，二虎才知道，离开家的大龙到了别的县城，与一个二十岁的姑娘一见钟情，可是姑娘家人反对，觉得大龙没有本事，姑娘很喜欢大龙就和他连夜私奔了。他们在外面租了房子，做起了小生意。本来也生活得很幸福，可是半个月前，他们家的房子电路老化着了火，姑娘胳膊被烧伤了，腿上也起了水泡，住进了医院，一无所有、走投无路的大龙这才走了歪路。牛二虎摆弄着手机,有心无心地听着大龙讲完。缓缓地说道:"大哥,放心吧,你到里面好好改造,嫂子交给我和媳妇就好了。"大龙火冒三丈:"好小子,你给老子报警了是吧?你这是用这桌饭菜送我上路呢?真有你的!说什么兄弟,全是屁话,牛二虎,你给老子等着,我饶不了你!"大龙准备动手掀桌子,二虎忙按住:"哥,你别激动,警察都在外面,咱们是兄弟,我不抓你,你不能一错再错了,现在你跟他们自首,认罪态度好点,争取宽大处理!哥,不要怪我,我是个警察!"说着二虎一招手,进来两个警察,他告诉这两个人,小偷是自己归案的,请求给个面子弄个宽大处理。大龙看着满桌子的饭菜有点发愣,叫骂二虎没有良心,吵吵着出来找他算账。大龙被拉上了警车,二虎只是郑重地告诉大龙一定能陪嫂子等他回来。

牛大龙进了监狱,也认了罪。因为是自首,再加上认罪态度良好,判了一年的有期徒刑。在狱中,大龙一心想着出来找二虎算账,争取了一个减刑的机会,只关了半年就被放出来了。这一切他没有告诉任何人。

大龙心里一直念着自己的妻子,更期盼着找二虎算账,出来就直奔二虎信中写的住址。令他想象不到的是出现在他面前的是一栋二层的小楼。"好小子,住这么气派的楼房?"大龙在门口叫嚣着,手里拿着汽油。从房子里跑出来的是妻子,妻子看着大龙凶狠的架势,以为他是逃出来的,要他回去。大龙笑笑说自己是减刑出来的。妻子的谜团解开了,大龙问妻子房子的事情,妻子告诉大龙房子是他们的。大龙不相信,依旧咆哮着,认为二虎是缩头乌龟,一定躲在里面不敢出来。直到进了屋子看见里面的摆设——这显然是一个单身女子的住处,他才开始慢慢冷静。尤其当他看见桌前二虎的一张照片,鼻子突然一酸,但是马上冷冷地问妻子是怎么回事。

妻子告诉他,大龙进去以后,二虎就一直照顾自己。后来把自己接进了这栋房子,房契上也是大龙的名字。至于二虎,在处置一起绑架案中牺牲了,获救的老板为了表示感激送给二虎的家人一套房子,二虎临终时告诉自己的妻子把房子转交给了自己。大龙拿起二虎的照片,脸上表情复杂,他大骂二虎:"你以为你死了,我就不恨你了吗?我照样恨你!"说着他的眼泪夺眶而出。大龙的妻子拿出一封信,那是大龙的母亲写给大龙的。信里面说,大龙是自己的孩子,二虎是大龙姨妈难产留下的孩子……接下来,大龙没有读完,只是摇晃着妻子的胳膊问二虎在哪里,他要见见自己的弟弟,他要说一声对不起。

落日映射下的烈士陵园,寂静庄严。"牛二虎烈士"几个字鲜红刺眼。秋风起,大龙跪倒在地,哭声夹杂着风声,他向二虎许下承诺:"虎,下辈子,我们还做兄弟!"

故事续写:生病的小明正在宿舍百无聊赖地看书,门突然开了……

正文

化验单

生病的小明正在宿舍百无聊赖地看书,门突然开了,进来的是下面传达室的刘大妈。"小明在吗?刚才传达室响了几声电话铃声,我接了,说是人民医院让你去拿化验单!"小明下了床,道了声谢,穿了外套便下楼了。

他边走边想:我昨天去医院医生还说结果要三天才出来呢,怎么这么快?他打的到了医院,找到了三楼的内科主任。主任让他坐下,从病历夹中取出几页纸,问他是不是一个人来的。小明点了点头。医生又问他身边有没有亲人,小明说父母在外地,女朋友在上班。主任抖了抖病历沉静地说:"我们经过血液化验分析又组织了专家讨论,初步鉴定你得的是艾滋病,请问,你曾有过什么不卫生的血液接触史吗?"小明一把夺过病历瞪大了眼睛瞧了瞧——"王小明,男,26岁,病因:艾滋病……"小明眼前一黑便什么也不知道了。醒来时,他已躺在401病床上。他看见病房里有几位面容憔悴的病人,一把拔下针头直冲向楼下。后面护士在拼命追喊他,他一口气跑回了宿舍。他想到自己刚刚26岁,刚离开父母一年来北京工作,公司里的家属楼还没轮到自己,和女朋友谈了三年今年春节就要结婚了……他走到床前,伸手去拿他和女朋友的照片,"啪"的一声照片掉到了地下。这时门开了,女友燕儿笑盈盈地进来了,看到破碎的照片阴着脸问他:"你干什么呀!"女友走过来低头去捡,正巧看到小明手里的化验单,女友看到后"哇"的一声哭了,小明要去抱女友,但女友推开他跑了。

从那以后小明再去找燕儿,她已搬了房子,打她手机也是关机,小明意识到了什么,他走到公司,公司里的同事都离他远远的,他刚要进总经理办公室找经理请假,只见经理用纸帕掩住口鼻不让他进并指了指墙上的公告:公司裁员,王小明予以解职。王小明扭过了头,他走到了公司的顶楼,看到楼下川流不息的人群,一阵寒风吹过他的头发,头发被吹乱了。他向前走去,走到了楼顶的边缘,双脚向前一迈,纵身跳了下去。

宿舍的门被人敲了几下,门开了,刘大妈探过头来说:"小明,传达室电话,说化验错了,叫你重新去拿化验单……"没人答应,地上的化验单被吹起,飘飘悠悠地飞了出去……

（作者：陈梦）

关键词：红玫瑰　三轮车　年轻人

例文

最后一支红玫瑰

2月14日是情人节,这天王洁特地起了个大早,赶到鲜花市场批发了百余枝**红玫瑰**,把几个塑料桶插得满满的。她明白,每年的这一天,红玫瑰都会卖个好价钱。

王洁是一个苦命人,嫁给丈夫十多年了,可没过上几天舒服日子,更要命的是,丈夫因一场意外的车祸至今还瘫痪在床,要不是女儿小玲子,她肯定支撑不下去了。幸好,今天的红玫瑰卖得快,还不到下班时间,红玫瑰就卖得所剩无几。这时候女儿小玲子也放了学,跑过来准备接妈妈回家。小玲子眼睛尖,见妈妈面前的塑料桶里还有少许红玫瑰,就伸手从中挑出最鲜艳的一枝,紧紧地握在手里。

王洁把剩下的红玫瑰一枝枝拣出来,集中放在一个塑料桶里,并摆在最显眼的位置。不一会儿,又过来几对情侣挑去好几枝。看着街市上来来往往,胳膊挽着胳膊的一对对有情人,再想想自己,她不禁悲从中来,感慨不已。这时,她忽然涌起一个念头,从剩下的几枝红玫瑰里挑出一枝红花绿叶的玫瑰,趁女儿不留意,悄悄放进**三轮车**把手的一个车兜里……

很快,王洁的红玫瑰全部售完,就连有几枝落了花瓣的也卖了出去,正要收摊时,一位捧了一束红玫瑰的**年轻人**一个大跨步,迈到王洁的花摊前,竖起一个指头问道:"大姐,能卖我一枝玫瑰吗?"

王洁有些歉意地一笑,说:"对不起,我的玫瑰刚刚卖完了。"年轻人一脸焦虑,又问:"大姐,你能想点办法帮我弄到一枝红玫瑰吗?"王洁顿了顿说:"你手里不是有红玫瑰吗?还要一枝干啥?"

"不,大姐,今天刚好是我女友二十一岁生日,而我已跑了好几处花摊,好不容易买到二十枝……"看着只剩下残枝败叶的几个花桶,年轻人的脸上立即浮现出失望和懊恼,掉转头正要走开,忽然看见站在一旁的小玲子手里竟拿着一枝娇嫩艳丽的红玫瑰,不觉眼睛一亮,赶紧问:"小朋友,这枝玫瑰卖吗?"

小玲子嘴巴一噘:"不卖,我要送人的!"语气坚毅而透着一种神秘。

"卖的卖的,四元一枝。"王洁这时才想起女儿手里还有一枝红玫瑰,忙对年轻人赔着笑脸。她一边说着话,一边就要去夺女儿手里的那枝红玫瑰,可小玲子不肯,一反手将红玫瑰藏在身后。

"这枝玫瑰我愿付十六元!"

"不卖不卖……"

"瞎闹!"王洁把脸沉了下来,敲了一下小玲子的额头,接着从她手里抽出那枝红玫瑰递给年轻人。

小玲子泪光闪闪地望着妈妈,生气地问道:"妈妈,你的车兜里不是还有一枝红玫瑰吗,为什么不卖掉?"

王洁摸了摸女儿的头:"小玲子,你太小,不懂得妈妈的心事。"说完,她的双眼也潮湿了。

"妈妈,刚才的那一枝红玫瑰,女儿是想留给你的!"小玲子双手捂着脸嘤嘤地哭着跑开了……

王洁收拾干净塑料桶登上三轮车准备返家时,突然有人叫住她:"请问,您是王洁女士吗?"王洁看着面前站着一位打扮入时的女孩,手里还提着一大束鲜艳的红玫瑰,不认识,就有些不知所措。时髦女孩微笑着说:"我是送花公司的,这是一位先生给您电话预订的红玫瑰,请收下!"

给自己送玫瑰?是不是送花公司的小姐搞错了对象?这束红玫瑰一定是要送给一个与自己同名同姓的女孩……王洁数了数,那一束红玫瑰共有十三枝。唉,自己与丈夫从相识到今天也正好是十三年啊!想着家里的丈夫早该饿了,她来不及往深处想,就把车子朝住宅小区蹬去。

到了住宅小区,王洁把那束红玫瑰插在一个塑料桶里,连同三轮车一起放进楼下的储藏室,然后从车兜里取出她早已挑好的那一枝红玫瑰。

可是,当王洁打开防盗门踏进客厅时,只闻见一股刺鼻的血腥味,王洁心跳加快,疾步向卧室走去。眼前的一幕让她傻了眼,手里的一枝红玫瑰也无声地滑落下来:床上全是鲜血,丈夫早已割腕自杀……

床边飘落了一张送花公司开出的收款单据。

(文/陈笑梅 选自《聆听花开的声音——感动大学生的
100 个故事》,九州出版社 2005 年版)

关键词：中秋节　飞机　医院

例文

全家福

　　陈沉大学毕业后被分配在海南工作，后来在那儿安了家，留下父母在济南。他已经五年没回家了，只是偶尔打个电话。

　　农历八月十三上午陈沉打电话回家问及父母的健康状况，他们都说还好。电话里陈沉告诉二老今年**中秋节**他工作太忙不能回家了。晚上，母亲突然打来电话，电话那头泣不成声地告诉他，他父亲病重快不行了，让他带上老婆孩子回家见父亲最后一面。陈沉很吃惊，就问母亲上午打电话时还好好的，怎么突然病重了，母亲才吞吞吐吐地回答道："你……你爸心……心脏病突发，快不行了，晚一步……就看……看不见他了。"末了还叮嘱陈沉一定要带上老婆孩子。

　　陈沉和老婆第二天上午就请好假，带着儿子乘**飞机**回到了济南。

　　一进门，他们愣住了。客厅里的餐桌上满满的，有他爱吃的红烧肉、德州扒鸡、鱼香肉丝……还有他最爱喝的青岛啤酒。而二老则端坐在桌旁微笑着。陈沉冲到父亲跟前问："爸，你咋了？妈不是说你病重了吗？怎么还……"

　　"没事啊！我很好啊！你一回来我什么病都好了。"父亲拍拍自己的身子。

　　"没事儿啊？那你……那我们还是赶紧回去吧！"陈沉正欲往外走，母亲赶紧站起来拉住了他。儿媳妇没好气地说："妈，你都这么一把岁数了，也老不安分，说谎骗人！"母亲放下手，涨红了脸说："我们只想像陈沉农村的姑姑家一样逢年过节的全家人凑在一起，吃个团圆饭，照张全家福！"

　　陈沉一听急了，一把拉住正在吃饭的儿子和正在生气的老婆，让他们站在二老旁，"咔"的一声拍了张全家福，然后急匆匆往外走，说是赶末班机。

　　父亲生气了，告诉他只要他踏出这个门就永远别回来了。母亲也在一旁小声说还是吃了饭再走吧，再说明天就是中秋节了。

　　"中秋，中秋，为了过中秋就让我扣掉 500 块工资！"陈沉拉着儿子往外走。父亲气坏了，拿起桌子上的酒瓶子超陈沉砸去，说是要打死这个只认钱不认爹娘的畜生。可他还未砸下去，手就抖了起来，晕倒了。陈沉接着把父亲送到**医院**，医生说是心脏病突发。

　　陈沉走出病房门，这才想起刚才老妈说过他们是撒谎骗自己回来吃团圆饭的。医生又是父亲的老同学，他们会不会也串通骗自己呢？于是他就偷偷在门口听医生和父亲的谈话："我说老陈啊，你啊！就改改你那脾气吧！这次是心脏病初犯，儿子孝顺又回家陪你，你才能捡回条命，要不……"陈沉听后鼻子一酸。

　　一周后父亲出院。陈沉辞掉在海南的高薪工作，带着老婆孩子 一起回到了二老身边。他们住一栋楼，吃一桌饭，一起看电视，一起逛公园，还经常性地拿出相机来拍张全家福。楼房的墙壁上，全家福换了一张又一张，但八月十四那天拍的那张始终挂在房中最显眼的位置。

（文／张淑琴）

关键词：家访　妇女　打架

例文

迷途中的拯救

　　刘强是一个既老实又沉默寡言的男生，在班里不爱与人交谈，成绩也差得很。这让刚接过这个高三升学班的李老师很是头疼，为了帮刘强把成绩提上去，考上一所大学，李老师打算对刘强进行家访。

　　这天，经过再三打听，李老师终于找到刘强的家，拐了好几条胡同后来到了一间平房门前，见门开着便轻轻推门进去，屋里的景象着实使李老师大吃一惊。只见两间低矮的小黑房。外面的一间只有两张床和一张桌子，里面的那间是厨房。"李老师，您怎么来我家了？"从厨房出来的刘强一脸惊奇地问道。"哦，我来家访。"李老师一边环顾着他家，一边回答。他的视线停留在了一位躺在床上的中年妇女身上，那位妇女被李老师和刘强的对话吵醒了，此时也睁开了眼睛，看见有生人，吃力地从床上坐起来。李老师连忙过去自我介绍。那妇女笑盈盈地说她是刘强的妈妈，但声音很虚弱。在交谈中，李老师得知刘强的妈妈有严重的类风湿，常年在床不能下地走动，还患有哮喘。每月仅靠政府的救济金300元过日子。多亏了刘强在外打工，挣得给她治病的钱。当那妇女询问刘强的学习时，李老师刚一开口，刘强便端着中药从里屋走出来："妈，该吃药了，医生说您的哮喘病不能受刺激，要按时吃药，否则会恶化的。"李老师一听到这话，便把刚要掏出的刘强没有一门及格的成绩单塞了回去。刘强一边喂妈妈喝药，一边趁妈妈不注意，用哀求的眼神看看李老师，李老师便知道了刘强的意思，说了几句夸奖和鼓励刘强的话就告辞了。

　　这次家访遇到的特殊情况是李老师意想不到的，可看着刘强一直下降的成绩和经常旷课的情况，李老师实在没有办法了，打算将最后的希望寄托在刘强的妈妈身上，即使她经受不住这打击，也要来拯救刘强。

　　于是，这天李老师又一次硬着头皮向刘强家走去，可走到一个胡同口，正要拐弯时，却发现前面的弄堂里，一群男孩在殴打另外两个男孩，等那两个男孩坐在地上动弹不得时，一个大一点儿的男孩便拿出一沓钱，分发给打人的男孩们。这一切都发生得太快了，还没等李老师反应过来上前制止，那些男孩就一哄而散了。令李老师惊讶的是，他看到了一个熟悉的身影，在拿到钱后向胡同外走去。李老师越看越觉得像刘强，便跟在那个男孩的后面，直到那男孩走进一家药店，李老师才清楚地看到他就是刘强。不一会儿，刘强提着几包药从药店兴致勃勃地走出时，李老师大步走上前挡住了刘强的去向。刘强见到李老师先是一惊，然后挤出一个笑容问候："李老师，您又来我家家访吗？""你为什么要靠打架来挣钱？我还以为你在什么小店打工勤工俭学呢，没想到你会这么堕落！你太让我失望了，你对得起你妈妈吗？"李老师气得说话都有些颤抖。见到李老师如此愤怒，刘强竟第一次与老师顶嘴："我这样做都是为了给我妈争一口气，我爸因我妈一身病而抛弃了她，和别的女人过上了日子，我多次去找他理论，都被他赶了出来，我恨自己无能，于是我要变得狠一点儿，我要学会打架，将来才能打得过我爸！"刘强咬牙切齿地说完，推开李老师就跑了，留下李老师一人震惊地站在原地。

　　过了几天，刘强又一次提着几包药高兴地推开家门，惊奇地发现李老师正在喂妈妈喝药。妈妈看见刘强回来了，激动地将刘强叫到床边："强强，你看，这是你的奖学金，李老师特地给你捎过来的,有一千元呢,你后半年不用打工为妈妈挣医药费了。"刘强羞红着脸从妈妈手中接过钱,刚要向李老师说什么,李老师却笑着说:"刘强真争气,虽然在外打工,但一点儿都没耽误学习,是我们全班的榜样。"说完拍着刘强的肩膀,并向他使使眼色。刘强使劲埋下了头,不敢再看李老师和妈妈。这时李老师说起了自己上学的事,说着说着便卷起了一只裤腿,让刘强和他妈妈看。刘强惊奇地发现李老师腿上有一大块皮肤明显白于其他地方的肤色。李老师平静地说:"这是我初中时不好好学习,在外面胡混,一次打架被别人用刀子挖下一层皮,是妈妈让医生从她大腿上植了一块皮给我的,从那时起我就发誓要刻苦学习报答我妈妈,只有学习好,有了好前途才能让我妈妈过上好日子,之后我就考上了大学,当了老师,我正是用这块皮来教育那些像我一样调皮的孩子,来挽救他们的。"听完这话,刘强跪在母亲床前痛哭:"妈妈,我也要让您过上好日子,请您相信我!"妈妈抚摸着刘强的头:"孩子,你已经很优秀了,你这不都拿到奖学金了嘛!妈相信你会让我过上好日子的。"

　　经过这件事后,刘强的成绩慢慢进步了。不久,李老师收到了一张字条:"李老师,那一千元钱算我借您的,等我考上大学了,赚了钱一定还给您!刘强。"看完后,李老师欣慰地笑了。

(文/宋勃)

<h1 style="text-align:center">约　会</h1>

　　纽约中央火车站询问亭上的时钟告诉人们,现在是差六分钟六点,高个儿的青年中尉仰起他被太阳晒得黝黑的脸,眯着眼睛注视着这个确切时间。他心跳得很快,再过六分钟,他就能看到那个13个月以来一直在他的生活中占有特殊地位的女子了。虽说他从未见过她,她写来的文字却给了他无穷无尽的力量。

　　勃兰福特中尉尤其记得战斗最激烈的那一天,他的飞机被一群敌机围住了。

　　他在信里向她坦白承认他时常感到害怕。就在这次战斗的头几天,他收到了她的复信:"你当然会害怕……勇敢的人都害怕。下一次你怀疑自己的时候,我要你听着我向你朗诵的声音:对,纵使我走过死亡笼罩的幽谷,我也一点不害怕灾难,因为你同我在一起。"他记住了,这些话给了他新的力量。

　　现在他可要听到她本人的说话声了。再过四分钟就六点了。

　　一个年轻姑娘擦身而过,勃兰福特中尉心头一跳。她戴着一朵花儿,不过那不是他们约定的红玫瑰。而且,她说过,她已经不年轻了。

　　他想起他在训练营里见过的那本书:《人类的束缚》,整本书写满了女人的笔迹。他一直不相信,女人能这样温柔体贴地看透男人的心。她的名字就刻在藏书印记上,贺丽丝·梅妮尔。他弄到一册纽约市电话号码本,找到了她的住址。他写信给她,她复了信,第二天他就上船出国了,但是他们继续书信来往。

　　13个月里她都忠实地给他回信,没有接到他来信的时候,她还是写了来。现在呢,他相信了:他是爱她的,她也爱他。

　　但是她拒绝了他请她寄赠照片给他的要求,她说明:"要是你对我的感情是真实的,我的相貌就无关紧要。要是你想象我长得漂亮,我就总会摆脱不了你心存侥幸的感觉,我憎恶这种爱情;要是你想象我长得不好看(你得承认这是更有可能的),那么我会老是害怕,害怕你之所以不断给我写信,不过是因为你孤零零的,没有别的选择罢了。不,别要求我给你照片。你到纽约来的时候,就会看到我,那时你再作决定吧。"

再过一分钟就是六点了……猛吸一口香烟,勃兰福特中尉的心情更紧张了。

一个年轻女子正朝他走来。她高高的个儿,亭亭玉立,淡黄色头发一卷卷地披在她纤柔的耳朵后边,眼睛像天空一样蓝,她的嘴唇和脸颊显得温文沉静。她身穿淡绿色衣服,像春天活泼轻盈地来到人间。

他迎上前去,没注意到她并没戴什么玫瑰。看到他走来的时候,她唇上露出一丝挑逗的微笑。

"大兵,跟我争路走吗?"她喃喃地说。

他朝她再走近一步,就看到贺丽丝·梅妮尔。

她几乎正是站在这位姑娘后边,是一个早已年过40的妇女。她已变白的头发卷在一顶残旧的帽子下面。她身体长得过于丰满,一双肥厚的脚塞在低跟鞋里。但是,她戴着一朵红玫瑰。

绿衣姑娘快步走开了。

勃兰福特中尉觉得自己像是被劈成了两半,他追求那位姑娘的欲望有多么强烈啊!然而,对这个在精神上曾经真挚地陪伴过和激励过他的妇女,他的向往又是何等的深沉,她就站在那儿。他看得出来,她苍白、丰腴的脸是温柔贤惠的,她灰色的眼睛里闪烁着温暖的光芒。

勃兰福特中尉当机立断,他抓紧那册用来让她辨认的《人类的束缚》。这不会是爱情;然而是可贵的东西,是他曾经感激过,而且必定永远感激的友谊……

他挺直肩膀,行了个礼,把书本伸到这个妇女面前,然而就在他说话的时候,他感到了失望的苦涩。

"我是约翰·勃兰福特中尉,你呢——你是贺丽丝·梅妮尔小姐吧。见到你,我很高兴。我——可以请你吃顿饭吗?"

她咧开嘴宽厚地微笑了,"我不明白这都是搞的什么,孩子。"她回答说,"穿绿衣裳的那位年轻小姐,她要求我把这朵玫瑰别在衣服上。她还说,要是你请我同你到什么地方去,我该告诉你,她在街那边的饭店里等你。她说这多少是个考验。"

(作者:美国/基履)

聘　任

西奥先生身材修长,面庞消瘦,两鬓斑白。他生性温和,平日沉默寡言。研究学术问题,他精力充沛,记忆力惊人,而对日常生活的琐碎小事,却不甚了了。

坎福特大学需要聘请一名工作人员,上百人申请这个空缺位置,西奥也递上了申请书。最后只有西奥等15人获得面试的机会。坎福特大学地处一个小镇上,周围只有一家旅馆,由于住客骤增,单人房间只好两人同住。和西奥同住的是一位年轻人,叫亚当斯,足足比西奥年轻20岁。亚当斯自信心很强,且有一副洪亮的嗓音,旅店里时常可以听到他朗朗的笑声。显而易见,这是一个聪明伶俐的人。

校长及评选小组对所有的候选人都进行了一次面试。筛选后只剩下西奥和亚当斯两人了,小组对聘谁仍犹豫不决,只好让他俩在大学礼堂进行一次公开的演讲后,再行决定。演讲题目定为"古代苏门人的文明史",演讲时间定于三天之后。

在这三天里,西奥寸步不离房间,废寝忘食,日夜赶写讲稿。而亚当斯不见有任何动静——酒吧间里依旧传出他的笑声。每天他很晚才回来,一边问西奥的讲稿进展情况,一边叙述自己在弹子房、剧院和音乐厅的开心事。

到了演讲那天,大家来到礼堂,西奥和亚当斯分别在台上就座。直到此时,西奥才发现自己用打字机打好的讲稿不知什么时候不翼而飞了,真是惊恐万状。

校长宣布,演讲按姓名字母排列先后进行。亚当斯首先出场。情绪颓丧的西奥抬头注视着亚当斯——只见他神态从容地从口袋里掏出讲稿,对着教授们口若悬河、滔滔不绝地讲开了。连西奥也暗自承认他有超人的口才。亚当斯演讲完毕,场内爆发出雷鸣般的掌声。亚当斯鞠了一躬,脸上现出微笑,回到座位上去了。

轮到西奥了。他情绪非常不好。要讲的内容都在稿子上,要另开新路是不可能了。他觉得脸上火辣辣的,唯有用低沉而疲乏的声音,逐字逐句重复亚当斯刚才的演讲内容。等他讲完坐下时,会场上只有零零落落的几下掌声。

校长及全体评选小组成员退出会场,去讨论要聘任哪位候选人。礼堂内的人仿佛对决定的结果早已有了数。

亚当斯向西奥探过身来,用手拍了拍他的背,微笑着说道:"厄运呀,老兄。没办法,两者只选其一。"

这时,校长及小组成员回来了。"诸位先生。"校长说,"我们做出了选择——聘任西奥先生!"

所有的听众都惊呆了。

校长继续说:"让我把讨论的情况向诸位介绍一下。亚当斯先生口才过人,知识渊博,我们大家都很钦佩,我本人也为之感动。但是,请不要忘了,亚当斯先生是拿着稿子作演讲的,而西奥先生却凭着记忆力,把前者的演讲内容一字不漏地重复了一遍,当然,在这以前,他不可能看过那份讲稿的一字一句。我们缺的那项工作,正需要有这样天赋的人!"

大家陆续走出了会场。校长走到西奥面前,见西奥脸上仍然流露着惊喜交集、不知所措的神情,便握着他的手,说道:"祝贺您,西奥先生。不过我得提醒您一句,日后在咱们这儿工作,可要留点儿神,别把重要的材料到处乱放呀!"

(作者:英国/埃克斯雷)

上班诀窍

"哈姆森先生,这是新来的同事诺伊鲍尔先生,先让他同您在一个办公室里办公。他需要全面了解这儿各部门的情况,请您多关照他,指点他,对他说明一切情况。"

哈姆森见老板信赖地把新同事托付给他,不禁受宠若惊,唯唯诺诺地说道:"我一定照办。"

他同新同事离开了老板的办公室。

"喂,诺伊鲍尔先生,让我们来参观一下企业吧,这样您就会熟悉企业的情况了。"

"参观企业?"新同事不解地问。

"是啊。要是我们坐在办公室累了,想放松一下,到处游荡,那就说参观企业。我们离开工作岗位,老板见了当然不高兴,可我们总会找出一个理由的。"

"什么理由呢?"诺伊鲍尔饶有兴趣地问。

"您来学学吧。譬如,就说要商量和检查一些事情。当然有时确实是真的,有些事也可以检查两三次。不过您别忘了把文件夹啦、账簿啦、货单啦诸如此类的东西带在身边，做出办公事的样子。这一来，您就可以在仓库里待上几个小时。我们私下里说说，有几个仓库保管员喜欢打牌，常常需要找个玩牌的伙伴。如此消磨时间，您觉得怎样？"

"真有意思。"诺伊鲍尔说。

"喏，这是您的办公桌。"哈姆森说，"这儿有咖啡。喝咖啡嘛，本来只能在休息时间喝，否则顾客来了，看见我们在喝咖啡，就会留下不好的印象，为此我们想出了一个专门的办法。您瞧，很简单：我们把办公桌右下方的抽屉腾出来，放上咖啡杯，人一来，马上关上。抽屉里铺上了吸墨水纸，即使咖啡泼了出来，也没问题。我们私下里说说，我们同样可以喝酒。当然在上班时喝酒是禁止的，这是大家都清楚的。不过有时有人过生日，或者觉得不畅快，需要提提神，那他就把酒杯和酒瓶也放在抽屉里。"

"这真实用。"诺伊鲍尔说。

"还有一个内部的小秘密。您瞧，这扇门里有一个小房间，那是储藏室，谁也不会闯进去。待在里面，倒叫人感到挺舒服的。如果我们之中有谁喝多了感到不舒服，那他就干脆躺到里面的羊毛毯上睡觉。您可知道这句妙言：办公室里睡觉是最舒服的睡觉。当然，这是不能让老板知道的……"

"这我明白。"新同事说。

哈姆森真是一位乐于助人的同事，他把一切情况都说明了。"有一点我提出来请您注意：如果您早上睡过了头，就千万别赶来上班。弄得气喘吁吁地跑来，倒可能会迟到几分钟。迟到给人的印象不好。您可以这么办：干脆打个电话来，说您在医生那儿看病，要来得迟一点。您与其迟来一刻钟，倒不如迟来三小时。您要去理发或者干诸如此类的事，也可照此办理。我们在上班时间理发，这是因为我们的头发是在上班时间长长的。"

"这种见解是合乎逻辑的。"

"是啊，难道不是这么回事吗？您要是知道了这些上班的诀窍，就能在这儿混得很好。"

"嗯，我已学到了各种诀窍，多谢您的关照。"

"嘿，这是我理应做的，我们是同事嘛。不过，您能对我说说，您是怎样搞到这份差事的？为什么要您熟悉各部门的情况呢？通常这儿雇佣的人只做某一件事。"

诺伊鲍尔说："要我熟悉各部门的情况，是因为老板一退休，我就要接替他。那位老板是我的岳父。"

（作者：德国/席波赖特）

争价儿

安先生是个地主，他拥有一大片林地。他一直守着这份地产，并期待着有朝一日能有什么吉祥之事降临在他的头上。

果然，他日夜盼望的一天到来了。当他接到消息时，高兴得简直蹦了起来。一条顶顶重要而工程巨大的高速公路，拟定在他的土地上横穿而过。

"万岁！我长期的梦想就要实现啦！征收土地的来了，我一定要个好价儿。那时，我安某摇身一变，就是个身缠万贯的富翁，从此便可乐终天年了。"

为庆祝这一天降的喜讯，他少有地开怀畅饮起来。

不多日,土地征收员便找上了门。他对安先生说:"这条计划中的高速公路,如果打个比方,好比人体中的主动脉。此项工程一俟完成,其交通流量将相当可观。因此,为了国家与大众,为了发展与繁荣,请您务必将林地让给我们。"

"不行! 这可不行! 这片土地是先祖留下来的,我绝不会出卖。先祖在遗训中告诫我们,千万不要为动听的宣传所欺骗。"

"话,谁都这么说;我也理解您对土地的感情。但是,我们在价钱上是会给您带来实惠的。"

"这可不是儿戏。如果你们非征不可,那就在城里给我一块儿同样大小的地盘儿吧!"

征收员愕然,说了声"再说吧!"便告辞了。安先生窃喜,庆幸自己狮口大开,一张嘴就讨了个好价儿。

从那天起,一场讨价还价便开始了。一个说:"卖吧!"一个说:"不行!"

但是,这个土地征收员是个行家老手,他连哄带吓,竟一点点说服了安先生。安先生决定就坡下驴,拍板成交。

就在这当日儿,一个陌生人来到了安先生的府上,观其外表,是个诚实厚道人。

"听说,您同征收土地的争得不可开交,毫不相让……"陌生人说。

"是的,可我现在想同他拍板成交了。"

"什么? 您太软弱可欺! 您得继续同他们干! 当您感到挺不住的时候,也是他们就要泄气的时候。您的心肠太好。您应同他们拼死争下去! 在下虽属不才,但愿拔刀相助。"

"谢谢你的好意,你可真是个好事儿的人哪! 我看,你是土地征收员派来的吧? 再不,是为分成,才帮我争价儿? 哼! 这可是个新兴的买卖……"

"您的多虑并非无理.但请您相信,我既不是对方所派,也不是为钱财而来,我不需要任何报酬,扶弱抑强,乃在下人生意义之所在。"

"你目的何在,我不清楚。但是,只要你不要报酬,那就拜托了!"安先生半信半疑地说。

陌生人使开了全身解数:他向安先生传授对付土地征收员的秘诀;他到处打探征收员的弱点,然后告诉给安先生;他为安先生请来了能言善辩的律师,同时,他不知由何处找来了一部稀奇古怪的文献集,上面明明白白地写着此地如何如何之重要;他还不知用什么办法通融了神社的神主,说出卖土地就要遭到上天的报应。消息不胫而走,以至闹得这一带的村民也随之大哗。

然而,陌生人所做这一切,并未向安先生提出分文要求。

事态发生了逆转,土地征收员陷入了完全被动的局面。当初断乎不能接受的条件,现在又被加上了筹码。

安先生对陌生人说:"我看到火候了,你看如何?"

"您这是怎么说! 一时的妥协将会造成终生的遗憾。当然,土地是您的,如甘心卖得这样便宜,那就悉听尊便了。"

听他这么一说,安先生的劲头又被鼓动了起来。对,那我就再咬咬牙!

安先生做起了好梦,他仿佛已经看到那成捆儿成捆儿的钞票在自己的面前堆成了山。他决心要将这场争价儿的争斗继续下去;那陌生人也为他智囊尽解,简直到了废寝忘食、无私献身的程度。

土地征收员来了,对安先生说:"我认输了。对你,我已毫无办法。"

"那就按我出的价儿付钱吧!"

"不,是我们改变了计划。我们决定放弃这里的征地,只好绕弯儿去翻山越岭了。哈!这实在是没法子的事啊!"

安先生所做的金山梦,登时化为乌有。因为事情来得太突然,他竟被惊得瘫在那里。好一阵子,他像个久病不起的患者,连抬脚的气力都没有了。

待这次打击随着时日的逝去渐渐平复时,他不禁怨恨起来,怨恨的当然是那个陌生人。那家伙自事情告吹之后,竟连个照面儿也没打。他到底是为了什么才唆使我那样做的呢?他又是为了什么要下那么大力气帮助我呢?安先生真个是丈二和尚,摸不着头脑了。

这个谜,后来还是解开了。一天,安先生进城,不意正碰上了那个陌生人。

"托您的福啊,我可倒了大霉!"安先生不无报怨地说。

"这话怎么说!您并没有损失什么呀!干吗要埋怨我?"

"我亏透了!你到底打的什么主意?真叫人捉摸不透。莫非你是筑路商派出的说客?道路延长了,公司好多赚筑路费……"

陌生人说:"实话对您说吧,您说的不对,我可不是那种下等人。我是国际汽油消费促进委员会的成员。道路迁回,翻山越岭,便会无端用掉许多汽油。只要机动车的时代没有终结,那就会永远……"

真正扶助弱者的人,现今是没有的。

（作者：日本／星新一）

附录　山东省文学编导类专业
统考历年真题解析

2022 年山东省普通高校文学编导类专业招生统考试题

■第一部分　文学艺术常识

本试卷共 4 页。满分 150 分。考试用时 150 分钟。考试结束后,将本试卷和答题卡一并交回。

注意事项:

1.答题前,考生务必用 0.5 毫米黑色签字笔将自己的姓名、座号、考生号填写在答题卡和试卷规定的位置上。

2.选择题每小题选出答案后,用 2B 铅笔把答题卡上对应题目的答案标号涂黑;如需改动,用橡皮擦干净后,再选涂其他答案标号。答案写在试卷上无效。

3.非选择题必须用 0.5 毫米黑色签字笔作答,答案必须写在答题卡各题目指定区域内相应的位置,不能写在试卷上;如需改动,先划掉原来的答案,然后再写上新的答案;不能使用涂改液、胶带纸、修正带。不按以上要求作答的答案无效。

一、单项选择题(每小题 1 分,共 30 分)

1.道家学派的代表作是(　　　)。

A.《老子》　　　　　　B.《论语》　　　　　　C.《大学》　　　　　　D.《韩非子》

2.新中国第一部彩色故事片是(　　　)。

A.《霓虹灯下的哨兵》　B.《董存瑞》　　　　　C.《祝福》　　　　　　D.《五朵金花》

3.美声唱法起源于意大利,17 世纪后盛行于欧洲。下列选项不属于其特点的是(　　　)。

A.讲究技巧　　　　　B.音域宽广　　　　　C.很少使用共鸣　　　D.追求声乐效果

4.下列内容对应《红楼梦》中王熙凤的一项是(　　　)。

A.心较比干多一窍,病如西子胜三分　　　B.一双丹凤三角眼,两弯柳叶吊梢眉

C.才自精明志自高,生于末世运偏消　　　D.二十年来辨是非,榴花开处照宫闱

5.下列对有关作品的表述,不正确的一项是(　　　)。

A.《孔雀东南飞》中的爱情悲剧源于男女主人公性格不合

B.《春江花月夜》以“月”为核心意象,营造出空灵曼妙的意境

C.《前赤壁赋》采用主客问答的方式,表达了作者的人生态度

D.《窦娥冤》中,窦娥临刑前发下的三桩誓愿最终都得以应验

6.中国现存最早的喜剧影片是(　　　)。

A.《喜盈门》　　　　　B.《劳工之爱情》　　　C.《甜蜜的事业》　　　D.《瞧这一家子》

7.下列诗句具备“诗中有画,画中有诗”特点的是(　　　)。

A.明月松间照,清泉石上流　　　　　　　B.同心而离居,忧伤以终老

C.明日复明日,明日何其多　　　　　　　D.此中有真意,欲辨已忘言

8.最近几年,由数部短片集结而成的集锦式影片相继上映,下列哪部影片属于此类型?(　　)

A.《四个春天》　　　　B.《乡村里的中国》C.《我的姐姐》　　　　D.《我和我的祖国》

9.《礼记》中"感于物而动,故形于声"指的是(　　)。

A.音乐　　　　　　　B.舞蹈　　　　　　　C.诗歌　　　　　　　D.壁画

10.在影片《法国中尉的女人》中,主人公萨拉站在海堤的尽头显得特别渺小,风浪拍打着长堤。在这个画面中,导演使用的镜头景别是(　　)。

A.近景　　　　　　　B.中景　　　　　　　C.远景　　　　　　　D.全景

11.作品获得戛纳国际电影节金棕榈奖的第一位中国导演是(　　)。

A.陈凯歌　　　　　　B.张艺谋　　　　　　C.冯小刚　　　　　　D.王小帅

12.下列诗句与其作者对应不正确的是(　　)。

A."黑夜给了我黑色的眼睛,我却用它寻找光明"——顾城

B."相信战胜死亡的年轻,相信未来,热爱生命"——海子

C."卑鄙是卑鄙者的通行证,高尚是高尚者的墓志铭"——北岛

D."我必须是你近旁的一株木棉,作为树的形象和你站在一起"——舒婷

13."裁烦琐为凝练,化平庸为神奇",是对下列哪项工作进行的评价?(　　)

A.摄像　　　　　　　B.剪辑　　　　　　　C.录音　　　　　　　D.编剧

14.下列对联适用于祝颂乔迁新居的是(　　)。

A.吹箫能引凤　攀桂喜乘龙　　　　B.瑶池春不老　寿域日初长

C.祥云浮紫阁　喜气绕朱轩　　　　D.丈夫清万里　谁能扫一堂

15.下列哪部影视作品表现了中国共产党人精神谱系中的脱贫攻坚精神?(　　)

A.《平凡的世界》　B.《边城》　　　　C.《老农民》　　　　D.《山海情》

16.世界电影史中,20世纪50年代的电影"新浪潮"运动发端于(　　)。

A.意大利　　　　　　B.法国　　　　　　　C.美国　　　　　　　D.德国

17.音响是影视作品中的重要声音元素,下列不属于音响效果的是(　　)。

A.飞机轰鸣声　　　　B.虫鸣鸟叫声　　　　C.主角言语声　　　　D.风雨雷电声

18.徐悲鸿的著名画作《愚公移山》是(　　)。

A.油画　　　　　　　B.国画　　　　　　　C.版画　　　　　　　D.水彩画

19.下列电视剧由赵冬苓担任总编剧的是(　　)。

A.《大染坊》　　　B.《红高粱》　　　　C.《父母爱情》　　　D.《大江大河》

20.《短歌行》中"青青子衿,悠悠我心。但为君故,沉吟至今",表明曹操渴求的是(　　)。

A.友情　　　　　　　B.爱情　　　　　　　C.亲情　　　　　　　D.贤才

21.下列剧作属于"临川四梦"的是(　　)。

A.《荆钗记》　　　B.《牡丹亭》　　　　C.《拜月亭》　　　　D.《白兔记》

22."非礼勿视,非礼勿听,非礼勿言,非礼勿动"是孔子与下列哪位弟子对话中的语言?(　　)

A.子路　　　　　　　B.冉有　　　　　　　C.颜回　　　　　　　D.子贡

23.下列关于秦腔的表述,不正确的一项是(　　)。

A.流行于陕西以及邻近各省的部分地区

B.因西北地区本属古秦地,故名秦腔

C.音调激越高亢,节奏鲜明,善于表现悲壮、激昂和凄楚的情感

D.代表剧目是《天仙配》《女驸马》《刘巧儿》

24.下列诗句中的意境,如果用影视画面来表达,最适宜用冷色调的是(　　)。

A.江天一色无纤尘,皎皎空中孤月轮　　　　B.舍南舍北皆春水,但见群鸥日日来

C.几处早莺争暖树,谁家新燕啄春泥　　　　D.蛾儿雪柳黄金缕,笑语盈盈暗香去

25.下图使用了下列哪种摄影手法突出人物形象?(　　)

A.白平衡

B.小景深

C.线条透视

D.广角拍摄

26.下列由田汉创作的戏剧作品是(　　)。

A.《一只马蜂》　　　　B.《上海屋檐下》　　　　C.《屈原》　　　　D.《关汉卿》

27.三点布光最适合用于下列哪种拍摄场景?(　　)

A.室内人物采访　　　　B.春节文艺晚会　　　　C.现场新闻报道　　　　D.舞台话剧表演

28.《李凭箜篌引》中"昆山玉碎凤凰叫,芙蓉泣露香兰笑"的"昆山玉碎"所形容的乐音特点是(　　)。

A.清脆　　　　　　B.沉闷　　　　　　C.轻柔　　　　　　D.宏亮

29.获得 2020 年第 33 届中国电影金鸡奖最佳纪录片的是(　　)。

A.《一直游到海水变蓝》　　　　　　B.《掬水月在手》

C.《文学的故乡》　　　　　　　　　D.《摇摇晃晃的人间》

30.中央电视台以播出戏曲节目为主的频道是(　　)。

A.CCTV-6　　　　　B.CCTV-8　　　　　C.CCTV-11　　　　　D.CCTV-13

二、填空题(每小题 2 分,共 40 分)

1.1949 年初上海昆仑影业股份有限公司根据张乐平漫画拍摄的电影是《_____》。

2.四大徽班进京后,微戏与其他剧种相互影响,融合发展为后来的_____剧。

3.中国第一部剪纸动画片是《_____》。

4.央视大型文化综艺节目《_____》聚焦中华优秀文化典籍,讲述典籍的成书、核心思想以及流传中的故事。

5.在易卜生剧作《玩偶之家》结尾,离家出走的是女主人公_____。

6."怎能忘记旧日朋友,心中能不怀想"是美国电影《魂断蓝桥》主题曲《_____》中的歌词。

7.某电影中女主人公出嫁时,画面充满悲哀和忧伤的情绪,声音却是鼓乐喧天,这里的声画关系是_____。

8.拍摄一滴牛奶落在镜面上形成一顶美丽皇冠的画面,从变速摄影技术上来说应采用_____摄影。

9.田沁鑫导演的话剧《生死场》改编自_____的同名小说。

10."路漫漫其修远兮,吾将上下而求索"出自屈原的《_____》。

11.费孝通在《_____》中提出"差序格局"这个重要概念。

12.日本第一个获得诺贝尔文学奖的作家是_____,他最负盛名的中篇小说是

《雪国》。

13.在影视作品中,人声语言包括对白、旁白和_____。

14.韩愈在《师说》中赞扬"李氏子蟠,年十七,好古文,六艺经传皆通习之",其中"六艺"是指《诗》《书》《礼》《_____》《易》《春秋》。

15.影视导演在拍摄现场对演员的行动路线、机位进行调整和移动的行为叫_____。

16.油画《伏尔加河纤夫》是俄国画家_____的作品。

17.唐代边塞诗人王昌龄的"但使龙城飞将在,不教胡马度阴山"中的"飞将"是汉将_____。

18.《精神病患者》(1960年)是悬念大师_____导演的重要作品。

19.视线从观察的景物上移开后,视觉形象会在视网膜上短时停留,这种现象称为_____。

20."山随平野尽,江入大荒流",如果用影视手段表现这种辽阔的景象,最佳拍摄角度是_____。

三、名词解释(每小题 5 分,共 20 分)

1.艺术真实

2.魔幻现实主义

3.独幕剧

4.延时摄影

四、简答题(每小题 6 分,共 30 分)

1.电影文学剧本具有文学和电影的双重属性,请作简要阐释。

2.唐代诗人杜甫诗歌为什么被称为"诗史"?请作简要论述。

3.简述当下竖屏短视频的优点和缺点。

4.增强纪录片真实性的纪实拍摄手段主要有哪些?请作简要阐释。

5.简述《经典咏流传》的节目特色。

五、论述题(每小题 15 分,共 30 分)

1.当今,《沂蒙六姐妹》《觉醒年代》《长津湖》等多部主旋律影视作品深受观众喜爱。请结合具体作品,从艺术性和社会价值等方面谈谈你的认识。

2.论述老舍《茶馆》独特的艺术成就。

■第二部分　影视评论与创作

本试卷共1页。满分150分。考试用时150分钟。考试结束后,将本试卷和答题卡一并交回。

注意事项:

1.答题前,考生务必用 0.5 毫米黑色签字笔将自己的姓名、座号、考生号填写在答题卡和试卷规定的位置上。

2.答题必须用 0.5 毫米黑色签字笔作答,答案必须写在答题卡各题目指定区域内相应的位置,不能写在试卷上;如需改动,先划掉原来的答案,然后再写上新的答案;不能使用涂改液、胶带纸、修正带。不按以上要求作答的答案无效。

一、命题故事写作(70分)

请根据下面给出的情境,按照要求编写一个故事。

飞驰的高铁上,他(她)凭窗远眺,眼里流露出无限喜悦……

要求:

①主题明确,有思想内涵,情节生动曲折,人物形象鲜明;构思新颖巧妙,故事结构完整。

②自拟题目,不少于800字。

二、电影评论写作(80分)

从以下三部影片中任选一部,按要求写一篇评论。

《山河故人》《流浪地球》《放牛班的春天》

要求:

①对作品的主题、人物、结构、画面四个方面进行具体评论;

②自拟题目,不少于1000字。

参考答案

■第一部分　文学艺术常识

一、单项选择题

1.A	2.C	3.C	4.B	5.A	6.B	7.A	8.D	9.A	10.C
11.A	12.B	13.B	14.C	15.D	16.B	17.C	18.A	19.B	20.D
21.B	22.C	23.D	24.A	25.B	26.D	27.A	28.A	29.B	30.C

二、填空题

1.三毛流浪记	2.京	3.猪八戒吃西瓜	4.典籍里的中国	5.娜拉
6.友谊地久天长	7.声画对立	8.升格	9.萧红	10.离骚
11.乡土中国	12.川端康成	13.独白	14.乐	15.场面调度
16.列宾	17.李广	18.希区柯克	19.视觉暂留原理	20.俯拍

三、名词解释

1.艺术真实是指艺术家从生活真实中提炼、加工、概括和创造出来的,通过艺术形象集中反映了一定历史时期的本质、规律的社会生活的真正面貌。艺术真实是艺术作品应具备的重要品格,也是艺术作品艺术生命力的保障。

2.魔幻现实主义是20世纪五六十年代拉丁美洲小说创作中出现的一个流派。该词最早出自德国文艺评论家费朗茨·罗。在拉丁美洲的文学史上,哥伦比亚作家加西亚·马尔克斯1967年出版的长篇小说《百年孤独》标志着该流派的创作达到了完美的高度。该流派的特点是在反映现实的叙事和描述中,插入离奇怪诞的情节、人物和意境,以及种种超自然的现实。代表人物有马尔克斯、博尔赫斯等。

3.独幕剧是指全剧情节在一幕内完成的戏剧。独幕剧篇幅较短,情节单纯,结构紧凑,要求戏剧冲突迅速展开,形成高潮,戛然而止,一般不分场并且不换布景。中国早期话剧有很多独幕剧,如田汉的《名优之死》、丁西林的《压迫》、洪深的《五奎桥》等。

4.延时摄影又叫缩时摄影,是一种将时间压缩的拍摄技术。通常是先拍摄一组照片,后期通过将照片串联合成视频,把几分钟、几小时甚至是几天的过程压缩在一个较短的时间内以视频的方式播放。延时摄影通常应用在拍摄城市风光、自然风景、天文现象、城市生活、建筑制造、生物演变等题材上。

四、简答题

1.电影文学剧本主要是为拍摄影片而写作,是一种运用电影思维创造银幕形象的文学样式。是电影剧作者根据自己的艺术构思,对大量的生活素材进行提炼和加工,把自己对生活的感受和评价融入具体形象中,并用文学的语言表述出来。

总体而言,电影文学剧本的创作是用电影的方式思考、用文学的方式表达的,它是整部影片的基础,也是导演再创作的依据,更是未来影片成败的前提。因此,电影文学剧本兼具文学和电影的双重属性。

2.杜甫是唐代著名的现实主义诗人,他的诗歌有的反映民生疾苦,揭露社会矛盾;有的反映忧国情怀,表现爱国热情;有的批判统治阶级骄奢淫逸,横征暴敛。可以说杜甫就是那个时代忠实的记录者。尤其是在安史之乱中,杜甫看到百姓的流离失所和生离死别,感慨万千,便奋笔创作了很多不朽的史诗,例如《新安吏》《石壕吏》《潼关吏》和《新婚别》《垂老别》《无家别》等。

所以说,杜甫的诗歌,既有儒家圣人的悲天悯人,也有如同司马迁一样忠实于历史的精神。故杜甫被后人誉为"诗圣",而他的诗歌则被称为"诗史"。

3.竖屏短视频的优点:

(1)更符合人体生理结构。人手是倾向于竖持物体的,手机用户绝大多数情况下习惯于竖直拿手机,因此竖屏格式是多数手机用户最舒适和方便的选择。

(2)更适合手机用户观看体验。竖屏格式的短视频可以最大程度上将影像填满手机屏幕,也满足了手机用户单手使用手机观看的原生体验。

(3)更适应个人视频时代。竖屏短视频可以满足用户需要的便捷收看方式、快速的信息获取和直观的视觉消遣。更加适应手机用户短平快、碎片化消费的特点。

竖屏短视频的缺点:

(1)与人眼视野存在冲突。人们看世界的角度以横向方式更舒适,而竖屏短视频则挑战着人们长期形成的生理和审美习惯,造成眼睛的不适感。

(2)常出现播放器不兼容的问题。由于目前的主流播放器都使用宽屏,所以导致了竖屏短视频要想在传统播放器观看,影像就会被压缩变形,出现巨幅黑边等,影响观感。

(3)竖屏短视频制作技术不成熟。目前制作竖屏短视频的相关技术以及配套设施相当不完善,还需要业界花费更多时间继续努力探索开发。

(4)竖屏格式影响构图和叙事。竖屏画面视野狭长,中心画面只能展现简单、少数的主体对象和微观场面,这极大地影响了创作者的表达诉求。

4.增强纪录片真实性的纪实拍摄手段主要有以下三个方面:

第一,拍摄时要保持镜头的稳定性。一般而言,纪录片的镜头必须保持平稳,平滑的镜头可以更加直观、生动地体现出纪录片的纪实性,建议创作者可以使用三脚架辅助拍摄。

第二,拍摄时合理使用特写镜头。适当合理地使用特写镜头不仅可以提高纪录片拍摄的质量,同时还能全面地展现出拍摄的细节,而这些细节会让纪录片看起来更加真实。

第三,要尽力提升画面质量。纪录片拍摄制作流程虽然以叙事为主,但优质的画面也是纪录片加分的重要因素,建议纪录片的创作者们可以通过对采访人物细节的把控,以及拍摄环境的选取来提高画面的质量,使纪录片看起来更加丰满真实,触动人心。

5.《经典咏流传》是中央电视台综合频道和央视创造传媒有限公司联合制作推出的文化音乐节目,由撒贝宁担任主持人。该节目采用"主持人朗诵诗歌＋经典传唱人演唱＋鉴赏团赏析、挖掘诗歌背后的故事"的新颖节目模式吸引了大众的关注,把中国三千年诗韵中的瑰宝配以流行音乐加以传播,带领观众在经典传唱人的演绎中重温经典文化,发现中国传统文化的深层价值。《经典咏流传》真正实现了传统文化创造性传承和创新性发展,让流传了三百年的诗词歌赋在音乐旋律中焕发新的生命力。

五、论述题

1.近年来,从电影《长津湖》《我和我的祖国》口碑票房双丰收,到电视剧《觉醒年代》《山海情》等频现热搜,一大批主旋律影视作品纷纷"出圈"。在各类社交网站上,社会公众尤其是年轻人关于主旋律作品的讨论也越来越多,主旋律影视剧越来越受到大众欢迎。

从社会价值方面看,无论是《沂蒙六姐妹》《觉醒年代》还是《长津湖》,在题材选取、故事讲述以及表达形式上都向观众传递出一种正能量,而这恰恰是一部好作品的灵魂所在。我国虽然允许影视作品百花齐放、各显其美,但"文章合为时而著,歌诗合为事而作",以上这三部影视剧无论是为时还是为事,都向大众反映出一种不忘先辈、尊重历史、艰苦奋斗、勇往直前的新时代主流价值观。

从艺术角度分析,如今的主旋律影视剧在艺术性上已经与以往的主旋律作品有了很大的不同。以往的某些主旋律剧在创作中只强调主流价值的表达而忽视了艺术性与观赏性,往往剧情浮夸、角色悬浮、创作态度浮躁,或者人物脸谱化、故事概念化、台词说教化,饱受诟病的"抗日神剧"更是将魔改、乱改、瞎改作为"潮流",让人不堪卒看。而当下的主旋律影视剧,从《长津湖》超大规模的军事装备准备,到《觉醒年代》逼真还原历史场景的服化道……更高品质的视觉呈现和更加真实的沉浸感,不仅让好故事有了更好的载体,也增强了作品的艺术感染力和精神感召力。不断提高的制作水准、日益进步的影视工业,将历史长河中可歌可泣的故事、气贯长虹的精神以及人民群众正在上演的波澜壮阔的活剧更好地呈现出来,从而真正赢得了观众的共情与共鸣。

2.《茶馆》是人民艺术家老舍创作的一部深刻揭露黑暗旧社会的剧作,著名戏剧家曹禺曾评价其为"中国戏剧史中的精典""中国话剧史上的瑰宝"。这部作品辉煌的艺术成就主要体现在以下三个方面:

第一,深刻的主题揭示。《茶馆》通过老北京裕泰茶馆的兴衰变迁向我们揭示了戊戌变法、军阀混战和新中国成立前夕三个时期近半个世纪的社会风云变化。在这部宏大的作品中,作者想要表达的不仅仅是战争动乱下民不聊生的众生相,还有"埋葬了三个时代"的凄凉主题。

第二,鲜活的人物塑造。《茶馆》中有近 70 个人物出场,给人以应接不暇的紧凑感。老舍采用"人像式展览"的布局结构,使得整部作品中,人物虽多但各有特色,主次人物突出,这更加有利于人物矛盾的设置,对于主要人物的性格刻画也起到了至关重要的作用。例如心地善良的店掌柜、店小二,油嘴滑舌的相面先生,还有狡猾奸诈的人贩子等,各种身份的人穿插在剧中,更好地反映了时代的特征。

第三,生动的语言运用。浓厚的"京味儿"和诙谐幽默是《茶馆》的两大特色。北京方言的使用使观众读起来亲切感十足,生动形象;而诙谐幽默则使得讽刺意味更加明显。除此之外,话外之音也是老舍语言的一大特色,这些"留白为读者留出了丰富的想象空间。例如"莫谈国事"纸条的重复出现,渲染了恐怖、悲凉的氛围,也暗示了连国事都不能谈论的时代人物的悲惨命运。

《茶馆》这部作品以三个重要的历史时期为场景,以茶馆越变越凉的悲剧命运为线索,传达了"埋葬三个时代"的深刻立意。艺术上,全剧以"人像展览式"结构布局全局,主要人物自壮到老,次要人物父子相承,一般人物招之即来、挥之即去,语言准确生动、含蓄幽默、鲜活且极富个性化,堪称现代话剧中语言艺术的典范。

(以下各题答案略)

2021 年山东省普通高校文学编导类专业招生统考试题

■**第一部分　文学艺术常识**

本试卷共 4 页。满分 150 分。考试用时 150 分钟。考试结束后,将本试卷和答题卡一并交回。

注意事项:

1.答题前,考生务必用 0.5 毫米黑色签字笔将自己的姓名、座号、考生号填写在答题卡和试卷规定的位置上。

2.选择题每小题选出答案后,用 2B 铅笔把答题卡上对应题目的答案标号涂黑;如需改动,用橡皮擦干净后,再选涂其他答案标号。答案写在试卷上无效。

3.非选择题必须用 0.5 毫米黑色签字笔作答,答案必须写在答题卡各题目指定区域内相应的位置上,不能写在试卷上;如需改动,先划掉原来的答案,然后再写上新的答案;不能使用涂改液、胶带纸、修正带。不按以上要求作答的答案无效。

一、单项选择题(每小题 1 分,共 30 分)

1.中国神话题材丰富,下列神话中与部落战争相关的是(　　　)。

A.盘古开天　　　　B.大禹治水　　　　C.共工触山　　　　D.后羿射日

2."爆竹声中一岁除,春风送暖入屠苏",这里的"屠苏"指的是(　　　)。

A.酒　　　　　　　B.房屋　　　　　　C.苏州　　　　　　D.庄家

3.下列哪部电影改编自古代戏曲作品?(　　　)

A.《东邪西毒》　　B.《卧虎藏龙》　　C.《十面埋伏》　　D.《赵氏孤儿》

4.影视画面中为实现表现重点的转换,常把前后两个被摄体进行虚实变换,如把前实后虚转换为前虚后实,这种拍摄方法称为(　　　)。

A.跟焦　　　　　　B.移焦　　　　　　C.跟拍　　　　　　D.变焦

5."气质美如兰,才华馥比仙。……到头来,依旧是风尘肮脏违心愿。好一似,无瑕白玉遭泥陷……"这段话写的是"金陵十二钗"中的(　　　)。

A.薛宝钗　　　　　B.林黛玉　　　　　C.妙玉　　　　　　D.李纨

6.下列哪一句诗描写的场景最适合采用水墨画来表现?(　　　)

A.孤舟蓑笠翁,独钓寒江雪　　　　　　B.新帖绣罗襦,双双金鹧鸪

C.落霞与孤鹜齐飞,秋水共长天一色　　D.接天莲叶无穷碧,映日荷花别样红

7.下列曲子中,通常以唢呐演奏的是(　　　)。

A.《阳关三叠》　　　　　　　　　　　B.《百鸟朝凤》

C.《二泉映月》　　　　　　　　　　　D.《梅花三弄》

8.光圈是影响画面曝光量的因素之一。在其他因素不变的条件下,光圈系数越大,画面(　　　)。

A.越亮　　　　　　B.越白　　　　　　C.越暗　　　　　　D.越灰

9.下列各项中,表现中国野生动植物和自然人文景观的大型电视纪录片是(　　)。

A.《话说长江》　　　　　　　　　B.《美丽中国》

C.《望长城》　　　　　　　　　　D.《舌尖上的中国》

10.下列对于电影《小城之春》(1948)的描述,不正确的是(　　)。

A.本片是费穆导演最具代表性的作品

B.本片导演尝试在影片中实践东方电影美学

C.本片讲述了一个不速之客的到来引发的情感波澜

D.本片上映,观者如潮,创造了当时最高的票房纪录

11.下面哪部著作不是关于古代戏曲研究的?(　　)

A.《闲情偶寄》　　　B.《录鬼簿》　　　C.《文心雕龙》　　　D.《宋元戏曲考》

12.下列不属于日本著名小说家东野圭吾作品的是(　　)。

A.《挪威的森林》　　B.《解忧杂货铺》　　C.《白夜行》　　　D.《嫌疑人Ⅹ的献身》

13.何占豪、陈钢作曲的《梁祝》是(　　)。

A.大提琴协奏曲　　B.钢琴协奏曲　　　C.小提琴协奏曲　　D.二胡协奏曲

14.拍摄人物近景画面,为突出其五官的立体感,通常采用的光线是(　　)。

A.散射光　　　　　B.侧光　　　　　　C.顺光　　　　　　D.逆光

15.下面这幅图出自哪幅古典名画?(　　)

A.阎立本《步辇图》

B.展子虔《游春图》

C.顾闳中《韩熙载夜宴图》

D.吴道子《送子天王图》

16.CNTV 指的是(　　)。

A.中央广播电视总台　　　　　　　B.中国网络电视台

C.中央广播电视总台新闻频道　　　D.中国国际电视台

17.下列作品中,不以上海为背景的是(　　)。

A.袁牧之的《马路天使》　　　　　　B.张艺谋的《摇啊摇,摇到外婆桥》

C.郑君里的《乌鸦与麻雀》　　　　　D.侯孝贤的《悲情城市》

18.东晋书法家王羲之以下列哪种书体写成《兰亭集序》?(　　)

A.楷书　　　　　　B.行书　　　　　　C.隶书　　　　　　D.小篆

19.下列没有获得茅盾文学奖的作品是(　　)。

A.《主角》　　　　B.《芙蓉镇》　　　C.《尘埃落定》　　D.《红高粱》

20.画面一:小船行驶在河面上,主人公坐在船头看向小船行驶的方向;画面二:用前移镜头拍摄主人公看到的河的画面,那么这个前移镜头是(　　)。

A.主观镜头　　　　B.客观镜头　　　　C.拉镜头　　　　　D.跟镜头

21.电视节目录制中调度摄像师拍摄、负责现场镜头切换的人员是(　　)。

A.助理导演　　　　B.现场导演　　　　C.电视导播　　　　D.视频工程师

22.元杂剧《窦娥冤》中"刽子做磨旗科"的"科"是指(　　)。

A.动作　　　　　　B.对白　　　　　　C.演唱　　　　　　D.神态

23.成语"入木三分"最初是形容下列哪种技艺达到很高的境界(　　)。

A.绘画　　　　　　B.书法　　　　　　C.雕刻　　　　　　D.表演

24.下列哪位音乐家是歌剧《费加罗的婚礼》的作曲者?(　　)

　　A.莫扎特　　　　　　B.柴可夫斯基　　　　C.贝多芬　　　　　D.约翰·施特劳斯

25.影视拍摄时为了表现"大漠孤烟直,长河落日圆"这一景象的辽阔,通常不使用下列哪种景别?(　　)

　　A.远景　　　　　　　B.大全景　　　　　　C.全景　　　　　　D.中景

26.2020年上映的电影《夺冠》中郎平的扮演者是(　　)。

　　A.巩俐　　　　　　　B.陈瑾　　　　　　　C.朱婷　　　　　　D.惠若琪

27."文章合为时而著,歌诗合为事而作",此论出自下列哪位诗人?(　　)

　　A.李白　　　　　　　B.杜甫　　　　　　　C.陈子昂　　　　　D.白居易

28.下列不属于传记类电影的是(　　)。

　　A.《绿皮书》　　　　B.《至暗时刻》　　　C.《国王的演讲》　　D.《寄生虫》

29.下列电视剧、导演及主要人物的对应,不正确的是(　　)。

　　A.《士兵突击》——康红雷——许三多

　　B.《琅琊榜》——孔笙——梅长苏

　　C.《大宅门》——郭宝昌——白嘉轩

　　D.《悬崖》——刘进——周乙

30."翁去八百年,醉乡犹在;山行六七里,亭影不孤。"这副对联写的是(　　)。

　　A.沧浪亭　　　　　　B.醉翁亭　　　　　　C.陶然亭　　　　　D.爱晚亭

二、填空题(每小题2分,共40分)

1."他推着坐在独轮车上的妻子向山间小路走去,人远去,车也远去。画外的火车声越来越响。"这个片段中的火车声是影视声音类型中的_____。

2.2020年,获得第92届奥斯卡金像奖最佳纪录长片奖的是_____。

3.1981年,王扶林导演的电视连续剧_____在中央电视台播出,标志着我国电视连续剧的诞生。

4."你站在桥上看风景,看风景人在楼上看你。明月装饰了你的窗子,你装饰了别人的梦。"这首诗是《_____》。

5.电视节目的播出方式分为直播、录播和_____。

6.元代戏剧作品《梧桐雨》讲述了唐明皇和_____的故事。

7.AI(Artificial Intelligence),即_____。

8.长期采集、改编西北少数民族民歌的作曲家是_____,其代表作包括《在那遥远的地方》《青春舞曲》等。

9.提出诗歌应该具有"音乐美、绘画美、建筑美"的诗歌流派是_____。

10.唐代设置的专门管理乐工并教习乐舞的机构是_____。

11.2020年春节,徐峥导演的电影_____在网络平台免费播放。

12.摄影机始终跟随被摄主体拍摄的运动镜头被称为_____。

13.2020年,导演刘江凭借电视剧_____获得第32届中国电视剧飞天奖优秀导演奖。

14.电影纪录片《我们诞生在中国》以四川大熊猫、三江源雪豹、_____等三个中国独有的野生动物家庭为主线,记录了动物宝宝们的成长过程。

15.以散点透视法把汴河两岸数十里的繁荣景象组成一个完整的画面,展现了北宋都城热闹景象的画作是_____。

16.利用画面直接切出、切入以衔接镜头的剪辑方法称为_____。

17.电视剧《闯关东》的编剧是_____和孙建业。

18."自牧归荑,_____。匪女之为美,美人之贻"出自《诗经·邶风·静女》

19.影片《小鞋子》的导演是_____。

20.按事件发生和发展的时间先后来安排影视作品的结构,这种结构方式称为_____结构。

三、名词解释(每小题 5 分,共 20 分)

1.影调

2.弹幕

3.新现实主义电影

4.寻根文学

四、简答题(每小题 6 分,共 30 分)

1.简述推镜头在影视作品中的功用。

2.简述左翼电影的主要特点。

3.为什么电影被称为"第七艺术"?

4.简析小说《围城》中方鸿渐的形象特征。

5.简述美食类纪录片的艺术特点。

五、论述题(每小题 15 分,共 30 分)

1.近年来,《平凡的世界》《大江大河》《父母爱情》等一系列贴近时代贴近生活的现实主义题材电视剧热播。请结合实例,谈谈你对这种现象的看法。

2.结合具体实例,谈谈你对影视音乐功能的理解。

■**第二部分　影视评论与创作**

本试卷共 1 页。满分 150 分。考试用时 150 分钟。考试结束后,将本试卷和答题卡一并交回。

注意事项:

1.答题前,考生务必用 0.5 毫米黑色签字笔将自己的姓名、座号、考生号填写在答题卡和试卷规定的位置上。

2.答题必须用 0.5 毫米黑色签字笔作答,答案必须写在答题卡各题目指定区域内相应的位置,不能写在试卷上;如需改动,先划掉原来的答案,然后再写上新的答案;不能使用涂改液、胶带纸、修正带。不按以上要求作答的答案无效。

一、命题故事写作(70 分)

请根据下面给出的关键词,按照要求编写一个故事。

单车　桥　纸飞机

要求:

①主题明确,有思想内涵,情节生动曲折,人物形象鲜明;构思新颖巧妙,故事结构完整。

②故事必须包含所有关键词。

③自拟题目,不少于 800 字。

二、电影评论写作(80 分)

从以下三部影片中任选一部,按要求写一篇评论。

《城南旧事》《哪吒之魔童降世》《迁徙的鸟》

要求：

①对作品的主题、人物、情节、结构、画面五个方面进行具体评论；

②自拟题目，不少于1000字。

参考答案

一、单项选择题

1.C　2.A　3.D　4.D　5.C　6.A　7.B　8.C　9.B　10.D
11.C　12.A　13.C　14.B　15.C　16.B　17.D　18.B　19.D　20.A
21.C　22.A　23.B　24.A　25.D　26.A　27.D　28.D　29.C　30.B

二、填空题

1.音响　　2.《美国工厂》　3.《敌营十八年》　4.断章　　5.转播
6.杨贵妃　7.人工智能　　8.王洛宾　　9.新月派　　10.梨园
11.《囧妈》　12.跟镜头　　13.《老酒馆》　14.川金丝猴　15.《清明上河图》
16.跳切　　17.高满堂　　18.洵美且异　　19.马基德·马基迪
20.线性叙事

三、名词解释

1.影调是指画面构成的基本明暗调子，也就是说一幅画面由于明暗比例分配不同，或由于色彩的配置不同，可以构成多种不同影调的照片。摄影作品的影调从明暗关系上可分为高调、低调和中间调。

2.弹幕指的是在网络上观看视频时弹出的评论性字幕。弹幕可以给观众一种"实时互动"的错觉，虽然不同弹幕的发送时间有所区别，但是其只会在视频中特定的一个时间点出现，因此在相同时刻发送的弹幕基本上也具有相同的主题，在参与评论时就会有与其他观众同时评论的错觉。

3.新现实主义电影是指二战后在意大利兴起的一次具有社会进步意义和艺术创新特征的电影运动。其特点是注重反映社会生活现实、尽量使用非职业演员、拍摄方法上注重真实感等。"日常性"是新现实主义电影在结构情节上的基本原则。另外，这类电影还拒绝给主人公的命运寻找出路，反对明星效应和扮演角色等。代表人物及影片有罗西里尼的《罗马，不设防的城市》、德·西卡的《偷自行车的人》、桑蒂斯的《罗马11时》、维斯康蒂《大地在波动》等。

4.寻根文学是指以"文化寻根"为主题的文学形式，主张寻找民族文化的自我和作家个性的自我。寻根文学作家希望立足于我国自己的民族土壤中，挖掘分析国民的劣根性，发扬文化传统中的优秀成分，从文化背景来把握我们民族的思想方式和理想、价值标准，努力创造出具有真正民族风格和民族气派的文学。代表人物有阿城、韩少功、郑义、贾平凹等。

四、简答题

1.推镜头是指摄影机沿光轴方向向前移动拍摄，或者变动镜头焦距（从短焦距逐渐调至长焦距部位），使画面效果表现为同一对象由远至近或从一个对象到另一个对象的变化，使观众有视线前移的感觉。

推镜头的作用是可使观众在一个镜头内了解到整体与局部的关系，主体与后景、环境的关系，并可增强画面的逼真性和可信性，使人身临其境。

2.左翼电影是20世纪30年代影响最大的电影艺术流派。指的是在中国左翼作家联盟领导下,中国共产党的电影小组在上海开展的左翼电影运动,并由此拍摄了一系列反帝反封建的影片。这类影片具有以下几大特点:

第一,注重社会意识的呈现,具有鲜明的理性分析色彩。例如电影《姊妹花》,通过塑造不同环境中成长的亲姐妹,再现了阶级压迫和阶级斗争,左翼作家无意表现个人的恩怨纠葛,而是在时代风云中再现人物的命运浮沉。

第二,注重在典型环境中塑造典型人物。左翼电影作为现实主义的电影流派,十分注重表现人物在特定环境中的思想变化,例如电影《三个摩登女性》就塑造了虞玉、陈若英、周淑贞三个女性,她们分别代表了追求享乐的资产阶级、耽于幻想的小资产阶级和最关心大众利益的优秀工人阶级,三个人物的塑造直接与资产阶级在特定时代的分化密切相连。

第三,善于运用多种手段来增强电影的艺术感染力。例如大量对比蒙太奇的运用,尤其是电影优秀插曲的烘托,都强烈地冲击了观众的视觉和心灵。《渔光曲》中的"渔光曲"、《马路天使》中的"四季歌"、《桃李劫》中的"毕业歌"等一系列旋律优美的插曲,更是为人们广泛传唱。

3.1911年,意大利诗人和电影先驱者乔托·卡努杜发表名为《第七艺术宣言》的著名理论文章,第一次宣称电影是一门综合建筑、音乐、绘画、雕塑、诗和舞蹈六种艺术元素的"第七艺术"。

卡努杜认为,在建筑、音乐、绘画、雕塑、诗和舞蹈这六种艺术中,建筑和音乐是主要的;绘画和雕塑是对建筑的补充;而诗和舞蹈则融于音乐之中。电影把这些艺术都加以综合,形成运动中的造型艺术。作为第七艺术的电影,是把静的艺术和动的艺术、时间艺术和空间艺术、造型艺术和节奏艺术全都包括在内的一种综合艺术。第七艺术宣言是对电影最确切的肯定。

4.《围城》是著名作家钱锺书的唯一一部长篇小说,该作品以方鸿渐为主线进行描写,塑造了一个具有复杂性格特征的小知识分子形象,主要表现在以下几个方面:

第一,在情感经历上,他一方面追求纯真朴实的爱,讨厌爱情的世俗气,一方面却胆小怯弱,在矛盾状态中虽然几经追爱,却最终成为情场上的失败者。

第二,在家庭生活上,他一方面追求真诚和自由,一方面又软弱无能,无法摆脱旧家庭和社会生活的压力,致使刚成立的小家庭陷入破裂的危机。

第三,在工作事业上,方鸿渐虽然有一定的正义感,对社会上的坏现象愤愤不平,也进行过反抗和挣扎,但其性格中无法摆脱的幻想和理想主义,又使他常常屈于环境的压迫而处于尴尬的境地。

总体来说,方鸿渐代表了这样一类人,他们既聪明幽默、正直善良,具有一定的正义感;但同时,又优柔寡断、意志薄弱,很容易被周边的事物以及形形色色的人所影响,最终沦为社会上的失败者和多余人。

5.近年来,以《舌尖上的中国》为代表的一系列美食类纪录片深受大众欢迎。这类纪录片不仅是对现实生活的记录,同时也传达出很强的美学特质,其主要的艺术特点有如下几个:

第一,画面语言营造艺术美感。美食类纪录片在构图上经常采用"经典风格构图",将真实感和艺术性完美结合;同时影片中的光影也展示出一种写意性;色彩运用上不仅还原了食物本来的颜色,同时还赋予了人们不同情绪的主观感受。

第二,镜头语言传递艺术体验。以《舌尖上的中国》为代表的美食类纪录片多运用空镜头传递艺术情感;也经常会运用特写景别以突出各种美食的精致和质地;有时也会运用变速摄影以渲染某一特定的意境,或是表达创作者的节奏美感;除此之外,对蒙太奇的运用在美食类纪录片中也是必不可少的,例如《舌尖上的中国》在每一集中都讲述数种美食,每种美食的故事都是并列交叉剪辑的,更加吸引观众的注意力。

第三,声音语言抒发艺术情怀。在美食类纪录片中,运用好声音语言有时比单纯的视觉画面更加具有冲击力。例如《舌尖上的中国》就运用意味深长的解说词、抒情性强的音乐以及写意性强的音响,抒发了创作者借助美食所要传达的艺术美与情怀美。

五、论述题

1.近年来,《平凡的世界》《大江大河》《父母爱情》等一系列贴近时代贴近生活的现实主义题材电视剧获得了广泛好评。这些热播剧目风格清新明亮,题材多元,或是聚焦时代变迁,或是讲述改革开放,或是表达家庭情感。作品中散发出浓厚的现实主义味道,同时以积极、光明、温情作为坚定的艺术选择,带给人们温暖与前进的动力。现实主义题材剧之所以广受好评,主要原因有以下几点:

第一,现实主义题材剧通常关注友情、爱情、亲情,聚焦家庭、职场和社会等各个层面,既给人们提供生活的体悟,又强化人们对于人生的反思。例如《平凡的世界》关注的是时代变迁中小人物的命运起伏;《大江大河》讲述的是时代变迁下,年轻人的成长故事与奋斗历程;《幸福院》是一部关注老龄化问题的电视剧;《安家》则呈现了当下房子与国民息息相关的各个层面。

第二,现实主义题材剧贴近生活、描摹生活,既给人们的生活带来满满的代入感,又提供思考现实生活的场域;很多优秀作品输出了正确价值观,不断地通过对真善美的追寻和叙述来温暖人心,给人以奋发的精神力量。例如电视剧《平凡的世界》秉承了小说现实主义的创作思想和情怀,在主题、细节、气质和风格上忠于原著,细致地展现它所描绘的生活,真诚地讲述平凡人群的命运和精神世界,用镜头生动艺术地营造出20世纪80年代的泥土味、民族风、精气神,传递出一种温暖、励志、真诚、向善的精神力量。

第三,现实主义题材剧不仅表现生活的真实,而且总是站在人民和百姓的立场讲述故事,通过透彻的群众视角传达出一种真挚的情感。例如电视剧《平凡的世界》,创作者始终把剧中人物当作是自己的兄弟姐妹、父老乡亲。正是因为拥有这样的情怀,才使得电视剧主题风格大气厚重、最大限度地激发出观众的情感,深受大众喜爱。

总体而言,以《平凡的世界》《大江大河》《父母爱情》等为代表的优秀的现实主义题材电视剧总是能激发人、感染人,并提供给人们无尽的反思和精神的引领,让受众将个体的发展置于社会广阔的语境中进行考量,是一类能够提供信心和力量的电视剧,因此深受欢迎。

2.音乐是指用有组织的乐音创造艺术形象、表达人们感情、渲染情绪的一种听觉艺术。影视音乐则是影视作品的重要组成部分,构成了影视作品控制情绪、预示剧情、抒情的元素。影视中音乐的主要功能有如下几点:

第一,描绘功能,展现不同的时代感、不同的民族特色或不同的地域特色。影视画面中的事物或情景通过相应的音乐手段加以描绘,使画面更加生动,更贴近现实生活,给人造成更加真实的感觉。如电影《阳光灿烂的日子》所描绘的时代就有那个时代特有的音乐味道，再如《站台》中的音乐相应地展现了所描绘的 20 世纪 90 时代的生活气息。

第二，抒情功能，影视作品中不同风格的音乐表现出不同的情绪。一般说来，轻松快乐的音乐表达出一种愉快的情绪，凄凉忧郁的音乐则表达出一种悲伤的情绪。例如《我的父亲母亲》中的音乐就具有一种抒情效果，从而利于影片主题的抒发。

第三，传达作者的主观评价，表达和深化作品的主题。在影视中，音乐不是简单地从属于画面，它可以相当于旁白，表现出作者对画面、情节人物等的主观评价。它可以运用曲调，也可以运用电影歌曲。例如《童年往事》中的音乐，在抒情的同时表达和深化了影片的主题。

第四，展现电影节奏，揭示画面本质和暗示。音乐形象与视觉形象的相辅相成，在很大程度上弥补了单纯视觉形象的不足。例如影片《英雄》棋馆比武一段，就是运用音乐来展现影片的节奏，同时也起到了揭示画面本质、暗示的功能。

第五，组接画面，结构电影，用音乐衔接前后两场或更多场戏，又可称为"音乐蒙太奇"。例如影片《大红灯笼高高挂》的开头、结尾和每场戏的转场都采用了相同旋律的京剧音乐，使影片在结构上呈现出严谨工整的程式美，而且有效地强化了该片戏剧化的美学风貌，起到了结构和贯穿影片的作用。

（以下各题答案略）

2020 年山东省普通高校文学编导类专业招生统考试题

■第一部分　文学艺术常识

本试卷共 4 页。满分 150 分。考试用时 150 分钟。考试结束后,将本试卷和答题卡一并交回。

注意事项:

1.答题前,考生务必用 0.5 毫米黑色签字笔将自己的姓名、座号、考生号填写在答题卡和试卷规定的位置上。

2.选择题每小题选出答案后,用 2B 铅笔把答题卡上对应题目的答案标号涂黑;如需改动,用橡皮擦干净后,再选涂其他答案标号。答案写在试卷上无效。

3.非选择题必须用 0.5 毫米黑色签字笔作答,答案必须写在答题卡各题目指定区域内相应的位置,不能写在试卷上;如需改动,先划掉原来的答案,然后再写上新的答案;不能使用涂改液、胶带纸、修正带。不按以上要求作答的答案无效。

说明:2020 年山东省文学编导统考试卷"第一部分　文学艺术常识"中,第一道大题是"选择题",共 30 道题,每小题 1 分,共 30 分;第二道大题是"填空题",共 20 道题,每小题 2 分,共 40 分;总体来看考查难度适中,考查特点是更加注重元素和细节方面的考查。由于各种原因,选择题和填空题未能搜集完整,还望读者见谅!

一、单项选择题

1.下列选项中,对于孔子的评价错误的是(　　)。

A.儒家学派的创始人　　　　　　B.主张仁和礼

C.有教无类　　　　　　　　　　D.亚圣

2.《大众电影》主办的电影奖项是(　　)。

A.金鸡奖　　　　B.百花奖　　　　C.金马奖　　　　D.金像奖

3.话剧《风雪夜归人》的作者是(　　)。

A.洪深　　　　B.关汉卿　　　　C.吴祖光　　　　D.夏衍

4.能拍出轮廓光效果的是(　　)。

A.背光　　　　B.逆光　　　　C.顺光　　　　D.侧光

5.经典电视剧《三国演义》中的主题曲《滚滚长江东逝水》的演唱者是(　　)。

A.杨洪基　　　　B.刘欢　　　　C.李谷一　　　　D.蒋大为

6.英雄牺牲后紧接着出现"高山青松"的镜头是(　　)。

A.对比蒙太奇　　　B.心理蒙太奇　　　C.象征蒙太奇　　　D.抒情蒙太奇

7.《钦差大臣》的作者是(　　)。

A.莫里哀　　　　B.果戈理　　　　C.高乃依　　　　D.拉辛

8.严凤英是下列哪个剧种的代表人物？（　　）

A.越剧　　　　　　　B.豫剧　　　　　　　C.京剧　　　　　　　D.黄梅戏

9.主旋律电影《建军大业》中饰演周恩来的是（　　）。

A.朱亚文　　　　　　B.李易峰　　　　　　C.刘烨　　　　　　　D.欧豪

10.下列选项哪个不是茅盾的代表作品？（　　）

A.《春蚕》　　　　　B.《寒夜》　　　　　C.《秋收》　　　　　D.《白杨礼赞》

11."看红装素裹,分外妖娆"出自毛泽东的（　　）。

A.《沁园春·长沙》　　　　　　　　　B.《七律·长征》

C.《忆秦娥·娄山关》　　　　　　　　D.《沁园春·雪》

12."袅袅炊烟,小小村落,路上一道辙"出自歌曲（　　）。

A.《我爱你,塞北的雪》　　　　　　　B.《在希望的田野上》

C.《我们走在大路上》　　　　　　　　D.《我和我的祖国》

13.长镜头理论的提出者是（　　）。

A.让·雷诺阿　　　B.安德烈·巴赞　　　C.爱森斯坦　　　　　D.格里菲斯

14.《小二黑结婚》中"年过五十还爱打扮"的是（　　）。

A.二诸葛　　　　　　B.三仙姑　　　　　　C.小二黑　　　　　　D.金旺

15.下列不是文艺复兴美术三杰的是（　　）。

A.达·芬奇　　　　　B.拉斐尔　　　　　　C.米开朗基罗　　　　D.提香

16.阿细跳月是（　　）的舞蹈。

A.白族　　　　　　　B.维吾尔族　　　　　C.傣族　　　　　　　D.彝族

17.《四季歌》是电影（　　）的主题曲。

A.《英雄儿女》　　　B.《风云儿女》　　　C.《野草闲花》　　　D.《马路天使》

18.美术作品《拾穗者》的作者是（　　）。

A.米勒　　　　　　　B.丢勒　　　　　　　C.罗丹　　　　　　　D.维米尔

19."致远号战舰撞击敌舰吉野号"这一情节出现在电影（　　）中。

A.《林则徐》　　　　B.《甲午风云》　　　C.《鸦片战争》　　　D.《高山下的花环》

20.于连是下列哪部作品中的主要人物？（　　）

A.《童年》　　　　　B.《巴黎圣母院》　　C.《战争与和平》　　D.《红与黑》

二、填空题

1.《诗经》中收录周朝各地民间歌谣的是_____。

2.2019 年获得第 28 届金鸡奖最佳男主角的是_____。

3.2019 年,李仁港拍摄的关于登山题材的电影是_____。

4.《吐鲁番的葡萄熟了》的作曲者是_____。

5.HDTV 是_____的简称。

6."为什么我的眼里常含泪水？因为我对这土地爱得深沉"的作者是_____。

7.曾海若拍摄的纪录片_____讲述了青藏高原地区人民的生活。

8.2019 年上映的科幻电影《流浪地球》的导演是_____。

9.契诃夫在_____中塑造了一个见风使舵、察言观色的人物形象。

10.《蓝色多瑙河》的作曲者是_____。

11.《等待戈多》的作者是_____。

12.美术作品《向日葵》的作者是＿＿＿＿＿＿。

13.画面由运动到突然静止,表达的一种特殊的艺术效果是＿＿＿＿＿＿。

14.变脸是＿＿＿＿＿＿的绝活。

15."鹅鹅鹅,曲项向天歌"是初唐四杰之一＿＿＿＿＿＿的作品。

16.影片结构的基本组成单位是＿＿＿＿＿＿。

17.曾侯乙编钟现藏于＿＿＿＿＿＿省博物馆。

18.新中国第一家电影制片厂是＿＿＿＿＿＿。

二、名词解释

1.空镜头

2.同期声

3.元杂剧

4.电视栏目

三、简答题

1.什么是景深?景深与焦距、光圈之间的关系是什么?

2.结合实例,简述鲁迅小说的艺术特色。

3.简述《今日说法》的艺术特色。

4.请结合具体的影视作品,分析色彩在影视作品中的作用。

5.简述导演须具备的基本素养。

四、论述题

1.请分析《红楼梦》中的林黛玉的人物形象。

2.请结合具体实例,分析文化类电视栏目热播的原因和现实意义。

■第二部分　影视评论与创作

本试卷共1页。满分150分。考试用时150分钟。考试结束后,将本试卷和答题卡一并交回。

注意事项:

1.答题前,考生务必用0.5毫米黑色签字笔将自己的姓名、座号、考生号填写在答题卡和试卷规定的位置上。

2.答题必须用0.5毫米黑色签字笔作答,答案必须写在答题卡各题目指定区域内相应的位置,不能写在试卷上;如需改动,先划掉原来的答案,然后再写上新的答案;不能使用涂改液、胶带纸、修正带。不按以上要求作答的答案无效。

一、命题故事写作（70分）

以"苹果的故事"为题,编写一个有一定思想内涵、情节生动曲折、人物形象鲜明的故事,构思应新颖巧妙,故事结构要完整。不少于800字。

二、电影评论写作（80分）

《摔跤吧!爸爸》《十八洞村》《百鸟朝凤》《那山那人那狗》

从以上给出的四部电影中任选其一,对其影片的主题、人物、情节、结构、画面等五个方面进行具体评论,题目自拟。不少于1000字。

参考答案

一、选择题

1.D　　2.B　　3.C　　4.B　　5.A　　6.C　　7.B　　8.D　　9.A　　10.B

11.D　　12.D　　13.B　　14.B　　15.D　　16.D　　17.D　　18.A　　19.B　　20.D

二、填空题

1.“国风”　　2.王景春　　3.《攀登者》　　4.施光南　　5.高清电视

6.艾青　　7.《第三极》　8.郭帆　　9.《变色龙》　10.小约翰·施特劳斯

11.贝克特　　12.梵高　　13.定格　　14.川剧　　15.骆宾王

16.镜头　　17.湖北　　18.长春电影制片厂

二、名词解释

1.空镜头又叫“景物镜头”,是指画面中没有人物而只有景或物的镜头。空镜头与常规镜头可以互补而不能代替,是导演阐明思想内容、叙述故事情节、抒发感情的重要手段。空镜头在影片中能够产生借物寓情、见景生情、渲染意境、烘托气氛、引起联想等艺术效果。

2.同期声就是同期录音,是电影录音工艺术语,是指在拍摄画面的同时进行录音的方法。采用这种方法录制的人声和动作音响等,具有与画面上的形象配合紧密、情绪气氛真实,可缩短影片制作周期等优点,常为故事片、新闻片、纪录片、科教片所采用。

3.元杂剧又称为北杂剧、北曲,是在金院本的基础上孕育发展形成的。“四折一楔子”的结构形式和“一人主唱”是其显著特色。元杂剧题材多样,有的揭露社会黑暗,有的描写恋爱婚姻,有的反映家庭伦理问题等。矛盾集中,语言丰富,具有很强的表现力。主要代表人物及作品有:关汉卿的《窦娥冤》、白朴的《墙头马上》、马致远的《汉宫秋》、郑光祖的《倩女离魂》、王实甫的《西厢记》、纪君祥的《赵氏孤儿》等。

4.电视栏目是指按照一定的宗旨和目的,把题材、内容、性质、功能目的或形态相近的一些或一组小节目纳入某时段中播出,使其具有固定的名称、固定的播出时间、固定的栏目宗旨,并对这种类型的节目冠以名称,这一冠名播出时段的节目被称为电视栏目。

三、简答题

1.景深是指不同距离的被摄对象可以在感光胶片上获得清晰影像的空间范围。景深有四种决定因素,即镜头焦距、被拍摄体的距离、光圈的大小和感光元件的大小。

一般情况下,镜头的焦距越短,景深的范围就越大;光圈越小,景深就越大。

2.鲁迅小说的艺术特色主要有以下几点:

(1)以现实主义为主体,象征主义、理想主义、浪漫主义相结合的创作方法。鲁迅一向主张“博采众家,取其所长”,因此,在他的小说中,除了作为主体的现实主义之外,还采取了其他的创作方法。例如《孔乙己》《祝福》等是立足社会现实,而《狂人日记》则是最具有象征主义色彩的作品。

(2)对于典型人物的成功塑造。鲁迅笔下,每一个人物形象都刻画得栩栩如生,活灵活现,入骨三分,却又绝无重复。例如站着喝酒而穿长衫的孔乙己,用精神胜利法麻醉自己的阿Q,勤劳却身世悲惨的祥林嫂等。

(3)善用对比、重复、意象等丰富多彩的艺术表现形式。例如《一件小事》就是“相反相成”的一个极好的写照;《祝福》则是从旧历年底的爆竹声写起,又在旧历年底的爆竹声中结束,用一个重复的轮回表现出祥林嫂的悲惨命运。

(4)创作以悲剧为主,又与喜剧因素相融合。鲁迅着重于平民悲剧,小说中的主人公虽无惊天动地的壮举,却同样可以引起人们的惆怅、感叹和同情。例如有着天真乐观性格的少年闰土是一个喜剧人物,最后却也变成了麻木僵化的“木偶”,展现出深深的悲剧性。

（5）简洁、凝练、含蓄的语言风格。例如《故乡》中"我"与闰土阔别二十年后重新会见时的一段描写，文字不多，却内容丰富，情感深沉，耐人寻味。

3.《今日说法》是由中央电视台综合频道推出的日播法制栏目，节目以"点滴记录中国法治进程"的理念，以"重在普法，监督执法，促进立法、服务百姓"为宗旨，全力打造"中国人的法律午餐"。其艺术特色有以下三点：

（1）节目内容简朴、真实，却在平凡中探究真理。《今日说法》作为一档法律节目，报道的大多是杀人、强奸、贩毒、赌博等事件，均来源于现实生活，内容质朴。

（2）栏目结构清晰，吸引力十足。《今日说法》善于在开头设置悬念，例如《保险柜为何不保险》《谁切了我的脾脏》等，这样的设置可以吸引观众参与到节目中来，跟随节目探寻答案，极大地满足了人们的好奇心。

（3）反映群众心声，帮助人们懂法。《今日说法》始终关注社会中弱势群体的生存需要，为他们提供及时宝贵的法律援助，并在提供法律服务的同时，帮助人们知法懂法。

4.第一，奠定整部电影的基调。例如张艺谋的《红高粱》和《大红灯笼高高挂》、基耶斯洛夫斯基的《蓝白红三部曲》，就是运用色彩来奠定整部影片的基调。

第二，与时空相关联，表示一种回忆、比照，以此讲述故事。例如张艺谋的《我的父亲母亲》和《英雄》等，就是通过色彩的变化来连接时空、讲述故事。

第三，被凸显出来的色彩，往往用来营造较强的象征意义。例如《辛德勒名单》中，就是用穿红色外套的小女孩来承载犹太人具有顽强生命力的象征意义。

第四，被凸显出来的色彩，大多带有表现主义味道。例如安东尼奥尼的《红色沙漠》中，为了制造现代工业社会丑陋的形象，创作者将工业废料、河水、沼泽和大块地区都染成了灰色，这些也象征了女主角单调乏味的生活。

第五，有助于人物形象的塑造。例如张艺谋的《大红灯笼高高挂》中颂莲衣服色彩的变化，素白—碎花—紫红—大红—蓝色—白色，表现出人物性格的变化，塑造了人物形象。

5.导演是影视作品的组织者和领导者，是用演员表达自己思想的人，是把影视文学剧本搬上荧屏的总负责人。作为影视创作中各种艺术元素的综合者，导演的任务是：组织和团结剧组内所有的创作人员和技术人员以及演出人员，发挥他们的才能，使众人的创造性劳动融为一体，因此导演应该具备的基本素养是：

（1）要有一定的政治思想高度和敏锐性，具有较强的社会责任感和分析能力，使自己的思想意识与主流社会的价值观念和道德标准保持高度一致。

（2）要有良好的表达和沟通能力，拍摄前要分镜头、撰写导演阐述，拍摄完成后还要写导演总结，这些都需要导演有良好的书面表达能力；另外，导演的艺术想象需要借助摄影、录音、美术、表演等其他部门的合作才能完成，因此导演的口头表达能力和沟通能力也很重要。

（3）要有良好的心理承受力，因为导演的工作要面临巨大的压力，例如投资方所施加的周期压力，与合作伙伴艺术观念的差异冲突，以及可能要面临媒体的批评、发行的失败、评奖的不公正等等，这些都需要导演有良好的抗压能力。

（4）要有独立的判断能力，导演工作是一项艺术创作，艺术创作需要展示个人智慧，因此导演的独立判断能力非常重要，一个没有独立判断能力的导演是很难拍出好的作品的。

(5)要具有扎实的理论知识。坚实而系统的理论知识是形成高层次应用能力的基础,只有把扎实的专业理论知识与技能结合起来,才能创作出好的作品。

四、论述题

1.林黛玉是《红楼梦》里一位富有诗意美和理想色彩的悲剧形象,是一位曹雪芹怀着深挚的爱意和悲悯的同情塑造得比较成功的人物形象。

首先,林黛玉是一位才华横溢的诗人,她能将自己的灵魂融进客观景物,通过咏物抒发自己痛苦的灵魂与悲剧的命运,一首《葬花吟》便写出了她的凄苦一生。

其次,林黛玉是一个多愁善感的"泪人",曹雪芹在作品的一开头,就赋予了了林黛玉特殊的使命——还泪。黛玉为宝玉,一生流泪,至死不变,泪尽而逝,绝无怨言。

再次,林黛玉是一个柔情似水的病人,林黛玉给人的第一感觉就是病态,黛玉的病是从娘胎里就带出来的,也是她性格的一个方面,病病恹恹,心思细腻,虽柔情似水,却寿命难永。

复次,林黛玉是一个坦率纯真的"酸人"。说林黛玉"酸人",这里专指的是她尖酸刻薄,心胸狭窄的个性,其体现在作品中俯拾皆是。

最后,林黛玉是一个为爱生死的痴人,她对宝玉一片痴情,对爱情至死不渝,她的"痴情"带给人的是一种"心灵上的伤痛",这也为她的爱情悲剧奠定了基础。

2.近年来,文化类电视节目热播,在众多综艺节目中成为电视领域的一股清流。《中华好诗词》《中国诗词大会》《见字如面》《朗读者》《百心百匠》等一系列具有人文情怀的文化类节目集体走红,深受观众喜爱,掀起了一股弘扬中国传统文化的热潮。特别是前不久在央视开播的大型文博类节目《国家宝藏》,收视率和口碑齐飞,引发网友的热议,成为文化类节目中的一道亮丽风景线。这类节目之所以火爆荧屏,主要有以下几个方面的原因:

第一,这类节目除了不断升级的视觉效果和舞台风格外,还一改过往文化类节目的刻板形象,以活泼的形式、激烈的赛制"新瓶"装"旧酒",把各个年龄层次的观众牢牢系在电视屏幕前面。以《中国诗词大会》为例,每场比赛由挑战者组成百人团共同参与,分为个人追逐赛和擂主争霸赛,多维度的PK模式增添了比赛的紧张感和趣味性,也将往往只出现在课堂上的古诗词与大众喜闻乐见的娱乐模式结合起来。

第二,《汉字听写大会》和《中国诗词大会》等文化益智类节目比拼的是选手们对汉字和古诗词的熟悉程度,但对荧屏前的观众来说,看点却远不止这些。在选手答题之后学者嘉宾将介绍汉字和诗词背后的内涵、诗人的创作背景等,有不少观众认为,看了这类节目后收获很多,最喜欢导师们对于汉字和诗歌的点评,这些都是中华优秀传统文化的精髓所在。

第三,这类文化益智类节目的火爆暗合了社会中本就埋藏着的了解传统文化的需求,同时又能改变以往文化宣传"自说自话""高高在上"的说教口吻,将娱乐节目模式和文化传播结合起来,观众的距离感消失了,传播效果自然就好了。所谓荧屏清流,"清"指其品质与品位,"流"就是要真正流到观众心间。

文化类电视节目的火爆,说明了观众对丰富精神文化生活的极大需求,这一类回归传统文化价值的节目恰恰满足了观众对于文化节目的需求和期待。期待未来我们能够推出更多以中国文化为核,创意节目形式为壳的中国式原创文化类节目。

(以下各题答案略)

2019 年山东省普通高校文学编导类
专业招生统考试题

■第一部分　文学艺术常识

本试卷共 4 页。满分 150 分。考试用时 150 分钟。考试结束后,将本试卷和答题卡一并交回。

注意事项:

1.答题前,考生务必用 0.5 毫米黑色签字笔将自己的姓名、座号、考生号填写在答题卡和试卷规定的位置上。

2.选择题每小题选出答案后,用 2B 铅笔把答题卡上对应题目的答案标号涂黑;如需改动,用橡皮擦干净后,再选涂其他答案标号。答案写在试卷上无效。

3.非选择题必须用 0.5 毫米黑色签字笔作答,答案必须写在答题卡各题目指定区域内相应的位置,不能写在试卷上;如需改动,先划掉原来的答案,然后再写上新的答案;不能使用涂改液、胶带纸、修正带。不按以上要求作答的答案无效。

一、单项选择题(每小题 1 分,共 30 分)

1.下列选项中,不属于巴金激流三部曲的是(　　　)。

A.《家》　　　　　　B.《春》　　　　　　C.《雾》　　　　　　D.《秋》

2.世界上第一个电视台诞生在哪个国家?(　　　)

A.美国　　　　　　B.英国　　　　　　C.德国　　　　　　D.中国

3.陈凯歌的《霸王别姬》反映了哪个剧种的演员生活?(　　　)

A.京剧　　　　　　B.越剧　　　　　　C.川剧　　　　　　D.黄梅戏

4.古代文人画中不属于四君子的是(　　　)。

A.梅　　　　　　　B.竹　　　　　　　C.荷　　　　　　　D.菊

5.《山楂树之恋》的导演是(　　　)。

A.陈凯歌　　　　　B.姜文　　　　　　C.贾樟柯　　　　　D.张艺谋

6.不属于电视三基色的是(　　　)。

A.红　　　　　　　B.蓝　　　　　　　C.绿　　　　　　　D.黄

7.不属于古体诗的是(　　　)。

A.《蜀道难》　　　　　　　　　　　B.《燕歌行》

C.《山居秋暝》　　　　　　　　　　D.《白雪歌送武判官归京》

8.下列不属于法国著名导演雅克·贝汉"天地人三部曲"的影片是(　　　)。

A.《迁徙的鸟》　　B.《海洋》　　　　C.《喜马拉雅》　　D.《微观世界》

9.《九儿》是下列哪部电视剧的主题曲?(　　　)

A.《还珠格格》　　B.《红高粱》　　　C.《闯关东》　　　D.《芈月传》

10.下列不属于美国三大广播公司缩写的是(　　　)。

A.BBC　　　　　　B.CBS　　　　　　C.NBC　　　　　　D.ABC

11.《命运交响曲》由下列哪位音乐家作曲？（　　）

A.李斯特　　　　　　B.肖邦　　　　　　　C.贝多芬　　　　　　D.巴赫

12.影视作品中,用于表现人物膝盖以上的形体动作和情绪交流,有利于交代人与人、人与物之间关系的镜头是（　　）。

A.远景镜头　　　　　B.中景镜头　　　　　C.近景镜头　　　　　D.特写镜头

13.下列属于豪放派词人的是（　　）。

A.柳永　　　　　　　B.秦观　　　　　　　C.李清照　　　　　　D.辛弃疾

14.影视画面由"一对恋人谈恋爱"硬切到"一对鸳鸯戏水",属于蒙太奇中的哪一类？（　　）

A.比喻蒙太奇　　B.对比蒙太奇　　C.平行蒙太奇　　D.重复蒙太奇

15.下列影视作品与小说原著不同名的一项是（　　）。

A.《大红灯笼高高挂》　　　　　　　B.《平凡的世界》

C.《倾城之恋》　　　　　　　　　　D.《天龙八部》

16.歌曲《教我如何不想她》的词作者是（　　）。

A.田汉　　　　　　　B.乔羽　　　　　　　C.刘半农　　　　　　D.李叔同

17.儒家经典"四书五经"中的"四书"是指（　　）。

A.《诗经》《尚书》《周易》和《春秋》　　B.《大学》《中庸》《论语》和《孟子》

C.《国语》《左传》《礼记》和《春秋》　　D.《诗经》《尚书》《礼记》和《周易》

18.豫剧是下列哪个省的主要地方剧种？（　　）

A.安徽　　　　　　　B.河南　　　　　　　C.山东　　　　　　　D.河北

19.中国第一部电影《定军山》的主演是（　　）。

A.程长庚　　　　　　B.郑正秋　　　　　　C.谭鑫培　　　　　　D.孙菊仙

20.19世纪末20世纪初,爵士乐产生于下列哪个国家？（　　）

A.美国　　　　　　　B.巴西　　　　　　　C.奥地利　　　　　　D.俄罗斯

21.陈白露是下列哪部作品中的人物？（　　）

A.《雷雨》　　　　　B.《日出》　　　　　C.《原野》　　　　　D.《北京人》

22.中国古代神话"开天辟地、炼石补天、钻木取火、衔石填海"中涉及的人物形象依次是（　　）。

A.女娲、燧人氏、精卫、盘古　　　　B.燧人氏、精卫、盘古、女娲

C.盘古、女娲、燧人氏、精卫　　　　D.精卫、盘古、女娲、燧人氏

23.与我国古代名曲《十面埋伏》有关的是（　　）。

A.垓下之战　　　B.官渡之战　　　C.淝水之战　　　D.赤壁之战

24.下列对联与所描写的人物对应错误的一项是（　　）。

A."何处招魂,香草还生三户地;当年呵壁,湘流应识九歌心"——屈原

B."诗史数千言,秋天一鹄先生骨;草堂三五里,春水群鸥野老心"——杜甫

C."枫叶四弦秋,根触天涯迁谪恨;浔阳千尺水,匀留江山别留情"——白居易

D."云边雁断胡天月,陇上羊归塞草烟"——王昭君

25.下列不属于莎士比亚悲剧作品的一项是（　　）。

A.《哈姆雷特》　　　　　　　　　　B.《威尼斯商人》

C.《麦克白》　　　　　　　　　　　D.《李尔王》

26.在影视摄影中,给人以稳定感的构图是(　　)。

A.三角形构图　　　B.对称式构图　　　C.S形构图　　　D.对角线构图

27."风在吼,马在叫"是下列哪首歌中的歌词?(　　)

A.《游击队之歌》　B.《大刀进行曲》　C.《黄河大合唱》　D.《延安颂》

28.下列画家与其所擅长的题材对应不正确的一项是(　　)。

A.黄宾虹——虾　　B.徐悲鸿——马　　C.李可染——牛　　D.黄胄——驴

29.下列不属于老舍戏剧作品《茶馆》中的人物的一项是(　　)。

A.王利发　　　　B.松二爷　　　　C.常四爷　　　　D.程疯子

30."杀青"一词在电影创作过程中是指(　　)。

A.电影的前期拍摄完成　　　　　　　B.电影同期剪辑制作完成

C.电影的发行完成　　　　　　　　　D.电影收回成本

二、填空题(每小题 2 分,共 40 分)

1.中国的电视制式是_____。

2."文房四宝"指的是笔、墨、纸、_____。

3."枯藤老树昏鸦"出自元曲作家_____的作品。

4.声画组合的形式主要有三种类型:声画同步、声画分离、_____。

5.罗伯特·弗拉哈迪于 1922 年导演的_____是历史上第一部纪录片。

6.薄伽丘是意大利文艺复兴时期的代表人物,代表作是短篇小说集_____。

7.电影《焦裕禄》的男主演是_____。

8.被称为"画圣"的唐代画家是_____。

9.张艺谋导演的电影《满城尽带黄金甲》,片名出自唐代_____的诗句。

10.京剧《锁麟囊》是"四大名旦"中_____的代表作。

11.鲁迅称赞《_____》为"史家之绝唱,无韵之离骚"。

12.中央电视台第_____频道以播放电视剧为主。

13.《义勇军进行曲》是影片《_____》的主题歌。

14.摄影沿光轴方向向后移动拍摄,画面内容范围逐渐扩大,这种运动镜头是_____。

15.陆游的《示儿》"死去元知万事空,但悲不见九州同。_____,家祭无忘告乃翁"表达了他盼望祖国统一的心情。

16."高山流水"故事中,善于弹琴的人是_____。

17._____是指画面的渐显、渐隐,是一种舒缓渐变的连接两个镜头的手段。

18.清朝吴敬梓的长篇讽刺小说是《_____》。

19.《舌尖上的中国》是由_____担任总导演的一部美食纪录片。

20.古曲《渔舟唱晚》的标题取自唐代诗人王勃的《滕王阁序》,此句为"渔舟唱晚,_____。"

三、名词解释(每小题 5 分,共 20 分)

1.类型电影

2.建安文学

3.道具

4.视听造型语言

四、简答题(每小题 6 分,共 30 分)

1.简述微电影的特点及其繁荣的原因。

2.简述影视作品中硬光和软光的应用与特点。

3.简述影视剧作中人物和情节的关系。

4.简述中国戏曲艺术的主要特点。

5.简要分析《三国演义》中诸葛亮的形象特点。

五、论述题(每小题 15 分,共 30 分)

1.请结合中央电视台某一综艺类栏目,分析其立意、内容、艺术性及社会价值。

2.结合具体作品,论述影视创作中如何正确处理民族性与国际化的关系。

■ **第二部分　影视评论与创作**

本试卷共 1 页。满分 150 分。考试用时 150 分钟。考试结束后,将本试卷和答题卡一并交回。

注意事项:

1.答题前,考生务必用 0.5 毫米黑色签字笔将自己的姓名、座号、考生号填写在答题卡和试卷规定的位置上。

2.答题必须用 0.5 毫米黑色签字笔作答,答案必须写在答题卡各题目指定区域内相应的位置,不能写在试卷上;如需改动,先划掉原来的答案,然后再写上新的答案;不能使用涂改液、胶带纸、修正带。不按以上要求作答的答案无效。

一、命题故事写作(70 分)

题目:车站

要求:

①主题明确、有思想内涵、情节生动曲折、人物形象鲜明。构思新颖巧妙,故事结构完整。

②不少于 800 字。

二、电影评论写作(80 分)

从以下四部电影中任选一部进行分析,选择人物或者主题,从其中一个或者多个角度进行评析,字数不少于 1000 字。

《我不是药神》《少年派的奇幻漂流》《泰坦尼克号》《湄公河行动》

参考答案

一、选择题

1.C	2.B	3.A	4.C	5.D	6.D	7.C	8.B	9.B	10.A
11.C	12.B	13.D	14.A	15.A	16.C	17.B	18.B	19.C	20.A
21.B	22.C	23.A	24.D	25.B	26.A	27.C	28.A	29.D	30.A

二、填空题

1.PAL	2.砚	3.马致远	4.声画对位	5.《北方的纳努克》
6.《十日谈》	7.李雪健	8.吴道子	9.黄巢	10.程砚秋
11.史记	12.八	13.风云儿女	14.拉镜头	15.王师北定中原日
16.俞伯牙	17.淡入淡出	18.儒林外史	19.陈晓卿	20.响穷彭蠡之滨

三、名词解释

1.类型电影是指由于题材或技巧的不同而形成的影片风格、种类或形式。类型电影作为一种拍片方法,实质上是一种艺术产品标准化的规范,其具有以下基本特征:一是公式化的情节;二是定型化的人物;三是图解式的视觉影像。类型电影在美国好莱坞最为典型,曾在 20 世纪三四十年代盛行一时,主要的类型影片有喜剧片、西部片、犯罪片、幻想片等。

2.建安文学是指汉末建安至魏初的文学。这时期的文学,以诗歌的成就最高,不少作品继承汉乐府民歌的优良传统,反映社会动乱的现实和人民遭受离乱的痛苦,表达渴望国家统一的要求。代表作家有曹操、曹丕、曹植和建安七子等。

3.道具是指演出戏剧或拍摄电影时所用的器物。通常分为大道具(如桌、椅、屏风等)、小道具(如杯、壶、文具等)、装饰道具(如镜框、书画、古玩等)、随身道具(如眼镜、烟盒、扇子等)。

4.视听造型语言是以影像和声音运动幻觉为基础,用以表达思想,传递感情,完成叙事的创造性的语言体系。电影的视觉造型与电影的声音造型诸因素(音量、音色、音调、运动),共同形成了表达意蕴、传递情感、塑造人物的银幕特殊视听造型语言体系。

四、简答题

1.微电影是指在各种新媒体平台上播放的、适合在移动状态和短时休闲状态下观看的、具有完整策划和系统制作体系支持的故事情节完整的影片。其主要特点有"三微":一是"微时"(30—3000 秒)放映;二是微周期制作;三是微规模投资。

微电影繁荣的原因主要体现在以下几个方面:

首先,微电影的片长短,创意精炼,故事情节紧凑,主题集中,适合移动状态或碎片式休闲时观赏,受时间影响小。微电影可以在人们工作间隙帮助大家释放压力和调整思绪,如在交通拥堵时段转换心情、减缓焦虑,在乘坐公共交通工具时消磨时光、丰富视野等等。

其次,微电影的制作周期短,能够迅速反映大众娱乐休闲的风向标,适应快节奏生活和时尚文化元素的变化流转,能够及时对时代主题和社会事件作出呼应,影像时效性强,观点集中直观。

再次,微电影在视频市场之所以能够攒足注意力,与其精炼的表达密切相关。微电影因为时长和资金的限制,往往情节紧凑,表达精炼,主题具体、明确,片段式故事呈现较多,解读更直观,非常符合当代社会人们情感诉求直接和个性化的传播要求。

最后,微电影可以摆脱传统电影的选题控制、拍摄流程、资金制约、档期限制等,同时也削弱了传统电影拍摄机构和制作体系的优越感,是一次影像话语权民间化的大练兵。它使平凡人的生命感悟和生活脉动通过影像片段真实、立体地缓缓流入大众视野,方便、快捷、平民,满足普通创作者个人影像表达的需求。

2.硬光是指强烈的直射光,使用硬光时的受光面和背光面之间的亮度间距比较大,可以造成明暗对比强烈的造型效果,适合表现粗糙表面质感。硬光在应用中,若作为逆光来拍摄人像,会在人物的四周产生很有美感效果的轮廓光,而人物面部用柔和光进行补充照明,则可形成和谐的照明效果。在照相室或摄影棚内一般不用硬光作辅助光,因为硬光产生的影子会和软光形成的影子相矛盾,破坏整体的造型效果。

软光是照明在被摄体上不产生明显阴影的光,是一种漫反射性质的、光源方向性不明显的光。软光照明的面积较大,光线较均匀,与被照明的景物亮度较接近,因此画面上表现出来的影调层次比较丰富;但由于软光照明缺乏明暗反差,影像平淡,所以对被摄体的立体感、质感的表达也较弱。

3.(1)情节的发展是通过人物的行动而产生的,情节就是描写人对于事所采取的行动。在事件中,由于人物的性格不同或某一部分相同,于是在行动中有的人互相联系起来、有的人冲突起来,这就使事件不断演化,情节不断发展。由此可以看出,情节的发展是由于人的行动而来的,人的行动又是根据他的性格而产生的。因此,情节的发展服从于人物的性格发展,它不可能脱离人物性格凭空存在。

(2)人物的形象是通过情节刻画出来的。要看出一个人究竟是怎样的人,究竟有什么样的性格、思想、感情,只有通过他对事对人的态度、行动才能看出来。描写这些人物在对事对人上的态度和行动,正是情节的任务。如果没有合理的情节,就不会有突出鲜明的人物形象,这是显而易见的。

由此可见,对人物形象的刻画和对情节发展的描写,实际上是同步进行的,它们之间相辅相成、相互推进。情节如果脱离人物性格而凭空去发展,它就一定不会是合情合理的;情节的发展如果不合情理,也就不会有突出的、深刻的形象。

4.中国戏曲主要是由民间歌舞、说唱和滑稽戏三种不同艺术形式综合而成,起源于原始歌舞,是一种历史悠久的综合舞台艺术样式。综合性、虚拟性、程式性,是中国戏曲的主要艺术特征。

中国戏曲是一种高度综合的民族艺术,这种综合性不仅表现在它融会各个艺术门类而出以新意方面,而且还体现在它精湛涵厚的表演艺术上。其中,唱、念、做、打在演员身上的有机构成,便是戏曲的综合性的最集中、最突出的体现。

程式化是戏曲反映生活的表现形式,是直接或间接来源于生活又按照一定的规范对生活经过提炼、概括、美化而形成的。戏曲表演中的关门、推窗、上马、登舟,剧本形式,角色当行,音乐唱腔,化妆服装等各个方面,皆有一定的程式。程式化在戏曲中既有规范性又有灵活性,因此戏曲艺术被称为有规则的自由动作。

中国戏曲中最重要的一点特征是虚拟性。舞台艺术不是单纯模仿生活,而是对生活原型进行选择、提炼、夸张和美化。中国戏曲的虚拟性,既是戏曲舞台简陋、舞美技术落后的局限性带来的结果,也是追求神似、以形写神的民族传统美学思想积淀的产物。

这些特征,凝聚着中国传统文化的美学思想精髓,构成了独特的戏剧观,使中国戏曲在世界戏曲文化的大舞台上闪耀着独特的艺术光辉。

5.诸葛亮,字孔明,三国时期蜀汉丞相,杰出的政治家、军事家、散文家、书法家、发明家,是《三国演义》中最经典的人物形象之一。

诸葛亮是一个集儒、法、道等观念于一身的多重人格角色,作为蜀国的丞相,他遵守礼制、慎用权力、安抚百姓、约束官员,对人开诚布公、胸怀坦诚,处事简练实际、不计虚名,是治理国家的优秀人才,其才能、智慧是书中他人难以企及的。

在罗贯中的笔下,诸葛亮被塑造为一个具有精通兵法、足智多谋、留心世事、处事不乱、忠贞不移等诸多优秀特征的形象,以至于从文学的角度被鲁迅先生评价为“状诸葛之多智而近妖”。从“赤壁之战”“草船借箭”等片段中可以看出,他最突出的形象特点是智慧和忠诚,“事必躬亲”“鞠躬尽瘁”是对他形象的典型概况。

五、论述题

1.近年来,中国电视节目半壁江山都被真人秀类综艺节目占领,尽管它们收视率居高不下,但是观众对其质疑也层出不穷。在“取向恶俗”“缺乏原创”的炮轰中,中央电视台推出的《中国汉字听写大会》《中国成语大会》《中国诗词大会》等一系列文化类综艺节目,使得文化内涵与收视率兼顾,格调与"地气"齐飞,被评价为综艺节目中的清流。

此类节目的立意更注重唤起人们对中国优秀传统文化的热情。以《中国诗词大会》为例,节目以"赏中华诗词、寻文化基因、品生活之美"为基本宗旨,力求通过对诗词知识的比拼及赏析,带动全民重温诗词文化。《中国诗词大会》的走红使浩如烟海的诗词文化在社会上成为关注焦点,这在众多节目中是难得且成功的典型。

另一方面,此类节目的内容多与传统文化相关,寓教于乐的比拼形式严谨而不浮夸、激烈而不喧哗,刚好与其文化内容相契合,再加上多位重量级文化名人担任评判嘉宾,才华与专业素质并重的董卿担任主持,进一步提升了节目的整体水平,使节目在较量中发扬文化,在权威下展露风采。

不少观众认为观看此类节目后收获很多,尤其是导师们对于汉字、词语或诗歌的点评,都是中国传统文化的精髓,这也正是该类节目的艺术价值所在。文化益智类节目暗合了社会中本就埋藏着的了解传统文化的需求,同时又改变了以往文化宣传"高高在上"的说教口吻,将娱乐节目模式和文化传播结合起来,消除了与观众的距离感,传播效果自然更好。诸如《中国诗词大会》类的节目,秉承着文化传承的重要使命推出,正是这个快节奏发展的时代中对于文化的缓慢回顾。在真人秀节目泛滥、真正有内涵的原创作品少得可怜的节目市场中,央视推出的此类栏目一改娱乐喧哗的局面,把中华博大精深的优秀传统文化再一次注入人们的生活当中,在真人秀类型节目中占据文化、形式、收视的多重丰收,对文化传承与社会生活均有高于其他节目太多的深远影响。

2.影视艺术的民族性与国际化既有矛盾性一面,又有统一性、一致性的一面。如何在影视创作中处理好民族性与国际化的关系,主要有以下几个方面值得注意。

首先,立足国本,重视反思。影视创作应考虑中国观众的需求,植根于本民族的土壤。正因为影视创作民族性与国际化矛盾性的一面,在我国影视创作中才更应该坚持文艺为人民服务、为社会主义服务,即坚持首先是为中国人民服务、为中国社会主义建设服务的原则,正确传承中华文化和弘扬民族精神,例如《黄土地》中虽对中国社会的愚昧落后进行了批判,但又表现了中华民族奋起抗争、自强不息的精神,彰显了伟大的民族力量,影片在国际上也多次获奖。

其次,注重创新与审美心理的交融。某个民族的审美心理特点,可能会被别的民族认同、吸收,从而影响其审美心理定式,使本民族审美心理发生变化,实现审美心理的交融。这样,某个民族的电影艺术就可能逐步得到其他民族的认可,增强其国际性。这就要求影视创作要不断创新,在既适应中国观众审美心理需要的同时,也注重中国影视艺术走向世界的需要。例如《红高粱》《秋菊打官司》等影片,既注意批判继承中国传统美学思想,又借鉴吸收了西方电影的长处,从而创造出具有创新意义的艺术形态,两部影片也为张艺谋在国际上取得举足轻重的地位奠定了坚实的基础。

所谓民族的就是世界的,只有民族文化的根基扎牢了,才能走向国际化的舞台。影视创作的民族性与国际化互相依存、互相作用、互相转化,影视艺术创作只有不断从两者的矛盾中寻得统一,才能使其保持鲜活的生命力,不断向前发展。

(以下各题答案略)

2018年山东省普通高校影视传媒类
专业招生统考试题

■第一部分　文学艺术常识

本试卷共4页。满分150分。考试用时150分钟。考试结束后,将本试卷和答题卡一并交回。

注意事项:

1.答题前,考生务必用0.5毫米黑色签字笔将自己的姓名、座号、考生号填写在答题卡和试卷规定的位置上。

2.选择题每小题选出答案后,用2B铅笔把答题卡上对应题目的答案标号涂黑;如需改动,用橡皮擦干净后,再选涂其他答案标号。答案写在试卷上无效。

3.非选择题必须用0.5毫米黑色签字笔作答,答案必须写在答题卡各题目指定区域内相应的位置,不能写在试卷上;如需改动,先划掉原来的答案,然后再写上新的答案;不能使用涂改液、胶带纸、修正带。不按以上要求作答的答案无效。

一、单项选择题(每小题1分,共30分)

1.《老子》是春秋时期道家学派的代表作,其别称是(　　)。

A.《离骚》　　　　　　B.《道德经》　　　　　　C.《论语》　　　　　　D.《春秋》

2.散文集《寄小读者》的作者是(　　)。

A.张爱玲　　　　　　B.冰心　　　　　　C.丁玲　　　　　　D.萧红

3."用事实说话"是下列哪个电视栏目的宗旨?(　　)

A.《焦点访谈》　　　　B.《艺术人生》　　　　C.《子午书简》　　　　D.《开门大吉》

4.电视剧《琅琊榜》的导演是(　　)。

A.赵宝刚　　　　　　B.郑晓龙　　　　　　C.孔笙　　　　　　D.冯小刚

5.景物镜头又可称为(　　)。

A.长镜头　　　　　　B.主观镜头　　　　　　C.空镜头　　　　　　D.运动镜头

6.我国第一部被介绍到欧洲的戏剧是纪君祥的(　　)。

A.《赵氏孤儿》　　　　B.《窦娥冤》　　　　　C.《望江亭》　　　　　D.《牡丹亭》

7.作品被誉为"诗中有画,画中有诗"的唐代著名诗人是(　　)。

A.李白　　　　　　　B.李商隐　　　　　　C.王维　　　　　　D.孟浩然

8.《女史箴图》的作者是我国古代著名画家(　　)。

A.顾恺之　　　　　　B.徐渭　　　　　　C.阎立本　　　　　　D.韩滉

9."千古诗才,蓬莱文章建安骨;一身傲骨,青莲居士谪仙人"说的是(　　)。

A.曹操　　　　　　　B.李白　　　　　　C.杜牧　　　　　　D.苏轼

10.以下选项中,作家与作品对应完全正确的一项是(　　)。

A.陈忠实——《白鹿原》《檀香刑》　　　　B.沈从文——《边城》《大淖记事》

C.钱锺书——《围城》《我们仨》　　　　　D.老舍——《骆驼祥子》《茶馆》

11.以下电视片中,不属于纪录片类型的一项是(　　　)。

A.《话说长江》　　　　B.《望长城》　　　　　C.《舌尖上的中国》　　D.《国家宝藏》

12.芭蕾舞剧《天鹅湖》的作曲家是(　　　)。

A.贝多芬　　　　　　B.莫扎特　　　　　　C.柴可夫斯基　　　D.舒伯特

13.讽刺喜剧《伪君子》的作者是(　　　)。

A.莎士比亚　　　　　B.契诃夫　　　　　　C.拉辛　　　　　　D.莫里哀

14.“洛阳亲友如相问,一片冰心在玉壶”出自王昌龄的(　　　)。

A.《别董大》　　　　　　　　　　　B.《芙蓉楼送辛渐》

C.《枫桥夜泊》　　　　　　　　　　D.《白雪歌送武判官归京》

15.由贺敬之、丁毅执笔,以“旧社会把人变成鬼,新社会把鬼变成人”为主题的歌剧是(　　　)。

A.《白毛女》　　　　　B.《升官图》　　　　C.《赤叶河》　　　　D.《捉鬼传》

16.在中国引发“娜拉出走之后怎样”讨论的易卜生的戏剧作品是(　　　)。

A.《群鬼》　　　　　　B.《玩偶之家》　　　C.《海上夫人》　　　D.《人民公敌》

17.小职员格里高尔·萨姆沙早晨醒来发现自己变成大甲虫,被家人排斥,最后死去。这个故事出自卡夫卡的小说(　　　)。

A.《变形记》　　　　　B.《诉讼》　　　　　C.《城堡》　　　　　D.《魔山》

18.下列选项中属于山东地方剧种的是(　　　)。

A.昆剧　　　　　　　B.吕剧　　　　　　　C.秦腔　　　　　　D.越剧

19.红娘是下列哪部元杂剧中的角色?(　　　)

A.《倩女离魂》　　　　B.《墙头马上》　　　C.《拜月亭》　　　　D.《西厢记》

20.《三国演义》中,“千里走单骑、过五关斩六将”说的是(　　　)。

A.刘备　　　　　　　B.关羽　　　　　　　C.张飞　　　　　　D.赵云

21.下列剧作与白居易的《长恨歌》故事题材相同的是(　　　)。

A.《长生殿》　　　　　B.《桃花扇》　　　　C.《汉宫秋》　　　　D.《琵琶记》

22.《红楼梦》中,“面若中秋之月,色如春晓之花”这句话描写的是(　　　)。

A.贾宝玉　　　　　　B.林黛玉　　　　　　C.薛宝钗　　　　　D.王熙凤

23.中央电视台春节联欢晚会现场直播是从哪一年开始的?(　　　)

A.1983　　　　　　　B.1986　　　　　　　C.1988　　　　　　D.1990

24.享有“钢琴诗人”美誉的波兰著名音乐家是(　　　)。

A.巴赫　　　　　　　B.莫扎特　　　　　　C.肖邦　　　　　　D.贝多芬

25.下列选项中属于电视真人秀栏目的是(　　　)。

A.《面对面》　　　　　B.《奔跑吧,兄弟》　　C.《欢乐喜剧人》　　D.《鲁豫有约》

26.电影《乱世佳人》女主人公斯嘉丽的扮演者是(　　　)。

A.费雯·丽　　　　　B.奥黛丽·赫本　　　C.玛丽莲·梦露　　　D.英格丽·褒曼

27.我国最早的电视台是1958年5月1日成立的(　　　)。

A.中央电视台　　　　B.北京电视台　　　　C.上海电视台　　　D.广东电视台

28.我国古代规模最大的风俗画是(　　　)。

A.顾闳中——《韩熙载夜宴图》　　　　　B.赵孟頫——《鹊华秋色图》

C.黄公望——《富春山居图》　　　　　　D.张择端——《清明上河图》

29.清代传奇剧本《桃花扇》的作者是(　　　)。

A.洪昇　　　　　　B.李开先　　　　　　C.孔尚任　　　　　　D.李渔

30.镜头角度的不同会赋予表现对象不一样的情感色彩,为了造成压抑、低沉的气氛,表现轻视、怜悯的感情,通常会采用(　　　)。

A.俯拍镜头　　　　　B.仰拍镜头　　　　　C.侧拍镜头　　　　　D.平拍镜头

二、填空题(每小题 2 分,共 **40** 分)

1.美国著名的"悬念大师"是_____,他的代表作品有《蝴蝶梦》《后窗》等。

2.我国第一部有声电影是 1931 年由明星影片公司拍摄的_____。

3.电影《红高粱》是根据_____的小说改编的。

4.电影的发明人是法国的_____。

5.数字媒体技术中 VR 的意思是_____。

6.中央电视台文化类电视栏目《朗读者》的主持人是_____。

7.魏晋南北朝小说集《世说新语》的作者是_____。

8.明代拟话本的代表作品"三言"是指《喻世明言》《醒世恒言》和_____。

9.在甘肃武威出土的、被国家旅游局确定为中国旅游标志的青铜器是_____。

10.20 世纪 80 年代以来,相继将《骆驼祥子》《边城》《春桃》《死水微澜》等文学作品搬上银幕的著名导演是_____。

11.在奥逊·威尔斯的电影《公民凯恩》中,象征着凯恩一生执着追求的、贯穿全片的重要意象是_____。

12.日本导演_____在他的名作《罗生门》中,充分发挥了多角度的叙事技巧,造成了主题的多义性。

13.宋代史学家司马光主编的_____是我国第一部编年体通史。

14.美国导演大卫·格里菲斯 1915 年创作的以南北战争为背景的影片是_____。

15.电影《黄土地》的摄影师是_____。

16.美国著名喜剧影片《淘金记》《大独裁者》《城市之光》的编导兼主演是_____。

17.戛纳国际电影节每年五月份在_____国举行,颁布的最高奖项是金棕榈奖。

18.毛泽东同志提出的"双百"方针是_____。

19.歌曲《难忘今宵》的词作者是_____。

20.白居易在《琵琶行》中写到"轻拢慢捻抹复挑,初为《霓裳》后《六幺》",其中的《霓裳》指的是唐朝乐曲_____,相传为唐玄宗所制。

三、名词解释(每小题 **5** 分,共 **20** 分)

1.特写镜头

2.纪录片

3.分镜头脚本

4.《聊斋志异》

四、简答题(每小题 **6** 分,共 **30** 分)

1.简述升格摄影及其作用。

2.简述脱口秀节目及其特点,并分别写出国内和国外的一个脱口秀节目的名字。

3.第五代导演有哪些?他们在创作上的共同特征是什么?

4.简述电视媒体的传播特征。

5.简述杜甫诗歌内容和风格的特点。

五、论述题(每小题15分,共30分)

1.近年来,影视作品翻拍成为一种文化现象,观众对此褒贬不一。请结合具体作品,谈谈你对这种现象的看法。

2.如何从内容、结构、制作、主持人等角度分析电视栏目或节目?请结合实例加以论述。

■第二部分 影视评论与创作

本试卷共1页。满分150分。考试用时150分钟。考试结束后,将本试卷和答题卡一并交回。

注意事项:

1.答题前,考生务必用0.5毫米黑色签字笔将自己的姓名、座号、考生号填写在答题卡和试卷规定的位置上。

2.答题必须用0.5毫米黑色签字笔作答,答案必须写在答题卡各题目指定区域内相应的位置,不能写在试卷上;如需改动,先划掉原来的答案,然后再写上新的答案;不能使用涂改液、胶带纸、修正带。不按以上要求作答的答案无效。

一、命题故事写作(70分)

根据下面给出的一段话,续写故事。

听到敲门声,她打开门,一个小伙子站在门口说:"你儿子让我来看望你。"

要求:

①主题明确、有思想内涵、情节生动曲折、人物形象鲜明。构思新颖巧妙,故事结构完整。

②自拟题目。

③不少于800字。

二、电影评论写作(80分)

从以下四部影片中任选一部,按要求写一篇评论。

《战狼Ⅱ》《秋菊打官司》《卧虎藏龙》《西游记之大圣归来》

参考答案

■第一部分 文学艺术常识

一、选择题

1.B	2.B	3.A	4.C	5.C	6.A	7.C	8.A	9.B	10.D
11.D	12.C	13.D	14.B	15.A	16.B	17.A	18.B	19.D	20.B
21.A	22.A	23.A	24.C	25.B	26.A	27.B	28.D	29.C	30.A

二、填空题

1.希区柯克　2.《歌女红牡丹》　3.莫言　4.卢米埃尔兄弟　5.虚拟现实

6.董卿　7.刘义庆　8.《警世通言》　9.马踏飞燕　10.凌子风

11.玫瑰花蕾　12.黑泽明　13.《资治通鉴》　14.《一个国家的诞生》

15.张艺谋　16.卓别林　17.法　18.百花齐放,百家争鸣

19.乔羽　20.《霓裳羽衣舞》

三、名词解释

1.特写镜头简称"特写"。电影中拍摄人的面部、人体的某一部位或一件物品的某一细部的镜头。特写镜头是电影艺术创作史上的一个重大发展,最早由美国早期电影导演格里菲斯等人创造并使用。它的出现和运用,丰富和增强了电影艺术独特的表现力。

2.纪录片是以真人真事为表现对象,不虚构情节和环境的影片类型。纪录片不受新闻性的限制,既可以记录当前的现实,也可以重现过去的历史。根据记录对象和表现手法的不同,可以分为历史纪录片、传记纪录片、新闻纪录片和系列纪录片等。

3.分镜头脚本也叫"导演剧本",是将文学内容转换成镜头语言的一种剧本。导演对文学剧本进行分析、研究,将影片中准备塑造的银幕形象,通过分镜头的方式诉诸文字,体现导演的思想和构思,是导演案头工作的集中表现。分镜头剧本的内容包括镜头号、景别、摄法、画面内容、台词、音乐、音响效果、镜头长度等。

4.《聊斋志异》简称《聊斋》,俗名《鬼狐传》,是中国清代著名小说家蒲松龄创作的小说集。书中故事多取材于民间传说和野史轶闻,该书将花妖狐魅和幽冥世界的事物人格化、社会化,揭露了封建社会的黑暗和官场的罪恶,讽刺了科举制度的虚伪和种种弊端,歌颂了青年男女的纯真爱情,批判了不合理的婚姻制度等。此书被誉为"中国文言短篇小说之王"。

四、简答题

1.升格摄影是指摄影机以快于每秒 24 格的速度拍摄,再以正常的速度放映,此时画面里物体的动作会减慢,这种拍摄方式被称为升格摄影,也叫慢镜头。升格摄影倾向于庄严,即使平凡的动作在慢镜头下也显得优雅,产生出一种诗意,有利于抒情。

2.脱口秀节目是指观众聚集在一起讨论主持人提出的话题的广播或电视节目。一般脱口秀都有一列嘉宾席,通常由有学问的或者对那档节目的特定问题有特殊经验的人组成。风趣、幽默、机智是每个脱口秀节目的特点。中国的脱口秀节目有《今晚 80 后脱口秀》;外国的脱口秀节目有《奥普拉脱口秀》。

3.第五代导演是指 20 世纪 80 年代从北京电影学院毕业的年轻导演。主要代表人物有陈凯歌、张艺谋、吴子牛、田壮壮、张军钊、黄建新等。这批导演经历过"文革",改革开放后接受了专业训练,带着创新的激情走上影坛。他们力图在每一部影片中寻找新的角度,强烈渴望通过影片探索民族文化的历史和民族心理的结构。他们在选材、叙事、刻画人物、镜头运用、画面处理等方面,都力求标新立异,其作品的主观性、象征性、寓意性特别强烈。

4.一是传播的迅速性;二是传播的广泛性;三是信息的容量大;四是信息的直观性;五是选择的被动性;六是接受的随意性;七是音像的易逝性。

5.(1)杜甫善于对现实生活做高度的艺术概括。其选取具有典型意义的事物,通过客观的描写,把复杂的社会现象集中在一两句诗里,从而揭示它的本质。比如《自京赴奉先县咏怀五百字》把尖锐的阶级矛盾集中在"朱门酒肉臭,路有冻死骨"这十个字里,使人触目惊心。

(2)雄浑壮阔的艺术境界和细致入微的表现手法。由于杜甫具有爱国爱民的胸襟、博大精深的知识,以及丰富的生活经验,所以他的诗歌境界是雄浑壮阔的。可是这种雄浑壮阔的境界往往是通过刻画眼前具体细致的景物和表现内心情感的细微波动来达到的。比如"三吏""三别",杜甫具体细致地写出这场战乱的各个方面,从不同的角度、不同的侧面具体反映了这场战乱带给国家和人民的深重的灾难。

(3)杜甫诗歌的语言非常有特点,他的语言都是经过千锤百炼的。杜甫写诗总是不断地修改,改了以后还要不断地吟诵,在吟诵的过程中再继续修改,从而形成了苍劲、凝练的主要特色。

（4）杜甫诗歌众体兼长。从诗歌的体裁方面来看，杜甫是众体兼长的一个诗人，五言、七言、古体、律诗、绝句，他都能够运用自如，尤其是古体和律体，写得非常好。他常常运用这种体裁将叙事、抒情、议论三者融合在一起。杜甫在七律方面的贡献特别卓著。

五、论述题

1.中国影视作品近年来在题材、类型的探索上多有突破、新意迭出。而在新的时代文化和观众需求催生出新故事类型、新舆论话题、新典型角色的同时，中国影视发展至今已经具有的文化积累和作品资源，屡屡以经典翻拍的形式，如变奏曲般重新出现在我们眼前。经典作品意味着内容的久经考验，也意味着故事的群众基础，是一种低风险的选择，与观众的怀旧情怀对接，提前预定了关注度和话题度。而经典重拍的理由不止于此，更内在的是文化的因素。影视作品作为一种时代文化的载体和印记，凝结的并不只是创作者们的灵感和创意，还蕴涵了时代文化形成的集体无意识的投射和缩影。一方面，对社会文化的传承来说，经典作品意味着其承载着丰厚的文化价值，对经典的重复呈现既是一种文化延续的需要，也是一种文化确认的仪式。与我国传统文化联系密切的经典影视作品尤为如此。另一方面，对影视文化的发展来说，经典作品的原有版本的魅力，会随着影视技术、影视美学的进步，在新的时代和观众人群中逐渐褪色，因此用新的视听技术、新的时代美学和新的演员演绎将经典重新阐释一遍，则是赋予这些作品与时俱进的新生命力，其本身是一种刷新经典、重塑经典，甚至创造新经典的过程。

第一类备受翻拍青睐的经典作品是我国古典文化题材的影视版本，其中最具代表性的莫过于四大名著。四大名著均有被公认为经典的电视剧版本，1986年的《西游记》、1987年的《红楼梦》、1994年的《三国演义》和1998年的《水浒传》，皆是无数观众心中不可逾越的巅峰。2010年的《三国演义》《红楼梦》和2011年的《水浒传》《西游记》，仍然努力为我国重要传统文化经典寻找新的阐述可能。这些作品甫一开播就颇受关注，其创新之处也得到了部分肯定，如2010年的《三国演义》对三国政权中的不同君臣关系赋予新的历史解读；而2011年版的《水浒传》在老版的基础上更加完整地还原经典文本，对人物的塑造也更加丰富。但具有新意之余，剧集结构的虎头蛇尾、服饰的不合史实、台词的缺乏严谨等问题遭遇较多诟病，这些经典翻拍最终落得毁誉参半的争议地位。

另一类屡见不鲜的翻拍则针对的是经典的流行文化题材，《还珠格格》等曾在我国影视传播中具备现象级影响力的作品在近年来也被重新制作，而《新白娘子传奇》《流星花园》等也已传出筹拍消息。流行文化题材经典翻拍的典型，当属金庸的武侠作品，但除却《射雕英雄传》，近年来金庸武侠的翻拍之作得到的批评却是大于赞誉。尤其是2013版《笑傲江湖》，其对情节和角色进行了极为大胆的改动，淡化了侠义精神，加重了言情色彩，这样对原作近乎颠覆的重制，已经离经典作品的核心文化价值相去甚远。

近年来还有一类经典翻拍，其源自海外经典作品的本土化演绎，彰显了我国影视对全球化文化传播的参与和吸纳。以2017年集中发力的日本影视作品的中国翻拍为例，《嫌疑人X的献身》《求婚大作战》《深夜食堂》《问题餐厅》等在日本播出红极一时，并且在中国的网络上也传播甚广的日本影视经典作品，经历中国化翻拍后却大多遭遇了水土不服，轻者评价褒贬不一，重者则受到观众一致批评。最为典型的莫过于中国翻拍版的《深夜食堂》，片中充斥着浮夸的表演、广告植入和缺乏真实烟火气息的饮食内容，因此受到观众的差评。

（以下各题答案略）

"广播影视类高考专用丛书"（张福起主编），是真诚献给报考艺术院校的广播电视编导、戏剧影视文学、影视摄影与制作、戏剧影视导演、影视制片管理、艺术与科技、国际文化交流、播音与主持艺术等专业考生的考前辅导用书，集聚全国艺术高考培训名师十余年教学成果、汇总艺术高校考官千余场主考经验，目前已增至36个品种，成为全国广播影视艺术类专业考生和培训学校的首选教材。

文艺常识

最受考生欢迎的文艺常识辅导教材
知识点最全面简洁的艺考必胜攻略

文艺常识有哪些内容？考试的重点是什么？有哪些考试题型？如何快速有效地记忆文艺常识的知识点？……这些问题都可以从本书中找到答案。

本书是全国影视传媒类艺考辅导教材中最受考生欢迎的版本，历经数次改版，已经成为广大考生的首选教材，更被一些高校选定为考前复习用书。本书内容包含文学、影视、美术、音乐、戏剧、戏曲、舞蹈及曲艺杂技等常识，分类精确、层次分明、脉络清晰，紧扣考试重点，并附带部分知识点的历年真题，便于考生在短时间内掌握。不但适合于传媒艺术专业的高考备考，同时也适用于各类研究生考试及其他文艺基础素养测试。

- ● 文学戏剧戏曲常识
- ● 广播电影电视常识
- ● 音乐美术书法常识
- ● 舞蹈曲艺杂技常识
- ● 文艺基础训练试题
- ● 历年考试真题解析

文艺常识（同步专题练习）

高频考点海量真题同步练习
备战艺考文艺常识高分胜经

本书结合了全国近200余所影视艺术类招生院校的1万余道历年真题，以及河南、陕西、浙江、福建等省的统考真题，并结合历年的高频考点和最新的文化热点，采用专题练习的形式，让考生将所学知识点夯实、打牢，并大大提高考生在考场上的应变能力。本书被广大艺考专家誉为"文艺常识艺考的高分胜经"。

- ● 两百名校真题大汇总
- ● 艺考高频考点全覆盖
- ● 专题分类演练大突破
- ● 历年考查题型全总结
- ● 最新命题规律大揭秘
- ● 复习备考高分全掌握

文艺常识必刷考点5000题

最全面系统的文常海量题库
最方便实用的文常知识总结

本书是一本文艺常识经典题型的大汇总。文常的考查形式主要包括选择、填空、名词解释、简答和论述五大题型，广大考生只要对以上五大经典题型进行反复强化演练，就能在备考文艺常识中起到事半功倍的作用。为此，拥有多年培训和教学工作经验的本书编者，结合《文艺常识》一书的知识点，对最近十多年影视传媒类考试的近万道真题加以分类研究，编写出这本与《文艺常识》同步配套的刷题"神器"——《文艺常识必刷考点5000题》。

- ● 百所院校招生真题
- ● 千套试卷原题整理
- ● 历年考点分类回顾
- ● 五大题型逐一解析
- ● 复习模拟提分神器
- ● 考前强化刷题必备

文艺常识（考前冲刺预测试卷）

30套文艺常识标准化预测试卷
1000道考试真题精准详尽解析

本书是以200多所院校历年招考真题为基础精编而成的30套文艺常识全真标准化预测试卷。无论是题量大小、题型选择、难易程度还是考试时间，均按照招生院校的最新出题标准制定，科学严谨并贴近艺考实际。同时汇总了当前国内外文化艺术方面的重大热点事件，对文艺常识的考查方向、考查重点、考查面进行了最新的预测。另外，本书还采用了试卷的印装形式，考生使用起来更加方便。

- ● 全部真题试卷30套
- ● 答案精准解析详尽
- ● 最新文化热点汇总
- ● 更多高频考点预测

文艺常识高频考点1000条

最方便实用的文艺常识掌上宝典
最全面系统的海量高频考点总结

文艺素养水平的高低是评判一个传媒类人才的基本标准，所以文艺常识历来都是各大院校编导类专业考试的重点科目，对文艺常识的复习和记忆成为编导类专业考生备考的重中之重。

根据人类的记忆规律，有记忆就肯定有遗忘，所以文艺常识需要勤记勤练，而大部头的复习材料不方便携带和使用，鉴于此，本书特别为考生设计成64开小巧轻便的口袋书，手掌大小，便于携带，高频考点，全面系统，能引导考生巧记知识点，十分实用！

- ● 最方便的掌上宝典
- ● 最全面的高频考点
- ● 最精练的词条总结
- ● 最实用的真题演练

文艺常识（全真模拟试卷）

三十套文艺常识全真模拟试卷
上千道高频考题精准详尽解析

本书是从200多所招生院校近10年的艺考真题中精选汇编而成。30套试卷的知识点和题型相当全面，重点难点一目了然，并且紧跟形势融入了近年来常考查的社会常识真题，每份试卷都很有模拟效用和代表性，通过选择题、填空题、名词解释、简答题、论述题这些经典试卷题型一一呈现给学生，同时在题型设置上达到了难易适中排序、效率兼顾考情的要求，使考生在使用时更加得心应手。

- ● 全真模拟试卷30套
- ● 参考答案精准详尽
- ● 覆盖艺考高频考点
- ● 把握复习备考诀窍

影视作品分析

一本实用的影视评论写作指南
一部精要全面的艺考应试秘籍

怎样才能写出出色的影视评论一直是广大考生所头疼的。因为，成功的影评写作需要考生掌握扎实的影视理论和具备一定的写作功底，并有大量的看片量。但艺考中的影评写作还是有一定的方法和技巧的，比如写作思路、评述角度等。

本书借助影视基础知识、评论写作方法、优秀影评范文三个板块，给考生以全方位的指导，让考生最痛苦的影评写作变得容易和行之有效。本书自2008年出版后得到了广大考生的一致好评，被誉为艺考影视评论写作"胜经"，全国数百家艺考培训机构将本书作为首选辅导教材。

- ● 电影评论写作　● 电视作品分析　● 指点写作技巧
- ● 教授备考策略　● 考生真卷点评　● 历年真题解析

影评范文精选

最畅销的艺考影评范文集
最系统的影评写作指导书

如何提高影评写作水平？优秀的影评文章是什么样的？

本书是一本影视传媒艺术类专业的考前参考书，是为广大考生能在短期内快速提高影评写作水平而编写的。对优秀文章的借鉴和学习，能使考生对影评写作的方法、思路、具体的语言有直观的认识和体悟，通过模仿和参考，逐步使优秀的内容融入自己的文章中，使自己的文章熠熠生辉，在众多的考卷中脱颖而出，获得考官的青睐。本书是影评写作爱好者的参考书，更是传媒类专业高考的必备工具书。

- ● 综合角度影评　● 人物形象角度影评
- ● 主题角度影评　● 艺术技巧角度影评

影视评论精选佳句500例

最方便实用的影视评论写作宝典
最精妙专业的论述佳句汇总推荐

影视评论写作作为各大院校传媒编导类专业考试的重点科目，在考试中需要以专业的评论内容和结构取胜，而怎样快速提高影评写作的专业性和理论性，已成艺考生长期的困扰。

有鉴于此，本书设计成64开精品图书，以满足考生方便携带的需求，内容上吸纳权威学者、影评人的专业语录，并汇集电影论坛、权威书籍等各方学术观点，实现了：名言佳句大集锦、观点角度全汇总、常考佳片精推荐、知识梳理成体系的编辑要求，是一本趣味性与知识性兼备的影评写作口袋书。

- ● 最方便的掌上宝典　● 最精妙的评论佳句
- ● 最常考的影视推荐　● 最实用的写作宝典

影视高考真题解析

真实全面的历年真题题库
缜密细致的答题思路解析

各个传媒类专业招生院校历年都怎么考？都考过什么？在本书中您将找到准确答案。本书囊括了全国160多所传媒艺术类招生院校的共800余套考试真题，占全国此类招生院校总数的96%，并且收集了各省统考真题，涉及影视编导摄制类、戏剧影视文学类、公共事业管理类所有专业，对考生报考各所院校和各类专业极具指导作用和参考价值，是考生确定报考院校和专业方向的必备书目。

常言道，有备而无患。本书能够让考生准确把握命题的最新动向，摸清命题规律，抓住考试重点及难点，使考生有针对性地备考，做到有的放矢。

- 影视编导摄制
- 戏剧影视文学
- 公共事业管理
- 历年考试真题
- 答案精准详尽
- 复习预测兼顾

影视基础知识高考教程

系统标准的影视知识辅导教程
权威实用的传媒高考复习用书

目前图书市场上讲授影视艺术基础知识的书比较多，但大多是本科教材或大众普及读本，并不适合影视艺术类专业高考，而且缺乏历年考试真题的范例和解析。为此，编者在总结多年艺考培训教学经验的基础上，结合部分高校历年的考试真题，编写了这本《影视基础知识高考教程》。

本书主要涉及"影视视听语言""电影概论""电视概论"三大部分，通过对知识的系统梳理，方便考生对整个知识脉络进行把握。

- 影视视听语言
- 电影基础知识
- 电视基础知识
- 精讲高频考点
- 历年真题演练
- 贴近艺考需求

影视编导类专业实用应试教程

系统实用的编导类专业实战攻略
要点突出的应试前必备复习精华

编导类专业复习备考是一项庞大的工程，考生不但要学习文艺基础知识，更要掌握影视基本文体的写作，还要应对自我介绍、即兴评述等一系列面试问题，所以专项应试教材往往多达10余本，考生学习负担骤增。

本书编者结合自己10余年的教学经验，召集国内50余位艺考专家多次研讨，历时2年终于编成本书，以满足考生的实际应试需求。可以说，这是一本应对影视编导类专业考试的制胜秘籍：只要一册在手，就等于掌握了编导类专业考试的全部内容；只要学完本书，就等于拥有了学完10本书的知识和功力，是实实在在的编导类专业复习备考一本通！

- 文艺常识高频考点
- 文体写作方法点拨
- 高考面试实用技巧
- 系统全面要点突出
- 汇集真题注重实战
- 影视编导实用攻略

影视高考基本文体写作

传媒艺考笔试获胜宝典　艺术考生备考实用教程

基本文体写作是广播影视艺术类专业考试中十分重要的考试内容，可以说直接决定着考生整体成绩的高低。本书涵盖了影评写作、电视作品分析、文学评论、叙事散文和戏剧故事写作、编导创意及策划、文化热点评述、小品写作等基本文体写作形式，基本包括了影视艺术类专业笔试的全部内容。

本书的编写目的就是系统梳理笔试的思路，给考生一个比较清晰的笔试应试指导方法，对每一个具体的考试科目进行具体的分析，使更多的考生能在笔试上取得成功。

- 影视作品评析
- 故事散文创作
- 文艺现象阐释
- 编导创意策划
- 文学作品评论
- 影视戏剧小品

影视高考命题故事创作

读完本书你会知道命题故事如何考
读完本书你更会知道如何去编故事

在传媒艺术类专业招生考试中，命题故事创作所占的比例越来越大，特别是在中国传媒大学、北京电影学院、中央戏剧学院、上海戏剧学院等一些名校的招生考试中，更是必考的内容之一。也正因为如此，命题故事创作已成为近年来影视艺术类考生们最头疼、最薄弱、最急于突破的一个环节。

应广大考生热切要求，作者编写了《影视高考命题故事创作》一书。本书顺着由小到大、由局部到整体、由浅入深的进程逐节讲来，便于考生掌握，能够在有限的时间内，为广大考生提供系统、实用、高效的专业辅导,特别是书中所附的故事范文，更是给考生提供了故事构思的模板和依据。

- 命题编写故事
- 命题编讲故事
- 应试技巧点拨
- 经典故事范例
- 考试真题集锦
- 考前模拟训练

影视常识高频考点600条

最方便实用的影视知识掌上宝典
最全面系统的海量高频考点总结

本书是在结合十多年传媒艺考近万道真题的基础上，有针对性地对影视高频考点进行总结而成，是为影视传媒类艺考生编写的影视常识专业用书。书中总结的考点极具代表性，能使考生在学习时精准地把握重难点，有针对性地牢记高频考点。同时，通过对影视常识中出现的零碎却极为重要的知识点归类总结，考生能够轻松地抓准重点，实现快速记忆，节约宝贵的备考时间。

- 最方便的掌上宝典
- 最全面的高频考点
- 最精炼的词条总结
- 最实用的备考手册

影视高考面试宝典

面试技巧的入门手册　艺考必备的通关秘籍

　　面试环节重点考查的是考生的基本专业素质和心理素质，这也是作为一个未来的广播影视类人才所必备的素质。在历年的专业考试中，很多考生对于面试没有经验，不知道怎样进行，有的心情紧张，该发挥出来的没有能够发挥出来，有的对于面试的内容准备不充分，没有展示出自己的真实水平，从而影响了后面笔试的发挥，整体的专业成绩也受到了很大影响。

　　本书基本上分为两大部分：一是各个面试科目的应试方法指导，重点介绍了包括自我介绍、回答考官提问、即兴评述、才艺展示、命题编讲故事在内的十个考试科目的具体的应试方法；二是每个考试科目的范例，在个别的章节中还有对历年真题的解析，以便考生参考，这样就增强了本书的实战性和可操作性。

- 自我介绍
- 回答考官提问
- 编讲故事
- 文化热点分析
- 命题小品
- 自备文学作品朗诵
- 模拟主持
- 才艺展示
- 即兴评述
- 摄影美术作品分析

即兴评述话题宝典（真题版）

最具权威性的即兴评述话题宝典
最有代表性的面试真题实战攻略

　　即兴评述作为传媒类专业考试中的重点和难点，让很多考生惧怕，原因有二，一是临场发挥时评述素材不够，二是真题实战演练机会少。针对这一现象，我们编写了这本《即兴评述话题宝典》（真题版）。

　　本书组织几十位全国各高校和培训界的专家老师，从历年数千道真题中精挑细选400多道最具代表性的话题，并给出了思路清晰、颇具深度的参考答案，能让考生更好地掌握即兴评述的答题方法与思路；对于其中的一些高频考题更是重点标注，方便考生了解考试重点。拥有此书，等于拥有了即兴评述话题的大数据，精准的数据分析能让你成为新时代传媒艺考的领跑者。

- 精选400常考话题
- 全部源自历年真题
- 高频考点重点标记
- 题型分类答案精准

影视高考面试真题题库

传媒艺考面试考什么？面试考题如何答？

　　很多考生特别惧怕面试，感觉面试的内容不好把握、无从下手。这都是由于考生对历年专业面试过程中所考的试题不是很了解而造成的。

　　面试是影视艺术类专业考试中重要的考试环节。其目的是考查考生的形象气质、艺术修养、兴趣爱好、现场应变能力以及语言表达的逻辑性和思考问题的深广度。

　　本书对精选的海量考试真题进行了详细分类并附上清晰精准的参考答案，旨在帮助考生全方位、多层面提升综合素质，不但能在面试中说得出、说得好，而且更能答出水准，展示自我风采。

- 海量面试真题
- 答案清晰精准
- 真题分类细致
- 开拓答题思路

摄影专业高考辅导教程

实用高效的摄影高考读品
条理清晰的摄影培训教程

摄影作为一门新兴的艺术门类，有着广阔的发展前景。目前，市面上关于摄影的书籍五花八门，但是针对摄影类高考的却是少之又少。因此，应广大考生的热切要求，我们编写了《摄影专业高考辅导教程》。

本书系统讲述了摄影的相关基础知识，理论与实践相结合，条理清晰，重点分明，有助于广大考生在短时间内迅速掌握艺考的基本摄影知识与技能。同时，书中还附加了往年考试真题，堪称一本实用、高效的专业辅导教材。

- 摄影基础知识
- 摄影作品分析
- 现场拍摄技巧
- 高考复习必备

摄影高考真题解析

真实全面的历年真题题库
缜密细致的答题思路解析

本书涵盖几乎所有招收影视传媒类摄影专业及影视摄影与制作专业院校的2019年各省考点真题。真题不仅能有效帮助考生熟悉不同院校的考试要求和考试题型，抓住考试重点及难点，而且能使考生有针对性地备考，做到有的放矢。本书凡有文艺常识、影视摄影理论的真题都附有精准的参考答案，有些主观题有选择性的给出了答题思路。书中对每个院校都有编者的备考建议，方便考生具体了解各个院校的招生考试方向，对考生报考各院校极具指导作用和参考价值。

- 涵盖最全摄影院校
- 汇总百套全真试题
- 答案精准解析详尽
- 名师讲授学习方法

摄影常识高频考点500条

最方便实用的摄影知识掌上宝典
最全面系统的海量高频考点总结

本书主要适用于摄影类艺考生。它可以帮助考生迅速掌握重点的摄影艺考基础知识，熟练运用摄影专业词汇，攻破摄影基础知识和摄影作品分析两大难题。书中出现的艺考摄影专业词汇，是从全国高校历年摄影艺考招生考试试题中精选出来的，极具代表性，只要考生熟记于心，就一定能在摄影艺考中脱颖而出。

- 最方便的掌上宝典
- 最全面的高频考点
- 最精炼的词条总结
- 最实用的备考手册